Geschichte und Geschehen

Michael Epkenhans
Ursula Fries
Gerhard Henke-Bockschatz
Bärbel Kuhn
Georg Langen
Heinz Niggemann
Michael Sauer
Helge Schröder
Susanne Thimann-Verhey
Martin Thunich
Franz-Josef Wallmeier

Ernst Klett Schulbuchverlage
Stuttgart · Leipzig

1. Auflage 1 7 6 5 4 | 2013 2012 2011 2010
Alle Drucke dieser Auflage sind unverändert und können im Unterricht nebeneinander verwendet werden. Die letzten Zahlen bezeichnen jeweils die Auflage und das Jahr des Druckes.

Internetadresse: www.klett.de

Autoren: PD Dr. Michael Epkenhans S. 230–236, S. 239–275; Dr. Ursula Fries S. 70–77, S. 102–112, S. 113–117; Prof. Dr. Gerhard Henke-Bockschatz S. 52–69, S. 118–157; PD Dr. Bärbel Kuhn S. 159, S. 174–191; Georg Langen S. 10–41; Dr. Heinz Niggemann S. 78–86, S. 92–101; Prof. Dr. Michael Sauer S. 200–207, S. 210–229; Dr. Helge Schröder S. 158, S. 160–173, S. 192–199, S. 208–209, S. 284–287; Dr. Susanne Thimann-Verhey S. 42–51, S. 87–91; Martin Thunich S. 288–313; Franz-Josef Wallmeier S. 237–238

Grafiken: Lutz-Erich Müller, Leipzig
Layout und Auftaktdoppelseiten 2 und 3: Krause Büro, Leipzig
Kartenbearbeitung: Kartografisches Büro Borleis & Weis, Leipzig
Auftaktdoppelseiten 1, 4, 5, 6, 7, 8: SCHRÖDER DESIGN Leipzig, Designerin Karen Engelmann

Redaktion: Dr. Gabriele Möhring
Herstellung: Kerstin Heisch

Reproduktion: Meyle + Müller, Medien-Management, Pforzheim
Druck: Firmengruppe APPL, aprinta druck, Wemding

Printed in Germany

ISBN 978-3-12-411370-2

9 783124 113702

Liebe Schülerin, lieber Schüler,

nun hältst du einen weiteren Band von „Geschichte und Geschehen“ in deinen Händen. Er wird dich ein Schuljahr lang im Geschichtsunterricht begleiten. Beim ersten Durchblättern hast du sicher schon entdeckt, dass das Buch auch diesmal wieder viel Interessantes und Spannendes für dich bereithält. Es führt dich in eine Zeit, die Historiker oft als „das lange 19. Jahrhundert“ bezeichnen. Wenn du genau hinschaust, wirst du aber schnell bemerken, dass die damit gemeinte Zeitspanne weit mehr als hundert Jahre umfasst. Die Bezeichnung wurde deswegen gewählt, weil sich im Laufe des 19. Jahrhunderts große Teile der Welt in einem bis dahin nicht gekannten Ausmaß veränderten. Das Ergebnis all dieser Veränderungen war eine Gesellschaft, die in ihren Grundzügen bis in die Gegenwart Bestand hat. Man sagt deswegen auch, dass sich in dieser Zeit die Moderne durchgesetzt hat. Dieser Übergang in die moderne Zeit kündigte sich aber bereits im 18. Jahrhundert an und war erst im ersten Viertel des 20. Jahrhunderts abgeschlossen.

Mit deinem „Geschichte und Geschehen“ kannst du den Spuren dieser Entwicklung folgen. Dabei kannst du erkennen, warum und wie die Jahrhunderte währende Herrschaft des Adels gebrochen wurde und moderne demokratische Staaten entstanden. Du kannst herausfinden, wann und wo erstmals Menschen- und Bürgerrechte, die für alle gelten sollten, formuliert wurden. Du kannst untersuchen, wer in den ersten modernen Demokratien Mitbestimmungsrechte besaß, wer davon ausgeschlossen war, wie die Machtlosen für ihre Rechte kämpften und was sie erreichten. Und schließlich kannst du der Frage nachgehen, wie die Deutschen um einen Nationalstaat rangen und welchen Charakter das 1871 gegründete Deutsche Kaiserreich trug.

Zum „langen 19. Jahrhundert“ gehört auch ein vollständiger Umbruch der Arbeitswelt und der Wirtschaft durch die Industrielle Revolution. Welche Neuerungen sie hervorbrachte und wie diese sich auf das Leben von Frauen, Männern, Kindern und Jugendlichen auswirkten, wie die Menschen darüber dachten und wie sie mit den vielen Veränderungen fertig wurden – all das kannst du in diesem Buch entdecken.

Der Weg in die Moderne war keineswegs eine friedliche Zeit. Die Kriege Napoleons stehen dafür genauso wie der deutsch-französische Krieg, wie die gewaltsame Eroberung von Kolonien und schließlich der Erste Weltkrieg. Mithilfe der Materialien im Buch kannst du die Ursachen für diese Auseinandersetzungen erkennen und dir eigene Meinungen dazu bilden.

Natürlich wirst du auch in diesem Band wieder mit Methoden vertraut gemacht, die dir das Lernen erleichtern, und du erhältst Anregungen zum Üben und selbstständigen Weiterarbeiten.

Als Ergänzung und eng abgestimmt auf die Kapitel in diesem Buch gibt es wie auch zu den vorangegangenen Bänden eine CD–ROM mit Videos, Spielen, Rundgängen und vielem anderen mehr.

Viel Spaß beim Entdecken einer ereignisreichen und spannenden Zeit wünschen dir

die Autorinnen und Autoren

Inhaltsverzeichnis

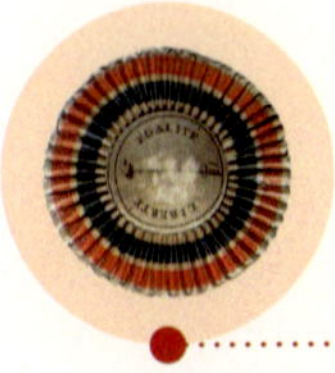

Die Französische Revolution – Aufbruch in die moderne Gesellschaft 70

Industrialisierung und soziale Frage 118

	Großbrit.	Frankreich	Deutschland	Russland
1800–14	248	200	–	200
1820–24	418	150	75	–
1830–34	700	244	111	167
1840–44	1465	395	160	184
1850–54	2716	561	245	231
1860–64	4219	1065	613	297
1870–74	6480	1211	1579	375
1880–84	8295	1918	2893	477
1890–94	7402	1998	4335	1096
1900–04	8778	2665	7925	2773
1910–13	9792	4664	14836	3870

Deutsche streben nach Freiheit und Einheit 158

Leben im Deutschen Kaiserreich 200

Imperialismus und Erster Weltkrieg 230

Die neuen Weltmächte: USA und Sowjetunion 276

Liebe Schülerin, lieber Schüler,

„Geschichte und Geschehen“ stellt zahlreiche unterschiedliche Materialien bereit, die dir interessante Einblicke in die Geschichte gewähren und dir zugleich ermöglichen, dir ein eigenes Bild von Geschichte zu machen sowie selbstständig Urteile zu bilden. Die Autorinnen und Autoren haben das Material auf vielfältige Weise für dich aufbereitet und zusammengestellt.

Verschiedenartige Seiten und Elemente verweisen auf unterschiedliche Zugänge und Methoden, mit denen du dir die Geschichte erschließen und deine Kenntnisse anwenden kannst. Damit du dich jederzeit gut zurechtfindest und der Überblick nie verloren geht, erfolgt hier eine kurze Einführung in das Buch und eine Erläuterung der verschiedenen Elemente.

Dieses Buch umfasst acht Themeneinheiten. Jede beginnt mit zwei besonders gestalteten Seiten, den Auftaktdoppelseiten (ADS). Bilder, Karten, Texte oder Grafiken geben dir Hinweise auf den Inhalt der nachfolgenden Kapitel. Sicher wecken diese Materialien dein Interesse an historischen Ereignissen, vielleicht werfen sie auch Fragen auf oder versetzen dich in Erstaunen. Auf jeden Fall sollen sie dich anregen, gemeinsam mit deiner Lehrerin oder deinem Lehrer darüber nachzudenken, womit ihr euch im Unterricht ganz besonders befassen möchtet.

Jede Themeneinheit ist in Kapitel eingeteilt. Einige Kapitel beginnen mit einer Zeittafel. Hier findest du die wichtigsten Daten zum Kapitel auf einen Blick. Geschichte hat ja etwas mit Zeit zu tun. Deshalb braucht man auch die Daten, um zu wissen, was vorher und was nachher war und wie geschichtliche Ereignisse miteinander zusammenhängen. Verfassertexte (VT) informieren über geschichtliche Sachverhalte und werden am Rand durch Marginalien gegliedert. Diese Texte wurden von verschiedenen Autorinnen und Autoren – meist Lehrerinnen und Lehrer – verfasst, deswegen kann auch der Stil unterschiedlich sein. Daran kannst du auch erkennen, wie verschieden Geschichte dargestellt werden kann.

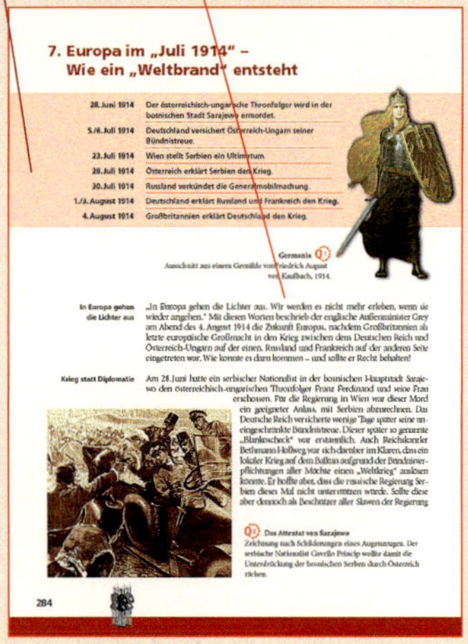

Die Autorinnen und Autoren haben für dich unterschiedliche Materialien zusammengestellt. Mit einem Q sind Quellen (z. B. Texte und Abbildungen) gekennzeichnet, die uns unmittelbar aus der Vergangenheit überliefert sind bzw. bei denen Menschen aus längst vergangenen Zeiten selbst zu Wort kommen. Ein D steht für Darstellungen (z. B. Texte, Schaubilder, Karten), die von heute lebenden Historikern oder von den Autorinnen und Autoren dieses Buches stammen. Zur besseren Orientierung sind die Quellen und Darstellungen in jedem Kapitel durchnummeriert.

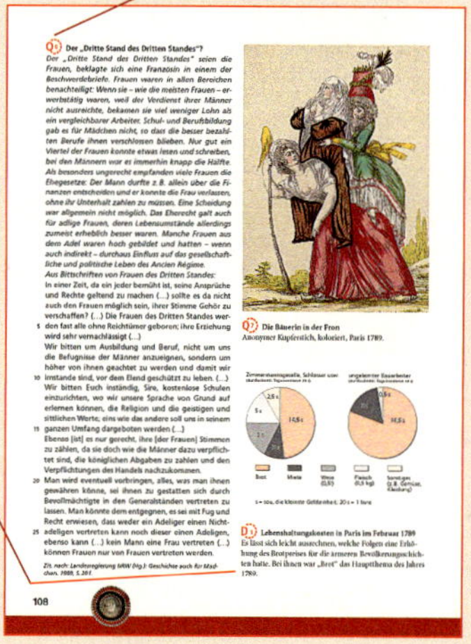

Wenn eine Seite die Überschrift „Gewusst wie“ trägt und oben durch einen breiten farbigen Balken gekennzeichnet ist, weißt du sofort, hier wird eine Methode vorgestellt. Auf diesen Seiten wird gezeigt, wie du an ein bestimmtes Material (Texte, Schaubilder, Karten, Karikaturen usw.) herangehst, um ihm Informationen zu entlocken. Natürlich kannst du diese Methode gleich anwenden und selbst probieren.

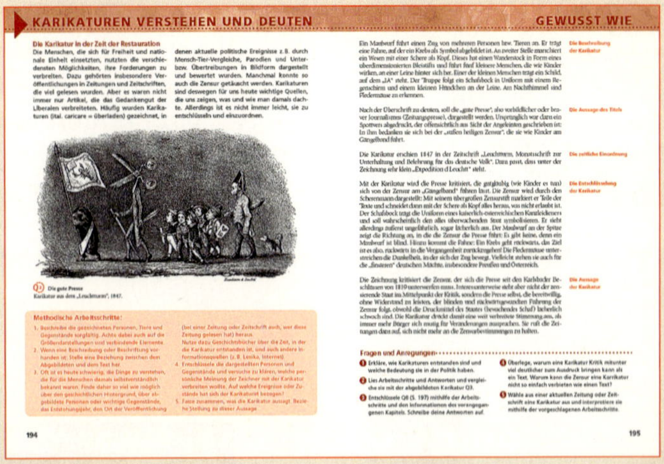

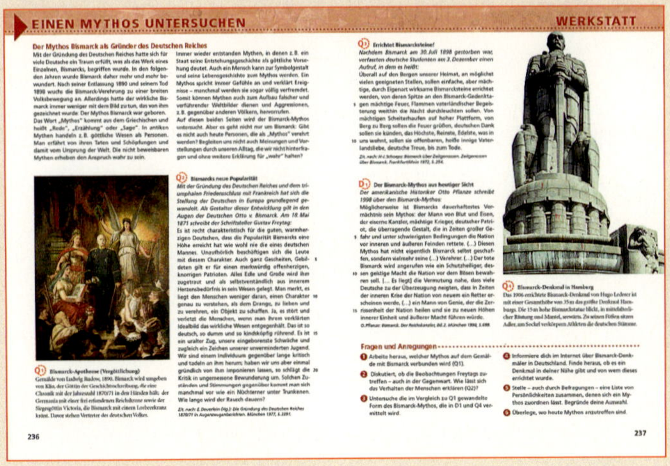

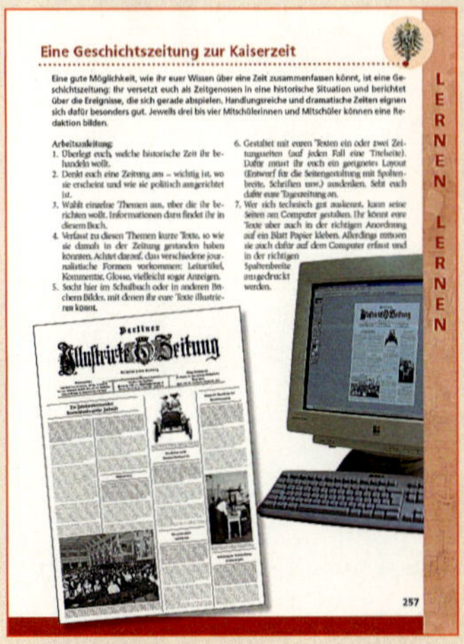

Ebenfalls einen breiten Farbbalken am oberen Seitenrand haben die Werkstattseiten. Dort kannst du, von den Autoren angeleitet, interessante Themen zur Vergangenheit selbst erkunden und erklären. Es bietet sich häufig an, dass ihr die Aufgaben in kleinen Gruppen bearbeitet und löst.

Jede Themeneinheit endet mit einer Seite, die mit „Lernen lernen“ überschrieben ist. Hier bekommst du Tipps, wie du erfolgreich historisches Wissen anwenden und dir einprägen kannst.

Kleine Symbole sollen dir helfen, dich in dem Buch zurechtzufinden:

Über historische Sachverhalte gibt es immer voneinander abweichende Auffassungen. Dies kommt besonders in Texten zum Ausdruck, die mit „Kontrovers“ gekennzeichnet sind.

Besondere historische Grundbegriffe sind in einem Kasten erklärt. Du findest sie auch, indem du am Ende des Buches im Verzeichnis der Personen, Sachen und Begriffe nachschlägst. Dort sind sie durch fette Buchstaben besonders hervorgehoben.

Das Buch bietet dir Literaturtipps sowie Ideen und Anleitungen für kleine Projekte an.

Zusätzlich gibt es Empfehlungen für die Nutzung des Internets. Auf der Website http://www.klett.de/online haben wir weitere Angebote für dich aufbereitet. Gib dazu im Feld „Online-Link“ die Nummer 411050-0000 ein.

Zu welchen Themen es Module auf der Software gibt, erkennst du an der kleinen CD-ROM bei den „Fragen und Anregungen“.

DER ABSOLUTISMUS IN EUROPA

„Der Staat bin ich!" Unabhängig davon, ob Ludwig XIV. das wirklich gesagt hat oder die Aussage erfunden ist – sie bringt eine Herrschaftsform auf den Punkt, die ausgehend von Frankreich das 17. und 18. Jahrhundert in Europa geprägt hat: Ein Alleinherrscher regiert nahezu ohne Kontrolle durch andere Bevölkerungsgruppen. Um dies zu verwirklichen, werden nicht nur Militär und Wirtschaft, Architektur und Kunst in neue Formen gebracht. Gleichzeitig kommt mit der Aufklärung auch eine Gegenbewegung auf, die weitreichende Wirkungen entfaltet.
Auf der Auftaktdoppelseite und in dem folgenden Kapitel kannst du mehr dazu entdecken.

Französische Soldaten
Unbekannter Künstler.

Bauern vor ihrem Haus
Gemälde von Ludwig Le Nain, 17. Jahrhundert.

Kanalbau
Abbildung aus der „Encyclopédie"

Schloss und Stadt Versailles
von der Gartenseite aus gesehen nach dem Ausbau durch Ludwig XIV. Zeichnung von Israel Silvestre.

Ludwig XIV.
als Feldherr. Ausschnitt aus einem Gemälde von Rigaud.

DU
CONTRACT SOCIAL;
OU
PRINCIPES
DU
DROIT POLITIQUE.
PAR J. J. ROUSSEAU,
CITOYEN DE GENEVE.
— *fœderis æquas*
Dicamus leges.
Æneid. XI.

A AMSTERDAM,
Chez MARC MICHEL REY,
MDCCLXII.

Titelseite von Rousseaus „Du Contract social",
Amsterdam 1762.

Spiegelsaal im Schloss von Versailles

Friedrich II. von Preußen und Voltaire im Gespräch

1. Ludwig XIV. – der absolutistische Herrscher

1643 Ludwig XIV. wird fünfjährig zum König gekrönt. Seine Mutter Anna von Österreich führt mit Kardinal Mazarin die Regentschaft.

1661 Ludwig übernimmt nach dem Tod Kardinal Mazarins selbst die Regierung.

1715 Ludwig stirbt kurz vor Vollendung des 77. Lebensjahres.

Schaumünze aus der Regierungszeit Ludwigs XIV. Q1
Die Innenschrift lautet frei übersetzt „Alles Andere überragend".

Versailles – ein Schloss als Symbol

„Der trübseligste, undankbarste aller Orte: aussichts-, wald- und wasserarm, wo der Boden Sand oder Sumpf, und die Luft infolgedessen ungesund war. (...) Wozu noch von den ungeheuerlichen Fehlern des Riesenpalastes reden, der Unsummen verschlungen hat. (...) Das ist eine ganze Stadt, wo ehedem nur ein elendes Wirtshaus stand und jenes Gartenschlösschen, das Ludwig XIII. hatte erbauen lassen." Die Anlage, die der Herzog von Saint-Simon mit so wenig freundlichen Worten beschrieb, wurde von der Oberschicht Europas bewundert und nachgeahmt: Versailles. Bis zu 36 000 Menschen verschiedenster Berufe, unterstützt von 6000 Pferden, hatten an der Errichtung des Schlosses mit seinen über 2000 Räumen gearbeitet. Als Gipfel des Luxus galt die 73 m lange und von Licht durchflutete Galerie mit ihren 17 kostbaren Spiegeln gegenüber den Fenstern. Deren 580 m lange Gartenfront zeigte jedem Besucher seine eigene Bedeutungslosigkeit auf. Außerdem öffnete sie den Blick auf den aufwändig bepflanzten Park, für den auf 15 000 ha entwässertem Sumpfland Kanäle, Seen und rund 1400 von Pumpwerken betriebene Springbrunnen angelegt wurden. Schon bald nach seiner Regierungsübernahme 1661 hatte der bereits als Kind zum König von Frankreich gekrönte Ludwig XIV. diese neue Residenz bauen lassen. Gut zwanzig Jahre später bezog er mit seinem Hof das rund 20 km von der Hauptstadt Paris entfernte und inmitten von Wäldern gelegene Schloss, das aber bis zu seinem Tod eine Baustelle blieb. Rund 20 000 Menschen, darunter zahlreiche Leibwächter und mehrere hundert Köche und Künstler, wurden für den Hof und die fortan ständig dort lebenden Adligen beschäftigt. Diese neue Schlossanlage bildete nicht nur die glanzvolle Residenz Ludwigs. Sie verdeutlichte gleichzeitig des Königs Vorstellung von Herrschaft, die er im Lauf seiner Regierungszeit zur Perfektion führen sollte.

Q2 **Ludwig XIV. tanzt die Rolle des römischen Sonnengottes**
Die Sonne benutzte Ludwig häufig als Herrschaftssymbol, weshalb er auch als „Sonnenkönig" bezeichnet wird.

Der Adel wird entmachtet

Ein Kindheitserlebnis hat des Königs Denken stark geprägt. Damals begann ein Bündnis unter Führung von Adligen einen bewaffneten Aufstand, der die Königsfamilie zur Flucht aus Paris zwang. Ziel der Aufständischen war es, die Entscheidungen des Königs wieder stärker beeinflussen zu können. Mit einer Entmachtung des Adels hatte bereits Ludwigs Großvater König Heinrich IV., der von 1594 bis 1640 regierte, begonnen. Er hatte dadurch seine Regierung stärken und die Auseinandersetzungen im Land überwinden wollen, die vor allem durch das Vorgehen adliger Herren gegenüber Anhängern des protestantischen Glaubens verursacht worden waren.

Ähnlich wie in England (vgl. Kapitel „England im 17. Jahrhundert...") konnte der Adel aufs Mittelalter zurückgehende Rechte geltend machen, um den könig-

Q3 Die Schlossanlage von Versailles
Der Ausschnitt aus einem Gemälde von Pierre-Denis Martin zeigt den Zustand im Jahre 1722. Bestimmend für die Gesamtanlage sind die klaren geometrischen Formen. Im Zentrum der gesamten Anlage lag das Schlafzimmer des Königs. Die Baukosten für Versailles betrugen 440 000 kg Feingold.

lichen Herrschaftsanspruch in Frage zu stellen. So war den mit Adligen besetzten Gerichtshöfen in Paris und sieben weiteren Städten die Aufgabe übertragen, königliche Erlasse und Gesetze festzuhalten, die erst dadurch Gültigkeit erlangten. Diese so genannten Parlamente hatten daraus das Recht abgeleitet, Gesetze auch blockieren zu können. Anders als in England wurden solche möglichen Ansätze einer parlamentarischen Mitbestimmung in Frankreich jedoch abgeschnitten.
Als Folge des 1653 gescheiterten Aufstands blieb die Furcht vor dem Adel, den Ludwig deshalb politisch kaltstellte. So berief er die vom Adel dominierten „Generalstände", die eigentlich jeder neuen Steuer zustimmen mussten, nie ein.

Der Hochadel wird mit Feiern beschäftigt

Stattdessen wurde der Hochadel am königlichen Hof in Versailles versammelt und mit Feiern und Festen beschäftigt, was die Adligen ihren Machtverlust vergessen ließ. Da sie häufig ihre Landgüter vernachlässigten, stieg ihre Abhängigkeit von bezahlten Hofämtern. Diese wurden vom König verliehen, wie zum Beispiel das des königlichen Kerzenleuchterträgers. Allerdings beließ Ludwig dem Adel Privilegien wie Steuerbefreiung und eine eigene Gerichtsbarkeit, auch das Jagdrecht und den Anspruch auf Erhalt von Abgaben. Ähnliche Vorrechte besaß der Hohe Klerus, dessen Mitglieder ebenfalls aus dem Hochadel stammten.

„Der Staat bin ich!"

Schon als Kind war Ludwig gelehrt worden, dass er von Gott als König eingesetzt sei und als Auserwählter von „Gottes Gnaden" regieren werde. Dabei stehe er über allen geltenden Gesetzen, sei selbst also nicht an sie gebunden, sondern von ihnen losgelöst (lat. „legibus absolutus"). Von diesem Grundsatz wurde später die Bezeichnung „Absolutismus" für diese Staatsform abgeleitet.
Ludwig herrschte jedoch nicht nur dadurch, dass er Gesetze verkündete. Er ließ sie auch von Beamten, die nur ihm verantwortlich waren, ausführen und deren Einhaltung kontrollieren. Darüber hinaus konnte er als Oberster Richter all seinen Anordnungen Nachdruck verleihen. Diese Machtfülle und des Königs Einstellung dazu charakterisiert treffend die Aussage „L'état c'est moi" – „Der Staat bin ich".

Gegner werden diszipliniert

Dennoch darf man nicht übersehen, dass in den Regionen Frankreichs sich örtliche Adlige und ihre Institutionen weiterhin Einflussmöglichkeiten bewahren konnten. Insbesondere die Gerichtsbarkeit vor Ort unterstand ihnen weiterhin. Der Versuch, sich dem königlichen Willen zu widersetzen, war allerdings meist wenig erfolgreich. Denn im Umgang mit Gegnern nutzte Ludwig gezielt die Möglichkeiten, die er hatte, weil er alle Gewalten in seiner Hand vereinigte.

HERRSCHERBILDER INTERPRETIEREN

„Ein Bild sagt mehr als tausend Worte"

Herrscherbilder können wertvolle historische Quellen sein, wenn sich in ihnen das Selbstbild und das Herrschaftsverständnis eines Monarchen ausdrücken. Schaut man sich ein solches Bild an, gewinnt man gewiss einen ersten Eindruck von der dargestellten Person. Doch dieser kann sehr oberflächlich sein. Um „ein Herrscherbild zum Sprechen zu bringen", bedarf es einer gründlichen Analyse. Wie andere Formen der künstlerischen Darstellung bedienen sich auch Herrscherbilder der Formensprache ihrer Entstehungszeit. Man muss also die Benutzung und Umsetzung dieser Formen durch den Künstler sehr genau ergründen.

Ludwig XIV. Q4
Gemälde von Hyacinthe Rigaud, 1702. Das Bild ist heute im Louvre von Paris ausgestellt.

Arbeitsschritte:

1. Spontane Eindrücke formulieren
– Notiert „erste Eindrücke" vom Bild.
– Vergleicht sie miteinander und leitet daraus Fragen an das Bild ab.

2. Herrscherbild analysieren
– Beschreibt Position und Körperhaltung des Herrschers und stellt die Blickrichtung des Betrachters auf den Dargestellten (Perspektive) fest.
– Erfasst benutzte Details, wie z. B. Kleidung und Herrschaftssymbole.
– Untersucht Bildaufbau, Farbwahl und weitere hervorstechende Bildelemente.
– Informiert euch über Größe, Format und das verwendete Material des Bildes.

3. Die Darstellung in die Geschichte einordnen
– Stellt ebenso Informationen über den Künstler und die Bildentstehung zusammen wie über den dargestellten Herrscher.
– Klärt, welche Bildelemente als zeittypisch gelten müssen.

4. Herrscherbild interpretieren
– Formuliert zusammenfassend die Wirkung, die das Bild auf die Mitmenschen des Herrschers (Zeitgenossen) erzielen sollte, und mit welchen Mitteln dies erreicht werden sollte.
– Vergleicht dies abschließend mit euren am Anfang notierten Eindrücken und Fragen und erklärt Übereinstimmungen und Unterschiede.

Der französische Maler Hyacinthe Rigaud (1659–1743) fertigte rund 400 Porträtdarstellungen an. Eindrucksvolle Posen und detailreiche Darstellungen gelten als seine Spezialität. Als Hofmaler fertigte er dieses lebensgroße Repräsentationsporträt an, das ursprünglich für den spanischen König Philipp V., einen Enkel Ludwigs, gedacht war. Es gefiel dem Monarchen jedoch so gut, dass er es behielt und in Rigauds Werkstatt eine Kopie anfertigen ließ.
Das Herrscherbild gilt als Rigauds bedeutendstes Werk und wird heute im Louvre in Paris gezeigt. Es hat die Maße 277 x 194 cm und ist mit Ölfarben auf Leinwand gemalt. Rigaud schuf das Bild im Winter 1701/1702. Ludwig stand ihm nachweislich Modell, litt jedoch stark unter Gicht, so dass in diesen Sitzungen wohl nur Kopf und Gesicht gemalt wurden und Rigaud im Übrigen ein „Körperdouble" als Modell genutzt hat.
Ludwigs mit Hermelin geschmückter Mantel zeigt das Symbol der Königsfamilie, die Lilie. Sie findet sich auch auf einigen der abgebildeten Gegenstände wieder. Die verwendeten Farben (Lapislazuli-)Blau und (Purpur-)Rot galten, wie auch Gold, als sehr wertvoll, da sie ursprünglich durch Zusatz von Edelsteinen bzw. aus Schnecken gewonnen wurden.
Die Pose, die der König einnimmt, der so genannte „Tanzmeisterschritt", nimmt Bezug auf eine der bevorzugten Vergnügungen und die Lebensart Ludwigs.

Q5 Wie soll ein Bildnis gemalt werden?

Aus der Porträttheorie des Roger de Piles, 1708:

Kurz, in diesen Arten von Stellungen muss es scheinen, als wenn die Bildnisse uns selbst anredeten, und zu uns sprächen: (...) Halt, siehe mich an, ich bin (...). Ich bin dieser tapfere Feldherr, der an alle Orte Schrecken hinbringt; oder auch, der durch sein gutes Betragen so viel wichtige Unternehmungen glücklich ausgeführt hat; ich bin der große Minister, der alle Triebfedern der Staatskunst kannte. (...) Ich bin der Gelehrte, der von den Wissenschaften ganz eingenommen ist. (...)

Zit. nach: R. Schoch: Das Herrscherbild in der Malerei des 19. Jahrhunderts. München 1975, S. 20.

Fragen und Anregungen

1. Bringe Ludwig zum Sprechen, indem du ihn sein eigenes Bild erklären lässt. Du kannst ihn auch einen Dialog mit einem Betrachter führen lassen.
2. In der Quelle Q5 ist die erste Selbstaussage zum porträtierten König gekürzt. Vervollständige sie so, dass sie zu Ludwig XIV. passt.

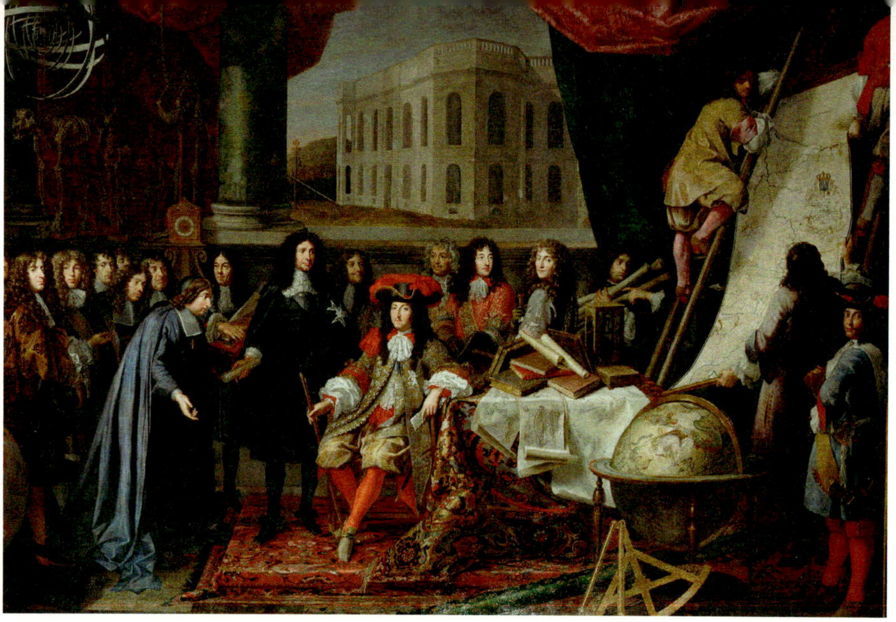

Ludwig XIV. besucht die Akademie der Wissenschaften Q6
Ausschnitt aus einem Gemälde von Henri Testelin, einem Zeitgenossen Ludwigs XIV., Musée de Versailles.
Die 1666 von Ludwig gegründete Akademie förderte die Mathematik und Naturwissenschaften.

D1 Alltag am königlichen Hof

Der Wissenschaftler Peter Burke analysiert die „Inszenierung" des Sonnenkönigs:

Heutzutage denkt man bei dem Namen „Versailles" nicht nur an ein Bauwerk, sondern an eine eigene Welt, an die höfische Gesellschaft und insbesondere an die Ritualisierung des königlichen Alltags. Aus dem morgendlichen Aufstehen und dem nächtlichen Zubettgehen wurde das zeremonielle lever bzw. coucher. (...) Die königlichen Mahlzeiten (...) waren Aufführungen vor einem Publikum. Es war eine Ehre, dem König beim Speisen zusehen zu dürfen, eine größere Ehre, während des Essens von ihm angeredet zu werden, doch am ehrenvollsten war die Einladung, ihm aufzutragen oder mit ihm zu speisen. (...)
Auch auf die anderen Elemente des königlichen Alltags wäre das zu beziehen – auf die tägliche Messe, auf die Besprechungen mit seinen Ratgebern, ja sogar auf seine Feldzüge, auf die Jagd und seine Spaziergänge im Garten. (...) Der königliche Alltag bestand aus Handlungen, die sich nicht bloß ständig wiederholten, sondern mit symbolischer Bedeutung befrachtet waren, weil sie von einem Schauspieler, dessen Person heilig war, vor der Öffentlichkeit aufgeführt wurden. Ludwig stand fast sein ganzes Leben lang auf der Bühne. Die Gegenstände, die am meisten mit dem König assoziiert wurden, waren ihrerseits geheiligt, weil sie ihn repräsentierten. Es war daher untersagt, einem Bildnis des Königs den Rücken zuzukehren, das leere Schlafzimmer des Königs zu betreten, ohne das Knie zu beugen, oder in dem Raum, wo der Tisch für den König gedeckt war, den Hut aufzubehalten. (...)

P. Burke: Ludwig XIV. Die Inszenierung des Sonnenkönigs. Berlin 1993, S. 111 ff.

Q7 Der König fordert Geld

Als die Ständeversammlung der Provence 1671 unter Berufung auf ihr traditionelles Recht zur Steuerbewilligung dem König die Mittel zur Kriegsfinanzierung verweigern wollte, schrieb sein Finanzminister dem obersten Verwaltungsbeamten mehrere Briefe:

27. November 1671
Was die Summe angeht, die Seine Majestät von ihnen [den Abgeordneten] fordert, so kann ich Ihnen versichern, dass es angesichts der enormen Ausgaben, die seiner Majestät für den Krieg (...) erwachsen, unmöglich ist, sich mit weniger als 500 000 Livres zu begnügen. Ich weiß, dass der König sich auf diese Summe so entschieden festgelegt hat, dass Sie keinerlei Hoffnung auf eine Ermäßigung aufkommen lassen dürfen. Es gibt viele überzeugende Gründe, die die Deputierten veranlassen müssen, den König schnellstens zufrieden zu stellen. (...)

25. Dezember 1671
Ich habe dem König über das fortgesetzt schlechte Betragen der Ständeversammlung der Provence berichtet, und da seine Majestät nicht länger geneigt ist, dies zu dulden, hat er die nötigen Befehle gegeben, sie nach Hause zu schicken und zugleich zehn Lettres de cachet [geheime Haftbefehle] zu erlassen, um die Übelstgesinnten unter den Deputierten nach Grandeville, Cherbourg, St. Malo, Morlaix und Concarneau zu verschicken. Sie erhalten diese Erlasse und Befehle mit der nächsten Post und ich brauche Ihnen wohl nicht zu empfehlen, sie pünktlich und genau auszuführen. (...)

Zit. nach: Geschichte in Quellen, Bd. III. München 1966, S. 433 ff. (Bearb. v. F. Dickmann)

Q8 Der neue Regierungsstil des Königs

Ludwig XIV. schildert für den Thronfolger seine Amtsauffassung :

Ich begann meine eigene Regierung damit, dass ich die vier Staatssekretäre nichts mehr unterzeichnen ließ, worüber sie mit mir nicht vorher gesprochen hatten. Ebenso stand es mit dem Finanzintendanten. (...) Ich bin über alles unterrichtet, ich leihe dem geringsten meiner Untertanen Gehör, ich kenne zu jeder Stunde die Zahl und den Wert meiner Truppen, den Zustand meiner befestigten Plätze. Ich treffe dauernd meine Anordnungen für alle Bedürfnisse der Truppe, ich verhandle direkt mit den fremden Gesandten, ich empfange und lese die Depeschen, ich verfasse selbst einen Teil der Antworten und erkläre bei den übrigen meinen Sekretären kurz den Inhalt des Antwortschreibens. Ich regele selbst Einnahmen und Ausgaben des Staates, ich lasse mir von den Männern, denen ich wichtige Posten anvertraut habe, direkt Rechenschaft ablegen. (...)

Die zu große Machtstellung der Parlamente [königliche Gerichtshöfe, besetzt mit Adligen] war während meiner Minderjährigkeit dem ganzen Königreiche gefährlich geworden. (...) Sie machten sich zu Verteidigern dieser angeblichen Volksrechte, ohne zu bedenken, dass es hier nicht zwei Interessen, sondern nur eines geben kann. (...) Denn über die Könige ist Gott allein Richter, und wenn sie gegen das allgemeine Gesetz zu verstoßen scheinen, so beruht ihr Handeln zumeist auf der Staatsraison, die, wie allgemein zugegeben wird, das höchste aller Gesetze ist; aber sie ist zugleich für alle diejenigen, die nicht regieren, das am wenigsten bekannte und dunkelste Gesetz. (...)

Unser Gehorsam gegenüber Gott ist das Vorbild und das Beispiel für den Gehorsam, den man uns schuldet. Unsere Armeen, unsere Räte, alle Hilfsmittel menschlicher Erfindungskraft würden nicht ausreichen, um uns auf dem Throne zu erhalten, wenn jeder glaubt, er habe dasselbe Recht wie wir, wenn er nicht eine höhere Macht verehrte, von der unsere Macht ein Teil ist. (...) Denn schließlich, mein Sohn, müssen wir das Wohl unserer Untertanen weit mehr im Auge haben als unser eigenes. (...) Die Macht, die wir über sie haben, darf uns nur dazu dienen, mit umso größerem Eifer für ihren Wohlstand zu arbeiten.

Zit. nach: L. Steinfeld (Hg.): Ludwig XIV., Memoiren. Basel 1931, S. 25 f., 33 f., 45, 47, 51, 69, 81.

Q9 Der Ursprung der königlichen Gewalt

Der Theologe Jacques-Bénigne Bossuet, seit 1670 Erzieher des Thronfolgers, später Bischof, erklärt seinem Schüler den Absolutismus:

Wenn man Staaten gründet, will man sich vereinigen; niemals aber ist die Einheit besser gewahrt als unter einem einzigen Oberhaupt. (...)

Wir haben also mit der Schrift [Bibel] begründet, dass die königliche Gewalt ihren Ursprung in der Gottheit selber hat; dass Gott sie seit der Erschaffung der Welt sichtbar über die Menschen ausgeübt hat; dass er diese übernatürliche und wundersame Herrschaft über das Volk Israel fortdauernd ausgeübt hat bis zu der Zeit der Einsetzung der Könige; dass er darauf die Staatsform der erblichen Monarchie als die natürlichste und dauerhafteste unter allen ausgewählt hat. (...)

Die Fürsten handeln also als Gottes Diener und Statthalter auf Erden. Durch sie übt er seine Herrschaft aus. (...) Deshalb ist, wie wir gesehen haben, der königliche Thron nicht der Thron eines Menschen, sondern Gottes selber. (...) Aus alledem ergibt sich, dass die Person der Könige geheiligt ist. (...)

Kommt ihre Gewalt von oben, so dürfen sie doch nicht glauben, sie seien Herren über sie, um nach ihrem Belieben davon Gebrauch zu machen. Vielmehr sollen sie sich ihrer mit Scheu und Zurückhaltung bedienen, als einer ihnen von Gott anvertrauten Sache, über die Gott von ihnen Rechenschaft fordern wird. (...)

Der Fürst blickt von einem höheren und weiteren Standort aus; man darf darauf vertrauen, dass er weiter sieht [als wir]; deshalb muss man ihm ohne Murren gehorchen, denn das Murren ist schon so viel wie eine Neigung zur Empörung. (...)

Zit. nach: Geschichte in Quellen, Bd. III. München 1966, S. 450 ff. (Bearb. v. F. Dickmann.)

Fragen und Anregungen

1. Nenne die Argumente, mit denen Bossuet die absolutistische Herrschaft begründet. Gehe auch auf die den Untertanen zugewiesene Rolle ein (Q9).
2. Vergleiche die Haltung der Ständeversammlung mit der Position Bossuets. Schreibe im Namen Bossuets einen Brief an die Versammlung und entwirf eine Antwort darauf (Q7, Q9).
3. Erläutere, warum Peter Burke von einer „Inszenierung" des Königs spricht. Stelle fest, ob seine Beschreibung zu dem Bild passt, das du dir von Ludwig XIV. gemacht hast (VT, D1, Q2, Herrscherbild).
4. Formuliere ein Streitgespräch zwischen Ludwig XIV. und einem adligen Kritiker über den Absolutismus (VT, Q3, Q7, Q8).

2. Frankreich im Absolutismus – ein moderner Staat?

Das Stehende Heer

Ludwigs Herrschaft ruhte auf verschiedenen Säulen. Eine davon bildete sein neu organisiertes Heer, das künftig ständig unter Waffen stehen sollte. Denn aus dem 1648 beendeten Dreißigjährigen Krieg hatten seine Kriegsminister eine Konsequenz gezogen: Nicht mehr auf Zeit angeworbene und oft schlecht ausgebildete Söldnerheere – und schon gar nicht adlige Vasallen mit eigenen Leuten wie im Mittelalter – sollten in Zukunft die Politik des Herrschers absichern. Dem König als Oberbefehlshaber sollte vielmehr ein gut ausgebildetes Aufgebot zur Verfügung stehen, das einheitlich bewaffnet und gekleidet (uniformiert) sowie in Kasernen untergebracht wurde. Diese Armee betrug im Jahr 1664 45 000 Mann und wurde in Kriegszeiten bis auf das Neunfache verstärkt. Sie und eine neue Flotte sollten auch Befestigungen und bewaffnete Truppen im Landesinneren überflüssig machen, die bislang den Adligen unterstellt waren. Deren Stellung wurde dadurch geschwächt, dass sie jetzt keine eigenen Truppen mehr besaßen und nur noch in höheren Offiziersrängen im königlichen Militär Beschäftigung fanden.

Die Außenpolitik Ludwigs XIV.

Die Innere Ordnung zu bewahren war ebenso Aufgabe des Heeres wie das Land zu verteidigen und durch Eroberungen die königliche Macht auszubauen. So führte Ludwig unter Berufung auf umstrittene Erbansprüche seiner Verwandten zahlreiche Kriege vor allem gegen seine Nachbarn, so um das heutige Belgien und die Pfalz. Besondere Gerichtshöfe ermittelten Gebiete, die im Mittelalter französische Lehen waren. Diese ließ er von seinen Soldaten besetzen. So wurden Straßburg 1681 einverleibt und das Elsass zur französischen Provinz erklärt, während Ludwigs Hauptgegner, der deutsche Kaiser, seine Hauptstadt Wien gegen eine Belagerung der Türken verteidigen musste. Nach anfänglichen Erfolgen wurde allerdings deutlich, dass Frankreich die angestrebte Vormachtstellung nicht erringen konnte: Die anderen europäischen Herrscher verbündeten sich und zwangen Frankreich, einen Teil der eroberten Gebiete zurückzugeben. Die vor allem von Großbritannien vertretene Politik vom Gleichgewicht der europäischen Mächte setzte sich durch.

Gedenkmünze Q1 zu den Zerstörungen in der Pfalz, 1688.

Zu Ludwigs Außenpolitik gehörte auch, in den Hauptstädten anderer Länder diplomatische Vertretungen mit Gesandten einzurichten. Sie sollten die politischen Standpunkte Frankreichs vor Ort vertreten und Einfluss auf die dortigen Entscheidungen nehmen. Wie die Neuerungen beim Militär wurde auch dieses Vorbild schnell von den anderen europäischen Mächten übernommen.

Absolutismus

Der erst später geprägte Begriff steht für eine im 17. und 18. Jahrhundert in Europa verbreitet anzutreffende und vom französischen König Ludwig XIV. maßgeblich ausgestaltete Regierungsform, bei der ein Fürst von Gottes Gnaden eine ungeteilte Herrschaft ausübt. Er verwirklicht dies durch Erlass von Gesetzen, deren Ausführung eine von ihm abhängige Bürokratie übernimmt und denen er als Oberster Gerichtsherr Geltung verschafft. Er selbst muss sich jedoch an die eigenen Gesetze nicht halten (lat. „legibus absolutus"). Des Herrschers Position wird durch die gezielte Entmachtung traditioneller Mitwirkungsorgane und eine ihm unterstellte, ständig unter Waffen stehende Armee weiter gestärkt.

D1 Neubreisach im Elsass (Frankreich); das Luftbild zeigt den heutigen Zustand
Der ursprüngliche Aufbau der Festungsstadt ist gut erkennbar.

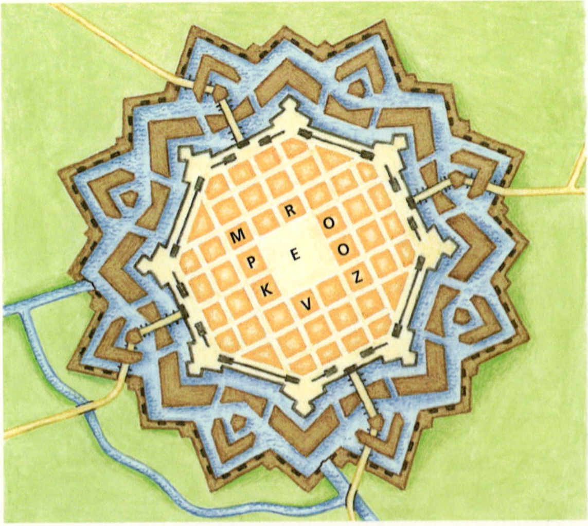

D2 Grundriss der Festung Neubreisach im 18. Jahrhundert
E Exerzierplatz, **K** Kirche, **M** Marktgebäude, **O** Offiziersunterkünfte, **P** Pfarrei, **R** Rathaus, **Z** Zeughaus

Eine neu organisierte Verwaltung

Ein zweite wichtige Säule der Politik Ludwigs XIV. bildete die ebenfalls reformierte Verwaltung. Bereits bei seinem Regierungsantritt 1661 hatte er erstmals auf einen Premierminister verzichtet und persönlich die Leitung der Regierungsgeschäfte übernommen. Bürgerliche Fachleute anstelle von adligen oder kirchlichen Würdenträgern berieten ihn, sie machte er auch zu seinen Ministern. Das seit dem Mittelalter selbstverständliche Zusammenwirken von König, Adel und hoher Geistlichkeit bei der Regierung des Staates fand damit sein Ende.
An die Spitze neu zugeschnittener Verwaltungsbezirke traten meist so genannte bürgerliche Intendanten anstelle adliger Gouverneure. Diese oft ortsfremden Fachleute sorgten für die Umsetzung königlicher Befehle und übernahmen die Rechtsprechung sowie den Einzug der Steuern. Letztere Aufgabe wurde immer häufiger an Steuerpächter vergeben, die gegen Zahlung einer festen Summe an den König die Steuern einziehen und behalten konnten. Dieses und andere Ämter wurden an wohlhabende Bürger verkauft. Da auch Adelstitel zeitweise käuflich waren, entstand so der neue Amtsadel. Dem König brachte dieses System dringend benötigte Einnahmen, den Amtsinhabern einträgliche Geschäfte und gesellschaftlichen Aufstieg.

Glaubenseinheit statt Glaubensfreiheit

Religiöse Fragen betrachtete Ludwig als wichtigen Bestandteil seiner Herrschaft. Für ihn galt: „Ein König, ein Gesetz, ein Glaube". Auch bei der Besetzung hoher kirchlicher Ämter wie der Einsetzung von Bischöfen wollte er mitentscheiden. Sein Großvater Heinrich IV. hatte 1598 im Toleranzedikt von Nantes zum Protestantismus übergetretenen Franzosen die freie Religionsausübung gewährt. Dieses hob Ludwig 1685 endgültig auf, nachdem die protestantischen Hugenotten bedrängt worden waren, indem man zum Beispiel gewalttätige Soldaten bei ihnen einquartierte. Als auch Gottesdienste verboten und Kirchen zerstört wurden, verließen trotz Verbots mehrere hunderttausend Menschen ihre Heimat, unter ihnen Handwerker und Gelehrte. Dank ihrer Fähigkeiten und ihres Pflichtbewusstseins waren sie den Herrschern der Nachbarländer willkommen. Tausende Hugenotten fanden in deutschen Ländern Zuflucht, so z. B. in Brandenburg-Preußen und im Rheinland.

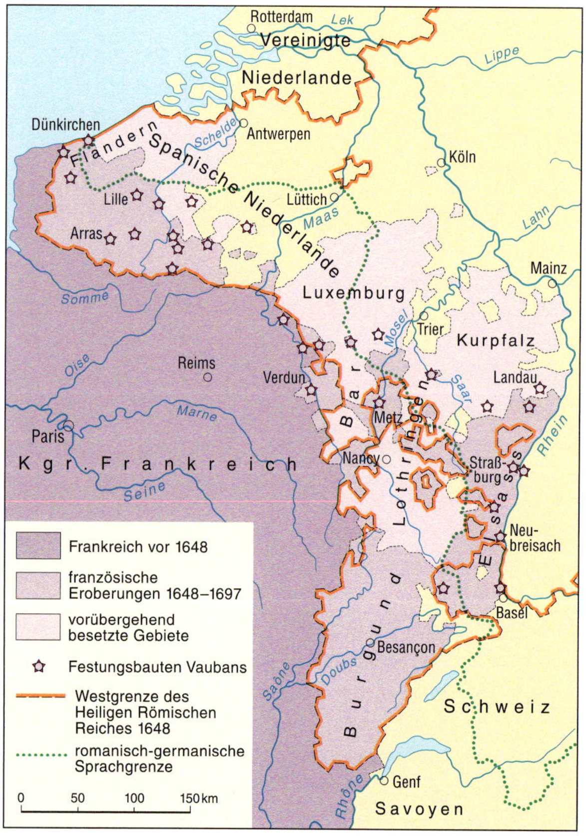

D3 Grenze Frankreichs zum Reich

Q2 Über den Umgang mit Verträgen

Ludwig XIV. schreibt für den Thronfolger:

Die Lage der beiden Kronen von Frankreich und Spanien ist heute noch die gleiche wie in der Vergangenheit; wenn die eine an Macht zunimmt, muss die andere entsprechend an Macht verlieren. Dies führt zwischen beiden Ländern zu einer Eifersucht, die, wenn ich so sagen darf, ihnen wesentlich ist, zu einer Art von Erbfeindschaft, die durch Verträge verhüllt werden, aber niemals zum Erlöschen gebracht werden kann. (...)

All die schönen Bestimmungen über Bündnisse, Freundschaftsbeteuerungen, das Versprechen, einander alle möglichen Vorteile zukommen zu lassen, bedeuten nach der Erfahrung der Jahrhunderte, so wie es die beiden Vertragschließenden verstehen, nichts anderes, als dass sie sich lediglich bewaffneter Übergriffe und öffentlicher Feindseligkeiten enthalten wollen. Geheime Vertragsverletzungen, die nicht an die Öffentlichkeit dringen, erwartet jeder vom anderen.

Zit. nach: L. Steinfeld (Hg.): Ludwig XIV., Memoiren. Basel 1931, S. 25 f., 33 f., 45, 47, 51, 69, 81.

Q3 Eine Kriegserklärung

Ludwig XIV. erklärt den Vereinigten Niederlanden am 6. April 1672 den Krieg:

Das Missfallen Seiner Majestät über das Betragen, das die Generalstaaten der Vereinigten Niederlande seit einiger Zeit ihm gegenüber gezeigt haben, hat sich so vermehrt, dass Seine Majestät ohne Verminderung seines Ansehens nicht länger seine Empörung (...) zurückhalten kann. (...) Deshalb erklärt Seine Majestät hiermit den Generalstaaten den Krieg.

Zit. nach: W. Lautemann/M. Schlenke (Hg.): Geschichte in Quellen, Bd. III. München 1966, S. 514 f.

Q4 Das Kapitulationsabkommen Straßburgs, 1681

Als Straßburg besetzt und mit Frankreich wiedervereinigt wurde, schloss die Stadt ein Abkommen mit dem französischen Kriegsminister Louvois. Es wurde vom Rat der Stadt entworfen und vom Minister mit einigen – hier kursiv gesetzten – Zusätzen versehen:

(...) 1. Die Stadt Straßburg erkennt nach dem Beispiel des Bischofs von Straßburg, des Grafen von Hanau (...) Seine Allerchristlichste Majestät als ihren obersten Herrn und Beschützer an.

Der König nimmt die Stadt und alles, was dazu gehört, in seinen königlichen Schutz auf.

2. Seine Majestät wird alle alten Privilegien, Rechte, Statuten und Gewohnheiten der Stadt Straßburg, geistliche wie weltliche, (...) bekräftigen.

Bewilligt.

3. Seine Majestät wird die freie Religionsausübung, wie sie seit dem Jahre 1624 bis zur Gegenwart bestanden hat, bestehen lassen. (...)

Moderner Staat

Der moderne Staat bildete sich in der Neuzeit da heraus, wo eine ausreichend starke Zentralgewalt in einem genügend großen Staatsgebiet herrschte. Als weitere Merkmale zu nennen sind die weitgehende Entmachtung der alten feudalen Mächte sowie die Schaffung neuer Strukturen. Diese trifft man insbesondere im Bereich von Verwaltung, Finanzen, Militär und Diplomatie an.

Q5 „Bekehrung" der Hugenotten

Karikatur aus dem Jahr 1686. Im Bild heißt es: „Der neue Missionar, gesandt durch Ludwig den Großen für das gesamte Königreich Frankreich, um die Häretiker [Ketzer] zum katholischen Glauben (…) zurückzuführen". Dazu bedient sich der „missionierende Dragoner" der „unbesiegbaren Vernunft" und der „durchdringenden Vernunft".

Bewilligt hinsichtlich der Nutzung aller Kirchengüter (…), ausgenommen das Kapitel der Kirche Unserer lieben Frau, auch Münster genannt, das den Katholiken zurückzugeben ist. (…)

7. Seine Majestät lässt der Stadt und den Bürgern von Straßburg die freie Benutzung der Rheinbrücke und aller ihrer Dörfer, Schlösser, Güter, Landhäuser und Ländereien, die ihr zugehören.

Bewilligt.

Zit. nach: W. Lautemann/M. Schlenke (Hg.): Geschichte in Quellen, Bd. III. München 1966, S. 527 f.

Q6 Verfolgung der Hugenotten

Ein Augenzeuge aus Metz berichtet:

Dann gab der oberste Gerichtshof den Befehl, unsere Kirche zu zerstören, nebst allen Gebäuden, die zu ihr gehören. Sofort machte sich ein großer Volkshaufen daran, das gottlose Werk auszuführen. (…) Am Abend desselben Tages war schon keine Spur der Kirche mehr übrig. Während die Papisten [Katholiken] sich solchen Belustigungen hingaben und einige von uns diesem Schauspiel mit Tränen in den Augen zusahen, packten andere, was sie Wertvolles hatten, zusammen und machten sich mit ihren Frauen und Kindern unter dem Beistand des Heiligen Geistes auf den Weg nach Deutschland. Gott gab, dass sie das Ziel erreichten und dort eine Zuflucht fanden, deren sie sich noch heute erfreuen. Aber schon am folgenden Morgen hatte man auf Betreiben der katholischen Geistlichkeit überall Wachen aufgestellt. (…) Auch kam einige Tage danach der Befehl des Königs, wenn jemand ergriffen werde in Ausführung der Absicht, das Königreich zu verlassen, der soll zu den Galeeren verurteilt, den Frauen und Kindern aber sollte erst das Haupt kahl geschoren und dann sollten sie in ein Kloster gesteckt werden.

Zit. nach: H. Schulze/J. U. Paul (Hg.): Europäische Geschichte. München 1994, S. 849.

Fragen und Anregungen

1. Lies den historischen Grundbegriff „Absolutismus" und erläutere seine Aussagen ausführlich mithilfe der Verfassertexte dieses und des vorangegangenen Kapitels.
2. Wende die Definition des „modernen Staates" auf das absolutistische Frankreich an. Überlege, ob es berechtigt ist, Frankreich als modernen Staat zu bezeichnen (VT, Grundbegriff).
3. Sage deine Meinung zu Ludwigs Verständnis von Kriegsgründen und Vertragstreue (Q2, Q3).
4. Deutsche Politiker behaupteten lange Zeit, Straßburg sei Opfer französischer Aggressivität geworden. Setze dich anhand des Kapitulationsabkommens damit auseinander (Q4). Informiere dich auch über die aktuelle politische Situation beiderseits des Oberrheins und berichte darüber.
5. Vergleiche das Vorgehen gegenüber den Hugenotten mit dem Verhalten des Königs gegenüber den Ständen, die die Kriegssteuer verweigerten (Q5, Q6, S. 16: Q7).

3. Wie modern war Frankreichs Wirtschaft?

Finanzielle Probleme

Nur ein wohlhabender König kann auch ein starker König sein! Diese Überzeugung vertrat der Tuchhändlerssohn Jean-Baptiste Colbert, der 1665 Generalkontrolleur der Finanzen wurde.
Ludwig traf kostspielige Entscheidungen, ohne den Folgekosten viel Aufmerksamkeit zu schenken. Der Bau und die Unterhaltung von Versailles und die aufwändige Hofhaltung dort waren teuer, dazu kamen das stehende Heer und die Kriegsflotte, der Bau der Festungen und die Kriegszüge. Für die Übernahme aller Kosten reichten die Steuern nicht aus. Finanzielle Krisen drohten besonders dann, wenn wegen der Schulden vergangener Jahre zusätzliche Kreditzinsen entrichtet werden mussten. Deswegen nahm Colbert sich vor, die staatlichen Einnahmen zu verbessern.

Colbert lenkt die Wirtschaft

Aber wie bewirkt man dies, wenn man die Steuern nicht beliebig erhöhen kann? Colbert griff dazu die Wirtschaftspolitik des Merkantilismus auf, die durch ihn bestimmend für den Absolutismus wurde. Er wollte die Wirtschaft so ankurbeln, dass mehr Geld in die Staatskasse floss. Denn neben anderen Steuern, die Bauern und Bürger auf ihr Einkommen und ihren Grundbesitz zu zahlen hatten, wurden auf bestimmte Waren indirekte Steuern erhoben, die man mit unserer heutigen Mehrwertsteuer vergleichen kann. Wenn also viel gekauft und viel verkauft wurde, füllte sich auch die Staatskasse.
Dazu griff Colbert lenkend in das wirtschaftliche Geschehen ein und ließ wichtige Voraussetzungen für Handel und Gewerbe schaffen. Der Bau neuer Straßen und Brücken sowie Kanäle verbesserte die Verkehrswege und erleichterte ebenso den Austausch von Waren wie die Beseitigung von Zollgrenzen innerhalb des Landes. Die Gründung von Handelsgesellschaften mit Niederlassungen unter anderem in Nordamerika und Indien und ein Ausbau der Handelsflotte sollten die Versorgung mit Rohstoffen sicherstellen. Frankreichs „Infrastruktur" wurde also nachhaltig verbessert. Schließlich wurde die Einfuhr ausländischer Fertigwaren mit hohen Zöllen erschwert, damit nur die in Frankreich Steuern zahlenden Unternehmer und Kaufleute gefördert wurden.

Jean-Baptiste Colbert (1619–1683) Q1
Finanzminister Ludwigs XIV. Er vollendete den Merkantilismus.

Überschüsse sind das Ziel

Ein wichtiges Ziel Colberts bestand darin, im Handel mit dem Ausland Überschüsse zu erzielen, also Fertigwaren von höherem Wert im Ausland zu verkaufen und dort allenfalls preiswerte Rohstoffe einzukaufen. Vom Überschuss sollten in Frankreich knappe Edelmetalle eingeführt werden, um daraus Münzen zu prägen. Allerdings ging er fälschlicherweise davon aus, dass die Geldmenge und der Umfang des Handels in Europa in etwa gleich bleiben mussten. Der Reichtum, den Frankreich erstrebte, musste also zu Lasten anderer Länder erreicht werden, worin auch eine Erklärung für Ludwigs Kriege zu sehen ist.

Manufakturen produzieren anders

Wesentlich zum Wachsen der Wirtschaft sollten Manufakturen beitragen, die sich von den herkömmlichen Handwerksbetrieben deutlich unterschieden. Ein Handwerker stellte nicht mehr allein ein gesamtes Werkstück her, sondern daran waren jetzt viele beteiligt – sogar Kinder. Die zur Herstellung notwendigen Arbeitsschritte wurden so aufgeteilt, dass die gleichen Arbeitskräfte immer die gleichen Handgriffe ausführten. Diese Spezialisierung führte zu einer deutlichen Steigerung der Produktion. Die ersten Manufakturen stellten auf Veranlassung und im Auftrag des Königs luxuriöse Waren wie Teppiche und Spiegel, Kutschen und Uniformen her.

Q2 Spielkartenmanufaktur in Paris um 1680. Zeitgenössisches Gemälde.
1 Mit Öl getränktes Papier pressen; **2** Trocknen; **3** Verleimen von drei Papierlagen; **4** Erneutes Trocknen; **5** Kolorieren mithilfe von Schablonen; **6** Nachkolorieren von Hand; **7** Lackieren; **8** Aufwärmen; **9** Polieren; **10** Zerschneiden; **11** Qualitätskontrolle; **12** Zusammensortieren zu Spielen; **13** Verpacken; **14** Verkauf.

Das Prinzip wurde schon bald von bürgerlichen Unternehmern für die Herstellung von Spielkarten, Knöpfen, Waffen und anderem übernommen. Solche Betriebe beschäftigten nicht selten mehrere Hundert Arbeitskräfte. Die Manufakturen stellen eine Vorstufe zur Industrieproduktion dar, denn die Arbeitsform war ähnlich. Es wurden jedoch noch keine Maschinen im modernen Sinne verwendet, sondern in Handarbeit produziert. Die aus den lateinischen Wörtern „manu" (mit der Hand) und „facere" (machen) gebildete Bezeichnung verdeutlicht dies.

Wohlhabende Bürger profitieren

Von dem wirtschaftlichen Aufschwung profitierte vor allem die kleine Gruppe der wohlhabenden Bürger. Als Unternehmer betrieben sie die Manufakturen und als Kaufleute organisierten sie den Austausch der Waren. Mit repräsentativen Bauten zeigten sie ihren Wohlstand der Öffentlichkeit. Man traf sich zu gelehrten Gesprächsabenden, denn gute Bildung war selbstverständlich und aus diesen bürgerlichen Familien entstammten bedeutende Künstler und Wissenschaftler und besonders Juristen. Auch der König nahm die Dienste solcher Fachleute gern in Anspruch.
Im krassen Gegensatz dazu stand ihre gesellschaftliche Rolle als Angehörige des „Dritten Standes", der im Gegensatz zu Geistlichkeit und Adel keinerlei Vorrechte, sondern nur Pflichten besaß. Die Unzufriedenheit damit wurde durch oft aus ihren Reihen stammenden kritischen Philosophen weiter verstärkt und war schließlich mit ausschlaggebend für die Französische Revolution.

Q3 Bürgerliches Ehepaar aus dem 18. Jahrhundert

Lage der Stadtbewohner und Bauern

Die große Mehrheit der Stadtbewohner jedoch lebte in ärmlichen Verhältnissen. Für Arbeitslose und Gelegenheitsarbeiter galt dies ohnehin. Die Handwerksbetriebe antworteten auf die Konkurrenz durch die Manufakturen mit Lohnkürzungen und konnten oft trotzdem nicht bestehen. Und die Löhne der Manufakturarbeiter blieben trotz langer Arbeitszeiten niedrig, damit hohe Gewinne erzielt werden konnten. Beim Aufschwung der Gewerbe ganz vernachlässigt wurde die Landwirtschaft, in der die meisten Franzosen ihren Lebensunterhalt erwirtschafteten. Vielen Bauern ging es sehr schlecht. Ihre eigenen Flächen waren zu klein, um den Lebensunterhalt sicherzustellen; zudem waren sie zu unbezahlter Arbeit für den Grundherrn verpflichtet. Die Preise für landwirtschaftliche Erzeugnisse wie Getreide wurden auf ein geringes Niveau gedrückt, um die Lebenshaltungskosten der vielen armen Stadtbewohner niedrig zu halten. Allerdings wuchs auch die Steuerlast weiter. Ludwigs Festungsbaumeister Vauban schätzte, „dass fast ein Zehntel der Bevölkerung sich tatsächlich durch Betteln erhält; dass von den übrigen neun Zehnteln fünf nicht in der Lage sind, das erste Zehntel durch Almosen zu unterstützen, weil sie selber diesem Elendszustand um Haaresbreite nahe sind und dass von den verbleibenden vier Zehnteln drei außerordentlich schlecht gestellt sind“.

Die Ergebnisse der Wirtschaftspolitik Colberts

Colberts merkantilistische Politik führte zwar zu einem Anwachsen der Einnahmen, konnte aber die hohen Ausgaben Ludwigs, insbesondere für seine Kriege, nicht ausgleichen. Als der König 1715 starb, war Frankreich bei privaten Geldgebern hoch verschuldet und nahezu bankrott. Auch an der Gesellschaftsstruktur hatte sich nichts geändert: Frankreichs Bevölkerung blieb in drei Stände gegliedert, was sich in einer sehr ungleichen Verteilung der Rechte und Pflichten, gerade auch bei der Belastung mit Steuern, ausdrückte.

Die Wirtschaft Frankreichs im späten 17. Jahrhundert D1

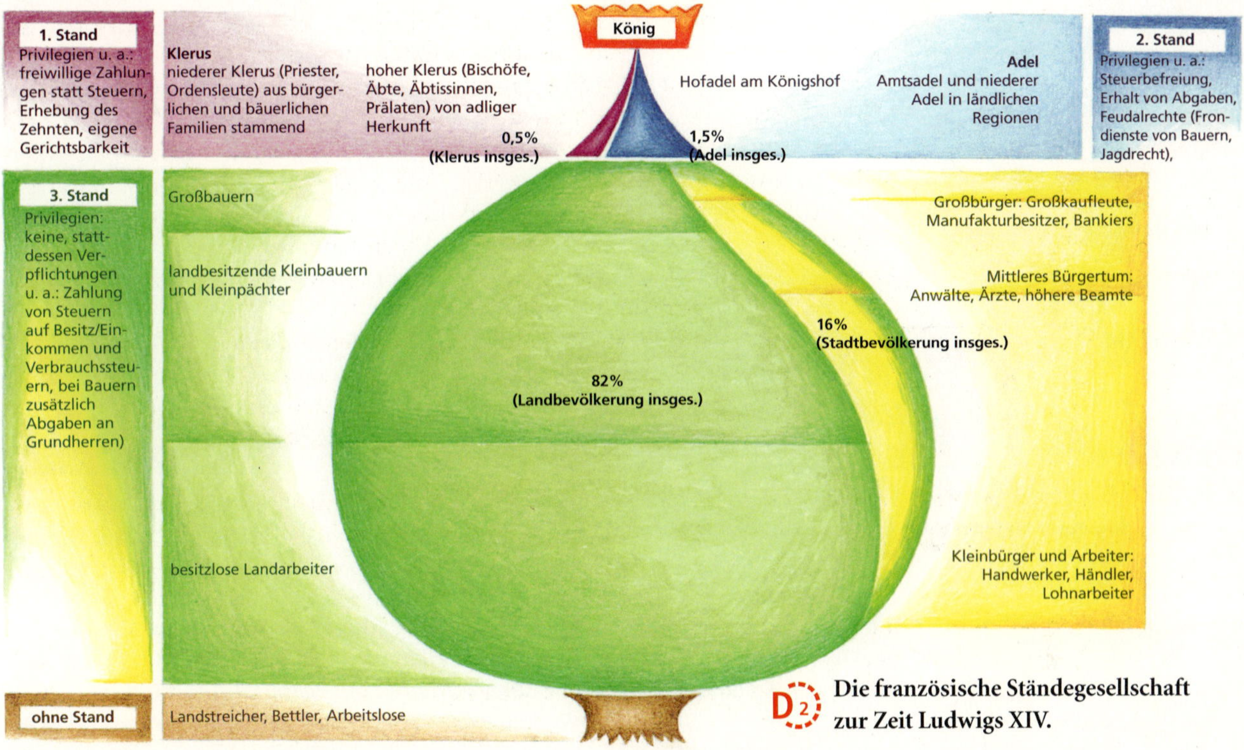

D2 Die französische Ständegesellschaft zur Zeit Ludwigs XIV.

Q4 Die neue französische Wirtschaftspolitik

Aus einer Denkschrift Jean-Baptiste Colberts vom 3. August 1664:

Würden stattdessen diese Manufakturen [gemeint sind die niederländischen] bei uns wieder eingerichtet, so hätten wir nicht nur deren Erzeugnisse für unseren Bedarf (...), sondern wir hätten auch noch Überschüsse für die Ausfuhr, die uns wiederum einen Rückfluss an Geld einbrächten. Dies aber ist, mit einem Wort gesagt, das einzige Ziel des Handels und das einzige Mittel, Größe und Macht dieses Staates zu vermehren. (...)

Ich glaube, man wird ohne weiteres in dem Grundsatz einig sein, dass es einzig und allein der Reichtum an Geld ist, der die Unterschiede an Größe und Macht zwischen den Staaten begründet. Was dies betrifft, so ist sicher, dass jährlich aus dem Königreich einheimische Erzeugnisse (Wein, Branntwein, Weinessig, Eisen, Obst, Papier, Leinwand, Eisenwaren, Seide, Kurzwaren) für den Verbrauch im Ausland im Wert von 12 bis 18 Millionen Livres hinausgehen. Das sind die Goldminen unseres Königreiches, um deren Erhaltung wir uns sorgfältig bemühen müssen. (...)

Je mehr wir die Handelsgewinne, die die Holländer den Untertanen des Königs abnehmen, und den Konsum der von ihnen eingeführten Waren verringern können, desto mehr vergrößern wir die Menge des hereinströmenden Bargeldes und vermehren wir die Macht, Größe und Wohlhabenheit des Staates. (...) [Außerdem] wird sicherlich durch die Manufakturen eine Million zur Zeit arbeitsloser Menschen ihren Lebensunterhalt gewinnen. Eine ebenso beträchtliche Anzahl wird in der Schifffahrt und in den Seehäfen Verdienst finden, und die fast unbegrenzte Vermehrung der Schiffe wird im gleichen Verhältnis Größe und Macht des Staates vermehren. Dies sind die Ziele, nach denen der König meines Erachtens aus guter Gesinnung und Liebe zu seinem Volk streben sollte. (...)

Alle Verwaltungsvorschriften im Königreich bezüglich der Wiederherstellung der Manufakturen sollten erneuert, die Ein- und Ausfuhrtarife überprüft (...) und es sollte jährlich eine bedeutende Summe für Wiederherstellung der Manufakturen und die Förderung des Handels (...) ausgeworfen werden. Desgleichen bezüglich der Schifffahrt: Zahlung von Gratifikationen [Prämien] an alle, die neue Schiffe kaufen oder bauen oder große Handelsreisen unternehmen. Die Landstraßen sollten ausgebessert, die Zollstationen an den Flüssen aufgehoben, die kommunalen Schulden weiterhin abgelöst werden. Man bemühe sich unablässig, die Flüsse im Innern des Königreiches schiffbar zu machen, so weit sie es noch nicht sind; man prüfe sorgfältig die Frage einer Verbindung der Meere.

Zit. nach: Geschichte in Quellen, Bd. III. München 1982, S. 446 ff. (Übers. v. F. Dickmann)

Q5 Bau einer Hauptstraße. Gemälde von Joseph Vernet, 1775.

Q6 Ein Botschafter übt Kritik

Der Botschafter der Republik Venedig in Frankreich von 1665 bis 1668, Marco Antonio Giustiniani, äußert sich zu Colberts Wirtschaftspolitik:

Herr Colbert möchte das ganze Land allen anderen an Wohlstand, Handelsgütern, Kunstfertigkeiten und allen möglichen Gütern überlegen machen, so dass es nichts von anderen bedarf, sondern alles an die anderen Ländern liefern kann. (…) Er versäumt nichts, um Gewerbe anderer Länder in Frankreich heimisch zu machen. Was an Besonderem in England hergestellt wird, was die Natur dort an Seltenem liefert, bemüht er sich, ins Königreich einzuführen. Für die Herstellung gewisser Produkte ist man so weit gegangen, (…) eine königliche Residenz in einen Gewerbebetrieb [umzuwandeln.] (…)

Aus Holland hat man Techniken der Tuchproduktion übernommen, ebenso auch die Herstellung von Käse, Butter und anderer Spezialitäten. 5000–6000 Frauen sind in den meisten Provinzen mit dieser Arbeit beschäftigt. (…) Aus Deutschland hat man die Produktion von Hüten, Weißblech und vieler anderer Gewerbeerzeugnisse geholt, von unserem Land die Spitzenklöppelei und die Spiegelherstellung. Was es an besten Waren in aller Welt gibt, das wird zur Zeit in Frankreich hergestellt, und so groß ist das Ansehen dieser Waren, dass von überall Bestellungen kommen. (…)

Um eine Belastung der Handelsbeziehungen zu vermeiden, muss man Geld in das Königreich senden. Das geschieht zur vollen Zufriedenheit Herrn Colberts, der nichts anderes im Sinn hat, als die anderen Staaten auszuplündern, um Frankreich reich zu machen.

Zit. nach: E. Lavisse: L'histoire de France, Bd. 4. Paris 1906, S. 229 f.

Q7 Manufakturarbeiter setzen sich zur Wehr

Der Schriftsteller Boisguillebert (1646–1714) berichtet über das Verhalten der Manufakturarbeiter:

Wenn die Getreidepreise steigen, gibt es unter den Arbeitern eine bei diesen Gelegenheiten sehr verbreitete Aufruhrgesinnung gegen die Justiz. (…) Man sieht, wie in den Handelsstädten 700 bis 800 Arbeiter einer einzigen Manufaktur sich plötzlich und auf einmal entfernen und ihre unvollendeten Arbeiten verlassen, weil man ihren Tageslohn um einen Sous kürzen wollte, während der Preis für ihre Erzeugnisse bereits um das Vierfache gesunken war; die Anführer gebrauchen Gewalt gegen die, die vernünftig hätten sein können. Es gibt sogar Abmachungen unter ihnen, (…) dass einem, der es unternimmt, den gewöhnlichen Preis zu senken, sofort die Berufsausübung untersagt wird; und abgesehen von der Gewalt, die sie bei diesen Gelegenheiten gebrauchen, bekommt der Unternehmer dies zu spüren durch ein allgemeines Verbot für alle Arbeiter, jemals bei ihm zu arbeiten: Man hat angesehene Kaufleute Bankrott machen sehen aus dem einzigen Grund, dass sie zwei oder drei Jahre lang niemand finden konnten, um ihre Arbeiten zu machen, obwohl es am Ort eine Menge Leute vom Fach gab, die keinen Arbeitgeber fanden.

Zit. nach: A. Moser: Politische Weltkunde I,3. Das Werden einer neuen Zeit. Stuttgart 1980, S. 54.

[Ein durchschnittliches Arbeitseinkommen im 17. Jahrhundert bewegte sich zwischen 10 und 20 Sous. Ein Weißbrot kostete 1 bis 2 Sous, eine Pinte (0,6 l) Wein 2 bis 3 Sous, ein Pfund Butter 5 bis 8 Sous, ein Paar Holzschuhe 2 Sous und ein Pfund Kerzen 6 bis 10 Sous.]

Q8 Königliche Unterstützung für einen Fabrikanten

Privileg Ludwigs XIV. für den holländischen Textilfabrikanten van Robais, 1665:

Wir gestatten und erlauben dem genannten van Robais, sich in der Stadt Abbeville mit fünfzig holländischen Arbeitern niederzulassen und dort eine Manufaktur für feine Tuche einzurichten von der Art, wie man sie in Spanien und Holland herstellt, und zu diesem Zweck dreißig Webstühle dorthin zu transportieren und dort aufzustellen. (...) Wir wollen, dass er und seine bei der Manufaktur tätigen ausländischen Gesellschafter und Arbeiter als wahre ansässige und naturalisierte Franzosen eingestuft und angesehen werden. Sie werden auch während der Laufzeit dieser Konzession [Genehmigung] von allen übrigen Abgaben, Steuern, Soldateneinquartierungen, städtischen Diensten, Frondiensten und sonstigen öffentlichen Lasten befreit sein. (...) Und damit sie in der gleichen Religionsfreiheit leben können, in der sie aufgewachsen sind, gestatten wir (...), sich weiterhin zur angeblich reformierten Religion zu bekennen. (...)

Und um (...) unsere Genugtuung über ihr Unternehmen noch mehr zu bezeugen, haben wir angeordnet und ordnen wir an, (...) dass dem Unternehmer die Summe von 12000 Livres bar bezahlt und ausgehändigt werde. (...)

Und damit der Antragsteller in voller Freiheit den Gewinn seiner Arbeit genießen kann, haben wir (...) verboten, während der Zeit von zwanzig Jahren diese Tuchsorte nachzuahmen oder nachzumachen oder in dieser Stadt und im Umkreis von zehn Meilen ähnliche Webstühle aufzustellen.

Zit. nach: A. Moser: Politische Weltkunde I,3. Das Werden einer neuen Zeit. Stuttgart 1980, S. 52.

Q9 Von Adel, Bürgertum und Bauern

Der Schriftsteller Jean de La Bruyère charakterisiert wichtige Bevölkerungsgruppen zur Zeit Ludwig XIV.:

Während die Großen verabsäumen, sich mit den Interessen der Fürsten und des Staates, ja selbst mit ihren persönlichen vertraut zu machen; während sie nichts vom Wirtschaften und Sorgen eines Familienvaters wissen und sich ihrer Unkenntnis sogar rühmen; während sie sich von ihren Verwaltern ausbeuten und beherrschen lassen; während sie sich damit begnügen, Feinschmecker und Weinkenner zu sein (...), unterrichten sich Bürger über die inneren und äußeren Angelegenheiten eines Reiches, machen sich mit der Regierungskunst vertraut, gewinnen Einsicht und politischen Sinn, lernen die Stärke und die Schwäche eines Staates kennen, trachten danach, ihre Stellung zu verbessern, verbessern sie, steigen immer weiter empor, werden mächtig und entheben den Fürsten der Sorge um einen Teil der Staatsgeschäfte. (...)

Es gibt eine Art scheue Tiere, von männlichem und weiblichem Geschlecht, die man da und dort auf den Feldern sieht, dunkel, fahl und ganz von Sonne verbrannt, über die Erde gebeugt, die sie mit zäher Beharrlichkeit durchwühlen und umgraben; sie scheinen etwas wie eine Sprache zu besitzen, und wenn sie sich aufrichten, zeigen sie ein Menschenantlitz, und es sind in der Tat Menschen; nachts ziehen sie sich in ihre Höhlen zurück, wo sie sich von schwarzem Brot, Wasser und Wurzeln nähren, sie ersparen den anderen Menschen die Mühe zu pflügen, zu säen und zu ernten, damit sie leben können, und haben wohl verdient, dass ihnen nicht das Brot mangle, das sie gesät haben.

Zit. nach: G. Hess (Hg.): Jean de La Bruyère, Die Charaktere oder die Sitten des Jahrhunderts. Leipzig o. J., S. 193 f., S. 272 f.

Fragen und Anregungen

1. Benenne die Stärken des merkantilistischen Systems und stelle diesen seine Schwächen gegenüber (VT, Q2–Q8, D1).
2. Schreibe auf, was du unter „Merkantilismus" verstehst.
3. Erläutere anhand von Q2 die Arbeitsweise von Manufakturen und kennzeichne ihre Vorteile.
4. Erarbeite die zahlreichen positiven Entwicklungen, die Colbert sich von der Einrichtung von Manufakturen versprach (VT, Q4, Q8).
5. Vergleiche die im Verfassertext genannten Ziele Colberts mit den Ausführungen des Botschafters (VT, Q6). Du kannst dazu auch ein Gespräch zwischen beiden entwerfen.
6. Erläutere die Handlungsweise der Manufakturarbeiter, die der Schriftsteller Boisguillebert beschreibt, und diskutiere die Erfolgsaussichten ihres Handelns (VT, Q7).
7. Liste die Zugeständnisse auf, die Ludwig XIV. dem hölländischen Unternehmer macht. Vermute, welche Beweggründe Ludwig dafür hatte (Q8).
8. Untersuche das Schema D2 und erkläre den Aufbau der französischen Ständegesellschaft.
9. Finde heraus, wie Bruyère die Bevölkerungsgruppen Frankreichs charakterisiert. Ordne anschließend diese Personengruppen der Ständegesellschaft zu und bestimme die Unterschiede zwischen den Ständen (D2, Q9).

KUNSTSTILE UNTERSUCHEN

Annähern an den Barock

In diesem Buch werden vorwiegend politische und gesellschaftliche Erscheinungen und Entwicklungen betrachtet. Nur gelegentlich wird ein Blick auf die Kunststile geworfen, die diese Entwicklungen begleiten. Gerade sie aber begegnen uns heute noch am ehesten und erinnern an vergangene Jahrhunderte. So war der Barock der Stil, der das Zeitalter des Absolutismus künstlerisch prägte. Versuche einmal, dich diesem Kunststil anzunähern. Folgende Fragen können dich dabei leiten: Was macht den Barock aus? Woran erkennt man ihn und wie deutet man ihn? In welchen Bereichen macht sich dieser Kunststil bemerkbar?

Der Begriff Barock leitet sich wohl vom portugiesischen „pérola barroca" ab, einem unter Juwelieren benutzten Begriff für eine unregelmäßige, schiefrunde Perle.

Der Barock entstand zu Beginn des 17. Jahrhunderts im päpstlichen Rom und breitete sich über Europa und Lateinamerika aus. In den verschiedenen Ländern entstanden unterschiedliche Richtungen barocker Kunst. Die Spätphase des Barock (im 18. Jahrhundert) bezeichnet man auch als Rokoko. Bevorzugte Themen sind religiöse Motive und solche aus der antiken Überlieferung. Typisch in Kunst und Architektur ist die Nutzung von Licht- und Schatteneffekten.

D3 Wie erkenne ich barocke Kunst?

Ein Lehrbuch gibt Auskunft:

Der Barock ist eine Epoche **großer Gegensätze;** [... er suchte] die gewaltige Spannung, das **große Pathos** [Gefühl] (...) Er schätzte die Bewegung, den dramatischen Aufschwung, er liebte die **Unendlichkeit** und das Unvollendbare. Die **Gegensätze** wurden gesucht und konfrontiert. Das barocke **Gesamtkunstwerk** war das Ideal der Epoche. (...) Die Kunst des Barock wandte sich an (...) das **Gefühl und die Phantasie**.

F. Conti: Wie erkenne ich Barockkunst? Stuttgart/Zürich 1979, S. 3. (Hervorhebungen d. Verf.)

Q10 Klosterkirche Weltenburg

Barocke Kunst treffen wir häufig in Kirchenbauten an. Das Foto oben zeigt einen Blick in den Chor der dem Heiligen Georg geweihten Klosterkirche von Weltenburg an der Donau, erbaut 1717 bis 1736. Links sieht man die von den Brüdern Asam 1721 gestaltete ovale Kuppel der Kirche. Ihr unterer Teil ist mit Stuck verziert; der mit Fresken ausgemalte obere Teil zeigt die Aufnahme des Hl. Georg in den Himmel.

Q11 Treppenhaus der Residenz in Würzburg
Vor dem Barock war in weltlichen Bauten den Treppenhäusern wenig Aufmerksamkeit geschenkt worden. Nunmehr erhielten sie repräsentative Funktionen, wie das von Balthasar Neumann (1687–1753) entworfene Treppenhaus der Würzburger Residenz zeigt. Das Deckenfresko des Venezianers Tiepolo gilt als das größte der Welt.

Q12 Stillleben mit brennender Kerze von Pieter Claesz
Das Stillleben als künstlerische Form wurde im Barock verbreitet. Das 1627 in Ölfarben auf Holz geschaffene Werk greift eine niederländische Redensart auf, die frei übersetzt bedeutet: „Wer nichts weiß, weil er nichts wissen will, dem kann nicht geholfen werden.“ Die für den Barock typische Vorstellung von der „Vanitas“ – der Endlichkeit des Daseins – findet in diesem Stillleben ihren Ausdruck.

Q13 Dichtung des Barock
Barocke Vorstellungen prägen auch die Literatur. Ein Beispiel hierfür ist das von Christian Hofmann von Hofmannswaldau (1617–1679) verfasste Vanitas-Gedicht „Die Welt“ (1679):

Was ist die Welt/und ihr berühmtes gläntzen?
Was ist die Welt und ihre gantze Pracht?
Ein schnöder Schein in kurtzgefasten Gräntzen/
Ein schneller Blitz bey schwartzgewölckter Nacht.
Ein bundtes Feld/da Kummerdisteln grünen;
Ein schön Spital/so voller Kranckheit steckt.
Ein Sclavenhauß/da alle Menschen dienen
Ein faules Grab/so Alabaster deckt.
Das ist der Grund/darauff wir Menschen bauen/
Und was das Fleisch für einen Abgott hält.
Komm Seele/komm/und lerne weiter schauen
Als sich erstreckt der Zirckel dieser Welt.
Streich ab von dir derselben kurtzes Prangen
Halt ihre Lust vor [für] eine schwere Last.
So wirstu leicht in diesen Port [Hafen] gelangen
Da Ewigkeit und Schönheit sich umbfast.

Zit. nach: W. Kißling (Hg.): Deutsche Dichtung in Epochen. Ein kulturgeschichtliches Lesebuch. Stuttgart 1989, S. 152.

Fragen und Anregungen

1. Erarbeite mithilfe von D3 die Merkmale des Barock. Erläutere, welche dieser Merkmale auf die Beispiele Q10–Q13 zutreffen.
2. Informiert euch arbeitsteilig über Ausdrucksformen des Barockstils bei Skulpturen, Theater, Mode und Musik und tragt dafür Beispiele zusammen. Erarbeitet auch ergänzende Informationen zu barocker Architektur, Kunst und Literatur. Bezieht auch solche großräumigen architektonischen Planungen wie Versailles (S. 13) und Neu-Breisach (S. 19) mit ein.
3. Erkundet ein barockes Bauwerk in eurer Nähe und dokumentiert seinen Stil fotografisch.
4. Entwickelt in Gruppen jeweils eine Präsentation zu einem Kunstwerk des Barock und stellt diese euch gegenseitig vor. Bemüht euch dabei zu zeigen, wie verschiedene Elemente (Architektur, Malerei, Einrichtung usw.) zusammenwirkten.

4. „Habe Mut, dich deines eigenen Verstandes zu bedienen!"

Immanuel Kant (1724–1804) Q1
lebte in Königsberg und war an der dortigen Universität als Professor für Philosophie, Geografie und Naturwissenschaften tätig.

Aufklärung und Rationalität

Die absolutistische Herrschaft vieler europäischer Könige und Fürsten stieß im 17./18. Jahrhundert zunehmend auf Kritik. Vor allem Philosophen und Schriftsteller vertraten die Ansicht, dass weder die Macht der Monarchen noch das Schicksal ihrer Untertanen gottgewollt und damit unvermeidlich sei. Vielmehr sei der Mensch durchaus in der Lage, sein Leben und Wirken selbst zu bestimmen. Richtschnur für menschliches Handeln sollten nicht königliche Anordnungen oder kirchliche Lehren sein, die man für unumstößlich erklärte, sondern einzig die Vernunft. Der deutsche Philosoph Immanuel Kant drückte diese neue Denkweise treffend mit der Aufforderung „Habe den Mut, dich deines eigenen Verstandes zu bedienen!" aus. Er prangerte es als Bequemlichkeit an, wenn der Einzelne seinen Verstand nicht benutzt, sondern sich geistig bevormunden lässt, ungeprüft an Traditionen festhält und so der gedanklichen Dunkelheit verhaftet bleibt. Diese Denkrichtung wird als „Aufklärung" bezeichnet. Im französischen Begriff „lumières" und im englischen „enlightenment" kommt die Vorstellung von einem Sieg der leuchtenden menschlichen Vernunft noch klarer zum Ausdruck. Dem nun angebrochenen Zeitalter gab das lateinische Wort für Vernunft, „ratio", seinen Namen: das Zeitalter des Rationalismus.

Q2 **Darstellung der Vernunft**
Stich von Carré nach einer Zeichnung von Destais, ohne Jahresangabe.

Das Vorbild der Naturwissenschaften

Ihr Vorbild fanden die Aufklärer in den Naturwissenschaften. Viele Forscher, allen voran die Astronomen, waren seit dem 15./16. Jahrhundert dazu übergegangen, natürliche Vorgänge und Erscheinungen genau zu beobachten, zu beschreiben und daraus wissenschaftliche Behauptungen abzuleiten. Diese versuchten sie dann durch Experimente zu untermauern. Mit einer solchen „empirischen Vorgehensweise" wiesen sie nach, dass die Natur eigenen Gesetzmäßigkeiten folgt. So entdeckte der italienische Astronom Galileo Galilei bis dahin unbekannte Himmelskörper und festigte damit die Lehre von Nikolaus Kopernikus, dass sich die Erde um die Sonne dreht, und der englische Physiker Isaac Newton erkannte die Erdanziehungskraft.

Auch politisch wird rational gedacht

Die neue wissenschaftliche Denkweise wurde schnell auf andere Bereiche wie Medizin, Technik, Wirtschaft und Landwirtschaft, Erziehung, Philosophie und auch auf die Politik angewandt. Dass wie bisher Abstammung und Privilegien das Leben bestimmen sollten, hielt rationalem Denken nicht stand. Die Aufklärer forderten, dass jeder Einzelne seine Fähigkeiten frei und gleichberechtigt entwickeln und ausleben können müsste. So trat zum Beispiel der französische Schriftsteller Voltaire gegen alle Formen des Fanatismus auf und forderte Gedankenfreiheit für alle. Die Leibeigenschaft lehnte er ab, weil sie die Gleichheit aller Menschen missachtete.

Herrschaft durch des Volkes Willen

Der englische Arzt und Philosoph John Locke kam zu dem Schluss, dass niemand ohne die Zustimmung des Volkes regieren dürfe. Jean-Jacques Rousseau entwickelte diesen Gedanken weiter. In seinem Buch „Der Gesellschaftsvertrag" setzte er als

Q3 **John Locke (1632–1704).** Der englische Philosoph arbeitete auch in Frankreich und den Niederlanden. Erkenntnisse führte er auf Sinneserfahrungen zurück. 1690 veröffentlichte er „Two Treaties of Government".

Q4 **Jean-Jacques Rousseau (1712–1778).** Der schweizerisch-französische Philosoph wurde wegen seiner Werke verfolgt und lebte in verschiedenen europäischen Ländern. 1762 erschien „Du contract social".

Q5 **Charles de Secondat Montesquieu (1679–1755).** Der adlige französische Schriftsteller und Philosoph war Mitglied der Académie Française und verfasste viel gelesene Werke. Sein „De l'esprit des lois" wurde wegweisend.

Q6 **Francois Marie Arouet, genannt Voltaire (1694–1776).** Der französische Schriftsteller und Philosoph wurde sowohl inhaftiert, als auch am Hof willkommen geheißen und in die Académie Française aufgenommen.

Grundlage eines jeden Staates voraus, dass zwischen Regierenden und Regierten ein Vertrag bestehe, auch wenn ein solcher niemals unterschrieben worden war. In diesem Vertrag habe das Volk dem Regenten Rechte übertragen, um in Sicherheit leben zu können. Nicht der Wille Gottes, sondern der des Volkes mache Herrschaft erst möglich, was mit dem Begriff „Volkssouveränität" ausgedrückt wird. Aus dieser Überlegung ergibt sich, dass einem Willkürherrscher der Gehorsam verweigert werden kann, wenn er gegen den allgemeinen Willen des Volkes verstößt.

Gewaltenteilung zum Schutz des Volkes

Der Baron Charles de Montesquieu forderte in seiner Schrift „Geist der Gesetze", die Hauptaufgaben des Staates in drei Gewalten aufzuteilen: Die Gesetzgebung (Legislative), deren Ausführung (Exekutive) und schließlich die Rechtsprechung (Judikative) sollten künftig in verschiedene Hände gelegt werden, um sich gegenseitig zu kontrollieren. So sollten Rechte und Freiheiten der Untertanen gegenüber der Regierung geschützt und eine Willkürherrschaft vermieden werden.

Politisch kündigt sich eine neue Zeit an

All diese Gedanken standen im Widerspruch zum unbedingten Herrschaftsanspruch der absolutistischen Monarchen, die nur eine Verantwortlichkeit gegenüber Gott kannten und von der vollständigen Unterwerfung des Volkes ausgingen. Mit ihren politischen Ideen legten die Aufklärer den gedanklichen Grundstein für die spätere Entwicklung in den neu gegründeten Vereinigten Staaten von Amerika (vgl. Kap. „Auf dem Weg zur Demokratie: England und die USA") und für die Französische Revolution (vgl. Kap. „Freiheit, Gleichheit, Brüderlichkeit").

Mehr Bildung und andere Erziehung

Der Erfolg der Aufklärer wäre nicht möglich gewesen, wenn die Bevölkerung ihr Wissen weiterhin nur vom Hörensagen bezogen hätte. Auch viele Fürsten erkannten die Bedeutung der Volksbildung und drängten auf die Gründung von Schulen und deren Besuch. Ein wachsender Anteil der Bevölkerung, um 1800 etwa ein Viertel, konnte somit selbst Bücher und Zeitschriften lesen und sich eine eigene Meinung bilden. Auch die Erziehung der Kinder sollte sich ändern und statt strenger Anleitung eigene Entdeckungen in der Natur ermöglichen. Mädchen und Frauen traute man allerdings weiterhin weniger zu. „Die Erforschung der abstrakten Wahrheiten (...) ist nicht Sache der Frauen. Ihre Studien müssen sich auf das Praktische beziehen. (...) Die Frau beobachtet, der Mann zieht Schlüsse", schrieb Rousseau.

Q7 Warum eine Enzyklopädie?

Diderot, einer der Herausgeber, schreibt:

Dieses Wort bedeutet Verknüpfung der Wissenschaften. (...) Tatsächlich zielt eine Enzyklopädie darauf ab, die auf der Erdoberfläche verstreuten Kenntnisse zu sammeln, das allgemeine System dieser Kenntnisse den Menschen darzulegen, mit denen wir zusammenleben, und es den nach uns kommenden Menschen zu überliefern, damit die Arbeit der vergangenen Jahrhunderte nicht nutzlos für die kommenden Jahrhunderte gewesen sei; damit unsere Enkel nicht nur gebildeter, sondern gleichzeitig auch tugendhafter und glücklicher werden, und damit wir nicht sterben, ohne uns um die Menschheit verdient gemacht zu haben.

Zit. nach: R.-R. Wuthenow (Hg.): Denis Diderot, Enzyklopädie. Philosophische und politische Texte. München 1969, S. 79.

Q8 Über den Staat

In der „Enzyklopädie" wird die Staatstheorie der Aufklärung so zusammengefasst:

Diese Vereinigung mehrerer Personen zu einem Körper [gemeint ist der Staat], die durch das Zusammenwirken der Einzelwillen und Einzelkräfte zustande kommt, unterscheidet den Staat von einer bloßen Menge. Eine Menge ist nichts als eine Ansammlung verschiedener Personen, von denen jede ihren eigenen Willen hat, während der Staat eine von einer einzigen Seele belebte Gemeinschaft ist. Diese Seele lenkt alle Bewegungen auf stets gleichbleibende Weise so, wie er sein soll. Damit ein solcher Staat sich bilde, muss der Fall eintreten, dass eine Menge von Menschen sich zusammentut [... und die Menschen] durch dieses Zusammenwirken ihrer Kräfte und Interessen in die Lage kommen, Angriffe abzuwehren, gegen die der Einzelne allein sich nicht schützen könnte, Widerstrebende zu ihrer Pflicht zu zwingen und nachhaltiger für das Gemeinwohl zu sorgen.

Es gibt mithin zwei Faktoren, die hauptsächlich dazu beitragen, den Staat zu erhalten: Der erste ist die Verpflichtung, durch die die Einzelnen sich der Gewalt des Souveräns unterworfen haben; eine Verpflichtung, der die göttliche Autorität und der regligiöse Eid ein starkes zusätzliches Gewicht verleihen. Der zweite ist die Begründung einer obersten Gewalt, die in der Lage ist, die Bösen durch die Furcht vor Strafen, die sie über sie verhängen kann, in Schranken zu halten. Also entsteht der (...) Staat durch eine Vereinigung der Einzelwillen, die durch eine übergeordnete Gewalt unterstützt wird; ohne das wäre es unmöglich, an eine bürgerliche Gesellschaft auch nur zu denken.

Zit. nach: Geschichte in Quellen, Bd. III. München 1965, S. 721.

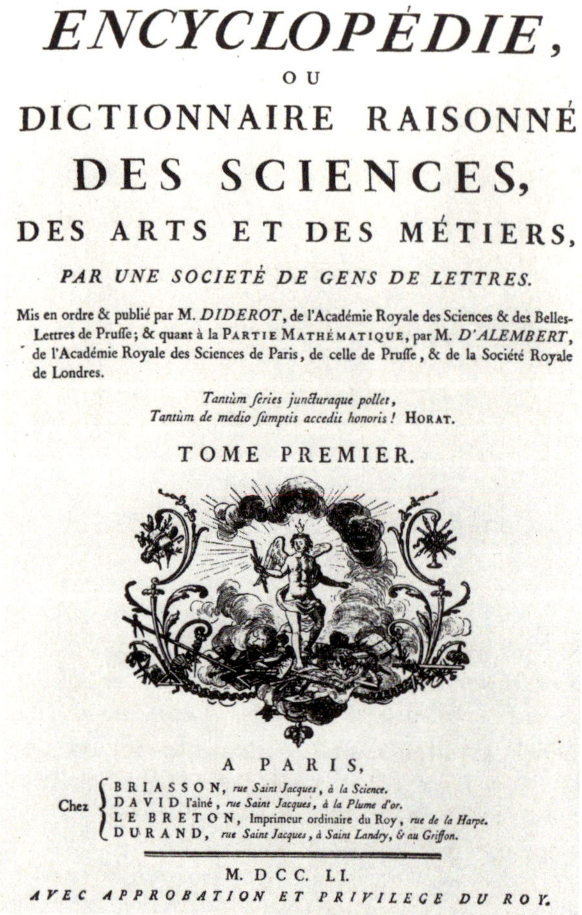

ENCYCLOPÉDIE,
OU
DICTIONNAIRE RAISONNÉ
DES SCIENCES,
DES ARTS ET DES MÉTIERS,
PAR UNE SOCIETÉ DE GENS DE LETTRES.

Mis en ordre & publié par M. DIDEROT, de l'Académie Royale des Sciences & des Belles-Lettres de Pruſſe; & quant à la PARTIE MATHÉMATIQUE, par M. D'ALEMBERT, de l'Académie Royale des Sciences de Paris, de celle de Pruſſe, & de la Société Royale de Londres.

Tantùm ſeries juncturaque pollet,
Tantùm de medio ſumptis accedit honoris! HORAT.

TOME PREMIER.

A PARIS,
Chez BRIASSON, rue Saint Jacques, à la Science.
DAVID l'aîné, rue Saint Jacques, à la Plume d'or.
LE BRETON, Imprimeur ordinaire du Roy, rue de la Harpe.
DURAND, rue Saint Jacques, à Saint Landry, & au Griffon.

M. DCC. LI.
AVEC APPROBATION ET PRIVILEGE DU ROY.

Q9 Titelblatt der von Denis Diderot und Jean Le Rond d'Alembert zwischen 1751 und 1777 herausgegebenen „Encyclopédie". In 35 Bänden hielten sie das Wissen der damaligen Zeit fest.

Aufklärung

Die im 18. Jahrhundert in Europa, besonders in Frankreich, England und Deutschland verbreitete Denkrichtung macht die Vernunft (lat. „ratio") zum Maßstab allen Denkens und Urteilens. Ausgehend von den Naturwissenschaften werden Werte, Normen und Institutionen in Frage gestellt. Kants Maxime „Habe Mut, dich deines eigenen Verstandes zu bedienen" fordert alle Menschen zur Abkehr von ungeprüften Lehren und zu rationalem Denken auf. Sie sollen so zu einem selbstbestimmten Leben und einer besseren Zukunft finden. Zahlreiche Veröffentlichungen von Aufklärern stellen auch das politische System des Absolutismus in Frage und fordern eine vernunftbetonte Erziehung.

Q10 **Salon der Madame Geoffrin.** Das 1814 gemalte Bild von Gabriel Lemmonier zeigt eine Lesung im Jahr 1755 vor einer Büste Voltaires. Das steigende Bildungsniveau im Bürgertum, bei Pastoren, Beamten, Kaufleuten und auch Adligen unterstützte die Verbreitung aufklärerischer Ideen. In einer Vielzahl von Lesezirkeln, Salons und Clubs wurden sie diskutiert.

Q11 **„Vom Geist der Gesetze"**

In seiner Schrift von 1748 äußert sich Montesquieu:

Die politische Freiheit ist nur unter maßvollen Regierungen anzutreffen. Indes besteht sie selbst in maßvollen Staaten nicht immer, sondern nur dann, wenn man die Macht nicht missbraucht. Eine ewige Erfahrung lehrt jedoch, dass jeder Mensch, der Macht hat, dazu getrieben wird, sie zu missbrauchen. Er geht immer weiter, bis er an die Grenzen stößt. (…)

Alles wäre verloren, wenn ein und derselbe Mann beziehungsweise die gleiche Körperschaft (…) folgende drei Machtvollkommenheiten ausübte: Gesetze erlassen, öffentliche Beschlüsse in die Tat umsetzen, Verbrechen und private Streitfälle aburteilen.

C. Montesquieu: Vom Geist der Gesetze. Stuttgart 1965, S. 210 ff.

Q12 **Wie soll man Kinder unterrichten?**

In seinem Roman „Emile oder über die Erziehung" schreibt Jean-Jacques Rousseau 1762:

Man mache seinen Zögling auf die Erscheinungen der Natur aufmerksam und wird ihn bald neugierig machen. Damit man aber seine Neugier nähre, eile man niemals, sie zu befriedigen. Man passe die Frage seinen Fähigkeiten an und lasse sie ihn auflösen. Er wisse nichts deswegen, weil man es ihm gesagt hat, sondern weil er es selbst begriffen hat. Er erlerne die Wissenschaft nicht, sondern er findet sie. Wenn man jemals in seinem Geiste die Autorität an die Stelle der Vernunft setzt, so wird er nicht mehr denken; er wird nur noch der Spielball fremder Meinungen sein. (…)

Bei der Erforschung der Naturgesetze fange man stets mit den allgemeinsten sinnlichen Erscheinungen an. (…) Ich nehme einen Stein, ich tue, als wenn ich ihn in die Luft legen wollte; ich mache die Hand auf, der Stein fällt. Ich sehe, Emile ist aufmerksam auf das, was ich tue, und ich sage zu ihm: „Warum ist der Stein gefallen?" Welches Kind wird auf die Frage stumm bleiben? Kein einziges. (…) Ich liebe die Erklärungen durch Reden nicht. Die jungen Leute haben wenig Acht darauf und behalten sie kaum. (…) Mit unserer schwatzhaften Erziehung machen wir nur Schwätzer.

J.-J. Rousseau: Emile oder über die Erziehung. München o. J., S. 195, 209, 213.

Fragen und Anregungen

1. Erkläre einem ungebildeten Zeitgenossen der Aufklärung deren Vorgehensweise und Ziele mit einfachen Worten (VT, Q2, Q7–Q12).
2. Vergleiche das im Artikel „Über den Staat" (Q8) zum Ausdruck gebrachte Verständnis von Herrschaft mit Bossuets Auffassung (S. 17, Q9).
3. Zeige am Beispiel Montesquieus auf, inwiefern die politische Aufklärung eine Abrechnung mit dem Absolutismus vornimmt (Q11).
4. Diskutiert in der Klasse über Rousseaus Vorstellungen von der Erziehung. Vermutet, was er zu eurem Unterricht sagen würde (Q12).

5. Regieren als erste Bürgerpflicht

1713–1740	Friedrich Wilhelm I. ordnet Brandenburg-Preußens Verwaltung und Militär neu.
1740–1786	Friedrich II. regiert als aufgeklärter Monarch und macht sein Land zur europäischen Großmacht.

Friedrich II. entwickelt den Absolutismus weiter

Überall in Europa ahmten Könige und Fürsten den absoluten Herrschaftsstil Ludwigs XIV. nach. Das bedeutete aber nicht, dass er immer komplett kopiert wurde. So entwickelte Friedrich II. von Preußen einen „aufgeklärten Absolutismus“, der sich in seiner Herrschaftsauffassung folgendermaßen widerspiegelte: „Die erste Bürgerpflicht ist, seinem Vaterland zu dienen. Ich habe sie in allen verschiedenen Lagen meines Lebens zu erfüllen gesucht. Als Träger der höchsten Staatsgewalt hatte ich die Gelegenheit und die Mittel, mich meinen Mitbürgern nützlich zu erweisen.“

Strenges Regiment für Gottes Lohn

Der sparsame und nüchterne Vater Friedrichs II., Friedrich Wilhem I., ordnete und straffte das Beamtentum und die Verwaltung seiner verstreut gelegenen Besitztümer. Seine Leidenschaft galt dem Militär, in dem die Bauernsöhne jährlich drei Monate zu dienen hatten, während Kadettenschulen junge Adlige auf die Offizierslaufbahn vorbereiteten. Der „Soldatenkönig“ hat es jedoch vermieden, seine als vorbildlich geltende Armee für Kriegszwecke einzusetzen.

Der musische und intellektuelle Sohn

Ganz anders – und mitunter doch so ähnlich – verhielt sich sein Sohn Friedrich II., der im Streit mit dem strengen Vater 18-jährig sogar nach England fliehen wollte. Als intelligenter und musisch veranlagter Mensch liebte er alles Französische und führte Korrespondenzen mit Voltaire und anderen bekannten Persönlichkeiten. Sein Schloss Sanssouci (frz., sorgenfrei) hat er nach eigenen Plänen in Potsdam erbauen lassen. Dort pflegte er die Geselligkeit in Form philosophischer Gespräche und gemeinsamen Musizierens, woran er u. a. als Komponist und Flötenspieler teilnahm. Besonders interessierte er sich für Literatur, Geschichte und Philosophie und damit zwangsläufig auch für das zeitgenössische Gedankengut der Aufklärung.

Der aufgeklärte Monarch

Als Alleinherrscher wollte er die Konsequenz aus Rousseaus Lehre vom Gesellschaftsvertrag ziehen und der „erste Diener seines Staates“ sein. Als er 1740 König wurde, erfüllte Friedrich viele Hoffnungen, die führende Aufklärer in ihn gesetzt hatten: Er schaffte die Folter ab und führte eine beschränkte Pressefreiheit ein. Die anderswo noch übliche Diskriminierung christlicher Minderheiten (nicht aber die der Juden) wurde beseitigt, sodass Brandenburg-Preußen auch Glaubensflüchtlingen eine neue Heimat bot. Diese trugen zur Stärkung der nach streng merkantilistischen Prinzipien geordneten Wirtschaft bei.
Entwässerungsmaßnahmen in Sumpfgebieten der Oder und andere Kultivierungsmaßnahmen erschlossen neue Siedlungsgebiete und Ackerland, sodass Friedrich stolz behaupten konnte, er habe „im Frieden eine ganze Provinz erobert“. Der Kartoffelanbau zur Versorgung mit Grundnahrungsmitteln wurde gegen den anfänglichen Widerstand der Bauern durchgesetzt. Friedrich entließ seine eigenen Bauern aus dem Abhängigkeitsverhältnis der Erbuntertänigkeit und gewährte ihnen so persönliche Freiheit und Land, das sie in Erbpacht bebauen konnten. Aus Rücksicht auf den Adel übertrug er dies aber nicht auf alle Bauern.

Seine Rechtsreform schließlich führte zu einer neuen Gerichtsverfassung, die nach seinem Tod 1794 zur Grundlage des „Allgemeinen Landrechts“ (preußisches Gesetzbuch) wurde. Aus den zahlreichen kritischen Hinweisen der Beamten, die an dem Gesetzeswerk mitarbeiteten, geht allerdings auch hervor, dass in Friedrichs späteren Lebensjahren seine Regierung immer unflexibler wurde. Auch der „aufgeklärte Absolutismus“ stellte kein zeitgemäßes Herrschaftssystem mehr dar. Er war eben doch vor allem eine Alleinregierung des Königs geblieben.

Kriege und Militärwesen für Preußens Größe

Lange Zeit ist Friedrich II., genannt der Große, in Deutschland uneingeschränkt verehrt worden. Dass dieses Urteil heute gespaltener ausfällt, liegt wesentlich an der Bewertung seines Verhaltens in militärischen Fragen.
Dass der König selbst, wie schon sein Vater, stets Uniform trug, verdeutlichte den hohen Stellenwert des Militärs. Die zahlreichen Soldaten aus der bäuerlichen und bürgerlichen Bevölkerung trugen militärisches Denken und Handeln, besonders das Prinzip des unbedingten Gehorsams, in das zivile Leben hinein.
Bereits kurz nach seinem Regierungsantritt 1740 fiel er in das zu Österreich gehörende Schlesien ein, um die zum Teil verstreut liegenden preußischen Gebiete miteinander zu verbinden. Um diese reiche Provinz und um andere Territorien führte Friedrich II. lange Kriege. Im Siebenjährigen Krieg 1756–1763 stand Preußen zu Beginn nahezu allein gegen ein von Österreich organisiertes Bündnis europäischer Mächte. Dabei erschienen die militärische Lage und die Existenz des preußischen Staates wiederholt äußerst gefährdet, aber glückliche Zufälle und des Königs Beharrlichkeit bewahrten ihn vor einer Niederlage. Schlesien blieb in preußischer Hand. Unter den finanziellen Lasten, den Entbehrungen, den Verwüstungen und den Menschenverlusten aber litt die gesamte Bevölkerung sehr.

Das machtlose Kaiserreich

Drei mit Österreich und Russland verabredete Teilungen Polens trugen dazu bei, dass Preußen zu einer der fünf europäischen Großmächte aufstieg, zu denen außerdem noch Frankreich und Großbritannien zählten.
Das Heilige Römische Reich Deutscher Nation war hingegen politisch bedeutungslos geworden. Die Habsburger konzentrierten sich auf die Regierung Österreichs und dessen Ausdehnung nach Südosten. Kaiserin Maria Theresia und ihr Sohn Joseph II. übernahmen jedoch von Preußen den aufgeklärten Absolutismus.

Q1 **Friedrich II. vor seinen Truppen**
Häufig reproduziertes Bild von Daniel Chodowiecki.

D1 Die territoriale Entwicklung Brandenburg-Preußens vom 15. Jahrhundert bis 1795

Q2 Richtiges und falsches Verhalten von Fürsten

Als Kronprinz notierte Friedrich 1737/38 für eine nicht veröffentlichte Flugschrift:

In Folgendem liegt der Irrtum der meisten Fürsten: Sie glauben, Gott habe aus besonderer Rücksicht für sie und eigens ihrer Größe, ihrem Glück und Hochmut zuliebe das Gewimmel der Völker geschaffen, deren Wohlfahrt ihnen anvertraut ist, und ihre Untertanen seien nichts weiter als Werkzeuge und Diener ihrer zügellosen Leidenschaften. Sobald das Prinzip, von dem man ausgeht, verkehrt ist, müssen die Folgen unweigerlich immer verhängnisvoller werden. Daher jener unbändige Drang nach falschem Ruhme, jenes glühende Verlangen, alles zu erobern, die harten Auflagen, mit denen das Volk bedrückt wird (...). Legten die Fürsten diese falschen Ideen ab und gingen auf den Ursprung ihres Amtes zurück, sie sähen, dass ihre Würde (...) nur das Werk der Völker ist, dass die Abertausenden, die ihnen anvertraut sind, sich nicht einem Einzigen sklavisch unterwarfen, um ihn mächtiger und furchtgebietender zu machen (...), sondern dass sie den unter sich wählten, den sie für den Gerechtesten hielten, um sie zu regieren, (...) kurz, den rechten Mann, um den Staat zu repräsentieren, den, dessen souveräne Macht eine Stütze für Recht und Gesetz ist und nicht ein Mittel, um ungestraft Verbrechen zu begehen und Tyrannei auszuüben. (...)
Dann würden diese irdischen Götter, statt immerfort auf Eroberungen zu sinnen, nur für das Glück ihrer Völker wirken. (...) Ihre Wohltaten müssten den Wunsch erregen, unter ihrem Zepter geboren zu sein. [... Sie würden einsehen], dass der wahre Herrscherruhm nicht in der Unterdrückung ihrer Nachbarn besteht (...), sondern in der Erfüllung ihrer Amtspflichten und in der Vollstreckung der Wünsche derer, die sie mit der höchsten Macht ausgestattet haben und denen sie ihre Herrschermacht danken. (...)
Kurz, es ist eine Schmach und Schande, seine Staaten zugrunde zu richten, und eine Ungerechtigkeit, eine verbrecherische Raubgier, etwas zu erobern, worauf man keinen rechtlichen Anspruch besitzt.

Zit. nach: W. Lautemann/M. Schlenke (Hg.): Geschichte in Quellen, Bd. III. München 1966, S. 600 f.

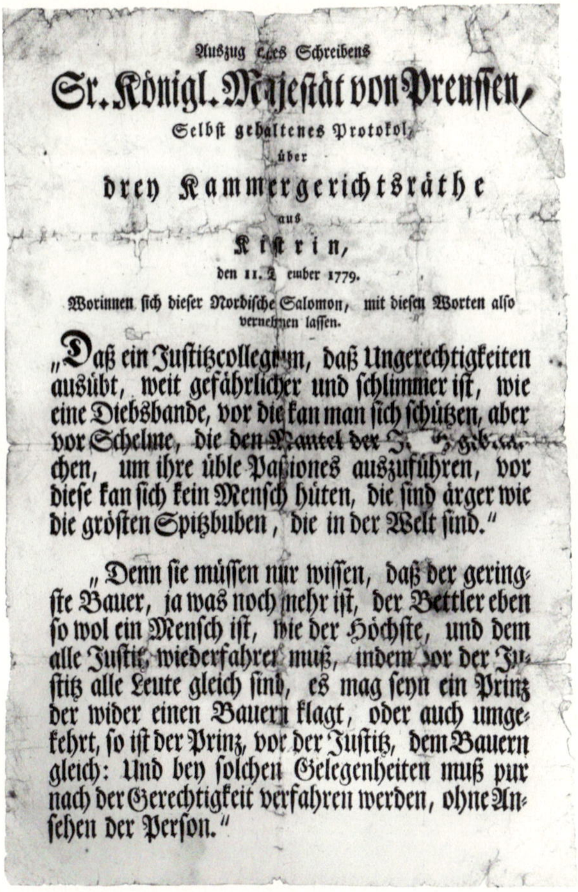

Auszug [illegible] Schreibens
Sr. Königl. Majestät von Preussen,
Selbst gehaltenes Protokol,
über
drey Kammergerichtsräthe
aus
K[illegible]trin,
den 11. [illegible]ember 1779.
Worinnen sich dieser Nordische Salomon, mit diesen Worten also vernehmen lassen.

„Daß ein Justitzcollegium, daß Ungerechtigkeiten ausübt, weit gefährlicher und schlimmer ist, wie eine Diebsbande, vor die kan man sich schützen, aber vor Schelme, die den Mantel der [illegible] brauchen, um ihre üble Passiones auszuführen, vor diese kan sich kein Mensch hüten, die sind ärger wie die grösten Spitzbuben, die in der Welt sind.“

„Denn sie müssen nur wissen, daß der geringste Bauer, ja was noch mehr ist, der Bettler eben so wol ein Mensch ist, wie der Höchste, und dem alle Justitz wiederfahren muß, indem vor der Justitz alle Leute gleich sind, es mag seyn ein Prinz der wider einen Bauern klagt, oder auch umgekehrt, so ist der Prinz, vor der Justitz, dem Bauern gleich: Und bey solchen Gelegenheiten muß pur nach der Gerechtigkeit verfahren werden, ohne Ansehen der Person.“

Q3 Flugblatt mit Zitaten Friedrichs II. aus einer Rede vor Juristen, 1779

Der „nordische Salomo“ ist Friedrich.

Q4 Der Anspruch auf Schlesien

Nachdem Kaiser Karl VI. gestorben war, schrieb Friedrich II. 1740 an einen seiner Minister:

Schlesien ist aus der ganzen kaiserlichen Erbschaft dasjenige Stück, auf welches wir das beste Anrecht haben und das dem Hause Brandenburg am besten passt. Es ist billig, seine Rechte zu wahren und die Gelegenheit des Todes des Kaisers zu ergreifen, um sich in den Besitz des Landes zu setzen. Die Überlegenheit unserer Truppen über die unserer Nachbarn, die Schnelligkeit, mit der wir sie operieren lassen können, und überhaupt der Vorteil, den wir vor unseren Nachbarn voraus haben, ist vollständig und gibt uns bei einer unvorhergesehenen Gelegenheit wie dieser eine unbegrenzte Überlegenheit über alle anderen Mächte Europas. Wollten wir warten, bis Sachsen und Bayern die Feindseligkeiten eröffnen, so würden wir Sachsen nicht daran hindern können, sich zu vergrößern, was unseren Interessen allerdings ganz und gar zuwiderläuft. (...) Ich schließe aus dieser ganzen Erörterung, dass wir uns noch vor dem Winter in den Besitz Schlesiens setzen und während des Winters verhandeln müssen. Es wird sich dann immer ein Vorteil dabei herausschlagen lassen, und wir werden mit Erfolg verhandeln, wenn wir im Besitz sind, während wir bei anderem Verhalten alle unsere Vorteile aus der Hand geben.

Zit. nach: Geschichte in Quellen, Bd. III. München 1970, S. 671.

D2 Widersprüche erschweren eine klare Position

Der Ministerpräsident des Landes Brandenburg, Manfred Stolpe, sagte 1991 aus Anlass der Rückführung der Särge Friedrich Wilhelm I. und Friedrich II. von der Burg Hohenzollern nach Potsdam:

Die beiden Könige sind der Inbegriff Preußens, seiner Tugenden und Untugenden, seiner Tradition und Geschichte. Friedrich Wilhelm I. – Muster an Sparsamkeit und Zähheit – schuf die Grundlagen, auf denen das Preußen Friedrichs II. erblühen konnte. Bei der Beschäftigung mit Preußen und den Persönlichkeiten, die dieses Land prägten, stößt man auf Widersprüche, die es uns schwer machen, eine klare Position zu beziehen. Da ist der aufgeklärte Staat, offen für Verfolgte aus ganz Europa, der für die Gleichheit der Menschen eintritt und als höchstes Regierungsziel „des Landes Vorteil“ ansieht. Da ist aber auch das machthungrige, kämpferische Preußen, das die Schlesischen Kriege führt, die Unsummen verschlingen, während das Volk hungert. (...) Es geht darum, sich die Erfahrungen Preußens und dessen, was sich später aus Preußen entwickelt hat, vor Augen zu führen und zu fragen: Was bedeuten sie heute? Für mich steht Preußen für Toleranz, Aufbauwillen, Gemeinschaftssinn und eine leistungsfähige Verwaltung.

Zit. nach: H. Bentzien: Die Heimkehr der Preußenkönige. Berlin 1991, S. 516.

Fragen und Anregungen

1. Beurteile anhand des VT und Q1–Q4 die Politik Friedrichs II. und vergleiche mit den Aussagen in D2.
2. Erläutere anhand der Karte Preußens Entwicklung.
3. Untersuche die Argumentation Friedrichs in Q2 und vergleiche sie mit Q4. Welche Vorstellungen als König erfüllt er, gegen welche verstößt er?

Karikatur auf die Dorfschule im 18. und 19. Jahrhundert Q1
Die kolorierte Radierung stammt aus dem 1825 veröffentlichtem Buch „Antikes Schulwesen" von J. Nussbiegel.

6. Der lange Weg zur Bildung für alle

Herrscher richten Schulen ein

Dass alle Menschen lesen und schreiben können, forderten bereits die Reformatoren, sollten doch die Gläubigen selbst Gottes Wort studieren. Doch erst im Zuge der Aufklärung und deren Streben nach dem Sieg der menschlichen Vernunft wurde der Ruf nach Volksbildung so laut, dass auch die Herrschenden ihn nicht mehr überhören konnten. Zwar gab es in den Städten bereits seit dem Mittelalter Schulen und Universitäten, die vor allem von den Söhnen der wohlhabenden Bürger besucht wurden. Doch für die Bevölkerungsmehrheit im ländlichen Raum und die Kinder der städtischen Unterschichten fehlten diese Bildungsangebote fast immer.

Anfänge der allgemeinen Schulpflicht

Ab dem 17. Jahrhundert verkündeten einzelne und dann immer mehr Landesherren eine allgemeine Schulpflicht. Der preußische König verordnete diese 1717 und noch einmal 1736, allerdings nur für Orte, an denen Schulen waren, und nur in geringem zeitlichem Umfang. Obwohl Gemeinden, Kirche und Grundherren zur Finanzierung herangezogen wurden, war die Entlohnung der Dorfschullehrer so schlecht, dass deren Aufgaben meist Handwerker im Nebenberuf wahrnahmen. Entsprechend war auch die Qualität des Unterrichts. Die Eltern konnten aber auf die Mitarbeit der Kinder bei der Landarbeit kaum verzichten.

Reformen in Preußen

Friedrich II. als aufgeklärter Monarch wollte dies nicht hinnehmen, zumal Wirtschaft und Militär nach vorgebildetem Nachwuchs verlangten. Sein Preußisches Generallandschulreglement von 1763 sollte nun die Probleme mit einer halbtägigen Sommerschule sowie einer vor- und nachmittäglichen Winterschule lösen: Erstmals wurde erfasst, wer schulpflichtig war, und Strafen vorgesehen, wenn diese Pflicht missachtet wurde. Außerdem sollten die Lehrer durch Seidenraupenzucht in den Schulgebäuden die Versorgung der Königlichen Seidenmanufakturen mit Rohstoffen sicherstellen. Das war einerseits unhygienisch und beschäftigte die Schulmeister andererseits so, dass die Sommerschule meist ausfiel.
Durch die Vorschriften des „Allgemeinen Landrechts" von 1794 begannen sich allmählich Vorstellungen der Aufklärung von der Bildung für alle durchzusetzen. Dennoch besuchten erst fast hundert Jahre später die meisten Kinder lange genug eine Schule, um einigermaßen sicher lesen, schreiben und rechnen zu können.

Q2 Neuordnung des Schulwesens

Aus dem „Königlich-Preußischen-General-Schul-Reglement" von 1763:

§ 1. Zuvörderst wollen Wir, dass alle Unsere Untertanen (...) ihre (...) Kinder, Knaben oder Mädchen, wo nicht eher, doch höchstens vom fünften Jahre ihres Alters in die Schulen schicken, auch damit ordentlich bis ins dreizehnte und vierzehnte Jahr kontinuieren und sie so lange zur Schule halten sollen, bis sie nicht nur das Nötigste vom Christentum gefasst haben und fertig lesen und schreiben, sondern auch von demjenigen Rede und Antwort geben können, was ihnen nach den von Unsern Konsistorien [kirchliche Verwaltungsbehörden] verordneten (...) Lehrbüchern beigebracht werden soll.

§ 4. Weil an vielen Orten die Eltern ihre Kinder des Sommers nicht in die Schule schicken unter dem Vorwand, dass sie das Vieh hüten müssen, so haben deshalb Unsere Beamten (...) dahin zu sehen, dass, so weit es möglich, ein eigener Viehhirte hierzu möge bestellt werden. (...)

§ 12. Da es aber bei einer guten Schulverfassung vornehmlich auf einen rechtschaffenen Schulmeister ankommt, so ist hiernächst Unser (...) Wille, dass (...) zu den Schulämtern auf dem Lande ins künftige recht tüchtige Leute gelangen mögen. (...)

§ 14. Es müssen aber überhaupt auf dem Lande keine Küster und Schulmeister ins Amt eingewiesen und eingesetzt werden, bevor sie von den Inspektoren examiniert, im Examen tüchtig befunden und ihnen ein Zeugnis der Tüchtigkeit mitgegeben worden. (...) Dass keine zu Schulmeistern und Küstern angenommen werden sollen, als welche in dem Kurmärkischen Küster- und Schul-Seminar zu Berlin eine Zeit lang gewesen und darin den Seidenbau sowohl als die vorteilhafte und bei den deutschen Schulen der Dreifaltigkeits-Kirche eingeführte Methode des Schulehaltens gefasst haben. (...)

§ 19. Es wird demnach auf folgende Weise [Schule] gehalten:

In der ersten Vormittagsstunde wird

1) ein Lied gesungen. (...)
2) Nach dem Gesang wird gebetet (...) Ein Knabe liest langsam, deutlich und laut den monatlichen Psalm, und darauf wird geschlossen mit dem Gebet des Herrn. (...)
3) Nach dem Gebete wird ein Stück aus dem Katechismus (...) erklärt. (...) In der anderen Vormittagsstunde wird das Lesen, Buchstabieren und das ABC vorgenommen. (...)

Zit. nach: T. Dietrich/J.-G. Klink: Zur Geschichte der Volksschule, Bd. 1. Bad Heilbrunn, 1964, S. 132–139.

Q3 Soldaten als Lehrer

Unter Friedrich II. wurden zu pensionierende Unteroffiziere mit Schulmeisterstellen versorgt. Ein Prüfungsprotokoll berichtet :

Regiment v. Hallmann: N. Krüger, Feldwebel, tüchtig, schreibt ziemlich, rechnet 4 Spezies, versteht die Ordnung des Heiles gründlich, hat Lust zum Schulamt, spricht fertig Litauisch, kann in Litauen versorgt werden. – Regiment v. Ingersleben: Wilhelm Bender, Musk[etier], 34-jährig, tüchtig, schreibt gut, von der Religion nur mittelmäßige Kenntnis, kann brauchbarer Lehrer werden. – Friedrich Finck, Feldw[ebel], 57-jährig, ist tüchtig, schreibt gut, wiewohl nicht orthographisch, Religion mittelmäßig, Lust für kleine Schule. – J. Heinr. Mangel, Feldw., 50-jährig, tüchtig, schreibt und rechnet gut, fertig in der Ordnung des Heils, hat aber keine Lust zur Schule und bittet um andere Versorgung. (...) – Regiment v. Buddenbrock: Johann Schultz, Musk., untüchtig, schreibt flüchtige Hand, weder nach den Grundstrichen noch nach der Orthographie, Religion sehr schwach, keine Lust.

Zit. nach: H. Notboom: Das evangelische Kirchen- und Schulwesen in Ostpreußen während der Regierung Friedrich des Großen. Heidelberg 1959, S. 210, Anlage XV.

Q4 Eine kritische Bestandsaufnahme

K. H. Neumann 1811 über die „Verbesserung des Landschulwesens in der Preußischen Monarchie":

Überall entweihten verdorbene Schneider, Garnweber, Tischler und abgedankte Soldaten das heilige Geschäft der Erziehung, die Bildung des Volks war in den Händen unwissender, roher, kraftloser, unsittlicher, halb verhungerter Menschen, die Schulen waren zum Teil wirkliche Kerker und Zuchthäuser. (...) Damit die Kinder lesen und den Katechismus auswendig und einige wenige ein paar Buchstabenreihen abmalen lernten: Dazu sollten die Kleinen 7 bis 8 Stunden in engen, dunklen und ungesunden Höhlen zusammengepresst und oft grausam misshandelt werden. Und doch lernten die Mehresten nicht einmal lesen, geschweige denn denken und vernünftig handeln. Das große Wunderwerk, aus unwissenden, rohen (...) Kindern vernünftig denkende, fest glaubende und gut handelnde Menschen zu machen, war den Religionslehrern überlassen (...). War es bei diesen Umständen ein Wunder, dass die Masse des Volks in dem gepriesenen Zeitalter der Aufklärung wenig oder gar keine Fortschritte in seiner Bildung machte? (...) War es ein Wunder, dass die Lehrer mit Unlust (...) arbeiteten (...)?

Zit. nach: J. Tews: Ein Jahrhundert preußischer Schulgeschichte. Leipzig 1914, S. 13/14.

Q6 Abbildungen aus dem „Noth- und Hilfsbüchlein" von 1798

Schulfest in Gegenwart des Pfarrers und der Eltern (oben). Unterricht in der Schulstube (unten).

Q5 Lehrer und Pfarrer

In der „Allgemeinen Dienstinstruktion für die Landschullehrer" vom 28. März 1822 heißt es:

§3. Den Unterricht erteilt der Schullehrer nach einem von dem Ortspfarrer genehmigten Lektionsplan. (...)

§6. Vor dem jährlichen Schulexamen hat er eine Lektions- und Zensurtabelle zu fertigen und sie dem Ortspfarrer zeitig zu übergeben. (...)

§14. Er leitet den Kirchengesang und hat, wo kein besonderer Organist angestellt ist, auch die Orgel zu spielen. (...)

§23. Alles, was er bei der Kirche in Ansehung der Schreiberei oder des Rechnungswesens, ingleichen der Führung des Kirchenbuchs, zu besorgen hat, ist von ihm aufs Pünktlichste zu verrichten.

§24. Eben diese Treue und Pflichtmäßigkeit hat er bei den ihm in Bezug auf die Gemeindeschreiberei obliegenden Arbeiten zu beobachten.

Zit. nach: Quellen zur Geschichte der Erziehung. Ausgewählt und bearbeitet von K.-H. Günther und F. Hofmann. Berlin 1961, S. 165f.

Q7 Er muss noch alles lernen

Der Gutsbesitzer Friedrich August von der Marwitz berichtet 1836:

Es ist nicht lange her, dass ich mit einem alten Bauer von seinem Sohne sprach, der sich in der Schule auszeichnete.

Er sagte: Gottlob, dass es bald vorbei ist (...)

Ich: Warum „Gottlob"? Er hat seine Zeit recht gut angewendet.

Er: Ach wat! Er weeß gar nischt, er muss noch allens lernen!

Ich: Da seid Ihr im Irrtum; er ist der Beste in der Schule und weiß genug.

Er: Ja, von 'nen Elephanten weeß er, und von den Mond, und will klug sind, – aber er kann keen Pferd uf de Weide griepen und ufzöhmen, keenen Pfug stellen; er kann nich mal de Schweine von den Hof runter jagen, er treibt sie aus eene Ecke in de andere. Wie ick so alt war, konnte ick schon allens, aber schreiben kann ick noch heute nich, habe's ooch mein Leben nich gebraucht. Er schreibt so gut wie der Küster, wat will he denn nachher schreiben? Pflügen muss er un säen und mähen und de Wirtschaft verstehen, dat muss er!

F. A. von der Marwitz: Ein märkischer Edelmann im Zeitalter der Befreiungskriege, 2. Bd., 2. Teil. Berlin 1913, S. 458f.

Fragen und Anregungen

1. Erläutere die Probleme des preußischen Landschulwesens und der verordneten Lösungen (Q2, Q3).
2. Versetze dich in die Schulen in Q1 bzw. Q6 und berichte aus „deiner Schulzeit".
3. Antworte dem Bauern in Q7 auf seine Einwände.
4. Zeige anhand von Q4 und Q5 auf, in welcher Weise sich die aufgeklärte Schule von der hergebrachten Dorfschule unterscheiden sollte.

Ein Quiz zum Absolutismus erstellen

LERNEN LERNEN

In der Schule spricht man meist vom „Test“, wenn es um Wissensüberprüfungen geht, und nicht selten ist das Angelernte bald vergessen. Wenn ihr jedoch die Fragen für ein Quiz selbst erstellt und auch Musterlösungen schreibt, befasst ihr euch gründlich mit den Sachverhalten und festigt damit fast spielerisch den Lernstoff.

Ein solches Quiz könnt ihr in verschiedenen Formen durchführen. Auf jeden Fall müssen sie aus einer Aufgabenstellung bzw. Frage und der zugehörigen Antwort bestehen, die ihr vorbereiten müsst. Besonders eignen sich die Definitionen der „Historischen Stichworte“, deren Inhalte man immer behalten sollte, und die Verfassertexte, in die auch weniger wichtige Informationen aufgenommen sind. Quellen und Darstellungen kommen ebenfalls in Frage, denn auch sie vermitteln allgemein gültige Informationen.

Wählt unter den folgenden Möglichkeiten, ein Quiz zu erstellen, aus:

a) Die gestellte Frage wird mit einem eindeutigen Lösungswort beantwortet.
Hierzu bietet sich ein Kreuzworträtsel oder der so genannte „Lückentext“ an, bei dem der gesuchte Begriff im Satz fehlt und eingesetzt werden muss.

Der .... war die Wirtschaftsform, die sich zur Zeit des Absolutismus herausbildete.

b) Zur gestellten Frage werden mehrere Antworten zur Auswahl vorgelegt.
Bei diesem Multiple-Choice-Verfahren unterscheidet der Getestete zwischen richtigen und falschen Antworten. Wenn vorher nicht bekannt gegeben wird, wie viele richtige und wie viele falsche Antworten unter den angebotenen Lösungen sind, steigt der Schwierigkeitsgrad. Besonders wichtig ist, dass die unrichtigen Antworten wahrscheinlich klingen, sonst wird diese Form recht einfach.

Der Finanzminister Ludwig XIV. war
a) Voltaire
b) Bossuet
d) Colbert,
e) Vernet

c) Die gestellte Frage wird in einem Zusammenhang beantwortet.
Für die Auswertung erstellt ihr am besten eine in Teilinformationen aufgegliederte Lösung und vergebt darin Punkte, wobei zentrale Aussagen mehr Punkte erhalten als andere.

Für die Formen zu a) und b) kann man auch Software nutzen. Zur Zeit der Drucklegung des Buches ist u. a. „Hot Potatoes“ ein empfehlenswertes und für Schulen gratis nutzbares Programm.
Wenn ihr unterschiedliche Quizformen erarbeitet und gegenseitig erprobt, lernt ihr gleich doppelt: bei der Erstellung des eigenen und der Beantwortung des Quiz' eurer Mitschüler. Da wird der Lernerfolg nicht ausbleiben!

			1 R	I	G	A	U	D	
						U			
						F			
						K			
5 V	E	R	S	A	I	L	L	E	S
				6		Ä			
						R			
						U			
						N			
						G			

1. Hofmaler Ludwig XIV.
2. …
3. …
4. …
5. Schlossanlage in der Nähe von Paris
6. Einteilung der frz. Gesellschaft zur Zeit des Absolutismus
7. …
8. …
9. …
10. …

Das Lösungswort ist eine Denkrichtung, die sich im 17. Jahrhundert in Europa entwickelte.

AUF DEM WEG ZUR DEMOKRATIE: ENGLAND UND DIE USA

Jahrhunderte schien es keinen Zweifel daran zu geben, dass Kaiser, Könige und Fürsten ihre Untertanen beherrschten. Das sollte auch so bleiben – so dachten es zumindest die Herrscher. Doch es sollte anders kommen: In England wurde die Königsmacht auf Dauer von einem Parlament eingeschränkt. In Amerika gründete man gar einen ganz neuen Staat ohne Vorrechte für eine adlige Oberschicht, dafür aber mit einer Verfassung, die die Rechte der Bürger festschrieb. Der Anfang für eine moderne Demokratie war gemacht …

Sezession und Sklavenfrage
Lithografie aus der Zeitschrift „Punch", 1856.

Unabhängigkeitserklärung der Vereinigten Staaten von Amerika

IN CONGRESS, JULY 4, 1776.

The unanimous Declaration of the thirteen united States of America,

Ein Ausschuss unter der Leitung von Thomas Jefferson übergibt am 4. Juli 1776 den Entwurf der Unabhängigkeitserklärung dem Kontinentalkongress in Philadelphia zur Unterschrift
Gemälde von John Trumbull.

„Das Vertrauen in die Verfassung"
Kolorierter Stich, Ende des 18. Jahrhunderts.

Cromwell im englichen Parlament
Darstellung auf dem Großsiegel von England, 1651.

Parlamentsgebäude in London

König Wilhelm III. und Königin Maria II. von Oranien empfangen die englischen Königskronen
Kupferstich, 1790.

1. England im 17. Jahrhundert: König und Parlament ringen um die Vorherrschaft

1628	In der „Petition of Right" wird jede Geldforderung der Krone ohne Parlamentszustimmung für gesetzwidrig erklärt.
1642–1648	Im Bürgerkrieg kämpfen oppositionelle Kräfte gegen die Anhänger des Königs.
1649	König Karl I. wird enthauptet. Die Republik wird eingerichtet.
1654–1658	Oliver Cromwell regiert ohne Parlament als Militärdiktator.
1660	Großbritannien wird erneut Monarchie.
1679	Die „Habeas-Corpus-Akte" sichert den Schutz vor willkürlicher Verhaftung.
1688/1689	„Glorreiche Revolution": Wilhelm III. und Maria II. von Oranien werden als Königspaar eingesetzt, müssen aber die „Bill of Rights" anerkennen.

König Jakob I. im englischen Parlament Q1
Der Druck aus dem Jahr 1620 ist eine der ältesten Darstellungen des Parlaments.

Das Parlament schränkt die Macht des Königs ein

Im Gegensatz zu den meisten anderen europäischen Staaten konnte sich in England der Absolutismus als Staatsform nicht durchsetzen. Dass die Macht der Könige Beschränkungen unterworfen wurde, hatte in England eine lange Tradition. Bereits 1215 hatte ein Adelsrat dem damaligen König mit der „Magna Charta Libertatum" (Großer Freiheitsbrief) Mitbestimmungsrechte abgetrotzt. Insbesondere wenn es um die Bewilligung von Steuern oder Sonderzahlungen für Kriege ging, mussten die Könige die Zustimmung dieses Gremiums einholen. Dieser Adelsrat wurde später Parlament genannt. Das kommt vom lateinischen Wort „parlare" (sprechen). Das Parlament bestand aus dem Oberhaus („House of Lords") und dem Unterhaus („House of Commons"). Dem Oberhaus gehörten die Mitglieder des Hochadels und der hohen Geistlichkeit – die Lords – an. Ihre Sitze erbten sie. Ins Unterhaus wurden Vertreter des niederen Adels aus den Grafschaften sowie reiche Bürger, vor allem Kaufleute aus den Städten, gewählt. Allerdings waren nur Männer mit einem bestimmten Mindestvermögen wahlberechtigt. Während das

Q2 Eröffnung des englischen Parlaments
Königin Elisabeth II. eröffnet am 6. November 1984 das Parlament.
Diese Zeremonie im britischen Oberhaus, an der alle Parlamentarier von Ober- und Unterhaus teilnehmen, hat mittlerweile eine 700-jährige Tradition.

Oberhaus im Wesentlichen die Funktion eines Obersten Gerichts ausübte, war das Unterhaus für die Steuerbewilligung zuständig. Bis heute besteht das englische Parlament aus den beiden Kammern des Ober- und Unterhauses.

Einfluss religiöser Strömungen

Im Ringen um die politische Vorherrschaft spielte auch der Einfluss verschiedener religiöser Gruppierungen eine wichtige Rolle. Nach der Reformation gründete König Heinrich VIII. die anglikanische Staatskirche und machte sich zum Kirchenoberhaupt. Auch in Schottland setzte sich mit der presbyterianischen Staatskirche die Reformation durch. Nur Irland war überwiegend katholisch geblieben. Daneben gab es noch weitere Glaubensgemeinschaften. Besonders erwähnenswert sind zwei religiöse Reformbewegungen, die sowohl in England als auch später in Amerika eine wichtige Rolle spielten: die Puritaner und die Quäker. Beide waren stark in Handel und Handwerk vertreten, gaben aber auch den Wissenschaften und Künsten neue Impulse. Von den Quäkern ging ein wichtiger Einfluss auf das politische Denken und das öffentliche Leben aus. Bereits 1661 formulierten sie ausdrücklich: Alle Männer und Frauen sind gleich. Bei ihnen traten auch Frauen öffentlich als Rednerinnen auf. Vor allem zeichneten sich die Quäker durch ihre Einstellung zum Frieden aus: Sie erklärten alle Kriege als falsches Mittel zur Durchsetzung politischer Interessen. Die oft gegeneinander gerichteten Interessen der religiösen Gemeinschaften führten, je nach politischer Machtfülle, bis zur Verfolgung Andersdenkender. Viele Engländer verließen deshalb ihre Heimat und wanderten nach Amerika aus, wo sie ihre Religion frei ausüben konnten (vgl. S. 53).

Konflikte zwischen König und Parlament führen zum Bürgerkrieg

Versuche der englischen Könige, ihre Vorherrschaft auszubauen, und das selbstbewusste Auftreten des Parlaments führten immer wieder zu Konflikten. Einen Höhepunkt erlebten diese unter Karl I. Zum einen versuchte er den Katholizismus zu stärken, was dem zunehmend mit Puritanern besetzten Parlament keinesfalls recht sein konnte. Zum anderen hatte ihm das Parlament 1627 Steuern bewilligt, die er nach Ablauf einer einjährigen Frist ohne eine erneute Befragung des Parlaments unrechtmäßig weiter erhob. 1628 legte ihm das Parlament daraufhin eine „Petition of Right" vor, in der es an sein althergebrachtes Mitspracherecht erinnerte. Doch Karl I. fühlte sich in seiner Königsmacht so gefestigt, dass er 1629 dieses Gremium auflöste und die folgenden elf Jahre allein weiterregierte. Erst 1640 musste er das Parlament wieder einberufen, da er für einen Feldzug gegen die aus Glaubensgründen aufständischen Schotten Geld brauchte. Als 1641 auch noch in Irland Unruhen ausbrachen, kam es über die Frage, wer den Oberbefehl über die Truppen des Königs und die des Parlaments innehaben sollte, zum Streit, der sich 1642 zum offenen Bürgerkrieg ausweitete.

England unter Oliver Cromwell

Das Parlamentsheer wurde vom puritanischen Landedelmann Oliver Cromwell geführt. Nachdem er die Organisation und Ausrüstung seiner Truppen verbessert hatte, konnte er den Bürgerkrieg 1648 schließlich gewinnen.

Innerhalb der Parlamentsseite gab es allerdings Spannungen zwischen radikalen Königsgegnern und Abgeordneten, die zu Kompromissen mit dem König bereit waren. Cromwell nutzte diese Situation aus, um mithilfe der ihm nahe stehenden radikalen Minderheit die kompromissbereite Mehrheit aus dem Parlament zu vertreiben. Er bemächtigte sich des gefangen gesetzten Königs, um ihm den Prozess zu machen. Am 30.1.1649 wurde Karl I. in London öffentlich enthauptet. Damit endete zunächst die Monarchie.

Q3 Oliver Cromwell (1599–1658)

Gestützt auf sein schlagkräftiges Heer und das nach seinem Willen geformte Parlament bekämpfte Cromwell Aufstände der presbyterianischen Schotten und der katholischen Iren siegreich und vereinigte Schottland und Irland mit England zu einer Republik, „Commonwealth“ genannt. Die Staatsform der Republik hatte jedoch nicht lange Bestand: Cromwell riss die Macht an sich und regierte nach Auflösung des verbliebenen Rumpfparlaments diktatorisch. Er sah sich gleichfalls, wie die englischen Könige, als von Gott eingesetzt und übte als „Lord Protector“ die höchste gesetzgebende Gewalt aus. Als Oliver Cromwell 1658 starb, wurde deutlich, dass sein Militärregiment nur durch seine starke Persönlichkeit bestehen konnte. Sein Sohn Richard scheiterte nach weniger als einem Jahr.

England wird erneut Monarchie

1660 entschloss sich das Parlament, die Monarchie wiederherzustellen. Der Sohn Karls I. wurde vom Hof Ludwigs XIV. in Versailles zurückgeholt und zum König Karl II. ausgerufen. Mit der „Habeas-Corpus-Akte“ gelang es dem Parlament jedoch, dem König ein wichtiges Grundrecht auf persönliche Freiheit, nämlich den Schutz vor willkürlicher Verhaftung, abzuringen. Unter der Herrschaft Karls II. versuchte die anglikanische Staatskirche, einen Mittelweg zwischen Katholiken und Puritanern zu finden und unterstützte den König, während das Parlament darüber wachte, dass er nicht die Gewalt über ein stehendes Heer erhielt. Kurz vor seinem Tode trat Karl II. der katholischen Kirche bei.

Die „Glorreiche Revolution“

Sein Bruder und Nachfolger Jakob II. war Katholik. Als ihm ein Sohn geboren wurde, fürchtete das Parlament das Aufkommen eines neuen katholischen Erbkönigtums. Um dies zu verhindern, boten die einflussreichen Parlamentarier Wilhelm III. von Oranien, dem protestantischen Erbstatthalter der Niederlande, und seiner Gemahlin Maria die Königswürde an. Wunschgemäß kam Wilhelm III. mit einem starken Heer über den Kanal und wurde freudig empfangen. Durch die Flucht nach Frankreich entzog sich Jakob II. jeglicher Auseinandersetzung.
Dem Parlament war es gelungen, unblutig einen Wechsel zu einem neuen Herrscher zu erreichen und die Gefahr abzuwenden, dass England wieder katholisch würde. Dieser Vorgang wird als die „Glorreiche Revolution“ in England bezeichnet.

England wird konstitutionelle Monarchie

Wilhelm III. von Oranien und Maria II. bestiegen 1689 gemeinsam als König und Königin den englischen Thron. Zuvor mussten sie jedoch einen vom Parlament vorgelegten Grundrechte-Katalog, die „Bill of Rights“, anerkennen. Mit diesem Dokument gelang es dem Parlament, die Garantie seiner Rechte und Freiheiten sicherzustellen und die Machtbefugnisse des Königspaares durch eine Staatsverfassung zu begrenzen. Parlament und König waren von nun an die beiden die Politik bestimmenden Verfassungsorgane. England wurde damit eine so genannte konstitutionelle Monarchie und ist es bis heute geblieben.

Q4 Die Rechte des Parlaments

Aus einem Schreiben des Unterhauses an König Jakob I. aus dem Jahre 1604:

[Wir] bestätigen (...) mit allem demütigen und schuldigen Respekt gegen Eure Majestät als unseren obersten Herrn und unser Oberhaupt (...):

1. Unsere Privilegien und Freiheiten sind unser wirkliches, ererbtes Recht, nicht anders als unsere Länder und Güter.

2. Sie können uns nicht entzogen, aberkannt oder geschmälert werden, es sei denn mit offenbaren Unrecht gegenüber dem ganzen Königreich. (...)

4. Wir erklären feierlich, dass unser Haus ein Gerichtshof mit dem Recht der Zeugenvernehmung ist und immer als solcher gegolten hat.

5. Es gibt keinen höchsten Gerichtshof in diesem Lande, der sich nach Rang und Autorität mit diesem hohen Gerichtshof, dem Parlament, vergleichen könnte. (...)

6. (...) Wir erklären, dass das Unterhaus der einzige zuständige Richter über das Wahlverfahren und die Wahl seiner Mitglieder ist. (...)

Die Rechte und Freiheiten der Gemeinden von England bestehen vor allem in diesen drei Dingen:

1. dass die Grafschaften, Städte und Flecken von England , durch ihre Vertreter repräsentiert, das Recht auf freie Wahl solcher Persönlichkeiten haben, zu denen sie das Vertrauen hegen, dass sie sie vertreten werden;

2. dass die gewählten Personen während der Session [Versammlung] des Parlaments wie auch auf dem Hin- und Rückwege vor Beschränkung, Verhaftung und Einkerkerung sicher sind;

3. dass sie im Parlament frei nach ihrem Gewissen reden dürfen, ohne Hindernis und Kontrolle, solange sie das mit dem schuldigen Respekt gegenüber (...) Eurer Majestät und beiden Häusern [des Parlaments] tun (...).

Zit. nach: Geschichte in Quellen, Bd. III. München 1982, Seite 355 f.

Q5 Sind Könige Götter?

Als sich das Parlament darüber beklagte, dass der König gegen die grundlegenden Rechte und Freiheiten des Parlaments und aller Bürger Englands verstoße, antwortete König Jakob I. 1609:

Könige werden mit Recht Götter genannt; denn sie üben auf Erden eine gottähnliche Macht aus. Wenn man die Attribute Gottes betrachtet, sieht man, wie sehr sie auf die Person des Königs zutreffen. Gott hat die Macht zu schaffen und zu zerstören, nach seinem Belieben zu bilden und zu vernichten, Leben und Tod zu geben, alle zu richten und niemandem verantwortlich zu sein. Und die gleiche Macht haben die Könige. Sie bilden und vernichten ihre Untertanen, sie haben die Macht zu erhöhen und zu stürzen, die Macht von Leben und Tod, Richter über alle ihre Untertanen und in allen Fällen, doch niemandem als Gott verantwortlich. Sie haben die Macht, über ihre Untertanen wie über Schachfiguren zu verfügen.

Zit. nach: M. Fuhs: Herrschaftsformen der frühen Neuzeit. PLOETZ Arbeitsmaterialien. Freiburg/Würzburg 1978, S. 67 f.

Q6 Das Steuerbewilligungsrecht des Parlaments

Aus einer Parlamentsdebatte vom Juni 1610:

So sehen wir also, dass Besteuerungs- und Gesetzgebungsrecht (...) [auswechselbar und vertretbar] sind: Was das eine tun (...) kann, kann auch das andere tun. Der König hat seine höchste Gewalt nur im Parlament, unterstützt und getragen von der Zustimmung des ganzen Königreiches, und deshalb kann er diese Befugnisse nur im Parlament ausüben. In anderen Ländern lässt man den [Rechtsgrundsatz] gelten: (...) [Was der Fürst beschlossen hat, besitzt Gesetzeskraft], denn dort haben die Fürsten absolute Gewalt, Gesetze zu geben und daher auch das Recht der Besteuerung, denn das heißt, Eigentum übertragen und hat damit die zwingende Gewalt eines Gesetzes (...) Würde das Besteuerungsrecht stillschweigend unseren Königen überlassen und bedenkt man dabei, zu welchem Hauptzwecke sie die Parlamente einberufen, nämlich um sich Geld zu verschaffen, so habe ich keine große Hoffnung, dass wir uns noch sehr häufig so wie jetzt versammeln könnten, denn dann würden sie sich eben auf die erwähnte andere Weise zu helfen wissen.

Zit. nach: Geschichte in Quellen, Bd. III. München 1982, S. 359.

Q7 Ist das Parlament überflüssig?

Mit den folgenden Worten löste Oliver Cromwell am 22.1.1655 das Parlament auf:

Ich habe euch mit einer langen Rede behelligt, und ich vermute, nicht alle haben sie aufgenommen, wie es vielleicht bei einigen der Fall war. Aber ich weiß das nicht und überlasse es darum Gott, und schließe: Ich halte es für meine Aufgabe, durch meine Pflicht gegenüber Gott und diesem Volk, um seiner Sicherheit und seines Wohles willen, euch mitzuteilen, dass es diesem Reich nicht zum Nutzen und den öffentlichen Angelegenheiten nicht zum Wohle gereicht, dass ihr länger versammelt seid, und darum erkläre ich euch, dass ich dieses Parlament auflöse!

Zit. nach: Reden, die die Welt bewegten. Essen o. J., S. 35.

Cromwell löst das Parlament auf Q8

Zeitgenössiche Darstellung. Cromwell (links vorne am Tisch); der Text in Höhe seiner Arme lautet auf Deutsch: „Hinaus, ihr Schurken, ihr habt lange genug gesessen!“ An den Seitenwänden des Saales steht geschrieben: „Dieses Haus ist zu vermieten“ (englisch rechts, holländisch links).

Q9 **Rechte für das Volk**

Aus der „Bill of Rights", dem Gesetz zur Erklärung der Rechte und Freiheiten der Untertanen, dem englischen Staatsgrundgesetz, vom 23. 10. 1689:

1. (...) dass die angemaßte Befugnis, kraft königlicher Autorität und ohne die Zustimmung des Parlaments Gesetze vorübergehend außer Kraft zu setzen oder ihre Vollstreckung auszusetzen, ungesetzlich ist;

4. (...) dass die Erhebung von Geldern für und zum Nutzen der Krone unter dem Vorwand königlicher Vorrechte und ohne Zustimmung des Parlaments (...) ungesetzlich ist;

6. (...) dass die ohne die Zustimmung des Parlaments in Friedenszeiten erfolgende Aushebung oder Unterhaltung eines stehenden Heeres innerhalb des Königreiches unrechtmäßig ist;

7. (...), dass die Untertanen protestantischen Glaubens, ihrer Stellung gemäß und soweit das Gesetz es erlaubt, Waffen zu ihrer Verteidigung besitzen dürfen;

8. (...) dass die Wahl der Parlamentsmitglieder frei sein solle;

9. (...) dass die Freiheit der Rede sowie der Inhalt von Debatten oder Verhandlungen im Parlament an keinem anderen Gerichtshof oder Orten außerhalb des Parlaments unter Anklage oder in Frage gestellt werden solle; (...)

Zit. nach: H. Schulze/J.-U. Paul (Hg.): Europäische Geschichte, Band VII. München 1994, S. 489.

Fragen und Anregungen

1. Fasse die politische Entwicklung Englands im 17. Jahrhundert zusammen, indem du eine Zeitleiste mit den wichtigsten Ereignissen erstellst. Markiere darin, zu welchen Zeiten der König die wichtigste politische Macht war und zu welchen das Parlament. Informiere dich anhand eines Lexikons über die Puritaner und Quäker.
2. Vergleiche die Quellen Q4–Q6: Wie rechtfertigt König Jakob I. seine Macht? Beschreibe seinen Herrschaftsstil anhand seiner Ausdrucksweise. Worin sieht das Parlament die eigenen Hauptaufgaben?
3. Beurteile den Herrschaftsstil Oliver Cromwells im Vergleich mit seinen Vorgängern und Nachfolgern (VT, Q1, Q7, Q8).
4. Vergleiche die Abbildung Q8 mit den Parlamentsdarstellungen auf der ADS sowie mit Q1 und Q2. Welche Elemente sind im Laufe der Zeit gleich geblieben, welche haben sich geändert? Beurteile die parlamentarische Tradition Englands.
5. Liste auf, welche Grundrechte die „Bill of Rights" den Engländern garantiert (Q9).

2. England wird zur bedeutendsten Seemacht

England und Holland als Konkurrenten auf den Meeren

Die Insellage und die Nichteinmischung in die Wirren des Dreißigjährigen Krieges auf dem Kontinent ermöglichten England den Aufstieg zur bedeutendsten Welthandelsmacht. Bereits im Jahr 1600 hatten sich englische Kaufleute zur Sicherung und Abwicklung ihrer Handelsinteressen in der Britischen Ostindienkompanie, einer Aktiengesellschaft, zusammengeschlossen. Nur zwei Jahre später taten es ihnen die Holländer gleich und gründeten die Niederländische Ostindien-Gesellschaft. In beiden Ländern wurden damals auch die größten Banken, die Bank of Amsterdam und die Bank of England, für Wirtschafts- und Finanzgeschäfte ins Leben gerufen.

England wird See- und Handelsmacht Nummer eins

Die Art, Handelsgeschäfte abzuwickeln, unterschied sich grundlegend von der in den ehemals führenden katholischen Seemächten Spanien und Portugal: Der calvinistische und protestantische Glauben in den nordeuropäischen Ländern setzte Kräfte wie persönlichen Wagemut und selbstständige Einschätzung des Risikos, freien Unternehmergeist und individuelle statt staatliche Vorsorge zur wirtschaftlichen Absicherung frei. Denn erfolgreich Geschäfte zu tätigen galt als gottgefälliges Handeln. Überdies waren es Persönlichkeiten jenen Geistes, die neben eigenständiger Entscheidungskraft in wirtschaftlichen Fragen eben auch politisch sehr aktiv und einflussreich waren und zum Teil bis in hohe Wirtschafts- und Staatsämter aufstiegen. Besonders in Nordamerika bauten sie das englische Kolonialreich stetig aus und verdrängten dort auch die Holländer. Deren Kolonie New Netherlands mit der größten Ansiedlung Neu-Amsterdam eroberten sie 1664. Seither heißen beide Gebiete, Staat und Stadt, „New York".
Auch Oliver Cromwell hatte die große Bedeutung des Überseehandels für England erkannt und forcierte daher den Schiffsbau. 1651 sicherte er mit der „Ersten Navigationsakte" den Kaufleuten und Reedern geschützte Handelsbedingungen zu.
Am Ende des 17. Jahrhunderts hatte England mithilfe seiner starken Handels- und Kriegsflotte die Niederländer verdrängt und selber den Platz als die beherrschende Seemacht eingenommen, es galt: „England rules the seas!"

Q1 Das Großsiegel von England, 1651

Die englische Gesellschaft verändert sich

Durch den Seehandel verdiente insbesondere die aufstrebende Schicht der Gentry viel Geld und gewann an Einfluss. Die Gentry waren ursprünglich waffenberechtigte Männer des niederen Adels. Im 17. Jahrhundert wurden sie zum Vorbild eines gesellschaftlich wie privat geachteten Menschen mit Bildung und Benehmen, ehrenhaftem Charakter und guter Lebensführung, kurz: eines „Gentleman". Nach diesem „Gentleman-Ideal" wurden Generationen von Schülern an englischen Public Schools erzogen. John Locke, zeitgenössischer Philosoph und Staatstheoretiker (vgl. Kapitel „Habe den Mut, dich deines eigenen Verstandes zu bedienen") schrieb dazu in seinem Werk „Gedanken zur Erziehung": „Das, was jeder Gentleman, der auf Erziehung achtet, für seinen Sohn wünscht – neben dem Erbe des Landes, das er ihm hinterlässt – ist in den vier Leitideen Tugendhaftigkeit, Weisheit, gutes Benehmen und Gelehrsamkeit enthalten." Nicht mehr nur die Herkunft bestimmte fortan die gesellschaftliche Stellung eines Mannes, sondern auch seine Fähigkeiten, diesem Leitbild zu entsprechen. So entstand eine neue Oberschicht, die die englische Gesellschaft noch lange Zeit prägen sollte und deren Selbstverständnis auch auf andere Länder ausstrahlte. Bereits 1709 wurde der Begriff des „Gentleman" ins Deutsche übernommen.

Seeschlacht zwischen englischer und holländischer Kriegsflotte bei Chatham, südöstlich von London, 1667 Q2
Ausschnitt aus einem zeitgenössischen Gemälde von Adriaen Pieters van de Velde. England und die Niederlande führten zwei Seekriege gegeneinander. Der erste, von 1652–1654, wurde durch die englische Navigationsakte ausgelöst. Der zweite fand 1665–1667 statt.

Q3 Handelsbestimmungen für England

Aus der Navigationsakte, die das englische Parlament 1651 verabschiedete:

Zur Vergrößerung des Schiffsbestandes und zur Förderung der Schifffahrt Englands (…) wird (…) beschlossen, dass vom 1. Dezember 1651 an Güter oder Erzeugnisse jeder Art aus Asien, Afrika oder Amerika nach England, Irland oder irgendwelchen dazugehörigen Ländern, Inseln oder Kolonien nur noch auf Schiffen eingeführt werden dürfen, die einwandfrei Leuten unseres Volkes gehören und deren Kapitäne und Matrosen zum größten Teil Leute unseres Landes sind, bei Strafe des Verlustes sowohl der Ware als auch des Schiffes.

Und es ist ferner durch Beschluss des gegenwärtigen Parlamentes verboten, nach dem 1. Dezember 1651 Güter oder Erzeugnisse irgendwelcher Art, die in Europa gewachsen sind oder dort erzeugt oder auf gewerbliche Weise hergestellt wurden, in England oder Irland oder den dazugehörigen Gebieten auf anderen Schiffen einzuführen als auf solchen, die entweder einwandfrei Leuten unseres Volkes oder dann Angehörigen derjenigen Länder und Orte zu eigen sind, in denen die besagten Güter gewachsen sind, erzeugt oder hergestellt wurden, oder aus Häfen stammen, in denen die erwähnten Güter ausschließlich oder üblicherweise verschifft werden.

Es ist ferner untersagt, von nun an nach England, Irland oder den dazugehörigen Gebieten einzuführen jegliche Art von Kabeljau, Leng [eine Art Schellfisch], Hering oder Sardinen sowie jeglicher Art eingepökelter Fische, wie sie gewöhnlich von den Bewohnern unseres Landes gefangen werden, (…) außer Ware, die auf Schiffen gefangen wird, die einwandfrei Leuten unseres Volkes gehören. (…) Und es ist ferner untersagt, irgendwelche Arten von (…) Fischen, die von Leuten unseres Landes gefangen und eingesalzen werden, nach dem 1. Februar 1653 von irgendwelchen Orten dieser unserer Republik in anderen Schiffen auszuführen als in solchen, die Leuten unseres Landes gehören.

Zit. nach: W. Lautemann/M. Schlenke (Hg.): Geschichte in Quellen, Bd. III. München 1966, S. 417f.

Q4 Großbritannien – die führende Handelsnation

John Chamberlayne schrieb 1729 in dem Buch „Angliae Notitia":

In einem Wort, zu Recht kann Großbritannien als die führende Handelsnation der ganzen Welt bezeichnet werden, und es besitzt in der Tat dafür die besten Voraussetzungen: Es ist eine Insel, die über zahlreiche bequeme und natürliche Häfen verfügt, eine blühende Landwirtschaft sowie bedeutsame Manufakturen besitzt. Der Staat fördert die Wirtschaft durch Zölle und Abgaben, die Schifffahrt wächst, zahlreiche Seeleute werden ausgebildet; hier herrscht Religionsfreiheit, das Klima ist angenehm und gesund, die Regierung sorgt für Ruhe und Ordnung: All das wirkt sich positiv

Q6 Zollabfertigung von Waren aus den englischen Kolonien am Old Custom's House Quay an der Themse in London
Gemälde von Samuel Scott, Mitte des 18. Jahrhunderts, London, Victoria and Albert Museum.

auf unseren Seehandel aus. Und für den Binnenhandel besitzen wir ähnlich günstige Voraussetzungen. Das Bürgerrecht ist leicht zu erwerben; außer den Sonntagen haben wir nur wenige Feiertage, an denen die Armen nicht arbeiten. (…)

Zit. nach: P. Wende: England als Vorbild Europas. Stuttgart 1988, S. 42f.

Q5 Die englische Gesellschaft verändert sich

Der Journalist und Schriftsteller Daniel Defoe, der uns heute vor allem als Autor des Buches „Robinson Crusoe" bekannt ist, schrieb 1726:

Zweifellos ist der Reichtum der Nation bei dem Handel treibenden Teil der Bevölkerung konzentriert. (…) Wie viele Herrensitze, glanzvoller als die Paläste souveräner Fürsten mancher Länder, sehen wir in der näheren Umgebung der Hauptstadt von Kaufleuten bzw. deren Söhnen erbaut, während die Stammsitze und Burgen des alten Adels baufällig ausschauen und wie deren Familien verfallen. (…)
Angesichts dieser besonderen englischen Situation und auf Grund der Tatsache, dass unser Handel so außerordentlich umfangreich ist, verwundert es nicht, dass Kaufleute die Listen unseres hohen und niederen Adels auffüllen; kein Wunder, dass Gentlemen aus den besten Familien die Töchter von Kaufleuten heiraten. (…)
Weit davon entfernt, unvereinbar mit dem Status eines Gentleman zu sein, ist es in England vielmehr gerade der Handel, der Gentlemen macht und diese Nation mit Gentlemen bevölkert hat. Denn nach ein oder zwei Generationen sind die Kinder oder zumindest die Enkel der Kaufleute genauso gute Gentlemen, Staatsmänner, Parlamentsabgeordnete, königliche Räte, Bischöfe und adelige Würdenträger wie diejenigen aus den altadeligen Familien – ihrem Aufstieg sind keine Grenzen gesetzt.

Zit. nach: Ebenda, S. 50f.

Fragen und Anregungen

1. Erläutere anhand des Darstellungstextes und der Abbildung Q2 sowie der Textquellen Q3 und Q4, wie England die Vorherrschaft zur See erlangte.
2. Diskutiert das Gentleman-Ideal und seinen Einfluss auf das gesellschaftliche Zusammenleben damals und heute (Q5).
3. Nenne Gründe für den Aufstieg der englischen Kaufleute. Welche Auswirkungen hatte die gesellschaftliche Entwicklung auf die politischen Machtverhältnisse?
4. Nenne Handelsprodukte Großbritanniens und der Niederlande, die du in Q3 und Q6 erkennen kannst.

3. Englands Kolonien in der Neuen Welt

1568	Spanien errichtet in Florida das Küstenfort St. Augustin.
1608	Französische Pelzhändler gründen am St. Lorenz Strom die Stadt Quebec.
1620	Eine Gruppe englischer Puritaner, die Pilgrim Fathers, gründet in Neuengland an der Massachusetts Bay die Stadt Plymouth.

Die Besiedelung Nordamerikas durch Europäer

Gegen Ende des 16. Jahrhunderts setzte allmählich die dauerhafte Inbesitznahme und Besiedelung Nordamerikas durch reiche europäische Seemächte ein. Neben England waren es vor allem Spanien und Frankreich, die in Konkurrenz gegeneinander immer größere Gebiete für sich beanspruchten. England war hierin am erfolgreichsten.

Das Verhältnis der englischen Kolonien zum Mutterland

Unter englischer Hoheit entstanden bis 1733 an der nordamerikanischen Ostküste insgesamt 13 Kolonien. In ihnen lebten ungefähr 1,5 Millionen Siedler, wovon die meisten aus England, viele aber auch aus Holland, Deutschland, Schweden und anderen Ländern stammten.

An der Spitze einer Kolonie stand im Allgemeinen ein Gouverneur, der von einem Rat unterstützt wurde. Gouverneur und Ratsmitglieder wurden von London eingesetzt. Den Kolonien wurden allerdings beträchtliche Selbstbestimmungsrechte eingeräumt, um den Zuzug für Siedler aus Europa attraktiver zu machen. Gemeinden wurde gestattet, sich weitgehend selbst zu verwalten. In den einzelnen Kolonien wurden in Anlehnung an das parlamentarische System des englischen Mutterlandes Abgeordnetenhäuser eingerichtet, in denen über die internen Belange beraten und mitentschieden wurde. Das politische Gewicht dieser Parlamente nahm während des 18. Jahrhunderts gegenüber den königlichen Gouverneuren zu. Die englische Herrschaft machte sich für die Siedler vor allem wirtschaftlich bemerkbar. Zwar wurden die Kolonien durch niedrigere Steuersätze als im Mutterland privilegiert, jedoch legte die britische Krone viel Wert darauf, dass am Warenimport und -export der Kolonien vor allem englische Geschäftsleute verdienten. So durften zum Beispiel Waren aus den und in die Kolonien nur auf englischen Schiffen transportiert werden. Viele Produkte der Kolonien wie z. B. Tabak, Indigo oder Biberpelze durften nur nach England oder in andere englische Kolonien ausgeführt werden. Und nicht-englische Produkte durften die Kolonien oftmals nur über den englischen Zwischenhandel beziehen. Die Siedler nahmen diese Vorschriften hin, weil sie auf den militärischen Schutz durch die Engländer angewiesen waren.

Q1 **Siegel der Gesellschaft der Massachusetts Bay**
Holzschnitt, 1676.
Spruchband im Bild: „Come over and help."

Gründe für die Auswanderung aus Europa

Die ersten Siedler setzten sich großen Gefahren und Risiken aus. Sie nahmen die teure, anstrengende und gefährliche Überfahrt in Kauf, während der viele Passagiere erkrankten oder sogar starben. Wer die Überfahrt überlebte, stand vor neuen Bedrohungen. Beispielsweise waren von den 105 ersten Siedlern, die am 24. Mai 1607 in Virginia an Land gingen, im Januar 1608, als erstmals wieder Nachschub herangebracht wurde, nur noch 38 am Leben. Die übrigen waren an Unterernährung, Malaria und anderen Krankheiten zu Grunde gegangen. Oft dauerte es Jahrzehnte, bis die dauerhafte Lebensfähigkeit der Siedlungen gesichert war.

Was trieb Menschen aus Europa dazu, solche Strapazen auf sich zu nehmen? Oft flohen sie vor den schlechten Lebensverhältnissen oder der Unterdrückung in ihren absolutistischen Heimatländern. Es kam auch vor, dass Bettler, Diebe, Räuber,

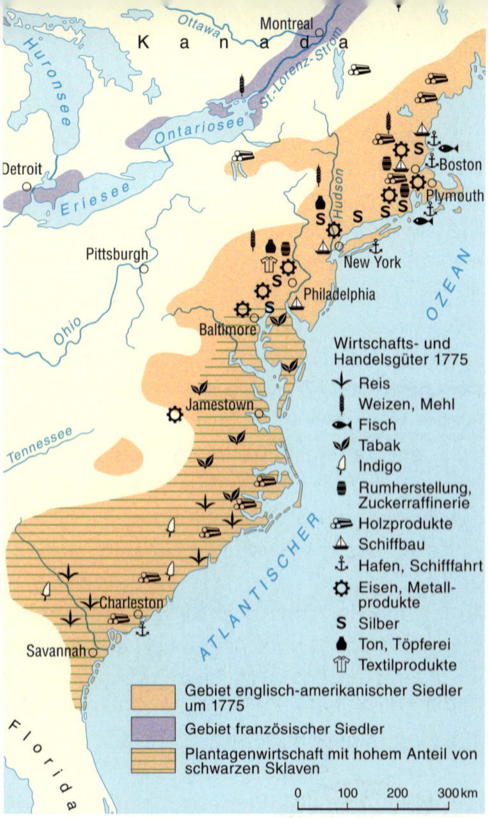

D1 Die Entwicklung der 13 englischen Kolonien von 1607 bis 1775

Prostituierte gegen ihren Willen in die Kolonien abgeschoben wurden. Aber auch vermögendere und risikobereite Personen wanderten aus, weil sie hofften, durch den Handel mit den natürlichen Reichtümern der Neuen Welt schnell wohlhabend zu werden. Eine sehr wichtige Rolle spielten die europäischen Religionskriege des 17. Jahrhunderts. Viele verfolgte christliche Glaubensgemeinschaften hofften, jenseits des Atlantiks ihrem Glauben ungestört nachgehen zu können. So gehörten beispielsweise die Pilgrim Fathers, die 1620 Plymouth gründeten, zu den Puritanern, einer calvinistischen Glaubensgemeinschaft, die in England wegen ihrer Kritik an der anglikanischen Kirche verfolgt wurde.

Unterschiedliche Wirtschaftszweige kennzeichnen die Kolonien

Die Besiedelung eines Landstrichs ging meistens von einem befestigten Stützpunkt aus. Von dort aus drangen einzelne wagemutige Pelztierjäger in die Wildnis vor und traten dabei zu den Ureinwohnern, den Indianern, in Verbindung. In einem nächsten Schritt wurde allmählich das umliegende Land als Eigentum an Siedler vergeben, die es rodeten und Farmen errichteten. Den Indianern wurde damit der angestammte Lebensraum nach und nach entzogen. Aufgrund der unterschiedlichen klimatischen Verhältnisse bildeten sich schon bald verschiedene Wirtschaftsformen heraus. In den nördlichen und mittleren Kolonien überwogen kleinere Farmen, neben denen aber Handel- und Gewerbetreibende eine immer wichtigere Rolle spielten. In den südlichen Kolonien hingegen entstanden große Plantagen, die zunächst hauptsächlich Tabak und den Textilfarbstoff Indigo, später auch Baumwolle für den Export nach Europa herstellten. Weil Arbeitskräfte fehlten, gingen viele Farmer und Handwerker dazu über, Zuwanderungswilligen aus Europa die Schiffsüberfahrt zu bezahlen. Als Gegenleistung mussten die Einwanderer sich dann vertraglich auf mehrere Jahre zur Arbeit verpflichten. Als solche „Vertragssklaven“ kamen auch die ersten Schwarzafrikaner nach Nordamerika. Ab den 1690er-Jahren wurde aber dazu übergegangen, sie zwangsweise nach Amerika zu bringen und als reine Sklaven zu verwenden.

Q2 Leben wie ein König

Der schwedische Naturforscher Pehr Kalm, der 1753 bis 1761 die englischen Kolonien bereiste, schrieb :

Die Menschen vermehren sich hier schneller als in Europa. Und es scheint auch nicht schwierig, dafür Gründe zu finden. Sobald man alt genug ist, kann man ohne Furcht vor Armut heiraten. Es gibt so viel gutes Land, das noch unbestellt ist, dass ein jungverheirateter Mann ohne Schwierigkeiten ein Stück Grund und Boden erwerben kann, auf dem er mit Frau und Kindern ein zufrieden stellendes Auskommen hat. Die Steuern sind so niedrig, dass er sich darum keine Sorgen machen muss. Die Freiheiten, die er genießt, sind so groß, dass er sich wie ein Fürst auf seinen Besitzungen fühlen kann. Jeder, der Gott als den Schöpfer, Erhalter und Herrscher aller Dinge anerkennt und nichts gegen den Staat oder gegen den allgemeinen Frieden lehrt oder unternimmt, kann sich hier frei niederlassen, kann bleiben und seinem Gewerbe nachgehen, auch wenn seine religiösen Grundsätze noch so merkwürdig sind. Niemand wird hier wegen irriger Lehren, denen er nachhängt, belästigt, wenn er die oben genannten Grenzen nicht überschreitet. Und er wird durch die Gesetze so in seiner Person und seinem Eigentum geschützt und genießt solche Freiheiten, dass man von einem Bürger hier geradezu sagen kann, er lebe in seinem Haus wie ein König. Es würde schwer fallen, jemand zu finden, (...) der in größerer Freiheit leben kann. Wenn man das eben Gesagte sorgfältig prüft, fällt es leicht, einzusehen, warum eine Stadt wie Philadelphia so plötzlich aus dem Nichts zu Größe und Vollkommenheit aufsteigen konnte, ohne dass ein mächtiger Monarch daran mitwirkte, indem er die Bösen bestrafte oder große Summen Geldes dazu beisteuerte. Und trotzdem ist diese Stadt mit (...) ihren guten Gesetzen, (...) ihrem Reichtum und ihrer Macht keiner, nicht einmal einer der ältesten Städte Europas unterlegen.

Zit. nach: W. P. Adams/A. Meurer Adams (Hg.): Die Amerikanische Revolution in Augenzeugenberichten. München 1976, S. 19f.

Q3 Vertragssklaven

Für viele Siedler brachte die „Neue Welt" in den ersten Jahren nicht die ersehnte Freiheit. In Virginia waren 1625 etwa 40 Prozent der Einwohner „Vertragsknechte". Der Lehrer Gottlieb Mittelberger berichtet in seiner 1756 veröffentlichten Reisebeschreibung:

Wenn die Schiffe nach ihrer langen Reise in Philadelphia landen, dann darf sie niemand verlassen, außer denen, die ihre Überfahrt bezahlt haben oder hinreichende Bürgschaft [durch einen vor der Abreise abgeschlossenen Vertrag] leisten; die anderen müssen an Bord der Schiffe bleiben, bis sie jemand gekauft hat.

Der Verkauf menschlicher Wesen auf dem Markt an Bord der Schiffe spielt sich so ab: Jeden Tag kommen Engländer, Holländer und Deutsche aus der Stadt Philadelphia und aus anderen Orten und suchen sich unter den gesunden Personen einen solchen aus, wie er ihnen für ihr Geschäft brauchbar zu sein scheint, und handeln mit ihm aus, wie lange er für seinen Fahrpreis dienen muss. Wenn sie sich geeinigt haben, dann geschieht es, dass sich die erwachsenen Personen selbst schriftlich verpflichten für den Betrag, den sie schulden, 3, 4, 5 oder 6 Jahre zu dienen, je nach ihrem Alter und ihrer Kraft.

Manche Eltern müssen ihre Kinder verkaufen und verschachern sie wie Vieh; denn wenn die Kinder die Schulden übernehmen, dann können die Eltern frei und ungehindert das Schiff verlassen. Es kommt oft vor, dass ganze Familien, Mann, Frau und Kinder, getrennt werden, weil sie von verschiedenen Käufern erworben werden, besonders wenn sie überhaupt nichts von ihrem Passagiergeld bezahlt haben. Wenn ein Mann oder eine Frau auf See stirbt, wenn das Schiff schon mehr als die Hälfte des Weges zurückgelegt hat, dann muss der Überlebende nicht nur für sich selbst zahlen oder dienen, sondern auch für den Verstorbenen. Wenn beide Eltern sterben nach mehr als der Hälfte des Weges auf See, dann müssen die Kinder dienen, bis sie 21 Jahre alt sind.

Zit. nach: Geschichte in Quellen, Bd. III. München 1976, S. 43f.

Fragen und Anregungen

1. Erläutere das Verhältnis zwischen Mutterland und Kolonien. Gehe insbesondere auf die Rechte und Pflichten der Siedler ein.
2. Nenne die Motive der Siedler, nach Amerika auszuwandern. Sage deine Meinung dazu (VT, Q2).
3. Erläutere anhand der Karte D1, wie sich das britische Kolonialgebiet in Nordamerika bis 1763 entwickelte.
4. Arbeite Gründe für die unterschiedliche Entwicklung der nördlichen und südlichen Kolonien heraus (VT, D1).
5. Erläutere den Begriff „Vertragsknecht" bzw. „Vertragssklaven". Zeige auf, warum die Auswanderer zu „Vertragsknechten" wurden (VT, Q3).
6. Vergleicht Q2 und Q3. Diskutiert die Vor- und Nachteile der Auswanderung.

Q1 **Ein Ausschuss unter der Leitung von Thomas Jefferson übergibt am 4. Juli 1776 den Entwurf der Unabhängigkeitserklärung dem Kontinentalkongress in Philadelphia zur Unterschrift. Dieser Tag ist bis heute der Nationalfeiertag der USA.** Gemälde von John Trumbull, 1790er-Jahre.

4. Der Weg in die Unabhängigkeit

1763	Durch den Sieg im „French and Indian War" wird England zur wichtigsten Kolonialmacht auf dem nordamerikanischen Kontinent.
1776	Am 4. Juli erklären die 13 englischen Kolonien ihre Unabhängigkeit.
1783	Nach dem Krieg gegen die Siedler erkennt England die Unabhängigkeit an.
1789	Die Verfassung der USA tritt in Kraft.

Die Gegensätze zwischen Mutterland und Kolonien verschärfen sich

Im „French and Indian War" von 1756 bis 1763 – in Europa als „Siebenjähriger Krieg" bezeichnet – gelang es England, Frankreich als Hauptkonkurrenten um die Vormacht auf dem nordamerikanischen Kontinent auszuschalten. England erlangte die Kontrolle über alle Gebiete östlich des Mississippi und über Kanada. Der Krieg hatte England viel Geld gekostet. Von den Kolonisten wurde deshalb die striktere Einhaltung der alten Steuergesetze gefordert: Nicht wenige von ihnen hatten es zu beträchtlichem Reichtum gebracht, zahlten aber höchstens ein Viertel der in England üblichen Steuern und Abgaben. Für eine Reihe von Waren sollten erheblich höhere Ein- und Ausfuhrzölle entrichtet werden, wodurch sich die Preise für die Konsumenten erhöhten und die Gewinne für die Exporteure verringerten. Besonders verärgert waren die Siedler über den „stamp act": Viele Schriftstücke und Druckerzeugnisse durften nur noch mit einem Stempelaufdruck verwendet werden, der bewies, dass auf sie eine Steuer entrichtet worden war.

Widerstand der Kolonien

Führende Kreise sahen in den englischen Maßnahmen einen unzulässigen Eingriff in die Selbstverwaltungsrechte, die ihnen zugestanden worden waren und an die

Die „Boston Tea Party“ Q2

Lithografie von 1846. Im Hafen von Boston stürmten am 16. Dezember 1773 ungefähr 30 als Indianer verkleidete Bürger ein Schiff und warfen 342 Teekisten über Bord. Der englischen Ostindien-Kompagnie, der das alleinige Recht auf den zollfreien Import von Tee zugesprochen worden war, entging damit ein Geschäft.

sie sich gewöhnt hatten. Mit der Begründung, dass neue Steuergesetze ohne eine Vertretung der Kolonien im englischen Parlament nicht rechtens seien („No taxation without representation!“), wehrten sie sich gegen die Steuern. Gleichzeitig beschwerten sie sich, dass der Export (die Ausfuhr) amerikanischer Waren nach England stärker behindert würde als der Export englischer Waren nach Nordamerika. Englische Steuer-, Zoll- und Verwaltungsbeamte mussten vielerorts mit Prügel rechnen, englische Soldaten wurden verspottet, und englische Waren konnten nicht verkauft werden, weil sie boykottiert und durch Schmuggelgüter ersetzt wurden. Die Regierung in London zog daraufhin zwar einige der Steuergesetze zurück, bestand aber weiterhin auf dem grundsätzlichen Recht zur Besteuerung ihrer Untertanen in den Kolonien. Unter den Kolonisten mehrten sich nun diejenigen Stimmen, denen es gar nicht mehr auf die Rücknahme einzelner Steuergesetze, sondern auf die vollständige Loslösung vom Mutterland ankam.

Der Unabhängigkeitskrieg 1776–1783

In den nächsten Jahren nahmen die Spannungen und Gewalttätigkeiten zwischen den Kolonisten und England stetig zu. Durch provokative Aktionen wie die „Boston Tea Party“ wurde der Konflikt verschärft. London reagierte mit harten Gesetzen: Der Hafen von Boston wurde geschlossen, Gemeindeversammlungen mussten vom Gouverneur genehmigt, Privathäuser englischen Soldaten als Quartier zur Verfügung gestellt werden. Daraufhin trafen sich im Herbst 1774 Vertreter der Kolonien in Philadelphia, verurteilten die Zwangsmaßnahmen und riefen zum Importstopp (Import = Einfuhr) britischer Waren auf. In den beiden nächsten Jahren kam es zu ersten militärischen Konfrontationen zwischen den Kolonisten und den britischen Truppen. Siedler, die sich loyal zu England und dem König verhielten, wurden eingeschüchtert, bedroht und ohne Entschädigung ins Ausland getrieben. Als die Kolonien am 2. Juli 1776 ihre Unabhängigkeit erklärten, war der Krieg mit dem englischen Mutterland bereits im vollen Gange.

Die Vereinigten Staaten von Amerika entstehen

Für den Krieg hatten die Kolonisten eine eigene Armee aufgebaut, deren Oberbefehl an George Washington vergeben wurde. Führungs- und Ausbildungsaufgaben wurden erfahrenen Offizieren aus Europa übertragen. Gegen den scheinbar übermächtigen Feind wurde eine Strategie des Ausweichens, Hinhaltens und Guerillakrieges angewendet. Die Kolonien wurden von Frankreich und Spanien mit Geld und Kriegsmaterialien unterstützt. 1781 musste die englische Hauptarmee kapitulieren, zwei Jahre später erkannte England offiziell die Vereinigten Staaten als freien und unabhängigen Staat an.

Q3 Den Unruhen ein Ende bereiten

Der englische König George III. nahm am 26.10.1775 vor dem Unterhaus zu den Vorgängen in den nordamerikanischen Kolonien Stellung:

Diejenigen, die seit langem erfolgreich versuchen, mein Volk in Amerika durch irrige Erklärungen aufzuwiegeln und ihm ein System von Meinungen einzuprägen, die der wahren Verfassung und dem Großbritannien untergeordneten Verhältnis der Kolonien widersprechen, gestehen nun ihre Revolte, Feindseligkeit und Rebellion offen ein. Sie haben Truppen ausgehoben und bauen eine Seestreitmacht auf. Sie haben die öffentlichen Steuergelder an sich genommen und sich legislative, exekutive und richterliche Gewalt angemaßt und sie bereits in willkürlicher Weise gegen Personen und Besitz ihrer Mituntertanen eingesetzt. Viele dieser unglücklichen Menschen mögen ihre Loyalität bewahrt haben. (...) Der Strom der Gewalttaten jedoch hat sie zum Schweigen gebracht, bis eine hinreichende bewaffnete Macht erscheint, um sie zu unterstützen. (...)

Der Krieg der Rebellen hat sich ausgeweitet. Er wird offensichtlich geführt, um einen unabhängigen Staat zu schaffen. Die verheerenden Auswirkungen des Gelingens eines solchen Planes brauche ich nicht zu beschreiben. Das Objekt ist zu wichtig, der Kampfgeist der britischen Nation zu groß, und die Mittel, mit denen Gott sie gesegnet hat, sind zu vielseitig, als dass sie so viele Kolonien aufgäbe, die sie mit großem Fleiß besiedelt und großer Sorge umhegt hat, die sie durch viele Handelsprivilegien unterstützt und die sie mit hohen Kosten an Blut und Gütern beschützt und verteidigt hat. Es ist nun ein Gebot der Klugheit und der Güte, diesen Unruhen mit den entschlossensten Maßnahmen ein schnelles Ende zu bereiten.

Zit. nach: W. P. Adams/A. Meurer Adams (Hg.): Die amerikanische Revolution in Augenzeugenberichten. München 1976, S. 160f.

Q4 Die Unabhängigkeitserklärung von 1776

Unter der Leitung von Thomas Jefferson, Rechtsanwalt und wohlhabender Pflanzer, Präsident der USA von 1801–1809, arbeitete ein fünfköpfiges Komitee die Unabhängigkeitserklärung der Kolonien aus:

Wenn es im Laufe der geschichtlichen Ereignisse für ein Volk notwendig wird, die politischen Bande zu lösen, die es mit anderen verknüpft hat, (...) so erfordert eine geziemende Achtung vor der Meinung der Welt, dass es die Gründe angibt, die es zur Trennung zwingen.

Wir halten diese Wahrheiten für in sich einleuchtend: dass alle Menschen gleich geschaffen sind; dass sie vom Schöpfer mit gewissen unveräußerlichen Rechten ausgestattet sind, darunter Leben, Freiheit und Streben nach Glück; dass zur Sicherung dieser Rechte Regierungen unter Menschen eingesetzt sind, die ihre gerechten Vollmachten von der Einwilligung der Regierten herleiten; dass, wenn immer eine Regierungsform diesen Zielen zum Schaden gereicht, es das Recht des Volkes ist, sie zu ändern oder abzuschaffen und eine neue Regierung einzusetzen. In der Tat wird die Klugheit gebieten, dass seit langem bestehende Regierungsformen nicht aus geringfügigen und vorübergehenden Ursachen geändert werden sollten. Aber wenn eine lange Kette von Missbräuchen und Anmaßungen, stets das gleiche Ziel verfolgend, die Absicht enthüllt, ein Volk unter die unbeschränkte Gewaltherrschaft zu beugen, so ist es sein Recht, es ist seine Pflicht, eine solche Herrschaft abzuschütteln. Solcher Art ist das geduldige Leiden dieser Kolonien gewesen und so zwingt sie jetzt die Notwendigkeit, ihr früheres Regierungssystem zu ändern. Die Geschichte des gegenwärtigen Königs von Großbritannien ist die Geschichte wiederholter Beleidigungen und Anmaßungen, die alle das direkte Ziel verfolgten eine unbeschränkte Tyrannei über diese Staaten aufzurichten.

Zit. nach: Geschichte in Quellen, Bd. IV. München 1981, S. 90f.

Fragen und Anregungen

1. Fasse zusammen, welche Vorwürfe der König gegen die Kolonien erhebt und wie er begründet, dass England die Kolonien nicht aufgeben kann (Q3).
2. Vergleiche die Aussagen Thomas Jeffersons über die britischen Kolonien in Nordamerika und deren Bewohner mit dem, was du bisher über die Entstehung der USA erfahren hast (Q4).
3. Schreibe einen kurzen Bericht zu den auf dem Bild Q2 dargestellten Ereignis. Finde heraus, für welche Seite der Künstler Partei ergriff.
4. Formuliere anhand von Q1 und Q4 einen fiktiven Zeitungsartikel zur Erklärung der Unabhängigkeit der englischen Kolonien. Gehe dabei auch auf die Vorwürfe gegenüber England ein.
5. Lies Q4 und fasse Jeffersons Argumente für die Unabhängigkeit mit eigenen Worten zusammen. Vermute, warum Jefferson gerade solche Begründungen wählte.
6. Verfasse eine Schilderung zum Thema „Wie die Vereinigten Staaten von Amerika entstanden" (VT, Q1–Q4).

5. Verfassungen regeln die Herrschaft des Volkes

Herrschaft auf der Grundlage von Volkssouveränität

Der Sieg der amerikanischen Kolonien über das englische Mutterland hatte neben deren Unabhängigkeit noch wesentlich weitreichendere Folgen. Die einstigen Kolonien gaben sich nun nämlich eine Herrschaftsform, die radikal mit den europäischen Traditionen brach. Die Amerikaner wollten nicht mehr von einem König und einer privilegierten Adelsschicht regiert werden. Vielmehr sollte die Macht von den Bürgern selbst ausgehen. Auf der Grundlage dieser Idee von der Volkssouveränität legten die Kolonien in den nächsten Jahren in Verfassungen fest, wie die Herrschaft sowohl auf der Ebene der einzelnen Staaten als auch auf der Ebene des Bündnisses ihrer Staaten organisiert werden sollte. Diese Verfassungen wurden für lange Zeit zum Anstoß und Vorbild für die Entwicklung weiterer Demokratien in anderen Ländern.

Verfassungen regeln das politische Leben

Zwischen 1776 und 1780 wurden zunächst die Verfassungen der einzelnen Staaten verabschiedet. Gewählte Abgeordnete sollten in regelmäßigen Abständen Regierungen einsetzen und deren Tätigkeit laufend kontrollieren. Gesetze, die die Regierungen ausarbeiteten, mussten von den Abgeordneten gebilligt werden. Das Recht, zu wählen und gewählt zu werden, war zunächst nur weißen Männern mit einem bestimmten Mindestvermögen vorbehalten. Es wurde zudem befürchtet, die Repräsentation der Bevölkerung durch Abgeordnete könne dazu führen, dass sich politische Entscheidungen zu sehr nach den Städten mit ihrer großen Bevölkerungszahl richten und bevölkerungsarme ländliche Gebiete zu kurz kommen würden. Dies sollte durch eine zweite Parlamentskammer verhindert werden, in der die Abgeordneten bestimmte Verwaltungseinheiten wie Städte, Gemeinden oder Bezirke vertraten – unabhängig von deren Bevölkerungszahl.

Bundesstaat oder Staatenbund?

Die Frage der Zusammenarbeit zwischen den Kolonien wurde zunächst 1781 so gelöst, dass sich die 13 Staaten zu einem Staatenbund mit dem Namen „United States of America“ zusammenschlossen. Im Kongress, in dem jeder Staat eine Stimme hatte, wurde über gemeinsame Belange beraten und entschieden, z. B. über Kriegserklärungen, Militärbündnisse oder die Finanzierung gemeinsamer Vorhaben. Allen wichtigen Entscheidungen mussten mindestens neun der dreizehn Staaten zustimmen. Grundsätzliche Änderungen an der Verfassung des Staatenbundes konnten nur einstimmig erfolgen. Gegenüber den Einzelstaaten besaß der Bund nur geringe Machtbefugnisse. So konnte er etwa keine Gesetze erlassen und keine

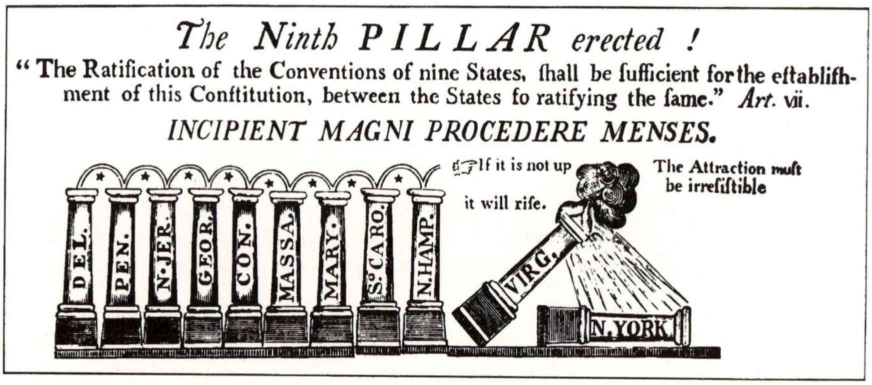

„Der neunte Pfeiler ist errichtet“ Q1

Abbildung in einer Bostoner Zeitung. New Hampshire hatte am 21. Mai 1788 die Zustimmung zur Verfassung gegeben. Der lateinische Satz bedeutet: „Es beginnen den Lauf die gewaltigen Monde“, Vergil, 4. Ekloge.“

eigene Armee aufstellen. Eine entscheidende Schwäche trat in der Nachkriegszeit immer deutlicher hervor: Weil der Kongress über keine eigenen Steuereinnahmen verfügte, war er finanziell davon abhängig, wie viel die Staaten ihm von ihren Steuereinnahmen abzutreten bereit waren. Der Kongress brauchte aber dringend Geld – nicht nur zur Abzahlung der hohen Kriegsschulden, sondern auch zur Erfüllung seiner laufenden Aufgaben, zum Beispiel zur Bekämpfung von Piraten, die den amerikanischen Handel störten, zur Bezahlung seiner Diplomaten, zum Unterhalt der Forts an den Grenzen im Westen und vieles andere mehr.

Q2 **Verkündung eines Wahlergebnisses**
Ölgemälde von George Caleb Bingham, 1854/55.

Die Bundesverfassung wird angenommen

Angesichts dieser Auseinandersetzungen drohte der Staatenbund in Einzelstaaten zu zerfallen. Deshalb trafen sich 1787 in Philadelphia Vertreter der Staaten, um über den Aufbau eines stärkeren Bundesstaates zu beraten. Die wichtigste Frage lautete: Wie soll die Macht zwischen den Vertretern der Bevölkerung, den Einzelstaaten und der von einem Präsidenten geleiteten Bundesregierung verteilt und kontrolliert werden? Nach heftigen Diskussionen entstand der Entwurf einer Bundesverfassung, die in vielen Punkten den Verfassungen der Einzelstaaten ähnelte. Der Verfassungsentwurf wurde in den Einzelstaaten intensiv und kontrovers diskutiert. Gerade die größeren Staaten übten Kritik an den vorgesehenen Rechten des Bundesstaates und des Präsidenten. Schließlich stimmten die Einzelstaaten dem Verfassungsentwurf aber doch zu, so dass er 1789 in Kraft treten konnte. Die zehn ersten Zusatzartikel („Bill of Rights“) traten 1791 in Kraft. Die Verfassung gilt als die erste moderne demokratische Verfassung der Welt und ist – mit insgesamt 27 Zusätzen versehen – bis heute gültig. Erster Präsident der USA wurde George Washington. Nach ihm wurde die wenig später neu gegründete Hauptstadt benannt.

Q3 **George Washington**
(1732–1799)

Die Verfassung der Vereinigten Staaten von Amerika

Um einen schnellen Überblick über den Aufbau moderner Demokratien zu vermitteln, wird deren Verfassung häufig in Schaubildern dargestellt. Solche Schemata sind oft nur schwer zu verstehen, weil sie das, was in einer Verfassung in vielen Paragraphen ausgeführt wird, mit einigen Pfeilen, Kästchen und Farben veranschaulichen wollen. Ein solches Schema muss also erst zum Sprechen gebracht werden. Dabei stellt sich allerdings auch schnell heraus, wie unvollkommen und verkürzt das Schema die Verhältnisse wiedergibt. Dennoch gibt es wichtige Anhaltspunkte dafür, wie die Verfassung funktioniert. Am Beispiel der USA-Verfassung soll dies erläutert werden.

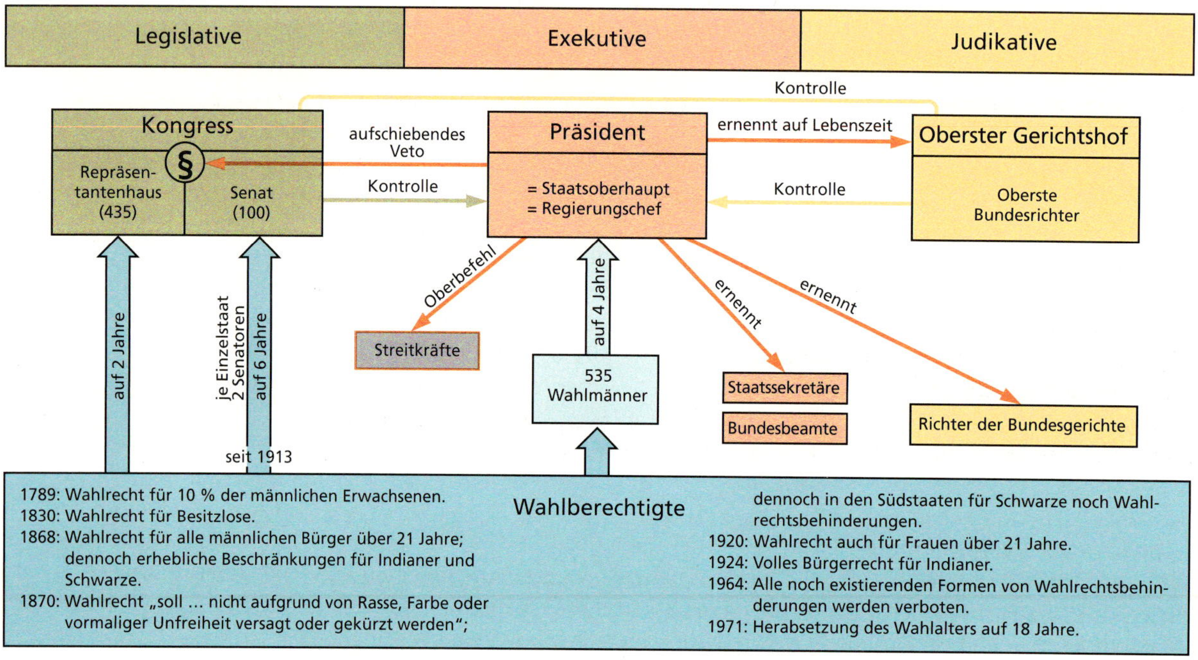

Methodische Arbeitsschritte:

1. Stelle fest, wer wählen und wer gewählt werden darf und wie oft Wahlen erfolgen.
2. Finde heraus, wie die drei staatlichen Teilgewalten jeweils aufgebaut sind.
3. Beschreibe, welche Beziehungen zwischen dem Volk und den Teilgewalten sowie unter den Teilgewalten selber bestehen.
4. Erfasse, worüber das Schema keine Auskunft gibt.

Wer darf wählen und gewählt werden?

Der untere blaue Kasten des Schemas zeigt, wer zur Wahl der Abgeordneten und des Präsidenten berechtigt war. Die Angaben in diesem Kasten machen deutlich, wie wenige Personen früher wahlberechtigt waren und dass erst im Laufe der Jahrzehnte und Jahrhunderte das Wahlrecht erweitert wurde. Eine Besonderheit des amerikanischen Staatsaufbaus besteht darin, dass der Präsident weder vom Kongress noch direkt vom Volk, sondern indirekt von 535 Wahlmännern gewählt wird. Sie stellen eine weitere Volksrepräsentation dar, die ausschließlich für die Präsidentenwahl einberufen wird. Diese Art der Wahl spiegelt wider, dass der Präsident sich gegenüber den anderen Gewalten auf das Volk berufen können sollte.

Über den Wahlberechtigten sind die drei Bereiche der staatlichen Gewaltenteilung eingetragen: die Legislative (gesetzgebende Gewalt) grün; die Exekutive (ausführende Gewalt) rot; die Judikative (Recht sprechende Gewalt) gelb. Die Legislative besteht aus zwei „Kammern" oder „Häusern": dem Repräsentantenhaus und dem Senat. An der Spitze der Exekutive steht der Präsident. Im Falle der USA übt er gleichzeitig die Funktionen eines Staatsoberhauptes und eines Regierungschefs aus. In anderen Staaten wird die Funktion des Regierungschefs oftmals vom Amt des Staatsoberhauptes getrennt, z. B. in Deutschland durch den Bundeskanzler und den Bundespräsidenten. Zur Exekutive zählen auch die Staatssekretäre, die Chefs der Ministerien, sowie alle Beamte, die für den Bund tätig sind. Die Judikative wird vom Obersten Gerichtshof, dem die Obersten Bundesrichter angehören, und von den Richtern der Bundesgerichte gebildet.

Wie sind die drei staatlichen Teilgewalten jeweils aufgebaut?

Die wichtigsten Beziehungen zwischen Wahlberechtigten, Legislative, Exekutive und Judikative werden durch beschriftete Pfeile in den jeweiligen Farben ausgedrückt. Diese Pfeile zeigen, wie die Wähler auf den Staat und wie die drei Gewalten aufeinander Einfluss nehmen. Insbesondere geben sie darüber Auskunft, wie sich die Gewalten gegenseitig kontrollieren und welche Personalentscheidungen sie treffen dürfen. Entsprechend neueren philosophischen und juristischen Theorien der Gewaltenteilung sollen die verschiedenen Staatsorgane des Bundes weitgehend unabhängig voneinander wirken und sich gegenseitig kontrollieren („checks and balances"). Eine Besonderheit der amerikanischen Verfassung besteht in dem aufschiebenden Veto, d. h. dass der Präsident gegen Gesetze, die vom Kongress verabschiedet wurden, Widerspruch einlegen kann, solange sich weniger als zwei Drittel der Abgeordneten für sie aussprechen. Dann muss erneut darüber verhandelt werden.

Welche Beziehungen bestehen zwischen dem Volk und den Teilgewalten sowie unter den Teilgewalten selber?

Über die folgenden Fragen sagt das Schema z. B. nichts aus, darüber musst du dich in anderen Quellen informieren:
Wie wurde die Zahl der Abgeordneten im Repräsentantenhaus festgesetzt? (Für je 30 000 Einwohner wurde ein Abgeordneter gewählt.)
Wurden die Sklaven auch als Einwohner gezählt? (Je fünf Sklaven wurden als drei freie Einwohner gezählt.)
Welche Zuständigkeiten verblieben bei den Einzelstaaten und welche Zuständigkeiten gingen an den Bundesstaat über? (Der Kongress konnte mit Zustimmung des Präsidenten Steuern erheben, Soldaten einberufen und Gesetze für die Bereiche Verteidigung, Währung, Außenpolitik und Welthandel beschließen. Bei den Staaten verblieb die Gesetzgebung für Verkehr, Wirtschaft, Erziehung, Justiz.)
Was passiert, wenn bei den Kontrollen Unregelmäßigkeiten oder Gesetzesverstöße festgestellt werden? Kann der Präsident abgesetzt werden und wie geschieht das?
Wie ist das Verhältnis zwischen Repräsentantenhaus und Senat beschaffen? Sind die beiden Kammern gleichberechtigt? Haben sie das gleiche politische Gewicht?
Warum werden die Obersten Bundesrichter vom Präsidenten auf Lebenszeit ernannt?

Worüber gibt das Schaubild keine Auskunft?

Fragen und Anregungen

1. Verfasse vier kurze Texte dazu, wie ein Abgeordneter im Repräsentantenhaus, ein Senator, der Präsident und ein Oberster Bundesrichter ihre jeweiligen Tätigkeiten und ihr Verhältnis zueinander beschreiben würden.
2. Erkundige dich, welche Unterschiede zwischen der abgebildeten Verfassung der USA und der Verfassung Deutschlands bestehen. Versuche, ein ähnliches Schaubild für den Staatsaufbau Deutschlands zu entwerfen.

Q4 Kritik am Verfassungsentwurf

George Mason, Vertreter von Virginia im Kongress, übte 1788 Kritik an dem Verfassungsentwurf:

Der Senat ist bevollmächtigt, alle Finanzvorlagen abzuändern und gemeinsam mit dem Präsidenten der Vereinigten Staaten die Verwendung der Gelder und die Gehälter der von ihm selbst aufgestellten Beamten zu bestimmen, obwohl er weder der Volksvertretung noch dem Volk verantwortlich ist. Dazu kommen noch seine anderen großen Vollmachten (...) sowie seine Amtsdauer und seine Eigenschaft als ununterbrochen bestehende Körperschaft, die fast ununterbrochen tagt; zudem bildet er einen vollständigen Zweig der gesetzgebenden Gewalt. All dies muss dazu führen, das Gleichgewicht in der Regierung völlig zu zerstören und dem Senat die Möglichkeit zu geben, beliebige Anschläge auf die Rechte und Freiheiten des Volkes zu verüben. Die richterliche Gewalt der Vereinigten Staaten ist derart eingerichtet und ausgedehnt, dass sie die Rechtsgewalt der Einzelstaaten aufhebt und vernichtet, (...) auch wird der Reiche so instand gesetzt, den Armen zu unterdrücken und zugrunde zu richten. (...) Da man für alle Handels- und Schifffahrtsgesetze bloß einfache Mehrheit fordert, können die fünf Südstaaten, deren Erzeugnisse und Verhältnisse von den acht Nord- und Oststaaten völlig verschieden sind, zugrunde gerichtet werden, denn es können starre und voreilige Maßnahmen getroffen werden, mittels derer die Kaufleute der Nord- und Oststaaten nicht nur übermäßige Frachtgelder verlangen, sondern auch ein Preismonopol für den Wareneinkauf errichten können, und zwar auf Jahre hinaus, zum schweren Schaden für die Landinteressen und zur Verarmung des Volkes. Es findet sich nicht die geringste Erklärung zum Schutz der Pressefreiheit oder der Geschworenengerichtsbarkeit im Zivilrecht, ebenso wenig gegen die Gefahr stehender Heere in Friedenszeiten. Die Einzellandtage dürfen keine Ausfuhrzölle auf ihre eigenen Erzeugnisse legen.

Zit. nach: F. Wagner (Hg.): USA. Geburt und Aufstieg der Neuen Welt. Geschichte in Zeitdokumenten 1607 bis 1865. München 1947, S. 128ff.

Q6 „Libertas Americana" („amerikanische Freiheit")

Relief von Claude Michel Clodion, 1783. Die Vorlage zeichnete Benjamin Franklin, einer der Unterzeichner der Verfassung und späterer Präsident der USA. Die rechte Figur symbolisiert Frankreich, der Löwe steht für England und der kleine Herkules versinnbildlicht die USA. Formuliere, was mit der Darstellung ausgesagt wird.

Q5 Befürwortung der Verfassung

James Wilson, ein aus Schottland eingewanderter Rechtsanwalt, äußerte sich auf dem Konvent in Pennsylvania 1787 zum Verfassungsentwurf:

Die Nachrichten, die uns mit jedem Schiff aus Europa erreichen, besagen, dass in den Häfen und Waffenlagern der wichtigsten Seemächte höchste Aktivität herrscht; doch was immer das für Folgen haben mag, sollen wir gleichgültig abwarten? Wir wissen, dass wir (...) außerstande sind, [Verteidigungs-] Anstrengungen zu unternehmen. Sollten wir so weitermachen, bis unserem Handel ein Schlag versetzt wird, oder wir mit ansehen müssen, wie ein feindliches Heer an unserer unbefestigten Küste landet? Wer garantiert uns dann, dass unser Eigentum nicht verwüstet wird (...)? Mit welchem Recht können wir erwarten, dass man unsere Flagge respektiert, wenn wir keine einzige Kanone zu ihrem Schutz abfeuern können?

Können wir wirklich Reformen im Innern durchführen oder auch nur eine der großen nationalen Aufgaben lösen, die ich oben erwähnt habe, wenn wir nicht das Geld beschaffen können, um einen einzigen Felsblock aus dem Fluss zu holen?

Dieses System, Herr Präsident, wird uns zumindest zu einer Nation machen und der Union die Macht geben, als solche zu handeln. Jede andere Nation auf Erden wird uns als solche betrachten. Wir werden das Vertrauen unserer Bürger wiedergewinnen und den Respekt fremder Bürger erlangen. (...)

Wenn wir dieses Regierungssystem annehmen, dann können wir den Einzelstaatenregierungen Sicherheit,

Stabilität und Ruhe im Innern versprechen. Sie würden mit der Gefahr konkurrierender Gebietsansprüche oder anderen Problemen nicht mehr konfrontiert sein, durch die sie bisher in Unruhe versetzt wurden. Es wird ein Gericht konstituiert [eingerichtet], das gerecht und ruhig über sich überschneidende Gebietsansprüche entscheiden wird. (...)
Die Herren mögen die erstaunlichen Konsequenzen betrachten, die dieses Prinzip in diesem weiträumigen Land haben wird – die verschiedenen Staaten können nicht gegeneinander Krieg führen, die Bundesregierung ist der große Schiedsrichter in allen Auseinandersetzungen zwischen ihnen und die vereinte Macht der Union kann aufgeboten werden, um einen Angreifer zur Räson zu bringen. Was für ein einmaliger Tausch im Vergleich zu den aus den Fugen geratenen, streitsüchtigen Einzelstaatssouveränen!

Zit. nach: A. Adams/W. P. Adams (Hg.): Die Amerikanische Revolution und die Verfassung 1754–1791. München 1987, S. 354ff.

Q8 „Das Vertrauen in die Verfassung"
Kolorierter Stich eines unbekannten Künstlers, Ende des 18. Jahrhunderts.
Entschlüssele die Worte und Symbole dieser Darstellung und formuliere eine entsprechende Bildaussage.

Q7 Bill of Rights (1791)

Die Südstaaten hatten ihre Zustimmung zu der Verfassung von der Verabschiedung eines Grundrechtekatalogs abhängig gemacht. Die „Bill of Rights" wirkte stark auf europäische Verfassungen ab 1789 ein:

Art. 1. Der Kongress soll kein Gesetz erlassen, das eine Einrichtung einer Religion zum Gegenstand hat oder deren freie Ausübung beschränkt, oder eines, das Rede- und Pressefreiheit oder das Recht des Volkes, sich friedlich zu versammeln und an die Regierung eine Petition zur Abstellung von Missständen zu richten, verkürzt.

Art. 2. Da eine wohl geordnete Miliz [Bürgerwehr] für die Sicherheit eines freien Staates notwendig ist, soll das Recht des Volkes Waffen zu besitzen und zu tragen nicht verkürzt werden.

Art. 4. Das Recht des Volkes auf Sicherheit der Person, des Hauses, der Papiere und der Habe vor ungerechtfertigter Nachsuchung und Beschlagnahme soll nicht verletzt werden.

Art. 5. Niemand soll wegen eines todeswürdigen oder sonstigen schimpflichen Verbrechens zur Verantwortung gezogen werden, es sei denn auf Grund der Anschuldigung oder Anklage seitens eines großen Geschworenengerichts, noch soll jemandem Leben, Freiheit oder Eigentum genommen werden, außer im ordentlichen Gerichtsverfahren und nach Recht und Gesetz.

Art. 9. Die Aufzählung bestimmter Rechte in der Verfassung soll nicht so ausgelegt werden, dass andere Rechte, die dem Volk geblieben sind, dadurch verneint oder geschmälert werden.

Zit. nach: G. Franz: Staatsverfassungen. Darmstadt 1964, S. 37ff.

Fragen und Anregungen

1. Erläutere die Aussage der Abbildung Q1.
2. Beschreibe die in Q2 dargestellten Szenen und Personengruppen.
3. Liste auf, welche Einwände George Mason gegen den Verfassungsentwurf vorbrachte (Q4). Vermute, welche Gründe Mason für seine Kritik gehabt haben könnte.
4. Analysiere die Ausführungen James Wilsons und nimm Stellungen zu seinen Argumenten für den Verfassungsentwurf (Q5).
5. Fasse die Rechte zusammen, die nach der Bill of Rights von dem Bundesstaat nicht angetastet werden durften (Q7). Überlege, warum ausgerechnet die Südstaaten auf diese Rechte pochten.

6. Die junge Demokratie zwischen Expansion und Bürgerkrieg

1790–1890	Die Pionierzeit: Nach der Ausdehnung bis zum Mississippi wird das Gebiet bis zum Pazifik besiedelt.
1861–1865	Bürgerkrieg: Der Sieg der Nordstaaten bringt die Abschaffung der Sklaverei und sichert die Einheit der USA.

Die Ausdehnung der USA bis zur Pazifikküste

Von Beginn an begriff die junge amerikanische Demokratie es als ihre besondere Chance, ihr Territorium über den gesamten Kontinent auszudehnen. Im Laufe des 19. Jahrhunderts wurde das riesige Gebiet von den Appalachen über die Prärien und die Rocky Mountains bis an die Pazifikküste nach und nach von den USA in Besitz genommen und besiedelt. Teilweise wurden die Gebiete anderen Ländern abgekauft, teilweise wurden sie kriegerisch erobert. Die Besiedelung ging rasch vonstatten. Hatten sich mindestens 60 000 freie Siedler in einem Gebiet niedergelassen, durften sie einen eigenen Staat gründen und ihre Aufnahme in die USA beantragen.

Farmer und Goldgräber besiedeln das Land

Bei den Menschen, die sich mit ein paar Habseligkeiten auf den Weg nach Westen machten, um sich in der Wildnis eine neue Existenz aufzubauen, handelte es sich meistens um Personen, die sich schon länger in den USA aufhielten. Sie wussten bereits einiges über Land und Leute, hatten oft schon Grund und Boden besessen und hofften, durch das Weiterwandern ihre Lebenssituation zu verbessern. Im Allgemeinen träumten die Siedler davon, ein fruchtbares Stück Land zu finden und auf ihm eine Farm einzurichten. Eine weitere Gruppe von Pionieren, die oftmals in Windeseile und in großer Zahl in ein Gebiet einfielen, waren Goldgräber. Nachdem zum Beispiel 1848 in der Nähe des kleinen Dorfes San Francisco Gold gefunden worden war, wuchs dessen Bevölkerung innerhalb eines Jahres auf 25 000 Einwohner.

Eisenbahnen beschleunigen die Besiedlung

Für ihren Weg nach Westen benutzten die Siedler zunächst die Wasserwege, insbesondere die großen Flüsse Mississippi, Missouri und Ohio. Danach ging es dann nur noch in Planwagen voran, die zu großen Trecks zusammengeschlossen wurden. Berühmt wurde der Oregon-Trail: Eine 3000 Meilen lange Strecke vom Missouri über die Rocky Mountains nach Oregon oder Kalifornien, die durchschnittlich in 130 Tagen bewältigt wurde. Die erste Eisenbahnlinie, die die Rocky Mountains überwand, wurde 1869 zwischen San Francisco und Omaha am Missouri fertig gestellt. Damit beschleunigte sich die Besiedlung erheblich.

Die Ureinwohner werden verdrängt

Für die Ureinwohner, die Indianer, bedeutete die Besiedelung des Kontinents durch die Weißen den endgültigen Verlust ihrer bisherigen Lebensgrundlagen. Die Stämme mussten sich immer weiter zurückziehen. Unter mehr oder weniger großem militärischen Druck wurden sie zu immer neuen Landabtretungsverträgen gezwungen. Diese Verträge wurden regelmäßig wieder gebrochen, weil die Siedler schon bald auch die Gebiete beanspruchten, die den Indianern zugesagt worden waren. Ab 1830 wurden die Stämme, die noch östlich des Mississippi lebten, mit Zwang in Regionen westlich des Flusses umgesiedelt. Doch auch von dort wurden sie bald wieder vertrieben. Gegen Ende der Pionierzeit lebten in Nordamerika nur noch ungefähr 200 000 Indianer in 250 abgegrenzten Siedlungsgebieten (Reservaten).

Q1 **„Westwärts Ho“ – amerikanischer Fortschritt.** Gemälde von John Gast, 1872.

Auseinandersetzungen um die Sklaverei

Während die USA sich im Laufe des 19. Jahrhunderts sehr erfolgreich über den Kontinent ausdehnten, spitzte sich innenpolitisch eine Auseinandersetzung immer stärker zu, die schon während der Verfassungsdiskussionen eine wichtige Rolle gespielt hatte: die gegensätzlichen Auffassungen der Nord- und der Südstaaten über die Sklaverei. Im stärker industrialisierten Norden wurde die Sklaverei zunehmend abgelehnt. Unternehmen und Haushalte sollten freie Lohnarbeiter verwenden. Die Südstaaten hingegen glaubten, für ihre sehr arbeitsintensive Landwirtschaft auf Sklaven nicht verzichten zu können. Dies galt insbesondere für den Anbau von Baumwolle, die um 1850 gut die Hälfte des amerikanischen Exports ausmachte. Jedes Mal, wenn ein neuer Staat um Aufnahme in die USA nachsuchte, kam es im Kongress zu erbitterten Kontroversen darüber, ob bei ihm die Sklaverei zugelassen sein sollte oder nicht.

Bürgerkrieg zwischen dem Norden und dem Süden

Bei der Präsidentschaftswahl von 1860 siegte mit Abraham Lincoln der Kandidat der 1854 neu gegründeten Republikanischen Partei, die in den Nordstaaten ihre Basis hatte und mit Nachdruck für das Ende der Sklaverei eintrat. Daraufhin erklärten elf Südstaaten ihren Austritt aus der Union, schlossen sich zu den „Konföderierten Staaten von Amerika“ zusammen und wählten einen eigenen Präsidenten. Diese Abspaltung wollten die Nordstaaten nicht hinnehmen. Da alle politischen Vermittlungsversuche scheiterten, begann ein Bürgerkrieg, der vier Jahre lang dauerte. 600 000 Menschen kamen ums Leben, noch mehr wurden verwundet und weite Landstriche im Süden verwüstet. 1865 mussten die Konföderierten kapitulieren, weil sie beim Nachschub an Kriegsmaterial und Soldaten dem Norden unterlegen waren. Mit dem Sieg der Nordstaaten war die nationale Einheit der USA wiederhergestellt und auf Dauer gesichert. Wenige Tage nach dem Ende des Bürgerkriegs wurde Lincoln von einem Anhänger der Sklaverei ermordet. Obwohl die Sklaverei nun offiziell abgeschafft wurde und die Schwarzen das Wahlrecht erhielten, blieben die Afroamerikaner in den USA noch für lange Zeit eine benachteiligte und materiell schlechter gestellte Minderheit.

D1 Die territoriale Entwicklung der USA bis 1866

Q2 Unser Anspruch ist begründet

John Q. Adams, von 1825 bis 1829 amerikanischer Präsident, äußerte sich 1819 in einer Kabinettssitzung zu dem Grund, weshalb die USA ihre Herrschaft über den ganzen Kontinent ausdehnen müssten:

Die Welt muss sich an den Gedanken gewöhnen, dass der uns zustehende Herrschaftsbereich der nordamerikanische Kontinent ist. Seit wir unabhängig wurden, ist dieser Anspruch ebenso ein Naturgesetz wie die Tatsache, dass der Mississippi ins Meer fließt. Spanien besaß südlich und Großbritannien besaß nördlich unserer Grenzen Gebiete. Es war einfach unmöglich, dass Jahrhunderte vergehen sollten, ohne sie von den Vereinigten Staaten annektiert zu sehen. Weder eine expansionistische Gesinnung noch Ehrgeiz machen dies notwendig. Aber es erscheint geografisch, moralisch und politisch absurd, dass einzelne Gebiete, die für ihre Herrscher, die sich 1500 Meilen entfernt auf der anderen Seite des Ozeans befinden, wertlos und lästig sind, dauerhaft neben einer großen, mächtigen, aktiven und schnell wachsenden Nation bestehen können.

Zit. nach: A. K. Weinberg: Manifest Destiny. A Study of Nationalist Expansionism in American History. Chicago 1963, S. 61. (Übers. d. Verf.)

Q3 Wellen der Besiedelung

In einem weit verbreiteten „Reiseführer" über die USA wurde 1837 geschildert, wie sich die Besiedelung der westlichen Gebiete im Allgemeinen vollzog:

Die meisten Ansiedlungen im Westen haben drei Klassen von Siedlern erlebt, die, wie die Wellen des Ozeans, eine nach der anderen herangerollt sind. Zuerst kommt der Pionier, der seine Familie in der Hauptsache mit der natürlichen Vegetation und seiner Jagdbeute ernährt. Er benutzt primitive, meist selbst hergestellte Ackergeräte und Werkzeuge und legt nur ein Maisfeld und einen Küchengarten an. (...) Er baut sein rohes Blockhaus (...) und wohnt hier, bis er sein Land einigermaßen kultiviert hat und das Wild knapper wird. (...) Die nächste Klasse der Neusiedler kauft das Land, fügt ein Feld nach dem anderen hinzu, legt Wege an und baut primitive Brücken über die Flüsse, errichtet Häuser aus behauenen Baumstämmen mit verglasten Fenstern und Ziegel- oder Steinschornsteinen, legt hier und da Obstgärten an, baut Mühlen, Schulen, Gerichtsgebäude usw. und zeigt dabei das äußere Bild und die Formen eines schlichten bescheidenen zivilisierten Lebens. Dann kommt eine neue Welle: die Leute mit

Q6 Bisonjagd
Teil aus einem Gemälde von George Catlin, 1844. Die Jagd von Büffeln (Bisons) war Lebensgrundlage vieler Indianerstämme. Mit der Ausrottung der Büffel durch die Siedler wurden die Indianer dieser Grundlage beraubt.

Kapital und Sinn für organisierte Unternehmen. (...) Aus dem kleinen Dorf wird eine ansehnliche Gemeinde oder eine Stadt. Man errichtet große Häuser aus Ziegelsteinen, bearbeitet große Felder, Obstplantagen und Gärten, richtet Colleges ein und baut Kirchen. Feine Wollstoffe, Seide, Strohhüte, Schleifen und alle anderen Luxusartikel, Frivolitäten und Moden halten ihren Einzug.

Zit. nach: W. P. Adams (Hg.): Die Vereinigten Staaten von Amerika. Fischer Weltgeschichte, Bd. 30. Frankfurt/M. 1977, S. 149 f.

Q4 Wie sollen Sklaven behandelt werden?

Anweisung für den Verwalter einer Tabakplantage in Virginia, 1759:

Erstens: Die Sorge um die Neger ist die erste [Aufgabe], die euch ans Herz zu legen ist; Ihr habt mir rechtzeitig ihre Bedürfnisse zu melden, damit sie mit allem Notwendigen versorgt werden. Ihr habt den Aufsehern Anweisung zu geben, ganz besonders gegenüber den gebärfähigen Frauen freundlich und nachsichtig zu sein und sie, wenn sie ein Kind austragen, nicht zu einer Arbeit oder einer mühseligen Tätigkeit zu zwingen, die für sie schädlich wäre. Sie sollen, wenn sie in anderen Umständen sind, alles haben, was sie brauchen. Für die Kinder soll gut gesorgt werden, (...)

Zit. nach: P. C. Emmer u. a. (Hg.): Wirtschaft und Handel der Kolonialreiche. Dokumente zur Geschichte der europäischen Expansion, Bd. 4. München 1988, S. 547.

Q5 Sklavenverkauf

Der ehemalige Sklave Solomon Northrup berichtet darüber, was er um 1860 auf dem Sklavenmarkt von New Orleans erlebte:

David und Caroline kamen zusammen zu einem Pflanzer nach Natchez. Sie verließen uns lachend und vollkommen glücklich über die Tatsache, dass sie sich nicht zu trennen brauchten. Lethe wurde an einen Pflanzer in Baton Rouge verkauft. Als man sie fortführte, glühten ihre Augen vor Zorn. Der gleiche Mann kaufte auch Randall. Der kleine Bursche musste herumspringen und durch den Saal laufen und noch tausend andere Dinge tun, um seine Geschicklichkeit und seine gute Form zu beweisen. Während dieser ganzen Verhandlung weinte Eliza laut und rang die Hände. Sie bat den Mann, ihn nicht zu kaufen, wenn er nicht auch sie selbst und Emily kaufen würde. Für diesen Fall versprach sie, die treueste Sklavin zu sein, die es je gegeben habe. Der Mann antwortete, dass er dazu nicht in der Lage sei, worauf Eliza schreiend und weinend ihrem Schmerz freien Lauf ließ. Freeman drehte sich mit erhobener Peitsche wütend zu ihr um und befahl ihr, mit dem Lärm aufzuhören, oder er würde sie auspeitschen. (...) Eliza warf sich vor ihm auf den Boden (...), aber es war alles vergebens. (...) Randall musste allein gehen. Eliza lief zu ihm hin, umarmte ihn leidenschaftlich, küsste ihn wieder und wieder und bat ihn, sie nicht zu vergessen – während ihre Tränen wie Regen auf das Gesicht ihres Jungen fielen.

Zit. nach: V. Austin (Hg.): Der amerikanische Bürgerkrieg in Augenzeugenberichten. Düsseldorf 1963, S. 49f.

Q7 Soll die Sklaverei abgeschafft werden?

Der amerikanische Präsident Abraham Lincoln äußerte sich gegenüber dem Herausgeber der New Yorker Zeitung Tribune, Horace Greeley, über das Ziel, das er mit dem Krieg gegen die Südstaaten verfolgte:

Mein höchstes Ziel in diesem Ringen ist die Rettung der Nation, nicht die Bewahrung oder Abschaffung der Sklaverei. Wenn ich die Union retten könnte, ohne einen einzigen Sklaven zu befreien, dann würde ich es tun; und wenn ich sie dadurch retten könnte, dass ich alle Sklaven befreite, dann würde ich es tun; und wenn ich sie retten könnte, indem ich einige Sklaven befreite und andere nicht, dann würde ich auch das tun.

Zit. nach: W. P. Adams (Hg.): a. a. O., S. 113.

Schwester in einem Militärhospital. Foto **Q8**
Frauen mussten nicht nur zu Hause die Arbeit der Männer, die im Bürgerkrieg waren, erledigen, Hunderte arbeiteten auch freiwillig in den Militärkrankenhäusern. Nach dem Krieg wurde Krankenpflege zu einem anerkannten Beruf für Frauen.

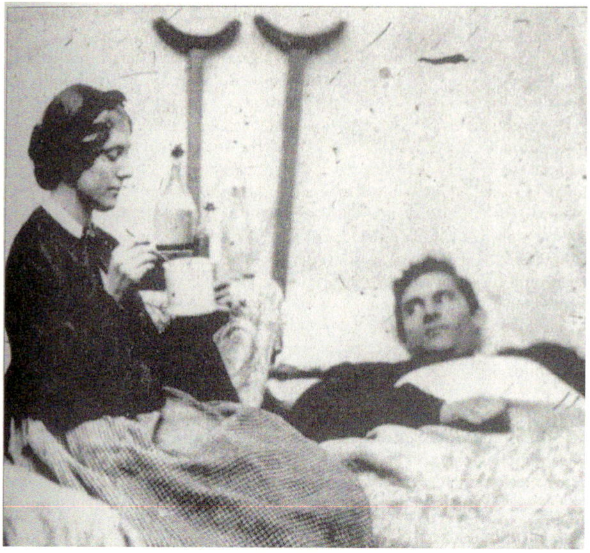

Q9 Das Ende des Bürgerkriegs

Lincoln besuchte im März 1865 die Stadt Richmond, die von den Soldaten der Nordstaaten eingenommen worden war. Admiral David Porter, der ihn begleitete, schrieb:

Die Uferstraßen waren so menschenleer, als ob der Tod die ganze Stadt heimgesucht hätte. Die Truppen hatten sie bereits seit einigen Stunden besetzt, aber nicht ein Soldat war zu sehen. (...)
An der Anlegestelle stand ein kleines Haus, hinter dem etwa zwölf Neger mit Spaten gruben. Ihr Anführer war ein sechzigjähriger Alter, der sich, als wir landeten, aufrichtete und eine Hand über die Augen legte. Dann ließ er seinen Spaten fallen und sprang auf uns zu. „Gesegnet sei Gott", rief er. „Da kommt der große Messias. Ich ihn sofort erkennen, er schon in meinem Herzen lebt lange Jahre. Und nun er ist gekommen, um zu befreien seine Kinder aus der Knechtschaft." Er fiel vor dem Präsidenten auf die Knie und küsste ihm die Füße. Die anderen folgten seinem Beispiel und in einer Minute war Mr. Lincoln von diesen Leuten umringt, die sein Bild, das sie von Fotografien kannten, in ihrem Herzen getragen hatten und seit Jahren nach ihm ausschauten als ihrem Retter, der sie aus ihrer Gefangenschaft befreien würde. Es dauerte einige Minuten, bis ich die Neger bewegen konnte, sich zu erheben und den Präsidenten weitergehen zu lassen. Die Szene war so rührend, dass ich sie nur ungern zerstörte, aber wir konnten ja nicht den ganzen Tag hier stehen bleiben; wir mussten weiter, weshalb ich den Alten veranlasste, sich mit seinen Kameraden zurückzuziehen und uns vorbeizulassen. Aber wir kamen nur langsam vorwärts, die Menschenmenge wuchs zusehends. In dem Gedränge bemerkten wir jetzt auch viele arme Weiße.

Zit. nach: V. Austin (Hg.): Der Amerikanische Bürgerkrieg in Augenzeugenberichten. München 1973, S. 310 f.

Fragen und Anregungen

1. Verfasse einen Brief vom Standpunkt eines Bewohners der spanischen oder englischen Gebiete, der gegen Adams Behauptungen argumentiert (Q2).
2. Beschreibe die verschiedenen Personengruppen und Fortbewegungsmittel auf dem Bild Q1. Welche Auffassung über die amerikanische Pionierzeit soll durch das Bild vermittelt werden? Bedenke, dass die schwebende Frau die Göttin des Fortschritts sein soll, die ein Buch und eine Rolle mit Telegrafendraht trägt. Erläutere, inwiefern das Bild den „American Dream" ausdrückt.
3. Erläutere anhand der Karte D1 die Phasen der Westexpansion der USA.
4. Fertige eine Tabelle an und trage jeweils ein, durch welche wirtschaftlichen Aktivitäten sich die drei Besiedelungswellen auszeichneten (Q3).
5. Erkundige dich, welche Bedeutung die Bisonherden für das Leben der Prärieindianer hatten. Setze dich mit der Praxis der weißen Siedler auseinander, die Bisons massenhaft abzuschießen (Q6).
6. Vergleiche Q4 und Q5. Finde eine Erklärung für die unterschiedliche Behandlung der Sklaven.
7. Diskutiert, ob die Abschaffung der Sklaverei oder der Erhalt des Gesamtstaates für die Entscheidung zum Krieg ausschlaggebend war (VT, Q7).
8. Vergleiche Q7 und Q9. Vermute, was die Schwarzen zu dem Brief Lincolns sagen würden.
9. Beschreibe das Bild Q8. Verfasse einen Brief, den eine Krankenschwester über ihre Arbeit nach Hause schreibt.

Eine Materialsammlung anlegen

In diesem Kapitel hast du gelernt, wie sich seit dem 17. Jahrhundert moderne Demokratien in England und den USA herausbildeten. Auch in den folgenden Kapiteln wird dir die Frage, wie Menschen um demokratische Mitbestimmung kämpften, wieder begegnen. Das ist ein wichtiges Thema, denn auch du lebst in einer Demokratie. Dir ist sicher auch klar, dass demokratische Strukturen nichts ein für allemal Festgelegtes sind, sondern sich im Laufe der Zeit entwickeln. So können z. B. Verfassungen ergänzt, verändert oder ganz neu geschrieben werden. Wie soll man da noch den Überblick behalten?
Bei solchen Themen, die von besonderer Wichtigkeit sind und die möglicherweise in Prüfungen eine Rolle spielen werden, empfiehlt es sich, eine Materialsammlung anzulegen, die im Laufe der Zeit immer weiter ergänzt werden kann.

Zunächst solltest du dir überlegen, wie du deine Materialsammlung gliedern kannst. Dabei kann dir eine Mindmap helfen. Wie die entwickelt wird, hast du bereits gelernt. Hast du dich für eine Gliederung entschieden, legst du dir einen Ordner an. Registereinlagen und farbige Trennblätter helfen dir die Übersicht zu behalten. Außerdem kann man auf diese Weise später schnell und problemlos zusätzliche Gliederungspunkte aufnehmen, wenn man das möchte.

Was gehört in die Materialsammlung?
In deine Materialsammlung kannst du grundsätzlich alles aufnehmen, was dir wichtig erscheint. Aber Vorsicht, wer nichts wegwerfen kann, erstickt bald in einer unübersichtlichen Materialfülle. Hier eine kleine Übersicht, wo es sich zu sammeln lohnt:

- Oft werden im Unterricht Kopien oder Arbeitsblätter ausgegeben, die man aufheben sollte.
- In Tageszeitungen, Zeitschriften oder Magazinen findet man – oft ganz zufällig – Beiträge oder Schaubilder, die man ausschneiden oder kopieren kann.
- Bei einem Besuch von Ausstellungen und Messen kann man häufig Informationsmaterial zum Thema Demokratie erhalten.
- Bei einem Besuch im Internet wird man in der Regel auch fündig.

Der Lernerfolg stellt sich häufig schon beim Sammeln und Sortieren ein, denn du beschäftigst dich intensiv mit dem Thema, wiederholst und ordnest zu. Für das Erstellen einer Hausarbeit, eines Referats oder für die Prüfungsvorbereitung hilft dir dann ein Griff ins Regal schnell weiter.

DIE FRANZÖSISCHE REVOLUTION – AUFBRUCH IN DIE MODERNE GESELLSCHA

1789 begann in Frankreich eine große Revolution. Die Bastille, ein bekanntes Gefängnis, wurde gestürmt und zerstört, die Vorrechte des Adels und des Klerus wurden abgeschafft, und der König wurde gestürzt und später hingerichtet. Unter der Parole „Freiheit, Gleichhei Brüderlichkeit" wollten die Revolutionäre den Aufbruch in eine neue Zeit beginnen. Tatsächlich hat die Französische Revolution die Welt verändert, und bis heute feiern die Franzosen den 14. Juli, den Tag der Erstürmung der Bastille, als Nationalfeiertag.

Patriotischer Frauenclub
Zeichnung der Brüder Lesueur, um 1792.

Paris 14. Juli, Zeichnung von Raoul Dufy (1877–1953)

liberte

Feierlichkeiten am 14. Juli, dem französischen Nationalfeiertag in Paris

Paris zur Zeit der französischen Revolution
Plan von Turgot (Ausschnitt).

Der Abriss der Bastille
Gemälde von Jean Pierre Houel, ca. 1789.

Napoleon
Ausschnitt aus einem Gemälde von Jacques-Louis David, 1799.

1789

égalité, fraternité

Erklärung der Menschen- und Bürgerrechte
Gemälde von Le Barbier, ca. 1790.

1. Frankreich in der Krise

1788	Wegen eines Staatsbankrotts werden die Generalstände einberufen.
Februar bis April 1789	Die Abgeordneten für die Generalstände werden gewählt.
5. Mai 1789	Der König eröffnet die Versammlung der Generalstände in Versailles.

Die Monarchie Ludwigs XVI.

1774 wurde der junge Ludwig XVI. in einer prunkvollen Zeremonie zum König von Frankreich gekrönt, eine begeisterte Menge jubelte ihm dabei zu. Der König war beliebt, und seine Macht schien unangefochten zu sein. Hinter der prachtvollen Fassade sah es allerdings anders aus: Frankreich war bankrott, und die Unzufriedenheit mit dem bestehenden System, dem Absolutismus, wuchs.

Unzufriedenheit des Adels

Zu den Gegnern des Absolutismus gehörten seit langer Zeit die Adligen. Sie waren der Zweite Stand in der Ständeordnung des Ancien Régime, d. h. der „alten Regierungsform“, wie die Franzosen den Absolutismus später nannten. Gemeinsam mit dem Ersten Stand, dem Klerus, genossen sie zahlreiche Privilegien, Ausnahme- und Sonderrechte. Vor allem mussten sie kaum Steuern und Abgaben zahlen. Trotz dieser gewaltigen wirtschaftlichen Bevorzugung waren die Adligen mit ihrer Rolle im Staat zunehmend unzufrieden: Sie wollten die absolute Königsgewalt abschaffen und selbst einen erheblich größeren Anteil an der politischen Macht haben.

Kritik des Dritten Standes

Die entschiedenste Kritik am Regime kam aus dem Dritten Stand; hier wuchs rasch eine starke Opposition heran. Zum Dritten Stand gehörten rund 98 Prozent der Bevölkerung: erfolgreiche Unternehmer und Großkaufleute, Ärzte und Handwerker, Transportarbeiter, Handlanger und vor allem Bauern und Landarbeiter ohne eigenen Boden. Etwa 85 Prozent der Bevölkerung lebten um 1780 noch auf dem Land; rund die Hälfte besaß eigenen Grund und Boden, der allerdings oft sehr klein war. All diesen höchst verschiedenen Gruppen von Menschen war gemein-

Ludwig XVI. verteilt Almosen Q1
Idealisierte Darstellung des Königs als Wohltäter seines Volkes. Stahlstich um 1840, nach einem Gemälde von Louis Hersent von 1817 (Ausschnitt).

sam, dass sie als Steuerzahler den Staat finanzierten und dass sie keinerlei Mitspracherecht in Staat und Politik hatten. Der Zugang zu den höheren Staatsämtern war ihnen verwehrt (s. Grafik S. 25).

Interessen des Dritten Standes

Die wohlhabenden Bürger – die Bourgeoisie – wollten an der Macht teilhaben. Sie hatten in den letzten Jahrzehnten durch verbesserte Produktionsmethoden und einen erweiterten Handel zur See viel Geld erworben. Das stärkte ihr Selbstbewusstsein, und so forderten sie politisches Mitspracherecht. Um wirtschaftlich weiter erfolgreich sein zu können, brauchten sie nämlich mehr Freiheit, als die Ständegesellschaft zuließ. Ihr Ziel war eine Gesellschaft, in der Leistung zählen sollte. Die Privilegien des Klerus und des Adels empfanden sie als überflüssig und ungerecht.
Für andere Gruppen, die zum Dritten Stand gehörten, waren die jeweils eigenen Probleme drängender: Die Handwerker fürchteten die Konkurrenz der Manufakturen, die der Merkantilismus gefördert hatte, die städtischen Lohnarbeiter forderten mehr Lohn. Die Unterschichten wollten ihre elende soziale Lage verbessern, und die Bauern lehnten sich gegen die drückenden Feudalabgaben auf. Viele der Gebildeten dagegen waren beeinflusst von den Schriften der Aufklärungsphilosophen Locke, Montesquieu, Rousseau und Voltaire. Sie begeisterten sich für deren Ideen – Freiheit, Vernunft, Menschenrechte und Toleranz – und wollten sie in die Praxis umsetzen. Dabei galten ihnen Amerika und auch England als Vorbilder. Diesen politischen Ideen schlossen sich auch viele Adlige an.

Staatsbankrott

Die Kritik am Absolutismus erhielt Auftrieb durch die katastrophale finanzielle Situation, in der sich der Staat befand. Die ständige Geldnot ließ das Ansehen und die Autorität des Königs rasch schwinden. Wie konnte es dazu kommen, wo doch Frankreich im Vergleich mit anderen europäischen Ländern recht wohlhabend war? Es gab mehrere Gründe: Die Franzosen hatten einige kostspielige Kriege in Europa geführt und verloren, in Amerika hatten sie die Kolonien im Unabhängigkeitskrieg gegen England unterstützt. Um das alles zu finanzieren, hatte der Staat enorme Schulden gemacht. Außerdem verschlang das verschwenderische Leben des Hofes in Versailles eine Menge Geld. Das wichtigste Hindernis für die Lösung der finanziellen Krise war die ungerechte Verteilung der Steuerabgaben, d.h. die Steuerfreiheit für den Ersten und Zweiten Stand.

„Man muss hoffen, dass dies Spiel bald ein Ende hat“ Q2
Eine von zahlreichen anonymen Karikaturen aus dem Jahr 1789.
Auf dem Säbel steht: Gerötet vom Blut. Auf der Hacke: Mit Tränen getränkt. Auf den Zetteln werden Steuern, Dienste, Abgaben und Adelstitel genannt.
Zu den Tieren s. die Erklärung des Grundbegriffs „Privilegien“.

Reformversuche

Bereits kurz nach seiner Krönung versuchte Ludwig XVI. die Finanzprobleme anzugehen und ernannte einen angesehenen Aufklärer, Turgot, zum Finanzminister. Turgot erarbeitete ein Reformprogramm, das unter anderem eine Besteuerung der ersten beiden Stände vorsah. Die Empörung bei Adel und Klerus war aber so groß, dass Ludwig seinen Minister schleunigst entlassen musste. Den folgenden Ministern erging es nicht besser: Reformvorhaben scheiterten an der sturen Haltung der privilegierten Stände.

Einberufung der Generalstände

1788 verschärften sich Verschuldung und Zahlungsunfähigkeit des Staates zu einer umfassenden Krise. Schlechte Ernten trieben den Brotpreis in die Höhe; es kam zu Versorgungsengpässen. Die Zahl der Bettler und der Hungernden stieg an, die Unzufriedenheit im Volk wuchs. Der König und seine Minister konnten die Krise nicht mehr allein bewältigen. So entschloss man sich, die Generalstände einzuberufen, eine Versammlung aus Vertretern aller drei Stände, die den König beraten sollte. Damit kehrte man in der Not zu einer sehr alten Institution aus der Zeit vor dem Absolutismus zurück. Seit 1614 hatten die Generalstände nicht mehr getagt.

Beschwerdeschriften („cahiers de doléances") Q3

Die Wahlen für die Vertreter der drei Stände fanden überall in Frankreich statt; wahlberechtigt waren alle männlichen Franzosen über 25 Jahre, die Steuern zahlten und einen festen Wohnsitz hatten. Bei den Wahlversammlungen wurden in nahezu jedem Dorf Beschwerdehefte angelegt, in denen die Männer und auch Frauen ihre Not schilderten, auf die Ungerechtigkeiten aufmerksam machten und Vorschläge zur Abhilfe unterbreiteten. Sie sollten zur Versammlung der Generalstände mitgenommen werden und dort Grundlage der Beratungen sein. Es war eine der größten Volksbefragungen der Geschichte. Noch heute sind über 40 000 dieser Hefte erhalten.

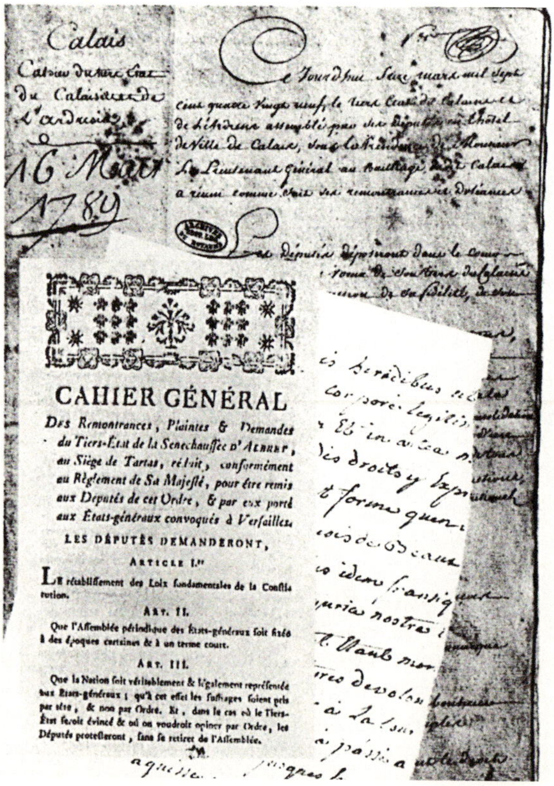

Im Mai 1789 begrüßte der König feierlich die Generalstände auf seinem Schloss in Versailles. Der Dritte Stand hatte zwar 578 Vertreter wählen dürfen, der Adel war mit 270 und der Klerus mit 291 Abgeordneten vertreten, abgestimmt werden sollte aber nach Ständen, d.h. jeder Stand sollte eine Stimme haben. Damit waren die Vertreter des Dritten Standes jedoch nicht einverstanden, da sie befürchteten, in allen Entscheidungen mit 2:1 überstimmt zu werden. Sie wollten wenigstens „nach Köpfen" abstimmen, d.h. jeder Abgeordnete sollte eine Stimme haben. Bis zum Juni gab es darüber keine Einigung, und der Dritte Stand erkannte, dass er seine Interessen nur im Konflikt mit den beiden anderen Ständen und dem König durchsetzen konnte.

Privilegien

Als Privilegien bezeichnet man Sonder- oder Ausnahmerechte, die entweder einzelnen Personen oder aber bestimmten Personengruppen gewährt werden. Privilegien gab es in vielen Gesellschaften; das älteste Privileg, das wir kennen, stammt von 450 v. Chr. Zumeist ging es bei Privilegien um die Befreiung von Steuern oder Zöllen, aber auch um die Genehmigung sonst verbotener Tätigkeiten, z.B. Fischfang und Jagd. In Gesellschaften, in denen bestimmte Schichten Privilegien haben, herrschten soziale und politische Ungleichheit.

Q4 Die Eröffnung der Generalstände in Versailles am 5. Mai 1789. Gemälde von Auguste Couder, um 1840.

Q5 Das französische Volk formuliert seine Interessen

In den Beschwerdebriefen formulierten Mitglieder aller drei Stände ihre Einschätzung der Situation in Frankreich. So erfahren wir aus dieser Quelle die Wünsche und Bedürfnisse eines ganzen Volkes:

a) Die Einwohner des Dorfes Guyancourt forderten:

1. dass alle Steuern von den drei Ständen ohne irgendwelche Ausnahme gezahlt werden, von jedem Stand gemäß seinen Kräften;

2. das gleiche Gesetz und Recht im ganzen Königreich;

5. die völlige Beseitigung jeglicher Art von Zehnten in Naturalien; (...)

8. dass die Eigentumsrechte heilig und unverletzlich sind;

9. dass rascher und mit weniger Parteilichkeit Recht gesprochen wird;

10. dass alle Frondienste, welcher Art sie auch sein mögen, beseitigt werden;

11. dass die Einziehung zum Heeresdienst nur in den dringenden Fällen erfolgt (...)

17. dass alle Pfarrer verpflichtet sind, alle ihre Amtspflichten zu erfüllen ohne dafür irgendwelche Bezahlung zu fordern; (...)

Zit. nach: I. u. P. Hartig: Die Französische Revolution. Stuttgart 1985, S. 34 f.

b) Aus der Beschwerdeschrift der Gemeinde Colmare:

1. Wenn der Klerus und Adel so wie wir zahlten, dann würde das den Staat erheblich stärken, wodurch er imstande wäre, dem unterdrückten Volk Erleichterung zu verschaffen.

2. Wir erbitten die Abschaffung der indirekten Steuern und der Salzsteuer. (...)

6. Es sollte das Wild, wie Hasen, Kaninchen und andere wilde Tiere, die den Bauern großen Schaden verursachen, getötet werden. (...)

8. Wir fühlen uns auch berechtigt, eine Bemerkung zum Frondienst auf den großen Straßen zu machen. Wir halten es für natürlicher, dass diejenigen für Kosten und Unterhalt aufkommen, die sie beschädigen, aber ohne Behinderung des Handels. (...)

10. Wir bitten um Abschaffung überflüssiger Mönche und Nonnen.

11. Wir bitten, dass Gemeindeland und leere Flächen zum Vorteil des Staates bestellt werden.

12. Wir bitten, dass alle Maschinen jeder Art, wie die zum Baumwollspinnen, abgeschafft werden, da sie der Bevölkerung Schaden zufügen.

13. Wir bitten, dass der Mühlenzwang im Land abgeschafft wird. (...)

Zit. nach: W. Lautemann/M. Schlenke (Hg.): Geschichte in Quellen, Bd. IV. München 1981, S. 150 f.

Q6 Der „Dritte Stand des Dritten Standes“?

Der „Dritte Stand des Dritten Standes“ seien die Frauen, beklagte sich eine Französin in einem der Beschwerdebriefe. Frauen waren in allen Bereichen benachteiligt: Wenn sie – wie die meisten Frauen – erwerbstätig waren, weil der Verdienst ihrer Männer nicht ausreichte, bekamen sie viel weniger Lohn als ein vergleichbarer Arbeiter. Schul- und Berufsbildung gab es für Mädchen nicht, sodass ihnen die besser bezahlten Berufe verschlossen blieben. Nur gut ein Viertel der Frauen konnte etwas lesen und schreiben, bei den Männern war es immerhin knapp die Hälfte. Als besonders ungerecht empfanden viele Frauen die Ehegesetze: Der Mann durfte z. B. allein über die Finanzen entscheiden und konnte die Frau verlassen, ohne ihr Unterhalt zahlen zu müssen. Eine Scheidung war allgemein nicht möglich. Das Eherecht galt auch für adlige Frauen, deren Lebensumstände allerdings zumeist erheblich besser waren. Manche Frauen aus dem Adel waren hoch gebildet und hatten – wenn auch indirekt – durchaus Einfluss auf das gesellschaftliche und politische Leben des Ancien Régime.

Aus Bittschriften von Frauen des Dritten Standes:

In einer Zeit, da ein jeder bemüht ist, seine Ansprüche und Rechte geltend zu machen (...) sollte es da nicht auch den Frauen möglich sein, ihrer Stimme Gehör zu verschaffen? (...) Die Frauen des Dritten Standes werden fast alle ohne Reichtümer geboren; ihre Erziehung wird sehr vernachlässigt (...)

Wir bitten um Ausbildung und Beruf, nicht um uns die Befugnisse der Männer anzueignen, sondern um höher von ihnen geachtet zu werden und damit wir imstande sind, vor dem Elend geschützt zu leben. (...)

Wir bitten Euch inständig, Sire, kostenlose Schulen einzurichten, wo wir unsere Sprache von Grund auf erlernen können, die Religion und die geistigen und sittlichen Werte; eins wie das andere soll uns in seinem ganzen Umfang dargeboten werden (...)

Ebenso [ist] es nur gerecht, ihre [der Frauen] Stimmen zu zählen, da sie doch wie die Männer dazu verpflichtet sind, die königlichen Abgaben zu zahlen und den Verpflichtungen des Handels nachzukommen.

Man wird vorbringen, alles, was man ihnen gewähren könne, sei ihnen zu gestatten [und sie könnten] sich durch Bevollmächtigte in den Generalständen vertreten lassen. Man könnte dem entgegnen, es sei mit Fug und Recht erwiesen, dass weder ein Adeliger einen Nichtadeligen vertreten kann noch dieser einen Adeligen, ebenso kann (...) kein Mann eine Frau vertreten (...) und können Frauen nur von Frauen vertreten werden.

Zit. nach: Landesregierung NRW (Hg.): Geschichte auch für Mädchen. 1989, S. 20 f.

Q7 „Die Bäuerin in der Fron“
Anonymer Kupferstich, koloriert, Paris 1789.

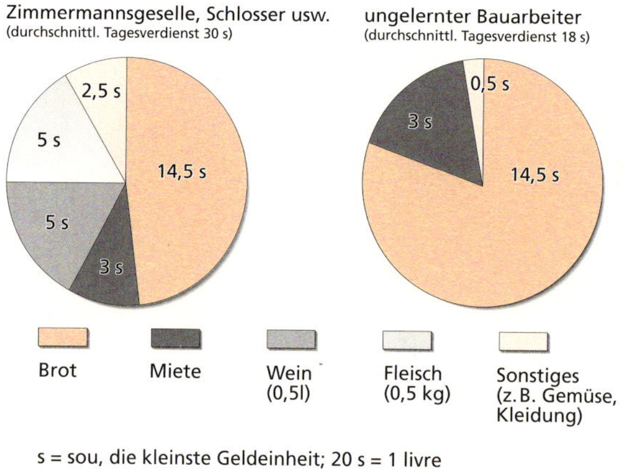

D1 Lebenshaltungskosten in Paris im Februar 1789
Es lässt sich leicht ausrechnen, welche Folgen eine Erhöhung des Brotpreises für die ärmeren Bevölkerungsschichten hatte. Bei ihnen war „Brot“ das Hauptthema des Jahres 1789.

Q8 „Das Defizit"
Englischer kolorierter Kupferstich, August 1788.

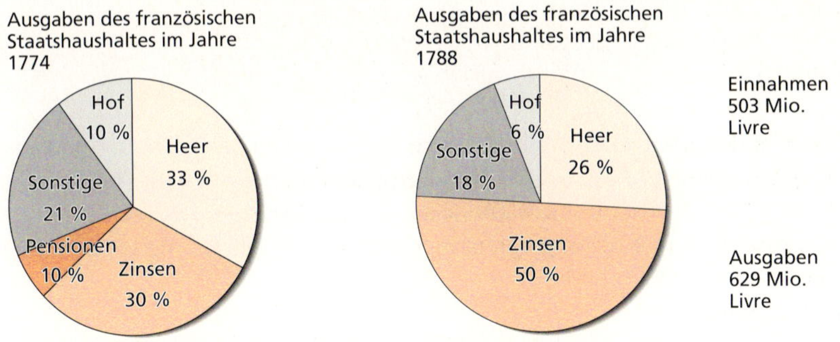

D2 Staatshaushalt 1774 im Krönungsjahr Ludwigs XVI. und 1788
Bereits 1774 hatte der Haushalt ein Defizit von 5 %, d.h. es wurde mehr ausgegeben als eingenommen.

Fragen und Anregungen

1. Beschreibe die Abbildung Q1. Überlege, warum Künstler des 19. Jahrhunderts Ludwig XVI. als gütigen Landesvater darstellten, obwohl er sich für die Not seiner Untertanen wenig interessiert hat.
2. Erläutere, wie der Karikaturist, der Q2 gezeichnet hat, die französische Gesellschaft sieht.
3. Betrachte das Bild Q4 und erläutere, welche Personen und -gruppen man unterscheiden kann und wodurch. Finde heraus, ob der Maler mit einer Gruppe sympathisierte. Woran könntest du das erkennen?
4. Frankreich hatte ca. 25 Millionen Einwohner. Errechne, wie viele Angehörige seines Standes ein Abgeordneter der Generalstände jeweils vertritt (VT; Grafik S. 25).
5. Erkläre, welche Abstimmungsweisen bei der Versammlung der Generalstände denkbar waren und diskutiert wurden (VT).
6. Erläutere mithilfe der Grafik D1 die Lebenslage von Handwerkern und ungelernten Arbeitern.
7. Lege anhand der Grafik D2 dar, in welchem Zustand sich der französische Staat 1788 befand.
8. Beschreibe und erkläre die Karikatur Q8. Formuliere passende Aussprüche und ordne sie den dargestellten Personen zu.
9. Liste die in den Beschwerdebriefen formulierten Forderungen auf. Erkläre, auf welche Zustände im Ancien Régime sie Bezug nehmen (Q5, Q6). Untersuche, ob hier eine Revolution gefordert wird.

„Freiheit, Gleichheit, Brüderlichkeit!" – das Ancien Régime wird gestürzt

17. Juni 1789	Die Vertreter des Dritten Standes erklären sich zur Nationalversammlung. Viele Landpfarrer und einige Adlige schließen sich an.
14. Juli 1789	Eine Menschenmenge in Paris stürmt das Staatsgefängnis, die „Bastille", befreit die (wenigen) Gefangenen und verschafft sich Munition.
26. August 1789	Die Nationalversammlung beschließt die Erklärung der Menschen- und Bürgerrechte.
3. September 1791	Die Nationalversammlung beschließt eine neue Verfassung.
21. September 1792	Der König wird abgesetzt. Frankreich wird eine Republik.
17. Januar 1793	König Ludwig XVI. wird zum Tode verurteilt.

Die „große Angst" Q1
Angriffe der Bauern auf Herrschaftssitze, zeitgenössische Darstellung.

Die „Große Revolution"

Im Juni 1789 hatten die Generalstände bereits einen Monat lang getagt, ohne dass sich ein Ergebnis gezeigt hätte. Dann überschlugen sich die Ereignisse. In der Zeittafel oben werden sechs wichtige Ereignisse aus der ersten Phase der Revolution genannt, die das alte Regime hinwegfegten; rechtfertigen sie den häufig verwendeten Begriff von der „Großen Französischen Revolution"?

Le Serment du Jeu de Paume Q2
(Der Ballhausschwur) am 20. Juni 1789
Federzeichnung von Jacques-Louis David aus dem Jahre 1791, 65 x 105 cm.

Q3 **Die Erstürmung der Bastille am 14. Juli 1789**
Anonymer zeitgenössischer Stich.

Der Ballhausschwur

Am 17.6.1789 formulierten die Abgeordneten des Dritten Standes den Anspruch, die gesamte Nation zu vertreten, und nannten sich „Nationalversammlung“; damit wandten sie sich gegen den Adel und den Klerus. Als der König den Versammlungsraum der Nationalversammlung schließen ließ, trafen sich die Abgeordneten im Ballhaus (ein Ballspielhaus) von Versailles und schworen dort, nicht eher auseinander zu gehen, bis sie Frankreich eine Verfassung gegeben hätten. Das war eine Auflehnung gegen den König und gegen das System des Absolutismus.

Der Sturm auf die Bastille

In Paris, der bei weitem größten und wichtigsten Stadt Frankreichs, zeigte sich die Krise besonders deutlich. Die Menschen dort waren wegen der hohen Arbeitslosigkeit und der hohen Brotpreise unzufrieden und unruhig. Der König in Versailles erkannte, dass ihm immer weniger Spielraum blieb, die Probleme zu lösen. Einerseits empfahl er nun den Vertretern der ersten beiden Stände, sich der Nationalversammlung anzuschließen. So erkannte er diese neue Institution an. Gleichzeitig aber ließ er Truppen zusammenziehen. Als sich diese Nachricht verbreitete, bildeten die Bürger von Paris so genannte Nationalgarden. Diese bewaffneten sich, stürmten die Bastille, ein berüchtigtes Gefängnis, und töteten das Gefängnispersonal. Obwohl in dieser Festung nur noch wenige Gefangene saßen, wurde dieses Ereignis zum Symbol der Revolution und der 14. Juli bis heute zum Nationalfeiertag.

Die „große Angst“

Ende Juli griff die Revolution auf das Land über. Bauern bewaffneten sich und vertrieben die adligen Grundherren, zündeten deren Schlösser und Klöster an und vernichteten die Urkunden, in denen Frondienste und Abgaben festgelegt waren. Auf dem Lande herrschte „la grande peur“ – die „große Angst“. Viele Adlige flüchteten jetzt ins Ausland, um ihr Leben zu retten.

„Freiheit, Gleichheit, Brüderlichkeit"

Die Forderung nach „liberté, égalité, fraternité" wurde zur berühmtesten Losung der französischen Revolutionäre, und die Nationalversammlung in Versailles verabschiedete wichtige Beschlüsse, um sie in die Tat umzusetzen: In der Nachtsitzung vom 4. auf den 5. August schaffte sie die Leibeigenschaft und alle Privilegien ab, und am 26. August veröffentlichte sie die Erklärung der Menschen- und Bürgerrechte. Die Beschlüsse vom August 1789 bedeuteten einen Bruch mit dem Feudalismus und das Ende des Ancien Régime. Doch an Freiheit und Gleichheit auch für die Frauen dachten die Revolutionäre nicht; deshalb verfasste Olympe de Gouges eine „Erklärung der Rechte der Frau und Bürgerin", ohne allerdings Gehör bei der Nationalversammlung zu finden.

Eine neue Verfassung

Noch fehlte jedoch eine neue Verfassung. Nach langen Beratungen trat sie schließlich am 3. September 1791 in Kraft. Damit war Frankreich eine konstitutionelle Monarchie geworden, in der die Herrschaft des Königs nicht mehr unumschränkt, sondern an die Verfassung gebunden war. Viele waren mit dieser Lösung zufrieden und dachten, mit solch einer schriftlichen Festlegung der Grundlagen eines neuen Staates sei die Revolution beendet, habe eine neue stabile Ordnung begonnen. Doch viele andere waren mit dieser Verfassung nicht zufrieden und wollten die Revolution weitertreiben. Dazu gehörten vor allem die „Sansculotten", Vertreter der ärmeren Stadtbevölkerung von Paris, der kleinen Ladenbesitzer, Handwerker und Manufakturarbeiter, aber auch die „Jakobiner". Das waren Mitglieder eines neu gegründeten politischen Clubs von Revolutionären, die sich in einem ehemaligen Jakobinerkloster trafen.

Die Verschwörung des Königs

Der König andererseits hatte zwar immer wieder dem Druck der Revolution nachgegeben, arbeitete jedoch für eine Wiederherstellung der alten Ordnung und versuchte, die Arbeit der revolutionären Exekutive und Legislative zu behindern: Zum Beispiel benutzte er immer wieder sein Veto-Recht gegen Beschlüsse der Nationalversammlung, so dass man ihn schon „Monsieur Veto" nannte.

Sansculotten Q4
Die Sansculotten erhielten ihren Namen, weil die Männer nicht die „culottes", die vornehmen Kniehosen der Adligen und Reichen, trugen. Zeichnung, um 1791.

Q5 Die Hinrichtung des Königs Ludwig XVI. am 21. Januar 1793
Zeitgenössische Darstellung.

Im Juni 1791 versuchte er sogar, verkleidet ins Ausland zu fliehen, wurde jedoch noch vor der Grenze erkannt und nach Paris zurückgebracht. Man verdächtigte ihn, mit den adligen Emigranten und den Monarchen des Auslands einen Krieg gegen Frankreich führen zu wollen. Tatsächlich hatten die königliche Familie und der emigrierte Adel Kontakte zum Herzog von Braunschweig, dem Anführer der ausländischen Truppen. Schließlich erklärte Frankreich 1792 Österreich den Krieg, aus Furcht vor einem möglichen Angriff ausländischer Truppen und adliger Emigranten, aber auch um die Revolution ins Ausland zu tragen.

Das Ende der Monarchie

Die Sansculotten in Paris wurden unruhig: Der Kriegsverlauf war für Frankreich ungünstig, die Wirtschaftskrise wurde immer schlimmer, Brot war knapp und teuer, und die Sansculotten als arme Handwerker und kleine Ladenbesitzer hatten kein Mitspracherecht in der Politik. Dann löste ein Aufruf des Herzogs von Braunschweig (s. Q11) eine Art „zweite Revolution“ aus: Im August 1792 stürmten, besetzten und plünderten die Sansculotten die Tuilerien, das Schloss, in dem sich die königliche Familie aufhielt. Dabei fanden sie Briefe des Königs, die bewiesen, dass er auf eine Niederlage Frankreichs im Krieg hoffte. Ein neu gewähltes Parlament, das sich jetzt Nationalkonvent nannte, setzte den König ab und erklärte Frankreich am 21. September 1792 zu einer Republik. Der Konvent hielt nun einen Prozess gegen Ludwig XVI. ab, und schließlich stimmte eine knappe Mehrheit für die Todesstrafe. Am 21. Januar 1793 wurde der König hingerichtet, am 16. Oktober 1793 auch seine Frau, die Königin Marie Antoinette.
Die konstitutionelle Monarchie war gescheitert, und die Revolution war nicht beendet, sondern in eine neue, zweite Phase eingetreten.

Q6 Die Erklärung der Menschen- und Bürgerrechte
Kupferstich nach einem Gemälde von Le Barbier: Déclaration des droits de l´homme et du citoyen, ca. 1790.

Q7 Aus der Erklärung der Menschen- und Bürgerrechte vom 26. August 1789:

1. Die Menschen werden frei und gleich an Rechten geboren und bleiben es. Die gesellschaftlichen Unterschiede können nur auf dem allgemeinen Nutzen begründet werden.
2. Der Zweck jeder staatlichen Vereinigung ist die Erhaltung der natürlichen und unverjährbaren Menschenrechte. Diese Rechte sind Freiheit, Eigentum, Sicherheit und Widerstand gegen Unterdrückung.
3. Der Ursprung jeder Herrschaft liegt wesensmäßig beim Volke; keine Körperschaft, kein Einzelner kann Herrschaft ausüben, die nicht ausdrücklich von ihm ausgeht.
4. Die Freiheit besteht darin, alles tun zu können, was einem anderen nicht schadet (...) [Die Grenzen der Freiheit bestimmt allein das Gesetz].
5. Das Gesetz darf nur die Handlungen verbieten, die der Gesellschaft schaden. Nur das, was das Gesetz verbietet, kann untersagt werden, und niemand kann zu einer Handlung gezwungen werden, die das Gesetz nicht gebietet.
6. Das Gesetz ist der Ausdruck des allgemeinen Willens. (...) Da alle Bürger vor dem Gesetz gleich sind, so sind sie auch alle in der gleichen Weise zu allen Ehrenämtern, öffentlichen Stellungen und Beschäftigungen gemäß ihren Fähigkeiten zugelassen, ohne einen anderen Unterschied als den ihrer Kräfte und Geistesgaben. (...)

10. Niemand darf wegen seiner Ansichten, selbst nicht der religiösen, bedrängt werden, vorausgesetzt, dass ihre Äußerung nicht die durch das Gesetz festgelegte öffentliche Ordnung stört.
11. Die freie Mitteilung der Gedanken und Ansichten ist eines der kostbarsten Menschenrechte; daher kann jeder Bürger frei sprechen, schreiben, drucken, mit dem Vorbehalt, dass er verantwortlich ist für den Missbrauch dieser Freiheit in den von dem Gesetz festgelegten Fällen. (...)

16. Eine Gesellschaft, in der die Garantie der Rechte nicht gesichert und die Teilung der Gewalten nicht festgelegt ist, hat keine Verfassung.
17. Da das Eigentum ein unverletzliches und geheiligtes Recht ist, kann es niemandem genommen werden, wenn nicht die öffentliche, gesetzlich festgestellte Notwendigkeit es erfordert und unter der Bedingung einer gerechten und vorherigen Entschädigung.

Zit. nach: I. und P. Hartig: Die Französische Revolution. Stuttgart 1985, S. 52 ff.

Menschenrechte

Menschenrechte werden seit der Zeit der Aufklärung in Europa als naturgegebene Rechte angesehen; sie werden also nicht vom Staat gewährt, sondern können unabhängig von der Staatsform oder der Verfassung beansprucht werden. Genau aufgelistet wurden Menschenrechte z. B. in der Französischen Revolution, in der Erklärung der Vereinten Nationen von 1948 und in vielen Verfassungen moderner demokratischer Staaten, z. B. dem Grundgesetz der Bundesrepublik Deutschland. Die Organisation „Amnesty International“ kämpft gegen die immer noch häufige Verletzung der Menschenrechte.

Q8 Erklärung der Rechte der Frau und Bürgerin

Olympe de Gouges (Bild um 1790) wurde 1748 geboren und wuchs in ärmlichen Verhältnissen auf. Mit 17 Jahren wurde sie gegen ihren Willen verheiratet, bekam einen Sohn und wurde kurz darauf Witwe. Sie heiratete nicht wieder, weil für sie die Ehe „das Grab der Liebe" war. De Gouges zog nach Paris und wurde Schriftstellerin. In einem Theaterstück prangerte sie die Sklaverei in den Kolonien an. Der Bürgermeister verbot dieses Stück jedoch, da er fürchtete, es könne Aufstände in den Kolonien auslösen. Im Mai 1789 besuchte de Gouges regelmäßig die Sitzungen der Nationalversammlung. Immer wieder versuchte sie mit Streitschriften und Briefen auf die Politik Einfluss zu nehmen – im Interesse der sozial Benachteiligten, vor allem aber der Frauen. Olympe de Gouges wurde 1793 hingerichtet.

Aus ihrer „Erklärung der Rechte der Frau und Bürgerin", die sie der Nationalversammlung 1791 übersandte:

Art. 1 Die Frau ist frei geboren und bleibt dem Manne gegenüber gleichberechtigt. Die sozialen Unterschiede können nur auf dem allgemeinen Nutzen gegründet sein.

Art. 2 Der Zweck jeder politischen Verbindung ist die Bewahrung der natürlichen und unverjährbaren Rechte der Frau und des Mannes; diese Rechte sind Freiheit, Eigentum, Sicherheit und vor allem das Recht auf Widerstand gegen Unterdrückung.

Art. 3 Der Ursprung aller Souveränität liegt letztlich in der Nation, die nichts ist als die Wiedervereinigung von Frau und Mann (...) .

Art. 6. Das Gesetz soll Ausdruck des Willens aller sein; alle Bürgerinnen und Bürger sollen persönlich oder über Vertreter zu seiner Entstehung beitragen, für alle sollen die gleichen Bedingungen gelten.

Art. 10 Niemand darf wegen seiner Meinung, selbst in Fragen grundsätzlicher Natur, Nachteile erleiden. Die Frau hat das Recht, das Schafott zu besteigen, gleichermaßen muss ihr auch das Recht zugestanden werden, eine Rednertribüne zu besteigen, sofern sie nicht in Wort und Tat die vom Gesetz garantierte öffentliche Ordnung stört.

Nachwort: Frau erwache! Die Stimme der Vernunft erschallt über unsern Erdball; erkenne deine Rechte! Das gewaltige Reich der Natur ist nicht mehr umlagert von Vorurteilen, Fanatismus, Irrglauben und Lüge.

O. de Gouges: Schriften. Frankfurt a. M. 1980, S. 41.

Q9 Der Marsch der Frauen nach Versailles

Frauen aus den Pariser Markthallen und Arbeitervorstädten zogen am 5. Oktober 1789 nach Versailles. Sie wollten gegen Teuerung und Brotknappheit protestieren und holten den König und seine Familie nach Paris. Kolorierte Radierung, 1789.

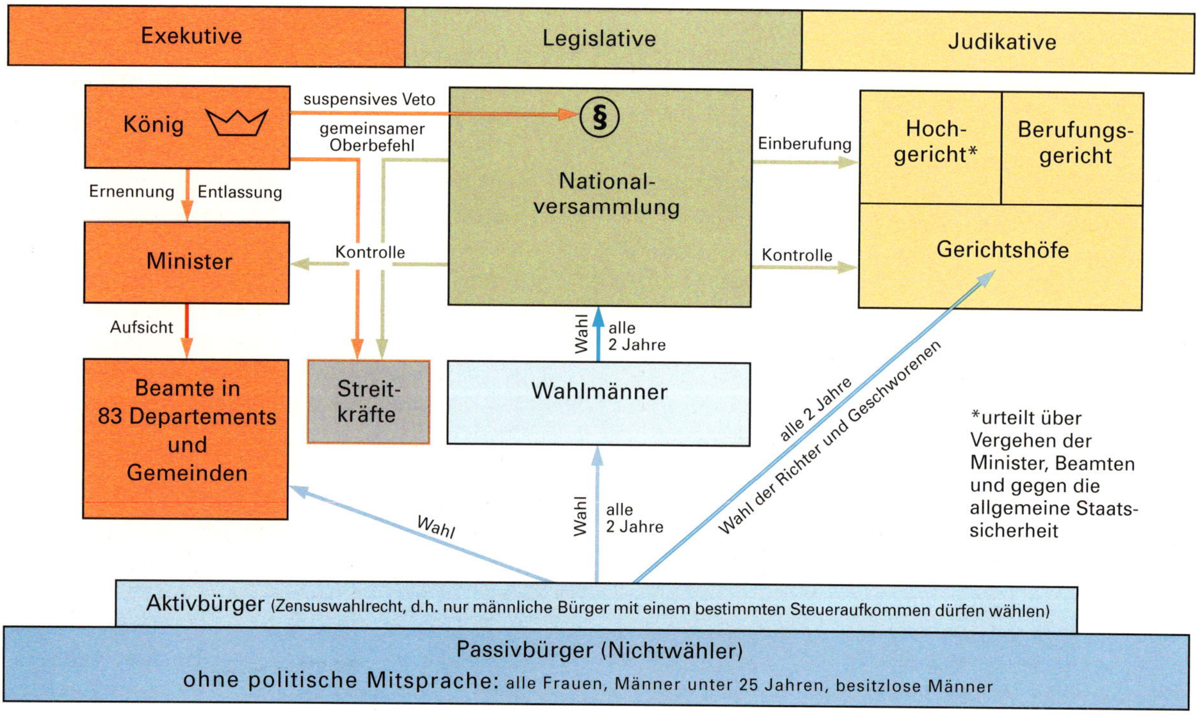

D1 **Die französische Verfassung von 1791.** Schematische Darstellung.

Q10 Was ist eine Revolution?

Revolutionsdefinitionen aus verschiedenen Nachschlagewerken:

Revolution [frz.] die, eine tief greifende, gewaltsame Änderung der politischen und sozialen Ordnung, die in der Regel von benachteiligten Bevölkerungsteilen ausgeht, wenngleich ihre Wortführer oft Angehörige der Oberschicht sind. Revolutionen wurden oft zu gestaltenden Kräften in der Geschichte; dies gilt z.B. für die Französische R. (1789) oder die Oktoberrevolution (1917) in Russland.
Im weiteren Sinne bezeichnet man auch Entwicklungen, z.B. in Wissenschaft und Technik, die eine weit reichende Veränderung der Gesellschaft zur Folge haben, als R. (z.B. industrielle Revlution).

Duden: Schülerlexikon. Mannheim, Leipzig, Wien, Zürich 2003, 7. Aufl., S. 569.

(...) von lat. revolvere „zurückdrehen", „zurückrollen", (...) Im polit.-sozialen Sinne Bez. für eine grundlegende Umgestaltung der gesellschaftl. Struktur, der polit. Organisation sowie der kulturellen Wertvorstellungen in einem bestimmten geograf. Bereich und damit Bez. für eine bes. Form des histor. Wandels. (...) Die Versuche, eine begonnene oder bereits erfolgreich beendete R. rückgängig zu machen, werden Konter-R. genannt. Im allg. Sprachgebrauch wird als R. sowohl der plötzliche Machtwechsel als auch die diesem Wechsel folgende langfristige Umwälzungs- und Umschichtungsphase bezeichnet.

Der Brockhaus in fünfzehn Bänden, 11. Band. Leipzig/Mannheim 1998, S. 421.

(...) Im engeren Sinne steht der Begriff Revolution für den Bruch mit einer überkommenen politisch-sozialen Ordnung, insbesondere für die gewaltsame Umwälzung der staatlichen Machtstruktur. Eine politisch-soziale Revolution zeichnet sich in der Regel durch vier Merkmale aus: 1. findet sie unter Beteiligung breiter Bevölkerungsschichten und unter Ausbruch offener Gewalt in einem konzentrierten Zeitrahmen statt; 2. bewirkt eine Revolution eine tief greifende Umwälzung des sozialen Systems mit Schwerpunkt auf der politischen Ordnung; 3. erschöpft sich eine Revolution nicht allein im Austausch der Führungsgruppe an der Staatsspitze wie etwa beim Staatsstreich, sondern eröffnet anderen Schichten als den bisherigen Eliten den Zugang zur Macht; 4. folgt dem revolutionären politischen Umbruch eine Neuorientierung hinsichtlich der politischen, sozialen, wirtschaftlichen und kulturellen Entwicklung.

Microsoft Encarta Enzyklopädie 2003: Stichwort „Revolution".

Q11 Rückkehr zu Vernunft und Ordnung?

Aufruf des Herzogs von Braunschweig an das französische Volk vom 25.7.1792. Der französische König selbst hatte solch einen Aufruf gewünscht, und adlige Emigranten aus Frankreich hatten an den Formulierungen mitgearbeitet:

Überzeugt davon, dass der gesunde Teil des französischen Volkes die Ausschweifungen der herrschenden Partei verabscheut und der größere Teil der Bewohner mit Ungeduld den Augenblick erwartet, um sich offen gegen die verhassten Maßregeln seiner Unterdrücker zu erklären, fordern Seine Majestät der Kaiser und Seine Majestät der König von Preußen Sie auf und laden Sie ein, ohne Verzug zur Vernunft, zur Gerechtigkeit, zur Ordnung und zum Frieden zurückzukehren. In dieser Hinsicht erklärt der Unterzeichnete, Oberbefehlshaber der verbündeten Heere, Folgendes:

(…) 8. Die Stadt Paris und alle ihre Bewohner ohne Unterschied sind gehalten, sich auf der Stelle und ohne Verzug ihrem König zu unterwerfen, diesen Fürsten in die volle Freiheit zu setzen und ihm wie allen königlichen Personen die Unverletzlichkeit und die Achtung zu versichern, die nach Natur- und Völkerrecht die Pflicht der Untertanen gegen die Herrscher gebietet. Ihre Majestäten der Kaiser und der König machen alle Mitglieder der Nationalversammlung, des Departements, des Bezirks, der Gemeinde und der Nationalgarde von Paris, die Friedensrichter und wen es sonst betreffen mag, persönlich und mit ihrem Leben und bei Strafe, vor einem Kriegsgericht ohne Hoffnung auf Begnadigung verurteilt zu werden, verantwortlich für alle Vorfälle. Dabei erklären die genannten Majestäten auf Ihr kaiserliches und königliches Ehrenwort, dass, wenn das Schloss der Tuilerien gestürmt oder sonst verletzt, wenn die mindeste Gewalttat oder Beleidigung Ihren Majestäten dem König, der Königin und der ganzen königlichen Familie widerfährt, wenn nicht unmittelbar für ihre Sicherheit, ihr Leben und ihre Freiheit gesorgt wird, sie eine exemplarische und für alle Zeiten denkwürdige Rache nehmen und die Stadt Paris einer militärischen Exekution und einer gänzlichen Vernichtung, die Empörer selbst, die diese Attentate verschuldet haben, dem verdienten Tode überliefern werden. (…)

Zit. nach: I. und P. Hartig: Die Französische Revolution. Stuttgart 1984, S. 50.

D2 Menschenrechtserklärungen von 1628 bis 1976

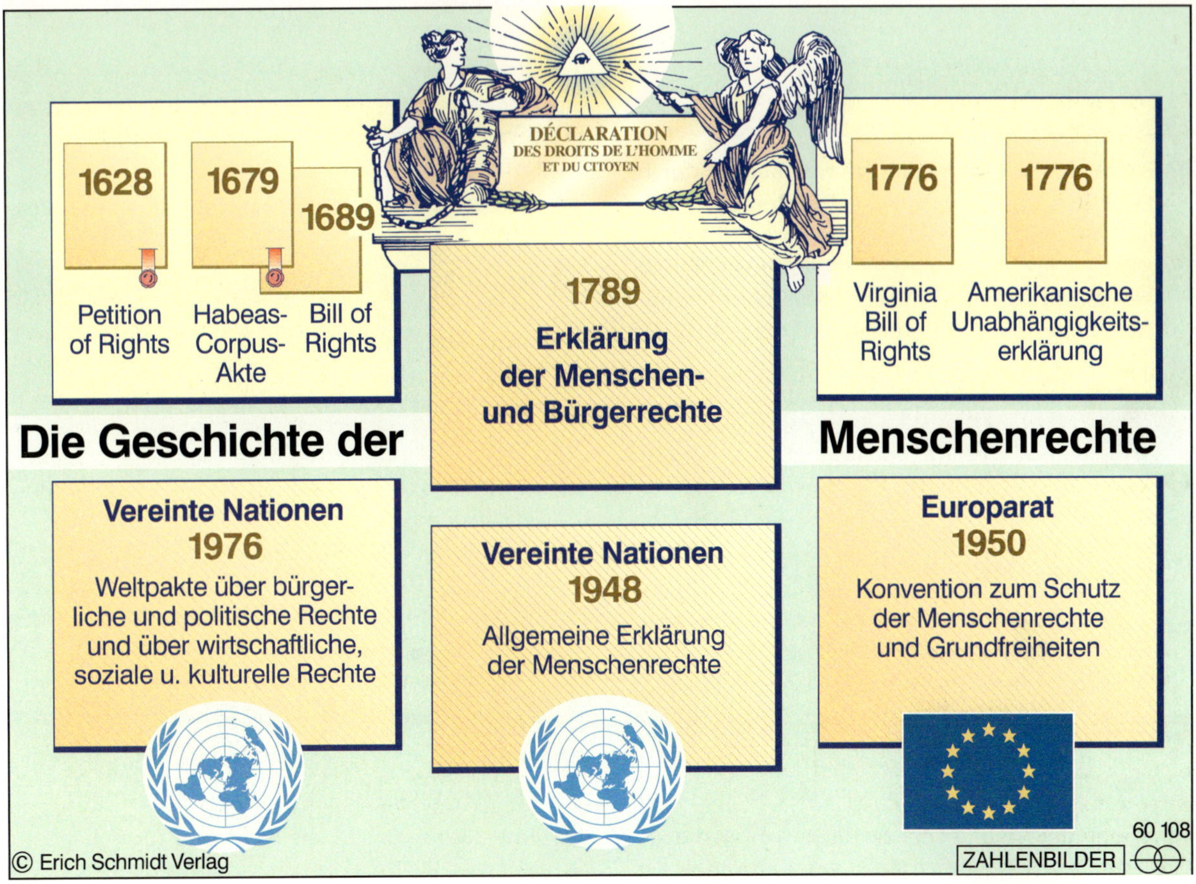

Q12 Erklärung der Rechte des Kindes (Auszüge)

Beschluss der 841. Vollversammlung der UNO vom 20. November 1959:

Grundsatz 1
Das Kind erfreut sich aller in dieser Erklärung enthaltenen Rechte. Ohne jede Ausnahme und Unterscheidung oder Benachteiligung durch Rasse, Hautfarbe, Geschlecht, Sprache, Religion, politische oder sonstige Überzeugung, nationale und soziale Herkunft, Eigentum, Geburt oder sonstige Umstände, sowohl hinsichtlich seiner selbst wie seiner Familie, hat das Kind auf diese Rechte Anspruch.

Grundsatz 2
Das Kind genießt besonderen Schutz; ihm werden Gelegenheiten und Erleichterungen durch Gesetz und auf andere Weise gegeben, sich gesund und natürlich in Freiheit und Würde körperlich, geistig, moralisch, seelisch und sozial zu entwickeln. (...)

Grundsatz 4
Das Kind erfreut sich der Wohltaten der sozialen Sicherheit. Es ist berechtigt, in Gesundheit heranzuwachsen und zu reifen; deshalb werden ihm und seiner Mutter besondere Fürsorge und Schutz gewährt, einschließlich angemessener Pflege vor und nach der Geburt. Das Kind hat das Recht auf ausreichende Ernährung und ärztliche Betreuung. (...)

Grundsatz 7
Das Kind hat Anspruch auf unentgeltlichen Pflichtunterricht, wenigstens in der Volksschule. Ihm wird eine Erziehung zuteil, die seine allgemeine Bildung fördert und es auf der Grundlage gleicher Möglichkeiten in den Stand versetzt, seine Anlagen, seine Urteilskraft, sein Verständnis für moralische und soziale Verantwortung zu entwickeln und zu einem nützlichen Glied der menschlichen Gesellschaft zu werden. (...)

Grundsatz 8
Das Kind ist in allen Notlagen bei den ersten, die Schutz und Hilfe erhalten.

Grundsatz 9
Das Kind wird vor Vernachlässigung, Grausamkeit und Ausnutzung jeder Art geschützt. Es ist in keinem Falle Gegenstand des Handels. Das Kind wird erst nach Erreichung eines geeigneten Mindestalters zur Arbeit zugelassen; nie wird es gezwungen oder wird ihm erlaubt, einen Beruf oder Tätigkeit auszuüben, die seiner Gesundheit oder Erziehung schaden oder seine körperliche, geistige oder moralische Entwicklung hemmen.

Zit. nach: Geschichte lernen. Nr. 6/1988, S. 19.

Fragen und Anregungen

1. Ergänze die Datenleiste von S. 78 (VT, Q1–Q6).
2. Führe eine Internetrecherche zum Bild Q2 durch. Es ist zu empfehlen, bei einer Suchmaschine zugleich die Stichworte „Ballhausschwur", „David", „Bild" und „Interpretation" einzugeben. Berichte, was du über die Entstehungsgeschichte und den historischen Hintergrund erfahren hast.
3. Beschreibe das Bild Q3. Diskutiert, warum dieses Ereignis zum französischen Nationalfeiertag bis heute werden konnte.
4. Untersuche Q7 unter der Fragestellung, inwieweit die Erklärung einen revolutionären Bruch mit der Vergangenheit bedeutet. Denke darüber nach, welche Bedeutung sie heute noch hat.
5. Das Bild Q6 enthält zahlreiche Symbole. Versucht, z. B. in Partner- oder Gruppenarbeit, möglichst viele davon zu entdecken und zu deuten.
6. Untersuche anhand von D1 die Machtverteilung in Frankreich 1791 und überprüfe, wer mit dieser Verfassung zufrieden sein konnte und wer nicht.
7. Beschreibe das Bild Q5. Überlege, warum die Hinrichtung öffentlich stattfand und warum der Henker den Zuschauern den Kopf des Königs zeigt.
8. Berichte mithilfe von Q8 und Q9, wie sich Frauen an der Revolution beteiligten.
9. Vergleiche die Forderungen Olympe de Gouges´ mit der Erklärung der Menschen- und Bürgerrechte und mit der Verfassung von 1791. Diskutiert, inwieweit heute die Gleichberechtigung von Frauen und Männern verwirklicht ist.
10. Untersuche Q11 unter folgender Fragestellung: Welche Absichten verfolgten die Verfasser? Mit welchen Mitteln versuchen sie ihre Absichten zu erreichen? Welche Wirkung hatte der Aufruf? Benutze auch die Zeittafel und den Verfassertext.
11. Vergleiche die Definitionen von „Revolution" (Q10) und arbeite Gemeinsamkeiten und Unterschiede heraus.
12. Recherchiere zu den in D2 angesprochenen Etappen der Entwicklung von Menschenrechten.
13. Untersuche, ob und wie die in Q12 formulierten Rechte in Deutschland realisiert werden.

3. Die Mainzer Republik – die erste deutsche Demokratie

Oktober 1792	Mainz wird von französischen Truppen eingenommen; Gründung des Mainzer Jakobinerklubs (23.10.)
März 1793	Eröffnung des Rheinisch-Deutschen Nationalkonvents in Mainz (17.3.)
März 1793	Antrag des Mainzer Konvents auf Vereinigung der Mainzer Republik mit Frankreich genehmigt (21.3.); Mainz wird von preußischen Truppen belagert
Juli 1793	Preußische Truppen erobern Mainz zurück; Ende der Mainzer Republik

Begeisterung für die Revolution

In den deutschen und besonders auch linksrheinischen Gebieten herrschten zwar politisch relative Ruhe und nur eine gering ausgeprägte freiheitliche Tradition, doch viele Gebildete teilten die Begeisterung für die Revolutionsideale der Freiheit und Gleichheit. In verschiedenen Städten, z. B. in Aachen, Hamburg, München und auch Mainz, entstanden ab 1790 deutsche Jakobinerklubs.
Die Mainzer Republik bestand nur vier Monate im Jahre 1793. Sie war Teil der wechselvollen deutsch-französischen Geschichte mit häufigen, oft schnell aufeinander folgenden Änderungen in der Zugehörigkeit jenes linksrheinischen Gebietes zu Deutschland oder Frankreich. Sie erlebte die Eingliederung in das französische Staatsgebiet, die Rückeroberung durch die Preußen und Verbündeten, die erneute Französisierung unter Napoleon und wiederum die Integration in das Gebiet des Deutschen Bundes ab dem Wiener Kongress. Sie fiel in die sich immer stärker radikalisierende Phase der Französischen Revolution, die in der Schreckensherrschaft des Wohlfahrtsausschusses ihren Höhepunkt fand (s. S. 92–99).
In dieser Zeit war Frankreich außenpolitisch im Ersten Koalitionskrieg militärisch aktiv: 1792 gelang die Eroberung der Pfalz und der Vorstoß bis über den Rhein. Während die französische Rheinarmee unter General Custine Worms besetzte, flohen der Kurfürst-Erzbischof Friedrich von Erthal, Adel und hoher Klerus aus der Festungsstadt Mainz, die am 18. Oktober von den Franzosen eingenommen wurde.

Q1 Das Mainzer Deutschhaus
Sitz des Rheinisch-Deutschen Nationalkonvents, heute Sitz des Landtags von Rheinland-Pfalz. Kolorierte Lithografie, um 1850.

Sitzung des Mainzer Jakobinerklubs im Kurfürstlichen Schloss Q2
Federzeichnung.

Der Rheinisch-Deutsche Nationalkonvent

Am 23. Oktober 1792 wurde in Mainz die „Gesellschaft der Freunde der Freiheit und Gleichheit“ mit der Eidesformel „Frei leben oder sterben!“ gegründet. Sie fand sich in täglichen öffentlichen Sitzungen zusammen, und ihr gehörten rund 450 Mitglieder aus allen Ständen an. Einige von ihnen, wie der Professor für Philosophie und Naturrecht Andreas Josef Hofmann und der weltgereiste Naturforscher, Bibliothekar und Schriftsteller Georg Forster, übernahmen entscheidende Aufgaben als Präsident und Vizepräsident des Rheinisch-Deutschen Nationalkonvents, der sich ein halbes Jahr später konstituierte.
Dieses am 17. März 1793 im Mainzer Deutschhaus eröffnete Parlament war aus Wahlen nach allgemeinem Wahlrecht hervorgegangen. Es war das erste deutsche Parlament mit demokratischen Grundzügen. Mehr als die Hälfte seiner 130 Abgeordneten waren Bauern. Von den rund 800 Ortschaften des rheinhessisch-pfälzischen Gebietes zwischen Mainz, Bingen und Landau waren nur 124 vertreten. Dennoch stellte diese Institution ein Echo auf die umwälzenden Veränderungen in Frankreich und eine wichtige Etappe für die nationale und demokratische Entwicklung des 19. Jahrhunderts in Deutschland dar.

Die Mainzer Republik gehört zu Frankreich

Der Konvent beschloss die Vorrechte von Adel und Klerus aufzuheben und schuf damit eine Art bürgerlich-demokratische Republik. Das Vermögen der vielfach geflohenen Adligen und Kleriker wurde beschlagnahmt.
Die Kernfrage, die der Mainzer Konvent zu entscheiden hatte, war, ob das Gebiet selbstständig bleiben oder sich unter Frankreichs Schutz begeben sollte. Eine Mehrheit entschied sich für Letzteres. Dieses Schutzbegehren trug eine Mainzer Delegation unter Leitung Forsters am 30. März 1793 im Pariser Nationalkonvent vor und erhielt eine positive Antwort. Die Mainzer Republik wurde in das französische Staatsgebiet integriert und sollte verwaltungsrechtlich angepasst werden.
Am selben Tag wurde Mainz von den mit Preußen verbündeten Truppen belagert und eingeschlossen, und die Stadt musste am 23. Juli kapitulieren. Forster und seine Mitstreiter blieben in Frankreich. Viele Mitglieder des Mainzer Jakobinerklubs wurden von preußischen Soldaten misshandelt, einige konnten nach Frankreich fliehen. Wie sie erlebte Forster die Schrecken der Radikalisierung mit, bis er, der den Idealen der Revolution alles geopfert hatte, krank und gebrochen in Frankreich starb, ohne Mainz jemals wiedergesehen zu haben.
Die Mainzer Republik ist ein Beispiel für die revolutionären Bestrebungen jener Zeit, die freiheitlich und reaktionär zugleich waren. Die Urteile der Zeitgenossen über die Mainzer Jakobiner reichten von Bewunderung bis zum Vorwurf des Landesverrats.

Q3 Aus dem „Aristokraten-Katechismus"

Andreas Josef Hofmann in einer vom Mainzer Jakobinerklub herausgegebenen Kampfschrift gegen die „alte Herrschaft", Dezember 1792:

Frage: Man hört jetzt so viel von Demokraten und Aristokraten sprechen, was von beiden sind Sie denn eigentlich, gnädiger Herr?
Antwort: Ich habe die Ehre, ein Aristokrat zu sein.
Frage: Was sind dann das für Leute, die Aristokraten?
Antwort: Diese sind weit bessre und vortrefflichere Menschen als die gemeinen Bürgers- und Bauernkanalien.
Frage: Wie kömmt dieses, stammen denn die Aristokraten nicht von dem nämlichen Adam her, wie die anderen Menschen?
Antwort: Das wäre schön! Nein, der Adam des Bürger- und Bauernvolks war nur ein gemeiner schlechter Kerl, aber der unsrige war ein vortrefflicher Mann, und hieß auch nicht so schlechtweg – Adam – sondern Herr von und zu Adam.
Frage: Es steht aber doch kein Wort von einem Herrn von und zu Adam in der heiligen Schrift?
Antwort: Was geht uns die heilige Schrift an, dieses Buch ist nur für die dummen Ochsen und Esel, (…) für die bürgerliche und bäuerische Strohköpf gemacht worden, um sie dadurch im Gehorsam zu erhalten. (…)

Zit. nach: Landtag Rheinland-Pfalz (Hg.): Die Mainzer Republik. Der Rheinisch-Deutsche Nationalkonvent. Mainz 1993, S. 173.

Q4 „An die gedrückte Menschheit in Deutschland"

Proklamation von General Custine an die Stadt Mainz, 23. Oktober 1792:

Als die Franzosen sich für den Krieg entschieden, taten sie dies wegen des ungerechten Angriffs seitens der Despoten. (…) Eine Nation, die als die erste allen Völkern der Welt das Beispiel gegeben hat, ihre Rechte zu ergreifen, bietet euch Brüderlichkeit und Freiheit. Euer eigener spontaner Wille wird über euer Schicksal entscheiden, und wenn ihr die Sklaverei den Gaben vorzieht, die ich euch biete, dann werde ich es Verträgen überlassen, welcher der Despoten euch die Ketten wieder anlegen wird.
Ich werde die alten Steuern aufrechterhalten, und ich werde nur denen eine Kontribution auferlegen, die euch gezwungen haben, alle Lasten allein zu tragen und es deshalb selbst verstanden, sich allen Lasten zu entziehen. Ich werde alle bestehenden Behörden achten und unterstützen, bis eure freie Entscheidung zeigt, was der Wille des Volkes ist. Ich werde diese Stadt in furchterregenden Verteidigungszustand setzen. Obwohl man unter euch das Gerücht verbreitet, ich wolle sie räumen, werde ich die Stadt gegen alle Anstrengungen unserer vereinigten Feinde halten. Möge sie die Prachtstraße der Freiheit zu allen Völkern des Deutschen Kaiserreichs werden! Mögen aus ihrem Schoß die ewigen Wahrheiten hervorgehen, möge ihr Anblick alle Menschen treffen, die im Joch der Knechtschaft schmachten! Ich bin stolz auf den schönen Titel eines französischen Bürgers; ich habe allen Rangunterscheidungen abgeschworen, die der Hochmut erfunden hatte; nur dies darf der Wunsch eines weisen Mannes sein: Leben im Gedenken seiner Mitbürger! Custine."

Zit. nach: Geschichte in Quellen. Band: „Amerikanische und Französische Revolution". München 1981, S. 471.

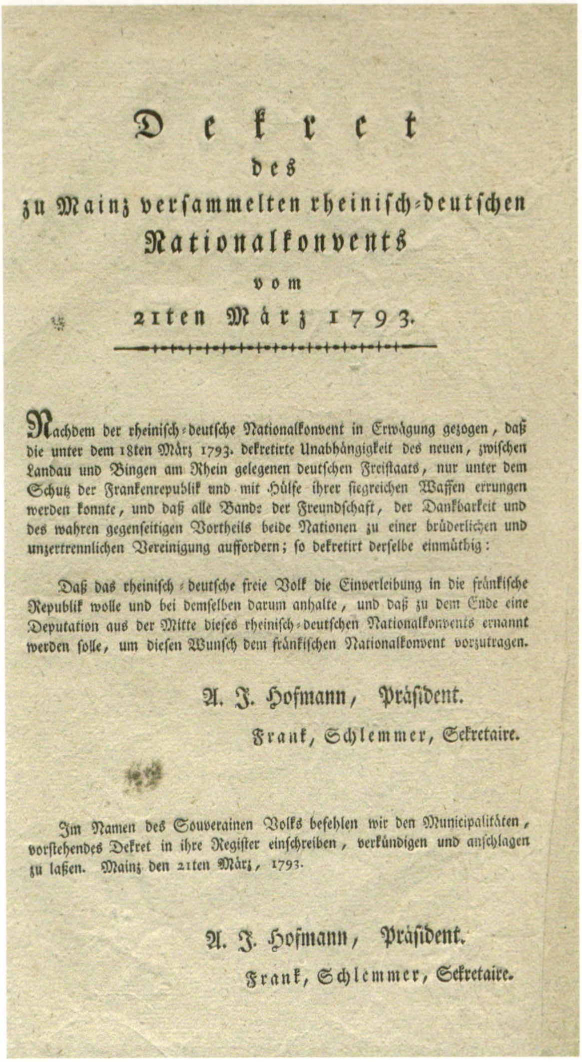

Dekret
des
zu Mainz versammelten rheinisch-deutschen
Nationalkonvents
vom
21ten März 1793.

Nachdem der rheinisch-deutsche Nationalkonvent in Erwägung gezogen, daß die unter dem 18ten März 1793. dekretirte Unabhängigkeit des neuen, zwischen Landau und Bingen am Rhein gelegenen deutschen Freistaats, nur unter dem Schutz der Frankenrepublik und mit Hülfe ihrer siegreichen Waffen errungen werden konnte, und daß alle Bande der Freundschaft, der Dankbarkeit und des wahren gegenseitigen Vortheils beide Nationen zu einer brüderlichen und unzertrennlichen Vereinigung auffordern; so dekretirt derselbe einmüthig:

Daß das rheinisch-deutsche freie Volk die Einverleibung in die fränkische Republik wolle und bei demselben darum anhalte, und daß zu dem Ende eine Deputation aus der Mitte dieses rheinisch-deutschen Nationalkonvents ernannt werden solle, um diesen Wunsch dem fränkischen Nationalkonvent vorzutragen.

A. J. Hofmann, Präsident.
Frank, Schlemmer, Sekretaire.

Im Namen des Souverainen Volks befehlen wir den Municipalitäten, vorstehendes Dekret in ihre Register einschreiben, verkündigen und anschlagen zu laßen. Mainz den 21ten März, 1793.

A. J. Hofmann, Präsident.
Frank, Schlemmer, Sekretaire.

Q5 Dekret über den Anschluss der Mainzer Republik an Frankreich vom 21. März 1793

Q6 Übergabe der Stadt Mainz an die französische Revolutionsarmee am 22.10.1792
General Custine und seine Offiziere empfangen eine Mainzer Abordnung. Kolorierter Kupferstich.

Q7 Bündnis oder Beitritt?

Georg Forster zur Frage, ob die Mainzer Republik sich mit der Französischen Republik verbünden oder ihr beitreten soll:

Als Freistaat für sich kann nun einmal der unsrige nicht bestehen. Er ist zu schwach, die Regenten Deutschlands sind seine natürlichen Feinde, sie werden nie einen kleinen Staat, der die Grundsätze der Volkssouveränität, der Freiheit und Gleichheit behauptet, in Ruhe lassen, da diese Grundsätze mit ihren Regentenansprüchen unverträglich sind. (...) Ein Bündnis mit Frankreich könnte uns zwar Vorteil bringen, aber womit sind wir vermögend, Frankreich den Schutz zu bezahlen, zumal es auf alle herrschaftliche, adelige und Klostergüter zum Ersatz der Kriegskosten Anspruch machen kann? Überdem können wir auch nie von einem bloßen Bündnisse die Unterstützung erwarten, deren wir zu unserer Sicherheit von Frankreich bedürfen. Es bleibt uns also nichts übrig, als dass wir Frankreich bitten, uns als einen Teil seiner großen Republik anzuerkennen, und uns an den Rechten und den Pflichten der Frankenbürger teilnehmen zu lassen.

Zit. nach: Landtag Rheinland-Pfalz (Hg.): Die Mainzer Republik. Der Rheinisch-Deutsche Nationalkonvent. Mainz 1993, S. 204.

Q8 Siegel des Mainzer Jakobinerklubs mit der Eidesformel: „Frei leben oder sterben“. Nachzeichnung.

Q9 „Der brüderliche Ausdruck unseres Dankes“

Aus dem Reunionsantrag des Mainzer Konvents, den Georg Forster in Französisch am 30. März 1793 vor dem Pariser Konvent gehalten hat:

(...) Nicht den Sturz eines einzelnen Despoten verkündigen wir Euch heute; das rheinisch-deutsche Volk hat die so genannten Throne zwanzig kleiner Tyrannen, die alle nach Menschenblut dürsteten, alle vom Schweiße der Armen und Elenden sich mästeten, auf einmal niedergeworfen. Auf den Trümmern ihrer Macht sitzt das souveräne Volk. (...) Bürger, Gesetzgeber von Frankreich und bald vom ganzen Europa! Nie werden die Deutsche[n] des Rheinufers vergessen, dass die Franken ihre Ketten zerbrochen, dass sie im Schatten der dreifarbigen Fahne ihre Wahlen vollbringen konnten. (...) Durch die Vereinigung mit uns erhaltet Ihr, was Euch von Rechts wegen gehöret. Die Natur selbst hat gewollt, dass der Rhein die Grenze Frankreichs sein sollte. (...)

Dies, Stellvertreter des fränkischen Volks, ist der brüderliche Ausdruck unseres Danks. (...)

Zit. nach: Ebd., S. 181.

Q10 „Sünde an der Menschheit“

Brief Georg Forsters aus Paris an seine Frau vom 16. April 1793:

Ich soll die Geschichte dieser gräuelvollen Zeit schreiben? Ich kann es nicht. Oh, seitdem ich weiß, dass keine Tugend in der Revolution ist, ekelt mich's an. Ich konnte, fern von aller idealischen Träumerei, mit unvollkommenen Menschen zum Ziel gehen, unterwegs fallen und wieder aufstehen und wieder gehen. Aber

mit Teufeln, wie sie hier alle sind, ist es mir eine Sünde an der Menschheit, an der heiligen Mutter Erde. Die schmutzigen unterirdischen Kanäle nachzugraben, in denen diese Molche wühlen, lohnt keines Geschichtsschreibers Mühe. (...)
Freiheit und Gleichheit? Mein ganzes Leben ist mir selbst der Beweis, das Bewusstsein meines ganzen Lebens sagt mir, dass diese Grundsätze mit mir, mit meiner Erfindungsart innig verwebt sind und es von jeher waren. Ich kann und werde sie nie verleugnen. (...)
Es ist nicht Bitterkeit, was mich so sprechen lässt, es ist Resultat der Beobachtung. (...) Nimm nun noch hinzu, was meine individuelle Lage mit sich bringt, so wird es Dich nicht wundernehmen, dass ich mich zum Geschichtsschreiber der Revolution nicht aufgelegt fühle. Noch kenne ich auch nichts, und kenne niemand, die wahre Geschichte erfordert langen Aufenthalt, parteilose ruhige Beobachtung, anhaltendes Nachdenken und Zusammenlesen. Mein Los ist fürs Erste zu arbeiten, aus der Hand in den Mund. Ich habe dir schon gesagt, dass ich in 14 Tagen wieder Schriftsteller werden muss, wenn sich nichts für mich findet, was mich anders beschäftigt.

Zit. nach: Geschichte in Quellen, Band: Amerikanische und Französische Revolution. München 1981, S. 480 f.

Q11 Karikatur eines Freiheitsbaumes
Die Bildunterschrift lautet: „Nau wie soll mir's gefallen, s'is außer a Baeumche ohne Wurtzel, un a Kaepla ohne Kopf." Kolorierter anonymer Kupferstich, 1793. (Am 3. November 1793 wurde in Mainz der erste Freiheitsbaum errichtet)

Freiheitsbaum

Volkstümliches Freiheitssymbol. Als „tree of liberty" erstmals 1766 in Boston (Massachusetts, USA) bei einer Protestaktion gegen das Stempelgesetz des britischen Parlaments nachgewiesen, ist er in den nordamerikanischen Kolonien zu rascher Verbreitung gelangt. Als „l'arbre de la liberté", vielfach mit der Jakobinermütze gekrönt, wurde er zu einem Siegeszeichen der Französischen Revolution, das 1792 schon in rund 60 000 Orten der Republik gestanden haben soll. Für wenige Jahre griff die Errichtung des Freiheitsbaumes auch auf Deutschland über. Erneut erschien der Brauch in den Revolutionen von 1830 und 1848, danach erlosch er.

Brockhaus [24-bändig], Band 7, 19. Auflage. Mannheim, S. 631.

Fragen und Anregungen

1. Gib einen Bericht über die Ereignisse, die zur Mainzer Republik, ihrer Prägung und ihrem Ende führten (VT, Q3–Q5).
2. Formuliere die Kernaussagen des Aristokraten-Katechismus (Q3) und interpretiere sie aus zeitgenössischer wie aus heutiger Sicht.
3. Welche Haltung nimmt Forster zur Frage des Anschlusses an die Französische Republik ein? Untersuche, inwiefern sich Forsters Haltung zur Revolution verändert hat (VT, Q7, Q9 und Q10).
4. Erläutere das Bild des Freiheitsbaums „ohne Wurtzel, ohne Kopf" im Zusammenhang der Ereignisse (Q11). Überlege, welche Sicht auf die Revolution in der Aufschrift unter dem Freiheitsbaum zum Ausdruck kommt.
5. Diskutiert die Bedeutung der Mainzer Republik für die deutsche Geschichte. Bezieht auch die Äußerung des früheren Bundespräsidenten Gustav Heinemann zu diesem Thema mit ein: „Glücklicherweise hat es in Deutschland lange vor der Revolution von 1848 nicht wenige freiheitlich und sozial gesinnte Männer und Frauen gegeben, ... die sich mit der Bevormundung durch die Herrschenden nicht abfinden wollten" (1970).

4. Der „Despotismus der Freiheit": Die Schreckensherrschaft

Juni 1793	Die radikalen Jakobiner (Montagnards) lassen die Girondisten, ihre Gegner im Nationalkonvent, verhaften und hinrichten. Damit beginnt die Jakobinerherrschaft.
August 1793	Die Jakobiner führen die allgemeine Wehrpflicht („Levée en masse") ein, um im Krieg gegen zahlreiche europäische Monarchien bestehen zu können.
September 1793	Der Konvent beschließt das „Gesetz über die Verdächtigen"; damit beginnt die Zeit der Schreckensherrschaft („la terreur").
Oktober 1793	Der Wohlfahrtsausschuss („comité du salut public") unter Führung Maximilien Robespierres erhält diktatorische Vollmachten.
28. Juli 1794	Robespierre wird gestürzt und hingerichtet; die Zeit des Terrors ist vorbei.

Die Revolution in Gefahr: der Krieg

Die Hinrichtung des Königs schockierte und ängstigte die europäischen Monarchien. Die meisten von ihnen schlossen sich zusammen, um gegen Frankreich Krieg zu führen und die Revolution zu besiegen, bevor sie in ihre eigenen Länder überspringen konnte. Hunderttausende Franzosen meldeten sich freiwillig, um ihre Nation und die Revolution zu verteidigen. Ein revolutionäres Kampflied, die Marseillaise, wurde – und blieb – die neue Nationalhymne. Um den Krieg gegen die verbündeten Monarchien Europas nicht zu verlieren, führten die Jakobiner die allgemeine Wehrpflicht ein. Tatsächlich gelang es den hoch motivierten Franzosen, den Angriff der monarchischen Söldnerarmeen zurückzuschlagen. Auch antirevolutionäre Aufstände in Frankreich selbst wurden unter Einsatz von Gewalt und Terror niedergeworfen; viele Aufständische wurden hingerichtet.

Die Wirtschaftskrise: Armut und Inflation

Wirtschaftlich war die Lage in Frankreich äußerst kritisch: Die Ernte von 1793 war schlecht, die Brotpreise stiegen, das neue Papiergeld, die so genannten Assignaten, verlor durch Inflation an Wert, Wucherer verkauften Lebensmittel zu hohen Preisen auf dem Schwarzmarkt. Die Forderung nach „Freiheit, Gleichheit, Brüderlichkeit" war ganz offensichtlich nicht erfüllt. Vor allem die ärmere Bevölkerung der Großstadt Paris litt Hunger, und die Sansculotten verlangten harte Strafen gegen Wucherer und Getreidespekulanten sowie die Festsetzung von Höchstpreisen für Brot. Die revolutionäre Regierung erfüllte diese Forderung: Sie setzte Höchstgrenzen für Brot- und Getreidepreise, aber auch für Löhne und Gehälter fest. Auf Verstöße dagegen stand die Todesstrafe.

Das revolutionäre Paris: die politischen Clubs

Das Aktionsfeld der Sansculotten waren die politischen Clubs, von denen es über 400 gab, und die 48 Sektionen, in die die Stadt Paris aufgeteilt wurde. Oft trafen sie sich täglich zu politischen Versammlungen und diskutierten ihre Forderungen. Da Frauen hier kein Stimmrecht hatten, bildeten sie spezielle Frauenclubs, die aus patriotischer und revolutionärer Begeisterung z. B. Soldaten unterstützten und sich um Verletzte kümmerten. In einigen dieser Clubs wurden aber auch Forderungen nach mehr Rechten erhoben. Ihr Engagement trug ihnen aber dennoch nicht die Gleichberechtigung ein. Selbst die radikalsten männlichen Revolutionäre meinten noch, dass Politik nichts für Frauen sei. 1793 wurden die Frauenclubs verboten.

Q1 Szene vor dem Revolutionsausschuss einer Pariser Sektion
Kupferstich von 1802 von Berthault nach A. E. Fragonard, 27,6 x 34,5 cm.

Die Spaltung der Revolutionäre

Im Kampf gegen die Privilegien des Adels waren sich alle Revolutionäre einig; doch was nach dem Sturz des Ancien Régime und der Hinrichtung des Königs aus Frankreich werden sollte, war selbst unter den Jakobinern umstritten. Es kam zu Spaltungen und Gruppenbildungen. Schon in der Nationalversammlung und dann im Konvent saßen die Abgeordneten mit gleichen Überzeugungen zusammen: die entschlossensten Verfechter von Freiheit und Gleichheit links, die radikalsten unter ihnen oben, die Gemäßigten in der Mitte und die Konservativen rechts.
Vor allem in wirtschaftlichen Fragen waren sich die Revolutionäre im Parlament und die Mitglieder des Jakobinerclubs nicht einig: Die gemäßigten Jakobiner, die „Girondisten" – so genannt wegen der Herkunft vieler ihrer Führer aus der Landschaft Gironde bei Bordeaux – lehnten die Forderungen der Sansculotten ab. Für sie waren die Freiheit der Wirtschaft und das Privateigentum auch der Reichen unantastbar. Die radikalen Jakobiner, wegen ihrer Plätze auf den oberen Rängen im Konvent auch „Montagnards", d. h. Bergpartei, genannt, verbündeten sich mit den Sansculotten, ließen die Girondisten verhaften und hinrichten. Damit waren die radikalsten Revolutionäre an der Macht. Sie errichteten eine Schreckensherrschaft und gingen mit Terror gegen ihre Gegner vor.

Q2 Kokarde
Abzeichen, das die Revolutionäre seit 1789 an Hut oder Mütze trugen.

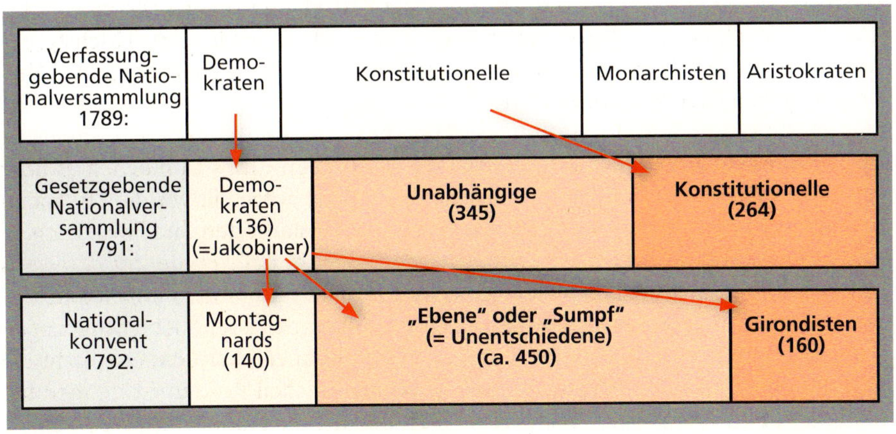

D1 Die Zusammensetzung der Nationalversammlung und des Nationalkonvents 1789–1792
Diese Grafik ordnet die politischen Gruppierungen rechts, links und in der Mitte ein. Allerdings sind diese Begriffe immer relativ, d. h sie gewinnen ihre Bedeutung durch den Vergleich mit anderen Gruppen.

Die Jakobinerdiktatur und die Schreckensherrschaft

Ganz im Sinne der Sansculotten wurde die Verfassung von 1791 durch eine neue, republikanische, ersetzt: Es gab keinen Monarchen mehr, und alle erwachsenen Franzosen, allerdings nur die Männer, waren wahlberechtigt. Diese neue Verfassung sollte aber erst in Kraft treten, wenn die Feinde der Revolution besiegt waren. Bis dahin gab der Konvent dem jakobinisch dominierten Wohlfahrtsausschuss diktatorische Vollmachten. Dieser wurde damit zur eigentlichen Regierung. Der mächtigste Mann in diesem Ausschuss wurde Maximilien Robespierre, ein als unbestechlich geachteter Jakobiner, der bereit war, alle Mittel für den Erfolg der Revolution einzusetzen. Die Pressefreiheit wurde abgeschafft, und ein „Gesetz über die Verdächtigen“ ermöglichte es, alle „Feinde der Freiheit“ zu verhaften, vor das Revolutionstribunal zu stellen, ins Gefängnis zu werfen und mit der Guillotine hinzurichten. Allein von Oktober 1793 bis Juli 1794 wurden 13 970 Menschen zum Tode verurteilt und hingerichtet. Die Gesamtzahl der Opfer der Französischen Revolution wird auf bis zu 40 000 Menschen geschätzt.

Revolution des Alltags

Auch das Alltagsleben wurde umfassend revolutioniert; überall sollte die Vernunft an Stelle der Religion treten: Man führte einen neuen Kalender ein, in dem das erste Jahr nach Abschaffung der Monarchie als Jahr I gezählt wurde. Jede Woche bestand aus 10 Tagen, jeder Monat aus 3 Wochen. Die Monate erhielten neue Namen, z. B. Thermidor (Hitzemonat) oder Brumaire (Nebelmonat). Straßen und Plätze wurden umbenannt, kirchliche Feiertage wurden durch revolutionäre und republikanische Feiertage, z. B. den 14. Juli, ersetzt. Statt der bisherigen Gottesdienste fanden Kultfeiern zu Ehren der „Vernunft“ statt. Ehen wurden vor staatlichen Amtsträgern und nicht mehr in der Kirche geschlossen. Die von der Kirche nicht akzeptierte Ehescheidung wurde 1792 vom Staat erlaubt. Man redete sich als „Bürger“ und „Bürgerin“ an, um die Gleichheit aller zu betonen, und benutzte keine Titel mehr, die an Privilegien erinnerten. Maße und Gewichte wurden 1795 vereinheitlicht und auf das Dezimalsystem umgestellt.

„Despotismus der Freiheit“?

In einer berühmten Rede rechtfertigte Robespierre die Diktatur als „Despotismus der Freiheit“ (Q8). „Despotismus“, d. h. Gewaltherrschaft, und „Freiheit“ in einem Atemzug – wie soll das vereinbar sein? Tatsächlich ist das eine der wichtigsten Fragen, die man an die Französische Revolution stellen kann. Um „Freiheit, Gleichheit, Brüderlichkeit“ durchzusetzen, schreckten die Jakobiner vor Diktatur und Terror gegen ihre Gegner nicht zurück.

Georges Danton (1759–1794) Q3

Letztlich sahen sich die Jakobiner durch ihre Erfolge bestätigt: Es war ihnen gelungen, die Gefahr abzuwenden, die dem revolutionären Frankreich drohte: Der Angriff von außen war zurückgeschlagen, die Aufstände im Innern waren zusammengebrochen, die Hungersnot war unter Kontrolle. Nun meinten auch viele Jakobiner selbst, es gebe keinen Grund mehr für eine Terrorherrschaft. Robespierre jedoch sah noch zahlreiche Gefahren für den von ihm angestrebten Staat der Freiheit und Gleichheit und der „Tugend“ und ging mit Gewalt auch gegen Jakobiner und Sansculotten vor, die seine Politik kritisierten. Der berühmteste von ihnen war Danton, der beim Volk wohl beliebteste Revolutionär, der nach einem Aufsehen erregenden Prozess hingerichtet wurde. „Die Revolution frisst ihre Kinder“, schrieb später der deutsche Dichter Georg Büchner in Anlehnung an einen Ausspruch des Girondisten Vergniaud.

Das Ende der Schreckensherrschaft

Schließlich konnte sich niemand mehr sicher fühlen, und auch immer mehr Jakobiner sahen sich in Gefahr. Sie beschlossen, Robespierre und seine Anhänger zu verhaften und hinzurichten. Am 28. Juli 1794, dem 10. Thermidor des Jahres II nach dem Revolutionskalender, starben Robespierre selbst und seine Gefolgsleute unter der Guillotine; die Zeit der Schreckensherrschaft war beendet.

Q4 „Für das Glück des Volkes"?

Am 25. Juni 1793, einen Tag, nachdem die republikanische Verfassung verabschiedet worden war, veröffentlichte eine Gruppe von Sansculotten ein Manifest. Der Verfasser, ein ehemaliger Priester, wurde anschließend verhaftet und beging in der Haft Selbstmord:

Abgeordnete des französischen Volkes, (...) immer wieder habt ihr uns versprochen, die Blutsauger des Volkes zu bestrafen. (...) Habt ihr darin [in der Verfassung] die Börsenspekulanten geächtet? Nein. Habt ihr die Todesstrafe gegen die Hamsterer ausgesprochen? Nein (...) Nun, dann erklären wir euch, dass ihr für das Glück des Volkes nicht alles getan habt.

Die Freiheit ist nur ein leerer Wahn, wenn eine Klasse von Menschen die andere ungestraft verhungern lassen kann. Die Gleichheit ist nur ein leerer Wahn, wenn der Reiche kraft seines Monopols über Leben und Tod seiner Mitbürger entscheidet. Die Republik ist nur ein leerer Wahn, wenn die Gegenrevolution Tag für Tag am Werke ist und die Preise für die Lebensmittel in die Höhe treibt. (...) Hingegen werdet ihr, wenn ihr die räuberischen Handelsmethoden (...) unterdrückt und wenn ihr den Sansculotten die Lebensmittel erschwinglich macht, diese an die Revolution binden. (...)

Nur die Reichen haben seit vier Jahren aus der Revolution Nutzen gezogen. (...) Bürger-Vertreter, es ist Zeit, dass der Kampf auf Leben und Tod, den die Egoisten gegen die arbeitsame Klasse der Gesellschaft führen, aufhört.

Zit. nach: J. u. P. Hartig: Die Französische Revolution. Stuttgart 1984, S. 91.

Q5 Was ist ein Sansculotte?

Aus einer Flugschrift vom April 1793:

Ein Sansculotte, (...) das ist einer, der immer zu Fuß geht, der keine Millionen besitzt, (...) keine Schlösser, keine Lakaien zu seiner Bedienung, und der mit seiner Frau und seinen Kindern, wenn er welche hat, ganz schlicht im vierten oder fünften Stock wohnt. Er ist nützlich, denn er versteht ein Feld zu pflügen, zu schmieden, zu sägen, zu feilen, ein Dach zu decken, Schuhe zu machen und bis zum letzten Tropfen sein Blut für das Wohl der Republik zu vergießen. (...) Am Abend tritt er vor seine Sektion, (...) um mit all seiner Kraft die aufrichtigen Anträge zu unterstützen und jene zunichte zu machen, die von der erbärmlichen Clique der regierenden Politikaster stammen. Übrigens: Ein Sansculotte hat immer seinen Säbel blank, um allen Feinden der Revolution die Ohren abzuschneiden.

Zit. nach: W. Lautemann/M. Schlenke (Hg.): Geschichte in Quellen, Bd. IV. München 1981, S. 411 f.

Q6 „Der Tod des Marat"
Gemälde von Jacques-Louis David, 1793, Öl auf Leinwand, 162 x 128 cm, (Ausschnitt).
Jean-Paul Marat (1743–1793) war Arzt, radikaler republikanischer Schriftsteller und Mitglied des Nationalkonvents. Im Volk war er sehr populär. Marat wurde auf spektakuläre Art in seinem Badezimmer ermordet.

Q7 Die Politik des Terrors

Aus dem Gesetz über die Verdächtigen, Konventsbeschluss vom 17. September 1793:

Art. 1. Unmittelbar nach der Verkündung dieses Gesetzes werden alle Verdächtigen, die sich auf dem Gebiet der Republik befinden und noch auf freiem Fuße sind, verhaftet und eingesperrt.

Art. 2. Als verdächtig gelten:

1. diejenigen, die sich durch ihr Verhalten, ihre Beziehungen, ihre Reden oder ihre Schriften als Anhänger der Tyrannei und des Föderalismus [hier: Rebellion gegen den Konvent in mehreren Provinzen nach dem Sturz der Girondisten von Mai bis Dezember 1793] und als Feinde der Freiheit zu erkennen gegeben haben; (...)

5. jene der einstmals Adligen, die Gatten und Gattinnen, Väter und Mütter, Söhne und Töchter, Brüder und Schwestern, die nicht beständig ihre Verbundenheit mit der Revolution bekundet haben, sowie Emigranten.

Zit. nach: I. und P. Hartig: Die Französische Revolution. Stuttgart 1984, S. 97 f.

Q8 „Der Despotismus der Freiheit"

Auszüge aus der Rede Robespierres am 5. Februar 1794 vor dem Konvent:

Wir wollen eine Gesellschaftsordnung, in der alle niedrigen und grausamen Leidenschaften unbekannt sind, alle gemeinnützigen und hochherzigen Leidenschaften durch die Gesetze geweckt werden, wo der Ehrgeiz zu dem Wunsche wird, Ruhm zu gewinnen und dem Vaterland zu dienen; wo Auszeichnungen nur aus der Gleichheit hervorgehen; wo der Bürger der Verwaltung, die Verwaltung dem Volke und das Volk der Gerechtigkeit untersteht. (...) Welches ist nun der entscheidende Grundsatz der demokratischen Volksregierung? (...) Das ist die Tugend, und zwar die öffentliche Tugend, die in Griechenland und Rom Wunder erzeugte und die im republikanischen Frankreich noch viel erstaunlichere vollbringen wird; jene Tugend, die nichts anderes ist als die Liebe zum Vaterland und zu seinen Gesetzen. Da aber das Wesen der Republik oder Demokratie die Gleichheit ist, so folgt daraus, dass die Liebe zum Vaterland notwendigerweise die Liebe zur Gleichheit in sich schließt. (...) Hier könnten wir die Entwicklung unserer Theorie beenden, wenn wir das Schiff der Republik nur bei Windstille zu steuern hätten; aber der Sturm braust und der Zustand der Revolution, in dem wir uns befinden, erlegt uns eine andere Aufgabe auf. (...) Wenn die Triebkraft der Volksregierung im Frieden die Tugend ist, so ist in revolutionärer Zeit diese Triebkraft zugleich die Tugend und der Schrecken, die Tugend, ohne die der Schrecken unheilvoll wäre, der Schrecken, ohne den die Tugend ohnmächtig bliebe. Der Schrecken ist nichts anderes als die rasche, strenge, unbeugsame Gerechtigkeit; er ist also ein Ausfluss der Tugend; er ist weniger ein besonderes Prinzip als eine Folge des allgemeinen Prinzips der Demokratie in seiner Anwendung auf die dringendsten Bedürfnisse des Vaterlandes. (...) Die Regierung der Revolution ist der Despotismus der Freiheit im Kampf gegen die Tyrannei.

Zit. nach: Ebd., S. 99 f.

„The Zenith of French Glory" **Q9**
(„Der Zenit des französischen Ruhmes")
Karikatur von James Gillray auf die Hinrichtung Ludwigs XVI. vom 17. Februar 1793, 35,5 x 25 cm.

Q10 Frauen und Politik

Begründung des Verbots von Frauenclubs:

1. Dürfen Frauen politische Rechte ausüben und sich in Regierungsangelegenheiten einmischen? Regieren heißt, die öffentlichen Angelegenheiten durch Gesetze zu lenken, deren Abfassung ausgedehnte Kenntnisse, eine Hingabe und grenzenlose Ergebenheit, eine strenge Unempfindlichkeit und Verneinung seiner selbst verlangt. Regieren heißt darüber hinaus, die Handlungsweise der gewählten Vertreter zu lenken und zu berichtigen. Sind die Frauen für diese Bedürfnisse und Fähigkeiten, die sie erfordern, geeignet? Man kann ganz allgemein mit Nein antworten. Sehr wenige Beispiele dementieren dieses Urteil. Die politischen Rechte des Bürgers bestehen darin, zu diskutieren und Entscheidungen in die Wege zu leiten, Vergleiche anzustellen und der Unterdrückung zu widerstehen. Besitzen die Frauen die moralische und physische Kraft, die die Ausübung des einen wie des anderen dieser Rechte erfordert? Weltweit wird diese Auffassung verworfen.

2. (...) Der Mann ist stark, robust, mit einer großen Energie, mit Kühnheit und Mut geboren. Er meistert die Gefahren, die Rauheit der Jahreszeiten durch seine Konstitution. Er widersteht allen Elementen. Er ist für die Künste wie für die schwere Arbeit geeignet. Und da er fast ausschließlich für die Landwirtschaft, den Handel, die Schifffahrt, die Reisen, den Krieg bestimmt ist, zu all jenem, was nach Kraft, Intelligenz und Fähigkeit verlangt, so scheint auch er allein zu tief gehenden und ernsthaften Meditationen geeignet, die eine große Anstrengung des Geistes und lange Studien voraussetzen, denen sie nicht nachgehen können.

Welches ist der der Frau eigentümliche Charakter? Die Sitten und die Natur selbst haben ihr Aufgaben zugesprochen: die Erziehung der Menschen zu beginnen, den Geist und das Herz der Kinder auf die öffentlichen Tugenden vorzubereiten, sie von früh an zum Guten hin zu lenken, ihr Gemüt zu entfalten und sie im Freiheitskult zu unterweisen – darin bestehen ihre Aufgaben nach dem Haushalt. (...) Dürfen sie aber, die doch dazu bestimmt sind, die Sitten des Menschen zu mäßigen, aktiv an Diskussionen teilhaben, deren Hitzigkeit unvereinbar mit der Sanftmut und Bescheidenheit ist, die den Charme ihres Geschlechts ausmachen? (...)

Wir glauben also, dass eine Frau nicht ihre Familie verlassen darf, um sich in Regierungsgeschäfte einzumischen.

Zit. nach: S. Petersen: Marktweiber und Amazonen. Frauen in der Französischen Revolution. Köln 1987, S. 221 ff.

Q11 Republikanischer Frauenclub

Illustration aus Lamartines „Geschichte der Girondisten", 1847.

Szene aus dem Film „Danton“ von 1982 mit Gérard Depardieu in der Hauptrolle **Q12**

PROJEKT

Was kann ein Spielfilm über die Geschichte der Französischen Revolution erzählen?

Analysiert den Film „Danton“ von 1982; Regisseur war der Pole Andrzej Wajda. Informiert euch auch, z. B. in einem Literaturlexikon, über das Theaterstück „Dantons Tod“ von Georg Büchner. Diskutiert danach darüber, inwiefern man ein Theaterstück oder einen Film als historische Quelle benutzen kann.

Q13 Das Ende der Schreckensherrschaft

Ein unbekannter Augenzeuge berichtet über die Hinrichtung Robespierres und seiner Vertrauten am 28. Juli (10. Thermidor) 1794:

Noch niemals hatte es eine so große Menschenansammlung gegeben; die Straßen waren verstopft, Männer und Frauen jeden Alters füllten die Fenster aller Stockwerke; einige waren bis auf die Firste der Häuser geklettert. Die Freude war allgemein; sie äußerte sich in einer Art Wut. Je stärker der tiefe Hass, den man gegen diese Verbrecher hegte, unterdrückt gewesen war, umso heftiger war sein Ausbruch. Jeder sah in ihnen seine persönlichen Feinde, jeder klatschte wie besessen Beifall und schien zu bedauern, dass er nicht noch lauter klatschen konnte. (...) Es ist schwer, die Haltung Robespierres zu schildern. Das Gesicht war mit schmutzigem und blutigem Leinenzeug umwickelt und was man von seinen Zügen sah, war entsetzlich entstellt; eine fahle Blässe machte ihn vollends abscheulich; sei es, dass er von Schmerzen überwältigt war, die ihm seine Verletzungen verursachten, sei es, dass die Erinnerung an seine Missetaten ihn peinigte, er hielt absichtlich die Augen gesenkt, fast geschlossen. Kurz vor der Ankunft am Ort der Hinrichtung wurde er durch eine Frau aus seiner Teilnahmslosigkeit gerissen, die das Gedränge durchbrach, zu dem Karren stürzte, der den Kannibalen trug, sich an einen der Gitterstäbe hängte, ihm mit der noch verfügbaren Hand drohte und rief: „Scheusal, das die Hölle ausspie, dein Tod macht mich sinnlos vor Freude!“ Robespierre öffnete die Augen und sah traurig die Frau an, die fortfuhr: „Geh, Verbrecher, steige ins Grab, beladen mit den Flüchen aller Gattinen, aller Familienmütter!“ Als der Karren am Fuß des Blutgerüstes angekommen war, holten die Henkersknechte den Tyrannen herunter und legten ihn auf den Boden, bis die Reihe an ihn käme, den Tod zu erleiden.

Zit. nach: G. Pertnoud / S. Flaissier: Die Französische Revolution in Augenzeugenberichten. München 1976, S. 390 f.

Q14 Robespierre in der Sitzung des Konvents vom 27. Juli 1794 (9. Thermidor)
Illustration aus Lamartines „Geschichte der Girondisten", 1847 (Ausschnitt).

D2 Die Opfer der Jakobinerherrschaft
Soziale Zusammensetzung der 13 970 in der Zeit der Schreckensherrschaft Hingerichteten.

Fragen und Anregungen

1. Beschreibe die auf dem Bild Q1 dargestellte Szene. Beachte dabei Ausstattung und Atmosphäre des Raumes sowie Kleidung, Ausstattung und Haltung der Menschen. Prüfe, ob verschiedene Gruppen zu unterscheiden sind.
2. Liste auf, welche Gruppierungen der Nationalversammlung bzw. des Nationalkonvents in D1 jeweils rechts und links eingeordnet sind. Kennzeichne die Veränderungen von 1789–1792.
3. Arbeite anhand von Q4 und Q5 heraus, welche sozialen Gruppen die Sansculotten bildeten und welche Forderungen sie erhoben. Wen betrachteten die Sansculotten als Gegner, wen als mögliche Verbündete?
4. Erforsche die historischen Ereignisse, die dem Bild Q6 zugrunde liegen.
5. Analysiere das Bild Q6. Überlege anhand der Bestandteile und der Bildkomposition, welche Einstellung der Maler zu Marat vermutlich hatte.
6. Lies Q7 und liste auf, was nach diesem Gesetz einen Menschen verdächtig machte. Untersuche, inwieweit das Gesetz zwischen Verdächtigen und Schuldigen unterscheidet. Was bedeutete das für die Möglichkeiten, sich zu verteidigen?
7. Nenne die Begriffe, die Robespierre in Q8 positiv wertet. Finde heraus, wie er den „Despotismus" rechtfertigt. Setze dich damit auseinander. Entwirf eine Antwort an Robespierre.
8. Analysiere die Karikatur Q9. Entschlüssele zunächst alle dir unbekannten Bildelemente und formuliere dann die Aussage der Karikatur. Welche Haltung bezieht der Künstler zu dem dargestellten Ereignis?
9. Finde heraus, welche Hinweise das Bild Q11 über die Organisation von Versammlungen eines republikanischen Frauenclubs gibt.
10. Setze dich mit den Argumenten auseinander, mit denen die Frauenclubs verboten wurden (Q10). Entwirf eine Antwort darauf.
11. Gib anhand von Q13 und Q14 die Ereignisse vom 9. und 10. Themidor wieder und überprüfe, von welchem Standpunkt aus der Augenzeuge in Q13 urteilt.
12. Stelle die Zahlen aus D2 in einem Kreisdiagramm dar. Am leichtesten ist es mit einem entsprechenden Computerprogramm, es geht aber auch ohne weiteres mit Zirkel und Winkelmesser. Werte dein Diagramm aus.

KONTROVERSEN IN DER FACHLITERATUR

Kontroversen zur Jakobinerherrschaft

Kaum ein historisches Ereignis hat noch viele Jahrzehnte später so begeisterte Anhänger und scharfe Gegner gefunden wie die Französische Revolution. Das betrifft vor allem die Jakobinerherrschaft. Ihre Beurteilung war und ist auch in der Geschichtswissenschaft umstritten.

Wenn man sich über Geschichte informieren will, kann man aber nicht immer alle Quellen aus der betreffenden Zeit studieren. In der Regel greift man zu Darstellungen, d.h. Büchern oder Aufsätzen, die später über eine zurückliegende Epoche geschrieben wurden. Dort findet man Fakten, Erläuterungen über Zusammenhänge und auch Beurteilungen. Vor allem diese Beurteilungen sind aber oft strittig. Wie kommen diese unterschiedlichen Bewertungen zustande, und wie kann man sich in einer solchen Kontroverse eine eigene, begründete Meinung bilden?

Methodische Arbeitsschritte:

1. Gib mit deinen Worten wieder, welche Position der Autor vertritt.
2. Erläutere, wie er seine Auffassung begründet. Finde heraus, ob er dabei Pro- und Contra-Argumente abwägt.
3. Beachte, wie er seine Wertung stilistisch darlegt. Schreibt er sachlich oder polemisch?
4. Überprüfe, welche Interessen, Standpunkte oder Überzeugungen des Autors in seine Beurteilung einfließen.
5. Nenne Gründe, warum der Autor uns überzeugen kann, bzw. warum du seine Auffassung nicht teilst.
6. Formuliere nun, welche Position du selbst vertrittst.

D1 Macht in unwürdigen Händen?

Der französische Historiker Pierre Gaxotte über die Jakobinerherrschaft, 1949:

Nie fiel eine so große und furchteinflößende Macht in unwürdigere Hände. (...) Was herrscht, ist der Auswurf (...) an Dummheit und Gemeinheit: Deklassierte [im sozialen Rang Abgesunkene, Abgestiegene] (...) aus allen Volksschichten, neidische und hasserfüllte Subalterne, kleine, verschuldete Krämer, herumziehende Gelegenheitsarbeiter, Helden (...) der Schenken, Vagabunden und Landstraßen (...) und einige gutgläubige Narren, deren krankhafte Gehirne sich begeistert mit den modernen Theorien vollgesogen hatten.

P. Gaxotte: Die Französische Revolution. München 1949, S. 276.

Q1 Maximilien Robespierre (1758–1794)
Zeitgenössischer Kupferstich von Gabriel Fiesinger.

Im Fall des vorliegenden Textes ergeben sich etwa folgende Ergebnisse:

1. Der Autor verurteilt die Jakobinerherrschaft eindeutig und sehr entschieden.
2. In diesem Textauszug wägt er keine Pro- und Contra-Argumente ab. Er begründet seine Ablehnung der Jakobinerherrschaft hauptsächlich mit der negativen Einschätzung der Menschengruppen, die sie getragen haben.
3. Der Autor benutzt Adjektive und Substantive, die negative moralische Beurteilungen enthalten, z.B. „unwürdig", „Auswurf", „Dummheit", „Gemeinheit", „neidisch", „hasserfüllt" usw. Seine Wortwahl ist einseitig verurteilend. Er schreibt polemisch, d.h. hart und unsachlich.
4. Ohne weitere Informationen kann man hier nur Vermutungen anstellen. Wenn man aber in einer Bibliothek oder im Internet recherchiert, so findet man eine Kennzeichnung Pierre Gaxottes als „neo-royalistisch", d.h. Anhänger des Königtums in der heutigen bzw. neueren Zeit. Das passt zu seiner Bewertung der Jakobiner; denn wer ein Anhänger des Königtums ist, ist auch ein Gegner der Revolutionäre, die einen König hinrichten ließen. Der eigene Standpunkt geht also auch in die Bewertung historischer Ereignisse mit ein.

5. Auch bei uns ist es so, dass der eigene Standpunkt unsere Wertungen beeinflusst. Gaxotte erscheint jedoch so einseitig und unsachlich, dass man entweder seine Beurteilung zurückweisen wird oder zumindest andere Historiker hören muss, bevor man sich ihm eventuell doch anschließt.
6. Hier sollst du deine eigene Auffassung formulieren. Dabei ist es wichtig, Begründungen anzugeben, differenziert zu urteilen und mögliche Gegenargumente zu bedenken.

D2 „Die Größe Robespierres?"

Der Historiker Albert Mathiez (1874–1932) galt als einer der besten Kenner der Geschichte der Französischen Revolution:

Was meiner Meinung nach die Größe Robespierres ausmacht, sind die hohen sozialen und moralischen Bedenken, die er als Politiker ständig hegte. (...) Er hatte Grundsätze, an die er glaubte. (...) Über die Aufgabe des Politikers hinaus sah er eine andere, viel schwierigere und fruchtbringendere, die des Erziehers und Philosophen. (...) Wir lieben ihn für seine Lauterkeit, seinen Weitblick, seine Uneigennützigkeit, für sein gigantisches Werk, das er in der Nationalversammlung und in der Regierung vollbracht hat. (...) Wir lieben ihn um des Symbols seines tragischen Ende willen, um der ungeheuerlichen Ungerechtigkeit willen, mit der versucht wurde, sein Andenken zu schänden. (...) Mit einem Wort, wir lieben Robespierre, (...) weil er die Beseitigung aller sozialen Ungerechtigkeiten anstrebte.

A. Mathiez: Verteidigung Robespierres. In: W. Grab (Hg.): Die Debatte um die Französische Revolution. 35 Beiträge. München 1975, S. 121.

D3 „Das Vaterland der Humanität?"

Der Schriftsteller, Literaturkritiker und Journalist Friedrich Sieburg (1893–1964) lebte lange in Frankreich. Seine Robespierre-Biografie erschien im Jahre 1955:

Robespierre setzt den allgemeinen sittlichen Maßstab einfach außer Kraft und ersetzt ihn durch einen jakobinischen. (...) Somit wird eine Revolution, die im Zeichen des Humanismus begonnen wurde und die den Nachkommen das Erbe dieser Humanität hinterlassen hat, auf ihrem Höhepunkt und in ihrem vollkommenen Zustand eine haarscharfe Widerlegung dieses Humanitätsgedankens. (...) Frankreich ist das Vaterland der Humanität? Auf jeden Fall ist dieses Ideal nur einmal in wirklich tiefer und durchdachter Weise außer Kraft gesetzt worden. In Frankreich. Und zwar durch Robespierre.

F. Sieburg: Robespierre. Wien, München, Basel 1955, S. 150.

D4 Terror als Garant für den Erfolg?

Der französische Historiker Albert Soboul (1914–1982) war lange Zeit an der Pariser Sorbonne Professor für Revolutionsgeschichte:

Der Ausschuss (...) hatte die Invasion aufhalten können. Der (...) Terror hatte einen erheblichen Anteil an diesem Erfolg. Wenn der Wohlfahrtsausschuss in der Lage war, 14 Armeen auszuheben, zu bewaffnen und zu ernähren und sie zum Sieg zu führen, so verdankte er diesen Erfolg dem Massenaufgebot, den Requisitionen [Beschlagnahmungen], dem Maximum [gemeint ist die Höchstgrenze für Preise und Löhne], der Verstaatlichung der Kriegsproduktion wie auch der Säuberung der Armeeführung und der Zügelung der Generale: Alle diese Maßnahmen konnten nur deshalb durchgeführt werden, weil die Revolutionsregierung über eine Autorität verfügte, die von der Schreckensherrschaft abgesichert war.

A. Soboul: Die Große Französische Revolution. Abriss ihrer Geschichte (1789–1799). Frankfurt a. M. 1976, S. 318.

Fragen und Anregungen

1. Untersuche mithilfe der angegebenen Arbeitsschritte und des Musters die Darstellungen D2 bis D4. Versuche dazu, so viele Informationen wie möglich über die jeweiligen Autoren der Texte zu finden.
2. Vergleiche die vier Darstellungen D1–D4. Setze dich mit den vier Urteilen kritisch auseinander .
3. Formuliere eine eigene Bewertung der Jakobinerherrschaft. Diskutiert in der Klasse eure Einschätzungen.

5. Napoleon beendet die Revolution

November 1794	Die Jakobinerclubs werden durch den Konvent geschlossen.
1795–1799	Ein gewähltes „Direktorium" regiert Frankreich.
1799	Am 9.11. (18. Brumaire des Jahres VIII) wird Napoleon Bonaparte durch einen Staatsstreich „Erster Konsul".
1804	Napoleon krönt sich zum Kaiser von Frankreich.

Unruhe und Bürgerkrieg

Nach dem Sturz Robespierres und dem Ende der Schreckensherrschaft beruhigte sich die Lage in Frankreich zwar etwas, aber es war unklar, wie die Revolution jetzt weitergehen würde. War sie beendet? Konnte man zu der letzten Verfassung von 1793 zurückkehren – oder zu welcher sonst? Es gab drei politische Richtungen: das Großbürgertum, das die Macht möglichst allein ausüben und eine Wiederkehr der Jakobiner verhindern wollte; die Royalisten, die eine Rückkehr der Monarchie anstrebten; und die „Linken", meist Jakobiner, die die Errungenschaften der Französischen Revolution auf keinen Fall aufgeben wollten. In dieser Situation konnten sich die Großbürger weitgehend durchsetzen. Jakobinerclubs wurden geschlossen, auf Anhänger Robespierres wurde regelrecht Jagd gemacht. Die vorher festgelegten Lebensmittelpreise wurden freigegeben; sie stiegen stark an, was in Paris zu wütenden Protesten und Hungeraufständen der Bevölkerung führte. Diese Aufstände wurden brutal niedergeschlagen.

Eine neue Regierung: das Direktorium

Der Konvent arbeitete eine neue Verfassung aus, die vor allem die Interessen der Besitzenden berücksichtigte: Nun gab es wieder ein Wahlrecht, das nur den Reichen – etwa 30 000 Franzosen – die Wahl erlaubte. Fünf gewählte „Direktoren" bildeten die bürgerliche Regierung. Die Royalisten waren mit dieser Verfassung nicht zufrieden. Im Herbst 1795 versuchten sie mit einem eigenen kleinen Heer den Konvent aufzulösen und so die Machtübernahme zu erzwingen. Dieser royalistische Aufstand wurde von der französischen Armee unter Führung eines jungen Generals niedergeschlagen, der so das Direktorium rettete. Sein Name war Napoleon Bonaparte.

Napoleons Aufstieg

„Welch ein Roman ist doch mein Leben!", schrieb Napoleon in seinen Lebenserinnerungen. Tatsächlich scheint sein Aufstieg märchenhaft: 1769 wurde Napoleon als Sohn eines Rechtsanwaltes auf Korsika geboren. Er besuchte die Pariser Militärschule und hatte es bei Ausbruch der Revolution zum Oberstleutnant gebracht. Während der Revolution wurde er für seine militärischen Erfolge zum General befördert – eine Stellung, die für einen Nicht-Adligen im Ancien Régime unerreichbar gewesen wäre. Zum Dank für die Rettung gab ihm das Direktorium den Oberbefehl über die Armee in Oberitalien, wo er ebenfalls militärisch erfolgreich war. Siege in Italien, später auch in Ägypten machten ihn schnell bekannt. Bei der französischen Bevölkerung genoss er rasch großes Ansehen. 1799 löste Napoleon Bonaparte, schon ein berühmter Mann, mithilfe seiner Truppen das Parlament auf. Das royalistisch dominierte Parlament und das republikanisch dominierte Direktorium hatten sich gegenseitig blockiert und damit wirkungsvolle Maßnahmen verhindert. In einem Staatsstreich machte sich Napoleon zum Staatsoberhaupt: Er ersetzte das Direktorium durch drei „Konsuln". Er selbst nannte sich „Erster Konsul" und erließ eine Verfassung, die ihm alle Macht sicherte. Eine Volksvertretung wurde nur zum Schein beibehalten. Der Staatsstreich war mit zwei Direktoriumsmitgliedern abgesprochen und verlief unblutig. Nach der Machtübernahme erklärten die Konsuln die Revolution für beendet.

Q1 Kaiserkrönung Napoleons
am 2.12.1804 in der Kirche von Notre-Dame in Paris. Gemälde von Jacques-Louis David, 1805/07, Größe: 6,10 m x 9,30 m. Der Maler David, ehemals Anhänger von Robespierre, war Zeremonienleiter der Krönung. Napoleon setzt erst sich und danach seiner Frau die Krone auf. Seine Mutter, hinten in der Loge zu sehen, nahm in Wirklichkeit nicht an der Krönung teil.

Volks-Kaiser

Im Jahr 1800 wurde Napoleon durch eine Volksabstimmung in seinem Amt bestätigt. 1802 wurde er durch Senatsbeschluss und Plebiszit zum „Konsul auf Lebenszeit" ernannt; 1804 krönte er sich selbst zum Kaiser. Auch diese beiden Schritte ließ er durch Volksabstimmungen absichern. Fast 99 Prozent der abgegebenen Stimmen sprachen sich jedes Mal dafür aus. Auch wenn man die Zahlen in dieser Höhe anzweifeln und Manipulationen vermuten kann, so besteht doch kein Zweifel daran, dass Napoleon zu dieser Zeit ein überaus populärer und beim Volk beliebter Diktator war. Die Franzosen, die mit der Revolution die alten Autoritäten abgeschafft hatten, akzeptierten nun einen neuen „starken Mann".

Die Neuordnung der französischen Gesellschaft

Die meisten Franzosen sehnten sich nach Frieden, Ruhe und geordneten Verhältnissen – und das schien Napoleon garantieren zu können. Er hatte ein umfassendes Programm zur Neuordnung der französischen Gesellschaft, das er auch schnell in die Tat umzusetzen begann. Zunächst wurden die völlig zerrütteten Staatsfinanzen saniert und eine neue, vertrauenswürdige Währung geschaffen. Mithilfe eines neuen Steuersystems wurden rigoros Steuern eingetrieben, die besiegten Länder mussten hohe Abgaben zahlen – so floss Geld in die Staatskasse. Mit einem groß angelegten Beschäftigungsprogramm konnte die hohe Arbeitslosigkeit abgebaut werden; Frankreich erhielt das modernste Straßennetz Europas, Kanäle und Häfen wurden gebaut und allmählich belebte sich die französische Wirtschaft.

Die Integration unterschiedlicher politischer Kräfte

Napoleon versuchte die verschiedenen politischen Kräfte in die Gesellschaft zu integrieren: So durften die vielen emigrierten Adligen zurückkehren, gleichzeitig wurden auch zahlreiche inhaftierte Revolutionäre aus den Gefängnissen entlassen. Mit der katholischen Kirche, der die Mehrheit der Franzosen angehörte, schloss er ein Konkordat, einen Vertrag, in dem Kirche und Kaiser einander anerkannten. Auch die protestantische Kirche wurde wieder zugelassen. Den in der Revolution beschlagnahmten Besitz bekamen allerdings weder die Kirche noch die emigrierten Adligen zurück.

Der Code Napoléon

Q2 Bild aus dem „Journal des Luxus und der Moden", 1802
Auch an der Mode erkennt man die neue Zeit.

Die Verwaltung wurde neu und straff so organisiert, dass alle Anordnungen und Befehle zentral von oben kamen. Napoleon schuf einen riesigen, hierarchisch gegliederten Polizeiapparat, verhängte eine strenge Pressezensur und kontrollierte alle Bereiche der Kunst und Wissenschaft. Wichtig war ihm, dass es in allen Bereichen des öffentlichen Lebens gute Aufstiegsmöglichkeiten für fähige und ihm treu ergebene Männer gab. Eine Expertenkommission erarbeitete ein bürgerliches Gesetzbuch, den Code Civil, auch Code Napoléon genannt, der auch heute noch in großen Teilen Gültigkeit hat. Mit ihm wurden zentrale Forderungen, für die in der Revolution gekämpft worden war, zum Gesetz erhoben: Gleichheit vor dem Gesetz, Trennung von Kirche und Staat, Recht auf Eigentum, persönliche Freiheiten. Von einer Gleichberechtigung der Frauen konnte allerdings nicht die Rede sein. Sie blieben unmündig und waren in allen Rechtsgeschäften auf die Männer angewiesen. Trotzdem war der Code Napoléon damals das fortschrittlichste Gesetzbuch; zahlreiche Länder nahmen ihn sich zum Vorbild. So besaßen die Franzosen unter Napoleon zwar ein modernes Recht, das ihnen Gleichheit und in manchen Bereichen auch Freiheit garantierte, aber von politischen Mitsprachemöglichkeiten blieb der größte Teil ausgeschlossen.

Muscadin der Jeunesse Dorée („Stutzer" der goldenen Jugend) Q3
Die Muscadins stammten meist aus reichen Elternhäusern. Mit ihren Schlagstöcken terrorisierten sie Linke und Jakobiner, wo immer sie sie trafen, in Lokalen oder auf offener Straße. Das Direktorium duldete ihre Aktionen.

Q4 Frankreich hätschelt seinen Liebling
Das Bild des britischen Karikaturisten James Gillray entstand wenige Tage vor der Kaiserkrönung Napoleons. Es hat eine Größe von 35,6 x 25,7 cm.

Q5 Napoleon über Republik und Freiheit

1797 äußert sich Napoleon in einem vertraulichen Gespräch mit dem Diplomaten Miot de Melito:

Glauben Sie vielleicht, dass ich eine Republik begründen will: Welcher Gedanke! (...) Das ist eine Wahnvorstellung, in die die Franzosen vernarrt sind, die aber auch wie so manche andere vergehen wird. Was sie brauchen, das ist Ruhm, die Befriedigung ihrer Eitelkeit, aber von Freiheit verstehen sie nichts. (...) Die Nation braucht einen Führer, einen durch Ruhm hervorragenden Führer, aber keine Theorien über Regierung, keine großen Worte, keine Reden von Ideologen, von denen die Franzosen nichts verstehen. Man gebe ihnen ihre Steckenpferde, das genügt ihnen, sie werden sich damit amüsieren und sich führen lassen, wenn man ihnen nur geschickt das Ziel verheimlicht, auf das man sie zumarschieren lässt.

M. de Melito: Mémoires I. S. 163 f.

Q6 Über die Rechte der Frau

Aus dem Code Civil (Code Napoléon), dem Bürgerlichen Gesetzbuch von 1804:

Art. 8. Jeder Franzose soll die bürgerlichen Rechte genießen. (...)

Art. 213: Der Ehemann ist seiner Frau Schutz und die Frau ist ihrem Manne Gehorsam schuldig.

Art. 215: Die Frau kann ohne Genehmigung ihres Mannes nicht vor Gericht auftreten.

Art. 217: Die Ehefrau kann weder schenken, veräußern (...) noch erwerben (...), sofern nicht ihr Ehemann eingewilligt hat.

Art. 229: Der Mann kann die Ehescheidung wegen eines von seiner Frau begangenen Ehebruches verlangen.

Art. 230: Die Frau kann nur die Ehescheidung verlangen, wenn der Mann seine Nebenfrau im gemeinschaftlichen Haus gehalten hat.

Art. 298: [Die ehebrecherische Frau wird mit Gefängnis bestraft, der ehebrecherische Mann dagegen nicht – sinngemäßer Inhalt des Artikels]

Code Napoléon. Würzburg 1813.

Q7 Begeisterung für Napoleon

Aus der Rede des Abgeordneten Jaubert vom 2. 5. 1804, mit der er Napoleon das Kaisertum anträgt:

Und wie könnte man all die Wunder aufzählen, die er seit der Übernahme des Konsulats vollbracht hat! Die Grundlagen der Verwaltung festlegen; die Finanzen in Ordnung bringen; die Armee organisieren (...); ganz Europa den Frieden bringen; dem Handel aufhelfen und Fabriken, Künste, Wissenschaften ermutigen; die Altäre neu errichten und den Gewissen Ruhe schenken; (...) das Schulwesen neu erschaffen; gewaltige öffentliche Arbeiten anregen und vollenden; Frankreich ein einheitliches Zivilgesetzbuch geben, dem er das Siegel seines Genius aufgedrückt hat; allen Parteigeist zum Erlöschen bringen, alle Vorbehalte ausräumen, alle Interessen versöhnen, alle Opfer der unglücklichen Zeitumstände wieder in das Land rufen (...). Das hat er in vier Jahren vollbracht, das wird kommenden Jahrhunderten die tiefe Ergebenheit aller Franzosen für Napoleon Bonaparte erklären (...). Alle Zeichen des Ruhms sind ihm geweiht. Das kaiserliche Zepter wird von seiner Hand neuen Glanz erhalten; der Schild ist bereit, auf den ihn alle Franzosen heben wollen, indem sie begeistert ausrufen: „Die Revolution ist jetzt auf die Prinzipien ihres Anfangs zurückgeführt."

M. Chaulanges: Textes Historiques. L'époque de Napoléon. S. 56.

Fragen und Anregungen

1. Beschreibe den Muscadin und erläutere, warum ein junger wohlhabender Mann in diese Schlägertruppe eingetreten sein könnte (Q3).
2. Untersuche das Bild von Jacques-Louis David (Q1). Welche Personengruppen kannst du erkennen? Was soll mit dem Stil der Krönungszeremonie zum Ausdruck gebracht werden?
3. Beschreibe Q4 und versuche, die Symbole zu deuten. Welchen Zweck verfolgte die Karikatur?
4. Vergleiche die Mode mit der des Ancien Régime und der der Revolutionszeit (Q2).
5. Überprüfe anhand von Q5, wie Napoleon zur Revolution und deren Idealen steht.
6. Diskutiert, warum Napoleon nach seinem Staatsstreich überhaupt eine Verfassung mit Volksvertretung zulässt (Q5). Formuliere eine Antwort aus der Perspektive eines Revolutionärs.
7. Liste die Gründe für die Beliebtheit Napoleons auf, die in Q7 genannt werden. Ordne sie unter Oberbegriffe.
8. Schreibe eine Rede, in der du die Kaiserkrönung Napoleons ablehnst.
9. Nenne Rechte, die Frauen auch nach dem „fortschrittlichen" Code Civil nicht wahrnehmen konnten. Überlege, welche Gründe die Verfasser dafür angeführt haben könnten (Q6).

6. Werden Deutsche zu Franzosen? – die Franzosen auf dem linken Rheinufer

1794	Französische Truppen marschieren in Köln und Bonn ein, die Annexion der linksrheinischen deutschen Gebiete wird abgeschlossen.
1802	Die linksrheinischen deutschen Departements werden durch Napoleon den französischen völlig gleichgestellt.
1804	Der Code Civil wird in den linksrheinischen Departements eingeführt.

Das linke Rheinufer wird französisch

Der Vorstoß der französische Revolutionstruppen auf das linksrheinische deutsche Gebiet seit September 1792 führte nicht nur zur Einnahme von Mainz (s. S. 87–91), sondern zur Eroberung des gesamten linken Rheinufers nördlich der Grenze bis Bingen und einiger Gebiete rechts des Rheins. Im Oktober 1794 zogen französische Truppen in die freie Reichsstadt Köln und in die kurkölnische Residenz Bonn ein. Der Friede von Campo Formio in Oberitalien im Jahr 1797 zwischen Frankreich und Österreich bestätigte die Annexion des linksrheinischen Reichsgebiets durch Frankreich, und diese Gebiete wurden zu einem Teil des französischen Staatsgebiets.

Territoriale und politische Veränderungen

Aus dem eroberten Gebiet wurden vier Departements gebildet: „Donnersberg" mit der Hauptstadt Mainz, „Rhein-Mosel" mit Koblenz, „Saar" mit Trier und „Ruhr" mit Aachen. Die Departements wiederum gliederten sich in Arrondissements und Kantone; an deren Spitze stand jeweils ein Präfekt mit weit reichenden Befugnissen. Die Franzosen führten auch in diesen Gebieten die wichtigsten Revolutionsgesetze und revolutionären Neuerungen ein. Die Folge waren tief greifende und lang wirkende gesellschaftliche Veränderungen – etwa die Aufhebung der alten feudalen Ordnung sowie die Einführung der Gewerbefreiheit und des Code Civil (s. S. 105). Im September 1802 verfügte Napoleon die völlige rechtliche Gleichstellung der linksrheinischen Departements mit den innerfranzösischen.

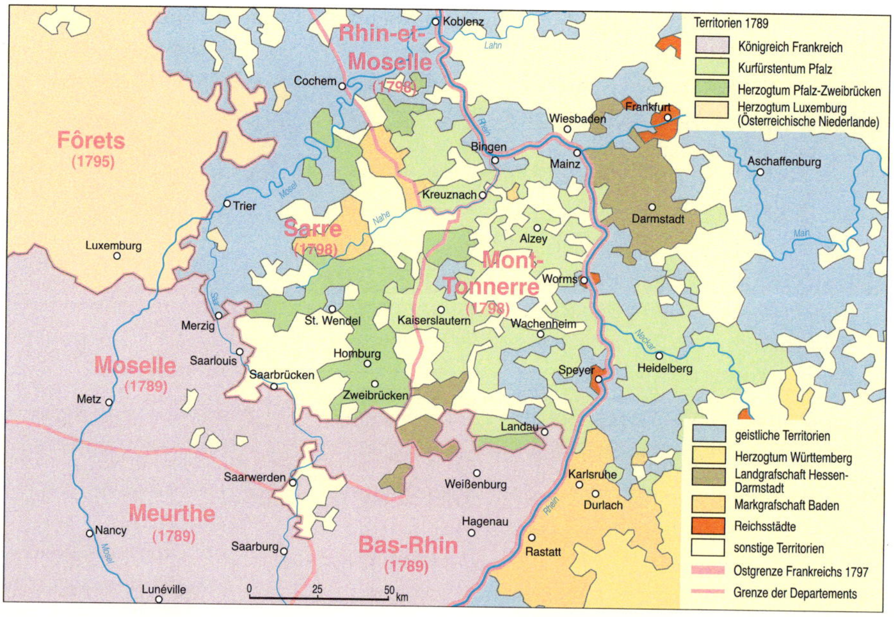

Die territoriale Neuordnung des deutschen Südwestens durch Frankreich D1

Q1 „Losreißung von guten Sitten“

Aufruf des kurtrierischen Geheimrats J. P. Weckbecker an die Bewohner des linken Rheinufers, August 1797:

(…) Sie [die Anhänger der Republik] predigen euch Losreißung von eurer rechtmäßigen Obrigkeit, unter deren wachsamer Leitung ihr doch bisher so glücklich waret; Losreißung von Religion, die euch bisher den kräftigsten Trost in Widerwärtigkeiten und die süße Hoffnung einer bessern Zukunft gewährte; Losreißung von Tugend und guten Sitten, durch die allein ihr bisher in dem Zirkel eurer Familien glücklich lebtet; Losreißung von Gesetzen, ohne welche ihr auf kein Eigentum zählen könnt; Losreißung von guter Ordnung, ohne die kein Staat, keine Familie bestehen kann. Sie sagen: Für euch sei keine uneingeschränkte Freiheit ohne Vereinigung der fränkischen Republik, oder wenigsten ohne Gründung eines eignen Freistaats unter dem Schutze dieser Macht, keine Glückseligkeit zu erwarten. (…)

Zit. nach: Quellen zur Geschichte des Rheinlandes im Zeitalter der Französischen Revolution 1780–1801, Bd. 3, hg. v. Joseph Hansen. Bonn 1935, S. 1154f.

Q2 „Fort mit den Hummeln!“

Aufruf Koblenzer Republikaner an die Landsleute des linken Rheinufers (verfasst von H. Gerhards und J. Görres), September 1797:

(…) Als die Franken [Franzosen] bei uns einrückten, ließ da das Land den Fürsten im Stiche, oder der Fürst das Land? Wir denken das Letztere; denn sie liefen ja, so weit sie ihre Beine trugen. So sind es also die Fürsten, die zuerst an Euch Verräter wurden. (…) Lasst Euch also durch kein Geschwätz irremachen. Wenn Ihr einmal gesagt habt: Wir wollen frei sein; fort mit den Hummeln, die nur essen und nicht arbeiten, dann wird sich gewiss keine mehr blicken lassen. (…)

Alle jene drückenden Frohnden, Lieferungen, Exekutionen, die unvermeidlichen Begleiter des Krieges, werden für jetzt und immer aufhören, weil kein Fürst es künftig wagen wird, uns mit Krieg zu überziehen. Ihr bekommt dann eine Verfassung, worin der Landmann als die erste arbeitende und erwerbende Klasse des Staates auch den ersten Rang besitzt; wo jeder von Euch, wenn er Talent dazu hat, sich zur höchsten Stelle emporschwingen kann. (…)

Zit. nach: Ebd. S. 1192–1194

Johann Joseph von Görres Q3
(1776–1848, geadelt 1839), deutscher Publizist und Gelehrter.

Q4 Pressefreiheit

Verfügung der französischen Verwaltung (Mittelkommission) für das gesamte besetzte und französisch verwaltete deutsche Gebiet, August 1797:

(…) Art. 1. Es steht jedem Bewohner der durch die Mittelkommission verwalteten Länder frei, seine Meinungen durch den Druck bekannt zu machen, ohne verbunden zu sein, solche vorher einiger Zensur zu unterwerfen.

Art. 2. Es ist den Magistraten [Verwaltungen] und jeder andern Obrigkeit bei Strafe der Absetzung und Verhaftnehmung verboten, weder mittel- noch unmittelbar die Pressfreiheit zu hindern. (…)

Art. 4: Jeder, der sich über eine öffentlich erschienene Schrift zu beklagen Ursache haben würde, hat sich deswegen an den französischen Bezirkskommissär zu wenden, der darüber der Mittelkommission, die das Rechtliche zu verfügen nicht anstehen wird, Berichte abstatten soll.

Zit. nach: Ebd., S. 1114f.

Fragen und Anregungen

1. Kläre anhand der Karte D1, welche heutigen Gebiete die linksrheinischen Departements umfassten. Auf welche Verhältnisse trafen die Franzosen.
2. Vergleiche die beiden Aufrufe (Q1, Q2): Erläutere, wie sie jeweils zur Frage der Vereinigung der linksrheinischen deutschen Gebiete mit Frankreich stehen. Welche Gründe werden darin jeweils genannt? Informiere dich anhand eines Lexikons über Johann Joseph von Görres (s. auch Q3).
3. Erkläre, inwiefern die in Q4 genannten Maßnahmen neu und revolutionär sind. Überlege, ob die französische Verwaltung damit vollständige Pressefreiheit gewährte. Welche Kritik könnte man an diesem Aufruf vorbringen?

7. Deutschland unter Napoleon: Besatzung oder Befreiung?

1801	Frankreich erhält die linksrheinischen Gebiete Deutschlands.
1803	112 deutsche Kleinterritorien werden aufgelöst.
1806	Der Rheinbund stellt sich unter Napoleons Schutz. Das Heilige Römische Reich löst sich auf. Napoleons Heer besiegt und besetzt Preußen.
1807–1814	Preußen wird durch Reformen zu einem modernen Staat.
1809	Napoleons Heer besiegt Österreich.

Napoleons Kriegsziele

Napoleons Macht stützte sich in erster Linie auf das Heer, sein Ansehen auf seine militärischen Erfolge. Er glaubte, Frankreich als fortschrittliches Land habe das Recht, die anderen europäischen Staaten zu unterwerfen, sie wirtschaftlich auszubeuten und ihnen bürgerliche Reformen aufzuzwingen. Sein großes Ziel war ein einheitliches Europa unter französischer Vorherrschaft. Zu den ersten Opfern dieser Politik gehörte Deutschland.

Krieg in Deutschland

Alle Länder links des Rheins wurden bereits 1801 besetzt und gehörten nun zu Frankreich. Zahlreiche deutsche Fürsten schlossen sich zum Rheinbund zusammen und akzeptierten Napoleons Vorherrschaft. Daraufhin legte Kaiser Franz in Wien, dem die Fürsten damit die Gefolgschaft aufgekündigt hatten, den Titel „Deutscher Kaiser" ab und beendete so 1806 das Heilige Römische Reich Deutscher Nation. Franz nannte sich nun „Kaiser von Österreich". Im selben Jahr schlug Napoleon die preußischen Heere und zog im Triumphzug in Berlin ein; drei Jahre später wurde auch in Österreich ein Koalitionsheer besiegt.

Auswirkungen: „Flurbereinigung"

Die „Franzosenzeit" hat in den besetzten Ländern kräftige Spuren hinterlassen. In Deutschland beendete Napoleon die starke Zersplitterung in eine Vielzahl von kleinen geistlichen und weltlichen Herrschaften und schuf größere politische Gebiete. So wurden 1803 auf Druck von Napoleon 112 deutsche Kleinstaaten und Reichsstädte aufgehoben und den größeren Fürstentümern zugeschlagen. Auch Kirchengut wurde enteignet und Klöster aufgelöst, was als „Säkularisation" bezeichnet wird. Im Zuge dieser „Flurbereinigung" gründete er auch das Königreich Westfalen und setzte dort seinen Bruder als König ein. Westfalen sollte ein Musterstaat werden, mit einer Verwaltung und Rechtsprechung ganz nach französischem Vorbild, d.h. nach dem Code Napoléon. Damit wurden Adelsprivilegien, Zunftzwang und bäuerliche Abhängigkeitsverhältnisse aufgehoben. Wie Westfalen, so übernahmen die meisten Rheinbundstaaten den Code Napoléon.

Liberale Ideen in Deutschland

Viele Deutsche waren von den Ideen der Französischen Revolution begeistert und verfolgten mit großer Anteilnahme, was in Frankreich geschah. Trotzdem kam es in Deutschland zu keiner Revolution. Das lag unter anderem an der Aufsplitterung in viele kleine politische Machtbereiche. Obwohl Napoleon als Eroberer kam und die französischen Truppen Besatzungstruppen waren, brachten sie doch den „frischen Wind" von Aufklärung und Aufbruch, von Fortschritt und Modernität in die erstarrten deutschen Verhältnisse. So bewunderten viele Deutsche Napoleon als Heilsbringer.

Die preußischen Reformen

Nach der völligen Niederlage Preußens 1806 wurde noch unter der napoleonischen Besatzung eine Reihe von Reformen durchgeführt. Der König und seine Berater begriffen nämlich, dass der militärische Zusammenbruch durchaus auch auf Missstände im Staate zurückzuführen sei. Nun wollte man vom erfolgreichen Feind lernen. Besonderen Anteil hatten daran die adligen Politiker Heinrich Friedrich Karl vom und zum Stein, Karl von Hardenberg, Wilhelm von Humboldt, Gerhard von Scharnhorst und Wilhelm von Gneisenau. Die Reformen, die von oben diktiert wurden, sollten Preußen zu einem modernen Staat machen: Die Erbuntertänigkeit der Bauern wurde aufgehoben („Bauernbefreiung"), eine neue Städteordnung gab den Städten mehr Selbstbestimmung. Die Juden wurden rechtlich allen anderen gleichgestellt („Judenemanzipation"), eine Bildungsreform betonte die Schulpflicht und regelte den Gymnasialunterricht und die Heeresreform sah eine allgemeine Wehrpflicht vor und verbot die bisher übliche und bei den Soldaten gefürchtete Prügelstrafe. Die Monarchie sollte allerdings keinesfalls angetastet werden.

Nationalbewusstsein

Erst in der Besatzungszeit bildete sich vor allem bei den Eliten in den deutschen Staaten ein nationales Bewusstsein; das trifft besonders für Preußen zu. Der gemeinsame Widerstand gegen die Fremdherrschaft ging mit einer nationalen Begeisterung einher: Für viele wurde die Einrichtung eines einigen deutschen Reiches zum höchsten Ziel. Gerade junge Menschen begeisterten sich für diese Ideen und meldeten sich in Scharen als Freiwillige, um „für das Vaterland" gegen die Franzosen zu kämpfen.

D1 Deutschland vor und nach der Neuordnung durch Napoleon

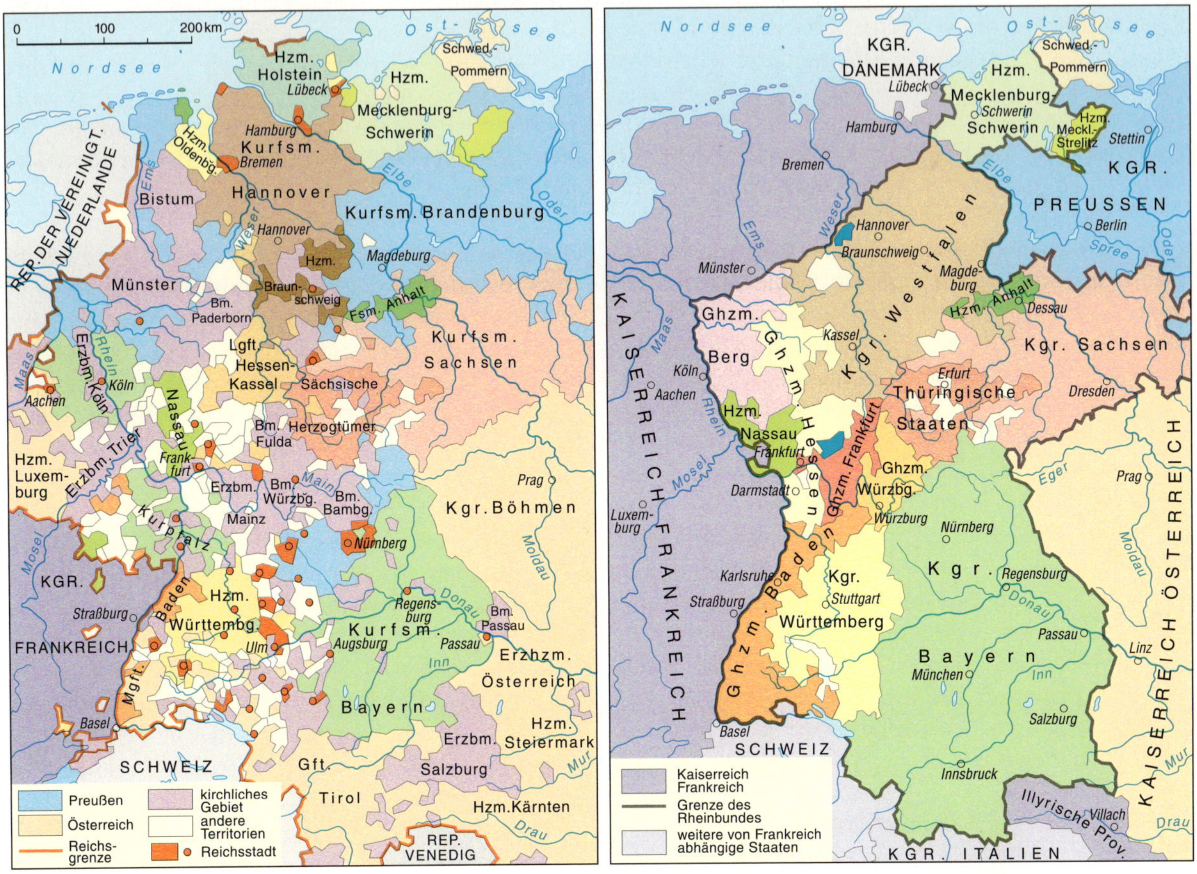

Q1 Sieg der französischen Truppen über die Preußen bei Jena 1806
Kolorierter Kupferstich von Edme Bovinet nach Jacques Swebach.

Q2 Der Fall Palm

Während der französischen Besatzung gab es in Deutschland zahlreiche anonyme Schmähschriften gegen Napoleon. Die meisten blieben unbeachtet, aber die Broschüre „Deutschland in seiner tiefen Erniedrigung" von 1806 erregte Aufsehen, weil sie zum bewaffneten Widerstand aufrief. Die Schrift endet:

Bemerkt es, liebe Deutsche, dort wo seit Jahrhunderten Pläne zum Untergang unseres Vaterlandes geschmiedet [wurden] und die Mordfackel so oft angezündet worden [ist], im treulosen Pariser Kabinette, entwirft Napoleon, dessen schimpflicher Oberherrschaft unsere Fürsten wie schlaftrunken zusehen, eine neue deutsche Staatsverfassung, und (...) lässt seine Heere im ohnmächtigen Deutschland zu Hunderttausenden stehen. (...) Völlig gewinnt es das Ansehen, als hätten Franz [von Österreich] und Friedrich Wilhelm [von Preußen] vergessen, dass sie über Millionen beherzte, mutvolle, mannfeste, ehrliche Deutsche gebieten. (...) Sollte diesem Kern der germanischen Nation Freiheit nicht heiliger als das Leben selbst sein?

Die französischen Militärbehörden fanden heraus, dass der Buchhändler Johann Philipp Palm aus Augsburg der Verleger der Broschüre war. Napoleon, dem der Fall gemeldet wurde, befahl dem zuständigen Marschall in einem Brief:

Mein Vetter, ich hoffe, Sie haben die Buchhändler von Augsburg und Nürnberg verhaften lassen. Ich wünsche, dass sie vor ein Kriegsgericht gestellt und binnen 24 Stunden erschossen werden. Es ist kein gewöhnliches Verbrechen, in Orten, an denen sich die französischen Armeen befinden, Schmähschriften zu verbreiten, um die Einwohner gegen die Soldaten aufzuhetzen. Es ist Hochverrat! (...) Lassen Sie auch das Urteil in ganz Deutschland verbreiten.

Palm wurde zum Tode verurteilt und drei Stunden später erschossen. Der Nürnberger Buchhändler Friedrich Campe schrieb darüber in einem privaten Brief:

Eine schreckliche Nachricht muss ich Ihnen melden, lieber Vetter. Der Buchhändler Palm, Eigentümer der Stein'schen Buchhandlung, ist in Braunau von den Franzosen totgeschossen! (...) Die Sache ist empörend; Worte muss man darum nicht verlieren. Gott gebe Krieg! Es ist die einzige Rettung.

Zit. nach: E. Kleßmann (Hg.): Deutschland unter Napoleon. Düsseldorf 1965, S. 89 f.

Q3 „Das Glück Ihres Volkes liegt mir am Herzen"

1807 schreibt Napoleon an seinen Bruder Jérôme, den König von Westfalen:

Mein Bruder, beiliegend finden Sie die Verfassung Ihres Königreiches. (…) Das Glück Ihres Volkes liegt mir nicht allein wegen des Einflusses am Herzen, den es auf Ihren und meinen Ruhm haben kann, sondern auch in Hinsicht auf die allgemeine europäische Politik. Hören Sie nicht auf die, die Ihnen sagen, Ihr an Knechtschaft gewöhntes Volk würde Ihre Wohltaten mit Undankbarkeit vergelten. Man ist im Königreich Westfalen aufgeklärter, als man Ihnen zugestehen möchte, und Ihr Thron wird in der Tat nur auf dem Vertrauen und der Liebe Ihrer Untertanen befestigt sein. Was aber das deutsche Volk am sehnlichsten wünscht, ist, dass diejenigen, die nicht von Adel sind, durch Ihre Fähigkeiten gleiche Rechte auf Ihre Auszeichnungen und Anstellungen haben (…). Ihr Königtum wird sich durch die Wohltaten des Code Napoléon, durch das öffentliche Gerichtsverfahren und die Einführung des Geschworenengerichtes auszeichnen. (…) Ihr Volk muss sich einer Freiheit, einer Gleichheit, eines Wohlstandes erfreuen, die den übrigen Völkern Deutschlands unbekannt sind!

Zit. nach: E. Kleßmann (Hg.): Deutschland unter Napoleon. Düsseldorf 1965, S. 277 f.

Q4 Unterwerfung oder Befreiung?

Aus der Verfassung des Königreiches Westfalen vom 15. November 1807:

Art. 7: Der König von Westphalen und seine Familie sind in dem, was sie betrifft, den Verfügungen der kaiserlichen Familienstatuten unterworfen.

Art. 10: Das Königreich Westphalen soll durch Constitutionen [Rechtsbestimmung, Verordnung] regiert werden, welche die Gleichheit aller Untertanen vor dem Gesetze und die freie Ausübung des Gottesdienstes der verschiedenen Religionsgesellschaften festsetzen.

Art. 13: Alle Leibeigenschaft, von welcher Natur sie sein und wie sie heißen möge, ist aufgehoben, indem alle Einwohner des Königreiches die nämlichen [die gleichen] Rechte genießen sollen.

Zit. nach: E. Kleßmann (Hg.): Ebd.

Der König hat eine Bataille verlohren. Jetzt ist Ruhe die erste Bürgerpflicht. Ich fordere die Einwohner Berlins dazu auf. Der König und seine Brüder leben!

Berlin, den 17. October 1806.

Graf v. d. Schulenburg.

Q6 Aufruf des Stadtkommandanten von Berlin, Graf von der Schulenburg, nach der preußischen Niederlage 1806

Bataille ist ein veralteter Ausdruck für Schlacht.

Q5 Graf Yorck von Wartenburg ruft 1813 in Königsberg zum Befreiungskrieg auf

Farbdruck nach einem Gemälde von Otto Brausewetter, 1888.

Q7 Das Soldatenlied (Preußen, um 1800)

Oh König von Preußen, du großer Potentat,
wie sind wir deines Dienstes so überdrüssig satt!
Was fangen wir nun an in diesem Jammertal,
allwo ist nichts zu finden als Not und lauter Qual?

Und kommt das Frühjahr an, da ist die große Hitz´,
da heißt es exerzieren, dass einem der Buckel schwitzt,
da heißt es exerzieren von Morgen bis Mittag,
und das verfluchte Leben, das währt den ganzen Tag.

Vom Exerzieren weg geht´s wieder auf die Wacht,
kein Teufel tut nicht fragen, ob man gefressen hat,
kein Branntwein in der Flaschen, kein weißes Brot dabei,
ein schlechtes Tabakrauchen, das ist der Zeitvertreib.

Und kommt ein „Frisch parat", tut man einen falschen Tritt,
so hört man es schon rufen, „der Kerl muss aus dem Glied",
Patronentaschen runter, den Säbel abgelegt,
und tapfer draufgeschmissen, bis er sich nicht mehr regt!

Ihr Herren, nehmt´s nicht wunder, wenn einer desertiert!
Wir werden wie die Hunde mit Schlägen strapeziert.
Und bringen sie uns wieder, sie henken uns nicht auf,
das Kriegsrecht wird gesprochen, der Kerl muss gassenlauf.

Und wenn wir gassenlaufen, dann spielet man uns auf
Mit Waldhorn und Trompeten, dann geht es wacker drauf,
dann werden wir gehauen von manchem Musketier,
der eine hat´s Bedauern, der andre gönnt es mir.

Und werden wir dann alt, wo wenden wir uns hin?
Die Gesundheit ist verloren, die Kräfte sind dahin.
Und endlich wird es heißen: „Ein Vogel und kein Nest.
Geh, Alter, nimm den Bettelsack, bist auch Soldat gewest."

Anmerkungen:
Potentat: Herrscher, Machthaber
Gassenlaufen: auch: Spießrutenlaufen; militärische Strafe, bei der man zwischen zwei Reihen aufgestellter Soldaten durchlaufen musste und dabei von ihnen mit Stöcken oder anderen Gegenständen geschlagen wurde. Diese Strafe führte häufig zu schweren Verletzungen, zu Blutverlust, zu Bewusstlosigkeit und mitunter zum Tod.

F. W. v. Ditfurth: Fränkische Volkslieder. Leipzig 1885, Nr. 274.

Das Lied befindet sich gesungen auf der CD von Hannes Wader: Heute hier, morgen dort; CD 2; Sonderausgabe für Zweitausendeins Verlag, Frankfurt, o. J.

Q8 Das Eiserne Kreuz
Der Orden für die „Kriegshelden", gestiftet vom preußischen König Friedrich Wilhelm III. in den Befreiungskriegen.

Fragen und Anregungen

1. Erstelle mithilfe der Karte D1 eine Liste der Fürstentümer, die durch die Neuordnung gewonnen haben. Welche sind neu entstanden?
2. Stelle zusammen, welche Veränderungen die französische Besatzung Deutschland brachte (VT, Q3, Q4).
3. Welches Interesse verknüpft Napoleon mit der Gründung Westfalens? Was bedeutete das für die Bevölkerung (VT, Q3, Q4)?
4. Informiere dich über die Preußischen Reformen und die Reformer (VT, Q5–Q7).
5. Überlege, welche Elemente der Schlacht das Bild Q1 wiedergibt und welche es unterschlägt.
6. Erläutere die Gründe für den Widerstand gegen die Franzosen (VT, D1, Q2).
7. Nimm Stellung zum „Fall Palm". Vergleiche das französische Vorgehen mit den Plänen, die Napoleon für das Königreich Westfalen hatte (Q2, Q4).
8. Verfasse ein Flugblatt (eine Schmähschrift) gegen Napoleon. Ist Krieg „die einzige Rettung" (Q2)?
9. Stelle die Klagen der Soldaten, die im Lied Q7 angesprochen werden, zusammen.

8. Wird Europa französisch?

1806	Napoleon befiehlt die „Kontinentalsperre“ gegen Großbritannien.
1808	Napoleons Heer besiegt Spanien, ein Guerillakrieg bricht aus.
1812	Der Russlandfeldzug Napoleons endet in einer Katastrophe.
1813	In der „Völkerschlacht“ bei Leipzig siegen die Koalitionsheere über Napoleon.
1815	Napoleons Heer wird von einer britisch-preußischen Armee bei Waterloo vernichtend geschlagen. Er wird auf die Insel Sankt Helena verbannt.

Napoleons Kriegsführung

Unter Napoleon befand sich Frankreich fast ununterbrochen im Krieg, und die Liste der berühmten Schlachten und französischen Siege ist lang. Die Fürsten und Herrscher der anderen europäischen Länder kämpften in unterschiedlichen Koalitionen gegen Frankreich, manche scherten aus und verbündeten sich mit Napoleon, zahlreiche Friedensverträge wurden geschlossen und wieder gebrochen.

Krieg gegen Großbritannien

Großbritannien blieb Frankreichs hartnäckigster Gegner. Seit die Briten 1805 einen klaren Seesieg über die Franzosen errungen hatten, war Frankreichs Flotte der englischen weit unterlegen, und so war an eine Invasion und Eroberung Englands nicht zu denken. Um England zu isolieren und zu schwächen, befahl Napoleon einen Wirtschaftsboykott, dem sich alle verbündeten oder besetzten Länder anschließen mussten. Es durften keinerlei Waren vom europäischen Festland nach

D1 Europa unter napoleonischer Herrschaft bis 1812

England und umgekehrt gebracht werden. Die „Kontinentalsperre“ traf England empfindlich, aber auch die Wirtschaft auf dem Festland und besonders in Frankreich litt darunter. Über Großbritannien kamen die begehrten Waren aus den Kolonien – besonders Zucker und Baumwolle fehlten jetzt. Gegen die Blockade wurde häufig verstoßen, offiziell durch „Ausnahmen“ und inoffiziell durch Schmuggelei.

Widerstand gegen Napoleon

In Spanien, dessen reguläre Armee von Frankreich schnell besiegt worden war, entwickelte sich eine neue Form von Widerstand gegen die Besatzung, die „Guerilla“ genannt wurde, „kleiner Krieg“. Er wurde von der Bevölkerung in ständigen, unvorhersehbaren Attacken gegen die Besatzungsarmee geführt, die dieser Taktik nicht gewachsen war und starke Verluste erlitt. Im spanischen Befreiungskrieg, der fünf Jahre dauerte, wurde von beiden Seiten mit ungewöhnlich großer Brutalität gekämpft. Zu Widerstand und Aufständen kam es auch in Österreich und in Tirol.

Der Russlandfeldzug

Als Russland sich entschied, die Kontinentalsperre aufzugeben und den Handel mit England wieder aufzunehmen, beschloss Napoleon 1812 eine Bestrafung. Mit einem Heer von 600 000 Soldaten aus Frankreich und allen besetzten Ländern sollte demonstriert werden, wer die Macht in Europa hatte. Das Unternehmen endete in einer Katastrophe: Zwar konnten die Truppen, schon stark geschwächt, Moskau einnehmen, aber die Stadt war vorher verlassen und in Brand gesteckt worden. Der Rückweg, im Winter und ohne Lebensmittelnachschub, wurde zur Qual. Nur 110 000 Soldaten überlebten den Feldzug. Auf russischer Seite starben 210 000 Soldaten.

Napoleons Sturz

Infolge dieser Niederlage wuchs der Widerstand gegen die französische Besatzung in vielen Ländern rasch; besonders in Preußen begeisterte man sich mit neu erwachtem Nationalbewusstsein für die „Befreiungskriege“. 1813 kam es bei Leipzig zur „Völkerschlacht“: Die vereinten russischen, preußischen, österreichischen und britischen Heere besiegten die napoleonischen Truppen. Napoleon wurde 1814 zur Abdankung gezwungen und auf die Insel Elba verbannt. Knapp ein Jahr später kehrte er nach Paris zurück und übernahm erneut den Oberbefehl über das Heer. Bei Waterloo in Belgien wurde er im Juni 1815 von einem britisch-preußischen Heer vernichtend geschlagen. Zum zweiten Mal wurde er gestürzt und verbannt – diesmal unter strenger englischer Bewachung auf die kleine Insel St. Helena im Atlantik.

Russlandfeldzug Napoleons Q1
Anonyme kolorierte Radierung: Freiwilliger Biwak der großen französischen Armee im November 1812, Radierung um 1812.

Q3 Hinrichtung spanischer Aufständischer am 3. Mai 1808
Gemälde von Francisco de Goya, 1814. Der spanische Maler schilderte den Aufstand und Krieg des spanischen Volkes gegen die französische Besatzung in zahlreichen Gemälden und Zeichnungen.

Q2 „Tot – alles – alles – tot."

Ein Augenzeuge berichtet über die Rückkehr westfälischer Soldaten aus dem Russlandfeldzug:

Teurer Vater, (...) und da stand denn ein Häufchen von ungefähr fünfzig Mann dieser Unglücklichen, die dem Graus der Elemente, den feindlichen Schwertern und dem Hunger entflohen waren. (...) Wie sahen die Unglücklichen aus! Die Köpfe und die Füße in Lumpen gehüllt, der übrige Körper bedeckt mit Fetzen von allen möglichen Stoffen oder Strohmatten. Auch Tierfelle, noch voll des vertrockneten Blutes, bedeckten ihre Blößen. Der Ausdruck ihrer bleichen Züge war ein schrecklicher, die Augen sahen mit einem geisterhaft starren Ausdruck aus den blassen, mit Falten durchzogenen Gesichtern heraus, als sähen sie noch alle die Gräuel (...) Die meisten der Unglücklichen konnten ihre Körper kaum noch fortschleppen, so matt und krank waren sie. Ihre Gesichter, geschwärzt von dem Rauch der Lagerfeuer, bedeckt mit wochenlangem Straßenschmutz, zerfressen von allen möglichen Krankheiten (...) und zernagt von Ungeziefer, sahen mit gespenstischem Ausdruck aus den Lumpen hervor. (...) Ist es möglich, teurer Vater, dass ein Mensch solch eine Gewalt über die Welt besitzt, dass er hunderttausendfaches Unglück über seine Mitmenschen bringen kann? (...) Ich versuchte mir Auskunft von ihnen über das Schicksal unseres Fritz zu verschaffen, aber so viel ich auch fragte, ich erhielt nur ein blödes Lachen als Antwort oder ein anderer hob den Arm und flüsterte halb irre: „Tot – alles – alles – tot."

Zit. nach: E. Kleßmann (Hg.): Napoleons Russlandfeldzug in Augenzeugenberichten. Düsseldorf 1964, S. 391 f.

Q4 Napoleon
Eine weit verbreitete deutsche Karikatur von 1814.

Napoleons Lebenslauf Q5
Kolorierte Radierung nach einer deutschen Karikatur. Um 1814 kursierten in Deutschland und England mehrere Versionen dieser Karikatur, bei denen besonders das letzte Bild („nach dem Tode …") unterschiedlich war.

Q6 Gespräch Napoleons mit Metternich

In seinen Lebenserinnerungen berichtet der österreichische Kanzler Metternich über Friedensverhandlungen, die er im Juni 1813, zwei Monate vor der Völkerschlacht bei Leipzig, mit Napoleon führte. Österreich zögerte noch, ob es sich gemeinsam mit Russland und Preußen gegen Napoleon stellen sollte. Napoleon hatte 1810 die Tochter des österreichischen Kaisers geheiratet:

Metternich: Die Welt bedarf des Friedens. Um diesen Frieden zu sichern, müssen Sie in die [alten] (…) Machtgrenzen zurückkehren, oder aber Sie werden in dem Kampf unterliegen

Napoleon: Nun gut, was will man denn von mir? Dass ich mich entehre? Nimmermehr! Ich werde zu sterben wissen, aber ich trete keine Handbreit Boden ab. Eure Herrscher, geboren auf dem Throne, können sich zwanzigmal schlagen lassen und doch immer wieder in ihre Residenzen zurückkehren; das kann ich nicht, ich, der Sohn des Glücks! Meine Herrschaft überdauert den Tag nicht, an dem ich aufgehört habe, stark und folglich gefürchtet zu sein. Ich habe einen großen Fehler gemacht, indem ich außer Acht ließ, was mich eine Armee gekostet hat, die herrlichste, die es je gegeben hat. Ich kann mich mit Menschen schlagen, aber nicht mit Elementen; die Kälte hat mich zugrunde gerichtet. In einer Nacht verlor ich 30 000 Pferde. Alles habe ich verloren, nur die Ehre nicht. (…)

Metternich: Ich habe Ihre Soldaten gesehen, es sind Kinder. (…) Und wenn diese jugendliche Armee, die Sie unter die Waffen gerufen haben, dahingerafft sein wird, was dann?

Napoleon: Sie sind nicht Soldat und wissen nicht, was in der Seele eines Soldaten vorgeht. Ich bin im Felde aufgewachsen und ein Mann wie ich schert sich wenig um das Leben einer Million Menschen.

Zit. nach: E. Kleßmann (Hg.): Die Befreiungskriege in Augenzeugenberichten. Düsseldorf 1966, S. 119 f.

Fragen und Anregungen

1. In seinem Buch „Die Geschichte Europas" hat der französische Historiker Jacques Le Goff für das Napoleon-Kapitel die Überschrift „Ein missglückter Versuch, Europa zu einigen" gewählt. Erkläre diesen Satz mithilfe des Textes und der Karte D1.
2. Beschreibe die in Q1 dargestellten Probleme, mit denen die französischen Soldaten auf dem Rückzug aus Russland zu kämpfen hatten.
3. Beschreibe die in Q3 dargestellte Szene. Wessen Partei ergreift der Maler? Woran erkennst du das?
4. Vergleiche den Brief Q2 und die Äußerungen Napoleons zum Russlandfeldzug in Q6.
5. Interpretiere die Karikatur Q4. Nimm den Verfassertext und die Karte D1 zu Hilfe.
6. Erläutere die einzelnen „Stufen" des Lebensweges Napoleons und ordne ihnen – soweit möglich – Jahreszahlen zu (Q5).
7. Erarbeite Q6: Welche Argumente bringt Metternich vor, welche Napoleon? Wie lässt sich Napoleon in diesem Gespräch charakterisieren?

Eine „Fieberkurve" der Revolution

In diesem Kapitel werdet ihr mit einer Fülle von Ereignissen konfrontiert. Da sich gerade in revolutionären Zeiten die Geschehnisse überschlagen, ist es wichtig, nicht den Überblick zu verlieren. Hilfreich dazu ist z. B. die Darstellung in Form einer Zeitleiste, wie ihr sie schon früher kennen gelernt habt. Das Prinzip der Zeitleiste lässt sich verfeinern, indem man die Ereignisse gewichtet und bewertet.

Zeichnet zunächst ein Koordinatensystem.

Es ist üblich, auf der x-Achse die Zeitabschnitte einzutragen. Dazu wählt man einen angemessenen Ausschnitt aus, für unser Thema z. B. die Jahre von 1788–1799. Die x-Achse stellt sich dann folgendermaßen dar:

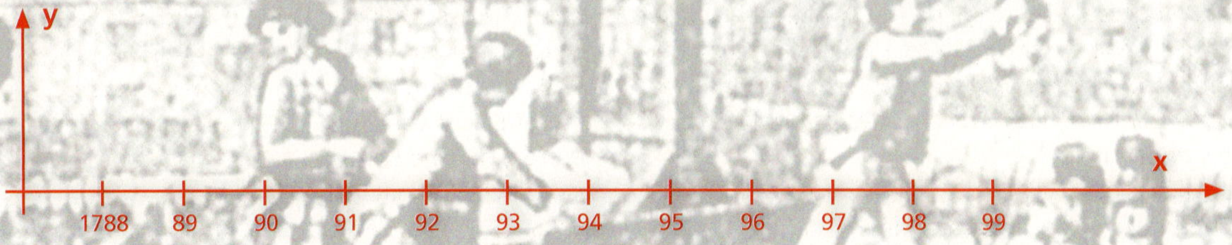

Auf der y-Achse wird nun das „Fieber" gemessen, d.h. je „revolutionärer" das Ereignis war, desto höher wird es auf der y-Achse angesetzt. So würde man die Einberufung der Generalstände z. B. noch relativ niedrig einordnen, die Hinrichtung des Königs dagegen erheblich höher.

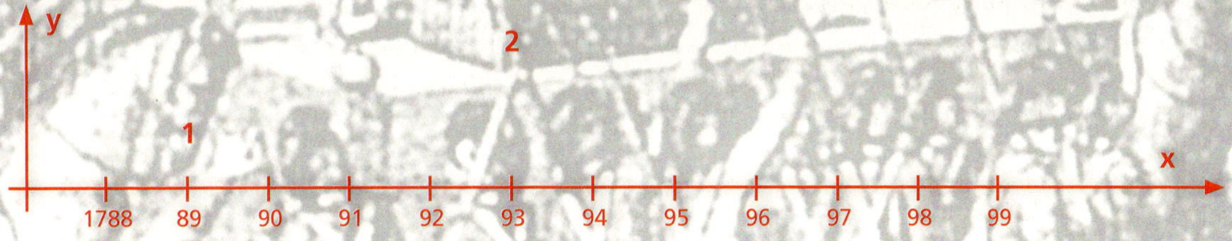

1) Einberufung der Generalstände
2) Hinrichtung des Königs

Die Datenleisten in diesem Kapitel enthalten 17 Ereignisse aus der Zeit von 1788 bis 1799. Stellt, z. B. in Gruppenarbeit, diese Ereignisse in Form einer Fieberkurve dar. Ein Tipp: Wählt das Papier nicht zu klein! Es ist auch möglich, ein Poster zu gestalten, eine Folie zu benutzen oder den Computer einzusetzen. Präsentiert eure Grafiken den anderen Gruppen und vergleicht eure Ergebnisse.

Diskutiert anschließend darüber, wie sich die Unterschiede zwischen euren „Fieberkurven" erklären lassen.

INDUSTRIALISIERUNG UND SOZIALE FRAGE

Wie kein anderer historischer Vorgang hat die Industrialisierung die Art verändert, wie die Menschen leben und arbeiten. Sie hat den Weg für eine Wirtschaftsweise frei gemacht, in der immer mehr und immer bessere Produkte hergestellt werden, in der Gesellschaften immer reicher werden. Wer weiß, wie sich diese Entwicklung vollzogen hat, wird auch viele gegenwärtige Probleme wie beispielsweise die Umweltverschmutzung, die Arbeitslosigkeit oder die Diskussion um die Sozialversicherungssysteme besser verstehen können.

„Die deutsche Sozialversicherung"
Plakat der deutschen Regierung, 1913.

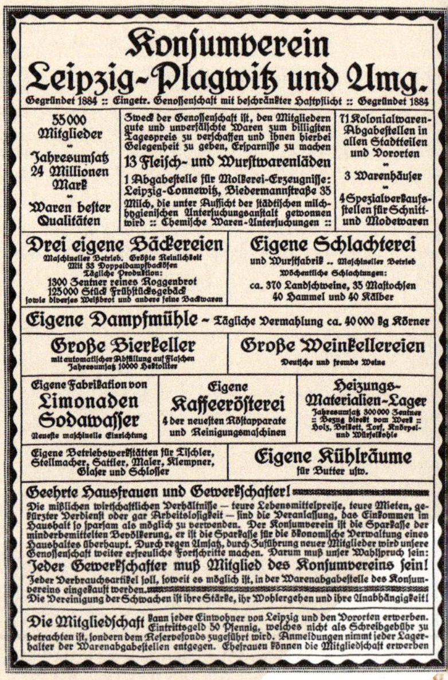

Konsumverein Leipzig-Plagwitz und Umg.

Gegründet 1884 :: Eingetr. Genossenschaft mit beschränkter Haftpflicht :: Gegründet 1884

55000 Mitglieder – Jahresumsatz 24 Millionen Mark – Waren bester Qualitäten

Zweck der Genossenschaft ist, den Mitgliedern gute und unverfälschte Waren zum billigsten Tagespreis zu verschaffen und ihnen hierbei Gelegenheit zu geben, Ersparnisse zu machen

13 Fleisch- und Wurstwarenläden

1 Abgabestelle für Molkerei-Erzeugnisse: Leipzig-Connewitz, Biedermannstraße 35
Milch, die unter Aufsicht der städtischen milchhygienischen Untersuchungsanstalt gewonnen wird :: Chemische Waren-Untersuchungen ::

71 Kolonialwaren-Abgabestellen in allen Stadtteilen und Vororten – 3 Warenhäuser – 4 Spezialverkaufsstellen für Schnitt- und Modewaren

Drei eigene Bäckereien
Maschineller Betrieb. Größte Reinlichkeit
Mit 33 Doppeldampfbacköfen
Tägliche Produktion:
1300 Zentner reines Roggenbrot
125000 Stück Frühstücksgebäck
sowie diverses Weißbrot und andere feine Backwaren

Eigene Schlachterei
und Wurstfabrik .. Maschineller Betrieb
Wöchentliche Schlachtungen:
ca. 370 Landschweine, 35 Mastochsen
40 Hammel und 40 Kälber

Eigene Dampfmühle – Tägliche Vermahlung ca. 40000 kg Körner

Große Bierkeller
mit automatischer Abfüllung auf Flaschen
Jahresumsatz 10000 Hektoliter

Große Weinkellereien
Deutsche und fremde Weine

Eigene Fabrikation von **Limonaden Sodawasser**
Neueste maschinelle Einrichtung

Eigene Kaffeerösterei
4 der neuesten Röstapparate und Reinigungsmaschinen

Heizungs-Materialien-Lager
Jahresumsatz 300000 Zentner
:: Bezug direkt vom Werk ::
Holz, Brikett, Torf, Knorpel- und Würfelkohle

Eigene Betriebswerkstätten für Tischler, Stellmacher, Sattler, Maler, Klempner, Glaser und Schlosser

Eigene Kühlräume
für Butter usw.

Geehrte Hausfrauen und Gewerkschafter!
Die mißlichen wirtschaftlichen Verhältnisse – teure Lebensmittelpreise, teure Mieten, gekürzter Verdienst oder gar Arbeitslosigkeit – sind die Veranlassung, das Einkommen im Haushalt so sparsam als möglich zu verwenden. Der Konsumverein ist die Sparkasse der minderbemittelten Bevölkerung, er ist die Sparkasse für die ökonomische Verwaltung eines Haushaltes überhaupt. Durch regen Umsatz, durch Zuführung neuer Mitglieder wird unsere Genossenschaft weiter erfreuliche Fortschritte machen. Darum muß unser Wahlspruch sein:
Jeder Gewerkschafter muß Mitglied des Konsumvereins sein!
Jeder Verbrauchsartikel soll, soweit es möglich ist, in der Warenabgabestelle des Konsumvereins eingekauft werden.
Die Vereinigung der Schwachen ist ihre Stärke, ihr Wohlergehen und ihre Unabhängigkeit!

Die Mitgliedschaft kann jeder Einwohner von Leipzig und den Vororten erwerben. Eintrittsgeld 50 Pfennig, welches nicht als Schreibgebühr zu betrachten ist, sondern dem Reservefonds zugeführt wird. Anmeldungen nimmt jeder Lagerhalter der Warenabgabestellen entgegen. Ehefrauen können die Mitgliedschaft erwerben

Werbeplakat für einen 1884 gegründeten genossenschaftlichen Konsumverein in Leipzig

Kristallpalast in London zur Weltausstellung, 1851

Gottlieb Daimler und sein Sohn auf der ersten Motorkutsche, 1885

Werbeplakat, 1894

Zeitkontrollapparat, 1898

Ansicht eines Eisenwalzwerkes in Hagen, um 1860

1. England – Werkstatt der Welt

Beginn der Industrialisierung

Im 18. Jahrhundert begann in England mit der „Industrialisierung“ eine grundlegende Veränderung der Wirtschaftsweise, die schließlich das heutige Wirtschaftssystem hervorbrachte. Bis dahin arbeitete die große Mehrheit der Menschen in der Landwirtschaft, eine Minderheit war im Handwerk und im Handel tätig. Lebens- und Arbeitsbedingungen blieben über Jahrhunderte hinweg fast gleich, Neuerungen und Verbesserungen setzten sich nur sehr langsam durch.
Nun aber kam es in der englischen Wirtschaft in verhältnismäßig kurzer Zeit zu bahnbrechenden Neuerungen. Es wurde eine Reihe von Maschinen erfunden, die es möglich machten, bisher von Hand ausgeführte Arbeitsvorgänge wie z. B. das Spinnen von Garn und das Weben von Tüchern weitgehend durch die Bewegungen mechanischer Apparate zu ersetzen. Neuartig waren aber vor allem die Fabriken, in denen viele solcher Maschinen nebeneinander eingesetzt wurden. Insgesamt konnten so die Herstellungskosten von Waren deutlich gesenkt bzw. die in einem Zeitraum mit demselben Arbeitsaufwand erzeugte Warenmenge vergrößert werden – es konnte wesentlich produktiver gearbeitet werden. Diese wirtschaftlichen Veränderungen ergriffen bald auch andere Wirtschaftszweige, und ganz neue, bisher unbekannte Industrien entstanden. Darüber hinaus wälzten sie die gesamte Art der herkömmlichen Lebensführung und Lebensverhältnisse um: Immer mehr Menschen zogen vom Land in die Städte, arbeiteten in Fabriken und lebten von dem, was sie dort verdienten.

Traditionelles Spinnen Q1
Gemäldeausschnitt, um 1783.

Leitsektor Textilindustrie

Die ersten brauchbaren und wirtschaftlichen Maschinen kamen bei der Herstellung von Baumwollgarn zum Einsatz. Statt Baumwolltücher aus Asien zu importieren, war man im 18. Jahrhundert in England dazu übergegangen, nur noch die Rohbaumwolle einzuführen und sie im eigenen Land zu verarbeiten. Händler gaben die Rohbaumwolle an Familien weiter, die daraus für sie Garn und Tücher herstellten.
Wegen steigender Nachfrage fing man an zu überlegen, wie Garn schneller und billiger hergestellt werden könnte. 1764 wurde die Spinning Jenny erfunden, eine Ma-

Maschinelles Spinnen Q2
Stahlstich, um 1835.

schine, mit der eine Person zunächst 8, später über 100 Spindeln gleichzeitig bedienen konnte. Ein nächster Schritt wurde 1769 vollzogen: Es gelang, mehrere Spinnmaschinen gleichzeitig mit Wasserkraft zu betreiben. Nun konnten viele Maschinen in einem Gebäude untergebracht werden – die ersten Fabriken entstanden. Schließlich wurde auch die Weberei produktiver gestaltet. Erste mechanische Webstühle, die die Arbeit des Handwebens am Webstuhl maschinell ausführten, kamen um 1800 zum Einsatz.

Die Dampfmaschine

Anfangs waren die Standorte der Fabriken an die Wasserkraft und damit an fließende Gewässer gebunden. 1782 erfand der schottische Mechaniker James Watt eine Kraftmaschine, mit der andere Maschinen überall angetrieben werden konnten. Schon seit Beginn des 18. Jahrhunderts waren in englischen Kohlebergwerken mit Wasserdampf betriebene Maschinen eingesetzt worden, um das Grundwasser aus den Schächten zu pumpen. Watt entwickelte diese Dampfmaschine nun so fort, dass sie in allen Industriezweigen als Antriebskraft verwendet werden konnte. 1785 wurde erstmals eine Baumwollspinnerei mit einer Dampfmaschine betrieben.

Metallerzeugung

Die Verbreitung von Maschinen in England wurde durch Neuerungen im Bereich der Metallerzeugung und -verarbeitung begünstigt. Für die Gewinnung von Metallerzen wurde bis dahin Holzkohle verwendet. Wegen großen Holzmangels war Holzkohle aber besonders teuer geworden. 1709 wurde ein Verfahren entwickelt, bei dem aus Steinkohle gewonnener Koks in Hochöfen zur Eisenerzverhüttung benutzt wurde. 1784 fand man dann einen Weg, wie auch schmiedbare Stabeisen mit Steinkohlenkoks erzeugt werden konnten. Waren bis dahin Maschinen noch hauptsächlich aus Holz hergestellt worden, so wurden nun Eisen und Stahl zu den wichtigsten Maschinenbaumaterialien. Hierzu war es wiederum notwendig, Metallteile sehr genau und identisch zu bearbeiten, z. B. für Schrauben und Gewinde. Dieses Problem wurde mit der Erfindung so genannter Werkzeugmaschinen gelöst.

Eisenbahn

Schon bald wurde aber darüber nachgedacht, ob Dampfmaschinen nicht auch als Antriebskraft für Wagen benutzt werden könnten. Kohlen und Erze wurden in englischen Bergbau- und Metallrevieren schon seit längerem in Wagen transportiert, die mit wenig Reibungsverlust auf Eisenschienen rollten und von Pferden gezogen wurden. Die Idee lag nahe, auf einen solchen Wagen eine Dampfmaschine zu montieren und ihre Kraft auf die Räder zu übertragen – die Eisenbahn war erfunden. Damit stand ein billiges und für die massenhafte Beförderung von Rohmaterialien, Waren und Personen geeignetes Transportmittel zur Verfügung.

Q3 **Mechanische Webstühle in einer englischen Baumwollmanufaktur**
Stahlstich, 1835.

D1 – Die doppelt wirkende Dampfmaschine nach James Watt, 1782
Konstruktionszeichnung. Watt verbesserte die Dampfmaschine durch hauptsächlich drei Erfindungen. Er hielt den Zylinder heiß, indem er ihn mit einem Metallmantel umschloss, durch den der Wasserdampf strömte. Der Dampf wurde getrennt vom Zylinder in einem Kondensator abgekühlt und abwechselnd durch zwei Ventile oberhalb und unterhalb des Kolbens geleitet.

Q4 In einer Baumwollspinnerei

Im Auftrag der preußischen Regierung unternahm der Beamte May 1814 eine Reise nach England, um Informationen über die englische Wirtschaft zu sammeln. Über Manchester, den Hauptort der Baumwollindustrie, berichtete er:

Zu Hunderten sieht man fünf und sechs Stock hohe Fabrikgebäude hervorragen, zur Seite mit turmhohen Schornsteinen versehen, welche schwarzen Steinkohlendampf aushauchen und damit andeuten, dass hier mächtige Dampfmaschinen wirksam sind. Die Wolke, welche der Steinkohlendampf bildet, ist von fernher schon zu bemerken. Die Häuser sind davon schwarz gefärbt. Der Fluss, welcher Manchester bewässert, ist so mit ausgeflossenen Farbflotten angefüllt, dass er selbst einer Farbenbrühe ähnlich sieht. Das Ganze hat ein melancholisches Ansehen. Doch erblickt man überall geschäftige, fröhliche und gut genährte Menschen, welches das Gemüt wieder erheitert.

Bei einiger Empfehlung hält es nicht schwer, zu Manchester in den Fabriken Zutritt zu finden. Baumwollenspinnereien sieht man von aller Gattung und Art. Um Arbeitslohn zu ersparen, hat man die Anlagen der Mules [Maschinen] so weit getrieben, dass 600 Spinnspillen von einer erwachsenen Person und von zwei Kindern versehen werden. Zwei Mules, welche diese Anzahl Spillen [Winden] enthalten, stehen sich gegenüber. Die Wagen werden durch die Kraft der Dampfmaschine wechselseitig ausgezogen; das Zurückschieben derselben besorgt die erwachsene Person, welche ihren Platz in der Mitte hat. Die Kinder sind zu beiden Seiten zum Anknüpfen der gerissenen Fäden in Bereitschaft. (…) In den großen Spinnereien sind die verschiedenen Arten von Maschinen wie die Bataillone in einer Armee aufgestellt. Die Maschinenteile werden so viel wie möglich von Eisen, die Gestelle jetzt ganz aus Gusseisen verfertigt. Außer dass das Gusseisen in mehreren Gegenden wohlfeiler als Nutzholz ist, wird durch die Anwendung desselben an Raum sowie an Versicherungskosten gespart. (…)

Zit. nach: J. Kuczynski: Darstellung der Lage der Arbeiter in England von 1760 bis 1832, Bd. 23. Berlin 1964, S. 174 ff.

Q5 Verhüttung von Eisenerz

In Coalbrookdale in Shropshire am Severn, einer schon vor der Industrialisierung traditionsreichen Hüttenregion im Westen von England, wurde zu Beginn des 18. Jahrhunderts der Kokshochofen erfunden. Er ermöglichte es, statt teurer Holzkohle billigere Steinkohle zum Schmelzen von Eisen zu verwenden. Coalbrookdale einwickelte sich zu einer der ersten Industriestädte. Charles Hatchett verbrachte 1796 auf einer Reise mehrere Tage in Coalbrookdale und hielt seine Eindrücke in einem Tagebuch fest:

Q6 Bergmann
Aquatinta von Robert und Daniel Havell, 1813.
Auf dem Hügel sind die Dampfmaschine und das Fördergerüst der Zeche zu sehen. Mit der Dampflokomotive wurden die Kohlen transportiert. Solche frühen Lokomotiven mussten noch mit Seilzügen Steigungen hinaufgezogen werden.

Dieser Ort hat den großen Vorteil, dass in den Bergen am Ufer des Flusses Eisenerz, Kohle und (in der Nachbarschaft) Kalkstein vorkommen, so dass die Natur hier Materialien zur Verfügung stellt, die gebraucht werden, um Eisenerz zu schmelzen. Am Morgen nach dem Frühstück besichtigten wir die Dale Works, die wichtigste Eisengießerei (...). Die Fabrik gehört der Quäkerfamilie Darby, welche durch Heirat mit der Quäkerfamilie Reynolds verbunden ist. Der wiederum gehören die meisten anderen großen Fabriken. Von dem alten Quäker, der uns die Fabriken zeigte, erfuhr ich, dass in dem Gebiet, das diesen beiden Familien gehört, ca. 30–40 000 Menschen von der Arbeit in den Gießereien oder in den Eisenerz- und Kohleminen leben. Die Öfen in diesen Fabriken sind über 30 Fuß hoch und die Luftzufuhr wird von großen Zylindern statt von Blasebalgen erzeugt. Der Ofen wird von oben mit Erz (das geröstet wurde) gefüllt, das mit Kalkstein als Flussmittel vermengt ist. Geheizt wird mit Koks. Er wird vor Ort durch das teilweise Verkohlen oder Verbrennen von Steinkohle gewonnen, die mit Erde und Asche bedeckt wird. Zweimal am Tag wird der Ofen angestochen und jedes Mal werden 3–4 Tonnen Eisen geschmolzen. Durch einen Sandkanal wird das Metall in eine Art Trog geleitet, der als Behälter dient, von dem aus es in verschiedene Formen geleitet wird. Wenn die alle gefüllt sind, wird das hintere Ende des Trogs mit einem Kran und Haken angehoben, so dass das restliche Eisen in einen anderen Sandkanal fließt, von dem seitlich kürzere Kanäle abzweigen. (...) Ein Teil des Roheisens wird unter den großen Hämmern in den Schmieden, die zu diesem Unternehmen gehören, in Stabeisen oder in Hämmer für Stampfmühlen umgeformt. Der Rest wird in einem offenen Tiegel (...) erneut geschmolzen, um Gefäße und andere Geräte zu gießen. Die berühmte Eisenbrücke über den Severn wurde in dieser Gießerei geformt (...).

Zit. nach: B. Trinder (Hg.): „The most extraordinary District in the World." Ironbridge and Coalbrookdale. An Anthology of visitor's impressions of Ironbridge, Coalbrookdale and the Shropshire coalfield, 2. Ed. Chichester 1988, S. 51f. (Übers. d. Verf.)

Fragen und Anregungen

1. Liste auf, auf welchen organisatorischen und technischen Maßnahmen dem Bericht zufolge der Erfolg der englischen Industrie beruhte (D1, Q4, Q5).
2. Vergleiche die Beschreibung Q4 mit Q2. Welche Gemeinsamkeiten und welche Unterschiede kannst du erkennen?
3. Überlege, warum durch die Anordnung der Maschinen Raum gespart wurde (Q2–Q4).
4. Informiere dich, wo die Grafschaft Shropshire liegt und was Quäker sind.
5. Zeichne ein Schema, das die Entwicklung vom Eisenerz zum Eisengerät zeigt. Benutze dazu Q5.

2. Gründe und Folgen der Industrialisierung

Bodenschätze und Transportwege

Die Industrialisierung setzte nicht zufällig in England ein. Das Land verfügte über Bodenschätze wie Eisenerz und Steinkohle. Zudem konnten wegen der Insellage viele Rohstoffe und Waren auf Wasserwegen transportiert werden. Neben diesen natürlichen Voraussetzungen wurde die Industrialisierung aber vor allem durch wirtschaftliche und soziale Veränderungen befördert.

Konzentration von Geldvermögen

So gab es in England eine größere Zahl von Privatpersonen, die fähig und willens waren, höhere Geldbeträge in die Entwicklung neuer Produktionsverfahren zu investieren. Solche größeren Kapitalien waren hauptsächlich durch den Handel mit den Kolonien in Übersee erwirtschaftet worden. Aber auch in der Landwirtschaft waren die Erträge und die Gewinne beträchtlich gesteigert worden. Dies war vor allem auf eine Veränderung der Besitzstrukturen und auf verbesserte Anbaumethoden zurückzuführen. Bis dahin waren es überwiegend kleine und kleinste Bauern-

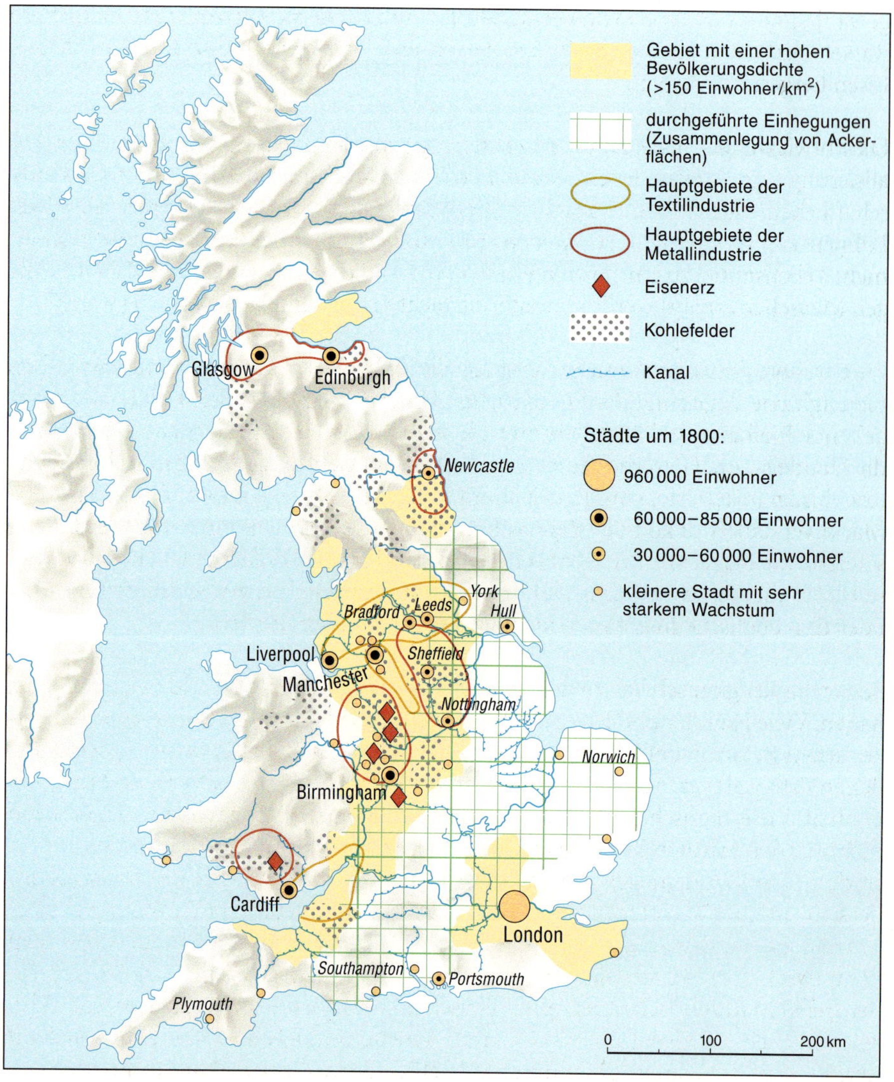

Die britische Industrie um 1800 D1

höfe gewesen, die im Rahmen der Dreifelderwirtschaft auf schmalen Landstreifen hauptsächlich das produzierten, was sie zum Überleben brauchten. Zum Weiden des Viehs, zum Sammeln von Brennholz und zu anderen Zwecken waren die Bauern immer auch auf Wiesen und Wälder angewiesen, die von den Bauern gemeinsam genutzt wurden. Diese zersplitterte und einfache Form der landwirtschaftlichen Nutzung des Landes verhinderte eine Überschussproduktion für den Markt. Mit Zwang, aber auch auf legalen, durch das Parlament gebilligten Wegen gelang es den zumeist adeligen Grundherren, sich nach und nach in den alleinigen Besitz eines großen Teils des Landes zu bringen, auf dem bis dahin Kleinbauern gewirtschaftet hatten. Diese größeren Äcker wurden durch Hecken und Mauern „eingehegt". Vielen Kleinbauern blieb daraufhin nichts anderes übrig, als sich als Landarbeiter zu verdingen, in die Städte zu ziehen oder ganz auszuwandern (vgl. S. 52–54).

Modernisierung der Landwirtschaft

Die Großgrundbesitzer verpachteten große Teile ihrer Ländereien. Die Pächter waren bestrebt Ackerbau und Viehzucht produktiver zu machen. Sie ersetzten die Dreifelderwirtschaft durch die Fruchtwechselwirtschaft. Der vermehrte Anbau von Rüben und Klee kam der Stallfütterung im Winter zu Gute. Hierdurch fiel wiederum mehr Mist an, der zum Düngen verwendet werden konnte. Saatgut wurde sorgfältiger ausgewählt. Beim Vieh, vor allem bei Schweinen und Rindern, wurden wirtschaftlichere Rassen gezüchtet. Geräte wie Pflüge, Eggen usw. wurden verbessert, indem sie aus Eisen hergestellt wurden.

Wachsende Zahl von Arbeitskräften

Die Entwicklungen in der Landwirtschaft hatten vor allem zwei Folgen, die die Industrialisierung begünstigten. Erstens stand sowohl den industriellen als auch den landwirtschaftlichen Unternehmern eine immer größere Zahl von Arbeitskräften zu niedrigen Löhnen zur Verfügung. Und zweitens produzierte die ertragreichere Landwirtschaft mehr Lebensmittel zu günstigeren Preisen, so dass die ständig wachsende Zahl derjenigen Menschen ernährt werden konnte, die nicht in der Landwirtschaft tätig waren.

Großer Binnenmarkt

Eine weitere wichtige Voraussetzung für die Industrialisierung bestand darin, dass die englische Regierung den industriellen Unternehmen und den Kaufleuten weitgehende Freiheiten gewährte. Schon früh setzte sie gegen den Widerstand der Zünfte die Handels- und Gewerbefreiheit durch. Wer sein Geld längerfristig in Industrieunternehmen investierte, konnte sich somit sicher sein, seine Waren auf einem großen Markt verkaufen zu können, der das Inland und die Kolonien umfasste. Gleichzeitig schützte die Regierung diesen Markt vor ausländischen Konkurrenten, beispielsweise durch die Vorschrift, dass deren Waren nur auf englischen Schiffen eingeführt oder dass englische Maschinen nicht ausgeführt werden durften.

Glaube und Theorie

Sogar die Religion scheint zu dem Aufstieg der Industrie in England beigetragen zu haben. Viele Händler und Industrielle glaubten an die Lehre des französisch-schweizerischen Reformators Johannes Calvin (1509–1564). Dieser betrachtete wirtschaftlichen Erfolg als gerechte Folge eines gottgefälligen Lebens voller Fleiß und Bescheidenheit. Viele englische Unternehmer sahen es geradezu als Pflicht an, den Gewinn nicht für den privaten Konsum auszugeben, sondern ihn erneut zu investieren.
In dem Land, in dem sich die wirtschaftlichen Aktivitäten Einzelner freier als anderswo entfalten konnten, wurde auch erstmals eine entsprechende Wirtschaftstheorie aufgestellt. Der Schotte Adam Smith (1723–1790) vertrat in seinem berühmten Hauptwerk „Der Wohlstand der Nationen" (1776) die Auffassung, dass es sich bei der freien Marktwirtschaft um eine Wirtschaftsweise handele, in der zwar jeder Einzelne mit seinem Eigentum sein Gewinninteresse verfolge, dies aber über den Kauf und Verkauf der Waren auf dem Markt letztlich doch allen zu Gute komme.

„Die Industrialisierung – ein europäisches Phänomen?"

Die Industrialisierung erfasste im Laufe des 19. Jahrhunderts fast alle europäischen Staaten sowie die USA. Zwischen den Ländern bestanden allerdings große Unterschiede. Diese lassen sich an wirtschaftlichen Daten ablesen, die auf der Zählung der Menge oder des Wertes der produzierten Waren und auf zusammenfassenden Berechnungen beruhen. Seit Beginn der Industrialisierung zeigten sich die Regierungen immer stärker daran interessiert, zu erfahren, wie die Wirtschaft in ihren Ländern gewachsen war. Es wurden eigene statistische Ämter eingerichtet, die für immer mehr Bereiche des wirtschaftlichen und sozialen Lebens Daten sammelten und auswerteten. Dadurch können wirtschaftliche Entwicklungen seit dem 19. Jahrhundert wesentlich besser erschlossen werden als zu früheren Zeiten. Auch wenn die statistischen Daten und die auf ihrer Grundlage angefertigten Tabellen und Diagramme oftmals den Eindruck strenger Sachlichkeit und Objektivität erwecken, so müssen auch sie wie jede andere Quelle genau analysiert werden. Für sich sagen Zahlen zunächst nämlich überhaupt nichts aus. Sie müssen vielmehr interpretiert, zu anderen Faktoren und zu Argumenten ins Verhältnis gesetzt werden, damit sie Erkenntnisse vermitteln. Was sagen z. B. die beiden Tabellen aus?

Methodische Arbeitsschritte:

1. Versuche herauszufinden, wie und von wem die Daten erhoben wurden. Achte darauf, ob es sich um verhältnismäßig einfach zu erhebende Daten handelt, oder ob die Daten aus anderen Daten errechnet worden sind.
2. Beachte die Zeitpunkte und Zeiträume, für die die Daten genannt werden. Zwischenräume können zu groß sein, sodass wichtige Entwicklungen übersehen werden. Durch die zeitliche Begrenzung einer Tabelle können wichtige Tendenzen ausgeblendet werden.
3. Fasse die auffälligsten Entwicklungen in eigene Worte. Hierzu gebraucht man meistens vergleichende Formulierungen: Man versucht annähernd auszudrücken, um wie viel sich ein Ausgangswert zu einem anderen Wert verändert hat oder wie sich verschiedene Werte zu einem Zeitpunkt zueinander verhalten („Ist ungefähr doppelt so groß wie ...")
4. Beurteile, ob die Statistik einen Sachverhalt erfasst, der für die historische Fragestellung, die dich interessiert, wichtig und aussagekräftig ist. Finde heraus, mit welchen anderen Faktoren die Entwicklungen zusammenhängen könnten. Überlege, welche Informationen noch eingeholt werden müssten.

Roheisenproduktion D2

Die Tabelle zeigt, wie viel Roheisen (in Tonnen) in den vier europäischen Staaten Großbritannien, Frankreich, Deutschland und Russland durchschnittlich zwischen 1800 und 1913 hergestellt wurde.

	Großbrit.	Frankreich	Deutschland	Russland
1800–14	248	200	–	200
1820–24	418	150	75	–
1830–34	700	244	111	167
1840–44	1465	395	160	184
1850–54	2716	561	245	231
1860–64	4219	1065	613	297
1870–74	6480	1211	1579	375
1880–84	8295	1918	2893	477
1890–94	7402	1998	4335	1096
1900–04	8778	2665	7925	2773
1910–13	9792	4664	14836	3870

Zur Erhebungsweise der Daten

Es wird nicht mitgeteilt, von wem und auf welche Weise die Daten erhoben wurden. War es in den vier Ländern um 1800 wirklich schon üblich, die nationale Roheisenproduktion zuverlässig zu erfassen? Zumindest für das frühe 19. Jahrhundert dürften einige der Angaben nur geschätzt sein. Es wird auch nichts darüber gesagt, ob und wie territoriale Veränderungen der Länder zwischen 1800 und 1913 berücksichtigt wurden.

Zur tabellarischen Darstellung der Daten

Die Roheisenmenge wird jeweils durchschnittlich für die ersten 5 Jahre der Jahrzehnte zwischen 1800 und 1913 angegeben. Jedoch wird für die Jahre 1800–1814 ein längerer, für die Jahre 1910–1913 ein kürzerer Durchschnittszeitraum verwendet, ohne dass dies durch eine breitere oder schmalere Spalte deutlich gemacht wird. Warum die ungewöhnliche Darstellungsweise mit den Fünfjahresdurchschnitten gewählt wurde, wird nicht erläutert. Jedenfalls wird durch die Durchschnittrechnung eine starke Verallgemeinerung vorgenommen.

Beschreibung deutlicher Auffälligkeiten

Die Statistik zeigt u. a., dass
- englische Eisenhütten bis gegen Ende des 19. Jahrhunderts die mit Abstand größten europäischen Roheisenproduzenten waren, dann aber zu Beginn des 20. Jahrhunderts von den sehr schnell wachsenden deutschen Eisenhütten überholt wurden;
- Frankreich und Russland beim Wachstum der Roheisenerzeugung mit Deutschland nur anfangs mithalten konnten, dann aber schnell zurückfielen;
- um die Mitte des 19. Jahrhunderts die prozentuale Steigerung in den Ländern am größten war, wenn auch auf sehr unterschiedlichem Niveau.

Beurteilung der Entwicklungen

Die Tabelle erfasst einen wichtigen Aspekt der Industrialisierung, denn Roheisen war der wichtigste Grundstoff der Schwerindustrie. Die Tabelle scheint die allgemeine Aussage zu stützen, dass Deutschland um 1900 zur stärksten Industrienation in Europa aufgestiegen war. Ob allerdings das starke Wachstum der deutschen Eisenproduktion direkt dem allgemeinen Wachstum der Wirtschaft entsprach, kann bezweifelt werden. Vielleicht lagen die anderen Nationen ja in anderen Wirtschaftsbereichen vorn. Vielleicht nahm auch die Bedeutung der Roheisenproduktion ab. Fast immer ergeben sich aus Statistiken solche neuen Fragen.

	Großbrit.	Frankreich	Deutschl.	Russland	USA	Welt
1800	230	190	60	15	25	650
1820	290	220	85	20	55	865
1840	387	264	150	40	96	1314
1860	577	380	310	155	392	2404
1888	820	485	583	363	1443	4618
1896	876	596	690	380	1980	5710

D3 Die industrielle Produktion 1800–1896 (in Mio. £)

Fragen und Anregungen

1. Interpretiere die Statistik zur Industrieproduktion 1800–1896. Wende dabei die vorgestellten Arbeitsschritte an.
2. Setze die beiden Tabellen in geeignete Diagramme um. Computerprogramme wie Microsoft Excel, Works, Lotus 1-2-3 helfen dabei.

	Streckenlänge Eisenbahn (in km)										
	1780	1800	1825	1830	1835	1840	1850	1860	1885	1900	1910
Deutschland (D)					6	548	6044	11 660	40 000	49 878	61 148
England (GB)						1348	10 653	16 787	30 000	35 462	37 579
	Eisenproduktion (in tausend Tonnen)										
Deutschland				46	102	158	215				
England				680	1 200	1 720	2 250				
USA				180	310	440	560				
Frankreich				270	315	360	400				
Welt				1 800			4 470				
	Bevölkerung in Städten (in tausend Einwohnern)										
Berlin		172	221	270	319	368	419				
Dortmund		4	5	7	8	10	11				
Essen		4	5	6	7	8	9				
Hamburg		130	130	131	131	132	132				
Hannover		18	20	22	24	26	29				
Köln		50	59	68	78	87	97				
London		1 117					2 685				
	Beschäftigte in der Landwirtschaft / im produzierenden Gewerbe (in Prozent)										
D Landwirtschaft	65	62	61	59	58	57	55				
D prod. Gewerbe	19	21	21	22	22	23	24				
GB Landwirtschaft		36	33	30	27	24	21				
GB prod. Gewerbe		30	32	35	37	40	43				

D4 Statistiken zur industriellen Revolution, 1780–1910

D2–D4: Propyläen Geschichte Europas, Bd. 4, S. 402, 437, 438; Weltgeschichte im Aufriss, Bd. 2, S. 98.

Q1 Über die Landwirtschaft in Norfolk

Der Agrarwissenschaftler Arthur Young über die Neuerungen der Landwirtschaft Norfolks, 1771:

Große Fortschritte hat man durch folgende Maßnahmen erreicht: 1. Durch Einhegungen; 2. Durch entschiedene Bodenverbesserung mithilfe von Mergel und Lehm; 3. Durch die Einführung eines hervorragenden Fruchtwechsels; 4. Durch den Rübenhackbau; 5. Durch den Anbau von Klee; 6. Durch langfristige Pachtverträge; 7. Durch die Aufteilung der Grafschaft in große Höfe (...); Angesichts der vorangegangenen Aufzählung wird deutlich, dass kein kleiner Bauer so Großes bewirkt haben würde, wie es in Norfolk der Fall war. Ausschließlich Großbauern verfügen über die Voraussetzung Einhegungen und Bodenverbesserungen vorzunehmen, zu düngen, indem sie eine Herde Schafe in einem Pferch halten (...) Große Farmen sind von jeher das Herzstück der Landwirtschaft in Norfolk gewesen: Teilt sie in Pachtlandzellen mit einem Jahresertrag von jeweils 100 Pfund auf und ihr werdet im ganzen Land nur Bettler und Unkraut finden. Der reiche Mann erhält den Reichtum dieser Kulturlandschaft.

Zit. nach: P. Wende: England als Vorbild Europas. Stuttgart 1988, S. 60f.

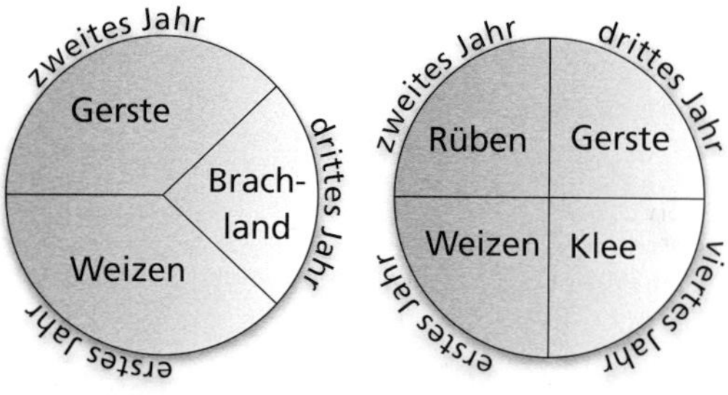

D5 Schemata zur Dreifelderwirtschaft (links) und Fruchtwechselwirtschaft (rechts)

Q2 Die dunkle Seite der Industrialisierung

Aus einem Reisebericht des Juristen und Schriftstellers Chr. August Gottlieb Goede, 1806:

Schifffahrt, Fabriken und Manufakturwesen zerstören bei großer Ausdehnung furchtbarer und schneller als manche tödliche Epidemie erstaunlich viele Menschenleben. Es ist fast unglaublich, wie sehr sich mit jedem Jahr in England die Zahl der Witwen und Waisen, armer Seeleute und Fabrikarbeiter vermehrt, die in ihrem Beruf einen frühen Tod gefunden haben.

Aus dieser Klasse hilfloser Armen besteht jederzeit die größte Anzahl derer, welche den englischen Kirchspielen zur Last fallen. (...) Die vermögenden Bürger werden durch die Vergrößerung ihrer Kapitalien in den Stand gesetzt, alle Unternehmungen immer mehr ins Große zu treiben, aber begreiflicherweise wird eben dadurch der ärmere Bürger immer tiefer ins Elend hinabgestoßen, denn wer ein Gewerbe nur im Kleinen betreiben kann, muss in demselben umso weiter zurückgesetzt werden, je beträchtlicher und je leichter andere bei demselben Erwerbszweig durch geschickte Anlegung großer Kapitalien die Hervorbringung und den Vertrieb der Waren zu vermehren wissen.

Chr. A. G. Goede: England, Wales, Irland und Schottland. Erinnerungen an Natur und Kunst auf einer Reise, 5. Bd. Dresden 1806, S. 78 ff.

Q3 Der Staat und die freie Marktwirtschaft

Der Wirtschaftswissenschaftler Adam Smith schrieb 1776 über die Wirtschaftsfreiheit:

Solange der Einzelne nicht die Gesetze verletzt, lässt man ihm völlige Freiheit, damit er das eigene Interesse auf seine Weise verfolgen kann und seinen Erwerbsfleiß und sein Kapital im Wettbewerb mit jedem anderen oder einem anderen Stand entwickeln oder einsetzen kann. Der Herrscher wird dadurch vollständig von einer Pflicht entbunden (...), den Erwerb privater Leute zu überwachen und ihn in Wirtschaftszweige zu lenken, die für das Land am nützlichsten sind. Im System der natürlichen Freiheit hat der Souverän lediglich drei Aufgaben zu erfüllen, die sicherlich von höchster Wichtigkeit sind, aber einfach und dem normalen Verstand zugänglich: Erstens die Pflicht, das Land gegen Gewalttätigkeit und Angriff anderer unabhängiger Staaten zu schützen, zweitens die Aufgabe, jedes Mitglied der Gesellschaft so weit wie möglich vor Ungerechtigkeit oder Unterdrückung durch einen Mitbürger in Schutz zu nehmen oder ein zuverlässiges Justizwesen einzurichten, und drittens die Pflicht, bestimmte öffentliche Anstalten und Einrichtungen zu gründen und zu unterhalten, die ein Einzelner oder eine kleine Gruppe aus eigenem Interesse nicht betreiben kann, weil der Gewinn ihre Kosten niemals decken könnte (...).

A. Smith: Der Wohlstand der Nationen. München 1978, S. 582.

D6 Die industrielle Revolution in Europa 1870–1914

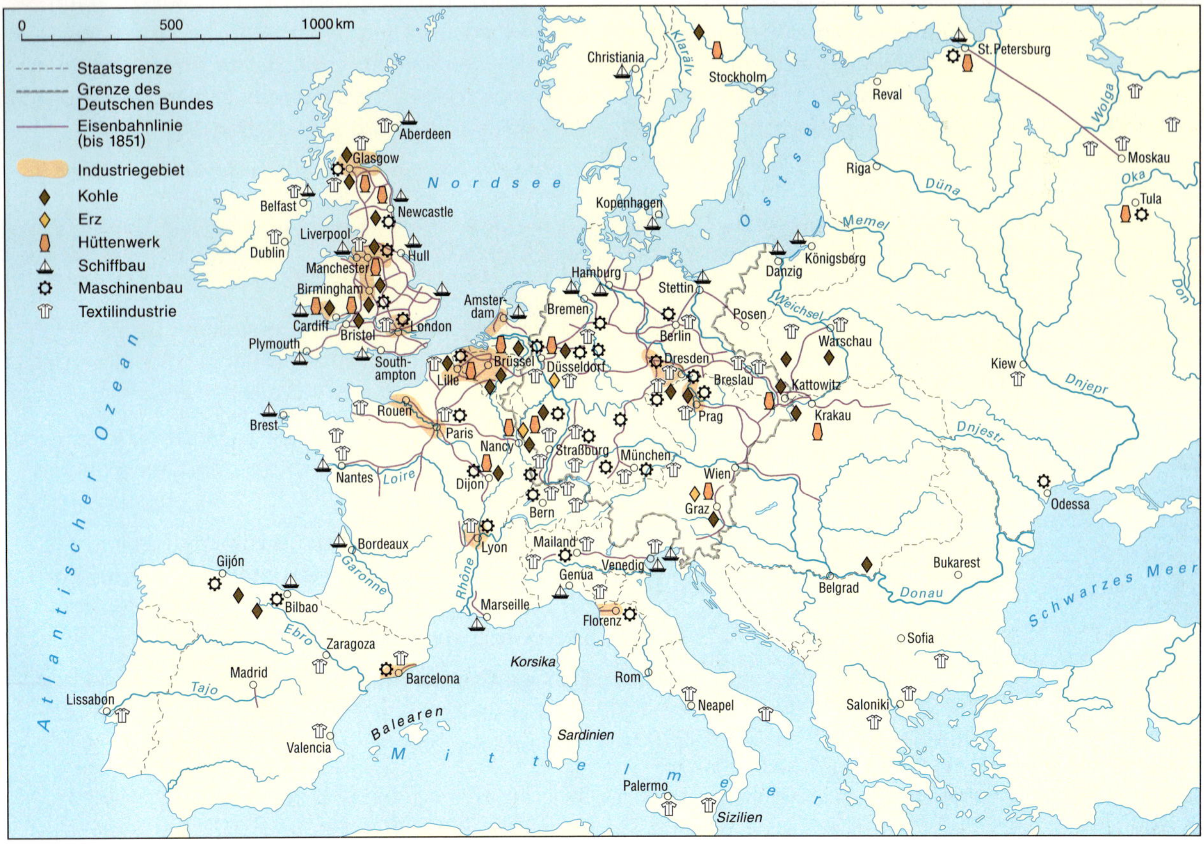

Q4 In der Altstadt von Manchester

Friedrich Engels (Foto um 1850) war zwischen 1842 und 1844 in der Baumwollspinnerei seines Vaters in Manchester tätig. Er beobachtete die Arbeits-, Wohn- und Lebensverhältnisse der Arbeiter in der Stadt. Darüber schrieb er in einem berühmten Buch:

Das ist die Altstadt von Manchester – und wenn ich meine Schilderung noch einmal durchlese, so muss ich bekennen, dass sie, statt übertrieben zu sein, noch lange nicht grell genug ist, um den Schmutz, die Verkommenheit und Unwohnlichkeit, die allen Rücksichten auf Reinlichkeit, Ventilation und Gesundheit hohnsprechende Bauart dieses mindestens zwanzig- bis dreißigtausend Einwohner fassenden Bezirks anschaulich zu machen. Und ein solches Viertel existiert im Zentrum der zweiten Stadt Englands, der ersten Fabrikstadt der Welt! (...) Es ist freilich die Altstadt – und darauf berufen sich die Leute hier, wenn man ihnen von dem scheußlichen Zustande dieser Hölle auf Erden spricht –, aber was will das sagen? Alles, was unsren Abscheu (...) hier am heftigsten erregt, ist neueren Ursprungs, gehört der industriellen Epoche an. Die paar hundert Häuser, die dem alten Manchester angehören, sind von ihren ursprünglichen Bewohnern längst verlassen; nur die Industrie hat sie mit den Scharen von Arbeitern vollgepfropft, die jetzt in ihnen beherbergt werden; nur die Industrie hat jedes Fleckchen zwischen diesen alten Häusern verbaut, um Obdach zu gewinnen für die Massen, die sie sich aus den Ackerbaugegenden und aus Irland verschrieb; nur die Industrie gestattet es den Besitzern dieser Viehställe, sie an Menschen für hohe Miete zur Wohnung zu überlassen, die Armut der Arbeiter auszubeuten, die Gesundheit von Tausenden zu untergraben, damit nur sie sich bereichern; (...) das hat nur die Industrie getan, die ohne diese Arbeiter, ohne die Armut und Knechtschaft dieser Arbeiter nicht hätte leben können. Es ist wahr, die ursprüngliche Anlage dieses Viertels war schlecht, man konnte nicht viel Gutes daraus machen – aber haben die Grundbesitzer, hat die Verwaltung etwas getan, um das beim Nachbau zu verbessern? Im Gegenteil, wo noch ein Winkelchen frei war, ist ein Haus hingesetzt, wo noch ein überflüssiger Ausgang, ist er zugebaut worden; der Grundwert stieg mit dem Aufblühen der Industrie, und je mehr er stieg, desto toller wurde darauf losgebaut, ohne Rücksicht auf die Gesundheit und Bequemlichkeit der Einwohner – es ist keine Baracke so schlecht, es findet sich immer ein Armer, der keine bessere bezahlen kann nur mit Rücksicht auf den größtmöglichen Gewinn.

Zit. nach: F. Engels: Die Lage der arbeitenden Klasse in England. In: K. Marx/F. Engels: Werke, Bd. 2. Berlin 1972, S. 225 ff., S. 285 f.

Fragen und Anregungen

1. Erkläre, warum die in Q1 genannten Maßnahmen jeweils „große Fortschritte" waren. Überlege, welche Möglichkeiten es gegeben hätte, auch kleinere Höfe produktiver zu machen.
2. Diskutiert, ob die Verfolgung des individuellen Vorteils wirklich immer dem Wohl aller dient und ob sich der Staat auf die von Adam Smith genannten Aufgaben beschränken sollte (VT, Q3).
3. Welche Gründe lassen sich dem Text Q2 für den Zusammenhang zwischen der Reichtumsvermehrung und dem wachsenden Elend entnehmen?
4. Erläutere anhand der Karte D1 den Zusammenhang von Rohstoffvorkommen, Transportwegen, Einhegungen und Bevölkerungsdichte, der für die Industrialisierung Englands kennzeichnend war.
5. Erkläre, wie Veränderungen in der Landwirtschaft und Fortschritte bei der Industrialisierung zusammenhingen (VT, Q1, D5).
6. Zähle drei Gründe auf, die die Fruchtwechselwirtschaft produktiver machte als die Dreifelderwirtschaft (D5).
7. Beziehe Stellung zu der Frage, ob die schlechten Wohnverhältnisse in Manchester der Industrie und den Hausbesitzern oder der alten Bausubstanz zuzuschreiben waren (Q4).
8. Erläutere die Statistiken D4. Wende dabei die Arbeitsschritte von S. 126 an. Setze die Angaben in Grafiken um.
9. Erläutere anhand der Karte D6, wie sich die Industrialisierung in Europa durchsetzte.

3. Deutschland auf dem Weg zur Industriegesellschaft

Q1 **Die Harkortsche Fabrik auf der Burg Wetter an der Ruhr**
Ölgemälde von Alfred Rethel, 1834. 1819 erwarben Friedrich Harkort und sein Kompagnon, der Kaufmann Heinrich Kamp, die Burg Wetter. Sie richteten dort nach englischem Vorbild eine Maschinenfabrik ein, in der sie hauptsächlich Dampfmaschinen herstellten. 1826 erweiterten sie die Fabrik um einen Hochofen (Gebäude auf der linken Seite des Burghofes) und 1827 um ein Puddel- und Walzwerk (in dem Gebäude rechts vorn).

Hindernisse für die Industrialisierung

In Deutschland wurde das Wirtschaftsleben um 1800 vielfältig beschränkt. Vielerorts konnten Bauern und Grundherren nicht das anbauen, was am meisten Gewinn versprach, weil sie durch die Grundherrschaft an der freien Nutzung des Landes gehindert wurden. Im Handwerk bestimmten die Zünfte, wer was herstellen und zu welchem Preis verkaufen durfte. Zudem gab es im Deutschen Bund ab 1815 wegen der vielen Einzelstaaten keinen größeren gemeinsamen Markt, für den eine maschinelle Produktion in Fabriken lohnend gewesen wäre. Der Handel wurde durch die vielen Zölle und Abgaben verteuert und durch unterschiedliche Münzen und Maße erschwert. Schließlich fehlten in Deutschland die großen, aus Kolonialhandel und moderner Landwirtschaft gewonnenen finanziellen Mittel, die in Fabriken hätten investiert werden können.

Veränderungen

Mit Blick auf die wirtschaftlichen Erfolge Englands leiteten seit ungefähr 1800 viele deutsche Regierungen Reformen ein. Nach und nach wurde die Macht der Zünfte gebrochen und die Gewerbefreiheit eingeführt. Bauern und Grundherren wurde es ermöglicht, ihre feudalen grundherrschaftlichen Beziehungen aufzugeben und ihren Grundbesitz in reines Privateigentum zu verwandeln. Technische Hochschulen wurden gegründet, um Wissen über neue Produktionstechniken zu verbreiten und zu erforschen. Patentrechte sollten Erfindern die alleinige wirtschaftliche Nutzung ihrer Ideen sichern. Um größere und einheitlichere Wirtschaftsräume zu schaffen, wurden zunächst mehrere miteinander konkurrierende Zollzusammenschlüsse geschaffen. Der 1834 gegründete Deutsche Zollverein, der wesentlich unter der Vorherrschaft Preußens stand, setzte sich schließlich durch. Ihm traten bis auf Österreich die meisten deutschen Staaten bei.

Bevölkerungswachstum und Pauperismus

Die Industrialisierung setzte in Deutschland zögerlich ein. In einzelnen Regionen wie im Rheinland und in Sachsen entstanden einige mechanische Baumwollspinnereien und Maschinenfabriken. Jedoch gingen von ihnen keine größeren Impulse für die Gesamtwirtschaft aus. Dabei wurde gerade in der ersten Hälfte des 19. Jahrhunderts ein Problem immer deutlicher: Die schnell wachsende Bevölkerung konnte mit der herkömmlichen Art des Wirtschaftens nicht mehr ausreichend versorgt werden. Traten noch schlechte Ernten und sinkende Löhne für Heimarbeiter hinzu, breitete sich schnell Massenarmut, der so genannte Pauperismus aus. Sie führte zu Protesten und Aufständen, die nicht selten – wie zum Beispiel bei den schlesischen Leinenwebern 1844 – mit Gewalt niedergeschlagen wurden.

Leitsektor Eisenbahn

Seit ungefähr 1850 nahm das Wirtschaftswachstum dann aber sehr schnell zu. 1828 hatten deutsche Fabriken für etwa 85 Millionen Pfund Waren hergestellt, englische Fabriken hingegen für 300 Millionen Pfund. Um 1900 erreichte die industrielle Produktion in Deutschland aber schon den Umfang der Produktion in England. Die Entwicklung in Deutschland wurde zuerst hauptsächlich durch den Eisenbahnbau vorangetrieben. 1835 wurde die erste Linie zwischen Nürnberg und Fürth eröffnet. Weitere Verbindungen zwischen größeren Städten folgten schnell. Sie wuchsen bis ungefähr 1850 zu einem Netz zusammen, das in den folgenden Jahrzehnten verdichtet wurde. Der Eisenbahnbau, der entweder von privaten Geldgebern oder von den Staaten finanziert wurde, regte die gesamte Wirtschaft an.

Entwicklung des deutschen Eisenbahnnetzes 1850–1870 D1

Waren konnten schneller und billiger auf weiter entfernte Märkte gebracht werden. Die Produktion von Eisen stieg, weil es für den Bau der Lokomotiven, Waggons und Schienen gebraucht wurde. Für die Eisenverhüttung und für die Befeuerung der Lokomotiven wurden große Mengen Kohle benötigt. Der Bau der Strecken und Bahnhöfe verschaffte vielen verarmten Kleinbauern, Tagelöhnern und Handwerkern zumindest zeitweise Arbeit und Einkommen.

Modernisierung der Landwirtschaft

Auch auf die Landwirtschaft wirkte sich die Industrialisierung aus. Viele der Maßnahmen, die schon die englische Landwirtschaft produktiver gemacht hatten, wurden übernommen. Größere Bauernhöfe setzten neue Geräte wie Dreschmaschinen und Dampfpflüge ein und gingen zur Düngung mit Mineralien über. Die Züchtung von Rüben mit hohem Zuckergehalt war die Voraussetzung für die Entstehung einer ersten Form von Lebensmittelindustrie – der Zuckerfabriken.

Die Schwerindustrie entwickelt sich

Im Lokomotivbau, im Bergbau und in der Eisenhüttenindustrie entstanden erste industrielle Großunternehmen mit riesigen Fabrikhallen und -flächen und Tausenden von Beschäftigten. Neben dem Saarland und Oberschlesien, in denen schon früher Erz verhüttet und Kohle gefördert worden war, nahm nun vor allem die Region an Ruhr und Emscher einen gewaltigen Aufschwung. Weil mithilfe der Dampfmaschinen mächtige Kohlenflöze in größerer Tiefe erschlossen werden konnten, entwickelte sich das Ruhrgebiet in kurzer Zeit zum schwerindustriellen Zentrum Deutschlands.

Q2 **Zwei-Ständer-Dampf-Schmiedehammer nach englischem Vorbild, 1900**

Q3 **Postkutsche, Eisenbahn und Schiffe am Rhein**
Gemälde von Paul Friedrich Meyerheim, 1875.

Das Beispiel Elektroindustrie

In der ersten Phase der Industrialisierung gingen vom Eisenbahnbau die wichtigsten Impulse für die wirtschaftliche Entwicklung in Deutschland aus. Gegen Ende des 19. Jahrhunderts waren es dann zwei andere Wirtschaftszweige, die Chemie- und die Elektroindustrie, die die Führungsrolle übernahmen und am stärksten wuchsen. Die Chemieindustrie nahm einen wesentlichen Aufschwung, nachdem entdeckt worden war, wie aus Teer, einem Abfallprodukt bei der Verkokung von Steinkohlen, künstliche Farben gewonnen werden konnten. Sie profitierte ferner von der wachsenden Nachfrage nach Grundstoffen wie Schwefelsäure, Chlor und Soda und nach Stickstoffdünger für die Landwirtschaft. Schließlich führten Fortschritte bei der Erforschung von Krankheitsursachen dazu, dass man auch mit der Herstellung von Arzneimitteln begann.
Am schnellsten wuchs seit 1871 die elektrotechnische Industrie. Warum dies so war, kannst du dir mit den folgenden Materialien selber erarbeiten.

Q4 Familie Siemens
Foto aus dem Jahr 1860. Als Erfinder, Unternehmer und Wissenschaftler prägte Werner von Siemens (rechts hinten) entscheidend die Entwicklung der Elektrotechnik. Hinten links sein Bruder Carl, der das russische Zweiggeschäft in St. Petersburg leitete, vorn rechts sein Bruder Wilhelm, der dem englischen Zweiggeschäft in London vorstand und dessen Frau, die Schwester eines englischen Geschäftsfreundes.

Q5 Die Bedeutung der Elektrizität

Anlässlich einer großen Industrieausstellung äußerte sich 1891 der erste Präsident der 1887 gegründeten AEG, Emil Rathenau (1838–1915):

Die großartige Verteilungsfähigkeit der Elektrizität ist es, welche den Versuch der Übertragung auf große, sehr große Entfernungen erst so recht zu einem bedeutungs- und wertvollen gemacht hat. (…) Wir dürfen uns auch weiter der Überzeugung nicht verschließen, dass die Unterstützung unserer Tätigkeit durch die Arbeitsleistung der Tierwelt längst nicht mehr ausreicht, und das Zugpferd und der Zugochse von rechtswegen schon längst der Vergangenheit angehören müssten. Das Zeitalter des Dampfes hat hierin Großes getan, aber wie jeder rapide und bedeutende Fortschritt auch Nachteile gezeitigt (…) Es liegt (…) in der Natur des Dampfes, als Betriebskraft für große Betriebe mit Erfolg verwendet werden zu können. Wir haben kein Mittel, um mit materiellen und technischem Vorteil den Dampf direkt in die Wohnung des Kleinmeisters zu führen, ebenso wenig können wir die Wirkungen des Dampfes, sei es durch Transmissionen oder durch andere Art, gut auf erhebliche Entfernungen übertragen. Ganz anders die Elektrizität! Die neuesten Fortschritte werden uns gestatten, großartige Krafterzeugungszentren an beliebigen Stellen, im Bergwerk, an der Meeresküste, um die Ebbe und Flut zu benutzen, an den großen Katarakten anzulegen, die dort vorhandenen, bisher zwecklos vergeudeten Kräfte in nutzbringende Elektrizität umzusetzen, diese in, wir können fast sagen, beliebige Entfernungen zu versenden und dort in beliebiger Art zu verteilen und zu verbrauchen.
Wir können dem Handwerksmeister seine Nähmaschine elektrisch betreiben, wir heizen ihm sein Bügeleisen, wir rüsten dem Vergolder die chemischen Bäder

für seine Erzeugnisse. Wir geben noch dazu einem jeden die Beleuchtung in der Stärke und an dem Orte und zu der Zeit, wo sie am vorteilhaftesten ist. Und wenn wir schließlich den Elektromotor mit anderen ähnlichen Maschinen vergleichen, so finden wir, dass er den geringsten Raum einnimmt, dass seine Einrichtung die einfachste ist, dass er keine Wartung braucht und keine Gefahr des Explodierens vorhanden ist, vor allem aber, dass er ökonomisch deshalb am vorteilhaftesten arbeitet, weil sein Kraftverbrauch sich mit seiner Belastung selbsttätig regelt.

Zit. nach: Preußen. Zur Sozialgeschichte eines Staates. Eine Darstellung in Quellen, Bd. 3. Reinbek bei Hamburg 1981, S. 240.

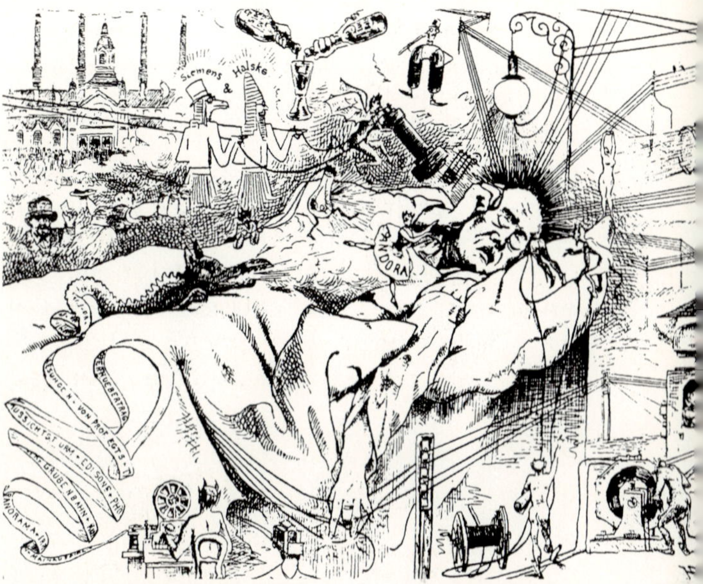

Visionen des elektrischen Zeitalters Q6
Karikatur von 1891.

D2 Wichtige elektrotechnische Erfindungen

1847	Werner Siemens und Georg Halske gründen ein Unternehmen zur Herstellung von Telegrafen.
1867	Werner Siemens entdeckt das dynamo-elektrische Prinzip.
1871	Nach dem Ausscheiden Halskes modernisiert Siemens die Produktion, indem er Produktteile standardisiert und in Serienfertigung zusammensetzen lässt. Hierdurch können statt handwerklich ausgebildeter Handwerker angelernte Arbeiter und Arbeiterinnen eingesetzt werden.
	In den 1870er-Jahren beginnt Siemens mit der Herstellung von Telefonen.
1878	Auf der Berliner Gewerbeausstellung stellen Siemens und Halske eine „Bahn ohne Dampf und Pferde" vor. In den folgenden Jahren werden kleine Elektrolokomotiven für den Einsatz in Gruben und elektrische Straßenbahnen entwickelt.
1878	In Berlin wird die erste elektrische Bogenlampe als Straßenbeleuchtung installiert. In den nächsten Jahren wird die elektrische Beleuchtung in immer mehr Gebäuden eingeführt. Der elektrische Strom wird aus Dynamos gewonnen, die von Dampfmaschinen angetrieben werden.
1883	Der Ingenieur Emil Rathenau gründet die „Deutsche Edison Gesellschaft", um die vom Amerikaner Edison erfundene Glühbirne in Deutschland einzuführen. Anfangs arbeitet er mit Siemens zusammen, 1887 gründet er sein eigenes Unternehmen, die Allgemeine Elektrizitäts-Gesellschaft (AEG).
1891	Auf der elektrotechnischen Ausstellung in Frankfurt a. M. wird erstmals erfolgreich demonstriert, wie über Hochspannungsleitungen Strom über eine größere Entfernung transportiert werden kann.
	In den 1890er-Jahren werden in vielen Großstädten Elektrizitätswerke gegründet, die Strom mit dampfmaschinenbetriebenen Generatoren produzieren und über ein Stromnetz verteilen. Damit konnte die Elektrifizierung der Privathaushalte beginnen. Gleichzeitig kommen die ersten elektrischen Haushaltsmaschinen auf den Markt: Bügeleisen, Wasserkochtopf, Ventilator, Föhn usw.

Fragen und Anregungen

1. Vergleiche Q5 mit Q6. Welche Erwartungen werden zum Ausdruck gebracht?
2. Überlege, wie dein Leben ohne Elektrizität aussähe. Schreibe eine kleine Geschichte dazu.

D3 Die wirtschaftliche Einigung Deutschlands bis 1888

Q7 Hindernis Kleinstaaterei

Friedrich List schreibt 1820 über die deutschen Zollverhältnisse:

Hier muss ein ganzer Strich Landes seinen Bedarf an Eisen oder Salz von einem entfernten Ort beziehen, weil das benachbarte Salz- oder Eisenwerk einem anderen deutschen Staate angehört, also die Einfuhr mit hohen Zöllen belegt ist. Dieser ganze Transportposten ist völlig verloren und lastet auf der Produktion. Dort befindet sich eine Fabrik, welche ihr Material aus verschiedenen benachbarten Staaten bezieht und ihre Fabrikate wieder in verschiedene Nachbarstaaten versendet, ihre Existenz ist also von mehreren Zollordnungen abhängig, und sie geht zugrunde, wenn eine derselben einen feindlichen Streich gegen sie führt.

Anderswo zwingen die Zollordnungen die Untertanen, Wein und Getreide an entfernten Orten zu holen, obgleich sie diese Artikel bei freiem Verkehr in der Nähe haben könnten und das Bedürfnis der sich begrenzenden Staaten gleichgroß ist, sodass bei freiem Verkehr jeder Teil die Transportkosten gewinnen würde. So schaden sich die Nachbarstaaten in tausendfachen Beziehungen, wovon bei weitem der größere Teil dergestalt verdeckt liegt, dass sie dann erst zum Vorschein kommen können, wenn das Hindernis gehoben sein wird. – Niemand vermag z. B. den Schaden zu erkennen und zu berechnen, der nur allein durch die gehemmten Rückfrachten entsteht. (...) Wie müsste die deutsche Industrie sich heben, stünde jedem Fabrikunternehmer die Konkurrenz unter dreißig Millionen Menschen offen! Wie müsste der Bergbau, der Ackerbau, die Viehzucht aufblühen, dürfte jeder Zweig der Urproduktion seinen naturgemäßen Abfluss nehmen! Welches Leben würde der Handel gewinnen, wenn die Landstraßen von der Ost- und Nordsee bis an das Adriatische Meer, von der Weichsel bis an den Rhein offen stünden!

Zit. nach: E. Beckerath u. a. (Hg.): F. List: Schriften, Reden, Briefe. Bd 1,2. Berlin 1929, S. 527 ff.

Q8 Pauperismus und Auswanderung

Bericht der preußischen Bezirksregierung Arnsberg über ländliche Armut und Auswanderung im Februar 1818 an das Oberpräsidium in Münster:

Die in den beiden Grafschaften Wittgenstein aufgekommene Sucht, nach Amerika auszuwandern, ist eine Seuche, die unsere besondere Aufmerksamkeit erregt hat. Es haben sich seit kurzer Zeit dazu 14 Familienväter mit 71 Familienmitgliedern und 24 einzelne Personen, zusammen 109 Köpfe, schon namentlich angegeben und um Erlaubnis angestanden; das Vermögen, das diese Menschen mitnehmen, ist über 7561 Taler Berliner Courant verzeichnet. Noch meh-

Q9 Zollprobleme. Karikatur von 1834.
„Sie sehen, Herr Grenzwächter, dass ich nix zu verzoll'n hab, denn was hinte auf dem Wage is, hat die lippische Grenz noch nit überschritte, in der Mitte is nix, und was vorne drauf is, is schon wieder über die lippische Grenze drübe."

rere sollen des Willens sein, demselben Schicksal zu folgen. In dem an das Wittgensteinische angrenzende Hessen-Darmstädtische soll derselbe Wandergeist ausgebrochen sein. Obgleich in diesen Gegenden Einladungen aus Amerika mit den Versprechungen eines besseren Zustandes von früher Ausgewanderten angelangt sind, so wird doch nicht dieses, sondern die Armut und eingetretene gänzliche Nahrungslosigkeit als die Hauptursache der angefangenen Auswanderung angesehen und von der landrätlichen Behörde ausdrücklich genannt. In dieser Voraussetzung wäre von der Auswanderungssucht, die ohnehin anzustehen pflegt, bei dem jetzigen Verfall so mancher Gewerbe sehr vieles zu fürchten, besonders wenn die Habsucht auf diese Spur geraten sollte und mit ihren gewöhnlichen Anwerbungsmitteln sich dazwischenlegen würde. Wir sind daher der Meinung gewesen, dass dem Übel bei dem Entstehen am besten entgegenzuwirken sei, und dass, da hier kein Zwang eintreten darf, die armen nahrungslosen Menschen vielleicht am besten durch einige Unterstützung und Verschaffung von Arbeitsverdienst von ihrem Vorsatz zurückgehalten werden könnten.

Zit. nach: W. Köllmann: Die deutsche Bevölkerung im Industriezeitalter. In: Ders. (Hg.): Bevölkerung in der Industriellen Revolution. Göttingen 1974, S. 35 ff.

Fragen und Anregungen

1. Überlege, warum in der Frühzeit der Industrialisierung oftmals Burgen und Schlossanlagen als Fabrikgebäude benutzt wurden (Q1).
2. Zähle die Nachteile auf, die Deutschland aus den vielen Zollgrenzen entstanden (Q7).
3. Überlege, warum Preußen ein besonderes Interesse an einem einheitlichen Zollgebiet in Deutschland hatte (D3).
4. Kläre, welche Ursachen nach Ansicht des Verfassers von Q8 für die wachsende Auswanderung ausschlaggebend waren. Welche Gefahren waren für den Staat mit der Auswanderung verbunden? Wie sollte gegen die Auswanderung vorgegangen werden?
5. Eisenbahn und Zollverein sind als „siamesische Zwillinge" bezeichnet worden, deren Wirkungen einander verstärkt und die die Entstehung eines deutschen Nationalstaates befördert haben sollen. Erläutere, was damit gemeint sein könnte (VT, D1, D3, Q7).
6. Erläutere die Auswirkungen der Industrialisierung auf die Landwirtschaft (VT).

4. Unternehmer und Arbeiter in der Fabrik

Die Belegschaft der Zinkfabrik Altenberg Q1

Foto von 1894. Der Mann in der Mitte ist vermutlich der Unternehmer.

Firmeneigentümer haben alles im Griff

Die ersten industriellen Unternehmer entstammten zumeist der Mittelklasse, denn sie verfügte über das notwendige Kapital für Firmengründungen. Handwerker als Unternehmensgründer kamen vor, blieben aber eher die Ausnahme, zumal die Banken sich noch von der Finanzierung industrieller Unternehmen zurückhielten. Für die Firmeneigentümer war es noch selbstverständlich, sich persönlich in sämtlichen Betriebsangelegenheiten auszukennen. Sie kümmerten sich um Fragen der Produktion, der Finanzierung, des Absatzes und um die Suche nach qualifizierten Arbeitern.

Aktiengesellschaften und Banken entstehen

Im Laufe des 19. Jahrhunderts nahm die Zahl größerer Betriebe zu. Um die Abhängigkeit von Zulieferern zu überwinden, gingen Unternehmen dazu über, Firmen zu gründen oder aufzukaufen, um Rohmaterialien oder Vorprodukte selbst herzustellen. Das Geld für die Finanzierung solcher Großunternehmen konnte kaum noch von einzelnen Unternehmern aufgebracht werden. Aus diesem Grund begannen die Banken eine wichtigere Rolle zu spielen. Weil der Kapitalbedarf der Industrie die Möglichkeiten der Privatbanken aber übertraf, wurden Aktienbanken gegründet, deren Grundkapital sich aus den Einzahlungen vieler verschiedener Anleger ergab. Die Finanzierung durch die Ausgabe von Aktien machten sich auch die industriellen Unternehmen direkt zunutze. Die Käufer der Aktien waren zwar von den laufenden betrieblichen Entscheidungen ausgeschlossen, die Betriebsleitung musste aber ihnen gegenüber regelmäßig Rechenschaft ablegen. Die Aktionäre hatten das Recht auf die Dividende, einen jährlich pro Aktie ausgezahlten Anteil am Gewinn des Unternehmens. An der Börse konnten sie ihre Aktien auch wieder verkaufen und dabei zusätzlichen Gewinn machen – oder Verlust.

Q2 **Aktie der Duisburger Maschinenbau Actien-Gesellschaft, vormals Bechem & Keetman, 1872**

Moderne Formen der Unternehmensleitung entstehen

Durch die Umwandlung in Aktiengesellschaften verloren die Eigentümer der Fabriken ihren direkten Einfluss auf das alltägliche Betriebsgeschehen, das nunmehr von Direktoren – heute spricht man von Managern – gelenkt wurde. Fabrikbesitzer und Direktoren waren ihrerseits immer seltener selber in der Lage, alle technischen Abläufe zu verstehen und fortzuentwickeln. An Technischen Hochschulen ausgebildete Ingenieure und eigene Forschungsabteilungen spielten deshalb eine immer wichtigere Rolle. Weltweite Kauf- und Verkaufsbeziehungen sowie das Bedürfnis, Kosten und Erträge für die Fabrik und für jede ihrer Unterabteilungen jederzeit überblicken zu können, ließen die Zahl der Buchhalter und Büroangestellten in den Kontoren – den heutigen Büros – wachsen.

Arbeit an Maschinen

Die große Mehrheit der Beschäftigten in den Fabriken machten jedoch die Arbeiterinnen und Arbeiter aus. Ihre Arbeit unterschied sich erheblich von dem, wie sie früher in Werkstätten oder auf Bauernhöfen gearbeitet hatten. Art und Tempo der Arbeit waren nun grundsätzlich an den Maschinen ausgerichtet. Ihnen mussten die Rohmaterialien und Vorprodukte zugeführt werden, von ihnen mussten die Produkte abtransportiert und eventuell nachgearbeitet werden. Außerdem mussten die Maschinen selber betrieben, gepflegt und gewartet werden. Während hierfür auch qualifiziertere Arbeiter benötigt wurden, konnten viele der anderen Arbeiten von ungelernten oder angelernten und damit billigeren Arbeitskräften ausgeführt werden.

Fabrikordnungen regeln das Arbeitsleben

Nicht immer musste an den Maschinen direkte körperliche Schwerarbeit verrichtet werden. Doch auch die „einfachen", sich stets wiederholenden, eintönigen und einseitigen Tätigkeiten stellten hohe Anforderungen an Konzentration und Ausdauer. Außerdem waren die Arbeiten häufig mit gesundheitlichen Belastungen wie Lärm, Hitze, Staub, Gestank usw. sowie mit Unfallgefahren verbunden. Die harte Arbeit veranlasste viele Beschäftigte, jede Gelegenheit am Arbeitsplatz auszunutzen, um sich ein wenig Erleichterung und Abwechslung zu verschaffen. In Fabrikordnungen wurde deshalb genau festgelegt, was Arbeiterinnen und Arbeiter zu tun und zu lassen hatten und wie sie bestraft werden sollten, wenn sie gegen Vorschriften verstießen.

Arbeitszeit und Löhne

Die Arbeitszeit in den Fabriken war zunächst sehr lang: An sechs Tagen in der Woche mussten durchschnittlich 12 bis 14 Stunden gearbeitet werden. Urlaub war unbekannt. Erst langsam sah man ein, dass auf Dauer kürzere Arbeitszeiten die Leistungsfähigkeit und -bereitschaft der Arbeiter verbesserten. Die Löhne, die in den Fabriken verdient wurden, reichten nur bei qualifizierten und deshalb besser bezahlten Arbeitern, z.B. Meistern und Technikern, zum Lebensunterhalt einer ganzen Familie aus. Die Familien der vielen ungelernten oder angelernten Arbeiter kamen hingegen ohne einen Zuverdienst der Frauen und Kinder nicht aus. Solche Mitarbeit war in der Landwirtschaft und im Handwerk zwar auch üblich, dort fand sie allerdings meistens im Rahmen der Familie statt. In den Fabriken jedoch wurden Frauen und Kinder als gegenüber Männern vergleichsweise billige und bereitwillige Arbeitskräfte eingestellt.

Kinderarbeit Q3
Sonneberger Mädchen bei der Puppenherstellung.
Foto, um 1905.

Dampfhammer „Fritz" bei Krupp in Essen Q4

Seit 1860 wurden damit Schiffswellen, Geschützteile und Kurbelachsen geschmiedet. Hier wird ein Rohr ausgeschmiedet. Um seinen Umfang anpassen zu können, muss ein rundes „Gesenk" in das Rohrinnere gehalten werden. Über den Kran und durch die mit Stangen nachhelfenden Arbeiter wird das „Gesenk" in Position gebracht. Ganz rechts auf dem erhöhten Stand steht der Kranführer, links der Hammerführer. Foto, um 1900.

Q5 Fabrikordnung der Augsburger Kammgarn-Spinnerei von 1846

Fabrikordnungen wurden dem Arbeiter ausgehändigt oder als Plakat in den Werkhallen angeschlagen:

2. Außer an den Sonntagen und hohen Festtagen, wird alle Tage gearbeitet. Jede Abwesenheit an einem andern Tage, sogar unter dem Vorwande einer Unpässlichkeit, wenn solche nicht erwiesen werden kann, wird mit einer Geldbuße bestraft, welche das Doppelte des Lohnes beträgt, der während der Zeit der Abwesenheit verdient worden wäre.

3. Die Arbeitsstunden sind im Sommer von 5 Uhr morgens bis abends 7 Uhr, im Winter von 6 Uhr bis abends 8 Uhr. (…)

8. Kein Arbeiter soll eine in Unordnung geratene Maschine berühren, wenn auch nur die kleinste Ausbesserung daran zu machen wäre, sondern den Werkmeister herbeirufen. (…)

9. Jeder Arbeiter ist für die ihm anvertrauten Gegenstände verantwortlich; wenn er dieselben bei Nachfrage nicht gleich vorweisen kann, werden sie auf seine Kosten durch neue ersetzt.

10. Wenn in einem Arbeitssaale ein Gegenstand beschädigt wird, und der Täter nicht auszumitteln ist, so sind die Arbeiter des ganzen Saales bis zur Nachweisung des Täters haftend.

11. Der Arbeiter, welcher schlechte Arbeit liefert, verfällt in eine dem Fehler angemessene Strafe. (…)

15. Es ist bei Strafe von zwei Taglöhnen verboten, im Umfange der Fabrik zu rauchen. Im Wiederholungsfalle wird der Dawiderhandelnde entlassen.

16. Arbeiter, welche sich betrunken einstellen, werden abgewiesen, und es wird ihnen ein Abzug wie für die Abwesenheit, § 2 gemacht. (…)

21. Der Arbeiter, welcher des Diebstahls überführt wird, sei es von Garn, Wolle oder irgendeinem andern dem Etablissement gehörigen Gegenstande, wenn auch von geringem Werte, wird augenblicklich entlassen. (…)

24. Jeder Ungehorsam von Seiten der Arbeiter gegen ihre Vorgesetzte, oder gegen die von Letztem dazu verordnete Personen, soll, nach Verhältnis des Fehlers, mit einer Strafe von einem bis fünf Taglöhnen belegt werden.

Zit. nach: B. Flohr: Arbeiter nach Maß. Die Disziplinierung der Fabrikarbeiter während der Industrialisierung Deutschlands im Spiegel von Arbeitsordnungen. Frankfurt a. M. 1981, S. 98 ff.

D1 Tägliche Durchschnittsarbeitszeit in Handwerk und Industrie 1800–1914

1800–1820	10–13 Stunden
1820–1840	11–15 Stunden
1840–1860	12–16 Stunden
1860–1870	12–14 Stunden
1870–1890	11–13 Stunden
1890–1910	10–11 Stunden
1910–1914	10 Stunden

J. Kocka: Arbeiterverhältnisse und Arbeiterexistenzen. Berlin 1990, S. 486.

Q6 Kinderarbeit in einer Baumwollspinnerei

Vor allem während der ersten Jahrzehnte der Industrialisierung war in den Fabriken die Einstellung von Kindern als billigen und gehorsamen Arbeitskräften üblich. Allerdings meldeten sich schon bald kritische Beobachter zu Wort.

Aus einem Bericht des Geheimen Regierungsrats Keller über die Besichtigung einer Baumwollfabrik in Bonn, 1834:

(…) Dieser [der Werkmeister] führte uns überall umher und ging auch mit uns in die Arbeitsräume, in denen die Kinder beschäftigt waren. Sie waren hell und reinlich, und die Kinder, dem äußeren Anscheine nach, so gesund und behaglich, als diese für Leib und Seele mörderische Beschäftigungsart, denn anders kann man die großen Baumwollspinnereyen nicht nennen, es irgend gestatten mag. Die Kinder sind täglich von 5 Uhr Morgens bis 12 Uhr Mittags, Nachmittags von 1 Uhr bis zum späten Abend, im Winter natürlich bey Lichte, beschäftigt. Schulunterricht genießen sie gar nicht, weder in frühern Jahren, noch während der Zeit, in welcher sie hier Arbeit finden; nicht einmal in Sonntagsschulen, die man überhaupt in Bonn nicht kennt. Nach der Auskunft des Werkmeisters werden nur die vom Pfarrer zum Konfirmanden-Unterricht Angezeichneten täglich von 11–12 Uhr von der Fabrick aus zur Katechisation gesendet. Der Verdienst der Kinder beträgt stufenweise von 3 Sgr. [Silbergroschen] täglich bis auf 2 bis 3 Thaler die Woche. Ich befragte gelegentlich einzelne Kinder, die uns hie und da in den Corridors aufstießen und mir besonders offen und geweckt schienen, nach einzelnen Gegenständen des alltäglichen Lebens und des gewöhnlichen Wissens. Allein sie waren entweder ganz leer und entblößt von Vorstellungen und Begriffen oder ganz roh im Ausdrucke derselben (…)

Zit. nach: S. Quandt (Hg.): Kinderarbeit und Kinderschutz in Deutschland 1783–1976. Paderborn 1978, S. 37.

D2 Lebenshaltung

Jahresverdienste von Arbeitnehmern in Deutschland in Industrie, Handel und Verkehr 1871–1913:

	Durchschnittl. nominaler Jahresverdienst	Index der Lebenshaltungskosten	Durchschnittl. realer Jahresverdienst
Jahr	**Mark**	**1895=100**	**Preise von 1895**
1871	493	105,8	466
1875	651	112,7	578
1880	545	104,0	524
1885	581	98,6	589
1890	650	102,2	636
1895	665	100,0	665
1900	784	106,4	737
1905	849	112,4	755
1910	979	124,2	789
1913	1083	129,8	834

J. Kocka: Arbeitsverhältnisse und Arbeiterexistenzen. Grundlagen der Klassenbildung im 19. Jahrhundert. Berlin 1990, S. 495.

Wenn nur die Geldsumme betrachtet wird, die die Arbeiter erhielten – der so genannte nominale Lohn –, so verdienten sie 1913 mehr als doppelt so viel wie 1871. Hinsichtlich der Entwicklung von Einkommensverhältnissen muss jedoch stets berücksichtigt werden, was man sich für diese Löhne kaufen konnte. Es muss also die Entwicklung der Lebenshaltungskosten mit berücksichtigt werden. Die Lebenshaltungskosten werden ermittelt, indem festgestellt wird, wie teuer in den verschiedenen Jahren jeweils ein „Warenkorb" war, in den nicht nur die gängigsten Lebensmittel, sondern auch die Kosten für Miete, Gas, Strom usw. eingehen. Erst wenn dies bekannt ist, kann beurteilt werden, ob die Menschen wirklich („real") mehr oder weniger verdienten.

Fragen und Anregungen

1. Lege dar, wie sich die Unternehmensleitung im Laufe der Zeit veränderte. Welche neuen Berufe entwickelten sich dadurch (Q1, VT)?
2. Formuliere jeweils aus der Sicht eines Unternehmers und eines Arbeiters Meinungen zur Fabrikordnung Q5. Informiere dich, wie heutzutage Verstöße gegen betriebliche Anforderungen und Anweisungen geahndet werden können. Vergleiche.
3. Stell dir vor, du würdest als Journalist das Krupp-Werk besuchen. Verfasse einen Bericht dazu (Q4).
4. Drücke in eigenen Worten aus, was die Tabelle über die allgemeine Entwicklung der Arbeitszeit aussagt. Überlege, worin der Grund für diese Entwicklung bestanden haben könnte (D1).
5. Setze die Tabelle für die nominalen und die realen Jahresdurchschnittsverdienste in ein Kurvendiagramm um (x-Achse: Jahre; y-Achse: Verdienst). Welche Entwicklung ist feststellbar (D2)?
6. Erörtere, was Kinderarbeit für die Entwicklung der Kinder bedeutete (Q3, Q6).

5. Wie soll die soziale Frage gelöst werden?

Neue Formen der Armut

Durch die Industrialisierung wurde im 19. Jahrhundert das Massenelend – der Pauperismus – gestoppt. Denn die Landwirtschaft war produktiver, die Lebensführung hygienischer und die medizinische Versorgung besser geworden. Zudem fanden immer mehr Menschen in den Fabriken Arbeit. Andererseits zeigten sich aber neue Formen von Armut: Auch die Arbeiter und Arbeiterinnen in den neuen Fabriken waren oft nur einen kleinen Schritt von der existenziellen Notlage entfernt. Wegen der niedrigen Löhne konnten sie kaum Ersparnisse aufhäufen, so dass sie und ihre Familien oft von der Hand in den Mund lebten. Wenn sie ernsthaft krank wurden, wegen eines Unfalls oder aus Altersschwäche nicht mehr arbeiten konnten oder entlassen wurden, drohte sofort Verelendung. Besonders ernst war die Situation immer dann, wenn größere Fabriken oder ganze Wirtschaftszweige ihre Produktion einschränkten, weil sie ihre Waren nicht mehr absetzen konnten und deshalb viele Arbeiter auf einmal entließen.

Menschenwürdiges Leben

Solche Schicksale stießen in der Öffentlichkeit zunehmend auf größere Aufmerksamkeit. Die unübersehbaren Produktivitätsfortschritte machten es immer schwieriger, Armut einfach als naturgegeben hinzunehmen. Seit der Französischen Revolution leiteten zudem immer mehr Menschen aus den Idealen von Freiheit, Gleichheit und Brüderlichkeit das Anrecht aller auf ein menschenwürdiges Leben ab. Die Frage drängte sich auf, wie das enorme Wirtschaftswachstum zu der Tatsache passte, dass noch nicht einmal die Existenz großer Teile der Bevölkerung gesichert war oder ihre Gesundheit in den Fabriken ruiniert wurde. Warum dies so war und wie die allerschlimmste Not für die Arbeiter verhindert werden könne, wurde unter der Bezeichnung „soziale Frage" diskutiert.

Kapitalisten und Arbeiter – ein unversöhnlicher Gegensatz?

Q1 **Karl Marx, geb. 1818 in Trier, gest. 1883 in London**

Die radikalste Antwort auf die „soziale Frage" gab der deutsche Philosoph und Wirtschaftswissenschaftler Karl Marx gemeinsam mit seinem Freund Friedrich Engels. Nach Marx stehen sich in der Gesellschaft diejenigen, die die Produktionsmittel (Fabrikanlagen, Maschinen) besitzen, die Kapitalisten, und diejenigen, die nichts außer ihrer Arbeitskraft besitzen, die Proletarier, unversöhnlich gegenüber. Der Reichtum der Kapitalisten entspringe nicht ihrem Fleiß oder Geschick. Vielmehr sei es allein die Arbeit der von ihnen Beschäftigten, die für sie mehr Wert produziere als an Lohn ausbezahlt wird. Aus diesem Mehrwert ergebe sich der Gewinn oder Profit der Kapitalisten. Darin würden alle Lohnkämpfe der Arbeiter ihre Grenzen finden. Wenn sie ihre Lage wirklich grundlegend verbessern wollten, so müssten sie gemeinsam als Klasse den Kampf gegen die Klasse der Kapitalisten führen, sie im Zuge einer Revolution enteignen, das Lohnsystem abschaffen und die Produktion gemeinschaftlich („sozialistisch" oder „kommunistisch") organisieren. Ihre Ideen verbreiteten Marx und Engels vor allem mit zwei berühmten Schriften: mit dem „Kommunistischen Manifest", das 1848 erschien, und dem „Kapital", einer grundsätzlichen und umfassenden Analyse des gesamten kapitalistischen Produktionsprozesses.

Soziale Hilfe durch Betriebe und Kirchen

Auch immer mehr Menschen aus bürgerlichen Kreisen überlegten, wie der Verelendung entgegengewirkt werden könne – ohne die Eigentumsverhältnisse grundsätzlich in Frage zu stellen. Zum Teil sorgten die Betriebe selber für ihre Arbeiter. Sie ließen beispielsweise Werkswohnungen erbauen, richteten Kantinen und Waschräume ein, bezuschussten eigene Unterstützungskassen, gründeten eigene

Schulen u.v.m. Das war oftmals mit der Absicht verbunden, einen Stamm qualifizierter Arbeiter an das Unternehmen zu binden. Ferner konnte man so auf die Arbeiter Druck ausüben, sich von politischen Organisationen fern zu halten (vgl. S. 146–149) Vertreter der Kirchen sahen in der Armut der unteren Schichten eine Herausforderung an die Nächstenliebe der Bürger. Sie gründeten nicht nur eigene Hilfsorganisationen, z.B. für ledige Arbeiter, die so zu einem sparsamen und gesitteten Lebenswandel gebracht werden sollten. Auch eigene Gewerkschaften wurden von kirchlicher Seite eingerichtet, weil man sich davon bessere Verständnismöglichkeiten mit Unternehmern erhoffte, die ebenfalls christlich gesonnen waren.

Staatliche Sozialpolitik

Die Gefahren, die aus der neuen Produktionsweise für die Arbeiter erwuchsen, riefen aber vor allem den Staat auf den Plan. Er sah sich zu gesetzlichen Beschränkungen der Vertragsfreiheit zwischen Unternehmern und Arbeitern veranlasst und erließ Vorschriften, wie für Arbeiter, die in Not gerieten, vorgesorgt werden sollte. Viele der damals erlassenen Bestimmungen sind auch heute noch Grundlage der Sozialpolitik. Seit 1839 wurde zunächst schrittweise die Arbeit von Kindern und Jugendlichen begrenzt bzw. verboten. Auch der Frauenarbeit wurden einige Grenzen gesetzt. In den 1880er-Jahren setzte im Deutschen Reich eine breite sozialpolitische Gesetzgebung ein, die bewusst als Ergänzung zu der gleichzeitig betriebenen politischen Verfolgung der organisierten Arbeiter unter den Sozialistengesetzen gedacht war. Im Betrieb verunglückten Arbeitern wurde nun endlich ein Rechtsanspruch auf Entschädigung zuerkannt. Sie erhielten Geld aus einer gemeinsamen Haftpflichtversicherung aller Unternehmen. So blieben die einzelnen Unternehmen von finanziellen Ansprüchen, die sie hätten ruinieren können, verschont. Die Vorsorge für Krankheit und Alter wurde nicht mehr dem Sparwillen der einzelnen Arbeiter überlassen. Alle Arbeiter wurden zwangsweise verpflichtet, zur Vorsorge einen Teil ihres Lohnes in die Renten- und Krankenversicherung einzuzahlen.

Q2 Krupp-Arbeiterwohnsiedlung „Altenhof" in Essen
Foto, um 1885. Solche Arbeitersiedlungen gaben den Arbeitern nicht nur Wohnraum, in den kleinen Gärten konnte auch Gemüse zur Selbstversorgung angebaut werden.

Q3 „Rauhes Haus" bei Hamburg
Der evangelische Pfarrer Wichern richtete es für verwaiste und verwahrloste Kinder ein. Sie lernten dort lesen, schreiben und rechnen und wurden in Werkstätten auf ihr Berufsleben vorbereitet.

Q4 Unfall in einer Maschinenfabrik
Gemälde von Johann Bahr, um 1890. Damit wurde für den Besuch der „Deutschen Allgemeinen Ausstellung für Unfallverhütung“ geworben, die in Berlin stattfand.

Versicherungsart	Beiträge	Leistungen
Krankenversicherung 1883 für gewerbliche Arbeiter und (freiwillig ab 1892) Angehörige	2–3 % des Lohns; 2/3 vom Versicherten, 1/3 vom Arbeitgeber	ärztliche Behandlung und Medizin, Krankenhauskosten; nach zweitägiger Wartezeit Krankengeld (50 % des Durchschnittslohns, max. 2 Mark/Tag)
Unfallversicherung 1884 für gewerbliche Arbeiter	als Haftpflicht vom Arbeitgeber zu zahlen	Heilungskosten; bei Erwerbsunfähigkeit 2/3 des Einkommens, 1/5 für Witwen
Invaliditäts- und Altersversicherung 1889 für gewerbliche und Landarbeiter (ab 1911 auch für Familienangehörige)	1 % (ab 1900 1,5–3 %) des Lohns, je zur Hälfte von Arbeitnehmern und Arbeitgebern	Invalidenrente bei Erwerbsunfähigkeit (1911): 1,1 Mill. Rentenbezieher von durchschnittlich 187 Mark/Jahr; Altersrente ab 70. Lebensjahr und nach 30 Beitragsjahren (ab 1900: 24)

D1 Das deutsche Sozialversicherungssystem

Q5 Bourgeoisie und Arbeiter

Marx und Engels 1848 im Kommunistischen Manifest:
Alle bisherige Gesellschaft beruhte (...) auf dem Gegensatz unterdrückender und unterdrückter Klassen. Um aber eine Klasse unterdrücken zu können, müssen ihr Bedingungen gesichert sein, innerhalb derer sie wenigstens ihre knechtische Existenz fristen kann. Der Leibeigene hat sich zum Mitglied der Kommune in der Leibeigenschaft herangearbeitet, wie der Kleinbürger zum Bourgeois unter dem Joch des feudalistischen Absolutismus. Der moderne Arbeiter dagegen, statt sich mit dem Fortschritt der Industrie zu heben, sinkt immer tiefer unter die Bedingungen seiner eigenen Klasse herab. Der Arbeiter wird zum Pauper, und der Pauperismus entwickelt sich noch rascher als Bevölkerung und Reichtum. Es tritt hiermit offen hervor, dass die Bourgeoisie unfähig ist, noch länger die herrschende Klasse der Gesellschaft zu bleiben und

die Lebensbedingungen ihrer Klasse der Gesellschaft als regelndes Gesetz aufzuzwingen. Sie ist unfähig zu herrschen, weil sie unfähig ist, ihrem Sklaven die Existenz selbst innerhalb seiner Sklaverei zu sichern, weil sie gezwungen ist, ihn in eine Lage herabsinken zu lassen, wo sie ihn ernähren muss, statt von ihm ernährt zu werden. Die Gesellschaft kann nicht mehr unter ihr leben, d. h. ihr Leben ist nicht mehr verträglich mit der Gesellschaft.

K. Marx/F. Engels: Manifest der Kommunistischen Partei (1848). Stuttgart 1986, S. 36 f.

Worte und erwartet das Heil nicht von solchen, die einen neuen mühelosen Weg zur Volksbeglückung gefunden haben wollen. Die Angelegenheiten des ganzen Vaterlandes sollen jedem wichtig und teuer sein, aber dazu hilft gar nichts das Kannegießern, das Schwatzen über politische Angelegenheiten, das ist nur den Aufwieglern willkommen und stört die Pflichterfüllung.

Zit. nach: Quellensammlung zur Geschichte der sozialen Betriebsverfassung, Bd. 2: Soziale Betriebsverfassung einzelner Unternehmen der Ruhrindustrie, bearb. von G. Adelmann. Bonn 1965, S. 295 ff.

Q6 Ein Unternehmer rechtfertigt sich

1877 richtete Alfred Krupp – „Ein Wort an die Angehörigen meiner gewerblichen Anlagen":

Trotz wiederholter Warnung scheint sich unter einem Teile von Euch der Geist der Sozialdemokratie einschleichen zu wollen. Dieser Geist aber ist verderblich, und jeder Verständige muss ihn bekämpfen, der Arbeiter so gut wie der Arbeitgeber. (…)

Die Erfindungen und dazu gehörenden Produktionen habe ich eingeführt; der Arbeiter darf aber nicht die Frucht verlangen von der Tätigkeit anderer; das ist gegen das jedem Menschen eingeborene Rechtsgefühl. Wie jedermann verteidige auch ich mein Eigentum; wie mein Haus, so ist auch meine Erfindung mein und die Frucht derselben, sie mag Gewinn sein oder Verlust. (…)

Um die Lage meiner Arbeiter zu verbessern, war ich von jeher zunächst darauf bedacht, ihnen ein möglichst sorgenfreies Dasein für die Zeiten zu verschaffen, in denen sie selbst nicht mehr arbeiten könnten. Ihr selbst wisst es am besten, wie es mit Kranken, Invaliden und ausgedienten Arbeitern bei uns gehalten wird. Dann habe ich den Arbeitern Wohnungen gebaut, worin bereits 20000 Seelen untergebracht sind, habe Schulen gegründet, Schenkungen verliehen und Einrichtungen getroffen zur billigen Beschaffung von allem Lebens- und Hausbedarf. (…) Ich gebe Euch nun diesen Rat: Lasst Euch nicht blenden durch schöne

Q7 Kichliche Fürsorge

Der Priester Adolf Kolping versuchte die Not der wandernden Handwerksgesellen zu mildern und gründete seit 1849 die katholischen Gesellenvereine:

Man richte nur in allen Städten, wenn nicht in allen größeren Gemeinden, einen freundlichen, geräumigen Saal ein, sorge am Sonn- und Feiertage, wie am Montagabend für Beleuchtung und im Winter für behagliche Wärme dazu und öffne dann dies Lokal allen jungen Arbeitern, denen es mit ihrem Leben und ihrem Stande nur immer ernst ist. Da die jungen Leute, die der Einladung folgen, Gemeinsames mit ziemlich gleichen Kräften wollen, bilden sie dadurch einen Verein, für dessen Bestehen und Gedeihen ein Vorstand von achtbaren Bürgern, die dem guten Zwecke zu dienen entschlossen sind, zu sorgen hätte, und an dessen Spitze ein Geistlicher stehen soll, der dieser Stelle mit all der persönlichen Hingebung und Aufopferung vorzustehen hat, welches sein heiliges, grade dem Volke gewidmetes Amt und die gute Sache erheischen. (…) Da dürfte es nicht an guten Büchern, Schriften und Zeitungen fehlen, nicht bloß, die das religiöse Interesse vertreten, sondern die auch, was ja nicht zu übersehen wäre, dem bürgerlichen Leben gelten, die gewerbliche Gegenstände behandeln und so viel möglich, jedem Handwerker von Nutzen sein können.

A. Kolping: Ausgewählte pädagogische Schriften, besorgt von Hubert Göbels. Paderborn 1964, S. 5 f.

Fragen und Anregungen

1. Stelle in einer Tabelle gegenüber, wer welche Maßnahmen zur Lösung der sozialen Frage ergriff (VT, Q2, Q3, Q6, Q7, D1).
2. Welche Gründe nennen Marx und Engels für den zu erwartenden Untergang der Bourgeoisie (Q5)?
3. Nenne Argumente, mit denen Krupp seine Arbeiter von der Sozialdemokratie fern halten will (Q6).
4. Welche Wirkungen versprach sich Kolping von der Einrichtung eigener Räume für die Handwerksgesellen (Q7)?
5. Lege dar, wie die Beitragszahlungen zur Kranken- und Altersversicherung geregelt wurden und welche Leistungen den Versicherten zustanden (D1). Vergleiche diese Regelungen mit den heutigen Bestimmungen.

6. Arbeiter organisieren sich

Maschinenstürmer setzen sich zur Wehr

Die Unsicherheiten und Gefährdungen ihrer Existenz veranlassten die Arbeiter immer wieder zu Protesten und zu Bestrebungen, ihre Lebensbedingungen zu verbessern. In der ersten Zeit der Industrialisierung richtete sich der Unmut von Arbeitern oft direkt gegen die Maschinen. Als beispielsweise die maschinelle Weberei eingeführt wurde, wehrten sich sowohl in England als auch in Deutschland viele Handweber, die dadurch ihr Einkommen verloren, indem sie Webmaschinen und Fabriken zerstörten. Gegen solche Maschinenstürmer gingen Polizei, Militär und Gerichte mit großer Härte vor. Schon bald war klar, dass das weitere Vordringen der Maschinen so nicht verhindert werden konnte.

Unterstützungskassen werden ins Leben gerufen

Als drängendstes Problem stellte sich den Arbeitern die Frage, wovon sie und ihre Familien leben sollten, wenn sie arbeitsunfähig werden oder gar sterben sollten. Die Arbeiter halfen sich zunächst selbst, indem sie das Risiko gemeinsam zu tragen versuchten. In vielen Fabriken gründeten sie so genannte Unterstützungskassen, in die jeder regelmäßig Beiträge einzahlte. Im Krankheitsfall erhielten die Kassenmitglieder dann für eine gewisse Zeit ein bescheidenes Ersatzeinkommen. Starben sie, so konnten ihre Witwen und Waisen übergangsweise eine finanzielle Hilfe beziehen.

Gewerkschaften entstehen

Um bessere Arbeitsbedingungen und höhere Löhne gegen die Unternehmer durchsetzen zu können, schlossen sich Arbeiter zu Gewerkschaften zusammen. Durch die Androhung gemeinsamer Arbeitsniederlegung versuchten sie auf die Unternehmen Druck auszuüben. Solche Arbeitskämpfe konnten nur dann über einen längeren Zeitraum geführt werden, wenn die Streikenden schon vorher eine größere Geldsumme angespart hatten, aus der sie im Falle eines Streiks eine Unterstützung erhielten. Die Unternehmer und auch viele Politiker sahen in den Gewerkschaften anfangs nur Störenfriede und Unruhestifter. Sie bekämpften sie deshalb energisch und weigerten sich, sie als Verhandlungspartner anzuerkennen. Bis 1914 konnte in Deutschland zwar prinzipiell das Recht, sich gewerkschaftlich zu organisieren, erstritten werden, faktisch wurden die Gewerkschaften aber weiterhin misstrauisch beurteilt. Offenes Auftreten in den Betrieben war ihnen nicht gestattet.

Arbeiterparteien werden gegründet

Immer wieder erfuhren die Arbeiter, wie machtlos sie gegenüber den Unternehmern und den Behörden waren und wie wenig der Staat von sich aus bereit war, ihnen zu helfen. Um über das Parlament, den Reichstag, Einfluss nehmen zu können, entstanden in den 1860er-Jahren mehrere politische Arbeiterparteien in Deutschland. Sie schlossen sich 1875 zur Sozialistischen Arbeiterpartei Deutschlands (SAP) zusammen, die sich schließlich 1890 in Sozialdemokratische Partei Deutschlands (SPD) umbenannte und zur stärksten Partei im Reichstag wurde.

Eine eigenständige Arbeiterkultur

Die „Arbeiterbewegung" – so nannten sich die Mitglieder der SPD und der Gewerkschaften selber – entwickelte zunehmend eigene Lebensformen, eine eigene Kultur. Für fast alle Lebensbereiche vom täglichen Einkaufen bis zur Freizeitgestaltung konnten die Arbeiter und deren Familienangehörigen auf eigene Angebote zurückgreifen. Man las eigene Zeitungen und Zeitschriften, besuchte regelmäßig Vortrags- und Diskussionsveranstaltungen, gehörte eigenen Bildungs- und Sportvereinen an, kaufte in eigenen genossenschaftlichen Läden ein, feierte die Geschichte der eigenen Organisationen u. v. m. Diese proletarische Kultur diente vor allem der Abgrenzung von der Kultur des Bürgertums und der Entwicklung eines eigenen Selbstbewusstseins.

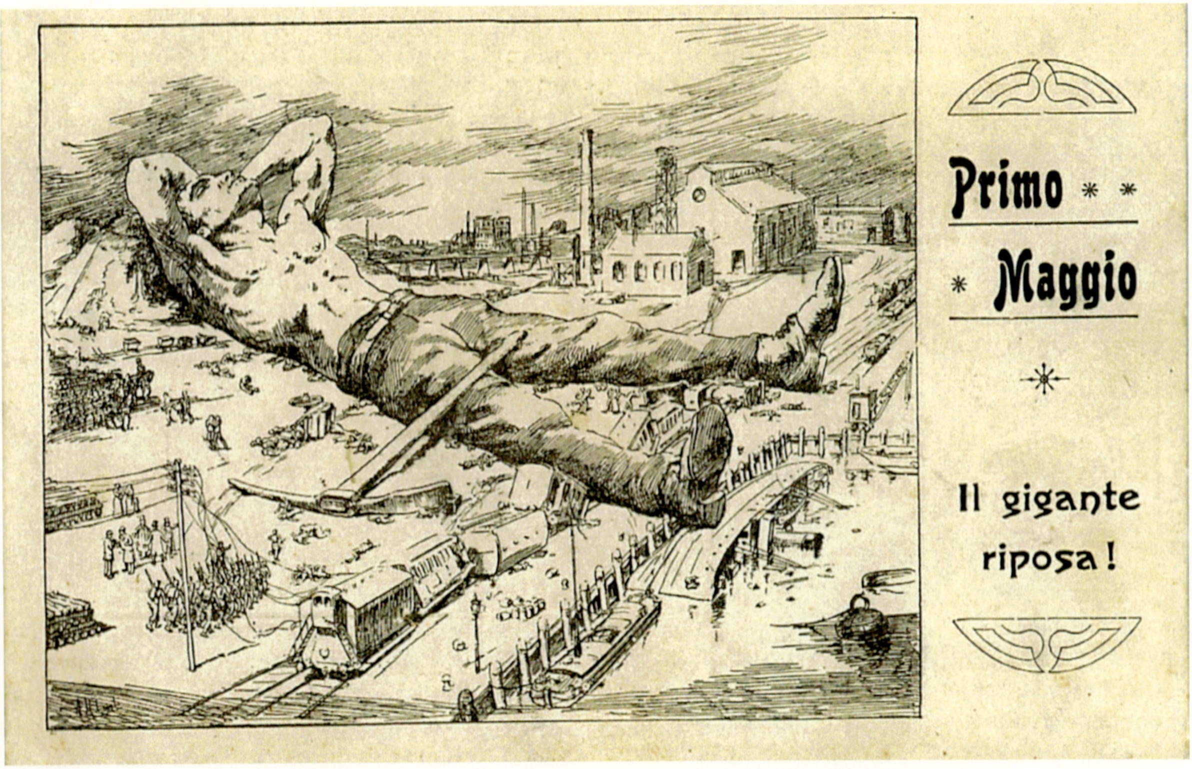

Q1 Das Proletariat – „der ruhende Riese“
1. Mai-Postkarte aus Italien. Seit 1890 wurde von den Arbeiterbewegungen in den USA und in vielen europäischen Ländern – auch in Deutschland – der 1. Mai als Tag begangen, an dem für bessere Arbeitsbedingungen, insbesondere für den Acht-Stunden-Tag, demonstriert werden sollte.

Q2 Das Gothaer Programm der SAP

Aus dem Programm der Sozialistischen Arbeiterpartei Deutschlands (SAP), das auf ihrem Parteitag 1875 in Gotha verabschiedet wurde:

I. Die Arbeit ist die Quelle allen Reichtums und aller Kultur, und da allgemein nutzbringende Arbeit nur durch die Gesellschaft möglich ist, so gehört der Gesellschaft, das heißt allen ihren Gliedern, das gesamte Arbeitsprodukt, bei allgemeiner Arbeitspflicht, nach gleichem Recht, jedem nach seinen vernunftgemäßen Bedürfnissen. In der heutigen Gesellschaft sind die Arbeitsmittel Monopol [alleiniges Eigentum] der Kapitalistenklasse; die hierdurch bedingte Abhängigkeit der Arbeiterklasse ist die Ursache des Elends und der Knechtschaft in allen Formen. Die Befreiung der Arbeit erfordert die Verwandlung der Arbeitsmittel in Gemeingut der Gesellschaft und die genossenschaftliche Regelung der Gesamtarbeit mit gemeinnütziger Verwendung und gerechter Verteilung des Arbeitsertrags. Die Befreiung der Arbeit muss das Werk der Arbeiterklasse sein, der gegenüber alle anderen Klassen nur eine reaktionäre [rückschrittliche] Masse sind.

II. Von diesen Grundsätzen ausgehend, erstrebt die Sozialistische Arbeiterpartei Deutschlands mit allen gesetzlichen Mitteln den freien Staat und die sozialistische Gesellschaft, die Zerbrechung des ehernen Lohngesetzes [Theorie, nach der der Lohn der Arbeiter immer nur für das Allernotwendigste ausreicht, weshalb für den Aufbau genossenschaftlich arbeitender Betriebe kein Geld übrig sei] durch Abschaffung des Systems der Lohnarbeit, die Aufhebung der Ausbeutung in jeder Gestalt, die Beseitigung aller sozialen und politischen Ungleichheit. (…)

Die Sozialistische Arbeiterpartei Deutschlands fordert, um die Lösung der sozialen Frage anzubahnen, die Errichtung von sozialistischen Produktivgenossenschaften [Betriebe, die allen gemeinsam gehören] mit Staatshilfe unter der demokratischen Kontrolle des arbeitenden Volkes. Die Produktivgenossenschaften sind für Industrie und Ackerbau in solchem Umfang ins Leben zu rufen, dass aus ihnen die sozialistische Organisation der Gesamtarbeit entsteht.

Zit. nach: D. Fricke: Die deutsche Arbeiterbewegung 1869 bis 1914. Berlin 1976, S. 104.

Q3 **Streikende Frauen.** Crimmitschau (Sachsen) Postkarte, 1904.

Q4 Streik in Crimmitschau

22 Wochen lang, von August 1903 bis in den Januar 1904 hinein, wurde in Crimmitschau, dem Zentrum der sächsischen Textilindustrie, gestreikt. Im Mittelpunkt der Forderungen stand eine Verringerung der täglichen Arbeitszeit um ½ bis 1 Stunde auf 10 Stunden. Die Unternehmer reagierten mit umfangreichen Aussperrungen. Einer der Streikenden erinnerte sich später daran, wie der Streik beendet wurde:

Auf einmal tritt Hermann Jäckel zur Tür herein und ist ganz aufgeregt. Er hatte in Berlin mit Karl Legien und Hübsch [zwei führenden Gewerkschaftsfunktionären] verhandelt und war eben zurückgekommen. Er teilt uns mit, dass ihm die Leitung in Berlin die Anweisung gegeben hat, den Streik abzubrechen. Eine Fortsetzung sei aussichtslos und würde nur zum beiderseitigen Aufzehren der Kräfte führen, zur Vernichtung jeder Erwerbsmöglichkeit in Crimmitschau auf viele Monate, wenn nicht auf Jahre hinaus. Das aber könnte nicht im Interesse der Arbeiter liegen. Außerdem gäbe es schon zu viel Streikbrecher, und die Unternehmer seien durch den Kampf dazu gedrängt worden, sich in ganz Deutschland zusammenzuschließen. Wir sollten auf einen anderen, günstigeren Zeitpunkt warten, um wieder unsere Forderungen vorzubringen.

Wir sitzen alle wie erstarrt. Soll denn alles umsonst gewesen sein? Noch nie hatten wir so viel Geld wie in diesen Wochen … Und da soll abgebrochen werden?

Es kommt zu einer langen und heftigen Diskussion. Aber Jäckel beharrt auf seinem Auftrag, den er erhalten hat und der sich mit seiner eigenen Auffassung deckt. Ohne die Zustimmung und Unterstützung der Zentrale können wir nicht weiterkämpfen. Ein Flugblatt wird entworfen und noch in der Nacht gedruckt. Am Montag erhalten es die Arbeiter. Sie können es nicht glauben. Vielen stehen Tränen in den Augen. Alle sind gegen Jäckel, aber der ist schon wieder fort. Die Arbeiter sagen: „Wenn wir den jetzt hier hätten, würden wir ihn in den Mühlgraben werfen!"

[Hermann Jäckel war ein Gewerkschaftsfunktionär aus Crimmitschau. Karl Legien und Hübsch waren führende Funktionäre der Generalkommission der Gewerkschaften Deutschlands.]

Zit. nach: A. Lassotta/H. Röver et al. (Hg.): Streik. Crimmitschau 1903 – Bocholt 1913. Ein Lesebuch zu den Arbeitskämpfen in der Crimmitschauer und Bocholter Textilindustrie, Postkarte (Westfälisches Industriemuseum, Schriften, Bd. 13). Essen 1993, S. 110 f.

Q5 Das Streikende

Die „Deutsche Industrie-Zeitung", das Organ des Zentralverbandes Deutscher Industrieller, berichtete am 19. Januar 1904:

Der Streik in Crimmitschau ist beendet, und zwar mit einer völligen Niederlage der Arbeiter. Die Streikleitung hat den Arbeitern empfohlen, die Arbeit bedingungslos wieder aufzunehmen.

Ein größerer und schönerer Erfolg konnte den Crimmitschauern Arbeitgebern, die den leider von der Sozialdemokratie bis aufs Äußerste verhetzten Arbeitern gegenüber den Kampf um die Herrschaft im Fabrikbetriebe für die ganze deutsche Industrie geführt haben, nicht beschieden werden. Ihnen ist der Dank aller Arbeitgeber sicher, wie es ja auch das Eintreten derselben, in erster Reihe des Centralverbandes (…) mit moralischer und materieller Unterstützung bewiesen hat. Dieser Solidaritätserklärung der deutschen Industrie, die sich in dem Beschlusse der Gründung eines allgemeinen deutschen Arbeitgeberbundes vom 17. Januar 1904 dokumentierte, und der am 18. Januar 1904 die Konstituierung eines Arbeitgeberverbandes der gesamten deutschen Textilindustrie folgte, mag wohl auch der plötzliche Entschluss der Crimmitschauer Streikhetzer zuzuschreiben sein, von dem aussichtslosen Versuche der Vergewaltigung der Arbeitgeber abzusehen. Das Wort eines der Teilnehmer an der Versammlung vom 17. d. M. hat sich bewahrheitet, dass die Sozialdemokratie zum Teil ein selbstgeschaffener Popanz ist, der dem unter den Händen zusammenbricht, der sie energisch anpackt. Weil das bisher nicht geschehen ist, ist sie stark und furchtbar. Was von ihr im Ganzen gilt, trifft noch mehr für ihre Führer im Einzelnen zu. So haben sich die Crimmitschauer Streikhetzer schon vor dem Plane zur Gründung eines deutschen Arbeiterbundes zurückgezogen.

Ebd., S. 113.

„Der Streik“ Q6
Gemälde
von Robert Köhler, 1886.

Q7 Nur Männerleid und Männerelend?

Adelheid Popp (1869–1939) trat früh der österreichischen Sozialdemokratischen Partei bei. Sie engagierte sich insbesondere für Arbeiterinnen, organisierte für sie Streiks und gab für sie eigene Zeitungen heraus. In ihren 1900 erschienenen Erinnerungen beschreibt sie auch, wie sie im Winter 1885 erstmals eine sozialdemokratische Veranstaltung besuchte:

Ich war das einzige weibliche Wesen im Saale und alle Blicke richteten sich erstaunt auf mich, als wir uns durchdrängten. Den Redner konnte ich nur undeutlich sehen, denn er war in eine Wolke von Tabak- und Zigarrenrauch gehüllt. Er sprach über: „Die kapitalistische Produktionsweise“.

Und wieder waren es neue Offenbarungen für mich. Was ich instinktiv gefühlt hatte, aber noch nicht auszudenken vermochte, hörte ich hier klar und überzeugend vortragen. (...) Die zweite Versammlung besuchte ich am Weihnachtstag; dort waren außer mir noch zwei Frauen anwesend. Der Redner sprach über „Klassengegensätze“. Er sprach gut, wirkungsvoll, hinreißend. Ich hörte ihn die leidensvolle Geschichte meiner eigenen Weihnachtsfeste schildern und im Gegensatz zu den Entbehrungen der Armen den Überfluss der Reichen. In mir drängte alles hinzurufen: „Das weiß ich auch, das kann ich auch erzählen!“ Aber noch wagte ich kein Wort, ich hatte nicht einmal den Mut, Beifall zu spenden. Das hielt ich für unweiblich und nur für ein Recht der Männer. Auch wurde in den Versammlungen nur für Männer gesprochen. Keiner der Redner wendete sich auch an die Frauen, die allerdings nur sehr vereinzelt anwesend waren. Es schien alles nur Männerleid und Männerelend zu sein. Ich empfand es schmerzlich, dass man über die Arbeiterinnen nicht sprach, dass man sich nicht auch an sie wandte, um sie zum Kampfe aufzurufen.

Zit. nach: A. Popp: Jugend einer Arbeiterin. 2. Aufl. Berlin-Bonn-Bad Godesberg 1978, S. 75.

Fragen und Anregungen

1. Stelle zusammen, wie sich Arbeiter organisierten. Welche Ergebnisse brachte dies für ihre Lage (VT)?
2. Untersuche Q3–Q5 daraufhin, welche Mittel im Arbeitskampf von beiden Seiten jeweils eingesetzt wurden.
3. Beschreibe die Empfindungen, die Adelheid Popp bei dem Besuch der politischen Veranstaltungen hatte (Q7).
4. Beschreibe das Bild Q1. Welche Haltung der Arbeiter kommt darin zum Ausdruck?
5. Analysiere anhand von Q2, wodurch in den Augen der SAP die soziale Lage der Arbeiter bestimmt wird und mit welchen Mitteln dagegen vorgegangen werden soll.
6. Schreibe eine Reportage zum Bild Q6. Gehe dabei auf die verschiedenen Personen und Personengruppen ein, die zu erkennen sind. Vermute, welche Einstellungen die verschiedenen Personen zu dem Streik haben könnten. Formuliere, was die Personen jeweils sagen oder denken könnten.

7. Dörfer und Städte verändern ihr Gesicht

Q1 **Kaiserslautern 1645.** Zeitgenössischer Stich.

Q2 **Nähmaschinenfabrik, Kaiserslautern, nach 1862**

Industrieregionen entstehen

Die Industrialisierung setzte sich nicht überall gleichmäßig durch. Das Wirtschaftswachstum konzentrierte sich vor allem in der Nähe guter Transportwege, ausreichender Rohstoffvorkommen und großer Märkte. Die Arbeits- und Geschäftsmöglichkeiten an solchen Orten zogen die Menschen von nah und fern an. Hierdurch verwandelten sich Dörfer in Städte, Städte in Metropolen und ganze Regionen in Stadtlandschaften. In Deutschland waren es in der zweiten Hälfte des 19. Jahrhunderts hauptsächlich die Gebiete im Norden und Nordosten, aus denen die Menschen fortzogen, während sich die Industriereviere an der Ruhr und in Oberschlesien und die Gebiete um Berlin, Hamburg, München und Frankfurt a. M. zu großstädtischen Ballungszentren entwickelten.

Städtische Wohnungsnot

Das Wachstum der Wirtschaft und der Bevölkerung stellte die Städte vor große Herausforderungen. Die zuwandernden Menschen suchten in der Regel zunächst in den alten Innenstädten Unterkunftsmöglichkeiten. Die dortigen Wohnungen genügten aber längst nicht mehr den inzwischen erreichbaren sanitären und hygienischen Standards. Sie verfügten kaum über fließendes Wasser und Toiletten. Die Räume waren oft zu klein, zu niedrig und konnten nicht ausreichend beheizt werden. Durch den Zuzug wurde die städtische Wohnungsnot erheblich verschärft. Es kam nicht nur zu einer Überbelegung der Wohnungen, sondern auch zu einer Verdichtung der Bebauung, weil Hinterhöfe und Gärten durch neue Häuser und Anbauten ersetzt wurden.

Ausdehnung der Städte

Weil die Städte schnell über ihre alten Grenzen hinauswuchsen, musste die weitere Stadtentwicklung vorausschauend geplant werden. Alte Befestigungsanlagen wurden beseitigt, umliegende Dörfer eingemeindet, neue Stadtteile erbaut. Die damaligen Planungsentscheidungen prägen bis in die Gegenwart die Städte. Für neue Industrietriebe wurden gezielt Gebiete zur Verfügung gestellt, die mit einer günstigen Infrastruktur (z. B. Gleisanschlüssen, Kraftwerken) ausgestattet wurden. In der Nähe der Industrieviertel entstanden wiederum Viertel, die hauptsächlich für die Industriearbeiter und ihre Familien gedacht waren. Als typische Wohnform setzte sich für sie das mehrstöckige Mietshaus mit vielen gleich geschnittenen Wohnungen durch. Diese Wohnungen wurden nach und nach auch mit den neuartigen

Anschlüssen für fließendes Wasser, Gas und Elektrizität ausgestattet. Gleichzeitig mit den Arbeiterquartieren entstanden aber auch Stadtteile, in denen sich vermögendere Bürger niederließen. Hierfür wurden vor allem schönere und gesündere Gebiete genutzt, z. B. an Berghängen, Flussläufen oder im Westen der Städte, die von den städtischen Abgasen eher verschont blieben.

Wachsender Verkehr

Die wirtschaftliche und räumliche Ausdehnung der Städte ging mit zunehmendem Waren- und Personenverkehr einher. Straßen mussten neu angelegt oder verbreitert werden. Der Personentransport wurde mit neuartigen Verkehrsmitteln bewältigt: zunächst mit Schienenwagen, die von Pferden gezogen wurden, dann von elektrischen Straßenbahnen und schließlich auch von Untergrundbahnen. Im Zuge dieser Entwicklung wurde eine immer größere Entfernung zwischen Arbeitsplatz und Wohnung für viele Menschen zur Normalität. Nach der Erfindung des Kettenantriebes und des luftgefüllten Gummireifens wurde um die Jahrhundertwende das Fahrrad schnell zum wichtigsten Verkehrsmittel der „kleinen Leute". Aus all diesen Gründen nahm die Wohnbevölkerung in den Innenstädten langsam ab. Es entstand die moderne City als ein Bereich, in dem vorwiegend Geschäfte und Dienstleistungsunternehmen zu finden sind.

Probleme bei der Versorgung und Entsorgung

Auch die Versorgungs- und Entsorgungsprobleme nahmen für die Städte nun völlig neue Größenordnungen an. Sauberes Wasser musste von weither herangeschafft, Abwasser und Müll mussten entsorgt werden. Wegen der hohen Kosten wurden dringende Aufgaben nur verspätet und zögerlich in Angriff genommen. So kamen beispielsweise wichtige Verbesserungen der Abwasserentsorgung in Hamburg erst in Gang, nachdem 1892 einer Choleraepidemie Tausende von Menschen zum Opfer gefallen waren. Der Krankheitserreger war über das stark verunreinigte Wasser in den Kanälen übertragen worden.

Infrastruktur

Auch die sozialen Aufgaben der Städte und Gemeinden änderten sich. Die bisherige Art der Armenfürsorge wurde umgestaltet. Für die stark gestiegene Zahl schulpflichtiger Kinder mussten neue Schulen erbaut wurden. Aber auch für die Erholung und Unterhaltung der städtischen Bevölkerung mussten Leistungen erbracht werden (Parks, öffentliche Badeanstalten, Bibliotheken, Museen u. a.).

Q3 **Der Gutenbergplatz in Mainz mit dem Dom St. Martin**
Kolorierte Fotografie von 1919.

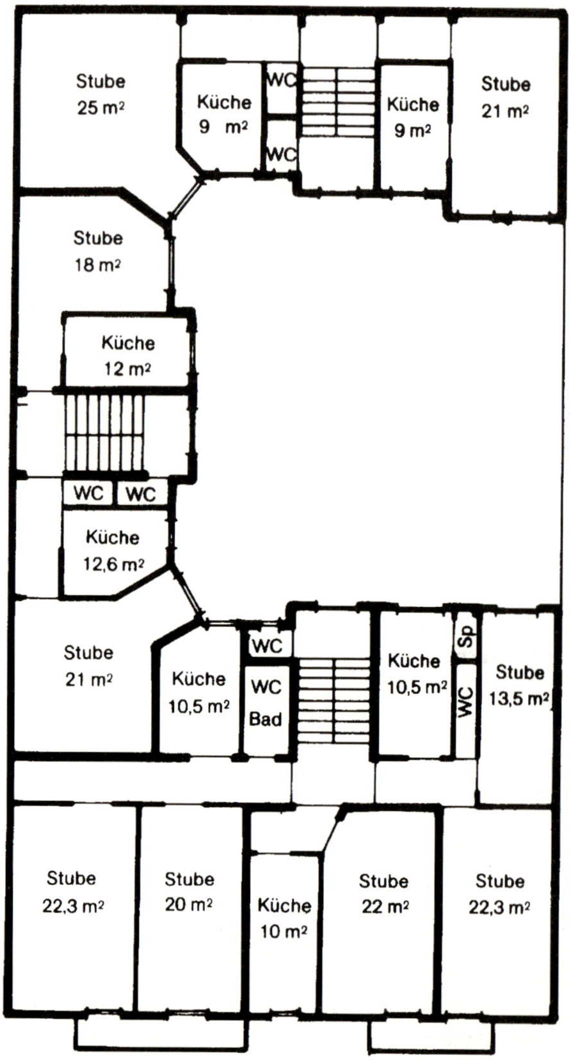

Wohnung (oben) und Grundriss (rechts) einer Berliner Mietskaserne 1905 Q4

Q5 Verstädterung eines Dorfes in der Nähe von Hamburg

Wie sich ein großstadtnahes Dorf im Zuge der Industrialisierung veränderte, schilderte der Schriftsteller Karl Scheffler 1927 in einem Roman, in den er seine eigenen Lebenserfahrungen einarbeitete. Scheffler wuchs in Langenhorn auf, einem Dorf nördlich von Hamburg:

Zuerst wurden weiter oben am Flusse einige große Fabriken gebaut. Sie standen zunächst ganz kurios da mit ihren hohen Ziegelschornsteinen inmitten der Viehweiden. Aber es dauerte nicht lange, bis daneben Häuser entstanden, die zu dem Fabrikstil passten, bis das Grün der Weiden unter großen Haufen von Kohlen, Schutt und Abfall verschwand. Mit den Fabriken kamen Menschen ins Dorf, die dort früher nie zu sehen gewesen waren, es sei denn in Feiertagskleidern als Ausflügler. Es waren Scharen jener Arbeiter und Arbeiterinnen, die sich von den ländlichen und handwerklichen Arbeitern auf den ersten Blick unterschieden, weil sie nichts gelernt hatten als ein paar Handgriffe, weil kein Berufsgeist in ihnen war, weil sie zur Klasse derer gehörten, die in der Folge Proletarier genannt worden sind. Da der Weg zur Stadt weit war, stellte sich bald das Bedürfnis heraus, für diese Arbeiter im Dorfe selbst Wohnungen zu schaffen. Und da etwas Passendes nicht vorhanden war, entstanden die ersten ärmlichen Mietquartiere. Einsam im Felde erhoben sich hohe, kahle Stockwerkshäuser, in denen arme Familien schmutzig und ohne Behagen nebeneinander hausten; ein ungepflegter, schnell verwahrlosender Hof schloss sich an. Die Häuser und der Raum zwischen ihnen wimmelten von Kindern. (...)

Die Stockwerkshäuser brauchten besondere Anlagen für Licht, Wasser und Kanalisation, weil die Zusammenballung vieler Menschen in einer Wohnkaserne eine gewisse Sorge für die Volksgesundheit erfordert. Es wurden diese neuen Häuser darum mit Wasserleitung und Gasleitung versehen. Das ganze Dorf wurde umgewühlt, um Anschluss an die weiter flussabwärts gelegenen Hauptrohre zu gewinnen. Als die Leitungen dann aber einmal lagen, ging man gleich auch zur Gasbeleuchtung der Straßen über.

Zit. nach: K. Scheffler: Der junge Tobias. Leipzig 1927, S. 27–29.

	1875	1910
Berlin	966859	2071257
Dortmund	57742	214226
Frankfurt a.M.	103136	414576
Hamburg	264675	931035
Köln	135371	516527
Leipzig	127387	589850
München	193024	596467
Nürnberg	91018	333142
Stuttgart	107273	286218
Zahl der Städte mit mehr als 10000 Einwohnern	271	576

D1 Wachstum einiger deutscher Großstädte

Q7 **Im Hamburger Gängeviertel.** Foto, um 1900.

Q6 Wohnen in der Großstadt

Die Wohnverhältnisse der Arbeiter um 1900 schilderte der Volkswirtschaftler Werner Sombart 1906:

Wer würde es glauben, dass eine ganze Anzahl Menschen bei uns heutigentags in Wohnungen kampiert, die überhaupt kein heizbares Zimmer haben?
Und doch belehrt uns die Statistik, dass es deren in Berlin über 15000, in Barmen über 8000 gibt. (...) Ja, in den meisten deutschen Großstädten wohnt (...) annähernd die Hälfte aller Menschen in Wohnungen, die nicht mehr als ein Zimmer umfassen. Überbevölkert nennt die Statistik eine Wohnung, wenn 6 Personen und mehr in 1 Zimmer, 11 Personen und mehr in 2 Zimmern hausen. Und selbst davon gibt es eine recht erkleckliche Anzahl: in Berlin nahezu 30000, in Breslau 7000, in Chemnitz 50000. (...) Man denke: 6 Personen und mehr in 1 Raum, 11 und mehr in 2 Räumen.

W. Sombart: Das Proletariat. Jena 1906, S. 23 f.

D2 Technik verändert das Leben in den Städten

1826 Die erste deutsche Gasanstalt in Hannover schafft die Voraussetzung für bequeme und gute Beleuchtung von Wohnungen und Straßen.

1832 In New York fährt der erste Pferdeomnibus als regelmäßiges Verkehrsmittel.

1846 Der Pferdeomnibus wird in Berlin als erstes Stadtverkehrsmittel eingesetzt.

1853 In London wird die erste unterirdische Eisenbahn (Vorläufer der U-Bahn) in Betrieb genommen.

1856 In Paris beendet der Bau der Kanalisation die nächtlichen Kloakentransporte.

1856 In Berlin fährt die erste Pferdestraßenbahn.

1873 In Berlin werden die Abwässer durch die Kanalisation entsorgt.

1881 Die erste elektrische Straßenbahn nimmt in Berlin ihren Betrieb auf.

Zusammengestellt vom Verfasser

Fragen und Anregungen

1. Erläutere, wie sich die Städte durch die Industrialisierung veränderten (VT, Q1–Q4, D1, D2).
2. Rechne aus, welche Städte in D1 am schnellsten und welche am langsamsten wuchsen.
3. Zähle auf, welche Veränderungen in dem in Q5 beschriebenen Dorf stattfanden. Schreibe dazu einen Erlebnisbericht aus der Sicht eines Kindes.
4. Finde anhand des Grundrisses in Q4 heraus, wie viele Wohnungen zu einer Etage gehörten. Beschreibe anhand des Grundrisses und der Wohnung die dortigen Wohnverhältnisse.
5. Kennzeichne die Wohn- und Lebensbedingungen der Arbeiter in den Städten um 1900 (Q6, Q7). Was bedeutet das für die Familien?

8. Wachstum ohne Ende?

Negative Folgen des Wirtschaftswachstums

Mit der Industrialisierung setzte sich eine Produktionsweise durch, für die im Unterschied zu allen früheren Produktionsweisen das dauerhafte Wachstum der Wirtschaft insgesamt kennzeichnend ist. Bereits wenn die Wirtschaft einmal für ein Jahr nicht wächst, wird von einer „Krise“ gesprochen. Dieses Phänomen rief schon im 19. Jahrhundert Skepsis und Kritik hervor. Es wurde gefragt, ob es wirklich notwendig und vertretbar sei, ständig mehr natürliche Ressourcen zu verbrauchen, Städte und Verkehrswege immer weiter auszudehnen oder die freie Konkurrenz überall zuzulassen. Die negativen Folgen des stetigen industriellen Wachstums traten besonders deutlich in der Zunahme der Umweltprobleme hervor. Vielerorts wurde in die Natur eingegriffen, ohne sich über die Folgen für das ökologische Gleichgewicht Gedanken zu machen. Erst allmählich setzte sich die Einsicht durch, dass dem Raubbau an der Natur und der Verschmutzung von Luft, Boden und Gewässer Grenzen gesetzt werden müssten.

Verbrauch fossiler Energieträger

Eins der folgenreichsten Probleme betraf die Deckung des Energiebedarfs. Traditionell wurde Holzkohle zum Schmelzen, Brennen und Umformen von Metallen, Glas, Porzellan, Tonwaren usw. verwendet. Gegen Ende des 18. Jahrhunderts führte der Holzmangel aber zu sehr hohen Preisen für Holzkohle. Neue Feuerungstechniken machten es dann möglich, die billigere und in großer Menge vorhandene Steinkohle zu verwenden. Damit wurde ein fossiler, nicht erneuerbarer Energieträger zur Grundlage der gesamten Weltwirtschaft. Das Problem wurde mit der später einsetzenden Verwendung von Erdöl nicht gelöst, sondern ausgeweitet. Die langfristige Folge besteht in der Klimaerwärmung, die durch das vermehrt freigesetzte Kohlendioxid hervorgerufen wird.

Umweltverschmutzung

Ein ausgeprägtes „Umweltbewusstsein“ im heutigen Sinn gab es im 19. Jahrhundert nicht. In den Großstädten und Industriegebieten wurde zwar ständig über Staub, Lärm, schlechte Luft und schmutzige Gewässer geklagt, doch wurde dies meistens als unabänderliche Schattenseite der „neuen Zeit“ hingenommen. Wenn es zu Beschwerden und Konflikten kam, so ging es meistens um konkrete Beeinträchtigungen des Eigentums, die angeblich oder wirklich durch Industriebetriebe verursacht worden waren. Der aus den Schornsteinen der Industriereviere aufsteigende Steinkohlenrauch wurde von Bauern mit dem geringeren Wachstum ihrer Pflanzen oder mit Vergiftungserscheinungen bei ihrem Vieh in Zusammenhang gebracht. Fischer sahen in den stinkenden und farbigen Flüssigkeiten, die nahe der Fabriken in die Flüsse eingeleitet wurden, die Ursache für den Rückgang ihrer Fangquoten oder für das Fischsterben. Die Unternehmen sahen sich deshalb zuweilen zum Bau höherer Schornsteine, zu einer weiter entfernten Einleitung ihrer Abwässer und manchmal auch zu begrenzten Entschädigungszahlungen veranlasst. Meistens waren sie aber nicht bereit, für solche Schäden die Verantwortung zu übernehmen. Sie verlangten nach Beweisen, dass die Schädigungen wirklich und allein von ihrer Fabrik verursacht worden seien. Sie verwiesen auf Steuern und Arbeitsplätze, die von dem Erfolg ihrer Betriebe abhingen. Auch zeigten sie sich davon überzeugt, dass die Schadstoffe in der Luft und im Wasser auf ein letztlich unschädliches Maß „verdünnt“ würden.

Gefährdetes Trinkwasser

Die meisten Sorgen machte man sich im 19. Jahrhundert um die Reinhaltung des Trinkwassers. Es war bekannt, wie schnell Krankheiten durch verdrecktes Wasser verbreitet werden konnten. Gerade in den wachsenden Städten war aber die

Versorgung mit halbwegs sauberem Wasser nicht mehr gesichert. Sowohl Flüsse und Kanäle, denen das Brauchwasser entnommen wurde, als auch Grundwasserbrunnen für das Trinkwasser waren immer öfter durch das Einsickern oder die Einleitung von Unrat oder Industrieabwässern verunreinigt. Als technische Lösung setzte sich einerseits die Herbeiführung sauberen Wassers aus entfernteren ländlichen Gebieten durch. Andererseits begann man damit, für Industriezweige und Betriebe Grenzwerte festzulegen, bis zu denen sie ihre Abwässer in Gewässer einleiten durften. Erstmals geschah dies für die mitteldeutsche Kaliindustrie, die ihre salzhaltige Laugen in die Flüsse leitete und dadurch die Trinkwasserversorgung von Großstädten wie Bremen und Magdeburg bedrohte. In den Städten begann man seit ca. 1850 mit dem Bau unterirdischer Kanalisationen. So konnten die Abwässer der Haushalte, die durch die steigende Zahl von Wasserklosetts erheblich vermehrt wurden, bequem aus den Städten hinausgeleitet werden. Alternativ vorgebrachte Vorschläge, wonach Fäkalien in Tonnen gesammelt und dann als Dung verwertet werden sollten, konnten sich nicht durchsetzen. Das Einleiten von Abwässern verstärkte die Verschmutzung der Flüsse und machte schon bald die Errichtung von Kläranlagen erforderlich.

Und heute?

Die Probleme mit der Energie- und Wasserversorgung und mit der Verschmutzung von Luft, Boden und Gewässern sind heutzutage immer noch nicht vollständig gelöst bzw. stellen sich immer wieder aufs Neue. Allerdings hat es sich gezeigt, dass gesundheitsschädlichen und umweltzerstörerischen Auswirkungen der industriellen Produktionsweise durch gesetzliche Auflagen und durch alternative technische Entwicklungen durchaus erfolgreich entgegengewirkt werden kann.

D1 Der Gletscher „Gepatschferner" im Kaunertal, Tirol, 1904 und 2000

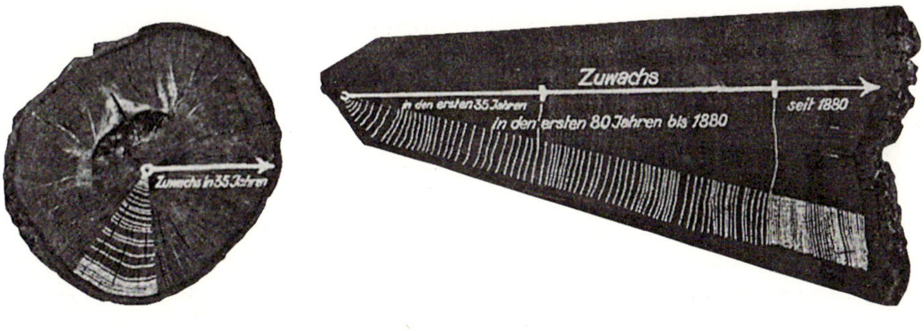

D2 Ein Baumstamm
Immissionsschäden im Spiegel von Jahresringen. Das linke Bild zeigt eine im Jahr 1932 35-jährige Eiche, die von Anfang an unter Rauchschäden litt, das rechte Bild eine im Jahr 1932 100-jährige Eiche.

Q1 Landschaft mit Baum
Gemälde von Lutz Brandt, 1981.

Q2 Rücksicht auf die Natur oder die Industrie?

Im Juni 1905 wurde in der Nahe bei Sobernheim ein größeres Fischsterben festgestellt. In einem Artikel in der Lokalzeitung wurde der Verdacht geäußert, die Kalkeinleitungen einer Leimfabrik könnten die Ursache gewesen sein. In einem Leserbrief heißt es dazu:

Wollte man aber auch annehmen, dass durch die Zufuhr der Abwässer ein Teil der Fische einginge, so steht die Stadt Sobernheim vor der Frage, ob sie unter allen Umständen die Fischzucht hochhalten und der Industrie die Wege verlegen will, oder ob es ratsamer ist, einen Teil der Fische zugrunde gehen zu lassen und der Industrie die Wege zu bahnen. Bei Beantwortung dieser Frage müssen folgende Tatsachen in Betracht gezogen werden: Die Fischereipacht bringt der Stadt jährlich zirka 200 Mark ein. Die Firma Caesar & Ewald zahlt jährlich, abgesehen von sonstigen Ausgaben, allein an Arbeiterlöhnen durchschnittlich 35 000 Mark. Die Firma muss den Betrieb einstellen, wenn sie ihre Abwässer nicht mehr los wird. Wollen wir also nur eine Bevölkerung haben, die Landwirtschaft treibt und möglichst dafür sorgen, dass die Spaziergänger an dem klaren Spiegel der Nahe sich erfreuen können, so müssen wir die Industrie lahm legen. Wollen wir aber, was tatsächlich der Fall ist, der ärmeren Bevölkerung Unterhalt verschaffen, dieselbe vor dem Auswandern schützen, und damit den Verkehr und die Geschäfte heben, so ist es nicht zu umgehen, auf die Industrie Rücksicht und die Unannehmlichkeiten, welche sie mit sich bringt, mit in den Kauf zu nehmen.

Zit. nach: J. Flemming/K. Saul/P.-Chr. Witt (Hg.): Quellen zur Alltagsgeschichte der Deutschen 1871–1914. Darmstadt 1997, S. 56 ff.

Q3 Wird die Landschaft für immer vernichtet?

Ende des 19. Jahrhunderts entstand in Deutschland eine Jugendbewegung, die gegenüber dem städtisch-industriellen Leben skeptisch eingestellt war. Als sich 1913 Anhänger dieser Bewegung trafen, hielt der Philosoph und Psychologe Ludwig Klages eine Rede zu den Auswirkungen der Industrie auf die Landschaft:

Zerrissen ist der Zusammenhang zwischen Menschenschöpfung und Erde, vernichtet für Jahrhunderte, wenn nicht für immer, das Urlied der Landschaft. Dieselben Schienenstränge, Telegrafendrähte, Starkstromleitungen durchschneiden mit roher Geradlinigkeit Wald und Bergprofile, sei es hier, sei es in Indien, Australien, Amerika; die gleichen grauen vielstöckigen Mietskasernen reihen sich aneinander, wo immer der Bildungsmensch seine „segenbringende" Tätigkeit entfaltet; bei uns wie anderswo werden die Gefilde „verkoppelt", d. h. in rechteckige und quadratische Stücke zerschnitten, Gräben zugeschüttet, blühende Hecken rasiert, schilfumstandene Weiher ausgetrocknet; die blühende Wildnis der Forste von ehedem hat ungemischten Beständen zu weichen, soldatisch in Reihen gestellt und ohne das Dickicht des „schädlichen" Unterholzes; an den Flussläufen, welche einst in labyrinthischen Krümmungen zwischen üppigen Hängen glitten, macht man schnurgerade Kanäle.

Zit. nach: L. Klages: Mensch und Erde. Bonn 1980, S. 17 f.

Fragen und Anregungen

1. Überlege, welche Argumente gegen den Leserbrief Q2 vorgebracht worden sein könnten. Tauscht die Argumente in einem Rollenspiel aus.
2. Liste auf, an welchen Eingriffen in die Natur Klages Anstoß nimmt. Sprecht darüber, wie er sich die Natur vor der Industrialisierung vorstellt (Q3).
3. Vergleiche die Jahresringe der Bäume in den jeweils ersten 35 Jahren (D2). Was folgt daraus?
4. Welche langfristigen Auswirkungen des Industrialisierungsprozesses kommen durch die beiden Abbildungen D1 zum Ausdruck? Welche weiteren Auswirkungen sind dir bekannt?

Die Entwicklung einer Erfindung verfolgen

In diesem Kapitel hast du eine Anzahl technischer Erfindungen kennen gelernt, die für die Industrialisierung wichtig waren: Spinnmaschine, Dampfmaschine, Eisenbahn, Elektromotor usw. Neben den erwähnten Neuerungen gab es eine unübersehbare Zahl weiterer Erfindungen, die das Leben der Menschen nachhaltig verändert haben. Wende dein Wissen an, indem du eine technische Neuerung oder Erfindung auswählst und deren Entwicklung verfolgst. Achte insbesondere darauf, wie sich diese Innovation auf die menschliche Gesellschaft ausgewirkt hat.

Wähle zuerst aus, welche Erfindung du in ihrer Entwicklung verfolgen möchtest, z.B. Auto, Flugzeug, Telefon, Fernseher, Plattenspieler, Tonband, Waschmaschine usw. Wenn das Thema klar ist, musst du in Büchern, Zeitschriften, dem Internet oder auch im Museum recherchieren: Am Anfang stehen Menschen, die sich der Lösung eines konkreten technischen Problems verschrieben haben, manchmal Tüftler, meistens Wissenschaftler. Haben sie das Problem gelöst, kommen andere, die die Lösung perfektionieren. Wenn dann ein Unternehmer die Geschäftschancen erkennt, die mit der Erfindung verbunden sind, so kann sein Betrieb Erfolge verbuchen und eine massenhafte Verbreitung erfolgt.

Bedenke auch, dass sich mitunter negative Wirkungen und Begleiterscheinungen herausstellen, an die vorher kaum jemand hatte denken wollen oder können.

Wenn du alles zusammengestellt hast, dann überlege, wie du die Ergebnisse deiner Arbeit präsentieren möchtest. Geeignet sind Zeitstrahl, Collagen, PowerPoint-Präsentationen oder auch illustrierte Aufsätze, die du im Geschichtsordner abheften kannst.

Eine große Musikindustrie entsteht

Die erste CD kommt auf den Markt

Die Erfindung der Schellackplatte verhilft dem Tonfilm ab 1927 zum Durchbruch

Emil Berliner arbeitet mit Zinkplatten (1887); die LP war erfunden

1877 erfindet Thomas Alva Edison den Fonografen

Die erste Langspielplatte aus PVC

DEUTSCHE STREBEN NACH FREIHEIT UND EINHEIT

Nach der Niederlage Napoleons wurde auf dem Wiener Kongress über die Zukunft Europas und damit auch Deutschlands verhandelt. In den folgenden Jahren forderten immer mehr Deutsche „Einheit und Freiheit", d. h. einen an demokratischen Ideen orientierten Nationalstaat. Aber erst 1848 griff eine Revolution, die in Frankreich ausgebrochen war, auch auf Deutschland über. Nach ersten Erfolgen scheiterte diese jedoch. Doch mit der Gründung des Deutschen Reiches wurde 1871 ein Nationalstaat geschaffen.
War diese Entwicklung vorgezeichnet? Welchen Weg legten die Deutschen – auch unter Beobachtung des Auslands – seit 1815 zurück und was dachten und empfanden die unterschiedlichen Bevölkerungsgruppen? Warum scheiterte die Revolution 1848 – und wie kam es dennoch zwanzig Jahre später zur Reichsgründung, mit der ein Traum vieler Deutscher in Erfüllung ging?

Die „Göttinger Sieben"

Lithographie von Friedrich Eduard Ritmüller (1805–1868).

Die Grundrechte des deutschen Volkes aus dem Jahr 1849. Lithographie von Adolf Schrödter (1805–1875).

Parlamentssitzung in der Frankfurter Paulskirche
Farblithographie von C. A. Litt, 1848.

„Germania auf der Wacht am Rhein"
Schautuch, 1864–1870.

f den Barrikaden von Berlin, 1848

as Deutsche Volk!

Aufruf vom 17. Januar 1871

Wir Wilhelm,

ottes Gnaden König von Preussen,

tschen Fürsten und Freien Städte den einmüthigen
ichtet haben, mit Herstellung des Deutschen Reiches
n 60 Jahren ruhende Deutsche Kaiserwürde zu er=
übernehmen, und nachdem in der Verfassung des
es die entsprechenden Bestimmungen vorgesehen sind,
, daß Wir es als eine Pflicht gegen das gemeinsame
chtet haben, diesem Rufe der verbündeten Deutschen
ädte Folge zu leisten und die Deutsche Kaiserwürde

1. Die Neuordnung Europas: Der Wiener Kongress

1815 Auf dem Wiener Kongress wird das europäische Staatensystem neu geordnet. Dazu gehört die Gründung des Deutschen Bundes.

Ein großer Kongress in Wien

Im Frühjahr 1814 war es gelungen, den französischen Kaiser Napoleon zu besiegen (vgl. Kapitel „Wird Europa französisch?“). Mehr als zwanzig Jahre hatte es ohne Unterbrechung Kriege in Europa gegeben, und Napoleon hatte zeitweise fast den ganzen Kontinent beherrscht. Nun versammelten sich in Wien Diplomaten der wichtigsten europäischen Staaten, um über die Zukunft Europas zu beraten – auch das besiegte Frankreich war vertreten. Mit zwei Kaisern, sechs Königen und fast 100 anwesenden Fürsten war der Wiener Kongress ein glanzvolles Ereignis, auf dem fünf Monate lang gleichzeitig verhandelt und gefeiert wurde.

Wie soll Europa künftig aussehen?

Die beiden beherrschenden Themen auf dem Wiener Kongress waren die zukünftige Machtverteilung zwischen den Staaten Europas und die Sicherung eines dauerhaften Friedens. Dazu gehörte die Frage nach der Zukunft Deutschlands. Einig waren sich die Siegermächte darin, dass ein erneuter Versuch Frankreichs, die Vorherrschaft in Europa zu erlangen, verhindert werden musste. Davon abgesehen, gab es sehr unterschiedliche Ziele: Russland wollte Polen erwerben und sich damit nach Westen ausdehnen. Preußen versuchte Sachsen zu annektieren, dessen König bis zuletzt Napoleons Verbündeter geblieben war. Österreich wiederum wollte eine Vergrößerung von Russland und Preußen möglichst verhindern, um die Macht der beiden Staaten zu begrenzen. Und Großbritannien war daran interessiert, ein Gleichgewicht zwischen allen Kontinentalmächten herzustellen, um seine Seeherrschaft abzusichern.
Nach langen Verhandlungen kam es in Wien schließlich zu einer Einigung: Es konnte ein Gleichgewicht zwischen allen europäischen Großmächten hergestellt werden, sodass niemand die Vorherrschaft besaß. Frankreich wurde einer besonderen Kontrolle unterworfen, indem an seinen Grenzen möglichst große Staaten neu gebildet wurden oder dort Gebiete erhielten. Großbritannien wurde als führende See- und Welthandelsmacht bestätigt.

Legitimität, Restauration und Solidarität

Auf dem Wiener Kongress ging es aber nicht nur um Grenzveränderungen. Napoleon hatte mit seinen Kriegszügen auch die Ideen der Französischen Revolution weit verbreitet und in den eroberten Gebieten politische Veränderungen durchgesetzt. Diese sollten nach dem Willen der Fürsten wieder rückgängig gemacht und die alten Verhältnisse „restauriert“, d.h. wiederhergestellt werden. Das betraf besonders eine Hauptidee der Französischen Revolution, die so genannte „Volkssouveränität“: Danach sollten die Völker das Recht haben, ihre Regierung durch Wahlen selbst zu bestimmen. Diesem Gedanken wurde das Prinzip der „Legitimität“ entgegengesetzt: Als legitim, also rechtmäßig, sollte nur die von Gott abgeleitete Herrschaft des jeweiligen Fürstenhauses gelten. Besonders der österreichische Kaiser, der russische Zar und der preußische König vertraten dieses Prinzip. Unter anderem deshalb schlossen sie ein Bündnis, die so genannte „Heilige Allianz“, in der sie sich unter Berufung auf ihren gemeinsamen christlichen Glauben zu gegenseitiger Solidarität bekannten und sich Unterstützung und Hilfeleistung zusicherten, sollte es zu revolutionären Erhebungen kommen. Darüber hinaus waren sich die vier Siegermächte darin einig geworden, den gewonnenen Frieden in Europa gemeinsam zu erhalten und eine befürchtete erneute Bedrohung durch Frankreich zu verhindern.

Q1 Der Wiener Kongress tagt
Der Pariser Hofkünstler Jean Baptiste Isabey war im Gefolge der französischen Delegation nach Wien gereist und hatte dort Porträtzeichnungen der Kongressteilnehmer angefertigt. Von dem später entstandenen Gemälde wurde dieser Stich angefertigt.

1 der englische Gesandte Herzog von Wellington; **2** der preußische Staatskanzler Hardenberg; **3** Fürst Metternich aus Österreich; **4** Graf Nesselrode, einer der russischen Vertreter; **5** der britische Außenminister Castlereagh; **6** der französische Vertreter Talleyrand; **7** Graf Stachelberg, ein Bevollmächtigter des russischen Zaren

Der Deutsche Bund wird gegründet

Auf Grund seiner Größe und seiner geografischen Lage war Deutschland der Schlüssel für die Stabilität Europas. Durch die Neuordnung Deutschlands sollte die Mitte Europas vor Angriffen geschützt und gleichzeitig das Gleichgewicht zwischen den europäischen Großmächten gesichert werden. Aber dort war eine einfache Restauration der alten Ordnung nicht mehr möglich, denn 1806 hatte sich das Heilige Römische Reich Deutscher Nation aufgelöst. Seitdem gab es keinen deutschen Kaiser mehr und auch keinen gemeinsamen deutschen Staat. Man einigte sich in Wien schließlich darauf, einen „Deutschen Bund" als Zusammenschluss unabhängiger Staaten zu gründen. 37 Fürstentümer und vier freie Reichsstädte wurden Gründungsmitglieder. Dazu gehörten auch die beiden Großmächte Preußen und Österreich. Sogar der niederländische, der dänische und der englische König waren aufgrund ihrer deutschen Besitzungen Bundesmitglieder. Es gab kein gemeinsames Staatsoberhaupt und auch kein Parlament, nur eine Bundesversammlung bestehend aus Abgesandten der einzelnen Mitgliedsstaaten. Sie tagte in Frankfurt am Main, den Vorsitz führte der Vertreter Österreichs. Wichtige Beschlüsse, die für den gesamten Bund gelten sollten, mussten mit einer Zweidrittelmehrheit gefasst werden. Darüber hinaus regelten die Bundesstaaten fast völlig unabhängig voneinander, wie die Menschen in Deutschland leben sollten. Zwar waren in Wien Länderverfassungen erlaubt worden, aber die sahen weder ein gewähltes Parlament noch gesicherte Grundrechte vor, die die Herrschaft der Fürsten hätte einschränken können. In Preußen und Österreich wurden gar keine Verfassungen eingeführt.

D1 Mittel- und Osteuropa nach dem Wiener Kongress 1815

Q2 Der Deutsche Bund als Friedensstaat Europas

Der Göttinger Historiker Ludwig Heeren schrieb 1816:

Der Deutsche Bund macht geografisch den Mittelpunkt des Staatensystems von Europa aus. Er berührt, ganz oder beinahe, die Hauptstaaten des Westens und Ostens; und nicht leicht kann auf der einen oder der anderen Seite unseres Weltheils sich etwas ereignen, was ihm gleichgültig bleiben könnte. Aber auch den fremden Mächten kann es nicht gleichgültig sein, wie der Zentralstaat von Europa geformt ist! Hätte dieser Staat eine gemeinsame Monarchie mit strenger politischer Einheit; ausgerüstet mit allen den materiellen Kräften, die Deutschland besitzt – welch sicherer Ruhestand wäre für die fremden Mächte möglich? (…) Würde ein solcher Staat lange der Versuchung widerstehen können, die Vorherrschaft in Europa sich zuzueignen, wozu seine Lage und seine Kraft ihn zu berechtigen scheinen? (…) Dem Deutschen Bund dagegen fehlen die Mittel zu Eroberungen. Es liegt in seinem Charakter, dass, wie stark er auch in der Verteidigung sein mag, er doch schwach zum Angriff ist. (…) Mit Recht werden wir also den Deutschen Bund den Friedensstaat von Europa nennen können.

Zit. nach: H. Schulze (Hg.): Europäische Geschichte. Quellen und Materialien. München, Nr. 62. Sprachlich vereinf. d. Verf.

Q3 Mein Wunsch für Deutschland

In einer Denkschrift für das russische Kabinett äußerte sich Freiherr vom und zum Stein:

Unsere neuen Gesetzgeber haben an die Stelle des alten Deutschen Reiches mit einem Haupte, gesetzgebender Versammlung, Gerichtshöfen, einer inneren Einrichtung, die ein Ganzes bildete – einen Deutschen Bund gesetzt, ohne Haupt, ohne Gerichtshöfe, schwach verbunden für die allgemeine Verteidigung. Die Rechte der Einzelnen sind durch nichts gesichert als die unbestimmte Erklärung, „dass es Landstände [als eine Art von Volksvertretung] geben soll“, ohne dass etwas über deren Rechte festgestellt ist. (…) Das Recht der Bündnisse einzelner Staaten des Deutschen Bundes mit Fremden wird allein durch die Verpflichtung beschränkt, keine Verbindungen einzugehen, welche gegen den Bund oder eines seiner Mitglieder gerichtet sind. Der Deutsche wird sogar verpflichtet sein, seinen Landsmann zu bekämpfen, wenn dessen Fürst sich mit dem Gegner verbunden hat. Von einer so fehlerhaften Verfassung lässt sich nur ein sehr schwacher Einfluss auf das öffentliche Glück Deutschlands erwarten.

Zit. nach: Deutsche Geschichte in Quellen und Darstellung. Band 7. Vom Deutschen Bund zum Kaiserreich 1815–1871. Stuttgart 1997, S. 55 ff. Sprachl. vereinf. durch Verf.

Q4 Aus dem „Grundgesetz" des Deutschen Bundes

In der „Wiener Schlussakte" vom 15. Mai 1820 wurden die Grundsätze des Deutschen Bundes endgültig festgelegt:

Art. 1. Der Deutsche Bund ist ein völkerrechtlicher Verein der deutschen souveränen Fürsten und freien Städte, zur Bewahrung der Unabhängigkeit und Unverletzbarkeit der Bundesstaaten und zur Erhaltung der inneren und äußeren Sicherheit Deutschlands.

Art. 2. Dieser Verein besteht in seinem Inneren als eine Gemeinschaft selbstständiger unter sich unabhängiger Staaten mit wechselseitigen gleichen Vertragsrechten und Vertragspflichten, in seinen äußeren Verhältnissen aber als eine in politischer Einheit verbundene Gesamtmacht.

Art. 5. Der Bund ist als ein unauflöslicher Verein gegründet, und es kann daher der Austritt aus diesem Verein keinem Mitglied freistehen.

Art. 57. Da der Deutsche Bund, mit Ausnahme der freien Städte, aus souveränen Fürsten besteht, so muss die gesamte Staatsgewalt in dem Oberhaupte des Staats vereinigt bleiben, und der Souverän kann durch eine landständische Verfassung nur in der Ausübung bestimmter Rechte (…) gebunden werden.

Zit. nach: Ebd., S. 43 ff. Sprachl. vereinf. d. Verf.

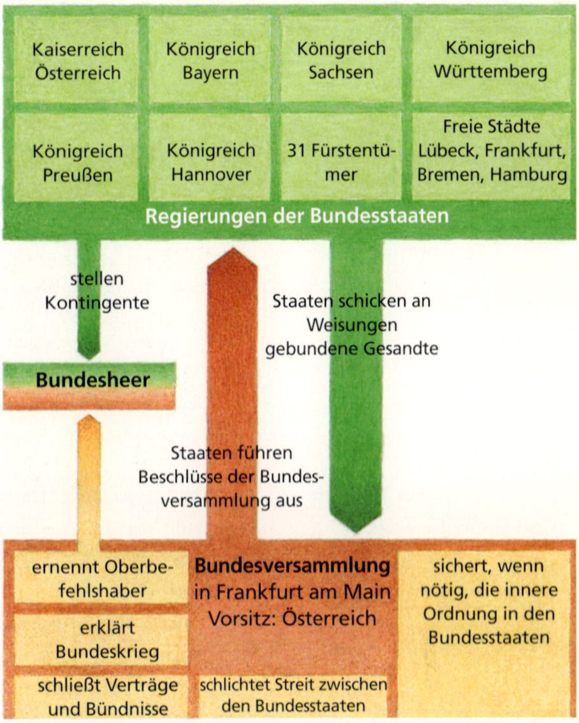

D2 Der Deutsche Bund

Restauration und Legitimität

(lt. restaurare, d.h. wiederherstellen): Ein Ziel des Wiener Kongresses von 1814 bis 1815 war die Wiederherstellung der alten Ordnung aus der Zeit vor der Französischen Revolution. Das galt besonders für die Monarchen, die ihre Herrschaft damit begründeten, dass sie in göttlichem Auftrag regierten. Als „legitime" (lat. legitim, d.h. rechtmäßig, zulässig) Herrscher lehnten sie es daher ab, ihre Macht durch gewählte Parlamente und die Idee der Volkssouveränität einschränken zu lassen. Die europäische Epoche von 1815 bis 1848 bezeichnet man daher auch als Zeitalter der Restauration. Heute wird der Begriff auch für Bestrebungen verwendet, politische und staatliche Ordnungen nach alten Prinzipien wiederherzustellen.

Fragen und Anregungen

1. Benenne die in Q2 beschriebenen Besonderheiten Deutschlands und deren Folgen.
2. Erläutere die Aussagen des Freiherrn vom Stein zum Deutschen Bund (Q3) und vergleiche diese mit den Argumenten in Q2.
3. Arbeite heraus, welche Aufgaben der Deutsche Bund haben sollte und welche Rechte und Pflichten seine Mitglieder hatten (VT, Q4, D2).
4. Erkläre auf Grundlage der Karte D1, wie durch die territorialen Veränderungen versucht wurde, ein Gleichgewicht in Europa und den Schutz vor erneuten Angriffen durch Frankreich zu erreichen.
5. Betrachte das Bild Q1. Überlege, welche abgebildeten Personen für den Maler die Hauptrolle auf dem Wiener Kongress spielten. Suche Informationen über die abgebildeten Personen und stelle diese jeweils in Form einer Ich-Erzählung vor.
6. Diskutiert mithilfe der Grafik D2, inwieweit der Deutsche Bund ein einheitlicher Staat war oder nicht. Nutzt für eure Argumentation den Verfassertext sowie die Quellen Q3 und Q4.

2. Bürger fordern Freiheit und Einheit

18. und 19. Oktober 1817	Burschenschaften treffen sich zum Wartburgfest.
März 1819	August von Kotzebue wird ermordet.
September 1819	Die Karlsbader Beschlüsse schränken die Lehre und die Pressefreiheit ein.

Der österreichische Staatskanzler Fürst Metternich Q1
Kopie eines Gemäldes von 1818/19.

Für Freiheit und Gleichberechtigung

Die restaurativen Kräfte schienen in Wien den Sieg davongetragen zu haben. Jedoch ließen sich die Ideen der Aufklärung und der Französischen Revolution nicht mehr aus den Köpfen der Menschen vertreiben: Auch in Deutschland hatte sich seit dem 18. Jahrhundert ein selbstbewusstes Bürgertum entwickelt, das persönliche Grundrechte und politische Mitbestimmung forderte. Frankreich war dabei seit 1789 Vorbild, aber auch Warnung. In Deutschland sollte es nicht zu gewaltsamen Umstürzen, zu Terror und zu einer Diktatur kommen. Ein größeres Vorbild war England. Dem englischen Beispiel folgend, forderten die Bürger Gleichberechtigung mit den Adligen, Religions-, Meinungs- und Pressefreiheit, Schutz vor willkürlicher Verfolgung und Verhaftung sowie gesicherte Mitbestimmungsrechte durch ein gewähltes Parlament. Alle diese liberalen Forderungen sollten in Verfassungen festgeschrieben werden.

Ein gemeinsamer Nationalstaat soll es sein

In einem weiteren Punkt waren England bzw. Frankreich Vorbilder: Viele Bürger fühlten sich nicht mehr nur als Bayern, Sachsen oder Hessen, sondern auch als Angehörige einer gemeinsamen deutschen Nation, die sie durch eine gemeinsame Geschichte, Kultur und Sprache bestimmt sahen. Hinzu kam die Erfahrung der Besatzungszeit unter Napoleon und des von vielen Deutschen gemeinsam geführten Befreiungskrieges. So wollten immer mehr Deutsche in einem Nationalstaat leben. 1815 schien die Gelegenheit dazu günstig zu sein, da mit dem Ende der französischen Vorherrschaft eine neue Staatsordnung für Deutschland gefunden werden musste.

Enttäuschung durch den Wiener Kongress

Gegenüber den liberalen und nationalen Zielen erwies sich der neu gegründete Deutsche Bund für viele als eine große Enttäuschung: Es wurde kein gemeinsamer Nationalstaat gegründet und nicht einmal die in der Bundesakte versprochenen ständischen Verfassungen wurden in allen Bundesstaaten eingerichtet. Insbesondere Preußen und Österreich verzichteten darauf. Allerdings gab es auch Lichtblicke: Einige Fürsten, darunter die Herrscher von Bayern, Baden und Württemberg, setzten zwischen 1818 und 1821 Verfassungen in Kraft, die wichtige Grundrechte, wie die Gleichheit vor dem Gesetz, gewährten. Diese ermöglichten auch die Einrichtung von Parlamenten, die von Bürgern, die einen Mindestsatz an Steuern bezahlten, gewählt wurden.

Demonstration auf der Wartburg

Am 18. und 19. Oktober 1817 versammelten sich mehr als 500 Teilnehmer aus elf deutschen Universitäten auf der Wartburg, um mit einem großen Fest an den vierten Jahrestag der Vielvölkerschlacht von Leipzig und an den 300. Jahrestag des Thesenanschlags Luthers zu erinnern. In den Festansprachen ging es aber nicht nur um diese beiden Ereignisse. Vielmehr wurde ein geeintes Deutschland gefordert, in dem Freiheit und Rechte der Bewohner gesichert sein sollten.

Q2 Bücherverbrennungen auf dem Wartburgfest 1817
Holzstich, um 1880.
Zum Abschluss des Wartburgfestes wurde in einem Fackelzug an die Verbrennung der päpstlichen Bulle durch Martin Luther erinnert. Daran angelehnt wurden nun auch symbolisch Gegenstände verbrannt.

Mit dem Wartburgfest hatte sich in Deutschland eine Nationalbewegung gebildet, die nationale und liberale Forderungen bündelte. Eine Keimzelle waren die Burschenschaften, zu denen sich an vielen deutschen Universitäten Studenten zusammengeschlossen hatten, die aus den Befreiungskriegen zurückgekehrt waren. Zu dem Treffen auf der Wartburg hatten die Mitglieder einer Burschenschaft an der Universität Jena eingeladen. Deren Mitglieder wollten die kommende Einheit des deutschen Vaterlandes vorbereiten. Als äußeres Zeichen wählten sie symbolisch die drei Farben Schwarz-Rot-Gold, die später zu den deutschen Nationalfarben wurden.

Mit Polizei gegen die Studenten: die Karlsbader Beschlüsse

Der österreichische Kanzler Metternich wollte bereits nach dem Wartburgfest mit allen Mitteln gegen die liberale und nationale Bewegung an den Universitäten und im Bürgertum vorgehen. Im Unterschied zu den anderen Bundesstaaten konnte er sich allerdings noch nicht durchsetzen. Doch da ermordete am 23. März 1819 in Mannheim ein Theologiestudent den Dichter und russischen Staatsrat August von Kotzebue. Dieser hatte von dort dem russischen Zaren über die Zustände an den deutschen Universitäten berichtet. Metternich nahm diesen Mord zum Anlass, zu einer Konferenz in Karlsbad einzuladen, auf der weit reichende Beschlüsse gefasst wurden: Die Burschenschaften wurden verboten. Es wurden staatliche Aufseher für die Studenten und Professoren an den Universitäten eingesetzt. Außerdem wurde eine strenge Zensur von Zeitungen und Zeitschriften beschlossen.

Nation und Nationalstaat

Als Merkmale einer Nation gelten gemeinsame Abstammung, Sprache, Kultur und Geschichte sowie das Zusammengehörigkeitsgefühl der in einem Gebiet zusammenlebenden Menschen. Während sich in den westeuropäischen Staaten (besonders England, Frankreich und Spanien) bereits im Mittelalter ein Nationalgefühl entwickelte, bildete sich ein vergleichbares Nationalgefühl in Deutschland erst seit dem 18. Jahrhundert heraus, und erst Anfang des 19. Jahrhunderts wurden Forderungen nach einem gemeinsamen Nationalstaat für alle Deutschen erhoben.

Nationalismus

Der Nationalismus ist eine Ideologie, die dem Nationalstaat eine beherrschende Stellung für die Gegenwart und Zukunft eines Gebietes oder Volkes zuweist. In seiner heutigen Prägung ist er während der Französischen Revolution entstanden, als die Abgeordneten des dritten Standes sich zur französischen Nationalversammlung erklärten. In Deutschland bildete sich der Nationalismus durch die Erfahrungen mit der französischen Fremdherrschaft und in den Befreiungskriegen heraus, als die Freiwilligen von 1813 für ein noch gar nicht existierendes geeintes Deutschland kämpften.

Die Karikatur in der Zeit der Restauration

Die Menschen, die sich für Freiheit und nationale Einheit einsetzten, nutzten die verschiedensten Möglichkeiten, ihre Forderungen zu verbreiten. Dazu gehörten insbesondere Veröffentlichungen in Zeitungen und Zeitschriften, die viel gelesen wurden. Aber es waren nicht immer nur Artikel, die das Gedankengut der Liberalen verbreiteten. Häufig wurden Karikaturen (ital. caricare = überladen) gezeichnet, in denen aktuelle politische Ereignisse z. B. durch Mensch-Tier-Vergleiche, Parodien und Unter- bzw. Übertreibungen in Bildform dargestellt und bewertet wurden. Manchmal konnte so auch die Zensur getäuscht werden. Karikaturen sind deswegen für uns heute wichtige Quellen, die uns zeigen, was und wie man damals dachte. Allerdings ist es nicht immer leicht, sie zu entschlüsseln und einzuordnen.

Q3 **„Die gute Presse"**
Karikatur aus dem „Leuchtturm", 1847.

Methodische Arbeitsschritte:

1. Beschreibe die gezeichneten Personen, Tiere und Gegenstände sorgfältig. Achte dabei auch auf die Größendarstellungen und verbindende Elemente.
2. Wenn eine Beschreibung oder Beschriftung vorhanden ist: Stelle eine Beziehung zwischen dem Abgebildeten und dem Text her.
3. Oft ist es heute schwierig, die Dinge zu verstehen, die für die Menschen damals selbstverständlich bekannt waren. Finde daher so viel wie möglich über den geschichtlichen Hintergrund, über abgebildete Personen oder wichtige Gegenstände, das Entstehungsjahr, den Ort der Veröffentlichung (bei einer Zeitung oder Zeitschrift auch, wer diese Zeitung gelesen hat) heraus.
   Nutze dazu Geschichtsbücher über die Zeit, in der die Karikatur entstanden ist, und auch andere Informationsquellen (z. B. Lexika, Internet).
4. Entschlüssele die dargestellten Personen und Gegenstände und versuche zu klären, welche persönliche Meinung der Zeichner mit der Karikatur verbreiten wollte. Auf welche Ereignisse oder Zustände hat sich der Karikaturist bezogen?
5. Fasse zusammen, was die Karikatur aussagt. Beziehe Stellung zu dieser Aussage.

Die Beschreibung der Karikatur

Ein Maulwurf führt einen Zug von mehreren Personen bzw. Tieren an. Er trägt eine Fahne, auf der ein Krebs als Symbol abgebildet ist. An zweiter Stelle marschiert ein Wesen mit einer Schere als Kopf. Dieses hat einen Wanderstock in Form eines überdimensionierten Bleistifts und führt fünf kleinere Menschen, die wie Kinder wirken, an einer Leine hinter sich her. Einer der kleinen Menschen trägt ein Schild, auf dem „IA" steht. Der Truppe folgt ein Schafsbock in Uniform mit einem Regenschirm und einem kleinen Hündchen an der Leine. Am Nachthimmel sind Fledermäuse zu erkennen.

Die Aussage des Titels

Nach der Überschrift zu deuten, soll die „gute Presse", also vorbildlicher oder braver Journalismus (Zeitungspresse), dargestellt werden. Ursprünglich war dazu ein Spottvers abgedruckt, der offensichtlich aus Sicht der Angeleinten geschrieben ist: In ihm bedanken sie sich bei der „süßen heiligen Zensur", die sie wie Kinder am Gängelband führt.

Die zeitliche Einordnung

Die Karikatur erschien 1847 in der Zeitschrift „Leuchtturm, Monatsschrift zur Unterhaltung und Belehrung für das deutsche Volk". Dazu passt, dass unter der Zeichnung sehr klein „Expedition d Leuchtt" steht.

Die Entschlüsselung der Karikatur

Mit der Karikatur wird die Presse kritisiert, die gutgläubig (wie Kinder es tun) sich von der Zensur am „Gängelband" führen lässt. Die Zensur wird durch den Scherenmann dargestellt: Mit seinem übergroßen Zensurstift markiert er Teile der Texte und schneidet dann mit der Schere als Kopf alles heraus, was nicht erlaubt ist. Der Schafsbock trägt die Uniform eines kaiserlich-österreichischen Kanzleidieners und soll wahrscheinlich den alles überwachenden Staat symbolisieren. Er sieht allerdings äußerst ungefährlich, sogar lächerlich aus. Der Maulwurf an der Spitze zeigt die Richtung an, in die die Zensur die Presse führt: Es gibt keine, denn ein Maulwurf ist blind. Hinzu kommt die Fahne: Ein Krebs geht rückwärts, das Ziel ist es also, rückwärts in die Vergangenheit zurückzugehen! Die Fledermäuse unterstreichen die Dunkelheit, in der sich der Zug bewegt. Vielleicht stehen sie auch für die „finsteren" deutschen Mächte, insbesondere Preußen und Österreich.

Die Aussage der Karikatur

Die Zeichnung kritisiert die Zensur, der sich die Presse seit den Karlsbader Beschlüssen von 1819 unterwerfen muss. Interessanterweise steht aber nicht der zensierende Staat im Mittelpunkt der Kritik, sondern die Presse selbst, die bereitwillig, ohne Widerstand zu leisten, der blinden und rückwärtsgewandten Führung der Zensur folgt, obwohl die Druckmittel des Staates (bewachendes Schaf) lächerlich schwach sind. Die Karikatur drückt damit eine weit verbreitete Stimmung aus, als immer mehr Bürger sich mutig für Veränderungen aussprachen. Sie ruft die Zeitungen dazu auf, sich nicht mehr an die Zensurbestimmungen zu halten.

Fragen und Anregungen

1. Erkläre, wie Karikaturen entstanden sind und welche Bedeutung sie in der Politik haben.
2. Lies Arbeitsschritte und Antworten und vergleiche sie mit der abgebildeten Karikatur Q3.
3. Entschlüssele Q8 (S. 169) mithilfe der Arbeitsschritte und der Informationen des vorangegangenen Kapitels. Schreibe deine Antworten auf.
4. Überlege, warum eine Karikatur Kritik mitunter viel deutlicher zum Ausdruck bringen kann als ein Text. Warum kann die Zensur eine Karikatur nicht so einfach verbieten wie einen Text?
5. Wähle aus einer aktuellen Zeitung oder Zeitschrift eine Karikatur aus und interpretiere sie mithilfe der vorgeschlagenen Arbeitsschritte.

Q4 Deutschland als ein Land und das deutsche Volk als ein Volk

Der Jurastudent Heinrich von Gagern schrieb 1818 in einem Brief an seinen Vater:

Wir wünschen, dass Deutschland als ein Land und das deutsche Volk als ein Volk angesehen werden könne. So wie wir dies so sehr als möglich in der Wirklichkeit wünschen, so zeigen wir dies in der Form unsres Burschenlebens. Landsmannschaftliche Parteien sind verbannt, und wir leben in einer deutschen Burschenschaft, im Geiste als ein Volk, wie wir es in ganz Deutschland gerne in der Wirklichkeit täten. (...) Wir wünschen eine Verfassung für das Volk und nach dem Zeitgeiste und nach der Aufklärung desselben, nicht dass jeder Fürst seinem Volke gibt, was er Lust hat und wie es seinem Privatinteresse dienlich ist. Überhaupt wünschen wir, dass die Fürsten davon ausgehen und überzeugt sein möchten, dass sie des Landes wegen, nicht aber das Land ihretwegen existiere. Die bestehende Meinung ist auch, dass überhaupt die Verfassung nicht von den einzelnen Staaten ausgehen solle, sondern dass die eigentlichen Grundzüge der deutschen Verfassung gemeinschaftlich sein sollten, ausgesprochen durch die deutsche Bundesverfassung.

Zit. nach: W. Lautemann/M. Schlenke (Hg.): Geschichte in Quellen. Das bürgerliche Zeitalter 1815–1914. München 1980, S. 83.

Q5 Die preußische Regierung zur liberalen und nationalen Bewegung

Aus einem offiziellen Rundschreiben des preußischen Außenministers Graf von Bernstorff, 1819:

Ihr Zweck ist: die Gesellschaft umzuschmelzen; die politischen Unterschiede, welche zwischen Deutschlands Völkern bestehen, aufzuheben; die wirkliche Einheit dieses großen Landes an die Stelle des Bundes seiner Glieder [des Deutschen Bundes] zu setzen, und durch den Ruin der gegenwärtigen Ordnung der Dinge zu einer neuen Ordnung zu gelangen; als Mittel zu diesem Zwecke bemächtigen sie sich der heranwachsenden Generation, welcher sie in allen Erziehungsinstitutionen, von den Schulen bis zu den Universitäten, denselben Geist, dieselben Gesinnungen, dieselben Gewohnheiten mitteilen. (...) Die Lehre dieser Sektierer (...) lässt sich auf zwei Maxime [Grundsätze] zurückführen: die erste ist, dass das Ziel die Mittel heiligt; die zweite, dass die Handlungen an sich gleichgültig sind, dass ihre Verdienstlichkeit von den Ideen abhängt, aus denen sie flossen, und dass diese Ideen immer lobenswert sind, wenn sie Deutschlands Unabhängigkeit und Freiheit zum Gegenstande haben.

Zit. nach: W. Lautemann/M. Schlenke (Hg.): a. a. O., S. 89.

Q6 Aus den Karlsbader Beschlüssen

Bestimmungen hinsichtlich der Freiheit der Presse:

§. 1. Solange als der gegenwärtige Beschluss in Kraft bleiben wird, dürfen Schriften, die in der Form täglicher Blätter oder heftweise erscheinen (...) in keinem deutschen Bundesstaate ohne Vorwissen und vorherige Genehmigung der Landesbehörden zum Druck befördert werden. (...)

§. 7. Wenn eine Zeitung oder Zeitschrift durch einen Ausspruch der Bundesversammlung unterdrückt worden ist, so darf der Redakteur derselben binnen fünf Jahren in keinem Bundesstaate bei der Redaktion einer ähnlichen Schrift zugelassen werden. Die Verfasser, Herausgeber, und Verleger (...) bleiben übrigens, wenn sie den Vorschriften dieses Beschlusses gemäß gehandelt haben, von aller weitern Verantwortung frei. (...)

§. 9. Alle in Deutschland erscheinenden Druckschriften (...) müssen mit dem Namen des Verlegers und, insofern sie zur Klasse der Zeitungen oder Zeitschriften gehören, auch mit dem Namen des Redakteurs versehen sein. (...)

§. 10. Der gegenwärtige einstweilige Beschluss soll, vom heutigen Tage an, fünf Jahre lang in Wirksamkeit bleiben.

Zit. nach: W. Hardtwig/H. Hinze (Hg.): Deutsche Geschichte in Quellen und Darstellung. Bd. 7. Stuttgart 1997, S. 71 ff., sprachl. vereinf.

Q7 Die Praxis der Zensur

Der Gymnasialdirektor Gerd Eilers schrieb um 1830:

Beliebte Personen sind Bücher- und Zeitungszensoren nie gewesen, weil ihr Geschäft in die natürliche Freiheit eingreift. (...) Nichts scheint dem lesenden Publikum unberechtigter und anmaßender als eine geistige Nahrungspolizei. In jeder Zeit steigerte sich Unwillen zu einer förmlichen Empörung gegen Zensur und Zensoren; sie wurden mit dem giftigsten Spott, dem Hasse und der Verachtung preisgegeben. Die natürliche Folge war, dass sie teils zu scharf, teils zu stumpf ihr Amt versahen, wenige die Mittelstraße gingen. (...) Ein [Zensor] strich regelmäßig das Wort „Freiheit“, weil solche Lehren höchst gefährlich seien. Dagegen ließen andere wirklich Bedenkliches durchschlüpfen, weil ihnen die Vorwürfe der vorgesetzten Behörde weniger unangenehm waren als der Hass der Schriftsteller und ihres Publikums. Die Instruktionen der Zensoren konnten nur unbestimmter Art sein; das Meiste musste dem eigenen Urteile derselben überlassen werden, und da diese eigenen Urteile sehr verschieden waren, so waren die Ausführungen es ebenfalls. Die Verwirrung war unsäglich groß. (...)

Zit. nach: W. Lautemann/M. Schlenke (Hg.): a. a. O., S. 123 f.

Q8 „Der Denkerclub“
Anonyme Karikatur um 1820. Der Text auf der Tafel rechts lautet: „Gesetze des Denker-Clubs: I. Der Präsident eröffnet präzise 8 Uhr die Sitzung. II. Schweigen ist das erste Gesetz dieser gelehrten Gesellschaft. III. Auf dass kein Mitglied in Versuchung geraten möge seiner Zunge freien Lauf zu lassen, so werden beim Eintritt Maulkörbe ausgeteilt. IV. Der Gegenstand, welcher in jedmaliger Sitzung durch ein reifes Nachdenken gründlich erörtert werden soll, befindet sich auf einer Tafel mit großen Buchstaben deutlich geschrieben.“

Liberalismus

Der Liberalismus bezeichnet eine politische Richtung, bei der der einzelne Mensch und sein Recht auf Freiheit im Vordergrund stehen. Es ist die Weltanschauung des Bürgertums, das sich gegenüber den Vorrechten der priviligierten (bevorzugten) Stände des Adels und der Geistlichkeit behaupten wollte. Der Liberalismus tritt für eine freie wirtschaftliche Betätigung der Unternehmer sowie für Gewaltenteilung, Rechtsstaatlichkeit und Pressefreiheit ein. Seine Wurzeln hat der Liberalismus in der englischen „Bill of Rights“ von 1689 sowie den amerikanischen und französischen Erklärungen der Menschenrechte von 1776 bzw. 1789.

Fragen und Anregungen

1. Verfasse ein Streitgespräch zwischen v. Gagern und Graf von Bernstorff, in dem die beiden ihre Positionen erklären und verteidigen (Q4, Q5).
2. Der Mörder Kotzebues hatte die Idee, dass mit der Ermordung einiger Gegner und seinem eigenen Opfertod eine Veränderung der politischen Lage erreicht werden würde. Beziehe Stellung zu dieser Auffassung (VT, Q6).
3. Überlege mithilfe des VT und der Abbildung Q2, welche Gegenstände auf dem Wartburgfest verbrannt wurden. Welche Wirkung hat das Bild?
4. Schreibe die einzelnen Maßnahmen der Karlsbader Beschlüsse in die linke Spalte einer Tabelle, in die rechte Spalte deine Vermutungen über den Zweck der einzelnen Maßnahme (Q6).
5. Erläutere die Folgen, die sich aus der Praxis der Zensur ergaben (Q7, Q8).
6. Versetze dich in die Lage eines Journalisten des 19. Jahrhunderts und verfasse eine Stellungnahme zu den Karlsbader Beschlüssen (Q6).
7. Diskutiert, ob eine Kontrolle der Medien gerechtfertigt ist.

3. Vor der Explosion? Julirevolution und Vormärz

1830	Der französische König wird durch die Julirevolution gestürzt.
1832	Auf dem Hambacher Fest versammeln sich mehr als 20 000 Menschen.
1841	Hoffmann von Fallersleben verfasst die spätere Nationalhymne.

Eine neue Welle von Revolutionen – von Frankreich ausgehend

Am 27. Juli 1830 brachen Unruhen in Paris aus. In den Straßen wurden mehr als 4000 Barrikaden errichtet. König Karl X., der versucht hatte, absolutistisch zu regieren und daher die Pressefreiheit eingeschränkt und das neu gewählte Parlament aufgelöst hatte, flüchtete schließlich nach England. Es kam allerdings nicht zur Gründung einer Republik, sondern Herzog Louis Philippe von Orléans wurde zum König der Franzosen erhoben. Der neue König bekannte sich zur Verfassung und arbeitete so eng mit dem französischen Bürgertum zusammen, dass er als „Bürgerkönig“ bezeichnet wurde.

Die Revolution in Frankreich hatte weit reichende Folgen. In den südlichen Niederlanden forderten die Bewohner einen unabhängigen Staat. Mit Unterstützung durch England und Frankreich löste sich der neue Staat Belgien von den Niederlanden. Im 1815 gegründeten „Kongresspolen“ kam es zum Aufstand gegen die russische Oberherrschaft. Trotz großer Solidarität des liberalen Bürgertums in ganz Europa konnte der russische Zar den Aufstand militärisch niederwerfen. Polen wurde zu einem Verwaltungsbezirk Russlands herabgestuft.

Aufbegehren in Deutschland

Auch in Deutschland erhielt die Nationalbewegung starken Auftrieb. Nach dem Pariser Vorbild kam es sogar zu kleineren Unruhen in einigen Bundesstaaten. Verfassungen, Pressefreiheit und eine Reform des Deutschen Bundes wurden gefordert. In Kurhessen, Sachsen, Braunschweig und Hannover gaben die Fürsten nach und führten Verfassungen ein. Jedoch verweigerten sich mit Preußen und Österreich weiterhin die beiden größten Bundesstaaten den liberalen Forderungen.

Das „Hambacher Fest“

Eine politische Aufbruchsstimmung ergriff immer größere Teile der Bevölkerung. Vom 27. bis zum 30. Mai 1832 versammelten sich mehr als 20 000 Menschen, neben Studenten auch Bürger und Handwerker, zu einer großen Protestdemonstration auf dem Hambacher Schloss in der bayerischen Pfalz. In Reden wurde ein gemeinsamer Nationalstaat mit einer demokratischen Verfassung gefordert – vielleicht sogar ohne einen König! Diese Ziele sollten in ganz Europa durchgesetzt werden. Dazu sollte es eine gemeinsame Solidarisierung aller Europäer geben.

Als im April 1833 Studenten die Frankfurter Hauptwache stürmten, um damit einen Schlag gegen den Bundestag einzuleiten, antworteten die Regierungen mit einer Verschärfung der Zensur und neuen Verfolgungen. Gegen mehr als 1800 Personen wurden Prozesse angestrengt, die meisten erhielten langjährige Freiheitsstrafen.

Rückzug ins Private

Enttäuscht von der Politik, zogen sich aber auch viele Bürger vom politischen Leben zurück und nahmen den Obrigkeitsstaat hin, solange er ihr privates Leben nicht antastete. Es bildete sich ein neues Lebensgefühl heraus: Familie und Kinder standen an erster Stelle, daneben waren die Männer vielleicht noch in einem Schützen-, Turn- oder Gesangverein. Selbstverständlich waren korrekte und saubere Kleidung sowie gute Benimmregeln. In Mode und Kleidung orientierte man sich dabei an

Paris oder London, während Trachten abgelehnt wurden. Häuser und Wohnungen wurden gemütlich, aber nicht protzig eingerichtet. Nach einem treuherzigen Bürger aus einer 1850 erschienenen Gedichtsammlung nennt man heute die so entstandene Form bürgerlichen Lebens „Biedermeier".

Das Nationalbewusstsein erwacht

Im Jahr 1840 erhob die französische Regierung zum ersten Mal seit 1815 die Forderung nach einer Ausdehnung Frankreichs bis zum Rhein: Alle linksrheinischen deutschen Gebiete sollten französisch werden. Während die Regierungen des Deutschen Bundes die französischen Forderungen gelassen nahmen, gab es in der Bevölkerung eine große Welle nationaler Begeisterung. Ziel war die gemeinsame Verteidigung der Rheingrenze und darüber hinaus die Bildung eines deutschen Nationalstaates. Eine Vielzahl von patriotischen Gedichten und Liedern wurde verfasst. Dazu gehörte auch das „Lied der Deutschen", das später zur deutschen Nationalhymne wurde. Gegenüber der nationalen Frage rückten die Forderungen nach einem liberalen Verfassungsstaat zum ersten Mal in den Hintergrund.

Politische Forderungen und Hungersnot: der Vormärz

Trotz allem war es in Deutschland seit 1815 nicht zum Ausbruch einer Revolution gekommen. Unter der Oberfläche waren jedoch die Spannungen gewachsen: Die Forderungen nach einem Nationalstaat und nach einer liberalen Verfassung mit gesicherten Grundrechten hatten sich weit verbreitet und konnten auch durch Gegenmaßnahmen der Regierungen nicht mehr eingedämmt werden.
Hinzu kam, dass sich das Land in einem tief greifenden sozialen Umbruch befand: Die Bevölkerungszahl wuchs von 1815 bis 1848 von 22 auf 35 Millionen Menschen an, und es gab nicht mehr genügend Arbeitsplätze in der Landwirtschaft. Viele Menschen zogen in die Städte, wo aber die Industrie noch nicht weit genug entwickelt war, um genügend Arbeitsplätze zu bieten. Als dann 1846–48 Missernten die Nahrungsmittel stark verteuerten und zudem eine Wirtschaftskrise ausbrach, wurde die politische Protestbewegung erheblich verstärkt. Ein Funke konnte nun zur Explosion führen. Nachdem im März 1848 tatsächlich eine Revolution in Deutschland ausgebrochen war, wurden die Jahre davor rückblickend als „Vormärz" bezeichnet.

Q1 **Zug auf die Burgruine Hambach**
Kolorierte Lithografie, 1832.

Q2 Die Wiedergeburt Europas durch den Sturz der aristokratischen Herrschaft

Aus der Festrede des demokratischen Publizisten Johann Wirth auf dem Hambacher Schloss:

So entsteht jener furchtbare Bund, der die Freiheit der Völker bisher immer noch zu töten vermochte. Die Hauptmacht dieses finsteren Bundes besteht immer noch aus deutschen Kräften, da Russland ohne die Allianz mit Preußen und Österreich ohnmächtig wäre (...). So riesenhaft daher die Macht des absoluten Bündnis auch sein mag, so ist ihr Ende doch in dem Augenblicke gekommen, wo in Deutschland (...) die öffentlichen Angelegenheiten nicht mehr nach dem despotischen Willen eines Einzigen, nicht mehr nach den Interessen einer über ganz Europa verzweigten Aristokratenfamilie, sondern nach dem Willen der Gesellschaft selbst und nach den Bedürfnissen des Volkes geleitet werden. (...) Wenn also das deutsche Geld und das deutsche Blut nicht mehr den Befehlen der Herzöge von Österreich und der Kurfürsten von Brandenburg (...) unterworfen sind, so wird Polen, Ungarn und Italien frei. (...) Der Wiederherstellung [...dieser Staaten folgt] der Sturz des unnatürlichen Übergewichts. Europa ist wiedergeboren.

Zit. nach: W. Hardtwig/H. Hinze (Hg.): Deutsche Geschichte in Quellen und Darstellung. Bd. 7. Stuttgart 1997, S. 95 ff.

Q3 Die Familie Begas

Gemälde von Karl Joseph Begas aus dem Jahr 1821. Das Bild gehört zur Kunstepoche des Biedermeier (1815–1848).

Q4 „Friede den Hütten! Krieg den Palästen!"

Der 21-jährige Student Georg Büchner war Mitverfasser der Flugschrift „Der Hessische Landbote". Ihr Erscheinen löste eine Verfolgungswelle aus. Büchner floh nach Zürich. In der Flugschrift von 1834 heißt es:

Das Leben der Vornehmen ist ein langer Sonntag, sie wohnen in schönen Häusern, sie tragen zierliche Kleider, sie haben feiste Gesichter und reden eine eigne Sprache. (...) Geht einmal nach Darmstadt und seht, wie die Herren sich für euer Geld dort lustig machen, und erzählt euern hungernden Weibern und Kindern, dass ihr Brot an fremden Bäuchen herrlich angeschlagen sei, (...) erzählt von den stattlichen Häusern, die aus den Knochen des Volks gebaut sind. (...) Der Fürst ist der Kopf des Blutegels, der über euch hinkriecht, die Minister sind seine Zähne und die Beamten sein Schwanz. (...) Was sind unsere Wahlgesetze? Nichts als Verletzungen der Bürger- und Menschenrechte der meisten Deutschen. Denkt an das Wahlgesetz im Großherzogtum [Hessen], wonach keiner gewählt werden kann, der nicht hoch begütert ist, wie rechtschaffen und gutgesinnt er auch sei. (...) Nach den Artikeln [der Verfassung] ist der Großherzog unverletzlich, heilig und unverantwortlich. Seine Würde ist erblich in der Familie, er hat das Recht Krieg zu führen und ausschließliche Verfügung über das Militär. (...) Er bleibt im Besitz einer fast unbeschränkten Gewalt, nur darf er keine neuen Gesetze machen und keine neuen Steuern ausschreiben ohne Zustimmung der Stände. Aber teils kehrt er sich nicht an diese Zustimmung, teils genügen ihm die alten Gesetze (...) und er bedarf darum keiner neuen Gesetze.

G. Büchner: Werke und Briefe. München 1994, S. 40 ff.

Q5 Wie der Untertan sich zu verhalten hat

1837 hob der König von Hannover die erst 1834 eingeführte Landesverfassung auf. Dagegen protestierten sieben Göttinger Professoren, die daraufhin entlassen wurden. Auf ein öffentliches Protestschreiben gegen die Entlassung reagierte der preußische Innenminister:

Dem Untertan ziemt es nicht, an die Handlungen des Staatsoberhauptes den Maßstab seiner beschränkten Einsicht anzulegen und sich in dünkelhaftem Übermute ein öffentliches Urteil über die Rechtsmäßigkeit derselben anzumaßen; die Unterzeichner der Adresse hätten daher in dem Benehmen der Göttinger Professoren nicht eine Verteidigung der gesetzmäßigen Ordnung, sondern nur ein unziemliches Auflehnen, ein vermessenes Unternehmen erblicken sollen.

Zit. nach: K. Biedermann: 1840–1870. Dreißig Jahre deutscher Geschichte. Bd. 1. Breslau o. J., S. 21.

Q6 Das Hambacher Fest, 1832

Rede des Journalisten Siebenpfeiffer (1789–1845) auf dem Hambacher Fest:

Und es wird kommen der Tag, der Tag des edelsten Siegstolzes, wo der Deutsche vom Alpengebirg und der Nordsee, vom Rhein, der Donau und Elbe den Bruder im Bruder umarmt, wo die Zollstöcke und die Schlagbäume, wo alle Hoheitszeichen der Trennung und Hemmung und Bedrückung verschwinden samt den Constitutiönchen, die man etlichen mürrischen Kindern der großen Familie als Spielzeug verlieh; wo freie Straßen und freie Ströme den freien Umschwung aller Nationalkräfte und Säfte bezeugen; (...) wo das deutsche Weib nicht mehr die dienstpflichtige Magd des herrschenden Mannes, sondern die freie Genossin des freien Bürgers, unsern Söhnen und Töchtern schon als stammelnden Säuglingen die Freiheit einflößt; (...) wo der Bürger nicht in höriger Untertänigkeit den Launen des Herrschers, (...) sondern dem Gesetze gehorcht und auf den Tafeln des Gesetzes den eigenen Willen liest und im Richter den frei erwählten Mann seines Vertrauens erblickt; wo die Wissenschaft das Nationalleben befruchtet und die würdige Kunst als dessen Blüte glänzt. (...) Es lebe das freie, das einige Deutschland!

Hoch leben die Polen, der Deutschen Verbündete! Hoch leben die Franken [Franzosen], der Deutschen Brüder, die unsere Nationalität und Selbständigkeit achten!

Hoch lebe jedes Volk, das seine Ketten bricht und mit uns den Bund der Freiheit schwört!

Vaterland – Volkshoheit – Völkerbund hoch!

Zit. nach: J. G. A. Wirth: Das Nationalfest der Deutschen zu Hambach. Neustadt/W. 1832, S. 34 f.

Q7 Das Lied der Deutschen

Heinrich Hoffmann von Fallersleben, der aufgrund seiner kritischen Lieder seine Professur in Breslau verlor, dichtete 1841 ein „Lied der Deutschen". 1922 wurde das Lied zur deutschen Nationalhymne erklärt. Die Musik stammt von Joseph Haydn (1732–1809). Auf Grund des Missbrauchs der ersten Strophe durch die Nationalsozialisten wird seit 1952 nur die dritte Strophe gesungen. Die drei Strophen lauten:

Deutschland, Deutschland über alles,
Über alles in der Welt,
Wenn es stets zu Schutz und Trutze,
Brüderlich zusammenhält
Von der Maas bis an die Memel,
Von der Etsch bis an den Belt.
Deutschland, Deutschland über alles,
Über alles in der Welt!

Deutsche Frauen, deutsche Treue,
Deutscher Wein und deutscher Sang
Sollen in der Welt behalten
Ihren alten schönen Klang
Und zu edler Tat begeistern
Unser ganzes Leben lang.
Deutsche Frauen, deutsche Treue,
Deutscher Wein und deutscher Sang!

Einigkeit und Recht und Freiheit
Für das deutsche Vaterland,
Danach lasst uns alle streben
Brüderlich mit Herz und Hand!
Einigkeit und Recht und Freiheit
Sind des Glückes Unterpfand:
Blüh im Glanze dieses Glückes,
Blühe, deutsches Vaterland!

Fragen und Anregungen

1. Erläutere anhand von Q2 die Schlüsselrolle, die Deutschland für Europa hätte haben können.
2. Diskutiert mögliche Chancen und Gefahren der „Zukunftsvision" Wirths (Q2).
3. Zeige am Beispiel von Q3, wie sich Bürger des Biedermeier selbst sahen und was für sie wichtig war.
4. Liste auf, welche Zustände der „Hessische Landbote" anprangert. Wie beurteilst du die Schrift (Q4)?
5. Finde anhand eines Lexikons heraus, um welche Personen es sich bei den „Göttinger Sieben" handelt (s. auch ADS). Entwirf einen offiziellen Antwortbrief der Göttinger Professoren an den preußischen Innenminister (Q5).
6. Untersuche den Text des „Liedes der Deutschen". Überlege, was 1841 bei den Regierungen Anstoß erregt haben könnte (Q7).
7. Vergleiche die Wünsche Siebenpfeiffers (Q6) mit den Forderungen der Französischen Revolution (S. 82–84). Unterteile sie in einer Tabelle in allgemeine und deutsche Aspekte.

4. Revolution in Deutschland

Frankreich	Deutscher Bund	Preußen	Habsburger Monarchie
Februar 1848: Abdankung des Königs. Frankreich wird Republik.	März 1848: Volksversammlungen erreichen Regierungen mit liberalen Ministern. Mai 1848: Gewählte Abgeordnete treten in Frankfurt zur Ausarbeitung einer Verfassung zusammen.	März 1848: Straßenkämpfe in Berlin. Der König bekennt sich zur deutschen Einheit und verspricht eine Verfassung für Preußen.	März 1848: Aufstand in Wien. Flucht Metternichs. Der Kaiser verspricht eine Verfassung. Erhebungen in Mailand, Venedig und Budapest für nationale Selbstbestimmung.

Nationale, liberale und soziale Ziele

Im Jahr 1848 fanden in fast ganz Europa Revolutionen für die Durchsetzung liberaler, demokratischer und nationaler Ziele statt. Vielfach verbanden sich die politischen mit sozialen Forderungen nach Verbesserung der Lebensbedingungen. Die immer zahlreicher werdenden Fabrikarbeiter beklagten unzumutbare Arbeitsverhältnisse und litten unter kaum vorstellbarer Armut. Die Handwerker konnten mit den billigeren Produkten aus den Fabriken nicht konkurrieren. Not und Hunger machten auch vor der Landbevölkerung nicht Halt. In Süddeutschland waren die Bauern noch nicht wie in Preußen von Diensten und Abgaben „befreit", und auch die preußischen Bauern hatten den Grundherren so hohe Entschädigungen zahlen müssen, dass sie sich keine gesicherte Existenz schaffen konnten. Missernten wie 1847 konnten da leicht der Tropfen sein, der das Fass zum Überlaufen brachte.

Die Februarrevolution in Frankreich

Doch das Signal war aus Paris gekommen. In Frankreich brauchte zwar keine nationale Einheit mehr erkämpft zu werden, und seit 1830 hatte Frankreich mit Louis Philippe auch einen „Bürgerkönig", der an eine Verfassung gebunden war. Da jedoch das Stimmrecht an das zu versteuernde Einkommen gebunden war, durften nur etwa drei Prozent der Franzosen an den Wahlen teilnehmen. Kleinbürger und Arbeiter blieben von politischen Rechten ausgeschlossen. Im Februar 1848 gingen deshalb Arbeiter und Studenten auf die Straßen, um für ein allgemeines Wahlrecht zu demonstrieren. Der Barrikadenkampf zwischen Aufständischen und Militär forderte Tote und Verwundete. Der König floh nach England. Die Nationalversammlung rief die (Zweite) Republik aus und führte das allgemeine Wahlrecht für alle männlichen Franzosen über 21 Jahre ein. Das Versprechen sozialer Reformen und eines „Rechts auf Arbeit" wurde durch die Einrichtung von „Nationalwerkstätten" eingelöst, eine staatlich finanzierte Maßnahme, durch die Arbeitslose Beschäftigung fanden.

Q1 „Die große Seeschlange, wie sie vielen im Jahre 1848 erschienen ist"
Karikatur aus der Leipziger „Illustrierten Zeitung" vom 30. Dezember 1848.

Märzforderungen am Rhein

Die Nachricht von der erfolgreichen Februarrevolution in Paris wirkte wie ein Funke, der in ein Pulverfass fällt. Menschen aus allen Schichten und in fast allen Staaten des Deutschen Bundes wurden ermutigt, dem französischen Vorbild zu folgen. Die Nachricht von den Ereignissen in Paris hatte schon Ende Februar in Süddeutschland große Volksversammlungen zur Folge. Auch in Rheinhessen und in der Pfalz bildeten sich in vielen Ortschaften Bürgerkomitees. Beide linksrheinischen Regionen waren nach dem Wiener Kongress fremden Herrschern untertan: die Pfalz dem bayerischen König und Rheinhessen dem hessischen Großherzog. Jetzt verlangten die Komitees Reformen wie die Presse-, Versammlungs- und Kultusfreiheit, forderten direkte Wahlen und die Vereidigung des Heeres auf die Verfassung sowie die Aufhebung der großherzoglichen Kreisräte. Diese waren in Rheinhessen erst 1835 per Edikt eingerichtet worden, um die Selbstverwaltung der Gemeinden zu beschneiden. In der Mainzer Bundesfestung kam es daher 1848 sogar zu bewaffneten Auseinandersetzungen zwischen der Bürgergarde und preußischen Truppen. Auch im preußischen Köln kam es, am Tag nach „Weiberfastnacht", zu Demonstrationen, die von Handwerkern und Arbeitern angeführt wurden. Sie hatten, neben den üblichen Forderungen, auch konkrete soziale Anliegen: So sollte z. B. die Arbeit vor der Konkurrenz durch Fremde und Maschinen geschützt werden. Als preußische Soldaten auftauchten, flohen einige aufgebrachte Demonstranten ins Kölner Rathaus. Aus Furcht vor ihnen stürzten daraufhin zwei Stadträte aus dem Fenster. Der „Kölner Fenstersturz" und die Arbeiterdemonstrationen schürten im Bürgertum die Angst vor einem gesellschaftlichen Umsturz.

Reformen zur Rettung der Herrschaft

In vielen kleineren und mittleren deutschen Staaten reagierten die Landesherren auf diese „Märzforderungen", indem sie Politiker der liberalen und nationalen Opposition in die Regierungen beriefen. Mit solchen „Märzministern" wollten sie ihre Reformbereitschaft zeigen und den Zusammenbruch ihrer Herrschaft verhindern.

Revolution in Österreich

Auch Wien wurde von der Revolutionswelle ergriffen. Hier forderten die demonstrierenden Studenten und Arbeiter ebenfalls Freiheit und Einheit. Der österreichische Staatskanzler Klemens Fürst von Metternich, mit dessen Namen vor allem die

Q2 Barrikadenbau bei der Rheinbrücke in Mannheim
Kolorierter Holzschnitt der „Illustrierten Zeitung", 1848.

Restauration nach 1815 verbunden war, musste zurücktreten und floh nach London. Die freiheitliche und nationale Bewegung hatte in der Habsburgermonarchie auch die Ungarn, Tschechen, Italiener und andere nationale Minderheiten erfasst. „Freiheit“ bedeutete für sie vor allem nationale Selbstbestimmung. Der österreichische Vielvölkerstaat drohte auseinander zu brechen.

Barrikadenkämpfe in Berlin

Die Nachricht vom Sturz des französischen Königs hatte auch in Berlin zu lebhaften Diskussionen in Cafés und Gaststätten geführt, und im Tiergarten fanden täglich Versammlungen statt. Die Berliner schlossen sich den Märzforderungen an. Am Abend des 13. März kam es nach einer Massenversammlung im Tiergarten zu Zusammenstößen zwischen Demonstranten und Militär. Die Nachricht vom Sturz Metternichs bewog König Friedrich Wilhelm IV. zu Zugeständnissen: Mit dem Pressegesetz vom 17. März hob er die Zensur auf, und am 18. März erklärte er, für einen deutschen Bundesstaat mit einer Verfassung einzutreten. Für Preußen stellte er ebenfalls eine Verfassung in Aussicht. Eine vor dem Berliner Schloss zusammengeströmte Menschenmenge wollte sich für die Zugeständnisse bedanken. Bei der Räumung des Schlossplatzes durch die Truppen wurden wahrscheinlich versehentlich zwei Schüsse abgegeben. Sie verletzten niemanden, ließen jedoch die Stimmung umschlagen. Die Menge glaubte, vom König verraten worden zu sein und errichtete Barrikaden gegen das Militär. Einige Tausend Menschen aus allen Bevölkerungsschichten trugen Steine, Bretter, Balken, Möbel und Kutschen zusammen und bewaffneten sich mit Knüppeln und Dachziegeln, mit denen man die Soldaten bewarf. Nach einem sechzehnstündigen Kampf versprach der König am 19. März in einer Proklamation „An meine lieben Berliner“, die Truppen abzuziehen. Die Niederlage des preußischen Königtums wurde noch deutlicher, als der König sich am folgenden Tag auf Drängen der Menge vor den im Schlosshof aufgebahrten 97 Toten des Aufstandes verbeugen musste.

Der preußische König reitet am 21. März 1848 durch Berlin Q3
Neuruppiner Bilderbogen von Gustav Kühn, 1848.

In einer Proklamation am 21. März wandte sich Friedrich Wilhelm IV. „An Mein Volk und an die deutsche Nation“ und erklärte, angetan mit einer schwarz-rot-goldenen Schärpe, Preußen gehe von nun an in Deutschland auf. Gleichzeitig mit seinem Bekenntnis zur deutschen Einheit nahm er mit dem Aachener Unternehmer David Hansemann und dem Kölner Bankier und Kaufmann Ludolf Camphausen liberale Minister in die Regierung. Nach allgemeinem, gleichem und geheimem Männerwahlrecht wurde eine preußische Nationalversammlung gewählt. Sie sollte für Preußen eine Verfassung ausarbeiten.

Revolution auf dem Land

Auch auf dem Land kam es im Frühjahr 1848 zu Erhebungen. Viele Dörfler nutzten Gewalt und Gewaltandrohung als Mittel, ihren Forderungen gegenüber den Grundherren Nachdruck zu verleihen. Es kam zu Revolten, in deren Verlauf Akten verbrannt wurden, die alte Abhängigkeiten belegten, und Gebäude in Flammen aufgingen. Entgegen der geltenden Forstordnungen und Verbote wurden ganze Waldstücke abgeholzt und das die Ernte schädigende Wild getötet. Oder aber die Zahlung von Abgaben und Steuern wurde einfach verweigert. Auf der anderen Seite nahmen auch bei den Bauern im Verlauf der Revolution Beschwerdeschriften zu. Die Unruhen in der ländlichen Bevölkerung konnten durch Zugeständnisse der Regierungen und Gutsherren noch im März beruhigt werden. Mit der Bauernbefreiung, die 1848/49 zu Ende gebracht wurde, endete die Revolution für die Bauern erfolgreich.

Q4 Arbeiterdeputation vor dem Magistrat einer rheinischen Stadt 1848
Ausschnitt aus einem Gemälde von Johann Peter Hasenclever, 1848/49.

Q5 „Die Ruhe der Stadt Köln ist gestört"

Die folgende „Bekanntmachung des Regierungspräsidenten über den Tumult vom 3. März" wurde in der Nacht vom 3. zum 4. März um 2 Uhr durch ein Extra-Blatt der „Kölnischen Zeitung" verbreitet. Sie erschien danach nochmals in der „Kölnischen Zeitung" am 5. März und in der „Deutschen Zeitung" am 7. März:

Die Ruhe der Stadt Köln ist heute Abend in bedauerlicher Weise gestört worden. Es hat eine Anzahl von Personen gewagt, den in Ausübung seines Berufes im Rathause versammelten Gemeinderat nicht mit Bitten, sondern mit „Forderungen des Volkes" zu bestürmen, und versucht, eine Genehmigung von Anträgen mit Gewalt zu erzwingen, die in ordnungsgemäßem gesetzlichem Wege bei den loyalen Vertretern der Stadt in keiner Weise Eingang finden konnten. Die „Forderungen des Volkes", wie sie in vielen Exemplaren verteilt und laut verlesen wurden, lauten:

1. Gesetzgebung und Verwaltung durch das Volk. Allgemeines Wahlrecht und allgemeine Wählbarkeit in Gemeinde und Staat.
2. Unbedingte Freiheit der Rede und Presse.
3. Aufhebung des stehenden Heeres und Einführung einer allgemeinen Volksbewaffnung mit vom Volke gewählten Führern.
4. Freies Vereinsrecht.
5. Schutz der Arbeit und Sicherstellung der menschlichen Bedürfnisse für alle.
6. Vollständige Erziehung aller Kinder auf öffentliche Kosten.

Es wurde unter aufrührerischen Reden die Versammlung der Gemeindeverordneten eine geraume Zeit in dem Rathaus belagert, bis die bewaffnete Macht den Rathausplatz von der zahlreich versammelten Menge säuberte und einer der Rädelsführer zur Haft gebracht wurde. Er ist der Justiz überantwortet. Die gerichtliche Untersuchung wird sofort über dieses in unserer Provinz unerhörte Attentat eingeleitet werden.

Die friedliebenden Bürger Kölns werden mit mir diese Verletzung des Gesetzes und der Ordnung beklagen. Die Behörden rechnen auf ihren Beistand; es wird die vereinte Kraft und Wachsamkeit beider ferneres Unheil, das durch die Konspiration Böswilliger planmäßig vorbereitet wurde, von der Bevölkerung einer ruhigen, glücklichen Stadt mit Erfolg abzuwenden wissen.

Zit. nach: J. Hansen (Hg.): Rheinische Briefe und Akten zur Geschichte der politischen Bewegung 1830–1850 Bd. 2.1. Bonn 1942, S. 508.

Q6 „An mein Volk und an die deutsche Nation"

Aus der Proklamation des preußischen Königs Friedrich Wilhelm IV. nach den Berliner Barrikadenkämpfen:

Deutschland ist von innerer Gärung ergriffen und kann durch äußere Gefahr von mehr als einer Seite bedroht werden. Rettung aus dieser doppelten, dringenden Gefahr kann nur aus der innigsten Vereinigung der deutschen Fürsten und Völker unter einer Leitung hervorgehen. Ich übernehme heute diese Leitung für die Tage der Gefahr. (...) Ich habe heute die alten deutschen Farben angenommen und mich und mein Volk unter das ehrwürdige Banner des deutschen Reiches gestellt. Preußen geht fortan in Deutschland auf. (...) Allgemeine Einführung wahrer konstitutioneller Verfassungen, mit Verantwortlichkeit der Minister in allen Einzelstaaten, öffentliche und mündliche Rechtspflege, in Strafsachen auf Geschworenengerichte gestützt, gleiche politische und bürgerliche Rechte für alle religiösen Glaubensbekenntnisse und eine wahrhaft volkstümliche, freisinnige Verwaltung werden allein solche sichere und innere Freiheit zu bewirken und zu befestigen im Stande sein.

Zit. nach: W. Grab (Hg.): Die Revolution von 1848/49. Eine Dokumentation. Stuttgart 1998, S. 46.

Q7 Was trieb Bauern zur Revolution?

Der Chronist Wilhelm Heinrich Riehl berichtet 1849 über die Revolution in Nassau:

Schwerlich würde das nassauische Volk im März 1848 in die Vorderreihe getreten sein, um das gemütliche patriarchalische Regiment zu stürzen, wenn nicht Hunger und Kummer, Not und Drangsal die mittleren und ärmeren Klassen zu einer revolutionären Begeisterung fähig gemacht hätten, von welcher man wenige Monate vorher noch keinen Funken entdecken konnte. (...) Es war der materielle Druck gewesen, die Lasten, die Not. Darum glaubte man jetzt auf dem Lande, man brauche keine Steuern mehr zu bezahlen, Wild könne man jagen nach Belieben, Holz fällen nach Belieben, Zehnten geben nach Belieben, Zinsen zahlen oder nicht – das hielt man für die Freiheit. (...) Es brauchte lange Zeit, bis ganze Landstriche einsahen, dass die Freiheit noch andere Bezüge habe als bloß den Geldbeutel.

W. H. Riehl: Nassauische Chronik des Jahres 1848. Idstein 1979, S. 1 und 22 f.

Q8 Die Zerstörung des Schlosses Waldenburg in Sachsen im April 1848

Zeitgenössischer Holzstich.

Fragen und Anregungen

1. Beschreibe und deute die Karikatur Q1. Wende dabei die auf S. 166 vorgestellten methodischen Schritte an.
2. Beschreibe die Barrikadenkämpfer in Q2. Überlege, aus welchen Schichten sie stammten. Welche Rolle spielten nach dieser Darstellung Frauen in der Revolution? Diskutiert, welches Bild von der Revolution der Zeichner vermitteln will.
3. Fasse die Kölner Märzforderungen zusammen. Welche Bevölkerungsschicht stand hinter diesen Forderungen? Begründe deine Meinung (Q5).
4. Beschreibe und bewerte die Berichterstattung in Q5. Überlege, auf welcher Seite der Berichterstatter stand. Suche nach Begriffen im Text, die auf seinen Standort hinweisen. Diskutiert, welchen Leserkreis die „Kölnische Zeitung" ansprechen will.
5. Fasse die Versprechen des Königs zusammen. Vergleiche die Zusagen mit den Märzforderungen, z. B. der Kölner (Q5, Q6).
6. Wie begründet der preußische König seine Zugeständnisse? Diskutiert seine Haltung (Q3, Q6).
7. Beschreibe und deute Haltung und Gesichtsausdruck der in Q4 dargestellten Personen. Charakterisiere das Verhältnis zwischen Arbeitern und Bürgern.
8. Nenne die Motive der Bauern, sich an der Revolution zu beteiligen. Wie beurteilt Riehl das Verhalten der Bauern (Q7, Q8)?

5. Revolution ist nicht nur Männersache

Ein Kölner Beispiel

Überall in Deutschland informierten Flugblätter, Karikaturen, Plakate und Zeitungen über den lokalen, regionalen, nationalen und internationalen Stand der Revolution. In Köln hielt man sich vor allem über die „Kölnische Zeitung“, die mit 17 000 Exemplaren auflagenstärkste deutsche Zeitung, sowie über die von Karl Marx (S. 142) herausgegebene „Neue Rheinische Zeitung“ auf dem Laufenden.
Auch Frauen beteiligten sich an den öffentlichen Diskussionen und Versammlungen. Einige lasen nicht nur die Zeitungen, sondern arbeiteten auch selbst mit. So etwa Mathilde Franziska Anneke. Die von ihr angeregte „Neue Kölnische Zeitung“ wurde von ihrem Mann Friedrich Anneke und Fritz Beust herausgegeben. Das Motto der Arbeiterzeitung war: Wohlstand, Freiheit, Bildung für alle. Das Blatt unterstützte die Forderungen der Arbeiter nach besseren Lebens- und Arbeitsbedingungen und größerer Gerechtigkeit bei den Steuern und Abgaben. In Köln lebte von den 90 000 Einwohnern die Mehrheit am Existenzminimum, bei Revolutionsausbruch waren 20 000 Menschen in den Armenlisten verzeichnet und die Zahl nahm aufgrund der wachsenden Arbeitslosigkeit in den Revolutionsmonaten zu.
Als die „Neue Kölnische Zeitung“ Ende September 1848 verboten wurde, führte Mathilde Anneke das Blatt mit gleichen Inhalten als „Frauen-Zeitung“ fort. Die Behörden ließen sich jedoch durch den Titel nicht lange täuschen und bereits die dritte Nummer wurde beschlagnahmt. Einige Wochen später erschien die „Neue Kölnische Zeitung“ wieder.

Q2 Mathilde Anneke

Frauen werden politisch aktiv

Auch andernorts haben Frauen in der Revolution von 1848 vor allem die politischen Aktivitäten ihrer Männer unterstützt. Sie sammelten Geld für die Ausrüstung der Bürgerwehren und stickten Fahnen. Einige der Ehefrauen bekannter Revolutionäre waren selbst politisch aktiv. Paare der Revolution waren zum Beispiel Emma und Georg Herwegh, Johanna und Gottfried Kinkel, Amalie und Gustav Struve, Regina und Johann August Wirth, Elise und Ludwig Blenker oder eben Mathilde und Friedrich Anneke. Doch bei allem Engagement änderte sich an ihrer eigenen Situation nichts. Ihre Bildungsmöglichkeiten waren begrenzt, es gab nur wenige Berufe für Frauen und sie durften nicht wählen. Nur eine Minderheit wie Louise Otto-Peters forderte damals schon gleiche Rechte für Männer und Frauen. Das Wahlrecht forderten die Frauen jedoch nicht.

Q3 Elise und Ludwig Blenker

Q1 Frauenversammlung
Holzstich von 1850.

Q4 Louise Otto-Peters (1819–1895)
Zeitgenössische Lithografie.

Q5 Wir wollen auch unser Teil fordern

Louise Otto-Peters gilt als Begründerin der deutschen Frauenbewegung. Sie gab 1849 eine „Frauen-Zeitung" heraus, die bereits 1852 wieder eingestellt werden musste, weil Frauen die verantwortliche Redaktion oder Herausgabe einer Zeitschrift verboten war. In ihrem Programm vom 21. April 1849 hieß es:

Die Geschichte aller Zeiten und die heutige ganz besonders, lehrt, dass diejenigen auch vergessen werden, welche an sich selbst zu denken vergaßen. (...) Dieser selbe Erfahrungssatz ist es, welcher mich zur Herausgabe einer Frauen-Zeitung veranlasst. (...) Wohl auf denn, meine Schwestern, vereinigt euch mit mir, damit wir nicht zurückbleiben, wo alle und alles um uns und neben uns vorwärts drängt und kämpft. (...) Wir wollen auch unser Teil fordern: das Recht, das Rein-Menschliche in uns in freier Entwicklung aller unserer Kräfte auszubilden, und das Recht der Mündigkeit und Selbständigkeit im Staat. Wir wollen unser Teil verdienen: Wir wollen unsere Kräfte aufbieten, das Werk der Welt-Erlösung zu fördern, zunächst dadurch, dass wir den großen Gedanken der Zukunft: Freiheit und Humanität auszubreiten suchen in allen Kreisen, welche uns zugänglich sind, in den weiteren und des größeren Lebens durch die Presse, in den engeren der Familie durch Beispiel, Belehrung und Erziehung. Wir wollen unser Teil aber auch dadurch verdienen, dass wir nicht vereinzelt streben nur jede für sich, sondern vielmehr jede für alle, und dass wir vor allem derer zumeist uns annehmen, welche in Armut, Elend und Unwissenheit vergessen und vernachlässigt schmachten.

Zit. nach U. Gerhard u. a. (Hg.): „Dem Reich der Freiheit werb ich Bürgerinnen". Die Frauen-Zeitung von Louise Otto. Frankfurt a. M. 1997, S. 37.

Q6 Wir wollen auch dem Vaterland dienen

Amalie Struve schrieb in ihrem Tagebuch über ihre Teilnahme an der Revolution 1849 in Baden:

Seit langer Zeit hatte ich geahnt, dass ein neuer Sturm losbrechen werde. Mein Wunsch war, in diesem Falle die Gefahren meines Gatten teilen zu dürfen. (...) Zudem glaubte ich, dass mein Beispiel ermutigend wirken und dass ich imstande sein möchte, dem Vaterlande einen Dienst zu leisten, wenn ich an dem Kampfe für die Freiheit und die Tugend Anteil nähme. (...) Niemals empfand ich so tief die unwürdige Stellung, in welcher sich bis zum heutigen Tage das weibliche Geschlecht gegenüber dem männlichen befindet. Warum sollte die Frau, welche die Fähigkeiten dazu besitzt, nicht arbeiten dürfen im Augenblicke der Entscheidung? Warum sollte die Gattin, welche die Gefahren des Gatten teilte, nicht auch teilnehmen an seinen Arbeiten? Fürwahr, solange selbst im Sturme der Revolution so viele Rücksichten auf hergebrachte Vorurteile genommen werden, wird das Joch der Tyrannei nicht gebrochen werden. (...) Namentlich konnte ich aus eigener Anschauung erkennen, dass unter Frauen (...) der größte Eifer und die wärmste Hingebung für die Sache der Freiheit lebte. Nicht bloß die jüngeren, auch die älteren Frauen, selbst Mütter und Großmütter ermutigten die ausziehenden Freiheitskämpfer, (...) fertigten Fahnen und selbst Patronen an (...).

A. Struve: Erinnerungen aus den badischen Freiheitskämpfen. In: Heftiges Feuer. Die Geschichte der badischen Revolution 1848, erzählt von Gustav und Amalie Struve. Freiburg 1998, S. 19 ff.

Fragen und Anregungen

1. Lege dar, wie die Frauen an der Revolution teilnahmen (VT, Q1, Q6).
2. Fasse Aktivitäten und Ziele der Frauenbewegung zusammen und beurteile sie (VT, Q1–Q5).
3. Vergleiche die Forderungen von Bürgern, Arbeitern und Bauern mit denen der Frauen. Welche Bedeutung hatte „Freiheit" für jede der Gruppen?

6. Eine Verfassung für ganz Deutschland

18. Mai 1848	In der Frankfurter Paulskirche tritt die erste deutsche Nationalversammlung zusammen.
27. März 1849	Die Reichsverfassung wird angenommen und Friedrich Wilhelm IV. von Preußen zum „Kaiser der Deutschen" gewählt.

Die erste deutsche Nationalversammlung tritt zusammen

Mit den Märzministern und den Versprechungen, Verfassungen zu gewähren, war zu Beginn des Jahres 1848 ein Teil der Forderungen nach mehr politischer Freiheit und Gleichheit erfüllt worden. Nun galt es, auch das Ziel der nationalen Einheit zu verwirklichen und für ein geeintes Deutschland eine Verfassung zu erarbeiten. Die Aufmerksamkeit richtete sich auf Frankfurt, wo am 31. März das so genannte Vorparlament zusammentrat. Die über 500 aus allen Teilen Deutschlands zusammengekommenen Männer beschlossen, dass das deutsche Volk in allgemeinen, gleichen und indirekten Wahlen der Männer eine verfassunggebende Nationalversammlung wählen solle. Auf je 50 000 Personen wurde ein Abgeordneter gewählt. Entscheidend war zumeist die Person des Kandidaten, nicht eine bestimmte politische Richtung. Die Nationalversammlung umfasste 585 Abgeordnete. Etwa 82 % hatten ein Universitätsstudium absolviert. Sie waren Professoren, Gymnasiallehrer, Richter, Rechtsanwälte, Staatsanwälte, Geistliche, Ärzte, Schriftsteller oder höhere Beamte. Wirtschaft und Industrie waren weit weniger stark vertreten, und nur vier Handwerker, ein Bauer und kein Arbeiter gehörten der Nationalversammlung an.

Politische Gruppierungen

Parteien existierten noch nicht. Doch die Abgeordneten gruppierten sich im Verlauf der Beratungen nach gemeinsamen Überzeugungen und Zielen. Sie trafen sich in Wirtshäusern und Hotels und benannten sich nach ihren Treffpunkten. Sie setzten sich in der Paulskirche zusammen und bald konnte man die politische Zugehörigkeit an der Sitzordnung erkennen: Vom Rednerpult aus gesehen links saßen diejenigen, die sich für eine demokratische Umgestaltung Deutschlands einsetzten und die monarchische Staatsform durch eine Republik ersetzen woll-

Q1 Feierlicher Einzug der Abgeordneten in die Paulskirche in Frankfurt am Main
Tagungsort der Nationalversammlung war die evangelische Paulskirche in Frankfurt. Sie ist hier in einem zeitgenössischen Holzstich dargestellt. Die Paulskirche war das größte öffentliche Gebäude. Am 18. Mai 1848 zogen die Abgeordneten feierlich ein. Die Kirche wurde 1944 durch Bomben zerstört und 1948 zum 100. Jahrestag der Versammlung wieder aufgebaut. Heute ist sie Fest- und Versammlungsraum.

ten („Deutscher Hof"). Rechts saßen die Konservativen („Café Milani"). Sie wollten weniger einschneidende Veränderungen. So sollte nach ihren Vorstellungen die Macht der Fürsten der Einzelstaaten nicht wesentlich beschränkt werden. Zwar wollten auch sie eine Verfassung, die jedoch im Einvernehmen mit den Fürsten erarbeitet werden sollte. In der Mitte befanden sich die Liberalen, die sich für eine konstitutionelle Monarchie einsetzten, mit einer Verfassung, die von der Nationalversammlung verabschiedet werden sollte.

Bildung einer provisorischen Regierung

Nachdem die Nationalversammlung Heinrich von Gagern zum Präsidenten gewählt hatte, wurde auf dessen Vorschlag eine provisorische Regierung gewählt mit dem österreichischen Erzherzog Johann als Reichsverweser. Bis zur endgültigen Entscheidung über die zukünftige Staatsform sollte der demokratisch gewählte Fürst das Reichsoberhaupt sein.

Grundrechte werden beraten

Zuerst wurde über die „Grundrechte des deutschen Volkes" diskutiert. Nach der langen Zeit der Unterdrückung wurde die Freiheit als wichtigstes Ziel angesehen. Der Grundrechtekatalog mit 14 Artikeln, der im Dezember verabschiedet wurde, ist für die Verfassung von 1919 und für das heutige Grundgesetz wegweisend geblieben.

Wie soll der deutsche Nationalstaat aussehen?

Schwieriger war eine Einigung über die Frage der künftigen Staatsform. Es hatte sich bereits schnell abgezeichnet, dass die Mehrheit der Nationalversammlung gegen die Republik war. Dann musste jedoch geklärt werden, wie stark in der künftigen Monarchie demokratische Rechte verankert sein sollten. Ebenso blieb die Frage, ob der an der Spitze stehende Kaiser gewählt oder ob das Amt vererbt werden sollte. Schließlich galt es zu entscheiden, ob ein starker Zentralstaat entstehen sollte oder eine Föderation weitgehend selbständiger Einzelstaaten.

Die Reichsverfassung, die am 27. März 1849 von der Nationalversammlung angenommen wurde, sah eine konstitutionelle Monarchie mit Erbkaisertum vor: Friedrich Wilhelm IV. von Preußen wurde zum „Kaiser der Deutschen" gewählt. Der allerdings lehnte die Krone ab. Der Reichstag sollte aus zwei Kammern bestehen: aus einem Staatenhaus, in dem die Vertreter der deutschen Länder saßen, und aus einem Volkshaus, das aus allgemeinen, gleichen, geheimen und direkten Wahlen der Männer hervorgehen sollte. Der Kaiser sollte ein suspensives Vetorecht erhalten: Er hätte also Parlamentsbeschlüsse aufschieben, aber nicht verhindern können. Die Verbindung von Erbkaisertum mit eingeschränkter Macht und einem demokratischen Wahlrecht war insgesamt ein Kompromiss, der allen Richtungen entgegenkam.

Q2 **Heinrich von Gagern (1799–1880),** geb. auf Schloss Monsheim (Pfalz).

Kaiserdeputation der Nationalversammlung Q3

Unter der Führung von Eduard Simson trägt die Delegation dem preußischen König die Kaiserkrone an.

Kontro vers

Welches Wahlrecht soll gelten?

Über das in der Verfassung von 1849 verankerte gleiche und geheime Wahlrecht aller Männer gab es in der Nationalversammlung heftige Debatten.

Q4 *Der Abgeordnete Friedrich Bassermann:*
Es war im letzten Jahrzehnt das Bürgertum, der gebildete Teil der Nation, und nicht ihre Arbeiter, welche den Kampf der Freiheit kämpften.(...) Meine Herren, die Weltordnung wird nicht anders, und es wird eben, wenn man nicht das verschweigen will, was ein jeder weiß, doch immer verschiedene Schichten in der menschlichen Gesellschaft geben. (...) Sollen nicht die Gebildeten es sein, die in den künftigen deutschen Parlamenten votieren [abstimmen]? (...) Wenn Sie das Wahlrecht an irgendeinen Besitz, und sei er ein kleiner nur, binden, dann erst werden Sie am besten beruhigend auf die Arbeiterklassen wirken, indem diese dann, wenn sie wirklich einen Wert auf ein politisches Recht legen, durch Fleiß und Tätigkeit einen Besitz zu erlangen suchen werden, der sie zur Ausübung des Stimmrechts befähigt (...).

Zit. nach: Geschichte in Quellen, Bd. 4.2: Das bürgerliche Zeitalter 1815–1914, bearbeitet von G. Schönbrunn. München 1980, S. 207 f.

Q5 *Der Abgeordnete August E. Pfeiffer:*
Ich kenne nur eine Selbständigkeit und das ist die Selbständigkeit der Gesinnung. Die ist allerdings ein sehr erwünschtes Erfordernis bei Ausübung des Wahlrechts. (...) Kein Lebensverhältnis, kein Beruf enthält an sich eine Bürgschaft selbständiger Gesinnung, am wenigsten oft die der höher Gestellten. (...) Ich war wenige Tage nach jener furchtbaren Katastrophe in Berlin unter den Verwundeten, ich stand unter der langen Reihe der Leichen, diesen Opfern der verblendeten Politik. Hierher hatten die privilegierten Stände nur hie und da einen einzelnen Vertreter gesendet, wahrlich nicht die Schlechtesten seines Namens. Die überwiegend große Mehrzahl derer, die ihr Leben, ihr Blut für die Revolution, für die Sache der Freiheit und der Rechte des Volkes eingesetzt hatten – es waren eben Handwerksgehilfen, Fabrikarbeiter, Tagelöhner. (Bravo auf der Linken) Sie werden ihnen das Recht, das sie für sich und ihren Stand auf den Barrikaden erkämpft haben, nicht durch die Annahme eines Paragraphen wieder nehmen, und wenn Sie es tun, dann werfen Sie die Saat aus zu einer neuen Revolution.

Zit. nach: Ebd.

Q6 Grundrechte des deutschen Volkes
Die Grundrechte wurden als Abschnitt VI, § 130 bis § 189 in die Reichsverfassung von 1849 aufgenommen:

§ 137 Vor dem Gesetz gilt kein Unterschied der Stände. Der Adel als Stand ist aufgehoben. (...) Die Deutschen sind vor dem Gesetz gleich. (...) Die Wehrpflicht ist für alle gleich.

§ 138 Die Freiheit der Person ist unverletzlich. Die Verhaftung einer Person soll, außer im Falle der Ergreifung auf frischer Tat, nur geschehen in Kraft richterlichen, mit Gründen versehenen Befehls.

§ 139 Die Todesstrafe, ausgenommen, wo das Kriegsrecht sie vorschreibt (...), sowie die Strafen des Prangers, der Brandmarkung und der körperlichen Züchtigung sind abgeschafft.

§ 140 Die Wohnung ist unverletzlich. (...)

§ 142 Das Briefgeheimnis ist gewährleistet.

§ 143 Jeder Deutsche hat das Recht, durch Wort, Schrift, Druck und bildliche Darstellung seine Meinung frei zu äußern. (...)

§ 144 Jeder Deutsche hat volle Glaubens- und Gewissensfreiheit. (...)

§ 153 Das Unterrichts- und Erziehungswesen steht unter der Oberaufsicht des Staates. (...)

§ 161 Die Deutschen haben das Recht, sich friedlich und ohne Waffen zu versammeln.

§ 162 Die Deutschen haben das Recht, Vereine zu bilden. (...)

§ 164 Das Eigentum ist unverletzlich. (...)

§ 175 Die richterliche Gewalt wird selbständig von den Gerichten ausgeübt.

Zit. nach: Ebd., S. 228 f.

Fragen und Anregungen

1. Lege dar, welche Beschlüsse die Frankfurter Nationalversammlung bezüglich der Staats- und Regierungsform für Deutschland fasste und welche Probleme dabei auftraten (VT, Q3).
2. Vergleiche die Grundrechte von 1849 mit der Situation vor 1848 (Q6).
3. Vergleiche die Standpunkte zum Wahlrecht und äußere deine Meinung dazu. → **Kontrovers**

7. Welche Grenzen soll Deutschland haben?

Nationale Minderheiten in Preußen und Österreich

Im 1815 in Wien gegründeten Deutschen Bund waren viele Nationen vertreten. Deshalb musste der Versuch, einen Nationalstaat der Deutschen zu schaffen, zu Konflikten mit anderen Nationen führen. Für Preußen und Österreich, die beiden Führungsmächte des Deutschen Bundes, war die Situation besonders schwierig. So gehörten die Provinzen Posen, West- und Ostpreußen zwar zum Königreich Preußen, nicht aber zum Deutschen Bund. Auch das Herzogtum Schleswig gehörte nicht zum Deutschen Bund, obgleich es überwiegend von Deutschen besiedelt wurde und nur im Norden eine dänische Minderheit lebte. Der Vielvölkerstaat Österreich musste bei einer Neuorganisation den Zerfall fürchten. Während die ungarischen, polnischen und italienischen Gebietsteile der Donaumonarchie nicht zum Deutschen Bund gehörten, brachte Österreich mit Tschechen, Slowenen, Polen, Kroaten und Italienern fast 6 Millionen Menschen anderer Nationalitäten in den Bund ein.

„Kleindeutsche" oder „großdeutsche" Lösung?

Die Befürworter einer „großdeutschen" Lösung stellten sich einen Nationalstaat unter Einbeziehung nur der deutschsprachigen Gebiete der Donaumonarchie vor. Die nichtdeutschen Länder, beispielsweise Ungarn und Norditalien, sollten nicht einezogen werden. Österreich verteidigte dagegen die Einheit und Unteilbarkeit des Habsburgerreiches. Die „Kleindeutschen" wollten einen deutschen Staatsverband ohne Österreich unter preußischer Führung.
Nach langen und schwierigen Beratungen entschied sich die Nationalversammlung mit der Verfassung vom März 1849 für die kleindeutsche Lösung.

Sprachen und Nationen in Mittel- und Osteuropa D1

Kontro vers

Zwei Reden über die Zukunft Posens

Zu einer heftigen Debatte kam es im Juli 1848 über die Frage der Zugehörigkeit des Großherzogtums Posen. Ein Drittel der Bevölkerung Posens war deutsch, zwei Drittel polnisch. Gegen den Antrag der Linken, einen unabhängigen polnischen Nationalstaat herzustellen, wurde mit 341 zu 31 Stimmen beschlossen, den größten Teil Posens in den Deutschen Bund einzugliedern.

Q1 *Arnold Ruge begründete den Antrag:*

Im Namen der Humanität und der Gerechtigkeit verlange ich, dass Polen wiederhergestellt werde (...). An der Ehre Deutschlands ist es, dass es die lang fortgesetzte Unterdrückung der slawischen Völker aufhebe; an der Ehre Deutschlands ist es, dass Deutschland die Freiheit nach Osten propagiere und nicht an der Grenze von Russland und Polen damit stehen bleibe. An unserer Ehre ist es, dass wir aufhören, Unterdrücker zu sein, dass wir Freunde aller befreiten Völker werden, dass wir die Italiener befreien und ihre Freunde werden und dass wir die Polen befreien und ihre Freunde werden. (...) Die Frage, die uns hier beschäftigt, ist die Rekonstituierung eines neuen Völkerrechts, die Rekonstituierung der europäischen zivilisierten Nationen.

Zit. nach: Geschichte in Quellen, Bd.: Das bürgerliche Zeitalter 1815–1914. München 1980, S. 180–182.

Q2 *Der Abgeordnete Wilhelm Jordan:*

Polen bloß deswegen herstellen zu wollen, weil sein Untergang uns mit gerechter Trauer erfüllt, das nenne ich eine schwachsinnige Sentimentalität. (...) Ich sage, die Politik, die uns zuruft: Gebt Polen frei, es koste, was es wolle, ist eine kurzsichtige, eine selbstvergessene Politik, eine Politik der Schwäche, eine Politik der Furcht, eine Politik der Feigheit. Es ist hohe Zeit für uns, endlich einmal zu erwachen, aus jener träumerischen Selbstvergessenheit, in der wir schwärmten für alle möglichen Nationalitäten, während wir selbst in schmachvoller Unfreiheit darniederlagen und vor aller Welt mit Füßen getreten wurden, zu erwachen zu einem gesunden Volksegoismus, um das Wort einmal gerade heraus zu sagen, welches die Wohlfahrt und Ehre des Vaterlandes in allen Fragen oben anstellt. Aber dieser Egoismus, ohne den ein Volk niemals eine Nation werden kann, wird von den Polenfreunden als höchst verdammlich bezeichnet. (...) Unser Recht ist kein anderes Recht als das Recht des Stärkeren, das Recht der Eroberung. (...) Wenn wir rücksichtslos gerecht sein wollten, dann müssten wir nicht bloß Polen herausgeben, sondern halb Deutschland. Denn bis an die Saale (...) erstreckte sich vormals die Slawenwelt.

Zit. nach: Ebd.

Q3 **Schutz für nichtdeutsche Minderheiten**

Am 31. Mai 1848 erklärte die Nationalversammlung:

(...) Dass sie in vollem Maße das Recht anerkenne, welches die nichtdeutschen Volksstämme auf deutschem Bundesboden haben, den Weg ihrer volkstümlichen Entwicklung ungehindert zu gehen, und in Hinsicht auf das Kirchenwesen, den Unterricht, die Literatur und die innere Verwaltung und Rechtspflege sich der Gleichberechtigung ihrer Sprache, so weit deren Gebiete reichen, zu erfreuen. (...) Das fortan einige und freie Deutschland ist groß und mächtig genug, um den in seinem Schoße erwachsenen anders redenden Stämmen eifersuchtslos in vollem Maße gewähren zu können, was Natur und Geschichte ihnen zuspricht; und niemals soll auf seinem Boden weder der Slawe, noch der dänisch redende Nordschleswiger, noch der italienisch redende Bewohner Süddeutschlands, noch wer sonst, uns angehörig, in fremder Zunge spricht, zu klagen haben, dass ihm seine Stammesart verkümmert werde, oder die deutsche Bruderhand sich ihm entziehe, wo es gilt.

Zit. nach: Geschichte in Quellen, Bd. 4.2. München 1980, S. 179.

Fragen und Anregungen

1. Stelle anhand der Karte D1 fest, welche Sprachgruppen innerhalb des Deutschen Bundes lebten und wo Deutschsprachige außerhalb des Bundes lebten. Welchen Staaten gehörten sie an?
2. Fasse Ruges und Jordans Argumente für bzw. gegen ein unabhängiges Polen zusammen. Welche Auffassungen von Völkerrecht vertreten sie? Diskutiert, welche Auswirkungen Jordans Rede auf das deutsch-polnische Verhältnis haben konnte. ➜ **Kontrovers**
3. Nenne die Zusicherung, die die Nationalversammlung den nichtdeutschen Minderheiten machte (Q3).

8. Das Ende der Revolution: Bilanz und Ausblick

Juni 1848	Ein Aufstand der Arbeiter in Paris wird niedergeschlagen.
Dezember 1848	König Friedrich Wilhelm IV. zwingt Preußen eine Verfassung auf.
März 1849	Ministerpräsident Fürst Schwarzenberg zwingt Österreich eine Verfassung auf.
Mai 1849	Dreiklassenwahlrecht in Preußen.
Mai 1849	Erhebungen für die Reichsverfassung werden niedergeschlagen.
Juli 1849	Die Festung Rastatt fällt, die Revolution ist zu Ende.

Die Reichsgründung scheitert

Deutschland sollte nach dem Wunsch der Abgeordneten der Paulskirche eine erbliche Monarchie werden mit dem preußischen König an der Spitze eines „kleindeutschen" Nationalstaates. Doch als Friedrich Wilhelm IV. es ablehnte, das Kaisertum aus der Hand des Volkes anzunehmen, war die Gründung eines deutschen Nationalstaates „von unten", durch ein vom Volk gewähltes Parlament 1848 gescheitert. Auch die Volksversammlungen und Petitionen, mit denen im Mai 1849 versucht wurde, wenigstens die Anerkennung der Verfassung und der in ihr festgeschriebenen Grundrechte bei allen deutschen Regierungen zu erreichen, blieben erfolglos. Nur 29 von 39 Staaten stimmten ihr zu. Nach und nach verließen die Abgeordneten Frankfurt, resigniert, oder weil sie von ihren Regierungen zurückgerufen wurden. Das so genannte „Rumpfparlament" aus den noch verbliebenen Parlamentariern, in dem die demokratische Linke den Ton angab, verlegte seinen Sitz nach Stuttgart. Dort wurde es im Juni 1849 durch Militär aufgelöst.

Kampf um die Verfassung

Die friedliche Bewegung für die Reichsverfassung schlug in einigen Staaten und Regionen, so beispielsweise in Sachsen, in der Pfalz und in Baden in gewaltsame Aufstände um. Das zu Hilfe gerufene preußische Militär ging gegen die badischen Aufständischen, die nicht nur für die Anerkennung der Reichsverfassung, sondern auch für die Schaffung einer Republik kämpften, besonders hart vor. Die deutsche Revolution endete am 23. Juli 1849 mit der Kapitulation der in der Festung Rastatt eingeschlossenen rund 6000 Revolutionskämpfer. 51 Todesurteile wurden vollstreckt, rund 1000 Menschen zu Gefängnis- und Zuchthausstrafen verurteilt. Tausende Badener und Badenerinnen wanderten aus, unter ihnen auch Fritz und Mathilde Anneke. Viele der „Forty-Eighters" waren im amerikanischen Bürgerkrieg wieder aktive Freiheitskämpfer. Carl Schurz wurde sogar Innenminister der Vereinigten Staaten.

Niederlage der Revolution in Österreich ...

Im Oktober 1848 wurden die Aufstände in Wien durch das Militär niedergeschlagen und die führenden Revolutionäre hingerichtet – so auch Robert Blum aus Köln, ein Abgeordneter der Frankfurter Nationalversammlung, der den Wiener Aufständischen zu Hilfe geeilt war. Die Empörung war groß und das Ereignis machte deutlich, wie ohnmächtig dieses Parlament war, das seinen Abgeordneten nicht retten konnte.

Ungarn hatte im April 1849 seine Unabhängigkeit erklärt, wurde aber von Österreich mit russischer Unterstützung unterworfen. Im Juni wurden die Unruhen in Prag vom Militär erstickt, und im Juli siegten die österreichischen Truppen in Italien.

... und Frankreich

Als in Paris das gemäßigte Lager der gebildeten und besitzenden Bürger wieder die Mehrheit in der Nationalversammlung erreichte, wurden die Nationalwerkstätten als unproduktive Einrichtungen und angebliche Brutstätten für revolutionäre Gefahren geschlossen. Ein Aufstand der Arbeiter im Juni wurde niedergeschlagen. Die Zweite Republik in Frankreich bestand keine zwei Jahre. Der Präsident Louis Napoleon, ein Neffe Napoleon Bonapartes, ließ sich nach einem Staatsstreich vom 2. Dezember 1852 vom Volk das Recht bestätigen, als Napoleon III. ein Kaiserreich zu errichten.

Wie soll es weitergehen?

Nachdem die Revolution niedergeschlagen war, blieb zwar die Idee, einen deutschen Nationalstaat zu schaffen, lebendig, jedoch rückte das Ziel in weite Ferne. Wohl blieben in der Mehrzahl der deutschen Länder die Verfassungen bestehen, doch wurden 1851 die Frankfurter „Grundrechte des deutschen Volkes" außer Kraft gesetzt. Ein „politischer Ausschuss" erhielt den Auftrag, alle revolutionären Errungenschaften, vor allem die Pressefreiheit und das demokratische Wahlrecht dort, wo es gültig war, aufzuheben. Das Bundesvereinsgesetz ließ Vereine nur zu, sofern sie „die öffentliche Ordnung und Sicherheit" nicht gefährdeten. Die Bauernbefreiung als eine der wichtigsten sozialen Errungenschaften der Revolution wurde allerdings nicht mehr zurückgenommen.

Kompromisse sollen die Herrschaft sichern

Um neue revolutionäre Erhebungen auszuschließen, suchten die Herrschenden nach Kompromissen. In Preußen wurden beispielsweise durch eine Verfassung einige liberale Forderungen erfüllt, doch wurde das allgemeine, gleiche und geheime Wahlrecht schon 1849 durch das bis 1918 gültige Dreiklassenwahlrecht ersetzt. Die Bevölkerung wurde in drei Klassen eingeteilt, von denen jede ein Drittel der Steuern aufbrachte und ein Drittel der Wahlmänner wählte, die dann die Abgeordneten wählten. Wenige Reiche (1849 gehörten 4,4 % der ersten Steuerklasse an) wählten also ebenso viele Abgeordnete wie die große Masse der dritten Steuerklasse, die 1849 82,6 % der Wähler ausmachte.

Q1 Europa im August 1849
Federlithografie von Ferdinand Schröder aus den Düsseldorfer Monatsheften von 1849.

Das „Badische Wiegenlied" erzählt vom Ende der Revolution

Die Revolution ist vor allem durch das kompromisslose Vorgehen Preußens in der Erinnerung der Bevölkerung noch lange gegenwärtig geblieben. Da Baden bis September 1852 unter preußischem Kriegsrecht stand, wurde beispielsweise in Liedern der Ereignisse gedacht. Sie konnten nur schwer verboten werden, zumal sich der politische Text oft hinter harmlosen, allen bekannten Melodien verbarg.
Außerdem konnten viele Menschen in der Mitte des 19. Jahrhunderts nicht lesen. Sie wurden über Bilder und Lieder in die politischen Ereignisse einbezogen. Politische Lieder wurden auf der Straße oder in Gesangvereinen und Liederkränzen gesungen. Sie sind wichtige historische Quellen, weil sie zum einen zeigen, dass die Menschen auch in Zeiten der Zensur nicht völlig zum Schweigen gebracht werden können, und weil sie uns zum anderen über ihren Protest und ihre Hoffnungen informieren.
Zur Interpretation eines Liedes sind Text und Melodie gleichermaßen wichtig. Für die Interpretation eines Liedtextes gelten die gleichen Schritte und Überlegungen wie für die Interpretation jeder normalen Textquelle. Da der Text in Strophen und Gedichtform geschrieben ist, sind jedoch weitere Fragen an den Text zu stellen, die etwa die Stropheneinteilung oder den Refrain betreffen.
Am Beispiel des „Badischen Wiegenliedes" kannst du üben, wie man ein historisches Lied zum Sprechen bringen kann.
Du kannst dir das Lied anhören unter: http://ingeb.org/Lieder/schlafms.html (15. 06. 2004)

Methodische Arbeitsschritte:

1. Fasse die zentrale Aussage jeder Strophe zusammen.
2. Ordne die Informationen des Liedes in ihren historischen Zusammenhang ein.
3. Stelle fest, wer das Lied geschrieben hat (Autor) und zu welcher Melodie es gesungen wurde.
   Du kannst in Büchern über historische Lieder nachsehen oder im Internet. Bei Informationen aus dem Internet ist es immer wichtig, dass man weiß, von wem sie kommen.
4. Überlege, welchen Standpunkt der Autor zu den besungenen Ereignissen hatte.
5. Charakterisiere die Sprache des Liedtextes.
6. Überlege, wer das Lied gesungen haben mag und welche politische Einstellung man mit dem Singen des Liedes zeigen wollte.
7. Überlege, ob sich die Stimmung des Liedes von der ersten bis zur letzten Strophe ändert. Benenne Merkmale, die die Stimmung beschreiben. Beziehe in deine Überlegungen auch den Refrain mit ein.
8. Hör dir das Lied an. Um die Wirkung des Liedes zu ermitteln, ist es hilfreich, ein „Polaritätsprofil" zu erstellen.
   Dazu sollst du beim Hören die Fragen beantworten:
   Ist das Lied eher

	sehr	ziemlich	ein wenig	ein wenig	ziemlich	sehr	
froh							traurig
düster							sorglos
lebhaft							müde
beruhigend							anregend
sorglos							jammervoll
gehemmt							schwungvoll
vergnügt							ernst
kräftig							gedämpft

9. Überlege nun, wie Text und Melodie zusammenpassen. Charakterisiere die musikalischen Mittel, die dazu dienen sollen, die Aussage des Textes zu unterstreichen.

Q2

2. Schlaf, mein Kind, schlaf leis,
dort draußen geht der Preuß!
Zu Rastatt auf der Schanz,
da spielt er auf zum Tanz,
da spielet er mit Pulver und Blei,
so machet er alle Badener frei.
Schlaf, mein Kind, schlaf leis,
dort draußen geht der Preuß!

3. Schlaf, mein Kind, schlaf leis,
dort draußen geht der Preuß!
Der Preuß hat eine blut'ge Hand,
die streckt er über's ganze Land.
Wir alle müssen stille sein,
als wie der Vater unterm Stein,
schlaf, mein Kind, schlaf leis,
dort draußen geht der Preuß!

Strophe 1 und 4: siehe links

Die Aussage zusammenfassen

Der „Preuß“ hat die junge Familie zerstört. Der Vater wurde im Freiheitskampf getötet, wodurch der Ernährer der Familie ausfiel und Mutter und Kind in armen Verhältnissen leben müssen.

In den historischen Zusammenhang einordnen

Die Aufständischen hatten sich in der Rastatter Festung verschanzt, wo das überlegene preußische Militär sie schließlich besiegte. Das Freiheitsversprechen der Märztage wurde nicht eingelöst, sondern die Freiheit bestand nun im Tod. Nach den Erfahrungen müssen sich nun alle so still verhalten wie der Vater in seinem Grab. Es besteht jedoch die Hoffnung, dass die vorerst begrabene Freiheit eines Tages tatsächlich erlangt wird und dann wird auch der „Preuße“ im Kampf besiegt werden.

Informationen über den Autor finden

Autor des „Badischen Wiegenliedes“ ist der Schwabe Ludwig Pfau. Pfau wurde 1821 in Heilbronn geboren. Er besuchte das Gymnasium und studierte in Paris, Heidelberg und Tübingen. Zur Zeit der Revolution von 1848 gab er das satirische Wochenblatt „Eulenspiegel“ heraus. Württembergische Gerichte warfen ihm vor, den Umsturz anzustreben. Nach der gescheiterten Badischen Revolution im Juli 1849 emigrierte er in die Schweiz. Dort ist das Lied entstanden. 1863 kehrte Pfau nach Stuttgart zurück. Er starb 1894.

Den Standpunkt des Autors erkennen und die Sprache des Textes charakterisieren

Pfau verurteilt deutlich die militärische Gewalt und Unterdrückung, die von Preußen ausging und zur Entstehungszeit des Liedes immer noch anhielt. In der Sprache spiegeln sich die Gegner des Konflikts wider: auf der einen Seite Stille, leiser, unschuldiger Schlaf und Tod, auf der anderen Seite blutige, todbringende Aggressivität, die zudem unter dem heuchlerischen Vorwand, etwas Gutes zu bringen (Tanz, Freiheit) daherkommt. Der Kontrast zu den Märzversprechungen wird hier aufgegriffen.

Wer hat das Lied gesungen und welche Stimmung wurde damit zum Ausdruck gebracht?

Das Lied wird von allen gesungen worden sein, die wie Pfau Opfer der preußischen Politik waren und sich von der Revolution Freiheit erhofft hatten.
Allein in dem Text wird der Stimmungswechsel schon deutlich, laut und leise werden neu zugeordnet: Das Kind braucht nicht mehr leise zu sein, sondern darf, soll schreien, während der „Preuße“ – besiegt – dem so gerächten toten Vater in das stille Grab folgen wird. Das spiegelt sich auch in der Melodie wider.

Q3 „Die Deputation der Kaiserlinge“
Karikatur im satirischen Wochenblatt „Eulenspiegel“, 1849.

Q4 „Die Krone ist ernstlich keine Krone“

Am 13. Dezember 1848, einige Monate bevor ihm die Krone als „Kaiser der Deutschen“ angeboten wurde, schrieb Friedrich Wilhelm IV. an seinen Freund Freiherr von Bunsen:

Ich will weder der Fürsten Zustimmung zu *der* Wahl noch *die* Krone. Verstehen Sie die markierten Worte? (...) *Die* Krone ist enstlich [letztlich] keine Krone. Die Krone, die ein Hohenzoller nehmen dürfte, *wenn* die Umstände es möglich machen *könnten*, ist (...) eine, die den Stempel Gottes trägt, die den, dem sie aufgesetzt wird nach der heiligen Ölung von „Gottes Gnaden“ macht. (...) *Die* aber, die Sie – leider meinen, verunehrt überschwänglich mit ihrem Ludergeruch der Revolution von 1848, der albernsten, dümmsten, schlechtesten –, wenn auch, Gottlob, nicht bösesten dieses Jahrhunderts. Einen solchen imaginären Reif, aus Dreck und Lettern gebacken, soll ein legitimer König von Gottes Gnaden und nun gar der König von Preußen sich geben lassen? (...) Ich sage es Ihnen rund heraus: Soll die tausendjährige Krone deutscher Nation, die 42 Jahr geruht hat, wieder einmal vergeben werden, so bin ich es und meines Gleichen, die sie vergeben werden. Und wehe dem, der sich anmaßt, was ihm nicht zukommt.

Zit. nach: W. Grab (Hg.): Die Revolution von 1848/49. Eine Dokumentation. Stuttgart 1998, S. 175.

Q5 Männer fürchten den Einfluss der Frauen

Nach §8 des preußischen Vereinsgesetzes von 1850 war es „Frauenspersonen, Schülern und Lehrlingen“ verboten, Mitglieder in Vereinen zu sein oder an ihren Versammlungen teilzunehmen, „welche bezwecken, politische Gegenstände zu erörtern“. W. Lüders veröffentlichte in der „Frauen-Zeitung“ von Louise Otto-Peters im Mai 1850 einen Beitrag zum Thema „Die Frauen und das preußische Vereinsgesetz“:

Dass das Ministerium (...) gute Gründe hatte, die Frauen von dem Besuche der Vereine auszuschließen, durch Unterdrückung der Menschenrechte der Frauen für die Staatsrettung zu wirken, liegt auf der Hand. Ja, diese konstitutionell-preußischen Staatsretter fürchten den Einfluss, die Bedeutung, die Gewalt der Frauen über die Männer, sie fürchten die Begeisterung, den Enthusiasmus, die hingebende Aufopferung der Frauen. Die Geschichte sagt diesen preußischen Staatsrettern, dass die Frauen aller Nationen bei ihrer leichten Empfänglichkeit für neue Ideen, bei ihrer Auffassungsgabe, bei der Begeisterung, deren sie fähig sind, in Revolutionen und weltbewegenden, das Alte umstürzenden Krisen von großem Einfluss gewesen sind. So in der englischen und Französischen Revolution; (...) die preußischen Staatsretter fürchten mit Recht dasselbe von den deutschen Frauen. Sie hoffen dies zu verhindern, indem sie die Frauen von der Teilnahme an dem öffentlichen Leben ausschließen, sie aus den Vereinen verbannen, sie zu klösterlicher Abgeschiedenheit verdammen, in Küche und Kinderstube kasernieren. Durch diese Zurücksetzung, durch diese Misshandlung des schönen Geschlechts haben die preußischen Staatsretter im Grunde nur sich selbst blamiert (...).

Zit. nach: U. Gerhard u. a. (Hg.): „Dem Reich der Freiheit werb ich Bürgerinnen“. Die Frauen-Zeitung von Louise Otto. Frankfurt a. M. 1997, S. 256 f.

Kontro vers

Ist die Revolution gescheitert?

In der Geschichtswissenschaft wird wie unmittelbar nach 1849 immer noch die Frage diskutiert, ob die Revolution gescheitert ist.

D1 *Dieter Langewiesche vertritt die Ansicht:*

Die europäischen Revolutionen scheiterten, doch sie blieben nicht folgenlos. Die Bauernbefreiung überdauerte das Ende der Revolutionen und die Arbeiterschaft hatte einen Politisierungsprozess erfahren, der nicht mehr rückgängig zu machen war. (...) Zu den Lernerfahrungen (...), die die europäischen Arbeiter in den Revolutionsjahren machten, gehört auch die Erkenntnis, dass ihre Forderungen nach sozialen Reformen und nach voller staatsbürgerlicher Gleichberechtigung von großen Teilen des Bürgertums abgelehnt wurde. Und das Bürgertum nahm als prägende Erfahrung aus den Revolutionsjahren mit, dass sich die zu politischem Selbstbewusstsein erwachte Arbeiterschaft nicht mehr patriarchalisch lenken (...) ließ.

D. Langewiesche: Europa zwischen Restauration und Revolution. München 1985, S. 111.

D2 *Heinrich August Winkler urteilt 1998:*

Die Konstitutionalisierung [Einführung einer Verfassung] Preußens ist einer der Gründe, weshalb das gängige Urteil, die Revolution von 1848 sei rundum gescheitert, zu kurz greift. Gescheitert ist die Revolution gemessen an ihrem Doppelziel: der Freiheit und Einheit Deutschlands. Weder wurde Deutschland ein freiheitlicher Nationalstaat, noch konnte sich der Liberalismus in den Einzelstaaten behaupten. Doch seit 1848 war sehr viel klarer, als zuvor, was „Deutschland" politisch und geografisch bedeutete. (...)
Die „Kleindeutschen", vor 1848 eine kleine Minderheit, hatten kräftig an Boden gewonnen. Die Erfahrungen von 1848 waren notwendig, um im gemäßigten Liberalismus ein einigermaßen realistisches Bild von den Grenzen eines deutschen Nationalstaates durchzusetzen.

H. A. Winkler: Der überforderte Liberalismus. Zum Ort der Revolution von 1848/49 in der deutschen Geschichte. In: Wolfgang Hardtwig (Hg.): Revolution in Deutschland und Europa 1848/49. Göttingen 1998, S. 197.

Q6 „Ich habe die Freiheitsluft geatmet"

Der Diplomat und Schriftsteller Karl August Varnhagen von Ense schrieb nach der Revolution:

Ich habe als Knabe die französische Freiheit erlebt, als Greis die deutsche, was will ich mehr? Den Trost kann mir nichts mehr nehmen, ich habe doch einmal in vollen Zügen die Freiheitsluft geatmet, die ganze Kräftigung empfunden, das war im vorigen Sommer, jeden Morgen erwacht ich mit diesem Gefühl der Freiheit; keine Behörde, keine Polizei, keine elenden Scherereien, der Mensch galt als solcher, jeder sagte und tat, was er meinte, und wie ordentlich, wie sittlich, wie zutraulich und wie freudig war alles! Ich hab es genossen und danke Gott noch jeden Tag dafür!

Zit. nach: L. Gall (Hg.): 1848 Aufbruch zur Freiheit. Ausstellungskatalog. Frankfurt a. M. 1998, S. 377.

Fragen und Anregungen

1. Liste in einer Tabelle Ziele, Ergebnisse und Errungenschaften der Revolution auf. Unterscheide dabei nach einzelnen Bevölkerungsgruppen.
2. Gib mit eigenen Worten wieder, wie Friedrich Wilhelm IV. auf seine Wahl zum deutschen Kaiser reagierte (VT, Q4). Vergleiche seine Haltung mit der Proklamation im März 1848 (Q6, S. 178).
3. Beschreibe und erkläre die Karikatur Q3. Beachte besonders Gesichtsausdruck und die Haltung der dargestellten Personen. Vergleiche mit Q3, S. 182.
4. Fasse zusammen, aus welchen Gründen nach Ansicht der Autorin Frauen aus dem öffentlichen und politischen Leben ausgeschlossen wurden. Wie bewertet die Autorin diese Politik? Charakterisiere Sprache und „Ton" des Artikels (Q5).
5. Diskutiert über die Bestimmungen des preußischen Vereinsgesetzes (Q5).
6. Werte die Karikatur Q1 aus. Beachte dabei Figuren, Handlungen und Gegenstände, die der Zeichner einzelnen europäischen Staaten zuordnet. Wie beurteilt der Zeichner die Situation? Gib der Karikatur einen treffenden Titel.
7. Lege dar, wie die Historiker Langewiesche und Winkler die Revolution einschätzen. → **Kontrovers** Vergleiche ihre Aussagen mit der Einschätzung des Zeitzeugen Varnhagen von Ense (Q6).
8. Das „Badische Wiegenlied" wird auch nach der Melodie „Schlaf, Kindlein, schlaf" gesungen. Begründe, warum. Singt das Lied nach beiden Melodien und vergleicht.

9. Preußen erringt die Vorherrschaft in Deutschland

1850/51	Der Deutsche Bund wird wieder errichtet.
1862	Der preußische König ernennt Bismarck zum Ministerpräsidenten.
1866	Preußen besiegt Österreich, und der Deutsche Bund wird aufgelöst.

Preußischer Offiziershelm Q1
Die Pickelhaube wurde zum Symbol für die preußische Vorherrschaft.

Nach dem Scheitern der Revolution

Fast überall in Deutschland kam es nach 1849 zur Rückkehr der alten Ordnung. Adel und Militär gaben wieder den Ton an. Viele Liberale emigrierten, um z.B. in den USA ein freieres Leben führen zu können. In Preußen entschloss sich der König, Zugeständnisse zu machen und erließ ohne parlamentarische Mitwirkung eine Verfassung, die daher „oktroyiert" (aufgezwungen) genannt wurde. Nun gab es zwar ein Abgeordnetenhaus, die Regierung wurde aber weiterhin allein vom König ernannt, und das Wahlrecht war an Einkommen und Vermögen gebunden. In Österreich wurde ein anderer Weg beschritten: Kaiser Franz Joseph hob die 1849 oktroyierte Verfassung 1851 ersatzlos auf und regierte in den folgenden Jahren absolutistisch.
Die Hoffnung auf ein vereintes Deutschland blieb jedoch lebendig. Österreich und Preußen verfolgten dabei immer stärker unterschiedliche Ziele: Ihr Dualismus (= Konkurrenzverhältnis) bestimmte die folgenden Jahre. 1850 scheiterte der Versuch Preußens, Deutschland als „Fürstenunion" zu einigen, am Widerstand Österreichs und Russlands, die mit Krieg drohten. Schließlich wurde der Deutsche Bund in alter Form wieder errichtet. Später versuchte Bayern, die Führung aller kleineren und mittleren deutschen Staaten zu übernehmen. So sollte ein „drittes Deutschland" ein Gegengewicht zu den beiden Großmächten bilden. Auch dieses Ziel wurde nicht erreicht, weil die Interessen zwischen den Klein- und Mittelstaaten zu verschieden waren.

Der Konfliktkurs Bismarcks

Seit 1861 hatte Preußen einen neuen König: Wilhelm I. Dieser kündigte zunächst eine liberalere Politik an. Doch dann kam es wegen einer notwendigen Reform des Heeres zum Konflikt mit dem Abgeordnetenhaus, in dem die Liberalen eine Mehrheit hatten. Diese forderten eine Verkürzung der Wehrdienstzeit von drei auf zwei Jahre. Wilhelm weigerte sich, dieser Forderung zuzustimmen. Lieber wollte er abdanken, als das Parlament über militärische Fragen bestimmen zu lassen. Auf Vorschlag seines Kriegsministers ernannte er den preußischen Gesandten in Paris, Otto von Bismarck, zum Ministerpräsidenten. Bismarck versprach dem König, die Heeresreform durchzuführen und dazu notfalls Geld ohne Zustimmung des Parlamentes auszugeben. Genauso kam es. Damit hatte die Regierung die Verfassung gebrochen.

Krieg mit Dänemark ...

Unter Bismarcks Führung begann Preußen wie schon 1850 das Ziel einer kleindeutschen Einigung ohne Österreich zu verfolgen. Bismarck näherte sich hier den Forderungen nach einem deutschen Nationalstaat an. Dabei war es von Vorteil, dass Preußen mittlerweile zum führenden Industriestaat Deutschlands geworden war. Günstig

war auch, dass Russland seit den 1850er-Jahren mit Österreich verfeindet und daher nicht mehr bereit war, zugunsten Österreichs einzugreifen. Zunächst arbeiteten die beiden deutschen Großmächte aber noch zusammen: Als der dänische König die Einverleibung des nur zum Teil von Dänen bewohnten Herzogtums Schleswig betrieb, griffen Österreich und Preußen 1864 gemeinsam ein und zwangen Dänemark, die drei Herzogtümer Schleswig, Holstein und Lauenburg abzutreten.

... und Österreich

1866 kam es zum Krieg zwischen Preußen und Österreich. Auslöser war ein Streit über die Zukunft Schleswigs und Holsteins. Die eigentliche Ursache war jedoch das verschärfte Ringen der beiden Großmächte um die Vorherrschaft in Deutschland. Der Krieg zersprengte den Deutschen Bund. Fast alle süddeutschen Bundesstaaten kämpften auf Seiten Österreichs, während die kleineren norddeutschen Staaten, bis auf Hannover, für Preußen Partei ergriffen. England, Russland und Frankreich verhielten sich abwartend neutral. Überraschend schnell wurde Österreich am 3. Juli 1866 in der Schlacht von Königgrätz geschlagen. Nun betrieb Bismarck einen schnellen Friedensschluss, auch um ein Eingreifen Frankreichs oder Englands zu verhindern. Am 26. Juli einigten sich Preußen und Österreich: Österreich zog sich aus Deutschland zurück. Im Gegenzug verzichtete Preußen auf Gebietsabtretungen durch Österreich.

Deutschland wird neu geordnet

Nach dem Friedensvertrag mit Österreich hatte Preußen nördlich der Mainlinie freie Hand. Hannover, Kurhessen, Nassau und Frankfurt a. M. wurden annektiert. Nur Sachsen blieb verschont, weil sich Frankreich und Österreich für dessen Unabhängigkeit einsetzten. Der Deutsche Bund wurde aufgelöst und Preußen gründete einen „Norddeutschen Bund“. Die süddeutschen Staaten blieben zunächst unabhängig, schlossen aber geheime Schutz-und Trutz-Bündnisse mit Preußen. Die außenpolitischen Erfolge Bismarcks führten zur Spaltung der liberalen und nationalen Bewegung, und zwar in einen nationalliberalen Teil, der Bismarck unterstützte, und einen linksliberalen Teil, der weiterhin die Politik Bismarcks ablehnte und eine parlamentarische Regierung anstrebte. Mithilfe der neu gegründeten „Nationalliberalen Partei“ konnte Bismarck nun auch den Verfassungskonflikt beenden: Das preußische Abgeordnetenhaus gestand der Regierung nachträglich „Indemnität“ (Billigung) für die Jahre der Regierung ohne parlamentarische Zustimmung zu.

Q2 Schlacht bei Königgrätz

Gemälde von Christian Sell, 1866. In der Bildmitte Wilhelm I., rechts von ihm General von Moltke, hinter ihm Bismarck, links neben ihm Kronprinz Friedrich Wilhelm. Zum Sieg Preußens trug bei, dass man die Truppen mit der Eisenbahn schnell ins Aufmarschgebiet verlegen konnte. Hinzu kam die waffentechnische Überlegenheit durch Zündnadelgewehre. 25 000 Österreicher und 9000 Preußen fielen in der Schlacht.

Q3 Otto von Bismarck als preußischer Ministerpräsident

Zeitgenössische Fotografie. Otto v. Bismarck (1815–1898) war nach seinem Jurastudium zunächst im Staatsdienst tätig. 1838 entschloss er sich, die Bewirtschaftung der väterlichen Landgüter in Pommern zu übernehmen. 1848/49 war Bismarck ein leidenschaftlicher Gegner der Revolution. 1849 wurde er in das preußische Abgeordnetenhaus gewählt. Ab 1851 hatte er hohe diplomatische Posten als preußischer Gesandter am Bundestag in Frankfurt, in St. Petersburg und in Paris inne. Ab 1862 war er preußischer Ministerpräsident und Außenminister, ab 1871 auch Reichskanzler des Deutschen Reiches. Bismarck behielt seine Ämter bis 1890.

Dualismus

(von lt. duo=zwei) bezeichnet die Konkurrenz zweier Mächte in einem Bund oder Staatensystem. Beide Mächte können ein friedliches, auf Ausgleich ausgerichtetes Verhältnis anstreben wie Preußen und Österreich 1815–1848. Sie können aber auch um die Vorherrschaft streiten, bis hin zu kriegerischen Auseinandersetzungen (wie zwischen Preußen und Österreich seit 1848).

Q4 „Kommt es unter einen Hut? Ich glaube, es kommt eher unter eine Pickelhaube!"

Österreichische Karikatur von 1870 aus der satirischen Zeitschrift „Kikeriki".

Q5 Wie werden große Fragen der Zeit entschieden?

Nur eine Woche nach seiner Ernennung zum Ministerpräsidenten 1862 ließ sich Bismarck gegenüber Abgeordneten zu folgenden Aussagen hinreißen:

Nicht auf Preußens Liberalismus sieht Deutschland, sondern auf seine Macht: Bayern, Württemberg, Baden mögen den Liberalismus indulgieren [dulden, Nachsicht üben], darum wird ihnen doch keiner die Rolle Preußens anweisen; Preußen muss seine Kraft zusammenfassen und zusammenhalten auf den günstigen Augenblick, der schon einige Male verpasst ist; Preußens Grenzen nach den Wiener Verträgen sind zu einem gesunden Staatsleben nicht günstig; nicht durch Reden und Majoritätsbeschlüsse [Mehrheitsbeschlüsse] werden die großen Fragen der Zeit entschieden – das ist der große Fehler von 1848 und 1849 gewesen – sondern durch Eisen und Blut.

Zit. nach: L. Gall (Hg.): Bismarck. Die großen Reden. Berlin 1981, S. 62 f.

D1 Deutschland und Österreich 1866

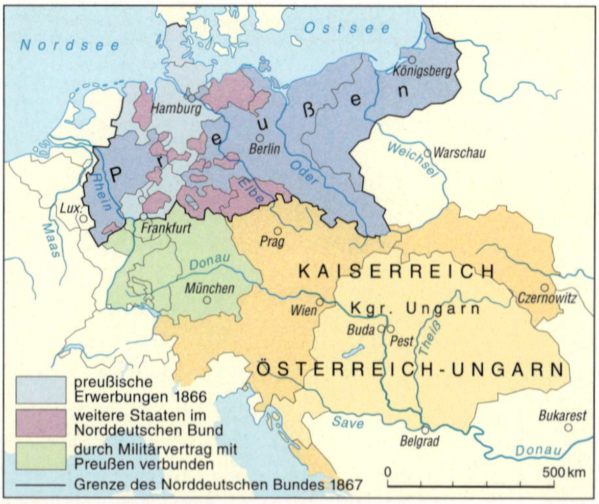

D2 Der Norddeutsche Bund 1866/1867

Q6 Folgen der Annexionspolitik Bismarcks

Freiherr von Hodenberg, der letzte Kultusminister des von Preußen annektierten Königreichs Hannover, beschreibt 1867 seine Gefühle:

[Wir sind] antipreußisch, denn wir haben keinen anderen Feind als Preußen; Preußen ist uns die Revolution, hat uns unsern König, unsere Selbständigkeit, unsere Verfassung, unsere Gesetze und Einrichtungen, unsere blühenden Finanzen [geraubt...]. Wir sind durchaus in der Lage Preußens von 1806–1813 (...). Keine Einheit Deutschlands kann uns je wiederbringen, was wir verloren! (...) Wir sind aber auch welfisch royalistisch: Wir können nicht anders, die Welfen sind unsre Könige von Gottes Gnaden, wir sind ihnen Treue schuldig, gerade jetzt in der Zeit der Not. (...) Die Besten rüsten sich mit Geduld auf den langen Kampf, der mit der Befreiung enden muss.

Zit. nach: W. Lautemann/M. Schlenke (Hg): Geschichte in Quellen. Das bürgerliche Zeitalter 1815–1914. München 1980, S. 348.

Q7 Wie soll die Einigung Deutschlands aussehen?

1861 gründeten demokratische und liberale Politiker die „Deutsche Fortschrittspartei" als Sammelbecken der liberalen Opposition. In ihrem Gründungsprogramm heißt es:

Wir sind einig in der Treue für den König und in der festen Überzeugung, dass die Verfassung das unlösbare Band ist, welches Fürst und Volk zusammenhält. Bei den großen und tief greifenden Umwälzungen in dem Staatensysteme Europas haben wir aber nicht minder die klare Einsicht gewonnen, dass die Existenz und die Größe Preußens abhängt von einer festen Einigung Deutschlands, die (...) ohne gemeinsame deutsche Volksvertretung nicht gedacht werden kann. Für unsere inneren Einrichtungen verlangen wir eine feste liberale Regierung, welche ihre Stärke in der Achtung der verfassungsmäßigen Rechte der Bürger sieht (...).

Zit. nach: Deutsche Geschichte in Quellen und Darstellung. Bd. 7: Vom Deutschen Bund zum Kaiserreich 1815–1871. Stuttgart 1997, S. 415.

Fragen und Anregungen

1. Untersuche, welches Bild von Bismarck dem Betrachter vermittelt wird (Q3). Suche nach weiteren Abbildungen Bismarcks und werte diese aus: Welche Entwicklung lässt sich erkennen?
2. Entwirf „Wahlplakate", mit denen für das Programm der Deutschen Fortschrittspartei geworben werden könnte (Q7).
3. Welche Ziele treten nach 1866 für die Nationalliberalen, die Bismarck unterstützen, in den Vordergrund, welche in den Hintergrund (VT, D1, D2)?
4. Formuliere mithilfe des VT und Q5 eine Gegenrede zu Bismarcks Äußerungen. Beziehe dabei den Eindruck ein, den die Abgeordneten vom neuen Ministerpräsidenten haben mussten.
5. Beschreibe die Wirkung, die das Bild Q2 beim Betrachter erreichen konnte.
6. Vergleiche die Aussage der Karikatur Q4 mit der Darstellung in Q7 und D1.
7. Begründe die antipreußische Einstellung v. Hodenbergs (Q6).

10. Der deutsch-französische Krieg und die Gründung des Deutschen Reiches

1870/71	Krieg zwischen Deutschland und Frankreich.
18. Januar 1871	Das Deutsche Reich wird gegründet.

Siegessäule in Berlin Q1
Sie wurde am 2. September 1873, dem 3. Jahrestag der Schlacht von Sedan zur Erinnerung an die Kriege von 1864, 1866 und 1870/71 eingeweiht. In ihr sind französische Kanonen verarbeitet, die im Krieg erbeutet wurden.

Spannungen zwischen Preußen und Frankreich

Frankreich war seit längerem daran interessiert, die linksrheinischen Gebiete Deutschlands erneut zu annektieren. Bereits 1840 hatte die Regierung die „Rheingrenze“ gefordert. Als 1866 nach dem preußisch-österreichischen Krieg der Deutsche Bund zerbrach, schien die Gelegenheit für die erneute Forderung günstig zu sein. Doch Preußen als neue Führungsmacht in Deutschland lehnte die französischen Ansprüche ab. Die Spannungen zwischen den beiden Staaten wuchsen. Im Sommer 1870 spitzte sich die Situation zu: Prinz Leopold von Hohenzollern-Sigmaringen aus einer Nebenlinie der in Preußen regierenden Hohenzollern war die verwaiste Krone Spaniens angeboten worden. Frankreich fühlte sich nun von „Preußen umzingelt“ und drohte mit Krieg. Angesichts dieser Situation verzichtete Leopold auf die spanische Krone. Damit hatte Frankreich einen diplomatischen Erfolg erzielt.

Der deutsch-französische Krieg

Napoleon III. gab sich damit nicht zufrieden. Er beauftragte seinen Botschafter Benedetti, nach Bad Ems zu fahren, wo sich der preußische König zur Kur aufhielt. Dort forderte Benedetti von Wilhelm, sich für alle Zukunft zu verpflichten, niemals wieder der Kandidatur eines Hohenzollern für den spanischen Thron zuzustimmen. Dieses weitreichende Ansinnen lehnte der König ab. Bismarck provozierte Frankreich nun, indem er die französische Forderung und die Reaktion des Königs durch die Kürzung eines telegrafischen Berichts („Emser Depesche“) so zuspitzte, dass sich Frankreich in seiner nationalen Ehre gekränkt sah und am 19. Juli 1870 Preußen den Krieg erklärte. Diese Kriegserklärung stieß bei den anderen europäischen Großmächten auf Unverständnis. England, Russland und Österreich erklärten sich für neutral. Gleichzeitig erwachte das deutsche Nationalbewusstsein. Alle süddeutschen Staaten sahen den Bündnisfall gegeben und unterstellten ihre Armeen der preußischen Führung.
Die Mehrzahl der Militärexperten rechnete mit einem Sieg Frankreichs. Es kam jedoch anders: Frankreich war schlecht gerüstet, und seine Generäle waren sich in vielen Fragen nicht einig. Die deutschen Truppen wurden sehr schnell offensiv und nutzten die Transportmöglichkeiten der Eisenbahn für den Einmarsch nach Frankreich. Mehrere französische Armeen wurden eingeschlossen und mussten schließlich kapitulieren. Kaiser Napoleon III. geriet in Kriegsgefangenschaft. In Frankreich wurde eine Republik ausgerufen, die den Krieg weiterführte.

Die Gründung des Deutschen Reiches

Der gemeinsame Krieg gegen Frankreich rief in Deutschland eine Welle nationaler Begeisterung hervor. Allerdings waren nicht alle süddeutschen Staaten bereit, ihre Unabhängigkeit aufzugeben. Zunächst schlossen sich Baden und Hessen dem Norddeutschen Bund an. Erst nachdem sie Sonderrechte ausgehandelt hatten, die ihrem eigenstaatlichen Bewusstsein entgegenkamen, folgten auch die Königreiche Bayern und Württemberg.

Doch wer sollte an der Spitze des neuen Staates stehen? Bismarck gelang es (auch mit Hilfe einer geheim gehaltenen „Finanzspende"), den bayerischen König Ludwig zu veranlassen, im Namen aller deutschen Fürsten einen Brief an den preußischen König zu schreiben und ihm darin die Kaiserwürde anzutragen. Am 18. Januar 1871 wurde Wilhelm im Spiegelsaal von Versailles zum deutschen Kaiser ausgerufen. Während dessen ging der Krieg weiter. Die deutschen Truppen belagerten Paris. Schließlich musste sich Frankreich geschlagen geben.

Im Friedensvertrag verpflichtete es sich, fünf Milliarden Francs als Kriegsentschädigung zu zahlen und das Elsass sowie große Teile von Lothringen an Deutschland abzutreten.

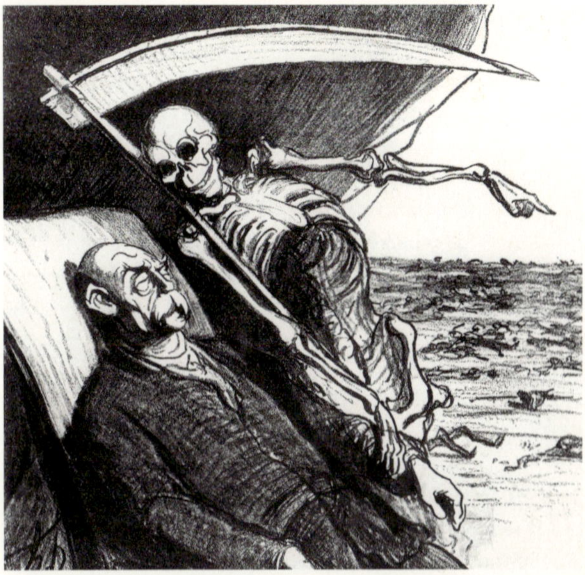

„Bismarcks Alptraum: Der Tod sagt danke" Q2
Französische Lithografie, 1870.

D1 **Deutschland in den Grenzen von 1871**

Q3 Die deutsche Revolution?

Der britische Oppositionsführer Disraeli sagte in einer Rede am 9. Februar 1871 über den deutsch-französischen Krieg:

Dieser Krieg bedeutet die deutsche Revolution, ein größeres politisches Ereignis als die französische des vergangenen Jahrhunderts. (...) Das Gleichgewicht der Macht ist völlig zerstört; und das Land, welches am meisten darunter leidet und welches die Wirkungen dieses großen Wechselns am meisten zu spüren bekommt, ist England.

Zit. nach: W. Lautemann / M. Schlenke (Hg): Geschichte in Quellen. Das bürgerliche Zeitalter 1815–1914. München 1980, S. 376 f.

Q4 Bismarck begründet die Annexion Elsass-Lothringens

Aus einer Reichstagsrede vom 2. Mai 1871:

Jedermann erinnerte sich, dass unter unseren Vätern seit dreihundert Jahren wohl schwerlich eine Generation gewesen ist, die nicht gezwungen war, den Degen gegen Frankreich zu ziehen. (...) Die Kriege mit Frankreich hatten im Laufe der Jahrhunderte, da sie vermöge der Zerissenheit Deutschlands fast stets zu unserem Nachteil ausfielen, eine geografisch-militärische Grenzbildung geschaffen, welche an sich für Frankreich voller Versuchung, für Deutschland voller Bedrohung war. (...) [Die Annexion ist notwendig, um] diese Landstriche mit ihren starken Festungen vollständig in deutsche Gewalt zu bringen, (...) um den Ausgangspunkt etwaiger französischer Angriffe um eine Anzahl von Tagesmärschen weiter zurückzulegen, wenn Frankreich (...) uns den Handschuh wieder hinwerfen sollte.

Zit. nach: W. Lautemann/M. Schlenke (Hg): Geschichte in Quellen. Das bürgerliche Zeitalter 1815–1914. München 1980, S. 375 f.

D2 War die Annexion Elsass-Lothringens ein Fehler?

Das Urteil des Historikers Thomas Nipperdey, 1995:

Man kann dennoch fragen (...), ob die verhängnisvolle Folge der Annexion, die bleibende Vergiftung des deutsch-französischen Verhältnisses, bei Nicht-Annexion wäre vermieden worden. Das ist nicht mit Sicherheit zu beantworten. (...) Der Historiker mag urteilen, dass im Zeitalter des Nationalismus und des nationalen Prestiges Ausgleich und Versöhnung (...) unwahrscheinlich waren, auch wenn es keine Territorialverschiebungen gegeben hätte. (...) Kurz, es ist nicht sehr wahrscheinlich, dass sich das deutsch-französische Verhältnis ohne Annexionen (...) anders entwickelt hätte, positiver (...). In Europa war das wichtigste Kriegsereignis, die Reichsgründung, als legitim anerkannt, man konnte sich damit arrangieren. Beliebt war sie nicht, dazu hatte die Annexionsfrage das ihre beigetragen. Die ursprüngliche Hoffnung auf eine Stabilisierung des mitteleuropäischen Unruheherdes (...) wurde von der Sorge vor den Ambitionen einer neuen Großmacht überlagert.

Th. Nipperdey: Deutsche Geschichte 1866–1918. Bd. 2 Machtstaat vor der Demokratie. München 1995, S. 73 ff.

Q5 Begeisterung über die Reichsgründung

Als die Nachrichten vom Friedensschluss mit Frankreich am 3. März 1871 in Berlin eintrafen, notierte die Baronin v. Spitzemberg in ihrem Tagebuch:

Die Sonne ging strahlend am wolkenlosen Himmel auf; mittags fand die Verlesung der kaiserlichen Depesche vom Schlosse aus statt, Viktoria ward geschossen und mit allen Glocken geläutet. In der Stadt wogte die Menge auf und ab. (...) Und was für ein Friede für uns Deutsche! Herrlicher und glorreicher als wir einen geschlossen! Vereint zu einem Reiche, dem größten, mächtigsten, gefürchtesten in Europa, groß durch seine physische Macht nicht allein, größere noch durch seine Bildung und dem Geist, der das Volk durchdringt! Jedes deutsche Herz hatte das erhofft, keines geahnt, dass seine Träume sich in dieser Weise, sobald und so herrlich erfüllen würden. Glücklich sind wir, dass wir (...) noch jung genug sind, um uns unter seinen Strahlen zu wärmen, um die, so Gott will, recht reichen und segensvollen Früchte zu genießen, die aus dieser unter Blut und Tränen gesäten Saat hervorgehen. Möge Gott den Geist meines Volkes also lenken, dass seine Entwicklung eine friedliche und zivilisatorische bleibe, sein Reich ein Reich des Lichts, der Freiheit, der wahren, christlichen Gesittung sei!

Zit. nach: R. Vierhaus (Hg.): Am Hof der Hohenzollern. Aus dem Tagebuch der Baronin Spitzemberg 1865–1914. München 1965, S. 51 f.

Fragen und Anregungen

1. Wiederhole den Aufbau der Wiener Ordnung und erläutere dann, wovor Disraeli warnt (Q3).
2. Vergleiche die Gründe, die Bismarck für die Annexion Elsass-Lothringens angibt, mit der Bewertung durch Nipperdey (Q4, D2).
3. Beschreibe die Stimmung in Frankreich, die mit der Karikatur ausgedrückt wird (Q2).
4. Erkläre, warum die Baronin – trotz der Begeisterung über die Reichsgründung – auch Befürchtungen für die Zukunft Deutschlands hat (Q5).

Eine Zeitleiste zur deutschen Einigung

Zeitleisten sind gut dafür geeignet, einen Überblick über einen längeren geschichtlichen Zeitraum zu bekommen, dabei wesentliche Ereignisse, Probleme und Zusammenhänge zu erkennen und sich einzuprägen.

- Du benötigst einen großen Bogen Papier oder eine Tapetenbahn und farbige Schreibstifte. Darauf schreibst du die Überschrift, z.B.: „Deutsche streben nach Freiheit und Einheit".
- Überlege nun, welche Hauptereignisse deine Zeitleiste markieren sollen, beispielsweise der Wiener Kongress mit der Gründung des Deutschen Bundes, die Revolution von 1848, die Gründung des Deutschen Reiches 1871.
- Nutze für die Gestaltung unterschiedliche Farben und vielleicht auch Schriftgrößen: Mit einer Farbe notierst du die wichtigsten Namen, Ereignisse und Ergebnisse zu den jeweiligen Jahreszahlen. (Tipp: Schreibe nicht zu viel auf, sondern nur, was du für wichtig hältst und du dir merken willst.) Mit anderen Farben kannst du nun Interpretationen, Deutungen und andere Bewertungen aufschreiben. (Tipp: Überlege dir, was von den einzelnen Ereignissen zu halten ist und welche langfristigen Folgen und Probleme sich ergaben.)
- Als Grundregel für die Textgestaltung gilt: Die Texte dürfen nicht zu lang sein. Formuliere möglichst alle Texte selbst, denn nur so ist alles verständlich und leichter zu lernen.
- Verbinde die einzelnen Texte und Jahreszahlen so miteinander, dass Zusammenhänge erkennbar werden. (Tipp: Zeichne auch längere Verbindungslinien, die du mit Stichworten erklärst.)
- Fehlt noch etwas? Weitere Zahlen und Ereignisse können eingefügt werden (notfalls kann weiteres Papier angeklebt werden). Aber aufgepasst: Der Gesamtüberblick darf nicht verloren gehen. Die Zeitleiste kann auch sehr gut mit Symbolen (z.B. für Kriege, Revolutionen oder Wirtschaftskrisen) und Bildern versehen werden.

Diese Zeitleiste gestaltete Aleke Bode vom Albert-Schweitzer-Gymnasium in Hamburg

LEBEN IM DEUTSCHEN KAISERREICH

War das Kaiserreich die „gute alte Zeit", geordnet, friedlich und ohne Hektik? War es ein Staat mit überholter Adelsherrschaft und Unterdrückung der Arbeiterschaft? War es ein militaristischer Unruhestifter, der Europa nahezu zwangsläufig in den Ersten Weltkrieg stürzte? Oder war es ein moderner Industriestaat, an dessen Ende sich Wirtschaft, Technik, Gesellschaft, Kultur und Alltag so tief greifend wandelten, dass geradezu eine neue Welt entstand? Was von diesen so unterschiedlichen Urteilen zutrifft, wieweit sie sich widersprechen oder aber ergänzen, kannst du in diesem Kapitel untersuchen.

Berlin 1908, Hochbahnstation Kottbusser Tor
Foto, um 1908.

Parade der Gardetruppen im Berliner Lustgarten 1909

„Aber ich bitt Sie, mit so einem lieben G'sichterl studiert man doch nicht!"
Karikatur zum Frauenstudium aus dem „Fliegenden Blättern" von 1908/1909.

Kaiserproklamation in Versailles 1871
Gemälde von Anton von Werner aus dem Jahr 1885.

Der Physiker Karl Ferdinand Braun führt die Braunsche Röhre vor
Foto von 1897.

Auflösung einer Arbeiterversammlung
Anonyme Zeichnung, um 1890.

Antisemitische Postkarte, nach 1900

1. Verfassung und Herrschaft

18. Januar 1871	Der preußische König Wilhelm I. wird zum „Deutschen Kaiser" ausgerufen.
16. April 1871	Die Verfassung des Deutschen Reiches tritt in Kraft. Der preußische Ministerpräsident Otto von Bismarck wird erster Reichskanzler.
1888	Nach dem Tod Kaiser Wilhelms I. besteigt sein Sohn Friedrich III. den Thron. Er ist schwer krank und stirbt bereits nach drei Monaten Regierungszeit. Nachfolger wird sein Sohn Wilhelm II.
1890	Wilhelm II. entlässt Bismarck als Reichskanzler.

Das Wappen des Deutschen Reiches Q1

Reichsgründung „von oben"

Die Gründung eines deutschen Nationalstaats war das Ziel der demokratischen Bewegung von 1848/49 gewesen. Das neue Reich war allerdings keine Gründung „von unten", durch Volk und Parlament. Es wurde „von oben" geschaffen: Die deutschen Fürsten einigten sich darauf, Deutschland zu einem Kaiserreich zusammenzuschließen. Reichsgründung durch Krieg und als Fürstenbund – beides hatte langfristige Auswirkungen auf die inneren Verhältnisse des Staates, auf die Verteilung von Macht und Einfluss und auf das Selbstverständnis des Staates und seiner Bürger.

Nationalstaat mit Einschränkungen

Ein reiner Nationalstaat war das Kaiserreich allerdings nicht: Österreich gehörte nicht dazu. Der neue Staat entsprach der schon 1848 favorisierten „kleindeutschen Lösung". Es gab also einerseits zahlreiche Deutsche, die nicht im Deutschen Reich lebten. Andererseits umfasste es auch verschiedene nationale Minderheiten. Zahlenmäßig am stärksten waren die Polen mit etwa 2,4 Millionen (vgl. S. 184).

Das Reich als Bundesstaat

Das neue Deutsche Reich war ein Bundesstaat, also ein Zusammenschluss einzelner Länder mit dem König von Preußen als „Deutschem Kaiser" an der Spitze. Unter den 25 Staaten nahm Preußen eine Vormachtrolle ein. Es umfasste nahezu zwei Drittel des Reichsgebiets, in denen drei Fünftel der Bevölkerung lebten. In der Ländervertretung, dem Bundesrat, verfügte es über 17 von 58 Stimmen. Der Reichskanzler war in der Regel zugleich preußischer Ministerpräsident. Die einzelnen Landesfürsten herrschten weiter, die Einzelstaaten behielten eigene Regierungen und Verwaltungen. Aber die meisten und wichtigsten Zuständigkeiten lagen jetzt bei den Regierungsorganen des Reiches.

Das Wahlrecht

Die Abgeordneten des Reichstags wurden in allgemeiner, gleicher, direkter und geheimer Wahl bestimmt. Allerdings waren nur die Männer wahlberechtigt, Frauen blieben bis zum Ende des Kaiserreichs ausgeschlossen. Gewählt wurde nach dem Mehrheitsprinzip. Für den Sieg eines Kandidaten erforderlich waren mindestens 50 Prozent der Stimmen in einem Wahlkreis. Erreichte sie keiner, gab es eine Stichwahl. Dieses Verfahren begünstigte die großen Parteien und führte zu Wahlabsprachen für den zweiten Wahlgang, die sich im Laufe der Zeit immer stärker gegen die Kandidaten der Sozialdemokratie richteten. Ganz anders sah das Wahlrecht für die Landtage in den meisten Einzelstaaten aus. In Preußen gab es das so genannte Dreiklassenwahlrecht. Die Wahlbevölkerung wurde nach ihrem Steueraufkommen in drei Gruppen eingeteilt, von denen jede ein Drittel der Abgeordneten wählte. Die etwa fünf Prozent der Wähler in der ersten Klasse hatten dadurch dasselbe Gewicht wie die 80 Prozent in der dritten Klasse.

Die Parteien

Die wichtigsten Parteien waren die Nationalliberalen, die Konservativen, das Zentrum und die Sozialdemokraten. Die Wähler der Nationalliberalen kamen vor allem aus dem Besitz- und Bildungsbürgertum. Die Konservativen hatten ihre Hochburgen im ländlichen Preußen, sie wurden im Adel, im Militär und in der Beamtenschaft bevorzugt. Das Zentrum war die Partei der Katholiken. Die Sozialdemokratie wurde vor allem von der städtischen Arbeiterschaft gewählt. Sie wurde vom Staat massiv bekämpft. Nach der Anzahl der Stimmen entwickelte sich die Sozialdemokratie schon bei den Reichstagswahlen von 1890 zur stärksten Partei. 1912 erhielt sie dann auch die meisten Stimmen im Reichstag. Ihr Aufstieg spiegelt die mit der Industrialisierung verbundenen gesellschaftlichen Veränderungen im Kaiserreich wider.

Kaiser und Kanzler

Kaiser und Kanzler hatten nach der Verfassung beide eine starke Stellung. Die Position des Kanzlers war bei der Reichsgründung zugeschnitten auf die Person Bismarcks. Wilhelm I. ließ ihm politisch weitgehend freie Hand – manche Zeitgenossen sprachen sogar von einer „Kanzlerdiktatur". Die Machtverteilung zwischen Kaiser und Kanzler verschob sich, als Wilhelm II. den Thron bestieg. Wilhelm wollte mit der monarchischen Herrschaft Ernst machen: Er nannte das sein „persönliches Regiment". Das führte zum Konflikt mit Bismarck und zu dessen Entlassung. Nach ihm hatte kein Kanzler mehr eine ähnlich starke Position inne. Regierung und Parlament verloren immer mehr an Einfluss, Militärs und persönliche Ratgeber Wilhelms traten in den Vordergrund.

Der Obrigkeitsstaat

Das Reich war ein Obrigkeitsstaat. Staat und Verwaltung hatten traditionell viel Macht. Das konnte sich durchaus positiv auswirken. Recht und öffentliche Ordnung waren sicherer als je zuvor. Der Staat versuchte soziale Missstände zu lindern, z.B. durch die Sozialgesetzgebung oder die Einschränkung der Kinderarbeit, er förderte Schulen und Wissenschaft. Dass in Deutschland vieles „von oben" geregelt wurde, hatte aber auch unübersehbare Schattenseiten. Die Beamten verstanden sich als Verkörperung der Obrigkeit; wer mit ihnen zu tun hatte, musste oft als Bittsteller auftreten. Eine demokratische, aktive Bürgergesellschaft konnte so nicht entstehen.

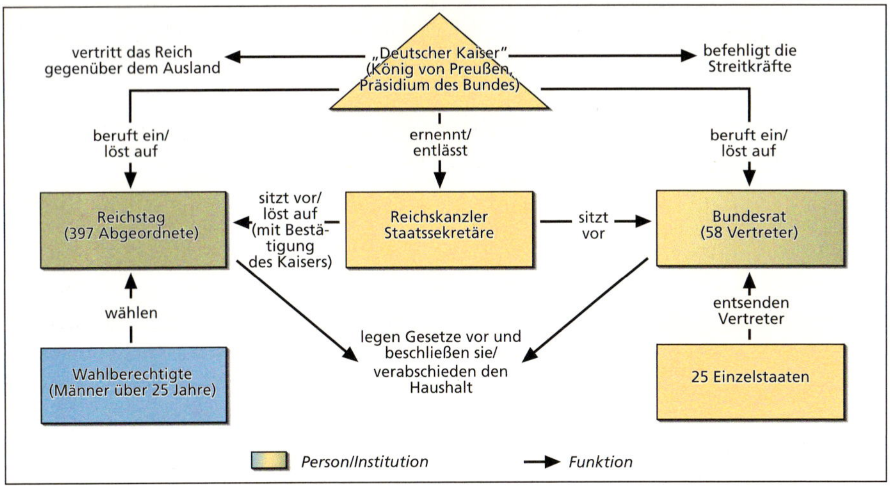

D1 Die Verfassung des Deutschen Reiches 1871

Bilder über die Geschichte

Historienbilder sind eine besondere Art von Bildern. Sie stellen Ereignisse und Situationen aus der Geschichte dar. Im 19. Jahrhundert war es besonders in Mode, Bilder über die Geschichte des Mittelalters zu malen oder zu zeichnen – zum Beispiel von den Krönungen der Kaiser. Natürlich konnten die Maler gar nicht wissen, wie sich diese Ereignisse damals genau abgespielt hatten. Es ging ihnen auch nicht in erster Linie darum, wirklichkeitsgetreu zu malen. Sie wollten vielmehr das Mittelalter so darstellen, wie sie selber oder ihre Auftraggeber es sich vorstellten: als eine große Zeit mit mächtigen Herrschern, tapferen Rittern, edlen Hofdamen und prächtigen Festen.

Q2 Die Kaiserproklamation vom 18. Januar 1871 im Spiegelsaal von Versailles
Öl auf Leinwand, 167 x 202 cm, Bismarck-Museum, Friedrichsruh (Ausschnitt). Der Maler Anton von Werner hat gleich drei Bilder von diesem Ereignis gemalt, bei dem er selber anwesend war. Das dritte ist hier abgebildet. Bismarck erhielt es 1885 zu seinem 70. Geburtstag von der Kaiserfamilie geschenkt („Friedrichsruher Fassung", benannt nach Bismarcks Wohnsitz). Abgebildet sind: 1 Kaiser Wilhelm, 2 Kronprinz Friedrich, 3 Großherzog von Baden, 4 Bismarck, 5 Generalstabschef Moltke, 6 Kriegsminister Roon. In Wirklichkeit standen die drei Personen auf dem Podium weiter voneinander entfernt, Moltke stand hinter Bismarck, Roon war nicht anwesend.

Große Geschichte – große Männer

Die Themen müssen aber nicht immer so weit zurückliegen wie das Mittelalter. Ein beliebtes Motiv der Historienmaler im Kaiserreich war der deutsch-französische Krieg von 1870/71. Das war eigentlich ein Ereignis aus der Gegenwart. Aber die Künstler waren von seiner Bedeutung so überzeugt, dass sie es als große Geschichte malten – sie nahmen sozusagen das spätere Urteil der Nachwelt vorweg.
Historienbilder deuten also die Vergangenheit aus der Gegenwart und für die Gegenwart. Die Vergangenheit soll als große Tradition, als Vorbild, als Mahnung für die Zukunft, manchmal auch als Abschreckung in Erscheinung treten. Dazu wird sie

überhöht und idealisiert. Dramatische und spektakuläre Momente, in denen „große Männer Geschichte machen", haben die Künstler dafür am liebsten ausgewählt.

Vergangenheit als Spiegel der Gegenwart

Aus Historienbildern erfährt man daher meist wenig über die dargestellte Vergangenheit, sondern viel mehr über die Zeit ihrer Entstehung: Welches Bild von der Vergangenheit und der eigenen Zeit, welche Ideen und Wunschvorstellungen hatten der Künstler, sein Auftraggeber oder vielleicht sogar die ganze Gesellschaft?

Methodische Arbeitsschritte:

1. Der Künstler und sein Thema
   - Aus welchem Grund hat der Künstler gerade dieses Thema gewählt?
   - Hat der Künstler einen Auftrag für sein Werk erhalten und wie lautet dieser?
   - Wie groß ist der zeitliche Abstand zwischen dem dargestellten Ereignis und der Entstehungszeit des Werks?
   - Was konnte der Künstler über das historische Ereignis tatsächlich wissen, was hat er hinzuerfunden, was bewusst beiseite gelassen oder verändert?
2. Die Art der Darstellung
   - Welche Personen stehen als historisch Handelnde im Mittelpunkt?
   - Wie sind diese Personen dargestellt?
   - Wie wird das historische Ereignis insgesamt gewertet und gedeutet?
3. Vergangenheit und Gegenwart
   - Welche Verknüpfung des historischen Ereignisses mit der Gegenwart legt das Bild nahe?
   - Welche Botschaft oder Lehre für die Gegenwart und Zukunft soll der Betrachter dem Bild entnehmen?

Q3 Die Kaiserproklamation

Anton von Werner hat selber darüber berichtet, wie er das Ereignis erlebt hat (1913):

Und nun ging in prunklosester Weise und außerordentlicher Kürze das große historische Ereignis vor sich (...). [Ich] sah, dass König Wilhelm etwas sprach und dass Graf Bismarck mit hölzerner Stimme etwas längeres vorlas, hörte aber nicht, was es bedeutete, und erwachte aus meiner Vertiefung erst, als der Großherzog von Baden neben König Wilhelm trat und mit lauter Stimme in den Saal hineinrief: „Seine Majestät, Kaiser Wilhelm der Siegreiche, Er lebe hoch!" Ein dreimaliges Donnergetöse unter dem Geklirr der Waffen antwortete darauf (...). Der Vorgang an sich war trotz des gewaltigen Eindrucks, den seine politische Bedeutung auf die Gemüter machen musste (...), in seiner äußeren Erscheinung keinesfalls seinem inneren Werte entsprechend, erschien vielmehr etwas vorschriftsmäßig. (...) Nichts von den phantastisch lebhaften Gebärden, die der Maler gewöhnlich braucht, um in solchen Fällen Enthusiasmus auszudrücken.

A. v. Werner: Erlebnisse und Eindrücke 1870–1890. Berlin 1913, S. 33 ff.

Fragen und Anregungen

1. Stelle fest, welche Gesellschaftsschichten und Personengruppen bei der Kaiserproklamation anwesend waren, welche nicht. Was sagt dies über den Charakter der Reichsgründung aus?
2. Die wichtigsten Personen sind auf dem Bild mit Ziffern gekennzeichnet. Beschreibe die Stellung, die sie jeweils insgesamt und zueinander einnehmen. Erläutere die historische Bedeutung, die ihnen der Maler damit zuschreibt. Berücksichtige dabei auch den Anlass, zu dem das Bild gemalt wurde.
3. Vergleiche von Werners Erlebnisschilderung mit seinem Bild. Ziehe dafür die Arbeitsschritte zum „Historienbild" heran. Fasse zusammen: Wie hat der Maler den historischen Vorgang interpretiert (Q2, Q3)?
4. Nachdrucke der „Kaiserproklamation" waren im Kaiserreich ein beliebter Bildschmuck in bürgerlichen Wohnzimmern. Überlege dir Gründe dafür und setze diesen Satz eines Zeitgenossen fort: „Ich habe dieses Bild aufgehängt, weil ..."

Q4 Kaiser Wilhelm II.
Ölgemälde von Max Koner, 1890. Über seiner weißen Kürassieruniform (Kürassiere = schwere Reiter) trägt der Kaiser den preußischen Königsmantel mit dem Stern des Schwarzen Adlers, über dem Brustharnisch das Band des Schwarzen Adlerordens, dessen Großmeister der preußische König war. In der rechten Hand hält er den preußischen Marschallstab. Neben ihm auf dem Tischchen liegen der Reichsapfel und die Krone von Preußen.

Q5 Kaiser Wilhelm II. über monarchische Herrschaft

In einer Rede vor dem ostpreußischen Provinziallandtag in Königsberg sagte Kaiser Wilhelm 1890:

[Königsberg hat besondere Bedeutung erhalten] dadurch, dass Seine Majestät, der dahingegangene Kaiser Wilhelm I., das Königtum von Gottes Gnaden von Neuem hier proklamiert und dort in der Schlosskirche der gesamten Welt gegenüber zum Ausdruck gebracht hat; dieses Königtum von Gottes Gnaden, was ausdrückt, dass wir Hohenzollern Unsere Krone nur vom Himmel nehmen und die darauf ruhenden Pflichten dem Himmel gegenüber zu vertreten haben. Von dieser Auffassung bin auch ich beseelt, und nach diesem Prinzip bin Ich entschlossen, zu walten und zu regieren.

Zit. nach: J. Penzer (Hg.): Wilhelm II. Die Reden in den Jahren 1888 bis 1905, Bd. I. Leipzig o. J., S. 114.

Q6 Herrscher und Parlament

Der konservative Abgeordnete Elard von Oldenburg-Januschau erregte 1910 in einer Reichstagsrede mit dieser Äußerung Aufsehen:

Der König von Preußen und der Deutsche Kaiser muss jeden Moment imstande sein, zu einem Leutnant zu sagen: „Nehmen Sie zehn Mann und schließen Sie den Reichstag."

Zit. nach: Verhandlungen des Reichstages, VI. Legislaturperiode, Bd. 259. S. 898.

Q7 Gegen Absolutismus und „populäre Agitation"

Der Historiker und nationalliberale Abgeordnete Heinrich von Sybel meinte 1871:

Auch wenn eine Volksvertretung, wie in Deutschland und Nordamerika, nicht die Kraft besitzt, Minister ein- und abzusetzen, so ist schon ihr Dasein und ihre Debatte, ihre Kritik des Budgets [Haushalts] und ihre Befugnis, misslungene Gesetzentwürfe zu vernichten, eine höchst bedeutende Schranke gegen jeden willkürlichen Absolutismus der Regierung. Diese Regierung aber in fester Hand und den Wogen der populären Agitation entzogen zu wissen, erscheint uns (...) als unschätzbarer Segen.

H. v. Sybel: Das neue deutsche Reich. In: Vorträge und Aufsätze. Berlin 2. Aufl. 1874, S. 322 f.

Q8 Das Reich, Preußen und der Bundesrat

Der Staatsrechtler Georg Jellinek beschrieb in einem Vortrag 1909 die Bedeutung des Bundesrates und die Rolle Preußens:

Man sieht und hört von ihm [dem Bundesrat] wenig. (...) Daher wird in der politischen Diskussion weiter Volkskreise der Bundesrat oft gänzlich ignoriert und vom Auslande wird sein Dasein oft entweder nicht gekannt oder missverstanden. (...) Weitaus der größte Teil der Gesetze entspringt seiner Initiative. (...) Der Bundesrat hat von seiner Befugnis, Gesetzesbeschlüsse des Reichstages die Sanktion [Zustimmung] zu verweigern, häufiger Gebrauch gemacht, als in den Einzelstaaten die Monarchen den Landtagen gegenüber. (...) Er erlässt wichtige Verordnungen, macht Vorschläge zur Besetzung von Reichsämtern, entscheidet Streitigkeiten, besorgt Verwaltungsgeschäfte mannigfaltigster Art. Das alles tut er gemäß der Instruktionen der ihn beschickenden Regierungen. (...) Der Einfluss Preußens im Bundesrate ist viel bedeutender als ihm nach seiner Stimmenzahl zukommt.

Zit. nach: G. A. Ritter (Hg.): Das deutsche Kaiserreich 1871–1914. Ein historisches Lesebuch. Göttingen 1992, S. 4 ff.

D2 Reichstagswahlen von der Reichsgründung bis zum Ersten Weltkrieg *

Partei	1874		1884		1893		1903		1912	
Konservative	6,9	22	15,2	78	13,5	72	10,0	54	9,2	43
Zentrum	27,9	91	22,6	99	19,1	96	19,8	100	16,4	91
Nationalliberale	29,7	155	17,6	51	13,0	53	13,9	51	13,6	45
Sozialdemokraten	6,8	9	9,7	24	23,3	44	31,7	81	34,8	110

** jeweils 1. Spalte: Stimmenanteil in Prozent, 2. Spalte: Anzahl der Mandate*

G. Hohorst/J. Kocka/G. A. Ritter: Sozialgeschichtliches Arbeitsbuch II. Materialien zur Geschichte des Kaiserreichs 1870–1914. München 1978, S. 173 ff.

D3 Wahlen zum preußischen Landtag 1908

Partei	Stimmenanteil (in % der Urwähler)	Abgeordnete
Konservative	14,15	152
Freikonservative	2,24	60
Zentrum	19,91	104
Nationalliberale	12,71	65
Freisinnige Volkspartei	3,93	28
Polen und Dänen	9,02	17
Sozialdemokraten	23,87	7

G. A. Ritter (Hg.): Das deutsche Kaiserreich 1871–1914. Ein historisches Lesebuch. Göttingen 1992, S. 123.

Bismarck als „Raubtierbändiger" im Reichstag Q9
Ungarische Karikatur, 1879.

Fragen und Anregungen

1. Beschreibe anhand des Schemas D1 in einem „Steckbrief" für jede aufgeführte Person oder Institution, welche Rechte sie hat oder nicht hat.
2. Untersuche, welches Verständnis vom Staat und von der Verteilung politischer Macht hinter den Äußerungen Kaiser Wilhelms und Oldenburg-Janischaus steht (Q5, Q6). Vergleiche damit das Verfassungsschema D1.
3. Vergleiche das Gemälde Q4 mit dem Bild Ludwigs XIV. auf S. 14. Wie wollte Wilhelm sich dargestellt sehen? Formuliere einen entsprechenden Auftrag, wie ihn Wilhelm dem Maler gegeben haben könnte.
4. Bewerte die Bedeutung des Bundesrates (Q8). Vergleiche sie mit der Rolle des Bundesrates heute.
5. Was würden ein konservativer und ein sozialdemokratischer Abgeordneter Sybel antworten (Q7)? Schreibe ihre Meinungen und Argumente auf.
6. Berechne den Anteil der einzelnen Parteien an der Gesamtzahl der Reichstagsmandate (397) in Prozent (D2). Stelle das jeweilige Verhältnis von Stimmen- und Mandatsanteil fest und nenne Gründe für die Unterschiede.
7. Berechne in D3, wie viele Abgeordnete jede Partei bei gleicher und direkter Wahl im Verhältniswahlrecht erhalten hätte. Erläutere anhand des Verfassertextes die Gründe für die Unterschiede. Vergleiche die Wahlverfahren im Reich und in Preußen: Wem schaden, wem nutzen sie jeweils?
8. Erkläre die Aussage der Karikatur Q9.

EINEN MYTHOS UNTERSUCHEN

Der Mythos Bismarck als Gründer des Deutschen Reiches

Mit der Gründung des Deutschen Reiches hatte sich für viele Deutsche ein Traum erfüllt, was als das Werk eines Einzelnen, Bismarcks, begriffen wurde. In den folgenden Jahren wurde Bismarck daher mehr und mehr bewundert. Nach seiner Entlassung 1890 und seinem Tod 1898 wuchs die Bismarck-Verehrung zu einer breiten Volksbewegung an. Allerdings hatte der wirkliche Bismarck immer weniger mit dem Bild zu tun, das von ihm gezeichnet wurde: Der Mythos Bismarck war geboren.
Das Wort „Mythos“ kommt aus dem Griechischen und heißt „Rede“, „Erzählung“ oder „Sage“. In antiken Mythen handeln z. B. göttliche Wesen als Personen. Man erfährt von ihren Taten und Schöpfungen und damit vom Ursprung der Welt. Die nicht beweisbaren Mythen erheben den Anspruch wahr zu sein.
Immer wieder entstanden Mythen, in denen z. B. ein Staat seine Entstehungsgeschichte als göttliche Vorsehung deutet. Auch ein Mensch kann zur Symbolgestalt und seine Lebensgeschichte zum Mythos werden. Ein Mythos spricht immer Gefühle an und verklärt Ereignisse – manchmal werden sie sogar völlig verfremdet. Somit können Mythen auch zum Aufbau falscher und verführender Weltbilder dienen und Aggressionen, z. B. gegenüber anderen Völkern, hervorrufen.
Auf diesen beiden Seiten wird der Bismarck-Mythos untersucht. Aber es geht nicht nur um Bismarck: Gibt es nicht auch heute Personen, die als „Mythos“ verehrt werden? Begleiten uns nicht auch Meinungen und Vorstellungen durch unseren Alltag, die wir nicht hinterfragen und ohne weitere Erklärung für „wahr“ halten?

Q1 Bismarck-Apotheose (Vergöttlichung)
Gemälde von Ludwig Rudow, 1890. Bimarck wird umgeben von Klio, der Göttin der Geschichtsschreibung, die eine Chronik mit der Jahreszahl 1870/71 in den Händen hält; der Germania mit einer frei erfundenen Reichskrone sowie der Siegesgöttin Victoria, die Bismarck mit einem Lorbeerkranz krönt. Davor stehen Vertreter des deutschen Volkes.

Q2 Bismarcks neue Popularität

Mit der Gründung des Deutschen Reiches und dem triumphalen Friedensschluss mit Frankreich hat sich die Stellung der Deutschen in Europa grundlegend gewandelt. Als Gestalter dieser Entwicklung gilt in den Augen der Deutschen Otto v. Bismarck. Am 18. Mai 1871 schrieb der Schriftsteller Gustav Freytag:

Es ist recht charakteristisch für die guten, warmherzigen Deutschen, dass die Popularität Bismarcks eine Höhe erreicht hat wie wohl nie die eines deutschen Mannes. Unaufhörlich beschäftigen sich die Leute mit diesem Charakter. Auch ganz Gescheiten, Gebildeten gilt er für einen merkwürdig offenherzigen, knorrigen Patrioten. Alles Edle und Große wird ihm zugetraut und als selbstverständlich aus innerem Herzensbedürfnis in sein Wesen gelegt. Man merkt, es liegt den Menschen weniger daran, einen Charakter genau zu verstehen, als dem Drange, zu lieben und zu verehren, ein Objekt zu schaffen. Ja, es stört und verletzt die Menschen, wenn man ihrem verklärten Idealbild das wirkliche Wesen entgegenhält. Das ist so deutsch, so dumm und so kindsköpfig rührend. Es ist ein uralter Zug, unsere eingeborenste Schwäche und zugleich ein Zeichen unserer unverminderten Jugend. Wir sind einem Individuum gegenüber lange kritisch und tadeln an ihm herum; haben wir uns aber einmal gründlich von ihm imponieren lassen, so schlägt die Kritik in ungemessene Bewunderung um. Solchen Zuständen und Stimmungen gegenüber kommt man sich manchmal vor wie ein Nüchterner unter Trunkenen. Wie lange wird der Rausch dauern?

Zit. nach: E. Deuerlein (Hg.): Die Gründung des Deutschen Reiches 1870/71 in Augenzeugenberichten. München 1977, S. 339 f.

Q3 Errichtet Bismarcksteine!

Nachdem Bismarck am 30. Juli 1898 gestorben war, verfassten deutsche Studenten am 3. Dezember einen Aufruf, in dem es heißt:

Überall auf den Bergen unserer Heimat, an möglichst vielen geeigneten Stellen, sollen einfache, aber mächtige, durch Eigenart wirksame Bismarcksteine errichtet werden, von deren Spitze an den Bismarck-Gedenktagen mächtige Feuer, Flammen vaterländischer Begeisterung weithin die Nacht durchleuchten sollen. Von mächtigen Scheiterhaufen auf hoher Plattform, von Berg zu Berg sollen die Feuer grüßen, deutschen Dank sollen sie künden, das Höchste, Reinste, Edelste, was in uns wohnt, sollen sie offenbaren, heiße innige Vaterlandsliebe, deutsche Treue, bis zum Tode.

Zit. nach: H-J. Schoeps: Bismarck über Zeitgenossen. Zeitgenossen über Bismarck. Frankfurt a. M. 1972, S. 254.

D1 Der Bismarck-Mythos aus heutiger Sicht

Der amerikanische Historiker Otto Pflanze schrieb 1998 über den Bismarck-Mythos:

Möglicherweise ist Bismarcks dauerhaftestes Vermächtnis sein Mythos: der Mann von Blut und Eisen, der eiserne Kanzler, mächtige Krieger, deutscher Patriot, die überragende Gestalt, die in Zeiten großer Gefahr und unter schwierigsten Bedingungen die Nation vor inneren und äußeren Feinden rettete. (...) Diesen Mythos hat nicht eigentlich Bismarck selbst geschaffen, sondern vielmehr seine (...) Verehrer. (...) Der tote Bismarck wird angerufen wie ein Schutzheiliger, dessen geistige Macht die Nation vor dem Bösen bewahren soll. [... Es liegt] die Vermutung nahe, dass viele Deutsche zu der Überzeugung neigten, dass in Zeiten der inneren Krise der Nation von neuem ein Retter erscheinen werde, (...) ein Mann von Genie, der die Zerrissenheit der Nation heilen und sie zu neuen Höhen innerer Einheit und äußerer Macht führen würde.

O. Pflanze: Bismarck. Der Reichskanzler, Bd. 2. München 1998, S. 699.

Q4 Bismarck-Denkmal in Hamburg

Das 1906 errichtete Bismarck-Denkmal von Hugo Lederer ist mit einer Gesamthöhe von 35 m das größte Denkmal Hamburgs. Die 15 m hohe Bismarckstatue blickt, in mittelalterlicher Rüstung und Mantel, seewärts. Zu seinen Füßen sitzen Adler, am Sockel verkörpern Athleten die deutschen Stämme.

Fragen und Anregungen

1. Arbeite heraus, welcher Mythos auf dem Gemälde mit Bismarck verbunden wird (Q1).
2. Diskutiert, ob die Beobachtungen Freytags zutreffen – auch in der Gegenwart. Wie lässt sich das Verhalten der Menschen erklären (Q2)?
3. Untersuche die im Vergleich zu Q1 gewandelte Form des Bismarck-Mythos, die in D1 und Q4 vermittelt wird.
4. Informiere dich im Internet über Bismarck-Denkmäler in Deutschland. Finde heraus, ob es ein Denkmal in deiner Nähe gibt und von wem dieses errichtet wurde.
5. Stelle – auch durch Befragungen – eine Liste von Persönlichkeiten zusammen, denen sich ein Mythos zuordnen lässt. Begründe deine Auswahl.
6. Überlege, wo heute Mythen anzutreffen sind.

2. Die Gesellschaft – Wandel und Beharrung

Der Adel

An der Spitze der Gesellschaft stand im Kaiserreich weiterhin der Adel. Er nahm die führenden Positionen bei Hof, in der Diplomatie, in der Verwaltung und im Militär ein. Zum Beispiel waren die Oberpräsidenten, die höchsten Verwaltungsbeamten in den preußischen Provinzen – so groß wie heutige Bundesländer – bis zum Ende des Kaiserreichs ausschließlich Adelige. Vor allem in den landwirtschaftlich geprägten Gebieten Nord- und Ostdeutschlands bestimmte die adelige Gutsherrschaft noch immer den Lebensalltag der bäuerlichen Bevölkerung. Aber der Adel passte sich auch den wirtschaftlichen Veränderungen der Zeit an. Die adelige Landwirtschaft arbeitete immer mehr mit modernen Methoden, z.B. mit Maschinen und Saisonarbeit. Dass Adelige zu industriellen Unternehmern wurden, war dagegen eher selten. Das bekannteste Beispiel ist der schlesische Fürst Henckel zu Donnersmarck, der mit seinen Hochöfen zu einem der reichsten Menschen des Kaiserreichs wurde. Es gab aber auch den verarmten Adel, der nur noch den Titel, aber kein Vermögen besaß – Adel war also nicht gleich Adel.

Das Bürgertum

Tief greifende Veränderungen gab es im Bürgertum. Vor der industriellen Revolution bestand das alte Stadtbürgertum im Kern aus dem traditionellen Handwerk. Weitgehend neu war das wirtschaftlich erfolgreiche Großbürgertum der Unternehmer, Bankiers und wohlhabenden Kaufleute. Das industrielle Wachstum versprach schnelleren Gewinn als je zuvor. Zu den besseren Kreisen zählte auch das Bildungsbürgertum. Es verdankte seine soziale Position zunächst nicht der Herkunft oder dem Vermögen, sondern eben seiner (Aus-)Bildung. Dazu gehörten höhere Beamte und freie akademische Berufe wie Ärzte, Rechtsanwälte und Architekten. Das alte Stadtbürgertum mit Gewerbetreibenden, Gastwirten und Krämern verlor an Prestige und bildete nun zusammen mit den niederen Beamten das Kleinbürgertum. Dem Bürgertum zugehörig fühlte sich auch die neue gesellschaftliche Gruppe der Angestellten. Sie erledigten die Verwaltung und den Verkauf bei Banken und Versicherungen, im Handel und zunehmend auch in der Industrie. Weil sie kaum körperliche Arbeit leisten mussten, legten sie meist Wert darauf, sich von der Arbeiterschaft abzugrenzen.

Das „bürgerliche Zeitalter"

Obwohl das gesamte Bürgertum nie mehr als etwa 15 Prozent (1914) der Bevölkerung umfasste, spricht man doch vom Kaiserreich als dem „bürgerlichen Zeitalter". Denn das Bürgertum prägte mit seinen Werten, Verhaltensweisen und Lebensformen allmählich die Mentalität der ganzen Gesellschaft. Dazu gehörten das Leben in der Kleinfamilie, die „bürgerlichen Tugenden" – Fleiß, Disziplin, Sparsamkeit, gutes Benehmen –, aber auch die Kultur und ein neues, wissenschaftlich bestimmtes Weltbild. Das Bürgertum wurde damit zum Vorbild für andere Bevölkerungsgruppen – das wirkt sich aus bis in die Gegenwart. Es gab aber umgekehrt auch erfolgreiche Bürger, die sich den Adel zum Vorbild für ihre Lebensweise nahmen: Sie erwarben Rittergüter, wurden Reserveoffiziere, duellierten sich, strebten nach Orden und Titeln oder wollten sogar selber geadelt werden.

Die Arbeiterschaft

Durch die Industrialisierung war die neue Gruppe der Arbeiter entstanden. Im letzten Drittel des 19. Jahrhunderts entwickelte sie sich zu einer weitgehend einheitlichen Klasse, geprägt durch gleiche Arbeits- und Lebensbedingungen und ein gemeinsames soziales und politisches Bewusstsein. Sie lebte in einem eigenen, nach außen abgeschlossenen Raum – die Historiker sprechen von „Milieu". Seinen politischen Kern bildete die sozialdemokratische Partei. Eigene Vereine sorgten, abgetrennt von den bürgerlichen, für Bildung, Geselligkeit, Sport und Unterhaltung. Zwar hatten auch Arbeiter die Möglichkeit zum sozialen Aufstieg als Vor- oder Facharbeiter, aber immer blieben sie außerhalb der „bürgerlichen Gesellschaft". Der bürgerliche Lebensstil strahlte aber auch auf die Arbeiterschaft aus. So versuchten vor allem wirtschaftlich etwas besser gestellte Arbeiterfamilien bei der Kleidung und Wohnungseinrichtung dem Zeitgeschmack zu folgen. Die große Masse der Arbeiterfamilien lebte allerdings stets nahe am Rande des Existenzminimums.

Die Landbevölkerung

Die gesellschaftlichen Veränderungen konzentrierten sich auf die Städte. Durch die massenhafte Abwanderung war aber auch das Land davon betroffen. In vielen Gebieten nahm die Landbevölkerung rapide ab. Hergebrachte Lebensformen und Beziehungen in Familien und Dörfern lösten sich auf. Als Gegenbewegung zu den oft ungeliebten und ängstigenden Veränderungen entstand die Vorstellung von einer heilen ländlichen Welt, die gegen die verderblichen Einflüsse der Moderne geschützt werden müsse: Die städtische Lebensweise führe zum Verfall von Sitte und Ordnung, das Land sei der Hort des Gesunden und Bewährten. Die Nationalsozialisten konnten später an solche agrarromantischen Vorstellungen anknüpfen.

Das Kaiserreich – eine Klassengesellschaft

Typisch für das Kaiserreich war ein Nebeneinander von gesellschaftlicher Beharrung und schnellen Veränderungen: Das Bürgertum wandelte sich, mit Arbeitern und Angestellten entstanden ganz neue Schichten, im Adel und auf dem Lande dagegen blieb vieles beim Alten. Aber auch wenn die soziale Mobilität im Mittelstand zunahm: Das Kaiserreich blieb eine Klassengesellschaft, in der die soziale Situation, der Werdegang und die Lebenschancen durch die Geburt weitgehend vorbestimmt waren.

Q1 Karikatur aus dem Jahre 1895
„Um Gottes willen, Sie stehen ja auf dem Schatten seiner Durchlaucht".

Q2 Röntgenlabor um 1900, Foto
Wissenschaft und Technik beginnen sich im täglichen Leben durchzusetzen.

Q3 Adel, Militär und Bürgertum

Die beliebte Familienzeitschrift „Die Gartenlaube“ druckte 1893 die Erzählung „Um meinetwillen“ von Marie Bernhard ab. Der Auszug schildert eine Teegesellschaft adeliger Damen:

Die Damen hatten im Boudoir [Privatzimmer] der Generalin gespielt, im Salon war der Theetisch gedeckt worden, neben welchem Martin [der Diener] in dienstlicher Haltung wartend stand. Es war noch eine Excellenz [hier: Gattin eines Generals] vorhanden, aber eine von allerneuestem Datum, deren Adel zudem erst in der dritten Generation bestand – mit den Guttenbergs also gar nicht zu vergleichen! (...) Diese wünschte zu wissen, wo in aller Welt die liebe, teure Excellenz Guttenberg [die Generalin aus dem ersten Satz] diesen Neffen her habe. „Nicht wahr“, fragte die Generalin (...) leise, „er kann sich immerhin sehen lassen? Ich versichere Sie, er wirkt sogar im Salon unter meinen Offizieren, er macht eine so gute Figur, und ich kann es meiner verstorbenen Cousine noch heute nicht verzeihen, dass sie den hübschen, aufgeweckten Jungen nicht ins Kadettenhaus gab. Er hätte wirklich Anlagen zum Offizier gehabt und könnte jetzt in kurzer Zeit Major sein, wenn mein Vetter Guttenberg sich für ihn interessiert hätte. Stattdessen nun ... Gott ja, ein Professor ist nichts Schlechtes, es hätte schlimmer kommen können. (...)

Zit. nach: M. Zimmermann (Hg.): Die Gartenlaube als Dokument ihrer Zeit. München 1963, S. 242.

Q4 Heiratsannonce

„Hannoverscher Anzeiger“ vom 24. Januar 1900.

Jung. vermög. Mann

28 Jahre alt, ev., Theilhaber eines flottgehenden Fabrikgeschäftes, mit jährlichem Einkommen von 5- bis 6000 M, sucht die Bekanntschaft einer vermögenden jungen Dame zwecks Heirath zu machen. Bedingungen: Tadelloser Ruf, hübsche, schlanke Figur, Sinn für Häuslichkeit, Vermögen nicht unter 30 Mille. Gebildete junge Damen, die ein gl. Heim finden wollen, werden gebeten Ihre Adresse m. Photographie unter **K 752** an die Exp. dieses Blattes zu senden. · Diskretion gegeben und verlangt.

Q5 „Herrschaften“ und „Spießbürger“

Der Landarbeiter Franz Rehbein, später Mitglied und Funktionär der SPD, schrieb 1911:

Übrigens gab es in der näheren Umgebung unseres Ortes eine ganze Anzahl adeliger Gutsherrn, die an den letzten Feldzügen teilgenommen hatten, als Herr Leutnant, Herr Hauptmann, Herr Rittmeister, Herr Major oder auch als Herr Oberst. Häufig kamen diese Herren nach unserem Städtchen, jeder Zoll ein Edelmann. Im Sommer hoch zu Ross oder per Wagen, im Winter in eleganten Schlitten, in prächtige Pelze gehüllt, oft genug „viere lang“ [mit vier Pferden bespannt] mit zwei Vorreitern, Kutscher und Diener in reicher Livree. Honoratioren und Geschäftsleute standen dann nicht selten in ihren Haustüren und machten Bücklinge und Kratzfüße, und mancher zünftige Spießbürger rechnete es sich zur Ehre an, wenn er das Glück hatte, derartig vornehme Herrschaften grüßen zu dürfen und gar – wieder gegrüßt zu werden. Die Herrschaften schienen diese ehrerbietigen Grüße der Einwohner als etwas ganz Selbstverständliches zu betrachten. (...).

U. J. Diederichs/H. Riedel (Hg.): F. Rehbein: Das Leben eines Landarbeiters. Unveränderter Nachdruck der 1911 von P. Göhre bearb. Ausgabe. Hamburg 7. Aufl. 1997, S. 14.

Q6 Bürgerliche Pflichten und Tugenden

Julie, die Enkelin der berühmten Pianistin Clara Schumann, sollte in deren Haus zur Klavierlehrerin ausgebildet werden. Ihre Tante Marie schrieb Julie 1891 in einem Brief, was man dort von ihr erwartet:

Du wirst bei uns einige Pflichten im Hause übernehme, u[nd] noch einigen wissenschaftlichen Unterricht erhalten. Um nun all dies zu ermöglichen, auch das Spazierengehen u[nd] einige kleine gesellige Freuden nicht zu vernachlässigen, gehört eine zweckmäßige Zeiteinteilung dazu. Da werden wir nun einen festen Stundenplan machen, wenn er aber gemacht ist, so musst du ihn selbständig, ohne dass man dir nachschaut, einhalten, ganz gewissenhaft. Du weißt, wir haben alle zu tun den ganzen Tag. (...) Wie schon gesagt, ich erwarte das Beste von deinem guten Willen und deiner Einsicht, denn schließlich ist ja alles zu deinem Besten und dass du ein gutes Fortkommen in der Welt hast und dabei zufrieden und glücklich bist, unser Streben für dich. Dazu kann man nur gelangen durch Arbeit und hast es dadurch scheinbar schwerer als viele junge Mädchen. Im Grunde ist es aber das Einzige, was wahre Befriedigung gibt und wahre Freude.

C. Schumann: Mein liebes Julchen. Briefe von Clara Schumann an ihre Enkeltochter Julie Schumann. München 1990, S. 157.

Q7 Das sozialdemokratische Milieu

Ein Sozialdemokrat berichtet über die Arbeit in einem Leipziger Arbeiterverein, nach 1890:

Nach den neu beratenen Statuten war der Zweck des Vereins: die Wohlfahrt seiner Mitglieder nach jeder Richtung zu fördern. Diesen Zweck suchte der Verein zu erreichen:

a) durch Abhaltung von Vorträgen, Unterrichtsstunden, Versammlungen zu gemeinschaftlichen Besprechungen, Pflege des Gesanges und des Turnens;

b) durch Einrichtung und Unterhaltung von Lesezimmern und Bibliotheken;

c) durch Errichtung von Abteilungen zu besonderer Pflege menschlichen Wissens;

d) durch Einrichtung von Auskunftsstellen über alles für den Arbeiter Wissenswerte;

e) durch Pflege von volkstümlichen Festen und Unterhaltungen;

f) durch Gründung und Unterhaltung von Vereinslokalen, welche so weit als irgendmöglich in allen Stadtteilen verbreitet sein sollen, und durch gemeinschaftliche Beschaffung von Speisen und Getränken (...).

Im Geschäftsjahr 1891 bestanden bereits neun Vereinslokale. (...) Unterricht wurde erteilt in Buchführung, Schreiben, Rechnen, deutscher Sprache, englischer Sprache, französischer Sprache, Zeichnen, Stenografie, Volkswirtschaft und Geschichte. Der Gesang wurde in neun Männerchören und sechs gemischten Chören gepflegt. Dramatische Abteilungen bestanden in acht Vereinslokalen. Turnerabteilungen übten in allen neun Lokalen. Die Bibliothek war auf 2084 Bände gebracht.

Zit. nach: G. A. Ritter/J. Kocka (Hg.): Deutsche Sozialgeschichte. Dokumente und Skizzen, Bd. II, 1879–1914. München 1974, S. 404 f.

Q8 Kleinbürgerliches Wohnzimmer. Foto, 1911.

Q9 Wohnküche einer Arbeiterfamilie. Foto, 1907.

Fragen und Anregungen

1. Charakterisiere anhand von Q1 und Q3 das Selbstverständnis des Adels. Führe in Stichworten an, was in Q3 den Wert eines Menschen ausmacht.
2. In der Karikatur Q1 und in der Erzählung Q3 wird der Adel von außen dargestellt. Erläutere die Zielrichtung, die dahintersteht. Besprecht, wie zutreffend wohl das Bild ist, das hier entworfen wird.
3. Stelle dir die in Q5 beschriebene Szene vor. Schreibe als „Denkblasen" auf, was den adeligen Herren, den Geschäftsleuten und den Dienern dabei durch den Kopf gegangen sein mag.
4. Liste in einzelnen Stichworten die bürgerlichen Grundwerte und Grundsätze auf, die in dem Brief Q6 angesprochen werden. Erläutere, in welchem Verhältnis Leistungen, Ziele und Erfolge zueinander stehen.
5. Vergleiche die bürgerlichen mit den adeligen Werten (Q3, Q6). Welche Rolle spielen diese Werte und Grundsätze heute in unserer Gesellschaft?
6. Vergleiche die Heiratsanzeige Q4 mit Q6. Welche Werte werden jeweils geltend gemacht?
7. Ordne die Aktivitäten des Arbeitervereins (Q7) bestimmten Bereichen zu (Bildung, Unterhaltung ...). Erläutere den Begriff „Wohlfahrt seiner Mitglieder". Was will der Verein bewirken? Diskutiert, ob die Arbeit des Vereins politisch ist.
8. Vergleiche Q8 mit Q9 und erläutere, woran sich der soziale Unterschied erkennen lässt.

3. Nationalismus und Militarismus

Nationalismus prägt das Kaiserreich

Der Sieg über Napoleon 1814/15 wurde für die Deutschen zum gemeinschaftsstiftenden Erlebnis. Seitdem hatte der Nationalgedanke in Deutschland eine antifranzösische Tendenz. Der Krieg von 1870/71 führte dann zu einer neuen nationalen Hochstimmung: Der gemeinsame Kampf gegen den französischen „Erbfeind" einte die Deutschen. Weil das Kaiserreich die führende Militär- und bald auch Wirtschaftsmacht auf dem Kontinent war, fühlten sie sich anderen Völkern und Staaten überlegen. Überheblichkeit und Missachtung anderer kamen besonders unter Kaiser Wilhelm II. immer deutlicher zum Ausdruck. Mit anmaßenden Reden und seiner Vorliebe für alles Militärische rief er im Ausland Verwunderung, Ablehnung und Misstrauen hervor. „Am deutschen Wesen soll die Welt genesen", so lautete ein viel zitierter Satz, der auf den Dichter Emanuel Geibel zurückging. Dieser übersteigerte Nationalismus („Chauvinismus") prägte die Mentalität weiter Bevölkerungskreise im Kaiserreich.
An der Pflege des „vaterländischen Gedankens", wie es damals hieß, wirkten viele mit. Selbstverständlich verbreitet war er im Militär. Aber auch die Schule hatte die Aufgabe, die deutsche Geschichte, das deutsche Volk und die deutschen Herrscher zu verherrlichen. Schützen-, Turner- und Sängervereine traten oft militärisch auf. Sie feierten mit Begeisterung nationale Feste und sangen patriotische Lieder. Ihre Vereine hatten Millionen von Mitgliedern – so verwurzelte sich der „vaterländische Gedanke" in der Bevölkerung immer stärker. Die Reichsgründung wurde zugleich als Reichserneuerung aufgefasst: Das neue Kaiserreich führte nach der Meinung vieler Zeitgenossen nach Jahrhunderte langer Zersplitterung und Machtlosigkeit die Tradition des mittelalterlichen Reiches weiter.

Das Militär als erster Stand im Staat

Mit dem Nationalismus eng verbunden war die Hochschätzung alles Militärischen. Schließlich hatte Deutschland seine Einheit in drei Kriegen mit Waffengewalt errungen; und militärische Stärke galt als Garantie für die Sicherung der neuen Vormachtstellung in Europa. Das Militär stieg zum angesehensten Stand im Reich auf – und Militär hieß in erster Linie auch wieder Adel. Denn bis zum Ende des Kaiserreichs blieben die hohen Offiziersränge vorwiegend von Adeligen besetzt. Parlament und Regierung hatten auf das Militär praktisch keinen Einfluss. Der Oberbefehl lag beim Kaiser, der Generalstab und das Militärkabinett – zuständig für Personalangelegenheiten – wurden immer mächtiger, das Militär hatte seine eigene Gerichtsbarkeit – es bildete gleichsam einen Staat im Staate.

Die Militarisierung der Gesellschaft

Die Offiziere waren durch besondere Privilegien, Ehrenvorstellungen und Lebensformen von der übrigen Bevölkerung abgehoben. Sie wurden bewundert und nachgeahmt. Auf den Bürgersteigen wich man ihnen als Zivilist aus und in den Restaurants wurden sie bevorzugt bedient. Gut gestellte Bürger strebten nach militärischem Aufstieg: Sie konnten – auf eigene Kosten – den so genannten einjährig-freiwilligen Militärdienst leisten und es dann bis zum Reserveoffizier bringen. Auch das Duellwesen wurde in Bürger- und Studentenkreisen vom Militär übernommen. Militärähnliche Uniformen für Zivilberufe – von der Eisenbahn bis zur Feuerwehr – standen hoch im Kurs. Weite Kreise der Bevölkerung eigneten sich die Hierarchievorstellungen, das Verhalten und die Redeweise des Militärs an. Auch im zivilen Leben bestimmte oft der militärische Rang den gesellschaftlichen Stellenwert eines Menschen. Zum Beispiel durfte an der kaiserlichen Tafel Reichskanzler Bethmann Hollweg als Major erst hinter den Generalen und Obersten Platz nehmen.

Das Hermannsdenkmal im Teutoburger Wald Q1

Das Denkmal zeigt den Cheruskerfürsten Arminius (lat.), auf Deutsch Hermann genannt. Von 1838 bis 1875 wurde es auf der Grotenburg, einem Berg im Teutoburger Wald, errichtet. Es sollte an die „Schlacht im Teutoburger Wald“ erinnern, in der 9 n. Chr. eine römische Armee mit drei Legionen (ca. 20 000 Soldaten) von germanischen Stämmen unter der Führung des Arminius vernichtet wurde. Heute weiß man, dass die Schlacht an einem anderen Ort, bei Kalkriese in der Nähe von Osnabrück, stattgefunden hat. Das Denkmal hat eine Höhe von ca. 54 m. Im Sockel befindet sich ein Bronzerelief Kaiser Wilhelms I., das aus einer erbeuteten französischen Kanone angefertigt wurde. Die Inschrift dazu lautet:

Der lang getrennte Stämme vereint mit starker Hand,
Der welsche Macht und Tücke siegreich überwand,
Der längst verlorne Söhne heim führt zum Deutschen Reich,
Armin, dem Retter, ist er gleich. (...)

Am 17. Juli 1870 erklärt Frankreichs Kaiser, Louis Napoleon, Preußen Krieg, da erstunden alle Volksstämme Deutschlands und züchtigten von August 1870 bis Januar 1871 immer siegreich französischen Übermut unter Führung König Wilhelms von Preußen, den das deutsche Volk am 18. Januar zum Kaiser erkor.

Q2 **Erneuerung des Kaisertums**

Der Staatsrechtler Hermann Schulze Görmitz schrieb am Tag der „Kaiserproklamation“ in einem Leitartikel für die „Schlesische Zeitung“:

Seit Menschenaltern gilt uns das Kaisertum als das höchste Symbol nationaler Einheit. Aus den Sagen des Volkes, aus den Träumen unserer Jugend, aus den begeisterten Worten unserer Dichter hallt es wieder, „das Lied vom deutschen Kaiser“. Unsere größten Erinnerungen knüpfen sich an die markigen Gestalten unserer Kaiser, an die Heinriche und Ottone, an die Franken und Staufen. (...) Alles, was das alte Reich an großen nationalen Gedanken in sich trug, ist wieder lebendig geworden. Erst mit „Kaiser und Reich“ ist die Sehnsucht der Nation erfüllt, das „Wahrzeichen ihrer alten Herrlichkeit“ hergestellt.

Zit. nach: M. Kramp (Hg.): Krönungen, Könige in Aachen – Geschichte und Mythos. Ausstellungskatalog. Aachen 2000, S. 795 f.

Q3 **Kaiser Wilhelm II. und seine Familie**
Ansichtskarte, 1906.

Nationalismus und Chauvinismus

Grundlage des Nationalismus war das Bewusstsein einer gemeinsamen Sprache, Kultur, Geschichte und Religion. Daraus entsprang auch der Nationalstaatsgedanke (vgl. S. 165). In der ersten Hälfte des 19. Jahrhunderts verbanden sich Forderungen nach einem deutschen Nationalstaat mit Forderungen nach Demokratie. Im Kaiserreich trat die Abgrenzung nach außen immer stärker hervor. Wo das eigene Volk über alle anderen erhoben wird und auf andere geringschätzig herabsieht, spricht man von Chauvinismus.

Q4 **Parade der Berliner Feuerwehr zur Einweihung des Feuerwehrdenkmals,** 1902

Q5 Militär und Gesellschaft

Ein Artikel in einer Militärzeitschrift beschreibt 1888 die Bedeutung des Reserveoffizierswesens:

Der Wert, den die junge Männerwelt der höheren Stände, auch der bürgerlichen Berufszweige, auf den Reserve- bzw. Landwehr-Offizier legt, tritt in mannigfachen Merkzeichen auf. Keine private Kundgebung, Familien-Anzeige und dergleichen, die nicht mindestens neben dem bürgerlichen Charakter [der Stellung] des Betreffenden auch den militärischen trüge, keine größere Festlichkeit, bei der nicht von den Berechtigten die Gelegenheit wahrgenommen würde, den Frack mit des Königs glänzendem Waffenkleide zu vertauschen.

So tritt auch im bürgerlichen Leben im Menschen, wenn man so sagen darf, der Offiziers-Beruf stets früher in die Erscheinung, als der, der sein tägliches Dasein durchs Leben geleitet, und wir verstehen vollkommen, wenn die deutsche Gesellschaft in Ausländern, wie dies tatsächlich der Fall, den Eindruck hervorruft, als werde in ihr wesentlich alles nach militärischen Gesichtspunkten beurteilt.

Zit. nach: B. Ulrich/J. Voge/B. Ziemann (Hg.): Untertan in Uniform. Militär und Militarismus im Kaiserreich 1871–1914. Quellen und Dokumente. Frankfurt a. M. 2001, S. 135.

Q6 Militär und Volkserziehung

Der Militärarzt Dr. Nütten führt 1867 in einem Vortrag vor Offizieren aus:

Die geregelte Lebensweise, welche der Soldat führen muss, hat aber nicht bloß auf seine körperliche Gesundheit einen wohltätigen Einfluss, auch seine moralischen Eigenschaften werden dadurch gebessert. Der nicht freigiebige Sold, die einfache Kost, die regelmäßige Verabreichung von Kleidungsstücken, die Sorge für deren Instandhaltung etc. wecken und erhalten frühzeitig sein Sinnen und Trachten zur Genügsamkeit, Vorsorge und Sparsamkeit (…) Wir haben daher in unserer Armee nicht nur eine militärische Disziplin, sondern auch eine moralische, die nicht bloß Soldaten ausbildet, sondern auch den jungen Mann erzieht und den ausgebildeten Soldaten seinem bürgerlichen Lebensberufe mit dem moralischen Sinne für eine geregelte Lebensweise, für Ordnung und Gesetz zurückgibt.

Zit. nach: B. Ulrich/J. Vogel/B. Ziemann (Hg.): a. a. O., S. 63.

Q7 Die Kriegervereine

Viele ehemalige Soldaten schlossen sich Kriegervereinen an. 1903 hatten diese in Deutschland über zwei Millionen Mitglieder. In einem Rundschreiben des Vorstandes des Preußischen Landeskriegerverbandes aus diesem Jahr heißt es:

Wir erfüllen (…) die vaterländischen Aufgaben des Deutschen Kriegervereinswesens, indem wir unsere Liebe zu Kaiser und Reich, zum Landesfürsten und zum engeren Bundesstaat, unsere monarchische und nationale Gesinnung bekennen, sie in unseren Vereinen pflegen und in weitere Kreise hineintragen und sie betätigen, wenn wir unsere staatsbürgerliche Rechte auszuüben haben. (…) Unsere Kameraden sind vollkommen frei, innerhalb der den monarchischen Staat anerkennenden bürgerlichen Parteien zu wählen, wen sie wollen (…) Unsere Mitglieder dürfen aber, sofern sie dies bleiben wollen, unter keinen Umständen, auch nicht in der Stichwahl, dem Kandidaten einer Partei, welche Kaiser, Reich und den monarchischen Staat nicht anerkennt, welche die bestehende Gesellschaftsform umstürzen will, also einem Sozialdemokraten ihre Stimme geben.

Zit. nach: D. Fricke (Hg.): Dokumente zur deutschen Geschichte 1897/98–1904. Frankfurt a. M. 1977, S. 83 f.

Q8 Verderblicher Einfluss des Militarismus

Der Historiker und Politiker Ludwig Quidde veröffentlichte 1893 eine Schrift gegen Militarismus im deutschen Kaiserreich:

Die glänzenden Erfolge [im Krieg 1870/71] haben dem Militarismus den Wind in die Segel gebracht, und mit großem Geschick hat man sie für seine Herrschaft zu nutzen verstanden. Das Bürgertum aber hat sich in scheuer Ehrerbietung vor ihm verneigt, als ob nicht das deutsche Volk, sondern der preußische Lieutenant ganz allein den Krieg geführt hätte. (...) Die ganze Auffassung von Disziplin, von dem Unterordnungsverhältnis, das vom Befehlenden keine Rechenschaft fordert und dem Gehorchenden das Recht zur Kritik verweigert, diese ganze Auffassung, die für das bürgerliche und öffentliche Leben nicht zu brauchen ist, wird durch dieses Soldatenspielen in den Kriegervereinen genährt.

L. Quidde: Der Militarismus im Deutschen Reich. Eine Anklageschrift. Stuttgart 1893, S. 27–32.

D1 Militärdienst und Gleichberechtigung?

Die Historiker Bernd Ulrich, Jakob Vogel und Benjamin Ziemann schreiben 2001 über die Bedeutung des Militärdienstes für die unteren Schichten:

In einem durch die extreme Abschichtung des Besitzes und den Standesdünkel der besitzenden Vollbauern geprägten Umfeld bot die verbale Berufung auf den Wehrdienst auch den Angehörigen der Unterschicht die Möglichkeit, nach sozialer Anerkennung und Wertschätzung zu streben. Die Teilnahme am Kriegervereinsleben war für die Angehörigen ländlicher und städtischer Unterschichten – welche die große Mehrzahl der einfachen Mitglieder stellten – somit vor allem ein Vehikel der Partizipation [Mittel zur Beteiligung]. Von „oben" verlangte man in der Semantik [im Sprachverständnis] des Militärdienstes die Untertänigkeit der Soldaten (...). Dagegen ließ sich aber von unten die Gleichberechtigung unter „Männern" als eine zwingende Konsequenz der Wehrpflicht einfordern.

B. Ulrich/J. Vogel/B. Ziemann (Hg.): Untertan in Uniform. Militär und Militarismus im Kaiserreich 1871–1914. Quellen und Dokumente. Frankfurt a. M. 2001, S. 19.

ALTES GYMNASIUM
BREMEN

SEDANFEIER 1912

1. Jubelouvertüre .... Weber
Schülerorchester
2. Vortrag:
Die Schlacht bei Sedan am 1. September 1870
Grosse, O I b
3. Die Wacht am Rhein .... Wilhelm
Schülerchor
4. Des deutschen Knaben Tischgebet .... Gerok
gesprochen von Wellmann, VI a
5. Aus dem Epos »Sedan« .... Wildenbruch
gesprochen von Helmolt, O II b
6. Altniederländische Volkslieder
a) Klage
b) Wilhelmus von Nassauen
c) Kriegslied
d) Abschied
e) Berg op Zoom
f) Dankgebet
verbindender Text gesprochen von Schünemann, U I b
7. Kaiserhoch
8. Gemeinsamer Gesang: Deutschland über alles

Q9 Programm zum Sedanstag 1912 am Alten Gymnasium in Bremen

Fragen und Anregungen

1. Erläutere die Verbindung, die zwischen dem neuen und dem mittelalterlichen Kaiserreich hergestellt wird (VT, Q2). Was wird mit einer solchen Einschätzung bezweckt?
2. Informiere dich im Geschichtsbuch über die Varusschlacht. Begründe, warum fast zwei Jahrtausende später Arminius ein Denkmal errichtet wurde (Q1).
3. Untersuche, welche Beziehung zwischen Vergangenheit und Gegenwart die Inschrift des Denkmals (Q1) herstellt. Überprüfe anhand deiner Kenntnisse die Aussage des letzten Teilsatzes. Suche nach einem Denkmal ähnlichen Inhalts in deiner Umgebung.
4. Stelle zusammen, welche Gewohnheiten, Haltungen, Überzeugungen und politischen Meinungen aus dem militärischen Leben ins zivile übernommen oder daraus abgeleitet werden sollen (Q4–Q7).
5. Vergleiche die in Q5 und Q6 beschriebenen Wertvorstellungen mit den „Tugenden", die dir heute wichtig erscheinen.
6. Vergleiche, wie in Q8 und D1 jeweils Militär und Militärdienst bewertet werden.
7. Diskutiert: Das Kaiserreich – eine militarisierte Gesellschaft (Q4–Q9, D1)?

4. Innere Konflikte

Transparent, Berlin 1888 Q1

„Reichsfeinde"

Wer im Kaiserreich nicht mit der Mehrheit der Gesellschaft übereinstimmte, wurde schnell mit dem Etikett „Reichsfeind“ versehen. Diese Andersartigkeit konnte religiös, national, politisch-sozial oder „rassisch“ bedingt sein.

Die Sozialdemokraten

Die gefährlichsten inneren Feinde des Reiches waren in Bismarcks Augen die Sozialdemokraten. Schließlich sahen ihre Programme eine grundlegende Umgestaltung von Staat und Gesellschaft vor. Zwei Attentate auf Kaiser Wilhelm I. boten 1878 den Vorwand, unter fälschlicher Beschuldigung mit gesetzgeberischen Maßnahmen gegen die Sozialdemokratie vorzugehen. Das so genannte Sozialistengesetz (1878–1890) verbot sozialdemokratische Organisationen; Schriften und Gelder wurden beschlagnahmt, aktive Mitglieder verfolgt, verhaftet und ausgewiesen. Die Partei wurde dadurch schwer getroffen, blieb aber bestehen und erhielt allen staatlichen Maßnahmen zum Trotz immer stärkeren Zulauf.

Die Sozialgesetzgebung

Die von Bismarck ins Leben gerufene Sozialgesetzgebung sollte gleichfalls dem Kampf gegen die Sozialdemokratie dienen. Zwar wollte Bismarck auch aus sozialen Motiven die Lage der Arbeiterschaft verbessern, zugleich aber der sozialdemokratischen Agitation den Wind aus den Segeln nehmen und die Arbeiterschaft für den Staat gewinnen. Dafür freilich waren die Fortschritte doch zu bescheiden. Arbeiter und Staat standen sich weiterhin feindselig gegenüber. Die (sozialdemokratischen) Arbeiter galten bis zum Ende des Kaiserreichs als „vaterlandslose Gesellen“. Umgekehrt sahen sie den „Klassenstaat“ und das Kapital als miteinander verbündete Gegner an.

Die Katholiken

Die Katholiken bildeten mit ca. 37 Prozent eine starke religiöse Minderheit im Reich. Ähnlich wie die Sozialdemokratie verfügten sie über ein Geflecht von eigenen Einrichtungen und Vereinen für alle Lebenssituationen. Bismarck sah im Katholizismus eine Bedrohung des Staates; er argwöhnte, die Katholiken fühlten sich eher ihrer geistlichen Führung als der weltlichen Obrigkeit verpflichtet. Mit diversen Gesetzen versuchte er in den 1870er-Jahren den Einfluss der katholischen Kirche einzudämmen. Priester durften nicht mehr von der Kanzel über politische Fragen reden, Geistliche sollten staatliche Prüfungen ablegen und die Ehe sollte nicht mehr kirchlich, sondern durch eine staatliche Einrichtung, das Standesamt, beurkundet werden. Aber dieser so genannte Kulturkampf rief erst recht den Widerstand der Kirche und der Gläubigen hervor und die Stimmenzahlen der katholischen Zentrumspartei stiegen steil an. In den 1880er-Jahren strebte Bismarck deshalb einen Ausgleich mit der Kirche an.

Die Polen

Im Osten Preußens lebten mehr als zwei Millionen Polen. In vielen Gegenden der Provinzen Posen und Westpreußen bildeten sie eine Mehrheit. Dass sie ihre traditionelle polnische Sprache und Kultur bewahren wollten, machte sie in den Augen der Obrigkeit verdächtig. Dazu kam ihr katholischer Glaube. Die Polen, so der Vorwurf, seien keine verlässlichen Staatsbürger, sie wollten ihre Gebiete von Preußen loslösen und einen eigenen Staat bilden. Die preußischen Behörden versuchten deshalb, das polnische Element mit Zwangsmaßnahmen zurückzudrängen: Polen durften auf Ämtern, vor Gericht und in der Schule nur noch deutsch sprechen. Veranstaltungen polnischer Vereine wurden verboten. Polnische Landgüter wurden aufgekauft und deutsche Bauern dort angesiedelt. Letztlich aber war diese Germanisierungspolitik wenig erfolgreich und stärkte eher den Widerstandswillen der polnischen Bevölkerung.

Die Juden

Die Juden machten im Kaiserreich etwa ein Prozent der Bevölkerung aus. Nach Jahrhunderte langer Benachteiligung hatten sie in den 1860er-Jahren in einzelnen deutschen Staaten und anschließend im Reich die rechtliche Gleichstellung erhalten. In mancher Beziehung allerdings blieben sie Bürger zweiter Klasse. Vor allem im Staatsdienst – beim Militär, in der Verwaltung und an den Universitäten – hatten sie kaum Aufstiegschancen. In der Bevölkerung nahmen die Vorbehalte gegenüber dem Judentum sogar wieder zu. 1873 begann eine Wirtschaftskrise, die so genannte Gründerkrise. Viele Menschen machten dafür jüdische Finanziers verantwortlich – schon oft hatten die Juden in schweren Zeiten als Sündenböcke herhalten müssen. Ihr prominentester Gegner war der preußische Historiker Heinrich von Treitschke. Sein Ausspruch „Die Juden sind unser Unglück" wurde unter Gesinnungsgenossen zum geflügelten Wort und später von den Nationalsozialisten aufgegriffen.

Antijudaismus und Antisemitismus

Dass Juden wegen ihres Glaubens abgelehnt und verfolgt wurden, hatte eine lange, bis ins Mittelalter zurückreichende Tradition. Zu diesem religiösen Antijudaismus kam nun ein neuer rassischer Antisemitismus hinzu. Seine Vertreter waren der Überzeugung, es gebe verschiedene, höher- und minderwertige Rassen. Die arische oder nordische Rasse sei wertvoller als die jüdische. Deshalb könnten Juden nicht zum deutschen Volk gehören und keine gleichen Rechte beanspruchen. Diese unwissenschaftliche Ideologie fand im Kaiserreich zwar nie massenhafte Verbreitung, gewann aber doch zahlreiche Anhänger. Auch einzelne Parteien und Verbände vertraten antisemitische Positionen. Allerdings war das keine deutsche Besonderheit. Überall in Europa fasste der Antisemitismus Fuß. Die schlimmsten Auswirkungen hatte er in Russland. Dort kam es in den 1880er-Jahren zu Ausschreitungen und Verfolgungen, so genannten Pogromen, bei denen Tausende von Juden vertrieben und getötet wurden.

Q2 „Gruß aus dem Kölner Hof"
Werbe-Ansichtskarte eines Frankfurter Hotels, um 1897. Versuche den handschriftlichen Text zu entziffern.

Q3 Durchsuchung bei einem politisch Verdächtigen
Ausschnitt aus einem zeitgenössischen Holzstich.

Q4 Wahlbehinderungen für die Sozialdemokraten

Ein Arbeiter berichtet nach der Reichstagswahl 1890 in einem Brief an den im Ausland lebenden Sozialdemokraten Eduard Bernstein:

In einigen Wahllokalen lagen die konservativen Stimmzettel im Lokal auf dem Tisch und niemand durfte sich einen Stimmzettel von draußen mitbringen [die Stimmzettel wurden von den Parteien selber gestellt]; man musste ihn im Lokal vom Tisch nehmen und dann dem Wahlvorsteher übergeben. An anderen Orten wurden Wählern unsere Stimmzettel aus der Hand genommen, zerrissen und ihnen andere mit den Worten gegeben: „Das ist der richtige für Kaiser und Reich." In einigen Dörfern haben Arbeiter sozialdemokratisch gewählt, bei der Auszählung fand sich aber kein sozialdemokratischer Stimmzettel vor – wahre Hexerei, nicht?

Zit. nach: E. Bernstein: Die Geschichte der Berliner Arbeiter-Bewegung, Teil 2. Berlin 1907, Nachdruck Glashütten 1972, S. 298.

Q5 Verurteilungen von Sozialdemokraten

Der Oberstaatsanwalt in Hamm berichtet am 13. Juni 1878 über Gerichtsurteile gegen Sozialdemokraten nach einem Attentat auf Kaiser Wilhelm I.:

Der Fabrikarbeiter LUDWIG aus Essen äußerte am 2. Juni: „Meinetwegen können sie den Kaiser beschissen haben. Für 100 Mk. erschieße ich auch einen." Er ist heute zu 2½ Jahren Gefängnis verurteilt.
(...) Der Häusler WINNENFELD zu Essen äußerte am 3. Juni: „Es wäre gut gewesen, wenn die Kugel den Kaiser getroffen hätte. Er bedauere sehr, dass der Kaiser nicht totgeschossen sei." Er ist heute zu 2½ Jahren Gefängnis verurteilt.
(...) Ehefrau des Kutschers HOTZER aus Dortmund nannte am 5. d. Mts. zu Essen den Kaiser „so ein dummes Luder". Sofort angeklagt, ist sie bereits am 11. zu 2 Jahren Gefängnis verurteilt.

Zit. nach G. A. Ritter/J. Kocka: Deutsche Sozialgeschichte. Dokumente und Skizzen, Bd. II: 1870–1914. München 2. Aufl. 1977, S. 392 f.

Q6 Feindbild Sozialdemokratie

In einem gegen die Sozialdemokraten gerichteten Flugblatt zu den Reichstagswahlen 1898 heißt es:

Die Sozialdemokratie will die militärische Kraft des Deutschen Reiches untergraben und damit den stärksten Schutz gegen äußere Feinde vernichten. Die Sozialdemokratie ist die geschworene Feindin der Monarchie. Sie will den Hohenzollernthron stürzen und das Herrscherhaus beseitigen, mit dem uns eine jahrhundertelange Geschichte in Glück und Unglück verbunden hat. Wer das nicht will, der stimme gegen den Sozialdemokraten. Denn die Sozialdemokratie ist der Feind!
Die Sozialdemokratie will jede Religion beseitigen. (...) Wer den Glauben seiner Väter sich nicht nehmen lassen will, wer den köstlichen Besitz seines Herzens und seiner Seele nicht preisgeben will, der stimme gegen den Sozialdemokraten!
Die Sozialdemokratie will das Eigentum vernichten. (...) Wer behalten will, was er besitzt, wer die Scholle sich nicht nehmen lassen will, auf der er und seine Vorfahren sich genährt haben, wer sein blühendes Geschäft sich und seinen Kindern erhalten will, wer sein Handwerk weiter betreiben, wer die Früchte seines Fleißes selbst mit den Seinen genießen will, der stimme gegen den Sozialdemokraten!
Die Sozialdemokratie ist die Feindin und Verderberin der Familie. Sie (...) bedroht den Frieden unseres Hauses. Sie will uns alles das nehmen, was außer der Berufsarbeit und den öffentlichen Pflichten uns bisher das Leben lebenswert gemacht hat. Der Mann, dem sein häusliches Glück, dem Weib und Kind ans Herz gewachsen sind, der stimme am 16. Juni gegen den Sozialdemokraten!

Zit. nach: D. Fricke (Hg.): Dokumente zur deutschen Geschichte 1897/98–1904. Frankfurt a. M. 1977, S. 30 f.

Q7 Organisierter Antisemitismus

Aus der Satzung der Deutschen Antisemitischen Vereinigung, 1886:

Die Grundsätze und Ziele der Vereinigung gehen aus der Erkenntnis hervor, dass die Geschichte aller Zeiten die Unverbesserlichkeit der jüdischen Rasse erwiesen hat und dass hinsichtlich der Moral und Lebensauffassung eine unüberbrückbare Kluft zwischen Deutschtum und Judentum besteht. Die Juden haben von der ihnen unüberlegter Weise gewährten Gleichberechtigung den denkbar schlechtesten Gebrauch gemacht und die Judenfrage zu einer Existenz-Frage für das deutsche Volk gestaltet. Jüdischer Wucher hat in allen Kreisen der Bevölkerung, besonders im Beamtentum, unzählige Opfer gefordert; die Hauptstütze des Staates, der Bauernstand, ist durch Güterschlächterei und Wucher an den Rand des Ruins gebracht. In die Verwaltungs-, Kommunal-, Lehr- und Richter-Ämter sind Juden ungehindert eingedrungen und haben hier deutsche Sitte, deutsche Gesinnung und deutsches Recht verfälscht und untergraben. In den Parlamenten haben sie ein Jahrzehnt hindurch über Gebühr das Wort geführt, die Gesetzgebung zu Gunsten ihres Stammes beeinflusst und verderbliche Tendenzen in dieselbe hineingetragen. Was soll von deutschem Wesen noch übrig bleiben, wenn wir diesem Gebaren noch ferner müßig zusehen? Nirgends beteiligt sich der Jude an der ehrlichen produktiven Arbeit, aber durch Hausierhandel und Magazin-Wesen hat er das redliche Handwerk und den soliden Handel verdrängt und dem Untergang preisgegeben; durch Börsen-Jobberei und schwindelhaftes Gründertum hat er Industrie und Großhandel untergraben und in seinen Dienst gestellt. Durch internationale Verbündung beherrscht der Jude den Weltmarkt und so heimst er unverdienter Maßen alle Früchte des Kulturfleißes der Nationen ein. (...) Von einer Verfolgung der Juden unsererseits kann nicht die Rede sein, sondern nur von einer Abwehr (...).

Zit. nach: M. Wolffsohn/U. Puschner: Geschichte der Juden in Deutschland. Quellen und Kontroversen. München 1992, S. 91 f.

Q8 „Die Zukunft“
Ansichtskarten-Karikatur, um 1900.

Rassismus

Die Erkenntnisse des Naturforschers Charles Darwin (1809–1882), dass die natürliche Entwicklung von Tierrassen durch Konkurrenz und Durchsetzung der Überlebensfähigsten stattfinde, wurden in vereinfachter Form auf den Menschen übertragen. Von dem Franzosen Joseph Arthur Gobineau (1816–1882) stammte die Behauptung, die „Arier“ seien eine Eliterasse, die über alle anderen herrschen müsse. Diese Vorstellungen machten sich später auch Hitler und die Nationalsozialisten zu eigen.

Fragen und Anregungen

1. Wie haben Sozialdemokraten die staatlichen Maßnahmen gegen sie empfunden (Q1, Q3–Q6)? Schreibe einen Artikel für eine sozialdemokratische Zeitung, in dem du über die Vorkommnisse in Q3–Q5 berichtest und deinen Gefühlen und Hoffnungen Ausdruck verleihst. Finde dafür auch eine passende Überschrift.
2. Erläutere den Schriftzug „Neu–Jerusalem am fränkischen Jordan“ auf der Ansichtskarte Q2. Überlege mögliche Gründe, weshalb der Inhaber des Hotels mit dieser Karte warb.
3. Untersuche genau, wie die Juden auf den beiden Bildern Q2 und Q8 dargestellt werden. Nenne hervorgehobene körperliche Merkmale und erläutere die Gegenstände, mit denen die Juden versehen sind. Fasse zusammen, welche Vorurteile gegenüber Juden hier dargestellt werden.
4. Prüfe die einzelnen Vorwürfe in Q7. Welche Wahrnehmungen oder Gefühle könnten dem zu Grunde liegen? Wie kann man zu der Meinung gelangen, dass ein Prozent der Bevölkerung die „Existenz des deutschen Volkes“ in Frage stellt?

5. Frauen im Kaiserreich – der lange Weg zur Gleichberechtigung

Karikaturistische Ansichtskarte Q1 zu den Forderungen der Frauenbewegung, um 1900.

Wenig Rechte für Frauen

Frauen hatten im Kaiserreich weitaus weniger Rechte als Männer. Sie besaßen kein Wahlrecht, durften sich in der Öffentlichkeit nicht politisch betätigen und auch im Zivilrecht galten sie als nicht voll „geschäftsfähig". Sich mit solchen wichtigen und ernsthaften Dingen wie Politik oder Geschäft zu befassen, entspreche nicht dem weiblichen Charakter – darin waren sich fast alle Männer einig.

Die bürgerliche Frauenbewegung

Im Zuge der Revolution 1848/49 war auch die Frauenbewegung in Deutschland entstanden. Seit 1865 gab es den „Allgemeinen Deutschen Frauenverein" (ADF); seine Vorsitzende war Louise Otto-Peters. Ziele des ADF waren bessere Bildungs- und Berufschancen vor allem für bürgerliche Frauen. Nur eine Minderheit in der bürgerlichen Frauenbewegung forderte auch die völlige politische Gleichstellung und damit das Wahlrecht für Frauen.

Die proletarische Frauenbewegung

Um mehr Rechte und bessere Bildungsmöglichkeiten ging es auch der proletarischen Frauenbewegung. Sie wollte außerdem die Arbeitsbedingungen für Frauen in der Industrie verbessern. Ihr Endziel freilich war eine neue Gesellschaft von lauter Gleichberechtigten. Vorkämpferin der proletarischen Frauenbewegung war seit den 1890er-Jahren Clara Zetkin. Sie gab die sozialdemokratische Frauenzeitschrift mit dem bezeichnenden Titel „Die Gleichheit" heraus. Aber auch die Sozialdemokraten taten sich schwer damit, die Forderungen der Frauen anzuerkennen. Erst auf dem Erfurter Parteitag 1891 wurden diese ins Parteiprogramm aufgenommen.

Kleine Fortschritte

Erste Schritte in Richtung Gleichberechtigung gab es erst gegen Ende des Kaiserreichs. 1908 gab das neue Reichsvereinsgesetz den Frauen das Recht, sich zu versammeln und sich in Parteien und Vereinen politisch zu betätigen. Im selben Jahr wurden in Preußen Frauen zum Studium zugelassen und die höheren Mädchenschulen den Knabenschulen wenigstens annähernd gleichgestellt. Das Wahlrecht blieb Frauen bis zum Ende des Kaiserreichs vorenthalten; erst die Weimarer Verfassung von 1919 stellte sie darin den Männern gleich.

Der bürgerliche Haushalt

Das Reich der bürgerlichen Frau – so die von Männern geprägte Idealvorstellung – war das Haus. Sie sollte den Haushalt führen und das Personal anleiten. Sie hatte den Mann in seiner Freizeit angenehm zu unterhalten und bei Geselligkeiten zu repräsentieren. Dieser Rollenvorstellung entsprachen auch Erziehung und Ausbildung der Kinder. Für die höhere Schul- und Berufsausbildung der Söhne gaben bürgerliche Eltern viel Geld aus; bei der „höheren Tochter" stand die musische Erziehung für das Privatleben im Vordergrund: Literatur, Malen, Musizieren, Sticken.

Bürgerliche Frauenarbeit

Weibliche Berufstätigkeit galt im Bürgertum als nicht standesgemäß. Für unverheiratete Frauen ohne Vermögen gab es nur wenige angemessene Berufe, etwa Gouvernante oder Mädchenschullehrerin. Wo in Bürgerfamilien das Geld knapp war, übernahm die Frau – nach außen hin oft schamhaft verborgen – textile Hausarbeiten. Neue Arbeitsmöglichkeiten entstanden erst allmählich durch die Angestelltenberufe: Sekretärin, Stenotypistin oder Telefonistin wurden um die Jahrhundertwende zu typischen Frauenberufen. Arbeitsbedingungen und Einkommen waren nicht gerade glänzend, und wie überall blieben die höheren Positionen Männern vorbehalten. Immerhin aber bildeten die Büroberufe, weil dort keine rein körperliche Arbeit geleistet werden musste, ein neues Berufsfeld auch für bürgerliche Frauen.

Frauenarbeit in der Arbeiterschaft

In der Arbeiterschaft war weibliche Berufstätigkeit viel weiter verbreitet als im Bürgertum. Viele Arbeiterfamilien waren auf ein zusätzliches Einkommen angewiesen. Die meisten Frauen arbeiteten in der Textilherstellung, entweder in der Fabrik oder in Heimarbeit. Frauen mit Familie und Beruf lebten fast ständig am Rande der Erschöpfung, denn auch in Arbeiterkreisen blieben ihnen nach dem damaligen Rollenverständnis ganz selbstverständlich Hausarbeit und Kinderversorgung überlassen.

Das Dienstbotenwesen

Noch um die Jahrhundertwende arbeiteten allerdings mehr als doppelt so viele Frauen in der Landwirtschaft wie in der Fabrik – als „mithelfende Familienangehörige". Vom Lande kamen auch die meisten Dienstmädchen, die im Kaiserreich geradezu zum Symbol bürgerlicher Repräsentation wurden: Mit der „Dienstbotenhaltung" zeigte man, dass man es nicht nötig hatte, anstrengende Handarbeit selber auszuführen. 1882 arbeitete fast ein Viertel aller berufstätigen Frauen als Dienstmädchen. Die Arbeit war hart; es gab wenig Geld, wenig Freizeit und wenig Rechte.

Q2 **Frauendemonstration** für Gleichberechtigung am 8. März 1911, dem Internationalen Frauentag, Foto

Q3 Männer- und Frauenrechte

Aus dem „Bürgerlichen Gesetzbuch" (BGB) von 1900:

§ 1354. Dem Manne steht die Entscheidung in allen das gemeinschaftliche eheliche Leben betreffenden Angelegenheiten zu; er bestimmt insbesondere Wohnort und Wohnung. (...)

§ 1355. Die Frau erhält den Familiennamen des Mannes. (...)

§ 1357. Die Frau ist berechtigt, innerhalb ihres häuslichen Wirkungskreises die Geschäfte des Mannes für ihn zu besorgen und ihn zu vertreten. (...)

§ 1363. Das Vermögen der Frau wird durch die Eheschließung der Verwaltung und Nutznießung des Mannes unterworfen. (...)

§ 1627. Der Vater hat kraft der elterlichen Gewalt das Recht und die Pflicht, für die Person und das Vermögen des Kindes zu sorgen.

Zit. nach A. Conrad/K. Michalik (Hg.): Quellen zur Geschichte der Frauen, Bd. 3: Neuzeit. Stuttgart 1999, S. 136 ff.

Q4 Forderungen der bürgerlichen Frauenbewegung

Aus dem Programm des „Allgemeinen Deutschen Frauenvereins" von 1905:

Die Frauenbewegung setzt sich somit das Ziel: den Kultureinfluss der Frau zu voller innerer Entfaltung und freier sozialer Wirksamkeit zu bringen. (...)

I. Bildung. (...)

b) eine Reorganisation der höheren Mädchenschule, durch welche diese, unbeschadet ihrer dem Wirkungskreise der Frau entsprechenden Besonderheit, den höheren Knabenschulen gleichwertig wird; (...)

c) unbeschränkte Zulassung ordnungsgemäß vorgebildeter Frauen zu allen wissenschaftlichen, technischen und künstlerischen Hochschulen.

II. Berufstätigkeit. Die Frauenbewegung betrachtet für die verheiratete Frau den in Ehe und Mutterschaft beschlossenen Pflichtenkreis als ersten und nächstliegenden Beruf. (...)

In Anbetracht der großen Zahl von Frauen, die unverheiratet bleiben, und der weiteren Zahl derer, die in der Ehe keine ausreichende wirtschaftliche Versorgung finden können, ist die Berufsarbeit der Frau eine wirtschaftliche und sittliche Notwendigkeit. (...)

IV. Öffentliches Leben, Gemeinde und Staat (...)

a) Zulassung der Frauen zu verantwortlichen Ämtern in Gemeinde und Staat, vor allem solchen, die zu den Interessen der Frauen in besonders naher Beziehung stehen. (...)

f) Teilnahme der Frauen am politischen Wahlrecht.

Zit. nach: G. A. Ritter/J. Kocka (Hg.): Deutsche Sozialgeschichte. Dokumente und Skizzen, Bd. II: 1870–1914. München 1974, S. 422 ff.

Q5 Das Frauenbild der Männer

Der Mediziner Professor Theodor von Bischoff äußert sich 1872 über die unterschiedlichen Charaktereigenschaften von Männern und Frauen:

[... Die Eigenschaften des Mannes:] mutig; kühn; heftig; trotzig, rau; verschlossen; Festigkeit; Handeln nach Überzeugung; Vernunft beherrscht das Gefühl; der Geist ist tiefer, weiter, dringt mehr in das Innere der Dinge; berücksichtigt das Wesen der Dinge; erforscht gründlicher und genauer; prüft ruhiger; urteilt unbefangen; schaffendes Prinzip.

[Die Eigenschaften der Frau:] furchtsam; nachgiebig; sanft; zärtlich; gutmütig; geschwätzig; verschmitzt; wandelbar; inkonsequent; Handeln nach Gefühl; Gefühl beherrscht die Vernunft; berücksichtigt das Äußere, den Schein; Urteil befangen, oberflächlich; Wille schwach; das Handeln ist unbestimmt; (...) größere Stärke des Gefühls und der Teilnahme für die Ihrigen und Notleidenden; schamhafter; erhaltendes Prinzip. (...)

Aus dieser Verschiedenartigkeit der Geschlechter in körperlicher und geistiger Hinsicht geht unwiderleglich hervor, dass das weibliche Geschlecht für das Studium und die Pflege der Wissenschaften und insbesondere der Medizin nicht geeignet ist.

Zit. nach: E. Glaser: „Sind Frauen studierfähig?" Vorurteile gegen das Frauenstudium. In: E. Kleinau/C. Opitz (Hg.): Geschichte der Mädchen- und Frauenbildung. Frankfurt/New York 1996, Bd. 2, S. 301.

Fragen und Anregungen

1. Stelle in Stichworten die Rechte des Mannes und der Frau einander gegenüber und vergleiche (Q3).
2. Erschließe den Inhalt der Karikatur Q1 und erkläre, was Männer damals daran als komisch empfunden haben mögen.
3. Vergleiche Q1 mit der Karikatur auf der ADS. Welches Frauenbild kommt zum Ausdruck?
4. Gib die Forderungen der Frauenbewegung mit eigenen Worten wieder (VT, Q4). Diskutiert, welche Forderungen eine Frauenbewegung heute stellen sollte oder könnte. Formuliert und begründet sie.
5. Untersuche die Urteile Bischoffs in Q5. Welche typischen Eigenschaften ordnet er Männern und Frauen zu? Diskutiert, ob es solche Unterschiede überhaupt gibt.

6. Aufbruch in die Moderne

Nach 1870	Die massenhafte Bevölkerungswanderung in die Städte beginnt.
1883	In Berlin wird die erste Vermittlungsanlage für Telefongespräche eingerichtet.
Ab 1890	Die elektrischen Straßenbahnen verbreiten sich in den deutschen Großstädten.
1900	Die ersten deutschen Kaufhäuser entstehen.
1910	Fast die Hälfte aller Einwohner Deutschlands lebt in Städten mit mehr als 5000 Einwohnern.

Telefonapparat, 1907 Q1

Zeit des Wandels – die „Moderne"

Das Kaiserreich ist oft als „gute alte Zeit" bezeichnet worden: Die Welt war in Ordnung, durch Herkommen und Gesetz geregelt, unveränderlich. Tatsächlich trifft eher das Gegenteil zu. Spätestens seit den 1890er-Jahren gerieten Gesellschaft, Wirtschaft und Kultur immer mehr in Bewegung. „Die Zeit ist aus den Fugen", schrieb der Berliner Theater- und Musikkritiker Alfred Kerr 1899. Die Zeitgenossen haben diese Veränderungen unterschiedlich wahrgenommen. Die einen beklagten den Untergang einer vertrauten Lebenswelt, die anderen bejahten das Neue als Verbesserung und Fortschritt. Krisengefühl und Fortschrittsglaube lagen nahe beieinander. Dass viele Menschen das Gefühl hatten, in einer ganz neuen Zeit zu leben, zeigt der Begriff „Moderne". Er wurde zuerst (1887) für die Literatur geprägt und bürgerte sich dann seit der Jahrhundertwende als allgemeine Zeitbeschreibung ein.

Q2 **Das Kaufhaus Wertheim in Berlin, Blick in die Strumpfabteilung**
Foto, 1906.
Warenhäuser wurden zum Symbol für neues Konsumdenken. Voraussetzung dafür war die industrielle Massenproduktion von Gütern und Waren. Das wiederum war die Grundlage für den Massenkonsum: Immer mehr Menschen hatten Zeit und Geld dafür, Dinge über den alltäglichen und unbedingt notwendigen Bedarf hinaus zu kaufen; allerdings traf dies nicht auf alle Schichten zu.

Deutschland wird Industriestaat

In den 1890er-Jahren wurde Deutschland endgültig zum Industrieland. Zum ersten Mal arbeiteten mehr Menschen in Industrie und Bergbau als in der Landwirtschaft. In die Industrie flossen die meisten Gelder und sie machte die höchsten Gewinne. Auch international wurde die deutsche Industrie immer stärker: Insgesamt nahm sie hinter den USA und England den dritten Platz ein; Elektro- und Chemieindustrie (Siemens, AEG; Bayer, Hoechst, BASF) waren sogar weltweit führend.

Wissenschaft und Bildung

Wie in keinem anderen Land trugen in Deutschland Wissenschaft und Bildung zur industriellen Entwicklung bei. Wo in England oft noch gelernte Handwerker mit ihrem Erfahrungswissen arbeiteten, wurden in Deutschland schon Fachkräfte eingestellt, die an Universitäten und vor allem Technischen Hochschulen ausgebildet worden waren. Auch die Forschung trug viel zum industriellen Aufschwung Deutschlands bei. In Firmen oder staatlichen Instituten entstanden die ersten Großlabore. Es ging dabei aber nicht nur um Entdeckungen und Erfindungen, die man unmittelbar industriell auswerten konnte. Neu war auch die wissenschaftliche Grundlagenforschung, die ihren Fragen systematisch und breit gefächert nachging. Von 1901 bis 1918 erhielten deutsche Wissenschaftler sechsmal den Nobelpreis für Physik, siebenmal den für Chemie und viermal den für Medizin.

Die Volksschule – Fortschritt und Bildungsbegrenzung

Auch die Volksschule, besucht von mehr als 90 Prozent aller Schüler, galt international als besonders weit entwickelt. Etwa um 1880 war die Schulpflicht in Deutschland durchgesetzt. Damit erhielten zum ersten Mal in der Geschichte alle Kinder, egal welcher Herkunft, wenigstens eine Grundlage an schulischer Bildung vermittelt. Aber es gab auch klare Grenzen. Volksschüler sollten nicht zu viel lernen. Die Schule erzog sie zu „Untertanen“: Sie sollten ihrem Herrscherhaus treu ergeben sein, die politisch-gesellschaftlichen Verhältnisse nicht kritisieren und mit ihrer persönlichen Situation zufrieden sein. Die zukünftige Elite blieb für sich – sie besuchte die höheren Schulen, die sogar ihre eigenen Vorschulen hatten.

Moderne Zeiten im alltäglichen Leben: Verkehr, Kommunikation und Kultur

Die Eisenbahn war das erste Massenverkehrsmittel. Menschen und Waren konnten jetzt in Deutschland wesentlich schneller und billiger als zuvor transportiert werden. Als städtisches Massenverkehrsmittel kam ab 1890 die elektrische Straßenbahn hinzu. Mit dem Auto und dem Fahrrad begann sich in den 1890er-Jahren zugleich die individuelle Fortbewegung zu verändern – zunächst allerdings nur sehr zögernd. Auch das Telefon verbreitete sich erst allmählich, revolutionierte aber letztlich die private Kommunikation. Mit der Telegrafie konnte man Signale drahtlos über weite Entfernungen übertragen. Und schließlich ließ sich jetzt die Welt in Tönen und Bildern festhalten: durch Schallplatte und Grammofon, durch die Verbesserung der Fotografie und durch den Film. Damit wurden auch Kultur und Unterhaltung für viele zugänglich. Konzert, Schauspiel und Oper waren lange Zeit dem Adel vorbehalten gewesen, jetzt nahm auch das Bürgertum daran teil. Die ersten Kinos, Kabaretts und Zoos fanden Zuspruch bei allen Bevölkerungsschichten. Allerdings konzentrierten sich all diese Veränderungen auf die großen Städte. Sie waren die „Vorreiter der Moderne“ – auf dem Lande blieb noch lange vieles beim Alten.

Q3 Zeppelin
Seit der Jahrhundertwende begann auch die Eroberung der Luft mit Zeppelin und Flugzeug. Zum Massenverkehrsmittel wurde das Flugzeug allerdings erst im letzten Drittel des 20. Jahrhunderts.

Q4 Kritik an der industriellen Moderne

Im Mitteilungsblatt des Deutschen Bundes Heimatschutz heißt es 1904:

Immer mehr verwüstet im Zeitalter der Maschine die Herrschsucht der Industrie alles, was dem Einzelnen seit den Tagen der Kindheit traut und heimisch, was dem deutschen Volke die Grundlage seiner Stärke war. (…) Die kleinen, freundlichen Städte, in denen überall eine harmlose und künstlerische Freude am Besitz nistete, sind entstellt, die Dörfer zu wüsten Steinhaufen geworden, die Berge an den schönsten Stellen durch Steinbrüche angetastet, der deutsche Laubwald durch den Forstbetrieb seiner traulichen Waldschönheit beraubt. (…) Auf der einen Seite gewinnen wir dem Leben neue Wohltaten ab, verlängern das Leben selbst, erwerben Reichtümer und arbeiten mit steigernder Anspannung aller Kräfte, auf der anderen Seite aber verliert das Leben an seinem Inhalt und der Mensch wird zur reinen Arbeitsmaschine.

Zit. nach: K. Ditt: Die deutsche Heimatbewegung 1871–1945. In: Heimat. Analysen, Themen, Perspektiven, Bd. 1. Bonn 1990, S. 139.

Q5 Landwirte gegen Industrie

Die Zeitschrift „Korrespondenz des Bundes der Landwirte" veröffentlicht am 6. April 1898 einen Artikel mit dem Titel „Deutschland Industriestaat?":

Man braucht auch gar nicht weiter gelehrter Professor zu sein, sondern nur offene Augen und etwas gesunden Menschenverstand zu haben, um den Unterschied zwischen einem wettergebräunten Landmann und einem ausgemergelten Fabrikarbeiter, zwischen der kräftigen und frischen Land- und der blassen, hohläugigen Stadtjugend erkennen zu können. Selbst wenn der Landmann, was durchaus nicht der Wahrheit entspricht, sich schlecht nährte wie der Industriearbeiter, so ist er dennoch infolge seiner gesunden Tätigkeit, des fortwährenden Aufenthaltes in der frischen Luft Letzterem körperlich weit überlegen, und dass er die geistige Nahrung des Fabrikarbeiters, die Lektüre sozial- und jüdisch-demokratischer Hetz- und Schimpfblätter entbehren kann, gereicht ihm wahrlich auch nicht zum Nachteil. Der Jungbrunnen des deutschen Volkes ist und wird stets das platte Land sein, hier schöpft das deutsche Volk immer neue Kraft, von hier aus wird den in der dumpfen Asphaltatmosphäre der Städte verkümmerten Generationen frisches Blut zugeführt. Die Industrie dagegen produziert nicht, sie konsumiert nur besonders wertvolle Volkskräfte.

Zit. nach: D. Fricke (Hg.): Dokumente zur deutschen Geschichte 1897/98–1904. Frankfurt a. M. 1977, S. 25.

Q6 Warnung vor Warenhäusern

In einem Zeitungsartikel von 1903 warnt der Verfasser vor den schädlichen Einflüssen der Warenhäuser:

Noch gefährlicher gestaltet sich dieses „Umherbummeln" in den Warenhäusern für die heranwachsende Jugend. Sie gewöhnen sich schon frühzeitig an dieses gewissermaßen so spielend vor sich gehende Einkaufen und werden wohl in neunzig von hundert Fällen es vorziehen, ihre Einkäufe hier zu machen als in mittleren Geschäften, in denen es so ehrbar und demnach „langweilig" vor sich hergeht. Die Jugend, bei vernachlässigter Erziehung ohnehin zu Ausschreitungen leicht geneigt, wird hier systematisch zur „Oberflächlichkeit" herangebildet. Tand und wertloser Flitter werden ihr auch für die Zukunft mehr imponieren als solide Ware, wenn dieser Tand nur in gefälligem glänzenden Gewande dargeboten wird.

Zit. nach: U. Spiekermann: „Hereinspaziert in die Welt Ihrer Träume!" Das Warenhaus als Ort des Konsums. In: Praxis Geschichte H. 4/1998, S. 38.

Q7 Werbeplakat

Entworfen von Carl Otto Gadau, vor 1914.

Q9 Das Berliner Union-Filmtheater
Foto von 1912.

Q8 Warnung vor Kinos

Ein Erlass des preußischen Kultusministers warnt 1912 vor den Gefahren des Kinos:

Die Kinematografentheater haben neuerdings nicht nur in den Großstädten, sondern auch in kleineren Orten eine solche Verbreitung gefunden, dass schon in dem hierdurch veranlassten übermäßigen Besuche solcher Veranstaltungen, durch den die Jugend vielfach zu leichtfertigen Ausgaben und zu einem längeren Verweilen in gesundheitlich unzureichenden Räumen verleitet wird, eine schwere Gefahr für Körper und Geist der Kinder zu befürchten ist. Vor allem aber wirken viele dieser Lichtbildbühnen auf das sittliche Empfinden dadurch schädigend ein, dass sie unpassende und grauenvolle Szenen vorführen, die die Sinne erregen, die Phantasie ungünstig beeinflussen und deren Anblick daher auf das empfängliche Gemüt der Jugend ebenso vergiftend einwirkt wie die Schmutz- und Schundliteratur. Das Gefühl für das Gute und Böse, für das Schickliche und Gemeine muss sich durch derartige Darstellungen verwirren; und manches unverdorbene kindliche Gemüt gerät hierdurch in Gefahr, auf Abwege gelenkt zu werden. Aber auch das ästhetische Empfinden der Jugend wird auf diese Weise verdorben; die Sinne gewöhnen sich an starke, nervenerregende Eindrücke. (...)

Zentralblatt für die gesamte Unterrichtsverwaltung in Preußen. Berlin 1912, S. 358 f.

Fragen und Anregungen

1. Nimm Stellung zur Kritik in Q4: Was hältst du daran für berechtigt, was für übertrieben?
2. Stelle dir vor, Q4 sei nicht vor mehr als 100 Jahren, sondern heute geschrieben worden. Prüfe, was daran noch heute bedenkenswert sein könnte.
3. Stelle in zwei Listen die Begriffe einander gegenüber, mit denen Stadt und Stadtbewohner bzw. Land und Landbewohner in Q5 beschrieben werden. Erläutere an dieser Gegenüberstellung die Position, die der Autor vertritt.
4. Schreibe als Fabrikdirektor eine Erwiderung auf Q5. Stelle vorher deine Argumente in einer Stichwortliste zusammen.
5. Stelle Vermutungen über die Interessen und Motive an, die hinter dem Artikel Q5 stehen. Finde heraus, welcher politischen Richtung der Autor zuzuordnen ist. Führe den Satz an, der dies am deutlichsten erkennen lässt.
6. Erläutere anhand des Fotos Q2 den Begriff „Konsumtempel".
7. Interpretiere das Werbeplakat Q7 anhand des Stichworts „Fortschritt". Beschreibe die Wirkung, die es beim Betrachter hervorrufen soll.
8. Erläutere die Befürchtungen, die Q6 und Q8 zugrunde liegen. Erörtere anhand des Stichworts „Reizüberflutung", welche Grundzüge der „Moderne" in beiden Texten angesprochen werden.
9. Erstelle einen Überblick über die Veränderungen in der Gesellschaft, die berechtigen, von der „Zeit der Moderne" zu sprechen (VT, Q1–Q3, Q7, Q9).

Geschichtszeitung – eine Projektidee

Eine gute Möglichkeit, wie ihr euer Wissen über eine Zeit zusammenfassen könnt, ist eine Geschichtszeitung: Ihr versetzt euch als Zeitgenossen in eine historische Situation und berichtet über die Ereignisse, die sich gerade abspielen. Handlungsreiche und dramatische Zeiten eignen sich dafür besonders gut. Jeweils drei bis vier Mitschülerinnen und Mitschüler können eine Redaktion bilden.

Arbeitsanleitung:

1. Überlegt euch, welche historische Zeit ihr behandeln wollt.
2. Denkt euch eine Zeitung aus – wichtig ist, wo sie erscheint und wie sie politisch ausgerichtet ist.
3. Wählt einzelne Themen aus, über die ihr berichten wollt. Informationen dazu findet ihr in diesem Buch.
4. Verfasst zu diesen Themen kurze Texte, so wie sie damals in der Zeitung gestanden haben könnten. Achtet darauf, dass verschiedene journalistische Formen vorkommen: Leitartikel, Kommentar, Glosse, vielleicht sogar Anzeigen.
5. Sucht hier im Schulbuch oder in anderen Büchern Bilder, mit denen ihr eure Texte illustrieren könnt.
6. Gestaltet mit euren Texten ein oder zwei Zeitungsseiten (auf jeden Fall eine Titelseite). Dafür müsst ihr euch ein geeignetes Layout (Entwurf für die Seitengestaltung mit Spaltenbreite, Schriften usw.) ausdenken. Seht euch dafür eure Tageszeitung an.
7. Wer sich technisch gut auskennt, kann seine Seiten am Computer gestalten. Ihr könnt eure Texte aber auch in der richtigen Anordnung auf ein Blatt Papier kleben. Allerdings müssen sie auch dafür auf dem Computer erfasst und in der richtigen Spaltenbreite ausgedruckt werden.

Berliner
Illustrirte Zeitung
Erscheint jeden Sonntag.

Abonnement: 1,30 Mark vierteljährlich, 45 Pfg. monatlich bei jeder Postanstalt (Postliste 996) und im Buchhandel sowie direkt durch die Expedition frei in's Haus.

Redaktion und Expedition: Berlin SW. 12, Charlottenstraße 9.

Einzelnummern: 10 Pfennig bei allen Zeitungs-Verkaufsstellen. Anzeigen: Mark 1.50 die 5 gespaltene Nonpareille-Zeile.

Die Jahrhundertwende: Deutschlands große Zukunft

Gegen die Auswüchse der Frauenbewegung

Der Kaiser weiht Bismarckdenkmal ein

Weltfrieden

Die ersten Lichtspieltheater

Gründung der Nobelstiftung in diesem Jahr

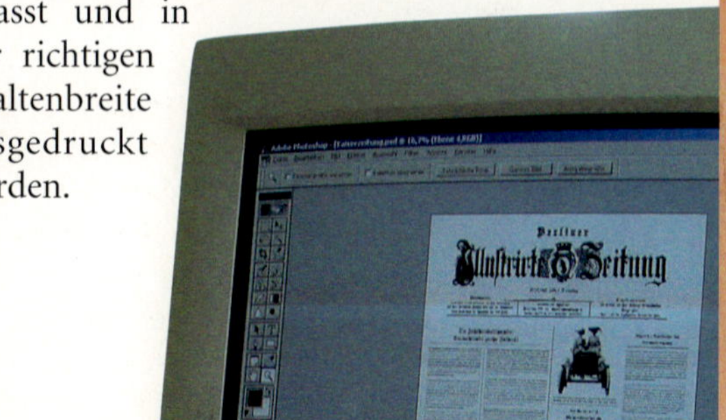

IMPERIALISMUS UND ERSTER WELTKRIEG

Zwischen 1880 und 1914 unterwarfen die Europäer innerhalb weniger Jahre die noch „freie“ Welt. Industrialisierung und technischer Fortschritt waren eine wesentliche Voraussetzung für diese Europäisierung der Erde. Damit einher gingen ein übersteigerter Nationalismus und das Gefühl rassischer Überlegenheit sowie der Wille, für die eigenen Industrien neue Absatzmärkte und Rohstoffquellen zu erschließen. Das Gleichgewicht der Mächte in Europa geriet dadurch zunehmend ins Wanken; am Ende stand der Ausbruch des Ersten Weltkriegs. Diese „Urkatastrophe“ zerstörte nicht nur das alte Europa, sie beeinflusste auch den weiteren Verlauf der Geschichte des 20. Jahrhunderts. Dies gilt insbesondere für die Beziehungen zu den ehemaligen Kolonien, die heute noch unter den Folgen der „Europäisierung der Erde“ leiden.

„Deutsche Tüchtigkeit in den Kolonien“
Karikatur in der Zeitschrift „Jugend“ (München), 1896, die die Verhältnisse in Afrika bei Ankunft und nach erfolgreicher Tätigkeit eines deutschen Offiziers beschrieb.

Soldatenfrau verabschiedet 1914 ihren Mann in den Ersten Weltkrieg

Kolonialreiche 1914

Otto Dix: „Der Krieg" (1929–1932)
Mitteilteil des Triptychons.

Deutscher Soldat an der Westfront

Ein Buch für deutsche Schüler, 1891

1. Das Deutsche Reich in der Mitte Europas

1873	Der Dreikaiservertrag wird zwischen Deutschland, Österreich-Ungarn und Russland abgeschlossen.
1879	Der Deutsch-österreichische Zweibund wird geschlossen.
1881	Deutschland, Österreich-Ungarn und Russland beschließen das Dreikaiserbündnis.
1882	Deutschland, Österreich-Ungarn und Italien einigen sich über den Dreibund.
1887	Der Rückversicherungsvertrag zwischen Deutschland und Russland wird unterzeichnet.
1887	Großbritannien, Österreich-Ungarn und Italien schließen den Orientdreibund ab.

Verändert die Reichsgründung das Gleichgewicht der Mächte?

Die Reichsgründung erfüllte die Träume der großen Mehrheit der deutschen Bevölkerung. Die Großmächte in Europa – Großbritannien, Russland und Österreich-Ungarn – betrachteten das Deutsche Reich hingegen nicht ohne Misstrauen. Sie befürchteten, dieses könnte die Vorherrschaft auf dem Kontinent anstreben und das bisherige Gleichgewicht zerstören. Die unerwarteten Siege der preußischen Armee in drei Kriegen, die Bevölkerungszahl und die Wirtschaftskraft des geeinten Reiches sowie Bismarcks Ruf, ein skrupelloser Machtpolitiker zu sein, ließen deren Sorgen berechtigt erscheinen. Bereits 1871 bezeichnete der spätere englische Premierminister Disraeli die Reichsgründung daher als „ein größeres politisches Ereignis als die Französische Revolution". Sollte er Recht behalten?

Deutschland ist „saturiert"

Bismarck war sich über das Misstrauen der anderen Großmächte von Anfang an im Klaren. Er versicherte diesen daher immer wieder, das Deutsche Reich sei „saturiert", d.h. es habe keine Absicht, weitere Gebiete in Europa zu erwerben. Diese Haltung war zunächst Ausdruck kluger Außenpolitik. Da der Reichskanzler glaubte, dass jede französische Regierung nach der als demütigend empfundenen Niederlage „die Revanche als ihre Hauptaufgabe" betrachten würde, war er allerdings auch darauf angewiesen, das Vertrauen der anderen Mächte zu gewinnen. Nur wenn Frankreich keinen Bündnispartner fand, isoliert blieb, schien die Zukunft des Reiches sicher. Einen Zweifrontenkrieg konnte Deutschland nicht gewinnen.

Bismarck als „ehrlicher Makler"

Die Konflikte auf dem Balkan, die Europa seit der Mitte der 1870er-Jahre erschütterten und die Großmächte an den Rand eines großen Krieges brachten, gaben Bismarck Gelegenheit, die Leitgedanken seiner Außenpolitik unter Beweis zu stellen. Anlass dafür war das Unabhängigkeitsstreben der slawischen Völker Bulgarien, Rumänien, Mazedonien und Bosnien-Herzegowina. Diese wollten sich endgültig von der türkischen Herrschaft lösen und ihre eigenen Nationalstaaten gründen. Russland unterstützte diese Bestrebungen auch militärisch, rief dadurch aber den Widerspruch Österreich-Ungarns und Großbritanniens hervor. Beide Mächte hatten eigene Interessen auf dem Balkan und an den Meerengen von Konstantinopel. Als „ehrlicher Makler" trug Bismarck auf dem Berliner Kongress 1878 dazu bei, einen drohenden Krieg der Großmächte durch Verhandlungen zu verhindern.

Europäische Bündnisse werden geschmiedet

Der Berliner Kongress war ein eindrucksvoller Beweis von Bismarcks Politik des Augenmaßes, der Mäßigung und des Verzichts auf weitere Expansion. Dennoch litt er weiterhin unter dem „Alptraum", andere Mächte könnten Koalitionen gegen das

Q1 „Verantwortlicher Posten. Europas Central-Weichensteller“
Karikatur im „Simplicissimus“, 1887.
Im Februar 1888 erklärte Bismarck im Reichstag: „Wir Deutsche fürchten Gott, aber sonst nichts in der Welt; und die Gottesfurcht ist es, die uns den Frieden leben und pflegen lässt.“ Der erste Teil des Satzes wurde bald zu einem geflügelten Wort, der zweite hingegen bald vergessen.

Reich schmieden: Der Balkankonflikt war nicht wirklich gelöst worden. Russland fühlte sich zudem um seinen Sieg über das schwache Osmanische Reich betrogen. Neue Krisen um das Erbe des „kranken Mannes am Bosporus“, wie die Türkei genannt wurde, konnten unabsehbare Folgen haben. Auch war eine Entspannung der Beziehungen zu Frankreich keineswegs in Sicht. Seit 1879 errichtete Bismarck daher behutsam ein kompliziert erscheinendes System von Bündnissen. Diesem gehörten mit Russland, Österreich-Ungarn, Italien und indirekt auch Großbritannien bald alle europäischen Großmächte an – außer Frankreich. Ziel dieses Systems war es, einen großen europäischen Krieg zu verhindern und Frankreich weiterhin zu isolieren. Nur wenn einer der beteiligten Staaten angegriffen wurde, waren die anderen zur Unterstützung verpflichtet. Trotz neuer großer Krisen in den 1880er-Jahren trugen diese Bündnisse dazu bei, den Frieden zu bewahren. In einer Zeit, in der alle anderen Mächte sich auszudehnen begannen, beurteilten viele Zeitgenossen Bismarcks Politik jedoch zunehmend kritisch. Sie wollten nicht einsehen, dass dem Deutschen Reich verboten bleiben sollte, was die anderen vormachten. Schätzten sie die damit verbundenen Gefahren aber richtig ein?

Q2 Fächer mit den Unterschriften der Delegierten des Berliner Kongresses

D1 **Bündnisse zur Zeit Bismarcks**

Q3 Welche Folgen hätte ein Krieg?

Bismarck schrieb Kaiser Wilhelm I. vor einer Unterredung mit dem Zaren im November 1887:

In der Politik haben wir ebenso sehr mit den Parteien wie mit den Nationen zu rechnen. Der Kampf geht heute nicht so sehr zwischen Russen, Deutschen, Italienern, Franzosen wie zwischen der Revolution und der Monarchie. Die Revolution hat Frankreich erobert, England berührt; sie ist stark in Italien und Spanien. Nur noch die drei Kaiserreiche vermögen ihr Widerstand zu leisten. Das republikanische Frankreich bedroht in erster Linie Deutschland. Wenn es siegreich wäre, würde sein Sieg die demokratische und republikanische Partei in Deutschland stärken. Darf ein russischer Kaiser das republikanische Frankreich ermutigen, sein Vorschreiten gegen den Osten Europas vorbereiten und die deutschen Monarchien mit der französisch-russischen Allianz bedrohen? (…) Der Kaiser Alexander will den Frieden. Er hat Recht. Der Krieg, sei er nun siegreich oder nicht, wird die Revolution in mehr als einem Lande entfesseln.

Zit. nach: W. Bußmann: Die auswärtige Politik des deutschen Reiches unter Bismarck 1871–1890. Stuttgart 1973, S. 63.

Q4 Deutsche Interessen und Ziele

Die Grundlagen seiner Politik erläuterte Bismarck Kaiser Friedrich III. im März 1888:

Seit siegreiche Kriege zur Errichtung des Norddeutschen Bundes und demnächst des deutschen Reichs geführt hätten, sei die Politik Seiner Majestät [Kaiser Wilhelms I.] vornehmlich darauf gerichtet gewesen, den Frieden zu bewahren und Koalitionen auswärtiger Mächte gegen Deutschland vorzubeugen. Eine Koalition hätte (…) leicht (…) Russland, Frankreich und Österreich umfassen können. Es sei deshalb geboten gewesen, eine Versöhnung mit einer der beiden bekämpften Großmächte zu suchen und diese habe nur Österreich sein können. Diese Versöhnung sei geglückt und habe zu einem Bündnis geführt. Hierbei falle uns die Aufgabe zu, wenn der Widerstreit der Interessen Österreichs und Russlands einen schärferen Charakter annehme, auf die Kriegslust der befreundeten Macht – auf die Gefahr hin, dort russenfreundlich zu erscheinen – mäßigend einzuwirken, denn ein für Österreich unglücklich verlaufender Krieg zwischen jenen nötige uns, selbst über die vertragsmäßige Pflicht hinaus Österreich Hilfe zu leisten, da dessen ungeschwächte Großmachtstellung für uns ein Bedürfnis des europäischen Gleichgewichtes sei. Wir hätten keine eignen Interessen auf der Balkanhalbinsel, die den russischen entgegenständen. (…). Englands Bestand sei uns ebenso wichtig wie die Erhaltung Österreichs. (…) Frankreich allein sei uns nicht gewachsen. Nur als Verbündeter Russlands sei Frankreich gefährlich und von dort drohe überhaupt die größte Gefahr. Er könne nur befürworten, dass die deutsche Politik nach wie vor die Aufrechterhaltung des Friedens zum Ziele nehme, ohne Voreingenommenheit für die eine oder andere auswärtige Macht (abgesehen von unseren Bündnisverträgen).

Zit. nach: M. Stürmer (Hg.): Bismarck und die preußisch-deutsche Politik 1871–1890. München 1970, S. 251 f.

Fragen und Anregungen

1. Beschreibe die Grundprinzipien von Bismarcks Außenpolitik nach 1881 (Q2–Q4).
2. Erkläre, warum Bismarck als „europäischer Weichensteller" beschrieben wurde (Q1). Formuliere deine Meinung dazu.
3. Beschreibe die Haltung der anderen Mächte gegenüber dem Deutschen Reich und versuche diese zu erklären (VT, Q2, Q3).
4. Vergleiche Bismarcks Außenpolitik vor und nach 1871 und erkläre die Unterschiede.

2. Die Vorherrschaft Europas in der Welt

1808–1825	Die meisten iberoamerikanischen Kolonien werden unabhängig.
1823	Monroe-Doktrin: „Amerika den Amerikanern!“
1881	Tunesien wird französische Kolonie.
1882	Ägypten kommt unter englische Herrschaft.
1884	Frankreich erobert Annam und Tongking.
1884/85	Südwest- und Ostafrika, Kamerun, Togo und einige Inseln im Pazifik werden deutsche Kolonien.
1885	Auf der Kongo-Konferenz in Berlin einigen sich 16 Staaten über die Grundsätze bei der weiteren Aufteilung Afrikas.

Ägypten – ein Land wird abhängig

Im Herbst 1869 versammelten sich die führenden Repräsentanten Europas und anderer Staaten in Ägypten, um der feierlichen Eröffnung des Suez-Kanals beizuwohnen. Dieser verkürzte den Seeweg von Europa nach Asien um viele Wochen. Die Einwohner Ägyptens hatten hingegen keinen Anlass zum Feiern. Durch den Bau des Kanals hatte sich das Land bei ausländischen Banken hoch verschuldet. Zur Begleichung dieser Schulden war die Regierung bald gezwungen, die Steuern immer weiter zu erhöhen. Dennoch war das Land 1875 bankrott und musste seine Aktien der Kanalbaugesellschaft an die englische Regierung verkaufen. Die bisherigen Schulden lasteten aber weiterhin auf dem Land. 1882 kam es daher zu einem Aufstand. Dieser richtete sich gegen die eigene Regierung, aber auch gegen die Fremden, die für das Elend der Masse der Bevölkerung verantwortlich gemacht wurden. Die englische Regierung entsandte daraufhin Kriegsschiffe und Soldaten, die den Aufstand niederschlugen. Damit wollte sie das in den Bau des Kanals investierte Kapital, aber auch den militärisch und wirtschaftlich wichtigen Seeweg nach Indien, der bedeutendsten englischen Kolonie, sichern. Für Ägypten war dieses Ereignis jedoch der Anfang einer Fremdherrschaft, die erst 1956 endete. Formell blieb das Land zwar unabhängig, englische Berater hatten in allen wichtigen Fragen jedoch ein Mitspracherecht.

Kolonialismus

Die englische Besetzung Ägyptens beschleunigte die weitgehende Aufteilung der Welt unter den europäischen Großmächten innerhalb weniger Jahre. Auch die Vereinigten Staaten und Japan beteiligten sich schließlich an der Unterwerfung fremder Völker. Diese Beherrschung der Welt durch die Großmächte wird als Kolonialismus bezeichnet. Industrieller und technischer Fortschritt waren wesentliche Voraussetzungen für diese Ausdehnung der Europäischen Staaten. Kaufleute und Forschungsreisende, Abenteurer und Soldaten konnten nun schnell an jeden Punkt der Erde gelangen. Auf systematisch geplanten Reisen wurden alle noch unbekannten Gebiete erforscht. Eisenbahnen, Straßen und neue Häfen erschlossen diese dem internationalen Verkehr und Handel. Widerstand gegen die Kolonialmächte hatte wenig Erfolg. Den modernen Waffen der Europäer waren die Einheimischen hoffnungslos unterlegen.

Formen der Herrschaft

Die Formen der Herrschaft, mit der die Europäer ihre Kolonien regierten, waren unterschiedlich. Teilweise verwalteten sie diese direkt mithilfe eigener Kolonialbeamter. In manchen Gebieten beließen sie die Verwaltung in den Händen einheimischer Fürsten oder Stammesführer und beschränkten sich auf eine allgemeine,

Q1 **„Ein kolonialer Koloss“.** Die englische Karikatur zeigt den Traum des Kolonialpioniers Cecil Rhodes.

Q2 **„Auf zum Angriff auf Asien!“** Umschlag eines französischen Jugendbuches, um 1902.

indirekte Herrschaft. Einheimische Eliten arbeiteten auch häufig aus unterschiedlichen Gründen mit den Kolonialmächten zusammen. In einigen Regionen wurde Herrschaft nur indirekt ausgeübt. Dazu gehörten China oder das Osmanische Reich, aber auch Teile Mittel- und Südamerikas. Hier konnten sich die Mächte entweder nicht über eine Aufteilung einigen oder aber die Errichtung einer Kolonie erschien ihnen nicht notwendig. Durch Stützpunkte, Anleihen oder direkte Investitionen versuchten sie aber, ihre politischen, wirtschaftlichen und militärischen Interessen in diesen Gebieten zu wahren. Frühe Unabhängigkeitsbewegungen gab es in Lateinamerika. Die meisten iberoamerikanischen Kolonien begannen im Jahr 1808 mit ihren Bestrebungen, sich von Spanien und Portugal zu lösen. 1825 waren alle größeren lateinamerikanischen Gebiete von spanischer und portugiesischer Herrschaft befreit. Etwa zur gleichen Zeit machten die USA mit der „Monroe-Doktrin“ ihren Anspruch auf das gesamte Amerika geltend.

Internationale Spannungen

Die Expansion der Mächte in Afrika und Asien hatte nicht nur schwerwiegende Folgen für die einheimische Bevölkerung. Auch das Gleichgewicht unter den Großmächten geriet zunehmend aus den Fugen. Rivalitäten um Gebiete in Übersee entwickelten sich bald zu Konflikten, die den allgemeinen Frieden bedrohten: Großbritannien und Russland stießen Mitte der 1880er-Jahre in Mittelasien zusammen. In Afrika lösten Bestrebungen der Regierungen in London und Paris, geschlossene Kolonialreiche zu errichten, 1898 ebenfalls fast einen Krieg aus. Im Pazifik stritten Großbritannien, die Vereinigten Staaten und das Deutsche Reich jahrelang um die kleinen Samoa-Inseln. Würde es gelingen, diesen Wandel des internationalen Systems in friedliche Bahnen zu lenken?

Q3 Die Monroe-Doktrin

Der US-amerikanische Präsident James Monroe äußerte sich am 2. Dezember 1823 vor dem Kongress mit folgenden Worten, die später als Monroe-Doktrin bekannt wurden:

Die Bürger der Vereinigten Staaten hegen die freundschaftlichsten Gefühle für Freiheit und Glück ihrer Mitmenschen auf jener [nämlich der europäischen] Seite des Atlantischen Ozeans. Wir haben niemals Partei ergriffen in den Kriegen der europäischen Mächte. (...) Mit den Vorgängen auf dieser Hemisphäre dagegen sind wir notwendigerweise unmittelbar verknüpft. (...) Wir (...) erklären, dass wir irgendwelchen Versuch, ihr System auf irgendeinen Teil dieser Hemisphäre auszudehnen, als gefährlich für unseren Frieden und unsere Sicherheit betrachten würden. (...) Was die Regierungen anbelangt, die ihre Unabhängigkeit erklärt und behauptet haben und deren Unabhängigkeit wir nach großer Überlegung und auf gerechte Prinzipien hin anerkannt haben, so könnten wir irgendeine seitens irgendeiner europäischen Macht unternommene Vermittlung, welche dem Zwecke dient, sie zu unterdrücken oder in irgendeiner Weise ihr Geschick zu bestimmen, nur als Kundgebung einer unfreundlichen Gesinnung gegen die Vereinigten Staaten ansehen. (...)

Es ist unmöglich, dass die verbündeten Mächte ihr politisches System auf irgendeinen Teil eines der beiden Kontinente ausdehnen, ohne unseren Frieden und unser Glück zu gefährden.

Zit. nach: Hermann Meyer/Wilhelm Langenbeck (Bearb.): Gründzüge der Geschichte. Historisch-politisches Quellenbuch Bd. 2. Frankfurt a. M. 1969, S. 117 f.

D1 Unabhängigkeit der südamerikanischen Staaten

Argentinische Konföderation	1810–1816
Kolumbien	1810
Republik Chile	1810–1817
Republik Paraguay	1811
Venezuela	1811
Ecuador	1811
Uruguay	1811–1826
Republik Peru	1821
Kaiserreich Brasilien	1822
Republik Bolivien	1825

Q4 Simon Bolivars Aufruf zur Befreiung, 1813

Venezolaner!

Von eurem Unglück berührt, konnten wir dem euch von den barbarischen Spaniern zugefügten Leid nicht gleichgültig gegenüberstehen: Sie haben euch durch ihre gierige Ausbeutung vernichtet; sie haben Zerstörung und Tod unter euch gebracht; sie haben die heiligsten Menschenrechte verletzt; sie verstießen gegen die feierlichsten Abmachungen und Verträge; und schließlich begingen sie eine Unsumme von Verbrechen und verwandelten dadurch die Republik von Venezuela in ein Land der schrecklichsten Verheerungen. Und so verlangt denn die Gerechtigkeit Rache und zwingt uns, sie zu nehmen, auf dass die Ungeheuer für immer von der südamerikanischen Erde verschwinden mögen, die sie verpesten und mit Blut bedecken. Das abschreckende Beispiel möge dem Ausmaß ihrer Niedertracht gleichkommen, um auf diese Weise unsere Schmach abzuwaschen und den Nationen der Welt zu zeigen, dass man die Söhne Südamerikas nicht ungestraft beleidigt.

Zit. nach: Geschichtliche Weltkunde. Quellenlesebuch, Bd. 2, S. 280 ff.

Q5 Simon Bolivar (1783–1830)

Zeitgenössischer Stich. Der in Caracas (Venezuela) geborene General wurde der bedeutendste militärische und politische Führer im Unabhängigkeitskampf des nördlichen Südamerika gegen die spanische Kolonialherrschaft. 1819 wurde er zum Präsidenten der Republik Groß-Kolumbien gewählt, die das spätere Kolumbien, Venezuela und Ecuador einschloss. Ab 1823 gewann er auch die Macht in Peru und wurde Präsident von Bolivien, wobei das ehemalige Oberperu nach ihm benannt wurde. Alle befreiten Länder zu einen gelang ihm allerdings nicht.

D2 Lateinamerika befreit sich von der spanischen Herrschaft (1808–1825)

Dem liberalen Bürgertum der Küstenstädte war vorrangig an einer Öffnung der Häfen und einer Lockerung der lästigen bürokratischen Fesseln gelegen. Dagegen wollte es nicht seine Rolle als regionale Führungselite einbüßen, (...), und schon gar nicht war es an tief greifenden sozialen Reformen interessiert. (...) Demgegenüber schlossen sich die Indios auf den Hochebenen Mexikos und Perus den Aufständen an, weil sie sich davon eine Verbesserung ihres drückenden sozialen Loses erhofften. (...) Lokale und regionale politische Führer (...) sahen nicht ein, warum sie nach dem Abschütteln des kolonialen Herrschaftsjoches nun dem Diktat der Machtelite der Hauptstadt gehorchen sollten. Da den städtischen Eliten zudem ein überlegener militärischer Apparat zur Durchsetzung ihres Regierungsanspruchs fehlte und sie auch nicht auf ein den Subkontinent umfassendes Nationalgefühl und eine funktionsfähige Verwaltung zählen konnten, brachen auseinander strebende Tendenzen auf. (...)

Lateinamerika. Geschichte – Wirtschaft – Gesellschaft. In: Informationen zur politischen Bildung, Heft 226 (2000), S. 9

Q7 Karikatur auf die Bekämpfung der Hungersnot in Indien aus der Satirezeitschrift „Lustige Blätter“ (1897). Auf der Brezel steht: „500 £“. Der Zeichner kommentiert die Reaktion der britischen Königin Viktoria auf eine der verheerenden Hungersnöte in Indien.

Q6 Die Bedeutung Indiens für Großbritannien

Lord Curzon, 1898–1905 Vizekönig von Indien, am 19. Oktober 1909 in einem Vortrag:

Es ist (...) klar, dass der Herr Indiens unter modernen Verhältnissen die größte Macht auf dem asiatischen Kontinent und damit, so darf man wohl hinzufügen, in der Welt sein muss. (...)

Zuerst lassen Sie mich Ihnen vor Augen führen, was Indien England und dem Reiche darbietet: Seine Volksmasse liefert uns die Arbeitskräfte, um unsere Länder, die wir überall auf der Erdkugel besitzen, auszubeuten. (...) Unser Indien ist ein Hauptfeld für die Verwendung britischen Kapitals, denn es liefert uns im Überfluss das Rohmaterial für einen großen Teil unserer Industrie und bedeutende Mengen an Nahrungsmitteln; dass es den reichsten Markt für unsere Industrieerzeugnisse bildet, ist hinlänglich bekannt. Aber in welchem Verhältnis der indische Handel zum Gesamthandel unseres Reiches steht, vergegenwärtigt man sich meistens nicht. Nicht weniger als ein Zehntel unseres gesamten Handels geht durch die indischen Seehäfen (...). Indien ist der bedeutendste Lieferant für Nahrungsmittel und Rohmaterial unseres Reiches und die Hauptkornkammer Großbritanniens: Seine Einfuhr nach dem United Kingdom in Weizen, Mais und Mehl übertrifft noch die Kanadas und ist doppelt so groß wie die Amerikas. Gleichzeitig ist Indien der beste Käufer für englische Erzeugnisse.

Zit. nach: G. Schönbrunn: Das bürgerliche Zeitalter 1815–1914. München 1980, S. 658ff.

Fragen und Anregungen

1. Erläutere das Vorgehen der europäischen Großmächte bei der Kolonialisierung der Welt (VT).
2. Werte Q1 und Q2 aus. Welche Vorstellungen und Ziele der Europäer kommen zum Ausdruck?
3. Wiederhole die Eroberung Lateinamerikas durch die Spanier und Portugiesen und erläutere die Wirtschafts- und Lebensweise der Kolonialherren dort.
4. Nenne die Gründe für den Sieg der lateinamerikanischen Befreiungskräfte (Q3–Q5, D2).
5. Informiere dich, über die hier abgedruckten Materialien hinaus, über die Kolonialinteressen der europäischen Mächte in China.
6. Erläutere die Bedeutung Indiens für das britische Empire (Q6). Überlege auch, welche Auswirkungen dies für die indische Bevölkerung gehabt haben mag. Interpretiere die Karikatur Q7.

3. Warum erobern die Europäer die Welt? – Mission, Zivilisation und Ausbeutung

Ist die „weiße Rasse" überlegen?

„Es ist unser Ziel", erklärte der König von Belgien 1897, „zur materiellen und geistigen Erneuerung von Völkern beizutragen, deren Erniedrigung und Elend fast unvorstellbar sind." Damit umschrieb er in wenigen Worten die Rechtfertigungsversuche vieler Politiker und Gelehrter, Kaufleute und Kolonialpropagandisten, aber auch so genannter „kleiner Leute", die seit den 1870er-Jahren die Inbesitznahme von Gebieten in Übersee befürworteten, wenn sie nicht sogar dorthin auswanderten. Sie hielten die „weiße Rasse" anderen Völkern gegenüber für kulturell überlegen. Viele glaubten daher, die „unterentwickelten Völker" in Afrika und Asien in deren eigenem Interesse zivilisieren und missionieren zu müssen. Zu diesen zählten sie selbst alte Hochkulturen wie Indien, China oder die der Aschanti in Westafrika.

„Kampf ums Dasein"

Eine wesentliche Triebkraft der europäischen Expansion war im ausgehenden 19. Jahrhundert auch die heute schwer verständliche Überzeugung, Kolonien seien notwendig, da im „Kampf der Staaten ums Dasein" nur mächtige und reiche Nationen in Zukunft eine Chance zum Überleben hätten. Die von dem englischen Biologen Charles Darwin entwickelte Theorie über die Entwicklung der Tierwelt, wonach nur derjenige überlebe, der sich am besten an seine Umwelt angepasst habe, wurde von den Anhängern dieser Idee einfach auf Menschen und Staaten übertragen. Beispiele aus der Geschichte schienen diese Theorie zu bestätigen. Damit einher ging die Überzeugung von der Bedeutung von Macht und Prestige für die Stellung des eigenen Staates im internationalen System. Nur wenn ein Staat ein großes Kolonialreich besaß, gehörte er demnach zu den führenden Mächten in der Welt.

Q1 „Die Zivilisation hält ihren Einzug"
Zeitgenössische Propagandapostkarte über die Zukunft von Kumasi (Ghana) nach dessen Eroberung durch Großbritannien.

Wirtschaftliche Interessen und Ausbeutung

„Sendungsbewusstsein“ und Angst vor dem eigenen Niedergang in einer Zeit, in der alle europäischen Staaten glaubten, um ihrer Zukunft willen expandieren zu müssen, waren häufig genug nur eine Rechtfertigung für die wirtschaftlichen Interessen von Industriellen, Kaufleuten und Politikern. Diese betrachteten Kolonien als billige Lieferanten von Rohstoffen für die einheimische Industrie oder Gebiete zur Abnahme der im eigenen Lande hergestellten Waren. Industrielle, Händler und Plantagenbesitzer versprachen sich davon zugleich hohe Gewinne. Politiker vieler Länder hingegen hofften, dadurch die von häufigen Krisen erschütterten heimische Konjunktur stabilisieren und so sozialen Unruhen im Innern vorbeugen zu können. Kaum eine dieser Hoffnungen erfüllte sich. Der Handel mit den Kolonien spielte im Vergleich zu dem mit „entwickelteren“ Staaten nur eine untergeordnete Rolle. Die Kosten für den Bau von Verkehrsverbindungen, Verwaltung und militärische Besatzung sowie die Niederschlagung von Aufständen überwogen meistens die Einnahmen. Auch als Siedlungsgebiete für weiße Auswanderer waren die meisten Kolonien nicht geeignet.

„Die Opfer“

Das Schicksal der einheimischen Bevölkerung interessierte die Kolonialherren – von wenigen Missionaren oder Kritikern des Imperialismus abgesehen – in der Regel kaum. So weit es ihren Interessen entsprach, versuchten sie das alltägliche Leben der Einheimischen zu bestimmen. Westliche Verwaltung und Gerichtsbarkeit, Grenzziehungen und militärische Besatzung dienten der Sicherung der Herrschaft, der Ausbeutung der Bodenschätze und dem Anbau von Produkten, die für die heimische Industrie und Bevölkerung wichtig waren. Durch Gesetze oder auch mit brutaler Gewalt wurden die Einheimischen gezwungen, in den Bergwerken oder auf den riesigen Plantagen zu niedrigsten Löhnen zu arbeiten. Die Entwicklung einer eigenen Industrie wurde hingegen ebenso wenig gefördert wie der Aufbau eines modernen Bildungswesens. Schwerwiegende Auswirkungen auf das Leben der Einheimischen hatte auch die Durchdringung überlieferter Moralvorstellungen und Lebensformen durch westliche Werte und Rechtsnormen. Die eigene kulturelle Identität ging in dieser Auseinandersetzung mit einer fremdartigen Kultur zunehmend verloren. Die Folgen dieser Entwicklung belasten noch heute das Verhältnis zwischen der „ersten“ und „dritten“ Welt.

Q2 Wie sich die Eroberer selbst sahen
Titelbild einer zeitgenössischen Beschreibung von „Leben und Forschungsreisen“ des britischen Afrikaforschers und Missionars Dr. David Livingstone.

Q3 Misshandlung. Foto, 1907.
Einheimische im belgischen Teil des Kongo, denen die Hände abgehackt wurden, weil sie zu wenig Kautschuk abgeliefert hatten. Da die wachsende Elektro-, Auto- und Fahrradindustrie immer größere Mengen Gummi benötigte, war der Handel mit Kautschuk ein lohnendes Geschäft.

Q6 Dorfschule in der französischen Kolonie Senegal
Schulen besuchten allerdings nur wenige Kinder. Foto, 1906.

Q4 Die Aufgaben der englischen Rasse

Der Kaufmann und Politiker Cecil Rhodes, 1877:

Ich behaupte, dass wir die erste Rasse der Welt sind und dass es für die Menschheit umso besser ist, je größere Teile der Welt wir bewohnen. (...) Darüber hinaus bedeutet es einfach das Ende aller Kriege, wenn der größere Teil der Welt in unserer Herrschaft aufgeht (...) Da (Gott) sich die Englisch sprechende Rasse offensichtlich zu seinem auserwählten Werkzeug geformt hat, (...) muss es auch seinem Wunsch entsprechen, dass ich alles in meiner Macht Stehende tue, um jener Rasse so viel Spielraum und Macht wie möglich zu verschaffen. Wenn es einen Gott gibt, denke ich, so will er daher eines gern von mir getan haben: Nämlich so viel von der Karte Afrikas britisch-rot zu malen wie möglich und anderswo zu tun, was ich kann, um die Einheit der Englisch sprechenden Rasse zu fördern und ihren Einflussbereich auszudehnen.

W. T. Stead (Hg.): The Last Will and Testament of Cecil J. Rhodes. London 1902, S. 58 f. u. S. 98. (Übersetzung von P. Alter)

Q5 Die Bedeutung von Kolonien für große Mächte

Der deutsche Historiker Heinrich v. Treitschke, 1890:

Alle großen Völker der Geschichte haben, wenn sie stark geworden waren, den Drang gefühlt, Barbarenländern den Stempel ihres Wesens aufzudrücken. Und heute sehen wir die Völker Europas drauf und dran, weit über den Erdkreis eine Massenaristokratie der weißen Rasse zu schaffen. Wer bei diesem gewaltigen Wettkampf nicht mitwirkt, wird später einmal eine klägliche Rolle spielen. Es ist daher eine Lebensfrage für eine große Nation heute, kolonialen Drang zu zeigen. Das erste Volk der Geschichte, das die Majestät des Welthandels erkannt hatte, die Phöniker, sind auch große Kolonisatoren gewesen. Dann folgt die Kolonisation der Griechen im östlichen und westlichen Becken des Mittelmeers, dann die Römer, im Mittelalter die Deutschen, Spanier und Portugiesen, schließlich Holland und England. (...) Ganz ohne Zweifel ist eine große koloniale Entwicklung ein Glück für ein Volk.

Zit. nach: H. Gründer: Der Imperialismus von 1870 bis 1914. Paderborn 1982, S. 53 f.

Q7 Die Bedeutung von Kolonien für Frankreich

Der Ministerpräsident Jules Ferry am 28. Juli 1885:

Diese kluge und maßvolle Kolonialpolitik ist für Frankreich einfach lebensnotwendig zu einer Zeit, in der alle Länder sich gegen ausländische Erzeugnisse sperren, was jedes Land nötigt, sich die für seine Landwirtschaft und seine Industrie unentbehrlichen Absatzmärkte zu sichern (...). Die überlegeneren Rassen haben außerdem ein Recht gegenüber den unterlegenen Rassen, und in dieser Hinsicht sollte Frankreich sich nicht der Pflicht entziehen, die Völker zu zivilisieren, die mehr oder minder barbarisch geblieben sind (...). Wenn Frankreich verzichtet (...), werden andere seinen Platz einnehmen, und während es auf den dritten oder vierten Platz herabfallen wird, werden sie auf den ersten gelangen.

Zit nach: L. Zimmermann: Der Imperialismus. Stuttgart 1971, S. 27.

Q8 „Missbrauch der Macht"

Der spätere französische Ministerpräsident Georges Clemenceau antwortet Ferry am 30. Juli 1885:

Überlegene Rassen! Minderwertige Rassen! Das ist leicht gesagt! Ich für meinen Teil bin da vorsichtig, seit ich erlebt habe, wie deutsche Gelehrte wissenschaftlich nachgewiesen haben, dass Frankreich den Krieg gegen Deutschland verlieren musste, weil die Franzosen den Deutschen gegenüber eine minderwertige Rasse seien. Die Hindus – eine minderwertige Rasse (...)? Die Chinesen? (...) Nein! Nein, es gibt kein Recht für so genannte überlegene Nationen gegenüber unterlegenen Nationen. Wir sollten nicht die Gewalt mit der heuchlerischen Bezeichnung Kultur verhüllen. Sprechen wir nicht von Recht oder Pflicht. Die Eroberung, die Sie propagieren, ist nichts anderes als der Missbrauch der Macht, die die Wissenschaft unserer Kultur gegenüber zurückgebliebenen Kulturen gibt. Sie dient dazu, sich der Menschen zu bemächtigen, sie zu foltern oder alles aus ihnen herauszuholen zum Profit des angeblichen Kulturbringers. Das ist nicht das Recht, das ist seine Negation. In diesem Zusammenhang von Kultur zu sprechen, bedeutet zur Gewalt noch die Heuchelei hinzuzufügen.

Zit. nach: K. Wohlt: „Gloire à la plus grande France". Imperialismus – das französische Beispiel. In: Praxis Geschichte. 1/1993, S. 22.

Q9 Die Rolle der Vereinigten Staaten in der Welt

Aus einer Rede des Senators Beveridge im April 1898:

Amerikanische Fabriken stellen mehr her, als für die Versorgung des amerikanischen Volkes notwendig ist. Die amerikanische Erde erzeugt mehr, als es verzehren kann. Das Schicksal hat uns unsere Politik vorgeschrieben: Der Handel der Welt muss und wird unser sein. (...) Wir werden in der ganzen Welt Handelsniederlassungen als Umschlagplätze für amerikanische Waren gründen. Unsere Handelsflotte wird bald über den ganzen Ozean fahren. Wir werden eine Kriegsmarine aufbauen, die unserer Größe entspricht. Aus unseren Handelsniederlassungen werden Kolonien erwachsen, die sich selbst regieren, unsere Flagge führen und mit uns Handel treiben. Auf den Bahnen des Handels werden unsere Institutionen unserer Flagge folgen. Und das amerikanische Recht, die amerikanische Ordnung, die amerikanische Zivilisation und die amerikanische Flagge werden an bis dahin blutigen und unkultivierten Ufern Fuß fassen, (...) die durch diese Werkzeuge Gottes aber von nun an schöner und zivilisierter werden. (...) Wenn dies bedeutet, dass das Sternenbanner über dem Panama-Kanal (...), über Hawaii (...), über Kuba und der Südsee wehen wird, so lassen Sie uns dies mit großer Freude begrüßen. (...) Kuba muss in unsere Hände fallen; aber das kann erst geschehen, wenn Spanien besiegt ist. (...) Im Pazifik liegt das eigentliche Feld unserer nächsten Aufgaben. (...) Die Philippinen müssen also logischerweise unser nächstes Ziel sein.

Zit. nach: W. J. Mommsen: Imperialismus. Seine geistigen, politischen und wirtschaftlichen Grundlagen. Hamburg 1977, S. 211.

Q10 Die russische Expansion

Der Außenminister Gortschakow erläuterte 1864:

Die Situation Russlands in Zentralasien ist die aller zivilisierten Staaten, welche sich in Kontakt mit nomadisierenden, halb wilden Völkerschaften ohne feste Organisation befinden. Die Sicherheit der Grenzen und des Handels verlangt in solchem Falle, dass der zivilisierte Staat ein gewisses Übergewicht über seine Nachbarn ausübe. Zunächst sind ihre Einfälle und Plünderungen zurückzuweisen. Um demselben ein Ende zu machen ist man genötigt, die Grenzbevölkerung zu einer mehr oder minder direkten Unterwerfung zu zwingen. Ist dieses Resultat erreicht, so nehmen die Grenzbewohner ruhigere und sesshaftere Gewohnheiten an, dafür werden sie aber nunmehr von ferner lebenden Stämmen beunruhigt. Der Staat ist verpflichtet, jene zu schützen, diese zu züchtigen. Daraus entspringt die Notwendigkeit entfernter, kostspieliger, sich stets wiederholender Expeditionen gegen einen Feind, den seine Organisation eigentlich unangreifbar macht.

Zit. nach: O. Hoetzsch: Russland in Asien. Geschichte einer Expansion. Stuttgart 1966, S. 27.

Q11 Keine Erfahrung mit den Weißen

Der Schriftsteller Cheikh Hamidou Kane aus Senegal schildert die Überlieferung seines Volkes an die Ankunft der Franzosen:

Einige (...) schwenkten ihre Schilde, senkten ihre Speere und zielten mit ihren Flinten. Man ließ sie herankommen, dann ließ man die Kanone donnern. Die Besiegten verstanden nichts. Andere wollten palavern [verhandeln]. Man schlug ihnen vor, zwischen Freundschaft und Krieg zu wählen. Sehr vernünftig wählten sie die Freundschaft: Sie hatten nicht die geringste Erfahrung. Das Ergebnis war nämlich überall das gleiche. Die gekämpft hatten und die sich ergeben hatten, die Verträge geschlossen und die stur geblieben waren, fanden sich am nächsten Tag gezählt, aufgeteilt, in Klassen eingeteilt, etikettiert, zur Armee eingezogen und verwaltet.

Ch. H. Kane: L'Aventure ambiguë. Paris 1961, S. 65. Dt. nach F. Ansprenger: Geschichte Afrikas. München 2002, S. 81 f.

Q12 „Angriff der Dahomeer [Einwohner Benins] – abgeschlagen von einem französischen Kanonenboot“
Französische Zeichnung, 1892.

D1 Einführung westlicher Werte und Lebensformen

Ein deutscher Historiker über die Folgen des Imperialismus, 1993:

Ungeachtet der großen humanen Kosten, die der Prozess der Expansion Europas über den Erdball mit sich gebracht hat, sollte nicht übersehen werden, dass dieser unter anderem auch ein säkularer Akkulturationsprozess [Kulturwandel] gewesen ist, durch welchen westliche Wertideale, westliche Lebensformen, westliche Technologie und Wissenschaft, westliche Modelle politischer Organisation – beispielsweise der Nationalstaat mit bürokratischem Verwaltungsstab – und vieles andere mehr an die Peripherie gebracht worden sind, Dinge, auf die auch die heutigen Führungseliten in der post [nach]-imperialistischen überseeischen Welt keinesfalls verzichten wollen.

W. Mommsen: Die Epoche des europäischen Imperialismus. In: Praxis Geschichte 1/1993, S. 7.

D2 „Tiefe politische Leere“

Der in Kenia geborene Politikwissenschaftler Ali A. Mazrui schrieb 1980:

Die Europäer zerstörten die afrikanischen Einrichtungen für die Ausübung von Autorität und Regierungsgewalt; sie hinterließen eine tiefe politische Leere. Die Regeln des Zusammenlebens, wie sie in der vorkolonialen Zeit bestanden, die Werte der indigenen Gesellschaften und die gemeinsam getragenen Verantwortlichkeiten für das Miteinanderauskommen wurden von künstlichen, aus Europa importierten Vorstellungen ersetzt. (...) Die Europäer unterschieden in den Kolonien einen so genannten Stamm vom anderen, während sie gleichzeitig die Stämme zwangen, in neuen staatlichen Grenzen zu leben. Eine koloniale Gesellschaft nach der anderen erlebte das Entstehen neuer sozialer Klassen, ohne dabei auch die Fähigkeit zu entwickeln, soziale Konflikte wirkungsvoll beizulegen. Und in jene Kolonien, die sich aufgrund ihrer klimatischen und sonstigen Bedingungen für Europäer besonders gut eigneten, ergoss sich ein Strom europäischer Siedler, die den Boden bereiteten für künftige Konflikte mit den indigenen Bewohnern. (...) Ebenfalls ein Produkt wechselseitiger Einwirkung zwischen Afrika und Europa ist das ganze Problem des Rassismus. Das Kreuz der Erniedrigung, das Afrika durch die Jahrhunderte getragen hat und noch immer trägt, gründet zu einem erheblichen Teil auf dem Rassismus und der kulturellen Arroganz der Europäer.

Zit. nach: P. Alter (Hg.): Der Imperialismus. Stuttgart 1991, S. 66 f.

Fragen und Anregungen

1. Mit welchen Gründen rechtfertigten Zeitgenossen den Erwerb von Kolonien (Q1, Q2, Q5–Q7, Q9, Q10)?
2. Warum beurteilten Zeitgenossen damals und beurteilen Historiker heute das Zeitalter des Imperialismus sehr kritisch (Q3, Q4, Q8, Q11, D1, D2)? Finde ein eigenes Urteil.
3. Beschreibe das Verhältnis zwischen der einheimischen Bevölkerung und den Europäern (Q3, Q4, Q11, Q12).
4. Wie beurteilen Mommsen und Mazrui die Folgen des Imperialismus für die einheimische Bevölkerung in Afrika? Diskutiert deren Meinung (D1, D2).
5. Informiere dich über die heutigen Probleme zwischen Europa und der so genannten Dritten Welt. Inwieweit haben diese historische Ursachen?
6. Nenne Methoden imperialistischer Expansion und diskutiert deren Folgen.

4. „Kein Sonnenuntergang in unserem Reich" – das Deutsche Reich als Kolonialmacht

„Deutschland ist zu kurz gekommen"

Der Wettlauf der anderen Mächte um Kolonien ließ auch in Deutschland den Ruf immer lauter werden, sich daran zu beteiligen. Politiker, Kaufleute und Kolonialpropagandisten versuchten seit Beginn der 1880er-Jahre, die Öffentlichkeit und die politisch Verantwortlichen von deren Nutzen zu überzeugen. Im April 1884 veröffentlichte eine eigens gegründete „Gesellschaft für deutsche Kolonisation" einen Aufruf, in dem es hieß: „Die deutsche Nation ist bei der Verteilung der Erde, wie sie vom Ausgang des 15. Jahrhunderts bis auf unsere Tage stattgefunden hat, leer ausgegangen." Wenige Wochen später sollte sich die darin enthaltene Forderung nach dem Erwerb von Kolonien erfüllen. Nach langem Zögern wies Bismarck den Konsul in Kapstadt an, die von einem Bremer Kaufmann im Tausch für 200 alte Gewehre und 100 englische Pfund gekauften Gebiete im heutigen Südwestafrika unter den Schutz des Deutschen Reiches zu stellen. Wie ist dieser Umschwung zu erklären?

Bismarck und die Kolonien

Bisher hatte Bismarck den Erwerb von Kolonien aus finanziellen, vor allem aber aus außenpolitischen Gründen abgelehnt. Er befürchtete, eine deutsche Beteiligung am Wettrennen um Kolonien könnte Konflikte mit anderen Großmächten zur Folge haben. Diese drohten seine Politik der Sicherung des Reiches in der Mitte Europas zu gefährden. Um die anderen Großmächte, namentlich Frankreich, von Deutschland abzulenken, förderte er sogar deren Kolonialstreben. 1884/85 erschien ihm die außenpolitische Lage frei von Konflikten. Im Hinblick auf die bevorstehenden Reichstagswahlen und angesichts einer länger anhaltenden Konjunkturkrise sprachen auch innenpolitische und wirtschaftliche Gründe für eine Kursänderung in der Kolonialfrage. Die von Kaufleuten wie Adolf Lüderitz und Adolf Woermann, Forschungsreisenden wie Gustav Nachtigall und Abenteurern wie Carl Peters erworbenen Gebiete an der West- und Ostküste Afrikas erhielten nun den Schutz des Reiches. Hinzu kamen einige Inseln im Pazifik. Zur Enttäuschung vieler Zeitgenossen blieb Bismarck jedoch ein vorsichtiger Kolonialpolitiker. Die Gründe dafür erläuterte er einem Afrikaforscher 1888: „Ihre Karte von Afrika ist ja sehr schön, aber meine Karte von Afrika liegt in Europa. Hier liegt Russland, und hier (...) liegt Frankreich und wir sind in der Mitte; das ist meine Karte von Afrika." Viele seiner Zeitgenossen und führende Politiker mit dem jungen Kaiser Wilhelm II. an der Spitze teilten diese Auffassung jedoch nicht. Sie träumten von einem „Weltreich", ohne die damit verbundenen Gefahren realistisch einzuschätzen.

„Reichskolonialuhr" Q1
„Kein Sonnenuntergang in unserem Reich", um 1900.

Die einheimische Bevölkerung

Die deutsche Kolonialherrschaft unterschied sich kaum von der anderer Mächte. Um die eigene Herrschaft zu sichern und die erworbenen Gebiete Gewinn bringend nutzen zu können, griff die Kolonialverwaltung massiv in das Alltagsleben der Einheimischen ein und veränderte es innerhalb kurzer Zeit. Wegen der oft ungerechten und willkürlichen Behandlung der Bevölkerung durch deutsche Beamte, Soldaten und Siedler kam es in fast allen Kolonien zu Aufständen. Diese wurden durch deutsche Truppen oft mit großer Brutalität niedergeschlagen. In Südwestafrika lebten nach einem Aufstand in den Jahren 1904–1907 von den ursprünglich ca. 80 000 Hereros nur noch 15 130; in Ostafrika verloren 75 000 Menschen ihr Leben, als die Kolonialherren eine Erhebung in den Jahren 1906/07 niederschlugen. Erst die öffentliche Kritik in Deutschland an der fast vollständigen Vernichtung des Stammes der Nama in Südwestafrika hatte eine Reform der Kolonialverwaltung zur Folge.

Q2 „Züchtigung eines Eingeborenen“
Diese Karte von 1913 wurde als Gruß verschickt, da die Prügelstrafe als „normales“ Mittel der Erziehung betrachtet wurde.

Q3 Kolonialpolitik ist Ausbeutung

Der Führer der oppositionellen Sozialdemokratischen Partei August Bebel am 26. Januar 1889 im Reichstag:

Wo immer wir die Geschichte der Kolonialpolitik in den letzten drei Jahrhunderten aufschlagen, überall begegnen wir Gewalttätigkeiten und der Unterdrückung der betreffenden Völkerschaften, die nicht selten schließlich mit deren vollständiger Ausrottung endet. Und das treibende Motiv ist immer, Gold, Gold und wieder nur Gold zu erwerben. (...) Ich gehe weiter und sage, dass sogar im Falle einer kolonialen Bearbeitung der ostafrikanischen Ländereien, wie sie unter die deutsche Schutzherrschaft gestellt sind, durch eine europäische oder deutsche Kolonialgesellschaft für die Einwohner der betreffenden Länder nicht einmal irgendein Vorteil erwächst. (...) Der Arbeiter ist selbst in den Augen vieler unserer zivilisierten europäischen Unternehmer eigentlich nur ein Werkzeug, ein Arbeitsmittel, das nach Möglichkeit ausgenutzt werden muss. Dieses gilt noch in viel höherem Maße von den tiefer stehenden Rassen, die man als inferior (minderwertig) betrachtet, und gegen die instinktiv eine gewisse Verachtung und ein großer Hass vorhanden ist. Man gewöhnt sich zu leicht, in dem Schwarzen einen Menschen inferiorer Rasse zu sehen, gegen den man sich alles erlauben dürfe, gegenüber dem es in der Behandlung gar keine andere Grenze gebe als die des eigenen persönlichen Nutzens, des größten Vorteils für den Unternehmer.

Stenographische Berichte über die Verhandlungen des Reichstages. Bd. 105, Berlin 1889, S. 628.

Q4 Kolonialpolitik als Wirtschaftspolitik

Der deutsche Staatssekretär im Reichskolonialamt, Bernhard Dernburg, im November 1907:

1. Sie sichert der stetig wachsenden Bevölkerung unseres Vaterlandes, die (...) auf den Export angewiesen bleibt, zunächst große und sich steigernde Aufträge, also: Arbeit. (...)
2. Kolonien sichern der deutschen Produktion einen großen Teil derjenigen Rohstoffe, welche zum eigenen Gebrauch innerhalb der Nation und zum Zwecke der Veredelung des Arbeitsmaterials vieler Millionen deutscher Arbeiter dienen.
3. Sie sichert dem deutschen Fabrikanten, dem deutschen Arbeiter einen Einfluss auf die Preisgestaltung dieser Rohmaterialien gegenüber monopolistischen Tendenzen des Auslandes. (...)
4. Sie schützt und stärkt unsere nationale Zahlungsbilanz. (...) Das ist die Bedeutung einer deutschen kolonialen Wirtschaft im Lichte der gegenwärtigen handelspolitischen Weltlage. Ihre Ausführung bedeutet demnach nicht mehr und nicht weniger als die Frage der Zukunft der nationalen Arbeit, die Frage des Brotes vieler Millionen Industriearbeiter, die Frage der Beschäftigung der heimischen Kapitalien im Handel, im Gewerbe, in der Schifffahrt. Es wäre demnach nichts weniger als ein großes Vergehen an Deutschland und seiner industriellen Zukunft, wenn nicht alle ernsthaften kaufmännisch gebildeten Deutschen dieser Frage ihr allergrößtes Interesse zuwenden würden.

Zit. nach: J. Hohlfeld (Hg.): Dokumente der deutschen Politik und Geschichte, Bd. 2. Berlin o. J, S. 167–169.

Q5 Der Häuptling von Balibe mit seinen zwanzig Frauen

Q6 **„Arbeit ohne Unterlass"**

Ein 85-jähriger Häuptling aus Togo erinnert sich an die deutsche Kolonialzeit:

Neben der harten Arbeit beim Straßen- und Brückenbau galt es, schwere Lasten (…) zu tragen. Baumwollsäcke und anderes Gepäck der Weißen. Nach dem Ende der festgesetzten Frist von zwölf Tagen wurde einem ein Stück Papier oder eine kleine Aluminiummarke ausgehändigt. Das war die „Steuerbescheinigung". (…) Sie ließen die Menschen auf die Wege und Straßen (…) bringen, um die „Bayari" [Steuerarbeit] abzuleisten. Ha, ha! Wissen Sie, die „Bayari": eine Arbeit ohne Pause. Wenn du dich bücktest, um Erde auszuheben oder mit der Kreuzhacke zu arbeiten, hattest du kein Recht, dich wiederaufzurichten. (…) Wer auch nur innehielt und sich eine Sekunde aufrichtete, erhielt von den rüden Wachsoldaten eine unbarmherzige Bastonnade [Prügel]. (…) Einige Leute starben davon! (…) Diejenigen, die es schafften, etwa durch Flucht, sich den harten, von den „Djama" [Deutsche] auferlegten Arbeiten zu entziehen, diese gewannen dadurch wahrlich nichts: Die Soldaten kamen und konfiszierten all ihr Gut und trugen es weg.

Zit. nach: H. Gründer (Hg.): „… da und dort ein junges Deutschland gründen". Rassismus, Kolonien und kolonialer Gedanke vom 16. bis zum 20. Jahrhundert. München 1999, S. 281 f.

Q7 **Lehrer in Kamerun nach der Trauung**

Foto, 1902. Auch zutiefst private Bereiche wandelten sich unter dem Einfluss europäischer Vorstellungen von Recht, Sitte und Moral.

Fragen und Anregungen

1. Wie begründeten Befürworter und Gegner ihre Haltung hinsichtlich des Erwerbs von Kolonien (Q3, Q4)?
2. Stelle die Ausführungen Bebels und Dernburgs gegenüber (Q3, Q4). Vergleiche mit Argumenten für und gegen die „Globalisierung" heute.
3. Wie beurteilte die afrikanische Bevölkerung die Kolonisierung (Q6)?
4. Beschreibe die Methoden deutscher Kolonialherrschaft (Q2, Q3, Q7).
5. Erörtere die Auswirkungen der Kolonialherrschaft auf den Alltag der Kolonisierten sowie die unmittelbaren und die langfristigen Folgen (Q5–Q7).
6. Beschreibe das Selbstverständnis Deutschlands als Kolonialmacht und suche nach möglichen Erklärungen dafür (VT, Q1).

5. Deutsche Weltpolitik, internationales Wettrüsten und neue Bündnisse in Europa

1897/98	Das Deutsche Reich beginnt Weltpolitik zu treiben.
1904	Großbritannien und Frankreich bereinigen ihre kolonialen Differenzen und schließen sich zur „Entente Cordiale" zusammen.
1907	Großbritannien und Russland einigen sich über eine Aufteilung ihrer Interessensphären in Asien.
1912	Versuche, das deutsch-englische Wettrüsten zur See durch Verhandlungen zu beenden, scheitern.
1912/13	Das internationale Wettrüsten zu Lande beschleunigt sich.

„L'enfant terrible" („Der Störenfried") Q1
Englische Karikatur aus dem Jahre 1890.

Kurswechsel – Deutschland Erbe Großbritanniens?

„Die leitenden deutschen Staatsmänner und allen voran Kaiser Wilhelm", so berichtete der österreichische Botschafter in Berlin am 21. Mai 1900, „haben den Blick in die ferne Zukunft geworfen und streben danach, die in letzter Zeit mit großen Schritten heranwachsende Stellung Deutschlands als Weltmacht zu einer dominierenden zu machen, und rechnen hierbei darauf, seinerzeit auf diesem Gebiet die lachenden Erben Englands zu werden." War dieses Urteil berechtigt?

Warum will Deutschland Weltmacht werden?

In der Mitte der 1890er-Jahre schlugen die verantwortlichen deutschen Politiker einen neuen Kurs in der Außenpolitik ein. Deutschland sollte nicht mehr nur eine führende Rolle auf dem Kontinent spielen, sondern wie Großbritannien, Russland und die Vereinigten Staaten auch eine bedeutende Welt- und Kolonialmacht sein. Wichtigster Repräsentant dieser Strömung war Kaiser Wilhelm II. Bei öffentlichen Auftritten verkündete er, „ohne Deutschland und ohne den Deutschen Kaiser [dürfe] keine große Entscheidung mehr fallen". Ausgelöst wurde dieser Kurswechsel durch die Sorge, bei dem Wettrennen um die letzten noch „freien" Gebiete der Erde – den „Platz an der Sonne", wie es der spätere Reichskanzler Bülow 1897 im Reichstag ausdrückte – erneut zu spät zu kommen. Um das Erreichte zu sichern und die weitergehenden Ziele zu erreichen, erschien der Bau einer mächtigen Kriegsflotte notwendig. Diese war ein weithin sichtbares Symbol der Stärke. Notfalls konnte sie die eigenen Ansprüche auch militärisch durchsetzen. In weiten Kreisen der Bevölkerung stieß diese Politik auf große Zustimmung. Das zeigte sich auch in der Mode: Viele Jungen und Mädchen aus bürgerlichen Familien trugen voller Stolz den Matrosenanzug. Mehr als eine Million Menschen waren bald auch Mitglieder des Deutschen Flottenvereins und anderer „nationaler" Verbände. Diese warben mit modernen Mitteln – Vorträgen, Diaschauen, Flottenschauspielen und Plakaten – für die Politik der Regierung. Sie versprachen sich davon mehr Macht und Prestige, Einfluss und Reichtum für das Deutsche Reich. Allein die Anhänger der Sozialdemokratischen Partei und einige Linksliberale beobachteten den Übergang von der Kontinental- zur Weltpolitik mit großer Sorge.

Das Deutsche Reich – eine „nervöse Großmacht“

Diese Sorgen sollten sich sehr bald als berechtigt erweisen. Um seinen Weltmachtanspruch deutlich zu machen, mischte sich das Deutsche Reich seit der Mitte der 1890er-Jahre immer wieder in internationale Konflikte ein: 1896 griff es Großbritanniens Politik in Südafrika in unnötig scharfer Form öffentlich an, 1897 besetzte es einen Küstenstreifen in China, im Pazifik stritt es mit den Regierungen in Washington und London viele Jahre um die Aufteilung der Samoa-Inseln. Im Osmanischen Reich schließlich sollte der Bau einer Bahnlinie bis an den Persischen Golf die deutschen Interessen wahren helfen. Diese Region betrachtete Großbritannien jedoch als seine Einflusssphäre. Erst 1914 konnten die Auseinandersetzungen über den Verlauf der „Bagdadbahn“ in Verhandlungen beigelegt und mit dem Bau begonnen werden. Diese Ungeduld der Reichsleitung bei der Verwirklichung ihrer Ziele weckte zunehmend das Misstrauen der anderen Großmächte. Vergeblich klagte der deutsche Botschafter in London bereits 1901: „Wenn man in Deutschland doch nur stillsitzen könnte, dann würde die Zeit kommen, wo uns die gebratenen Tauben in den Mund fliegen.“ Historiker bezeichnen das Deutsche Reich daher heute auch als „nervöse Großmacht“, die nicht berechenbar und daher äußerst gefährlich erschien.

Wettrüsten zur See

Großbritannien fühlte sich durch das deutsche Auftreten in der internationalen Politik und den Bau einer starken Flotte besonders bedroht. Dessen Stellung als führender Weltmacht beruhte auf der Überlegenheit der eigenen Flotte gegenüber möglichen Konkurrenten. Verhandlungen über eine Begrenzung der Flottenrüstung lehnte die Regierung in Berlin mehrfach ab. Sie hoffte, nach Fertigstellung der Flotte für ihr Entgegenkommen einen viel höheren Preis erzielen zu können. Die Folge war ein gefährliches und kostspieliges Wettrüsten zur See. Ab 1905/06 begann die englische Regierung ihrerseits neue und stärkere Kriegsschiffe bauen zu lassen. Obwohl auch Deutschland seine Flotte mehrfach verstärkte, konnte Großbritannien die Vorherrschaft zur See wahren.

Q2 Zeitgenössischer Einband einer Publikation über die deutsche Flottenpolitik, 1896
„Deutschlands Zukunft liegt auf dem Wasser“, behauptete Kaiser Wilhelm II., der sich selbst mit der Planung der Flotte beschäftigte.

Q3 Die Welt wird aufgeteilt
Den Kampf um die besten „Stücke“ bei der Verteilung der Welt illustriert diese Postkarte der Zentrumspartei anlässlich des Reichstagswahlkampfes 1912.

Einkreisung Deutschlands?

Der deutsch-englische Rüstungswettlauf war auch maßgeblich für Veränderungen in den Beziehungen zwischen den Mächten verantwortlich. Großbritannien hatte bereits um die Jahrhundertwende begonnen, sich mit seinen Rivalen – den USA (1901) und Japan (1902) – in Mittel- und Südamerika sowie in Asien zu einigen. Von besonderer Bedeutung für die Stellung Deutschlands unter den Mächten waren jedoch die Abkommen Großbritanniens mit Frankreich (1904) und Russland (1907) über die Beilegung kolonialer Streitfragen. Diese Abkommen entwickelten sich bald zu bündnisähnlichen Vereinbarungen. Durch aggressives und ungeschicktes Verhalten festigte das Deutsche Reich die Verbindungen dieser Mächte weiter: In zwei Krisen, die sich 1905 bzw. 1911 um wirtschaftliche Interessen in Marokko entspannen, hatte die Reichsleitung versucht, mit einer Politik der Stärke und der Androhung von militärischer Gewalt, die deutschen Ansprüche bei der Verteilung der noch „freien“ Gebiete gegenüber Frankreich deutlich zu machen. Die englische Regierung stellte sich jedoch schützend hinter Frankreich. Dadurch wiederum wuchs in Deutschland das Gefühl, von der „Triple-Entente“ – wie dieser bündnisähnliche Zusammenschluss genannt wurde – „eingekreist“ zu werden.

Allgemeines Wettrüsten

Seit der diplomatischen Niederlage in der zweiten Marokkokrise rüstete das Deutsche Reich daher neben der Flotte nun auch die Armee in großem Umfang auf. So begann ein internationales Wettrüsten zu Lande. Unterstützt wurde dies von nationalistischen Agitationsvereinen wie dem Deutschen Flottenverein oder dem Alldeutschen Verband, die sich lautstark für die Wahrung deutscher Interessen einsetzten. Die anderen Mächte beantworteten die deutsche Aufrüstung mit weiteren Rüstungen. Dadurch entstand ein allgemeines Wettrüsten, das die Spannungen zwischen der Triple-Entente und dem Dreibund (Deutschland, Österreich-Ungarn und Italien) weiter verschärfte. Bemühungen, das Wettrüsten durch Verhandlungen, zu denen der englische Kriegsminister Haldane im Februar 1912 eigens nach Berlin gereist war, zu beenden, scheiterten am gegenseitigen Misstrauen. Viele Menschen hatten daher bald das Gefühl, Europa stünde am Rande einer Katastrophe. Sollten sie Recht behalten?

D1 Rüstungsausgaben (in Millionen Mark):

	1905	1910	1913
Frankreich	991	1177	1327
Russland	1069	1435	2050
England	1263	1367	1491
Deutschland	1064	1377	2111
Österreich-Ungarn	460	660	720

Reichsarchiv (Hg.): Kriegsrüstung und Kriegswirtschaft. Anlagenband. S. 530.

D2 Der Bau schwerer Kampfschiffe

	1889 bis 1900	1900 bis 1910	1910 bis 1913
England	38	36	20
Deutschland	12	25	13
Frankreich	15	11	11
Russland	15	6	4

W. Kleinknecht/H. Krieger (Hg.): Handbuch des Geschichtsunterrichts, Bd. 5. Frankfurt a. M. 1965, S. 119 f.

Q4 „Der Hergott [ist] bei den Starken"

Der nationalliberale Reichstagsabgeordnete Gustav Stresemann zur Flottenpolitik, 1907:

Man klagt in sozialdemokratischen Kreisen über das Geld für Heer und Flotte. Man sagt, Milliarden steckt ihr hinein, was könntet ihr damit tun für die Kultur, für die Geisteswissenschaften und Armenfürsorge. Zunächst sind wir aber in der Technik so weit, dass das Geld zum größten Teil in die Taschen des deutschen Volkes zurückkommt. Die Schiffe, die wir bauen, konstruiert der deutsche Techniker und baut der deutsche Arbeiter, die Kasernen baut der deutsche Maurer, die Kleider machen deutsche Fabriken; man kann nicht sagen, dass das deutsche Nationalvermögen um Milliarden ärmer wird. Diese Beträge fließen durch eine große Reihe von Kanälen an das deutsche Volk. Aber selbst wenn wir Ausgaben machten, die wir nicht zurückbekämen, dann muss man doch zugeben, dass wir durch unser starkes Heer, durch unsere Rüstungen zu Lande 35 Jahre dem deutschen Volke den Frieden erhalten, jedem Einzelnen die Möglichkeit gegeben haben, für sich und seine Familie zu schaffen und zu wirken, und dadurch erst den Untergrund für unsere wirtschaftliche Entwicklung gelegt haben. So haben wir auch dadurch sehr viel für die Kultur getan, und zwar mehr, als wir jemals auf anderem Wege dafür hätten tun können. Auf diesem Boden stehen wir (...), wenn wir die Anschauungen hinaustragen in das Volk: Bitter Not ist uns eine starke Flotte. Wenn wir den Nachdruck auf das Wort „starke" legen, so ist es deshalb, weil wir sehen, dass in der Weltgeschichte immer ein Volk an die Stelle des anderen tritt und schließlich der Herrgott im Kampfe bei den starken Bataillonen ist.

Zit. nach: D. Fricke (Hg.): Dokumente zur deutschen Geschichte 1905–1907. Frankfurt a. M. 1977, S. 74 f.

Q5 Englands Haltung zur deutschen Flottenpolitik

Der deutsche Botschafter nach einem Treffen mit den britischen Ministern Grey (Außenminister) und Lloyd George (Schatzkanzler), Sommer 1908:

Beide Minister waren der Ansicht, dass die Situation zwischen England und Deutschland sich um die Flottenfrage drehe. Die Auslagen für die englische Flotte würden infolge des deutschen Flottenprogramms und des beschleunigten Flottenbaues dermaßen in die Höhe gehen und das Gefühl von der deutschen Gefahr würde damit dermaßen an Intensität zunehmen, dass die Beziehungen zwischen den Ländern sich nicht bessern könnten, solange sie sich in der Flottenkonkurrenz gegenseitig in die Höhe schraubten. Jeder Engländer würde seinen letzten Pfennig daransetzen, um sich die Überlegenheit zur See zu wahren, von welcher nicht nur die Weltstellung Englands, sondern auch seine Existenz als unabhängiger Staat abhänge. Die ruinösen Ausgaben, zu denen die Flottenkonkurrenz triebe, könnten vertrauensvolle Beziehungen zwischen beiden Nationen nicht aufkommen lassen. Wer auch nur einigermaßen England kenne, wisse, dass hier nicht die Absicht bestehe, Deutschland mit der englischen Flotte zu bedrohen oder gar Deutschland anzugreifen. Eine Landung sei schon in Anbetracht der englischen Armeeverhältnisse gänzlich ausgeschlossen. (...) Für England dagegen sei eine mächtige deutsche Flotte mit einer noch mächtigeren Armee im Hintergrund eine reale Gefahr.

Zit. Nach: J. Lepsius u. a. (Hg.): Die Große Politik der europäischen Mächte. Bd. 24. Berlin 1925, S. 99 f.

Q6 „Kämpfen oder ehrenvoll untergehen?"

Aufzeichnung über eine Rede von Admiral von Tirpitz vom 9. Oktober 1913:

Unser Auswärtiges Amt kommt seit Jahren den englischen Bestrebungen offenkundig entgegen. Dort treibt man Augenblickspolitik und arbeitet für den Schein der Gegenwart anstelle große Ziele ins Auge zu fassen und an die zukünftige Gestaltung der Dinge zu denken. Die Verbrüderung mit England – deren Vorbedingung das Fallenlassen des Flottengesetzes ist – scheint dort als das bequemste Mittel, billige Erfolge einzuheimsen. (...) Die Frage, (...) ob Deutschland seine Weltstellung wenn nötig England gegenüber erkämpfen soll – mit dem großen Einsatz, den dieser Kampf in sich schließt –, oder ob es sich auf die Stellung als europäische Kontinentalmacht zweiter Ordnung von vornherein beschränken soll, diese Frage ist letzten Endes Sache des politischen Glaubens. Schließlich scheine es einer großen Nation würdiger, um das höchste Ziel zu kämpfen und vielleicht ehrenvoll unterzugehen als ruhmlos auf die Zukunft zu verzichten.

Bundesarchiv-Militärarchiv, Nachlass Tirpitz N 253/423.

Q7 Neue nationalistische Welle in Frankreich

Der englische Botschafter über die französische Aufrüstung, Februar 1913:

Die Gründe für vermehrte Rüstungen wurden der Öffentlichkeit mit großer Überzeugungskraft und Geschicklichkeit dargelegt, namentlich vom „Temps", der seit einiger Zeit durch eine Reihe von Artikeln über deutsche Politik und Rüstungen (...) einer neuen Entwicklung der Militärpolitik den Weg bereitet hat. Der bemerkenswerteste Umstand in der inneren Lage Frankreichs während der letzten zwölf Monate war das Wiederaufleben eines Geistes willensstarker Vaterlandsliebe. Monsieur Poincarés [Ministerpräsident und Außenminister] Ministerium und insbesondere Monsieur Millerand als Kriegsminister haben viel zur Förderung dieses Geistes getan. Eins der ersten Anzeichen der „nationalistischen" Welle, die jetzt über Frankreich hinwogt, war die außerordentliche Begeisterung der Volksmassen bei den (...) wiedereingeführten wöchentlichen Zapfenstreichen durch die Straßen von Paris. Man betrachtet Monsieur Poincaré, mit Recht oder Unrecht, als Verkörperung des neuen Geistes in Frankreich, und seine derzeitige große Beliebtheit ist in hohem Grad diesem Umstand zuzuschreiben. Die Öffentlichkeit wird häufig daran erinnert, dass er aus Französisch-Lothringen stammt, und man sagt von ihm, er teile die Gefühle seiner lothringischen Landsleute, die für die patriotischsten aller Franzosen gelten.

Zit. nach: E. Hölzle (Hg.): Quellen zur Entstehung des Ersten Weltkrieges. Internationale Dokumente 1901–1914. Darmstadt 1978, S. 145.

Q8 „Im Dreadnought-Fieber"

Die Karikatur von 1909 illustriert die Gefahren des Wettrüstens. Dreadnought war ein britischer Schlachtschifftyp.

Q9 „Krieg sei uns heilig"

Der Vorsitzende des Alldeutschen Verbandes, 1912:

Wie die Gebildeten in unserem Volke, die Leute mit etwas politischem Blicke, allmählich erkannt haben, dass die Politik der Saturiertheit unserer wirklichen Lage nicht mehr entspricht, so ist es geboten, dass alle am öffentlichen Leben Interessierten umdenken lernen und verlangen, dass wir tätige äußere Politik treiben, sagen wir ruhig aggressive. (...) Der Krieg sei uns heilig wie das läuternde Schicksal; wie dieses das Leben des Einzelnen oder eines Geschlechtes bessern kann oder vernichten, so denke man sich den Krieg und glaube daran, dass nur der im Sinne der Ewigkeit Schlechte und Unbrauchbare unterliegen wird. Heilig sei uns der Krieg wie das läuternde Schicksal, denn er wird alles Große und Opferbereite, also Selbstlose wecken in unserem Volke und seine Seele reinigen von den Schlacken der selbstischen Kleinheit. Wert sei er uns als der Prüfstein der Kraft und Tüchtigkeit und aller männlichen Tugenden. Willkommen sei er uns als der Arzt unserer Seelen, der mit stärksten Mitteln uns heilen wird.

D. Frymann: Wenn ich Kaiser wär. Politische Wahrheiten und Notwendigkeiten. Leipzig 1912, S. 137, 182 f.

Q10 Gegen die imperialistische Rüstungspolitik

Aus dem Manifest der Sozialdemokratischen Partei Deutschlands und der Sozialistischen Partei Frankreichs vom 1. März 1913:

Die französische und die deutsche Sozialdemokratie erheben einmütig und einstimmig Protest gegen die unaufhörlichen Rüstungen, die die Völker erschöpfen, sie zur Vernachlässigung der wichtigsten Kulturaufgaben zwingen, das gegenseitige Misstrauen steigern und, statt den Frieden zu sichern, Konflikte heraufbeschwören, die zu einer Weltkatastrophe führen mit Massenelend und Massenvernichtung im Gefolge. (...) Die herrschenden Klassen hüben und drüben sind es, die die nationalen Gegensätze, statt sie zu bekämpfen, künstlich verschärfen, die gegenseitige Feindseligkeit schüren und dadurch die Völker von ihren Kulturbestrebungen und ihrem Befreiungskampf im Innern ablenken. Um den Frieden, die Unabhängigkeit der Völker und den Fortschritt der Demokratie auf allen Gebieten in beiden Staaten zu sichern, fordert die Sozialdemokratie, dass alle Streitigkeiten zwischen den Völkern schiedsgerichtlich geschlichtet werden. (...) Sie fordert weiter die Beseitigung des stehenden Heeres, das eine stete Bedrohung der Nationen bildet, und an dessen Stelle die Einführung einer Volkswehr auf demokratischer Grundlage, die nur der Landesverteidigung zu dienen hat.

Zit. nach: D. Fricke (Hg.): Dokumente zur deutschen Geschichte 1910–1914. Frankfurt a. M. 1977, S. 101.

Q12 SPD-Plakat zu den Reichstagswahlen 1912

Q11 Soll Deutschland einen Präventivkrieg führen?

Der Staatssekretär des Auswärtigen Amts, Jagow, nach einem Gespräch mit dem Chef des Generalstabs, General Moltke, Ende Mai/Anfang Juni 1914:

Die Aussichten in die Zukunft bedrückten ihn [Moltke] schwer. In 2–3 Jahren würde Russland seine Rüstungen beendet haben. Die militärische Übermacht unserer Feinde wäre dann so groß, dass er nicht wüsste, wie wir ihrer Herr werden könnten. Jetzt wären wir ihnen noch einigermaßen gewachsen. Es bleibe seiner Ansicht nach nichts übrig als einen Präventivkrieg zu führen, um den Gegner zu schlagen, solange wir den Kampf noch einigermaßen bestehen könnten. Der Generalstabschef stellte mir demgemäß anheim unsere Politik auf die baldige Herbeiführung eines Krieges einzustellen.

Zit. nach: W. Baumgart (Hg.): Die Julikrise und der Ausbruch des Ersten Weltkriegs 1914. Darmstadt 1983, S. 30.

Fragen und Anregungen

1. Nenne die Gründe, mit denen die deutsche Welt- und Flottenpolitik begründet oder abgelehnt wird und diskutiert diese (Q2–Q6, Q8).
2. Charakterisiere anhand von Q2 das Selbstverständnis des Deutschen Reiches und erläutere anhand von Q1 die Haltung des Auslandes.
3. Versuche zu erklären, warum Historiker die Zeit vor 1914 auch als ein „Zeitalter des Wettrüstens" bezeichnen (Q6, Q7, D1, D2). Diskutiert die damit verbundenen Gefahren (Q8).
4. Beschreibe die Haltung vieler Zeitgenossen zum Krieg. Versuche, diese Haltung zu erklären (Q6, Q9, Q12).
5. Setze dich mit den Argumenten der Gegner des Wettrüstens auseinander (Q10, Q11). Erläutere, warum deren Vorschläge wirkungslos blieben.

6. Der Balkan – ein „Pulverfass“ für Europa?

1912/13 – Krieg auf dem Balkan

Anfang Oktober 1912 erklärten Serbien, Montenegro, Bulgarien und Griechenland der Türkei den Krieg. Innerhalb weniger Wochen verdrängten sie diese in blutigen Kämpfen aus ihren restlichen europäischen Besitzungen. Bereits am 20. Oktober verabschiedeten Anhänger der deutschen Sozialdemokraten eine Resolution. Darin protestierten sie gegen das „Völkermorden“ auf dem Balkan und forderten die Reichsleitung auf, neutral zu bleiben und „in dieser Hinsicht auch bei den übrigen Großmächten ihren Einfluss“ geltend zu machen. Anlass für diese Resolution war die Sorge, die „Kriegsfackel auf dem Balkan“ könnte „in dem waffenstarrenden Europa einen Weltbrand entzünden“. War diese Sorge berechtigt?

Nationale Bestrebungen

Seit Beginn des 19. Jahrhunderts war der Balkan ein „Pulverfass“. Der „nationale Gedanke“ hatte auch die Menschen in dieser Region Europas erfasst. Wie die Deutschen, Italiener und Polen strebten sie danach, ihre Völker, die teilweise weit verstreut über Staatsgrenzen hinweg wohnten, in einem Staat zu vereinen. Das hatte eine Reihe von Konflikten untereinander über die bestehenden Staatsgrenzen hinaus zur Folge. Jede Verschiebung der Gewichte auf dem Balkan berührte direkt oder indirekt auch die Großmächte. Diese verfolgten ihre eigenen Interessen bei der Verteilung des osmanischen „Erbes“. Regionale Konflikte waren daher im 19. und zu Beginn des 20. Jahrhunderts immer auch eine Gefahr für den Frieden.

Balkan bleibt Krisenherd

Es war aber nicht nur das Osmanische Reich, gegen das sich der Nationalismus der Balkanvölker richtete. Auch auf die Donaumonarchie, die seit 1878 über Bosnien und die Herzegowina herrschte und zu der Kroatien und Slowenien gehörten, wirkte er sich zunehmend destabilisierend aus. So wollte z. B. Serbien alle Serben in einem Großserbischen Reich vereinen. Dazu sollten auch die in der Donaumonarchie lebenden Serben gehören. Da Russland sich als Beschützer aller Slawen, also auch der Serben, betrachtete, waren häufige Spannungen mit Österreich-Ungarn die Folge. So auch 1912: Um den serbischen Nationalismus zurückzudrängen, lehnte Österreich-Ungarn dessen Gebietsforderungen ab. Da Serbien jedoch auf die Unterstützung Russlands vertraute, drohte eine große europäische Krise. Auf einer internationalen Konferenz in London gelang es den nicht unmittelbar betroffenen Großmächten unter Führung Deutschlands und Großbritanniens, diese zu entschärfen und den Balkan neu zu ordnen.

Diese Neuordnung war jedoch nicht von Dauer. Im Streit um die Beute, in den auch Rumänien eingriff, bekämpften sich bereits im Sommer 1913 alle Balkanstaaten untereinander. Nur mit großer Mühe gelang es den europäischen Großmächten, diesen Krieg zu beenden. Von einer Entspannung auf dem Balkan konnte dennoch keine Rede sein. Österreich betrachtete die großserbische Bewegung weiterhin als ernsthafte Bedrohung für seinen Vielvölkerstaat. Gegen Serbien militärisch vorzugehen konnte allerdings unabsehbare Konsequenzen haben, denn hinter diesem stand Russland. Würde es noch einmal gelingen, einen „Weltbrand“ zu verhindern?

Q1 **„Der vereinigten europäischen Feuerwehr gelang es nicht, den Brand zu löschen“**
Zeitgenössische Karikatur.

D1 Der Balkan 1908–1913

Q2 Österreichs Haltung gegenüber Serbien

Der österreichische Generalstabschef am 20. 1. 1913:

Die Entwicklung eines selbstständigen großserbischen Staates ist eine eminente Gefahr für die Monarchie, sie liegt darin: dass (...) die Slawen der Monarchie (...) ihren Hort in diesem neuen, von Russland unterstützten Staatswesen suchen, dass vor allem die Serben der Monarchie die Angliederung an dasselbe anstreben werden; damit droht der Monarchie der Verlust der wichtigsten Gebiete für ihre Großmachtstellung und ihr wirtschaftliches Gedeihen (...). Eingekeilt zwischen Russland, dann einem mächtig gewordenen Serbien und Montenegro und einem auf die Dauer kaum verlässlichen Italien wird die Monarchie zur politischen Ohnmacht und damit zum sicheren Niedergang verurteilt sein (...). Die Monarchie muss durch eine militärische Kraftäußerung (...) ihre politische Geltung wiederherstellen (...). Es ist (...) auch für Deutschland nur von Vorteil, wenn die Kraftprobe zwischen Dreibund und Tripel-Entente möglichst bald zum Austrag kommt.

Zit. nach: F. Conrad v. Hötzendorff: Aus meiner Dienstzeit 1906–1918, Bd. 3. Wien 1922, S. 12 f.

Q3 Serbien und die „zweite Türkei"

Die serbische Zeitung „Piemont" schrieb am 8. Oktober 1913, dem Jahrestag der Annexion Bosniens und der Herzegowina durch Österreich:

Den Schmerz, der an diesem Tage dem serbischen Volke zugefügt wurde, wird das serbische Volk noch durch Jahrzehnte fühlen. (...) Das Volk legt das Gelübde ab, Rache zu üben, um durch einen heroischen Schritt zur Freiheit zu gelangen. Serbische Soldaten (...) legen heute das Gelübde ab, dass sie gegen die „zweite Türkei" ebenso vorgehen werden, wie sie (...) gegen die Balkan-Türkei vorgegangen sind. (...) Der Tag der Rache naht. Eine Türkei verschwand. Der gute serbische Gott wird geben, dass auch die „zweite Türkei" verschwindet.

Zit. nach: W. Kleinknecht/H. Krieger (Hg.): Materialien für den Geschichtsunterricht in den mittleren Klassen, Bd. 5. Frankfurt a. M. 1965, S. 140.

Q4 Warnung vor einem Krieg

Aus einem Brief des Reichskanzlers an den österreichischen Außenminister im Februar 1913:

Man [muss] bei objektiver Prüfung zu dem Ergebnis kommen, dass es für Russland bei seinen traditionellen Beziehungen zu den Balkanstaaten beinahe unmöglich ist, ohne einen ungeheuren Verlust an Prestige einem militärischen Vorgehen Österreich-Ungarns gegen Serbien tatenlos zuzusehen. Die Vertreter einer friedlichen Richtung (...) würden von dem Sturm der öffentlichen Meinung einfach fortgeweht werden, falls sie versuchen sollten, sich ihm entgegenzustellen. Die Folgen eines russischen Eingreifens liegen aber offenbar zu Tage. Sie würden auf einen kriegerischen Konflikt des von Italien voraussichtlich nicht mit großem Enthusiasmus unterstützten Dreibundes gegen die Mächte der Tripelentente hinauslaufen, bei dem Deutschland das ganze Schwergewicht des französischen und englischen Angriffes zu tragen hätte. (...) Ich möchte nicht unterlassen, bei dieser Gelegenheit auf ein Symptom hinzuweisen, das (...) die allerernsteste Betrachtung verdient: Ich meine die Haltung der englischen Politik in der letzten Zeit. (...) Heute bildet England ein vermittelndes Element, durch welches wir immer wieder vermocht haben, einen beruhigenden und hemmenden Einfluss auf Russland auszuüben. (...) Die englische Haltung gesellt sich den mancherlei Anzeichen zu, die darauf hindeuten, dass die Ententepolitik ihren Höhepunkt überschritten hat. (...) Eine gewaltsame Lösung aber, selbst wenn manche Interessen der österreichisch-ungarischen Monarchie auf eine solche hindrängen sollten, in einem Augenblick

Q5 „Die Friedensglocke am Balkan will gar nicht recht klingen – sollten zu viele daran ziehen?“

Karikatur aus „Der wahre Jacob“, 1909.

herbeizuführen, in dem sich uns eine wenn auch nur entfernte Aussicht eröffnet, den Konflikt unter für uns wesentlich günstigeren Bedingungen auszutragen, würde ich für einen Fehler von unermesslicher Tragweite halten.

Zit. nach: W. Baumgart (Hg.): Die Julikrise und der Ausbruch des Ersten Weltkrieges 1914. Darmstadt 1983, S. 16 f.

Q6 Kriegsstimmung in Frankreich

Aus einem Brief des englischen Politikers Sir Joseph Austen Chamberlain vom 1. März 1913:

Wir waren gestern Abend in Paris auf einer sehr netten Gesellschaft und hatten ein ausgezeichnetes Essen. Le Bon, früherer Kolonialminister, und Noetzlin, Direktor der „Banque de Paris et des Pays Bas“, waren die hervorragendsten Gäste. Jedermann bespricht den Vorschlag zur dreijährigen Dienstzeit zurückzukehren, zu der, wie man sagt, die jungen Leute durchaus bereit sind. Man sagte mir, der Kammer [dem Parlament] werde die längere Dienstzeit von der öffentlichen Meinung aufgezwungen werden. (…) Ich finde, die Franzosen sind der ständigen Nadelstiche Deutschlands und dessen ständigen Drohungen und Einschüchterungen müde.

„Nun, mein Herr, wann kommt der Krieg?“, waren Le Bons erste Worte, als wir die Damen allein gelassen hatten. „Dieses Mal nicht, mein Herr, wie ich jedenfalls glaube.“ „Meiner Ansicht nach je eher, je besser“, erwiderte er. Ich frug weshalb, und er sagte, einmal wegen des wachsenden Missverhältnisses der Bevölkerungszahlen in Frankreich und Deutschland und der fallenden französischen Geburtenziffern. Zum anderen, weil die öffentliche Meinung sich ändere. Sie sei jetzt in der richtigen Verfassung, aber das sei vielleicht nicht immer so. Schließlich: Hätte die augenblickliche Lage zum Krieg geführt, so würde Russland, das durch sie unter allen Ententemächten am stärksten berührt wurde, bestimmt sofort und mit Kraft gehandelt haben. Überdies sei Österreich durch die Volksbewegung unter seinen eigenen Slawen und durch die Furcht vor möglichen Rückschlägen auf seinen Balkanbesitz lahm gelegt; Italien habe (…) weitgehende militärische Schwäche gezeigt.

Zit. nach: W. Lautemann/M. Schlenke (Hg.): Geschichte in Quellen. Das bürgerliche Zeitalter. München 1980, S. 739 f.

Fragen und Anregungen

1. Warum bezeichneten Zeitgenossen den Balkan als ein „Pulverfass“ (Q1–Q3)?
2. Beschreibe die Interessen der Großmächte auf dem Balkan (Q2, Q4, Q5).
3. Informiere dich über die unterschiedlichen Nationalitäten auf dem Balkan und deren Siedlungsgebiete. Versuche, die damit verbundenen Spannungen zu erklären (D1, Q2, Q3).
4. Vergleiche die Haltung des österreichischen Generalstabschefs, des deutschen Reichskanzlers und des französischen Kolonialministers Anfang 1913 und erkläre diese (Q2, Q4, Q6). Welche Gefahren erwuchsen daraus?
5. Beschreibe den Zusammenhang zwischen dem Balkankonflikt und der Stellung der Großmächte zueinander (Q2, Q4, Q6).
6. Versuche die Haltung Serbiens zu erklären (Q3). Versucht den Begriff „Nationalismus“ zu beschreiben und diskutiert die Folgen nationalistischen Denkens.
7. Analysiere die Karikaturen Q1 und Q5. Welche politischen Haltungen werden kritisiert?

Der kaiserliche „Kriegsrat" vom 8. Dezember 1912 – eine Tagebucheintragung und ihre Wirkungen

Viele Menschen schreiben Tagebuch. Darin schildern sie ihre Erlebnisse, Beobachtungen und Gefühle an dem Tag der Eintragung oder an vorangegangenen Tagen. Sie tun dies, um später nachschlagen zu können, was sie früher getan oder gedacht haben, oder um eine Arbeitsgrundlage für ihre „Memoiren" zu haben. Doch nur die wenigsten Tagebücher werden veröffentlicht. Viele werden in den Familien als Erinnerung aufbewahrt. Manchmal werden sie jedoch an Archive abgegeben, wo Historiker sie einsehen können, wenn sie die Geschichte vergangener Epochen erforschen. Was aber müssen diese beachten, wenn sie ein Tagebuch benutzen und vielleicht sensationell erscheinende Eintragungen finden?

Eines der bekanntesten Tagebücher ist das eines Admirals, der Kaiser Wilhelm II. sehr nahe stand. Am 8. Dezember 1912, einem Sonntag, schilderte er darin eine Zusammenkunft des Kaisers mit hohen Generälen und Admirälen. Anlass dafür war ein Bericht des deutschen Botschafters in London über Englands Haltung in einem möglichen Krieg Deutschlands gegen Frankreich. Wilhelm II. war darüber sehr aufgebracht und hielt es nun für notwendig, sich auf einen Krieg unter den Großmächten vorzubereiten.

Seit Entdeckung des Tagebuches streiten Historiker darüber, ob in dem darin geschilderten „Kriegsrat" eine wichtige Erklärung für die deutsche Politik im Sommer 1914 zu sehen ist, die den Ersten Weltkrieg auslöste.

Methodische Arbeitsschritte:

Wie benutze ich ein Tagebuch?

1. Ist das Tagebuch echt, und wann wurden die Eintragungen verfasst (am gleichen Tag, Tage oder Wochen später)?
2. Welche Stellung hatte der Verfasser des Tagebuches? Kann man ihm glauben?
3. Gibt es weitere Zeugnisse für das Geschilderte?
4. Wie beurteilten andere Zeitgenossen die beschriebenen Ereignisse?
5. Wie beurteilen Historiker die Eintragungen? Stimmen sie überein oder wo und warum weichen ihre Urteile voneinander ab?

Q7 **Das veröffentlichte Tagebuch des Chefs des Marinekabinetts, Georg Alexander v. Müller**
Es enthielt sensationelle Neuigkeiten über das Leben und Denken Kaiser Wilhelms II.

Q8 Der Generalstabschef forderte den Krieg

Tagebucheintrag des Admirals v. Müller vom 8. Dezember 1912:

S.M. habe sich folgendes Bild gemacht: Österreich müsse den auswärtigen Slaven [den Serben] gegenüber kraftvoll auftreten, sonst verliere es die Macht über die Slaven der österreichisch-ungarischen Monarchie. Wenn Russland die Serben stütze, was es offenbar tue (...), wäre der Krieg auch für uns unvermeidlich. Wir könnten aber hoffen, Bulgarien und Rumänien und auch Albanien, auch vielleicht die Türkei auf unserer Seite zu haben. (...) Treten diese Mächte auf Österreichs Seite, dann seien wir so weit frei, um den Krieg mit ganzer Wucht gegen Frankreich zu führen. Die Flotte müsse sich natürlich auf den Krieg gegen England einrichten. (...) An Tirpitz: Schleunige Mehrbauten von U-Booten etc. Empfehlung einer Konferenz aller interessierten Marinestellen. General v. Moltke: „Ich halte einen Krieg für unvermeidbar und je eher je besser. Wir sollten aber durch die Presse besser die Volkstümlichkeit eines Krieges gegen Russland im Sinne der Kaiserlichen Ausführungen vorbereiten." S.M. bestätigt dies und fordert Staatssekretär auf, auch mit seinen Pressemitteln nach dieser Richtung hin zu wirken. Tirpitz macht darauf aufmerksam, dass die

Marine gern das Hinausschieben des großen Kampfes um 1½ Jahre sehen würde. Moltke sagt, die Marine würde auch dann nicht fertig sein, und die Armee käme in immer ungünstigere Lage, denn die Gegner rüsteten stärker als wir, die wir mit dem Gelde sehr gebunden seien. Das war das Ende der Besprechung. Das Ergebnis war so ziemlich 0.
Der Chef des großen Generalstabes sagt: Krieg je eher je besser, aber er zieht nicht die Konsequenz daraus, welche wäre, Russland oder Frankreich oder beide vor ein Ultimatum zu stellen, das den Krieg mit dem Recht auf unserer Seite entfesselte.
Nachmittags noch an Reichskanzler wegen der Pressebeeinflussung geschrieben.

Zit. nach: J. C. G. Röhl: An der Schwelle zum Weltkrieg: Eine Dokumentation über den „Kriegsrat" vom 8. Dezember 1912. In: Militärgeschichtliche Mitteilungen 10 (1977), S. 100.

Q9 Keine „Hampelmannpolitik"

Der Reichskanzler am 20. Dezember 1912 in einem Brief an den preußischen Gesandten in Karlsruhe:
S. M., der trotz seiner Politik verlangt, dass England uns um den Hals fällt, hat sich darüber [den Bericht des Botschafters] entsetzlich erregt, sofort – natürlich hinter meinem und Kiderlens [Außenminister] Rücken – mit seinen Getreuen von Heer und Flotte einen Kriegsrat abgehalten, die Vorbereitung einer Heeres- und Flottenvorlage anbefohlen und das sowie das haldanesche Gespräch [Haldane war britischer Kriegsminister], phantastisch ausgeschmückt, Gott und der Welt ausposaunt. (...) Bei verständiger Politik erblicke ich dagegen in den haldaneschen Äußerungen nichts Bedrohliches. (...) Aber wir dürfen keine nervöse Hampelmannpolitik treiben, sonst reißt den andern doch einmal die Geduld.

Zit. nach: Ebd., S. 124 f.

D2 Bereitete das Deutsche Reich seit 1912 den Krieg vor? Urteile zweier Historiker:

Ein englischer Historiker, 1978:
Die Schlussfolgerung aus allen diesen Maßnahmen drängt sich unmissverständlich auf. Nicht nur der Kaiser und seine Generäle, sondern auch die gesamte zivile Reichsleitung waren im Dezember 1912 an der Präparierung eines Zeitzünders beteiligt, dessen Laufzeit auf etwa anderthalb Jahre bemessen war.

Zit. nach: J. C. G. Röhl: Die Generalprobe. Zur Geschichte und Bedeutung des „Kriegsrates" vom 8. Dezember 1912. In: D. Stegmann u. a.: Industrielle Gesellschaft und politisches System. Beiträge zur politischen Sozialgeschichte. Bonn 1978, S. 372 f.

Ein deutscher Historiker über den „Kriegsrat", 1995:
Wenn am Jahresende 1912 auch nicht die Kriegsauslösung beschlossen wurde, lag die Bedeutung des „Kriegsrates" doch in der erneuten Artikulation einer Kriegsbereitschaft, die für den zukünftigen Gang deutscher Außenpolitik maßgeblich wurde. Eine tiefe Kluft zwischen politischer und militärischer Führung hatte sich einmal mehr aufgetan: Sie verdeutlichte nur die Unvereinbarkeit zwischen der englischen Detentepolitik der Zivilisten, die den Frieden bewahren wollten, und der gegen Westen zielenden Aufmarschplanung der Militärs, die den Krieg auslösen wollten.

Zit. nach: K. Hildebrand: Das vergangene Reich. Deutsche Außenpolitik von Bismarck bis Hitler. Stuttgart 1995, S. 288–290.

Q10 Kaiser Wilhelm II. mit Großadmiral v. Tirpitz, Staatssekretär des Reichsmarineamtes, und General v. Moltke, Chef des Generalstabs (von links)
Am liebsten zeigte sich der Kaiser im Kreis seiner Admiräle und Generäle, mit denen er auch alle wichtigen politischen Fragen beriet.

Fragen und Anregungen

1. Bilde dir mithilfe der Arbeitsschritte und der Quellen eine Meinung darüber, ob bereits im Dezember 1912 der Krieg beschlossen wurde. Beziehe in deine Überlegungen auch das Quellenmaterial aus den Kapiteln 5 und 6 mit ein. Verdeutliche auch, welche Fragen offen bleiben.

7. Europa im Juli 1914: Wie ein „Weltbrand“ entsteht

28. Juni 1914	Der österreichisch-ungarische Thronfolger wird in der bosnischen Stadt Sarajewo ermordet.
5./6. Juli 1914	Deutschland versichert Österreich-Ungarn seiner Bündnistreue.
23. Juli 1914	Wien stellt Serbien ein Ultimatum.
28. Juli 1914	Österreich erklärt Serbien den Krieg.
30. Juli 1914	Russland verkündet die Generalmobilmachung.
1./3. August 1914	Deutschland erklärt Russland und Frankreich den Krieg.
4. August 1914	Großbritannien erklärt Deutschland den Krieg.

„Germania“ Q1
Ausschnitt aus einem Gemälde von Friedrich August von Kaulbach, 1914.

In Europa gehen die Lichter aus

„In Europa gehen die Lichter aus. Wir werden es nicht mehr erleben, wenn sie wieder angehen.“ Mit diesen Worten beschrieb der englische Außenminister Grey am Abend des 4. August 1914 die Zukunft Europas, nachdem Großbritannien als letzte europäische Großmacht in den Krieg zwischen dem Deutschen Reich und Österreich-Ungarn auf der einen, Russland und Frankreich auf der anderen Seite eingetreten war. Wie konnte es dazu kommen – und sollte er Recht behalten?

Krieg statt Diplomatie

Am 28. Juni hatte ein serbischer Nationalist in der bosnischen Hauptstadt Sarajewo den österreichisch-ungarischen Thronfolger Franz Ferdinand und seine Frau erschossen. Für die Regierung in Wien war dieser Mord ein geeigneter Anlass, mit Serbien abzurechnen. Das Deutsche Reich versicherte wenige Tage später seine uneingeschränkte Bündnistreue. Dieser später so genannte „Blankoscheck“ war erstaunlich. Auch Reichskanzler Bethmann Hollweg war sich darüber im Klaren, dass ein lokaler Krieg auf dem Balkan aufgrund der Bündnisverpflichtungen aller Mächte einen „Weltkrieg“ auslösen könnte. Er hoffte aber, dass die russische Regierung Serbien dieses Mal nicht unterstützen würde. Sollte diese aber dennoch als Beschützer aller

Q2 **Das Attentat von Sarajewo am 28. Juni 1914**
Zeichnung nach Schilderungen eines Augenzeugen. Der serbische Nationalist Gavrilo Princip wollte damit die Unterdrückung der bosnischen Serben durch Österreich rächen.

Slawen der Regierung in Belgrad beistehen, war er dennoch bereit, diesen „Sprung ins Dunkle“ zu wagen. Nur so glaubte er, den „Ring“ um Deutschland sprengen und das durch den serbischen Nationalismus bedrohte Österreich als Bündnispartner erhalten zu können. Er vertraute dabei auf die Zusagen der militärischen Führung, einen Krieg gegen Frankreich und Russland gewinnen zu können.

Ein „Weltbrand“ entsteht

Am 23. Juli stellte die Regierung in Wien Serbien ein unannehmbares Ultimatum. Serbien war zwar zu großem Entgegenkommen bereit, lehnte aber Eingriffe in seine Souveränität bei der Untersuchung des Attentats ab. Am 28. Juni erklärte Österreich daher Serbien den Krieg. Als Russland daraufhin seine Armee zu dessen Unterstützung mobilisierte, machte Deutschland ebenfalls mobil. Englische Vorschläge, durch gemeinsame Vermittlung zwischen den Großmächten den Frieden zu erhalten, lehnte die Regierung in Berlin ab. Der Kanzler war überzeugt, dass angesichts der Konstellation der Mächte nur ein voller diplomatischer oder militärischer Erfolg politisch von Vorteil sei. Zudem hoffte er, dadurch auch die wachsende Zahl der Kritiker im „nationalen Lager“ zum Schweigen bringen zu können. Am 1. August erklärte das Deutsche Reich daher zunächst dem Zarenreich, dann auch Frankreich den Krieg. Als deutsche Truppen am 4. August in das neutrale Belgien einmarschierten, um Frankreich militärisch schneller zu besiegen, trat auch Großbritannien in den Krieg ein. Der „Weltbrand“, den Reichskanzler Bethmann Hollweg befürchtet hatte, war damit Wirklichkeit geworden.

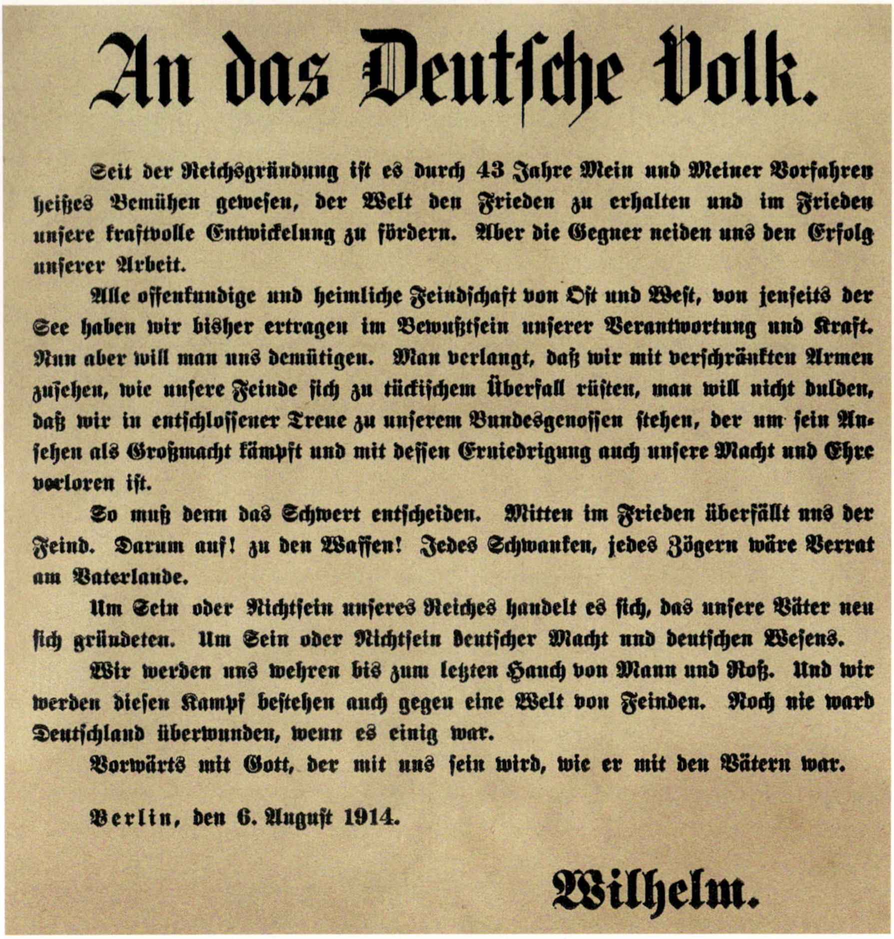

An das Deutsche Volk.

Seit der Reichsgründung ist es durch 43 Jahre Mein und Meiner Vorfahren heißes Bemühen gewesen, der Welt den Frieden zu erhalten und im Frieden unsere kraftvolle Entwickelung zu fördern. Aber die Gegner neiden uns den Erfolg unserer Arbeit.

Alle offenkundige und heimliche Feindschaft von Ost und West, von jenseits der See haben wir bisher ertragen im Bewußtsein unserer Verantwortung und Kraft. Nun aber will man uns demütigen. Man verlangt, daß wir mit verschränkten Armen zusehen, wie unsere Feinde sich zu tückischem Überfall rüsten, man will nicht dulden, daß wir in entschlossener Treue zu unserem Bundesgenossen stehen, der um sein Ansehen als Großmacht kämpft und mit dessen Erniedrigung auch unsere Macht und Ehre verloren ist.

So muß denn das Schwert entscheiden. Mitten im Frieden überfällt uns der Feind. Darum auf! zu den Waffen! Jedes Schwanken, jedes Zögern wäre Verrat am Vaterlande.

Um Sein oder Nichtsein unseres Reiches handelt es sich, das unsere Väter neu sich gründeten. Um Sein oder Nichtsein deutscher Macht und deutschen Wesens.

Wir werden uns wehren bis zum letzten Hauch von Mann und Roß. Und wir werden diesen Kampf bestehen auch gegen eine Welt von Feinden. Noch nie ward Deutschland überwunden, wenn es einig war.

Vorwärts mit Gott, der mit uns sein wird, wie er mit den Vätern war.

Berlin, den 6. August 1914.

Wilhelm.

Q3 **Aufruf Kaiser Wilhelms II. „An das deutsche Volk“ vom 6. August 1914**
Darin rechtfertigt er die Poltik der Reichsleitung.

Q4 „Abrechnung mit Serbien"

Der österreichische Ministerpräsident Stürgkh erläuterte am 7. Juli 1914 die Politik der Regierung:

Die Besprechungen in Berlin hätten zu einem sehr befriedigenden Resultate geführt, indem sowohl Kaiser Wilhelm als Herr von Bethmann Hollweg uns für den Fall einer kriegerischen Komplikation mit Serbien die unbedingte Unterstützung Deutschlands mit allem Nachdrucke zugesichert hätten. (...) Er sei sich klar darüber, dass ein Waffengang mit Serbien den Krieg mit Russland zur Folge haben könnte. Russland treibe aber gegenwärtig eine Politik, die, auf lange Sicht berechnet, den Zusammenschluss der Balkanstaaten, inbegriffen Rumänien, zum Zwecke hat, um dieselben sodann im geeignet scheinenden Momente gegen die Monarchie ausspielen zu können. Er sei der Ansicht, dass wir uns darüber Rechenschaft geben müssen, dass unsere Situation sich einer solchen Politik gegenüber immer mehr verschlechtern müsse (...). Die logische Folge, die sich aus dem Gesagten ergebe, wäre, unseren Gegnern zuvorzukommen und durch eine rechtzeitige Abrechnung mit Serbien den bereits in vollem Gange befindlichen Entwicklungsprozess aufzuhalten, was später zu tun nicht mehr möglich sein würde.

Zit. nach: W. Baumgart (Hg.): Die Julikrise und der Ausbruch des Ersten Weltkrieges 1914. Darmstadt 1983, S. 66.

Q5 „Wir dürfen nicht kneifen"

Am 18. Juli 1914 erläuterte der deutsche Außenminister Jagow dem Botschafter in London die Politik der Reichsleitung:

Österreichs Erhaltung, und zwar eines möglichst starken Österreichs, ist für uns aus inneren und äußeren Gründen eine Notwendigkeit. (...) Wir müssen sehen, den Konflikt zwischen Österreich und Serbien zu lokalisieren. Ob dies gelingen kann, wird zunächst von Russland und in zweiter Linie von dem mäßigenden Einfluss seiner Ententebrüder abhängen. (...) In einigen Jahren wird Russland nach aller kompetenten Annahme schlagfertig sein. Dann erdrückt es uns durch die Zahl seiner Soldaten, dann hat es seine Ostseeflotte und seine strategischen Bahnen gebaut. Unsere Gruppe wird inzwischen immer schwächer. (...) Ich will keinen Präventivkrieg, aber wenn der Kampf sich bietet, dürfen wir nicht kneifen. Ich hoffe und glaube auch heute noch, dass der Konflikt sich lokalisieren lässt. Englands Haltung wird dabei von großer Bedeutung sein.

Zit. nach: W. Baumgart (Hg.): Die Julikrise und der Ausbruch des Ersten Weltkrieges 1914. Darmstadt 1983, S. 100 f.

Q6 Diplomatie

Am 27. Juli 1914 warnte der deutsche Botschafter in London, Max Fürst von Lichnowsky, nach einem Gespräch mit dem englischen Außenminister:

Die britische Regierung, ob liberal oder konservativ, sieht in der Erhaltung des europäischen Friedens auf Grundlage des Gleichgewichts der Gruppen ihr vornehmstes Interesse (...) Der Eindruck greift hier immer mehr Platz (...), dass die ganze serbische Frage sich auf eine Kraftprobe zwischen Dreibund und Dreiverband (Triple-Entente) zuspitzt. Sollte daher die Absicht Österreichs, den gegenwärtigen Anlass zu benutzen um Serbien niederzuwerfen (...) immer offenkundiger in Erscheinung treten, so wird England, dessen bin ich gewiss, sich unbedingt auf die Seite Frankreichs und Russlands stellen um zu zeigen, dass es nicht gewillt ist, eine moralische oder gar militärische Niederlage seiner Gruppe zu dulden. Kommt es unter diesen Umständen zum Krieg, so werden wir England gegen uns haben.

Zit. nach: I. Geiss (Hg.): Juli 1914. München 1980, S. 235.

Q7 Beschützer der Balkanstaaten

Der russische Außenminister Sasonow sagte am 8. August 1914 vor dem Parlament:

Durch innere Unruhen zerrissen suchte Österreich einen Schlag zu führen, der gleichzeitig seine Kraft beweisen und uns demütigen sollte. Dafür musste Serbien herhalten (...), mit dem uns die Bande der Geschichte sowie gemeinsame Abstammung und Glauben vereinigen. Sie kennen die Umstände, unter welchen das Ultimatum an Serbien gerichtet wurde. Hätte sich Serbien diesen Bedingungen unterzogen, so wäre es Österreichs Vasall geworden. Ein gleichgültiges Verhalten unsererseits hätte die Aufgabe unserer jahrhundertealten Rolle als Beschützer der Balkanstaaten bedeutet.

Zit. nach: Berliner Monatshefte 8 (1930), S. 7670.

Q8 Soldatenpuppen

Kriegsvorbereitung der anderen Art.

Kontro vers

Wer trägt die Schuld am Kriegsausbruch?

Über diese Frage ist viel geschrieben worden. Hier die Meinung zweier deutscher Historiker.

D1 *Thomas Nipperdey, 1992:*

Die deutsche Regierung hat (...) ihren erheblichen Anteil am Kriegsausbruch gehabt. Ihre Planungen und Aktionen haben, vom „Blankoscheck" angefangen, das Kriegsrisiko von vornherein einkalkuliert und insoweit schon objektiv die Zuspitzung der Krise zum Krieg mitbewirkt: Aus der Möglichkeit, wenn es sie denn gab, die Krise durch Vermittlung friedlich zu lösen, ist auch wegen des Verhaltens der deutschen Regierung nichts geworden. Sodann gilt (...): Die Reichsleitung ist nicht der alleinige Urheber des Weltkrieges gewesen, nicht auch der Hauptverantwortliche. Die russische Mobilmachung ist so entscheidend wie der Blankoscheck. Im deutschen Fall, wie in den Fällen der andern, greifen Schuld und Verhängnis ineinander. (...) Der Krieg kam, weil alle oder einige am Frieden verzweifelten, nicht weil alle oder einige zum Krieg unter allen Umständen entschlossen waren.

Th. Nipperdey: Deutsche Geschichte 1866–1918. Bd. 2: Machtstaat vor der Demokratie. München 1992, S. 695 ff.

D2 *Sönke Neitzel, 2002:*

Nachdem sich im Sommer 1914 (...) der Handlungsspielraum des Deutschen Reiches weiter verringert hatte, war der Mord von Sarajewo das Signal zu einer Risikopolitik (...). Wenngleich die deutsche und die österreichisch-ungarische Politik in der Juli-Krise einer defensiven Grundhaltung entsprangen, trugen sie doch die Hauptverantwortung für den Ausbruch des Ersten Weltkriegs. Gewiss darf die Rolle der anderen Mächte, insbesondere diejenige Russlands, nicht außer Acht gelassen werden. Tatsache bleibt jedoch, dass Berlin und Wien gleichermaßen zum Krieg drängten. Für den heutigen Betrachter mutet ihr Handeln, in Kenntnis der Folgen, als unverantwortlich an. In der Tat muss der entscheidende Vorwurf lauten, dass sich weder der österreichische Ministerrat noch die deutsche Reichsleitung ausreichende Gedanken zur Gestalt eines großen Krieges gemacht haben. Beide verließen sich allzu blauäugig auf die optimistischen Versprechungen der Militärs. Insofern kommt diesen eine bedeutende Mitschuld am Ausbruch des Ersten Weltkrieges zu.

S. Neitzel: Kriegsausbruch. Deutschlands Weg in die Katastrophe 1900–1914. München und Zürich 2002.

Q9 Schweizer Postkarte, 1914

Ein ausländischer Student schrieb angesichts des Jubels der Menschen in Dresden über die österreichische Kriegserklärung an Serbien: „Das Uhrwerk Europas ist so vollständig zum Stehen gekommen, und diese Zivilisation, die ich so sehr bewunderte, reißt nun offensichtlich sich selber in Stücke, dass ich an Europa überhaupt nicht mehr denken mag."

Fragen und Anregungen

1. Vergleiche die Politik der österreichischen, der englischen und der russischen Regierung in der Julikrise mit der deutschen Haltung (VT, Q1, Q4–Q7).
2. Vergleiche die Stellungnahmen der beiden Historiker miteinander. ➜ **Kontrovers**
3. Vergleiche die deutsche Politik im Juli 1914 mit der Haltung während der Balkankriege 1912/13 (Kapitel 6, Q4).
4. Schreibe einen Lexikoneintrag zum Stichwort „Julikrise 1914" (Q1–Q8, D1, D2).

8. Jubel, Kriegsziele und Massentod

Jubel bei Kriegsausbruch

In vielen Städten Europas jubelten Menschen bei der Nachricht über den Ausbruch des Krieges. Unzählige Männer meldeten sich freiwillig an die Front. Wie der Dichter Thomas Mann empfanden sie den Krieg nach den vielen Krisen und der sich immer schneller drehenden Rüstungsspirale als „Reinigung, Befreiung ... und ungeheure Hoffnung". Auch die Arbeiter der am Krieg beteiligten Staaten, die zuvor noch gemeinsam für den Frieden demonstriert hatten, eilten ohne Zögern zu den Waffen, um ihr Vaterland zu verteidigen. Im Zeitalter der Geheimdiplomatie hatten sie nicht erkennen können, wie der Krieg herbeigeführt worden war.

Kriegsziele

Der Ausbruch des Krieges verleitete viele Staatsmänner, Generäle und Industrielle in allen kriegführenden Ländern bereits in den ersten Wochen dazu, weitreichende Kriegszielkataloge aufzustellen. Je länger der Krieg dauerte und je größer die Opfer wurden, umso schwieriger wurde daher dessen Beendigung durch Verhandlungen.

Materialschlachten und Stellungskrieg

Verantwortlich dafür war auch der gewandelte Charakter des Krieges. Entgegen den ursprünglichen Erwartungen war dieser nicht innerhalb weniger Wochen zu Ende. Nachdem der deutsche Vormarsch auf Paris am Widerstand der alliierten Armeen zum Stehen gekommen war, erstarrte die Front im Westen in einem Netz von Schützengräben und Stacheldraht, das sich von der Schweizer Grenze bis zum Ärmelkanal zog. Neue Waffen wie Giftgas und Flammenwerfer, Panzer und Flugzeuge machten das Leben in diesen Gräben zur Hölle. Zugleich zeigte sich, dass Industrialisierung und Technik die Kriegführung grundlegend verändert hatten. In grausamen „Materialschlachten" versuchten die Generäle bald, die Entscheidung zu erzwingen. In sinnlosen Angriffen opferten sie bei Verdun und an der Somme allein 1916 eine Million deutsche und alliierte Soldaten.

Nur im Osten konnten deutsche Truppen größere Erfolge erringen, bevor auch hier die Front zum Stehen kam. Erst der Zusammenbruch des Zarenreiches 1917 ermöglichte ein Vordringen in weite Teile Russlands. Zuvor hatte die englische Blockade in der Nordsee die Reichsleitung veranlasst, alles auf eine Karte zu setzen. Da sich die Hochseeflotte militärisch als weitgehend nutzlos erwiesen hatte, wollte sie durch rücksichtslosen Unterseebootskrieg gegen feindliche und neutrale Handelsschiffe diese Blockade brechen und den alliierten Nachschub an Waffen und Lebensmitteln unterbinden. Der erhoffte Erfolg blieb jedoch angesichts der ungebrochenen englischen Seeherrschaft aus. Stattdessen traten nun aber die Vereinigten Staaten in den Krieg ein und stärkten damit die Alliierten in entscheidender Weise.

Q1 Frontabschnitt bei Boesinghe in Belgien
Neue Waffen verwüsteten weite Landstriche in Belgien und Frankreich.
Koloriertes Foto.

D1 Der Erste Weltkrieg 1914–1918

Q2 „Unsere Sache ist gerecht"

Die Stimmung in Deutschland beschreibt ein Gutsbesitzer aus Ostwestfalen Mitte August 1914 seinem Sohn an der Front:

Welche Wendung durch Gottes Fügung ist eingetreten, seit ich dir zuletzt am Sonntag, den 26. Juli ausführlich nach Lockstedt schrieb. Wenn auch schon damals die Kriegsgewitterwolken sich auftürmten, so hoffte man doch allgemein, dass man noch zu einer friedlichen Lösung kommen würde, ja, groß war unsere Hoffnung, ja noch als wir am 1. August nachmittags zusammen (…) saßen. Nun ist schon seit 14 Tagen der grausame Krieg über uns hereingebrochen und du (…) hast gewiss schon allerlei Schreckliches erlebt und dich hoffentlich schon etwas an die Strapazen, Entbehrungen und die Gräueltaten einer Schlacht gewöhnt. (…) Nach allen Nachrichten ist es aber gut, dass der Krieg jetzt, wo man bestimmt annehmen darf, dass unsere Feinde noch nicht ganz gerüstet sind, ausgebrochen ist, denn er war nach kurzer Zeit unausbleiblich. Betrübt ist es, wie alles über Deutschland herfällt, aber unsere Sache ist gerecht und wir dürfen zuversichtlich hoffen, dass uns der liebe Gott zum Siege verhilft.

Zit. nach: H.-U. Kammeier: Der Landkreis Lübbecke und der 1. Weltkrieg. Rahden 1998, S. 247.

Q3 „Es lebe Frankreich"

Über die Abfahrt aus Paris berichtete ein französischer Offizier Anfang August 1914:

Um 6 Uhr morgens dampfte der Zug, ohne irgendein Signal, langsam aus dem Bahnhof. In diesem Augenblick stieg ganz spontan – wie ein schwelendes Feuer, das plötzlich in prasselnden Flammen auflodert – ein gewaltiger Schrei auf und tausend Kehlen stimmten die Marseillaise an. Alle Männer standen an den Zugfenstern und winkten mit ihren Käppis. Vom Gleis, von den Bahnsteigen und den Nachbarzügen winkten

Jubelnde Freiwillige in Berlin, Unter den Linden Q4
Foto, 1914.

die Menschenmassen zurück (...) Auf jedem Bahnhof, hinter jeder Schranke und an jedem Fenster entlang der Bahnstrecke standen zahllose Menschen. Überall ertönten Rufe „Vive la France! Vive l'armée!", dabei winkten die Menschen mit ihren Taschentüchern und Hüten. Die Frauen warfen uns Kusshände zu und überhäuften unseren Transport mit Blumen. Die jungen Männer riefen: „Au revoir! A bientôt!" [Bis bald!]

Zit. nach: J. Keegan: Der Erste Weltkrieg. Eine europäische Tragödie. München 2000, S. 114.

Q5 Deutsche Kriegsziele

Aus dem geheimen „Septemberprogramm" vom 9. September 1914:

Das allgemeine Ziel des Krieges: Sicherung des Deutschen Reiches nach West und Ost auf erdenkliche Zeit. Zu diesem Zweck muss Frankreich so geschwächt werden, dass es als Großmacht nicht neu erstehen kann, Russland von der deutschen Grenze nach Möglichkeit abgedrängt und seine Herrschaft über die nichtrussischen Vasallenvölker gebrochen werden. Die Ziele des Krieges im Einzelnen:

1. Frankreich. Von den militärischen Stellen zu beurteilen, ob die Abtretung von Belfort, des Westabhangs der Vogesen, die Schleifung der Festungen und die Abtretung des Küstenstrichs von Dünkirchen bis Boulogne zu fordern ist. (...)

2. Belgien. Angliederung von Lüttich und Verviers an Preußen. (...) Jedenfalls muss ganz Belgien, wenn es auch als Staat äußerlich bestehen bleibt, zu einem Vasallenstaat herabsinken, in etwa militärisch wichtigen Hafenplätzen ein Besatzungsrecht zugestehen, seine Küste militärisch zur Verfügung stellen, wirtschaftlich zu einer deutschen Provinz werden.

Zit. nach: W. Basler: Deutschlands Annexionspolitik in Polen und im Baltikum 1914–1918. Berlin 1962, S. 383 f.

Q6 Frankreichs Kriegsziele

Der russische Botschafter im September 1914:

Für sich suche Frankreich in Europa keine Gebietserwerbungen, natürlich mit Ausnahme der Rückgabe Elsass-Lothringens. In Afrika strebe es ebenfalls nach keinen neuen Erwerbungen (...). Sodann sei das Hauptziel Frankreichs – und darin seien alle drei verbündeten Mächte völlig solidarisch – die Vernichtung des Deutschen Reiches und die möglichste Schwächung der militärischen und politischen Macht Preußens. (...) England werde wahrscheinlich die Wiederherstellung eines selbständigen Hannovers verlangen, und dem würden sich natürlich weder Russland noch Frankreich widersetzen. (...) England suche ebenfalls keine Eroberung in Europa, werde aber kolonialen Zuwachs auf Kosten Deutschlands verlangen, wogegen Frankreich nichts einzuwenden habe. Was Russland betreffe, so seien seine territorialen Forderungen in großen Zügen festgesetzt, und es verstehe sich von selbst, dass Frankreich im Voraus mit ihnen einverstanden sei. Außerdem werde Russland natürlich die Freiheit der Meerengen und genügende Garantien in dieser Hinsicht fordern, und hier werde Russland volle Unterstützung bei Frankreich finden.

Zit. nach: W. J. Mommsen (Hg.): Imperialismus. Seine geistigen, politischen und wirtschaftlichen Grundlagen. Hamburg 1977, S. 238.

Q8 Die Realität des Schützengrabens

Der hintere Soldat bedient ein leichtes Maschinengewehr, der vordere hantiert mit einer Stielhandgranate. Seit April 1915 setzten die Deutschen erstmals Giftgas ein. Aber auch mit Gasmasken konnten eingesetzte Giftgase zum grausamen Erstickungstod führen.

Q7 Alle sind zu Opfern bereit

Gedicht von Martha Lewertott in einer großen Berliner Zeitung im August 1914:

Gebet der deutschen Frau 1914

Nun streift den Goldring von der Hand,
Als Deutsche Euch zu weisen,
Die Ehe binde nun ein Band,
Ein schlichtes Band von Eisen!
Denn eisern ist die Not der Zeit,
Was soll uns Putz am Kleide?
Zu opfern sind wir gern bereit –
Fort, fort mit dem Geschmeide!
Mit tapferm Mut und stolzem Sinn
Im Feld stehn unsre Söhne,
Wir geben freudig alles hin,
Wir weinen keine Träne.
Für unser heißgeliebtes Land
Woll'n leben wir und sterben,
Zum Schwüre heben wir die Hand:
Du brichst niemals in Scherben.
Ein Siegesmorgen flammt heran!
Fort mit dem Leid, der Trauer.
Wir kämpfen bis zum letzten Mann,
Wir stehn wie eine Mauer.
Hoch fliegt, mein Deutschland, dein Panier,
Es lodern die Flammenzeichen –
Gott schütze dich, Kaiser, so beten wir,
Gott schütze die deutschen Eichen!

Zit. nach: Berliner Geschichtswerkstatt (Hg.): August 1914. Ein Volk zieht in den Krieg. Berlin 1989, S. 247.

Q9 Ein kleiner Frieden mitten im Krieg?

Die in Schützengräben aufeinander lauernden Soldaten der verfeindeten Nationen legten an Weihnachten 1914 die Waffen nieder und feierten mit ihren Gegnern gemeinsam im Niemandsland. Sogar gemeinsame Fußballspiele wurden ausgetragen.

Schütze Ernest Morley hält es im Prinzip für eine erlaubte Kriegslist, als er davon am 29. Dezember 1914 seinen Eltern berichtet, dass sie sich eigentlich entschlossen hatten, den Deutschen an Weihnachten „drei Choräle zu präsentieren, dann fünf Runden Feuer“. Nach Einbruch der Dunkelheit begannen sie mit While Shepherds Watched their Flocks by Night, was drüben gut ankam, denn es war laut Morley in der Tat „sehr schön von unserem Chor gebracht“. Sie machten eine kurze Pause vor dem nächsten Lied. „Aber, welche Überraschung, wir hörten aufsteigenden Gesang, sozusagen die Antwort aus ihren Gräben. Dann begannen sie zu uns herüberzurufen. Deshalb stoppten wir die Vorbereitungen für Runde zwei, die Feindseligkeiten. Sie riefen ‚A Merry Christmas, English, we are not shooting tonight.‘ Wir riefen eine ähnliche Botschaft zurück. Nach einigem Hin- und Hergerufe stellten sie Lichter auf. Wir auch. Bald schauten die beiden Frontlinien aus wie die Illumination für ein Fest. Lampen, Kerzen in einer Reihe. Wir machten es ihnen nach. Und dann sangen wir ‚God Save The King‘. Sie stimmten ein.“ Auf solche freundlichen Feinde, die sogar ihre Nationalhymne mitsangen, mochten sie nicht mehr schießen. Deshalb ist auch Ernest Morley am Christmas Day unter denen, die sich auf den Weg nach draußen machen. Die Deutschen „kamen winkend auf uns zu. Wir gingen ihnen entgegen. Wir hatten das ziemlich verrückte Vergnügen, mit den Männern uns zu unterhalten, die ihr Bestes gegeben hatten, uns zu töten – und wir sie. Ich tauschte eine Zigarette gegen eine Zigarre (not a bad change), einige von ihnen sprachen Englisch, und wir hatten eine lange Unterhaltung.“

M. Jürgs: Der kleine Frieden im Großen Krieg. München 2003, S. 115 f.

Q10 „Ergreift das Schwert der Gerechtigkeit“
Amerikanisches Propagandaplakat zum Eingreifen in den Weltkrieg. Im Hintergrund das nach einem deutschen U-Boot-Angriff sinkende britische Passagierschiff „Lusitania“. 128 US-Bürger verloren 1915 dabei ihr Leben.

Q11 „Die Freiheit verteidigen“
Ein englischer Soldat schrieb im Dezember 1915:
Um die Freiheit der Welt zu verteidigen, um unsere politische Freiheit zu bewahren, um die Ehre der Frauen und Kinder zu schützen, ist jeder, der die Freiheit liebt und die Ehre, jeder, der Prinzipien höher als sein Wohlergehen hält, das Leben höher als bloß zu leben; alle diese sind in einem gewaltigen Kreuzzug vereint, um – es lässt sich nicht leugnen – Deutsche zu töten, nicht um des Tötens willen, sondern um die Welt zu erretten, den guten wie den schlechten Deutschen, die jungen wie die alten (...), sie allesamt zu töten, auf dass nicht die menschliche Zivilisation selbst getötet werde.

Zit. nach: R. Rotter (Hg.) Die letzten Tage der Menschheit. Bilder des Ersten Weltkrieges. Berlin 1994, S. 68.

Q12 Warum kämpfen Soldaten?
Brief, verfasst am 25. April 1915 in Sadowa (Galizien), aus einer Sammlung von Briefen gefallener Soldaten:
Lieber Vater!
Auf den Zusammenstoß mit dem Feinde freue ich mich, das darf ich dir ohne Übertreibung wirklich sagen. Und es übertrifft meine kühnsten Erwartungen, dass ich eine Truppe führen darf. – Gott gebe, dass ich es zum Nutzen unseres Vaterlandes tun werde. Ich hoffe, euch wiederzusehen mit dem freudigen Gefühl, endlich einmal mich nützlich erwiesen zu haben; sollte ich euch, dich und Mutter, nicht wiedersehen können, so hoffe ich, dass ihr meiner denken dürft als eines Mitgliedes unserer Familie, das wenigstens zuletzt ihren Traditionen gefolgt ist. Ich bin in meinem ganzen Leben nie so glücklich gewesen wie jetzt, und ich danke dir, lieber Vater, und ich danke es auch Mutter, dass ich vor allem an eurem Beispiel gelernt habe, dass eure Erziehung mich doch letzten Endes dazu befähigt hat, ein preußischer Soldat und Offizier zu werden. Ich bitte dich, falls es mir nicht mehr möglich ist, alle Verwandten zu grüßen.

Zit. nach: P. Witkop: Kriegsbriefe gefallener Studenten. Leipzig 1915, S. 85.

Fragen und Anregungen

1. Versuche, die Begeisterung der Soldaten wie auch der Bevölkerung in der Heimat zu Beginn des Krieges zu erklären (Q2–Q4, Q7).
2. Vergleiche die Haltung des deutschen und des englischen Soldaten miteinander (Q11, Q12). Was würdest du beiden antworten?
3. Beschreibe die deutschen und die alliierten Kriegsziele (Q5, Q6, Q10). Diskutiert deren mögliche Folgen.
4. Informiere dich über die Auswirkungen von Industrialisierung und moderner Technik auf die Kriegführung und halte ein Referat über den „Krieg im Zeitalter der Industrialisierung“ (Q1).
5. Überlege Gründe, warum die in Q9 beschriebenen Szenen nicht zu einer Massenerscheinung wurden.
6. Erkläre den Begriff „Stellungskrieg“. Welche Folgen hatte dieser Stellungskrieg?

9. Warum gibt es keinen Frieden?

Gibt es eine Friedensbewegung?

Bereits in den ersten Kriegsmonaten wurden neben jenen Stimmen, die den Krieg als ein „reinigendes Gewitter" betrachteten, auch solche laut, die darin eine Katastrophe für die Menschheit erblickten. Um den Siegeswillen an der Front und in der Heimat nicht zu gefährden, unterdrückten die Regierungen aller am Krieg beteiligten Staaten jegliche Kritik durch eine strenge Pressezensur und Demonstrationsverbote. Bürgerliche Pazifisten wie der Nobelpreisträger Albert Einstein und Vertreter sozialistischer Parteien machten dennoch vom neutralen Ausland aus Vorschläge, den Krieg zu beenden und den Frieden sicherer zu machen.

Friedensdemonstrationen und Friedensangebote

Auch in den kriegführenden Staaten kam es vereinzelt zu Protesten gegen den Krieg. 1915 demonstrierten Berliner Frauen erstmals trotz Verbot vor dem Reichstag gegen die Fortdauer des Krieges. Nach den blutigen Materialschlachten des Jahres 1916 erkannten auch Regierungen die Notwendigkeit, den Krieg zu beenden. Doch wie die deutsche Regierung, die nach dem Sieg über Rumänien Weihnachten 1916 Frieden anbot, wollten auch die Alliierten nur aus einer Position der Stärke heraus verhandeln, um einen Teil der „Kriegsbeute" zu behalten. Vergeblich bot auch der Papst 1917 seine Bereitschaft zur Vermittlung von Friedensverhandlungen an.

Frieden ohne Annexionen?

Die verantwortlichen Politiker der Mittelmächte, in deren Ländern die Kriegsmüdigkeit angesichts großer Verluste und schlechter Versorgung inzwischen zugenommen hatte, waren daher alarmiert, als im März 1917 russische Revolutionäre einen Frieden ohne Annexionen und ohne Zahlungen für Kriegsfolgen forderten. In Russland hatte inzwischen die materielle Not und die Forderung nach Beendigung des Krieges zum Sturz des Zaren geführt. Seit dem Frühjahr 1917 demonstrierte auch ein immer größer werdender Teil der deutschen Bevölkerung für einen Frieden ohne Gebietsforderungen.

Das „Diktat" von Brest-Litowsk und Wilsons „Vierzehn Punkte"

Doch solche Forderungen verhallten ungehört. Der Zusammenbruch Russlands stärkte vielmehr die Anhänger weitreichender Kriegsziele. Im „Diktatfrieden" von Brest-Litowsk zwangen sie Russland zur Abtretung großer Gebiete im Osten. Dennoch rückten deutsche Truppen bis ans Schwarze und Kaspische Meer vor. Die Forderungen der Alliierten erschwerten einen Verhandlungsfrieden jedoch ebenfalls. Im Januar 1918 verkündete der amerikanische Präsidenten Wilson in seinen „Vierzehn Punkten" Vorschläge für eine dauerhafte Sicherung des Friedens. Für die Regierungen der Mittelmächte waren diese aber nicht annehmbar.

Q1 Deutsches U-Boot
Bis zuletzt wurden die Matrosen in dem längst verlorenen Krieg sinnlos geopfert. Gemälde von Claus Bergen, 1917.

„Herr! Lass es genug sein, gib uns Frieden!“ Q2
Postkarte, 1917.

Q3 „Aufruf an die Europäer“

Bürgerliche Pazifisten, zu denen u. a. Albert Einstein gehörte, veröffentlichten im Oktober 1914 diesen Aufruf:

Während Technik und Verkehr uns offensichtlich zur faktischen Anerkennung internationaler Beziehungen und damit zu einer allgemeinen Weltkultur drängen, hat noch nie ein Krieg die kulturelle Gemeinschaftlichkeit des Zusammenleben so intensiv unterbrochen wie der gegenwärtige. Vielleicht kommt es uns allerdings auch nur deshalb so auffällig zum Bewusstsein, weil eben so zahlreiche Bande vorhanden waren, deren Unterbrechung wir schmerzlich verspüren. (...) Der heute tobende Kampf wird kaum einen Sieger, sondern wahrscheinlich nur Besiegte zurücklassen. Darum scheint es nicht nur gut, sondern auch bitter nötig, dass gebildete Männer aller Staaten ihren Einfluss dahin aufbieten, dass (...) die Bedingungen des Friedens nicht die Quelle künftiger Kriege werden, dass vielmehr die Tatsache, dass durch diesen Krieg alle europäischen Verhältnisse in einen gleichsam labilen (...) Zustand geraten sind, dazu benutzt werde, um aus Europa eine organische Einheit zu schaffen. (...) Wir (...) betonen, dass wir fest davon überzeugt sind, dass die Zeit da ist, in der Europa als Einheit auftreten muss, um seinen Boden, seine Bewohner und seine Kultur zu schützen. Zu diesem Zwecke erscheint es vorerst notwendig, dass sich alle diejenigen zusammentun, die ein Herz haben für die europäische Kultur, die also das sind, was Goethe einmal vorahnend gute Europäer genannt hat.

Zit. nach: D. Fricke (Hg.): Dokumente zur deutschen Geschichte 1914–1917. Frankfurt a. M. 1977, S. 53.

Q4 „An die Völker der ganzen Welt“

Appell des Petrograder Sowjets (revolutionärer Rat aus Soldaten und Arbeitern) vom 27. März 1917:

Genossen – Proletarier und Werktätige aller Länder!
Die russische Demokratie hat den alten Despotismus des Zaren gestürzt und tritt nun ebenbürtig in eure Familie ein, um ihre ganze Kraft in dem Kampf für unsere allgemeine Befreiung einzusetzen. Unser Sieg ist ein großer Sieg für die Freiheit und Demokratie der ganzen Welt. (...) Wir rufen euch zu: Befreit euch vom Joch eures halbautokratischen Regimes, wie sich das russische Volk von der zaristischen Autokratie befreit hat. Weigert euch, zum Werkzeug der Eroberung und Gewalttätigkeit in den Händen von Königen, Grundbesitzern und Bankiers zu werden, und wir werden in gemeinsamer Anstrengung der fürchterlichen Schlächterei ein Ende bereiten, die eine Schande für die Menschheit ist und den Anbruch der russischen Freiheit verdüstert.
Arbeiter aller Länder! Wir reichen euch brüderlich die Hand über Berge von gefallenen Brüdern, über Ströme von Tränen und unschuldigem Blut, über die rauchenden Ruinen der Städte und Dörfer, über die Schutthaufen der Kultur und fordern euch auf, die internationale Einigkeit wiederherzustellen und zu stärken. Darin liegt die Garantie unserer zukünftigen Siege und der völligen Befreiung der Menschheit. Proletarier aller Länder, vereinigt euch!

Zit. nach: M. Hellmann (Hg.): Die russische Revolution 1917. Von der Abdankung des Zaren bis zum Staatsstreich der Bolschewiki. München 1977, S. 182.

Q6 Immer mehr Menschen wollen Frieden
Ankündigung einer Veranstaltung mit dem Vorsitzenden der SPD, Friedrich Ebert, am 20. November 1917 in Bremen.

Q5 Argumente gegen Friedensverhandlungen

Der Abgeordnete Kuno Graf von Westarp (Deutschkonservative Partei) im Reichstag am 19. 7. 1917:

Auf das Urteil unserer Heerführer gestützt, erwarten wir mit unerschütterlicher Zuversicht den vollen Sieg unserer Waffen. Ihm allein werden wir den Frieden verdanken. Bis er eintritt, muss, will und kann unser Volk aller Entbehrungen, aller Schwierigkeiten unserer wirtschaftlichen Lage Herr werden. Zu Friedensverhandlungen wird Deutschland bereit sein, sobald die Feinde unter uneingeschränktem Verzicht auf ihre Forderungen zwangsweiser Gebietserwerbungen und Entschädigungen sie anbieten. Dann wird es die Aufgabe sein, den Frieden so zu gestalten, dass er Deutschland und seinen Verbündeten Dasein, Zukunft und Entwicklungsfreiheit wirksam sichert. Unsere Grenzmarken müssen für alle Zeiten besser geschützt sein; Ostpreußen darf nicht wieder den Gräueln eines Russeneinfalls ausgesetzt werden.

Zit. nach: H. Michaelis/E. Schraepler (Hg.): Ursachen und Folgen. Vom deutschen Zusammenbruch 1918 und 1945 bis zur staatlichen Neuordnung Deutschlands, Bd. 1. Berlin 1959, S. 40 f.

Q7 Denkschrift für den Frieden

Vorstände und Reichstagsfraktion der SPD, 28. 6. 1917:

Die Stimmung der Bevölkerung ist durch die anhaltenden Entbehrungen aufs Tiefste herabgedrückt. (...) Auch bei den Truppen greift die Kriegsmüdigkeit um sich. (...) Der Glaube an die Möglichkeit eines entscheidenden Sieges ist mehr und mehr erschüttert. (...) Durch das offene Bekenntnis der Reichsleitung zu einem allgemeinen Frieden ohne Annexionen und Kontributionen würde in allen Ententeländern die aus der Tiefe des Volkes kommende Friedensströmung (...) sehr gestärkt werden. Auch die Wirkungen einer solchen Erklärung auf die nach Frieden verlangenden Massen unseres Volkes würde die denkbar beste sein. Die Überzeugung würde allgemein und fest begründet werden, dass wir nicht um Eroberungen willen, sondern lediglich zur Verteidigung unserer eigenen Lebensrechte den Krieg führen, dass unsererseits einem baldigen Frieden der Verständigung nichts im Wege steht und dass, wenn trotzdem kein solcher Friede zu erlangen ist, die Schuld lediglich auf der Seite der Gegner ist.

Zit. nach: Ebd., S. 211 ff.

Fragen und Anregungen

1. Erkläre die Sehnsucht nach Frieden, die in Q2–Q4 sowie in Q6 zum Ausdruck kommt.
2. Beschreibe die unterschiedlichen Vorstellungen über den Weg zu einem Frieden und diskutiert deren Erfolgschancen (Q3, Q5).
3. Erkläre den Zusammenhang zwischen Eberts Forderung nach einem „Verständigungsfrieden" und „Volksrechten" (Q6).
4. Suche nach Erklärungen für die Haltung Westarps und die der SPD-Reichstagsfraktion (Q5, Q7).

10. Totaler Krieg und gesellschaftlicher Wandel

„Totaler Krieg"

Am 11. November 1918 notierte die Frau eines Bonner Steinmetzmeisters in ihrem Tagebuch: „Um 11 Uhr ist der Waffenstillstand unterzeichnet. Gott sei Dank. Besser ein Ende mit Schrecken als ein Schrecken ohne Ende." Die große Mehrheit der Menschen dachte ähnlich. Die anfängliche Kriegsbegeisterung war längst verflogen. Der Alltag hatte schnell deutlich gemacht, dass der Krieg nicht wie von der Reichsleitung versprochen Weihnachten zu Ende sein würde. Angesichts der großen Verluste an der Front mussten Frauen immer mehr Tätigkeiten in Rüstungsbetrieben und anderen „Männer"-Berufen übernehmen. Kinder sammelten Obstkerne und Kaninchenfelle, Altmetalle und Frauenhaar. Diese ersetzten wichtige Rohstoffe, die wegen der englischen Blockade nicht mehr eingeführt werden konnten. Seife, Leder und andere Güter des täglichen Bedarfs waren dennoch bald Mangelwaren. Für den Mangel an Lebensmitteln gab es hingegen kaum „Ersatz". Viele Menschen hungerten daher seit 1916/17, fast 70 000 starben an Unterernährung.

Wachsende Verbitterung

Dieser „totale Krieg", der alle Teile der Wirtschaft und Gesellschaft erfasste, um das Millionenheer an der Front mit immer neuen Waffen zu versorgen, zermürbte die Menschen zunehmend. Hinzu kam die Sorge um Ehemänner und andere Angehörige. Die immer höheren Verluste trafen bald jede Familie. Der Tod von Familien-

Q1 Deutsche Propagandapostkarte aus dem Jahre 1918

Q2 Aufruf zur Arbeit in der Rüstungsindustrie

vätern und Verwandten verschärfte die ohnehin große materielle Not nahezu aller Teile der Bevölkerung. Gleichzeitig wuchs die Verbitterung über die Regierenden. Diese schienen unwillig und unfähig, die versprochenen Reformen zur Beteiligung aller Parteien an der politischen Willensbildung und zur gerechteren Verteilung der Lasten in Angriff zu nehmen. Alte Eliten und militärische Führung verhinderten vielmehr mit allen Mitteln die Umwandlung des Kaiserreiches in eine moderne parlamentarische Monarchie. Seit dem „Steckrübenwinter“ 1916/17 kam es daher zu immer mehr Massenprotesten nicht nur für Frieden und Brot, sondern auch gegen die bestehende politische Ordnung.

Die Niederlage steht bevor

Nach dem Sieg über Russland wollte die Oberste Heeresleitung auch im Frühjahr 1918 im Westen einen entscheidenden Sieg erringen. Nach anfänglichen Erfolgen scheiterte die neue Offensive jedoch. Die deutschen Truppen mussten sich im Laufe des Sommers immer weiter aus Frankreich und Belgien zurückziehen. Sie waren kriegsmüde und wollten nicht mehr kämpfen. Die Verbündeten, Österreich-Ungarn, Bulgarien und das Osmanische Reich, standen ebenfalls am Rande der Niederlage und baten um Frieden. Ende September forderte die militärische Führung daher die Reichsleitung zum baldigen Abschluss eines Waffenstillstands und zu politischen Reformen auf.

Ist die Revolution noch zu vermeiden?

Anfang Oktober 1918 wurde die Regierung umgebildet. Selbst ehemalige „Reichsfeinde“ wurden nun Minister im Kabinett von Prinz Max von Baden. Dieses nahm Verhandlungen mit den Alliierten über einen Waffenstillstand auf. Die Änderung der Verfassung, die das Kaiserreich Ende Oktober in eine parlamentarische Monarchie umwandelte, kam jedoch zu spät. Die Menschen hatten nach der Ankündigung der bevorstehenden Niederlage kein Vertrauen mehr in die Monarchie.

Revolution und Zusammenbruch

Das Misstrauen der Bevölkerung war berechtigt. Ohne Wissen der neuen Regierung befahl die Führung der Marine Ende Oktober weiterzukämpfen, um die Ehre der Offiziere zu retten. Die Matrosen weigerten sich jedoch auszulaufen und verbündeten sich mit unzufriedenen Arbeitern. Soldaten, die die Meuterei und die Demonstrationen unterdrücken sollten, schlossen sich diesen an. Am 9. November 1918 erreichte diese „Welle“ auch Berlin. Reichskanzler Max von Baden verkündete die Abdankung Kaiser Wilhelms II. und übergab die Regierung dem Führer der SPD, Friedrich Ebert. Zwei Tage später unterzeichnete eine deutsche Delegation in einem Wald bei Paris den Waffenstillstandsvertrag. Der Erste Weltkrieg war zu Ende.

Eine Katastrophe für Europa

Am 9. November 1918 brach nicht nur das Kaiserreich zusammen. So wie es der englische Außenminister vorausgesehen hatte, war der Erste Weltkrieg auch eine Katastrophe für Europa: Das Deutsche Reich hatte 1,8 Millionen, Russland 1,7 Millionen, Frankreich 1,4 Millionen, Österreich-Ungarn 1,2 Millionen und Großbritannien 1 Million tote Soldaten zu beklagen. Mehr als 20 Millionen waren im Laufe der Kämpfe verwundet, teilweise für den Rest ihres Lebens verkrüppelt worden. Große Landstriche waren verwüstet. In Frankreich und Belgien waren allein 350 000 Häuser zerstört. Hinzu kamen die Veränderungen der politischen Landkarte Europas vor allem auf dem Balkan und im Osten. Die Zeit der Kaiserreiche – Russland, Österreich, Deutschland und des Osmanischen Reiches – war endgültig vorbei. Neue Nationalstaaten traten an die Stelle alter Großreiche. Zugleich begann damit aber auch ein Jahrhundert der Instabilität und der Revolutionen. Der Eintritt der Vereinigten Staaten in den Krieg signalisierte zudem, dass Europa seine führende Rolle in der Welt verloren hatte.

Q3 **Georg Ebert.** Foto, 1915.

Q4 Das Leid in einer Familie

beschreibt die 17-jährige Amalie Ebert, Tochter des SPD-Vorsitzenden, in ihrem Tagebuch:

10. Dezember 1916

Weihnachten steht vor der Tür, es wird ein trauriges Weihnachten werden. Mutter wünscht, wenn nur erst die Festtage vorüber wären. Ich wollte heimlich mit Karl einen Baum kaufen und ihn dann Heiligabend in die Stube stellen. Wenn unsere lieben Eltern dann am Weihnachtsmorgen mit traurigen Gedanken in die Stube treten, wo Jahre hindurch alle ihre Lieben zu dem Fest der Freude und der Liebe vereint waren, um zu beglücken und um beglückt zu werden, dann sollen sie sich an diesem Bäumchen erfreuen. Ich fragte unsere liebe Mutter heute noch einmal, ob sie denn keinen Baum haben möchte, der Baum sei doch gerade das Rührende und Erhebende an dem Fest, da lehnte sie ganz entschieden ab. Mit Tränen in den Augen antwortete sie mir: Ich will kein Fest. (…)

3. Januar 1917

(…) Weihnachten war niemand von unseren Feldgrauen [Heinrich Ebert, 19, und Georg Ebert, 20 Jahre alt] auf Urlaub. Unsere lieben Eltern haben doch ein Bäumchen gekauft, und es war ganz schön an den Festtagen. Neujahr waren wir auch allein. (…) Um 12 Uhr, als wir draußen Geschrei und Gejohle hörten, unterbrachen wir das [Karten]spiel. Meine Mutter weinte bitterlich, und Vater versuchte sie zu trösten. (…)

12. Februar 1917

Nach langer, langer Zeit habe ich in der Schule geweint. An drei Tagen hintereinander. Heinrich ist am 26. [Januar] schwer verwundet worden. Ein Granatsplitter drang in den Rücken und verletzte die Lunge. Nun liegt er so mutterseelenallein in der weiten Ferne, vielleicht bei unsäglichen Schmerzen. Das hat mich so furchtbar bedrückt, dass ich förmlich krank wurde (…)

15. Februar 1917

Heute Morgen erhielten wir ein Telegramm. Ich beachtete es gar nicht und legte es fort. Da stand meine Mutter auf. Plötzlich hörte ich einen Schrei; sie hat das Telegramm geöffnet. Unser guter Heinrich ist gestorben. Ich kann es nicht glauben, ich kann nicht weinen, denn ich begreife das Wort gestorben nicht. (…) Warum soll er gestorben sein. Er, der keinem Menschen etwas zu Leide getan hat; der so sprühte vor jugendlicher Lebenskraft. Wer weiß, was er sich vorgenommen hatte. (…) Schon lange Wochen freuten wir uns auf die Wiederkehr. Es sollte so schön werden. Wir wollten ihn pflegen und mit Liebe umgeben. Und er selbst schrieb: Liebe Mutter! Es wird schon wieder werden, nur Kopf hoch!

Zit. nach: W. Mühlhausen/B. Braun (Hg.): Friedrich Ebert und seine Familie. Private Briefe 1909–1924. München 1992, S. 95 ff.

Q5 Die Spannungen wachsen

Der Chronist eines westfälischen Dorfes berichtet 1916/1917:

Klagebriefe aus der Front ließen die Stimmung sinken. (…) Die politischen Parteien waren sich in den Zielen über das Kriegsende nicht mehr einig. Das wirkte sich ungünstig auch in unserm Dorfe aus. Hier die Kriegsverlängerer, wie der Pfarrer und sein Anhang bezeichnet wurden, dort die Kriegsmüden, wie man die Anhänger des sofortigen Kriegsendes nannte. Was erreicht werden sollte durch die gewaltsamen Versuche bzw. durch das Friedensangebot, wurde nicht erreicht. Das Jahr ging zu Ende, ohne dass die Friedensglocken erklangen.

Zit. nach: H.-U. Kammeier: Der Landkreis Lübbecke und der 1. Weltkrieg. Alltagserfahrungen in einem ländlichen Raum Ostwestfalens. Leidorf 1998, S. 264.

Q6 Gefallene deutsche Soldaten im Schützengraben an der Westfront

Englisches Foto, das während des Krieges nicht veröffentlicht werden durfte.

Q7 Hunger und Krankheit

Die Frau eines Soldaten bittet 1917 um offizielle Unterstützung:

Meine älteste Tochter Sophie, 15 Jahre alt, ist lungenkrank, muss aber, um nur einigermaßen durchzukommen, mitarbeiten und verdient wöchentlich 9 M. Einen Antrag auf Zuweisung von mehr Fett, Eier und Fleisch für meine Tochter habe ich nicht gestellt, weil ich die Ausgaben hierfür nicht bestreben kann. Dies kann ich umso weniger, da ich nur 12 M monatlich Mietsunterstützung erhalte, während die ganze Miete (...) 17 Mark beträgt. Durch die mangelhafte Ernährung und das unaufhörliche Mitarbeiten trotz meines großen Haushaltes (5 Kinder) bin ich nun vollständig entkräftet und bettlägerig krank und werde auch wohl nie wieder Erwerbsarbeit treiben können. Meine traurige Lage ermöglicht es nicht, Arzt und Apotheke selbst zu bezahlen. Ferner ist es mir nicht möglich, die gekauften 20 Zentner Kohlen sowie 40 Mark Rest von den gekauften Kartoffeln bezahlen zu können. Infolge der Schweineseuche musste ich 2 Schweine schlachten, wovon mir wegen der Hitze ein großer Teil verdorben ist. Mittel zum Ankauf eines neuen Schweins habe ich nicht. Dies alles macht mich völlig hoffnungslos, dazu der stete Gedanke, dass mein Mann immer in Lebensgefahr ist und ein Verschulden unsererseits nicht vorliegt.

Zit. nach: H.-U. Kammeier: Der Landkreis Lübbecke und der 1. Weltkrieg. Alltagserfahrungen in einem ländlichen Raum Ostwestfalens. Leidorf 1998, S. 29.

Q8 Friede um jeden Preis

Auszug aus einem Bericht der Postüberwachungsstelle der 6. Armee vom 4. September 1918:

Kriegsmüdigkeit und Gedrücktheit ist allgemein. Die Briefschreiber haben sich mit der für sie nackten Tatsache: „Wir können nicht siegen" abgefunden und knüpfen daran sogar zum Teil die Anschauung, dass Deutschland unterliegen müsse. Eine gewisse Anzahl mahnt wohl zum Durchhalten, und manche Zeilen zeugen neben den vielen Stimmen des Missmuts und der Unzufriedenheit von Königstreue und unveränderter Liebe zum Vaterlande, das aller Opfer wert sei. Die Ziffer der Briefschreiber, die dem Vaterland offen den Tod wünschen, ist indes nicht viel geringer. Sie sagen: „Durch etwaige weitere Erfolge Deutschlands könne der Krieg nur verlängert werden, durch eine Niederlage hätten wir den ersehnten Frieden!" „Wir haben den gleichen Verdienst, ob unter französischer, englischer oder deutscher Herrschaft nach dem Kriege!" (...) Das Interesse des Einzelnen am Kriege ist in den Hintergrund getreten; der Mann steht fast durchgehend auf dem Standpunkt: „Ich drücke mich von der Front, so gut ich kann!"

Zit. nach: B. Ulrich/B. Ziemann: Frontalltag im Ersten Weltkrieg. Wahn und Wirklichkeit. Frankfurt a. M. 1995, S. 203 f.

Q9 Des Vaterlandes heilige Not

Aus der Süddeutschen Zeitung vom 17. 10. 1918:

Die Stunde ist da, vor das Volk zu treten und es zu flammender Empörung aufzureißen, im ganzen Lande die Flammenzeichen anzuzünden zum Freiheitskampfe, zum Kampf auf Leben und Tod, zum Verzweiflungskampfe. Wo sind die Männer, die handeln, die den letzten waffenfähigen Bürger herausholen, damit er, ob jung oder alt, schulterte zur Wehr für Heimat und Herd, für Weib und Kind, wo sind unsere Führer, die uns die Sturmfahne vorantragen, zu Sieg oder Untergang. (...)

Zit. nach: W. Stöckle: Das Deutsche Kaiserreich. Ansichtskarten und Texte aus der wilhelminischen Zeit 1888–1918. Stuttgart 1985, S. 58.

Q10 Friedhof und Beinhaus der Gefallenen von Verdun auf dem Gebiet des ehemaligen Forts Douaumont. Auf dem Friedhof sind über 15 000 gefallene Franzosen in Einzelgräbern begraben. Die Überreste von über 130 000 nicht identifizierten Gefallenen befinden sich im Beinhaus, dessen Turm die Form einer Granate hat.

Q11 Ist der Krieg noch zu gewinnen?

Oberst v. Thaer schrieb nach einem Gespräch mit General Ludendorff vom 1. Oktober 1918 in sein Tagebuch:

Furchtbar und entsetzlich! Es ist so! In der Tat! Als wir versammelt waren, trat Ludendorff in unsere Mitte, sein Gesicht von tiefstem Kummer erfüllt, bleich, aber mit hoch erhobenem Haupt. Eine wahrhaft schöne germanische Heldengestalt! Ich musste an Siegfried denken mit der tödlichen Wunde im Rücken von Hagens Speer. Er sagte ungefähr Folgendes: Er sei verpflichtet uns zu sagen, dass unsere militärische Lage furchtbar ernst sei. Täglich könne unsere Westfront durchbrochen werden. Er habe darüber in den letzten Tagen S(eine)r M(ajestät) zu berichten gehabt. Zum 1. Mal sei der O(bersten) H (eeres)l(eitung) von S(eine)r M(ajestät) bzw. vom Reichskanzler die Frage vorgelegt worden, was sie und das Heer noch zu leisten im Stande seien. Er habe im Einvernehmen mit dem Generalfeldmarschall geantwortet: „Die O. H. L. und das deutsche Heer seien am Ende; der Krieg sei nicht nur nicht mehr zu gewinnen, vielmehr stehe die endgültige Niederlage wohl unvermeidlich bevor. Bulgarien sei abgefallen. Österreich und die Türkei am Ende ihrer Kräfte, würden wohl bald folgen. Unsere eigene Armee sei leider schon schwer verseucht durch das Gift spartakistisch-sozialistischer Ideen. Auf die Truppen sei kein Verlass mehr (...) Er habe sich nie gescheut von der Truppe Äußerstes zu verlangen. Aber nachdem er jetzt klar erkenne, dass die Fortsetzung des Krieges nutzlos sei, stehe er nun auf dem Standpunkte, dass schnellstens Schluss gemacht werden müsse, um nicht noch unnötigerweise gerade noch die tapfersten Leute zu opfern, die noch treu und kampffähig seien (...) Es sei ein schrecklicher Augenblick für den Feldmarschall und für ihn gewesen, dieses S(eine)r M(ajestät) und dem Kanzler melden zu müssen. Der Letztere, Graf Hertling, habe in würdiger Weise S(eine)r M(ajestät) erklärt, er müsse daraufhin sofort sein Amt niederlegen." (...) Exc(ellenz) Ludendorff fügte hinzu: „Zur Zeit haben wir also keinen Kanzler. Wer es wird, steht noch aus. Ich habe aber S(eine) M(ajestät) gebeten jetzt auch diejenigen Kreise an die Regierung zu bringen, denen wir es in der Hauptsache zu danken haben, dass wir so weit gekommen sind. Wir werden also diese Herren jetzt in die Ministerien einziehen sehen. Die sollen nun den Frieden schließen, der jetzt so geschlossen werden muss. Sie sollen die Suppe jetzt essen, die sie uns eingebrockt haben!"

A. v. Thaer: Generalstabsdienst an der Front und in der O. H. L. Göttingen 1958, S. 234 f.

Fragen und Anregungen

1. Beschreibe die Auswirkungen des Krieges auf den Alltag der Menschen (VT, Q2–Q4, Q8, Q9).
2. Erkläre den Wandel der Stimmung unter den Soldaten (Q5, Q10, Q11).
3. Analysiere Q1 und Q6 und erkläre die Wirkungslosigkeit der Propaganda für eine Fortsetzung des Krieges.
4. Schreibe einen Zeitungsartikel zum Thema „Totaler Krieg".
5. Der Erste Weltkrieg wird oft als „Urkatastrophe des 20. Jahrhunderts" bezeichnet. Diskutiert diese Meinung.
6. Nach dem Kriege wurde oft behauptet, der Krieg sei nur durch die Revolution im Innern verloren worden. Setze dich damit auseinander.

Eine Ausstellung gestalten

Ausstellungen sind Stätten der Erinnerung, die vergangene Epochen und das Leben bedeutender Persönlichkeiten, soziale und wirtschaftliche Entwicklungen oder den Alltag der „kleinen Leute" veranschaulichen. Wir finden sie in der Regel in Museen. Daneben gibt es Wanderausstellungen zu besonderen Themen von allgemeinem Interesse oder Sonderausstellungen, die zumeist an Jahrestagen zur Erinnerung an bedeutende Ereignisse präsentiert werden. Eine solche Sonderausstellung – beispielsweise über die Geschichte eurer Stadt während des Ersten Weltkrieges – könnt auch ihr im Unterricht erstellen, um sie anschließend in der Schule euren Mitschülerinnen und Mitschülern, aber auch euren Eltern und der Öffentlichkeit in eurer Stadt zu präsentieren. Das Anfertigen und Präsentieren einer Ausstellung ist auch eine Form des Lernens. Nur wer das Gelernte „beherrscht" und sicher anwendet, kann anderen Menschen Neues „beibringen".

Um das Thema „Erster Weltkrieg" zu bearbeiten, müsst ihr eine Gliederung entwickeln. Dabei sollte ihr zunächst allgemein bedeutende Aspekte der Zeit des Weltkrieges berücksichtigen. Das Schulbuch wird euch dabei helfen. Von besonderem Interesse ist aber die Geschichte eurer Stadt und der dort lebenden Menschen in dieser Zeit. Konkret bedeutet das beispielsweise zu untersuchen, wie diese auf den Kriegsausbruch reagierten, wie der Alltag aussah, was die Soldaten von der Front berichteten und wie die Revolution in eure Stadt „kam".

Zur Recherche besorgt ihr euch am besten Lokalgeschichten aus der Stadtbibliothek sowie Zeitungen, Chroniken und andere schriftliche Quellen aus dem Stadtarchiv. Ihr solltet euch aber auch nicht scheuen, in der Presse über euer Projekt zu berichten und um Mithilfe zu bitten. Viele Menschen haben heute noch Briefe und Fotos, Plakate und Erinnerungsstücke wie Orden, Lebensmittelmarken, Soldatenarmbinden, Fahnen und Urkunden, Münzen und Geldscheine usw. zu Hause, die sie gerne zeigen und die eine Ausstellung interessant machen. In vielen Städten und Dörfern gibt es auch heute noch Denkmäler, die an die Gefallenen erinnern.

Wenn ihr die Recherche beendet habt, schreibt ihr die Texte zu den einzelnen Themen. Sie sollten verständlich und anschaulich sein. Fotos und Zitate aus Briefen, Zeitungsausschnitte und Plakate sind wichtige Formen der Illustration. Interessante Objekte solltet ihr in Vitrinen legen und mit erläuternden Texten versehen.

Zur Präsentation eignen sich einfache Holztafeln. Um je nach Thema einen besonderen Eindruck zu vermitteln, könnt ihr diese auch in unterschiedlichen Farben streichen. Größere Objekte könnt ihr frei aufstellen, kleinere in Vitrinen anordnen. Zur Eröffnung solltet ihr – eventuell in einer kleinen Gruppe – das Thema eurer Ausstellung in einem Vortrag vorstellen.

DIE NEUEN WELTMÄCHTE: USA UND SOWJETUNION

Im April 1917 erklären die USA Deutschland den Krieg. Vier Monate später übernehmen in Russland die Bolschewiken unter Lenin die Macht. Beide Ereignisse sind für den weiteren Verlauf der Geschichte so folgenreich, dass man vom „Epochenjahr 1917“ gesprochen hat. Nach 1945 werden die USA Vormacht im Westen, die Sowjetunion wird Führungsmacht der sozialistischen Staatenwelt. Wie haben sich die USA und die Sowjetunion zu Weltmächten entwickelt? Wie begründen sie jeweils ihren Führungsanspruch?

Die Freiheitsstatue (93m) in der New Yorker Hafeneinfahrt wurde 1886 enthüllt. Das Monument ist ein Geschenk Frankreichs an die USA.

Arbeiter und Kolchosbäuerin
Die Monumentalplastik der Künstlerin Vera Muchina wurde für die Bekrönung des sowjetischen Pavillons anlässlich der Pariser Weltausstellung 1937 geschaffen.

1. Eintritt der USA in den Ersten Weltkrieg

Dezember 1898	Nach dem Sieg gegen Spanien besetzen die USA Kuba.
1902	Einführung des Fließbands in der Automobilproduktion durch Ransom E. Olds
1. Februar 1917	Erklärung des uneingeschränkten U-Boot-Krieges durch die Mittelmächte
2. April 1917	„Kriegsbotschaft" Präsident Wilsons
6. April 1917	Kriegserklärung der USA an Deutschland

Eine Epoche des Umbruchs

Die Jahre zwischen 1890 und dem Ersten Weltkrieg waren für die Vereinigten Staaten eine Zeit des gesellschaftlichen, politischen, geistigen und wirtschaftlichen Umbruchs. Die USA waren um die Jahrhundertwende zur stärksten Agrar- und Industriemacht der Erde aufgestiegen und traten erstmals aus ihrer selbst gewählten Isolierung heraus. Sie wurden zu einem Faktor in der Weltpolitik: als neue Kolonialmacht (Hawaii, Philipinnen, Kuba, Puerto Rico), als aggressive Welthandelsmacht, als Parteigänger Großbritanniens und schließlich als Vormacht der westlichen Welt. Die Verbindung zwischen Alter und Neuer Welt auf dem Gebiet der Wissenschaft und Kultur wurde enger und wurde von den Menschen zunehmend bewusster wahrgenommen.

Kriegseintritt

Thomas Woodrow Wilson (1856–1924) Q1
Präsident der USA von 1913 bis 1921. Foto, 1910.

Im April 1917 traten die USA auf Seiten der Alliierten in den Krieg ein, was diesen zum Weltkrieg ausweitete. Die Gründe für diesen Schritt sind vielfältig. Er lag in der Konsequenz der politischen, vor allem aber der wirtschaftlichen Entwicklung, die das Land in den vorausgegangenen Jahrzehnten durchlaufen hatte. Sowohl die ideologische Nähe zu den westeuropäischen Staaten als auch die traditionelle und sich verstärkende wirtschaftliche Verflechtung mit diesen brachte die USA dazu, für die Alliierten und gegen die Mittelmächte (Deutsches Reich, Österreich-Ungarn und deren Verbündete) Partei zu ergreifen. Hinzu kam, dass die US-amerikanische Wirtschaft seit 1915 in hohem Maße auf die Lieferung von Kriegsgerät an die Alliierten angewiesen war und ein Ausbleiben dieser Lieferungen verheerende wirtschaftliche Folgen gehabt hätte. Darüber hinaus hatten langfristige weltpolitische Gesichtspunkte seit der Jahrhundertwende ein Interesse der USA an einem europäischen Kräftegleichgewicht bewirkt und deren Neigung verstärkt, sich den demokratisch regierten Westmächten und nicht den „militaristischen" und monarchisch-autoritären Mittelmächten anzuschließen.
Den konkreten Kriegsgrund sah die Regierung Wilson in der Verletzung neutraler Rechte durch die Mittelmächte, vor allem in deren uneingeschränktem U-Boot-Krieg seit Januar 1917. Die Kriegsziele der USA fasste Wilson in seiner „Kriegsbotschaft" vom 2. April 1917 zusammen. Darin machte er das Selbstbestimmungsrecht der Völker, den Verzicht auf Eroberungen und Kriegsentschädigungen sowie die Freiheit der Meere und wirtschaftliche Lebensfähigkeit der Staaten zu Prinzipien einer kommenden Friedensordnung.

Der US-Moloch spuckt Kriegsmaterial aus Q2
Zeichnung aus dem „Simplicissimus", 1917. Die USA exportierten allein 1916 für 1,5 Mrd. Dollar Kriegsmaterial an England, für 630 Mio. an Frankreich.

Q3 Versenkung der „Lusitania" am 7.5.1915
Zeitgenössischer Stich.
Der englische Luxusdampfer „Lusitania" wurde vor der Küste von Irland von einem deutschen U-Boot torpediert und versenkt, weil er angeblich Kriegsgerät mit sich geführt hatte. 1 100 Menschen, darunter 128 US-Amerikaner, fanden dabei den Tod. Die Regierung der USA richtete daraufhin einen scharfen Protest an die deutsche Regierung.

Q4 Die „Kriegsbotschaft" Präsident Wilsons, 2. April 1917

(...) Es ist eine fürchterliche Sache, dieses große friedfertige Volk in den Krieg zu führen, in den schrecklichsten und verheerendsten aller Kriege, in dem die Zivilisation selbst auf dem Spiele zu stehen scheint. Aber das Recht ist wertvoller als der Friede, und wir werden für die Dinge kämpfen, die wir stets unserem Herzen zunächst getragen haben – für die Demokratie, für das Recht jener, die der Autokratie unterworfen sind, auf ein Mitspracherecht bei ihrer Regierung, für die Rechte und Freiheiten kleiner Nationen, für eine allgemeine Herrschaft des Rechts durch ein Konzert der freien Völker, das alle Nationen Frieden und Sicherheit bringen und die Welt selbst endlich frei machen wird. Solch einer Aufgabe können wir unser Leben und unser Vermögen weihen, alles was wir sind und alles was wir haben, mit dem Stolz derer, die wissen, dass der Tag gekommen ist, da Amerika die Auszeichnung erfährt, sein Blut und seine Macht für die Prinzipien darzubringen, denen es seine Geburt und sein Glück und den Frieden verdankt, den es wertschätzte. Gott helfe ihm, es kann nicht anders.

Zit. nach: E. Angermann: Die Vereinigten Staaten von Amerika als Weltmacht. Stuttgart 1997, S. 19.

Q5 Eine warnende Stimme

Senator George W. Norris aus Nebraska zur Kriegsbotschaft Präsident Wilsons, 1917:

Nach meiner Meinung hätten wir von Anfang an die strikteste Neutralität wahren sollen. Wenn wir das getan hätten, stünden wir jetzt nicht am Rande des Krieges. Der Krieg bringt Reichtum für die Spekulanten der Wall Street. (...) Sie wollen Geld verdienen durch den Krieg. (...) Wir gehen in den Krieg auf Befehl des Geldes. (...) Die Folgen könnten sein, dass Millionen unserer Brüder ihr Blut vergießen müssen, dass Millionen Frauen weinen müssen. (...) Und alles nur, weil wir das Recht amerikanischer Bürger wahren wollen, Waffen an Krieg führende Staaten zu liefern.

Zit. nach: R. Hofstadter: Great Issues in American History, Bd. II. New York, S. 219 ff.

Q6 Soldaten mit Gasmaske
Ausbildungsfoto der US-Armee von 1918.

Fragen und Anregungen

1. Nenne Gründe für den Eintritt der USA in den Weltkrieg (VT, Q2, Q3).
2. Stelle die Kontroverse dar, die es in den USA zur Frage des Kriegseintritts gab (Q4–Q6).
3. Welche Kriegsziele nennt Präsident Wilson (VT, Q4)? Vergleiche sie mit den anderen Gründen für den Kriegseintritt.

2. Die USA und der Versailler Vertrag

8. Januar 1918	Wilson verkündet sein Friedensprogramm („Vierzehn Punkte").
18. Januar 1918	Die Pariser Friedenskonferenz beginnt.
29. April 1919	Auf der Pariser Friedenskonferenz wird die Verfassung des Völkerbunds angenommen.
28. Juni 1919	Die Vertreter Deutschlands unterzeichnen in Versailles den Friedensvertrag.
19. März 1920	Die USA lehnen den Versailler Vertrag endgültig ab.
25. August 1921	Die USA schließen einen Separatfrieden mit Deutschland.

„Die großen Vier" auf der Pariser Friedenskonferenz Q1
Von links nach rechts: Der britische Premierminister Lloyd George, Italiens Ministerpräsident Orlando, der französische Ministerpräsident Clemenceau, der amerikanische Präsident Wilson.

Die Siegermächte verhandeln über den Frieden

Als im Januar 1919 die Friedensverhandlungen im Schloss von Versailles eröffnet wurden, waren ausschließlich Vertreter der 32 Siegermächte anwesend. Die Verlierer, Deutschland und seine Verbündeten, waren nicht eingeladen. Die Beschlüsse wurden im Wesentlichen von den „Großen Vier" gefasst, den Regierungschefs der USA, Großbritanniens, Frankreichs und Italiens. Ihre Vorstellungen über die Nachkriegsordnung waren sehr unterschiedlich. Frankreich, auf dessen Boden der Krieg gegen Deutschland stattgefunden hatte, wollte Deutschland möglichst dauerhaft schwächen. Die Entmachtung Deutschlands befürwortete auch Großbritannien, das an einem Kräftegleichgewicht auf dem Kontinent interessiert war. Es drängte auf eine Abrüstung Deutschlands, vor allem auf die Auflösung der Flotte.
Die USA wollten Mittel- und Osteuropa als Barriere gegen das Sowjetsystem stabilisieren und in Deutschland eine bolschewistische Revolution wie in Russland ver-

meiden (siehe S. 293–298). Die Gebietsansprüche Frankreichs an Deutschland gingen dem amerikanischen Präsident Wilson jedoch zu weit. Er hatte noch während des Krieges ein Friedensprogramm („Vierzehn Punkte") vorgeschlagen. Grundlage waren das Selbstbestimmungsrecht der einzelnen Nationen und die Unverletzlichkeit der Staatsgebiete. Verwirklicht wurde Wilsons Idee eines Völkerbunds, der vorsah, Streitigkeiten zwischen Staaten auf friedlichem Weg mithilfe von Sanktionen beziehungsweise eines internationalen Gerichtshofs beizulegen. Seine Wirksamkeit war jedoch von Anfang an eingeschränkt.

Konflikt über den Versailler Vertrag

Große Teile der US-amerikanischen Öffentlichkeit sahen im Versailler Vertrag nur eine hässliche Karikatur der ursprünglichen Kriegsziele Wilsons. Zudem waren viele mit dem Völkerbund nicht einverstanden. Sie sahen in ihm nur eine Zementierung einer politischen Ordnung, die von den Großmächten beherrscht wird und die im Widerspruch zum Selbstbestimmungsrecht der Völker steht. Sie befürchteten auch einen Verlust an nationaler Entscheidungsfreiheit der USA und dass das Land in die dadurch entstehenden internationalen Konflikte und Verwicklungen hineingezogen werden könnte. Im Senat entspann sich eine Debatte, in der wechselnde Mehrheiten die Verträge in ihrer ursprünglichen wie ergänzten Form ablehnten – endgültig am 19. März 1920. Ein separater Friede mit Deutschland kam deshalb erst später zustande, nämlich am 25. August 1921.

Die USA übernehmen die Führungsrolle

In ganz Europa machten sich nun auch die wirtschaftlichen Auswirkungen des Krieges bemerkbar. Viele Staaten waren hoch verschuldet. Produktion und Export lagen brach. Die technische und wirtschaftliche Führungsrolle, die Europa seit dem 19. Jahrhundert innegehabt hatte, übernahmen nun die USA. Sie steigerten zwischen 1919 und 1939 ihre industrielle Produktion um 150 Prozent, in Europa lag das Wachstum nur bei etwa 40 Prozent. Die Vereinigten Staaten wurden zum größten Kapitalgeber der Welt und investierten auch viel Geld in Deutschland. So übernahm die US-amerikanische Firma General Motors im Jahr 1929 das Automobilwerk Opel in Rüsselsheim.

D1 Europa nach dem Ersten Weltkrieg

Q2 Das Friedensprogramm des amerikanischen Präsidenten Wilson:

Vorschläge für eine Neuordnung Europas, 8. Januar 1918:

I. Offene Friedensverträge, die offen zustande gekommen sind, und danach sollen keine geheimen internationalen Vereinbarungen irgendwelcher Art mehr getroffen werden [...].

II. Vollkommene Freiheit der Schifffahrt auf den Meeren [...].

III. Beseitigung aller wirtschaftlicher Schranken, soweit möglich, und Errichtung gleicher Handelsbeziehungen unter allen Nationen [...].

IV. Austausch ausreichender Garantien dafür, dass die nationalen Rüstungen auf das niedrigste, mit der inneren Sicherheit zu vereinbarende Maß herabgesetzt werden.

V. Eine freie, weitherzige und unbedingt unparteiische Schlichtung aller kolonialen Ansprüche [...].

VI. Räumung des ganzen russischen Gebiets und eine solche Regelung aller Russland betreffenden Fragen, die ihm die beste und freieste Zusammenarbeit der anderen Nationen der Welt für die Erlangung [...] seiner eigenen politischen Entwicklung und nationalen Politik sicherstellt [...].

VII. Belgien muss, wie die ganze Welt übereinstimmen wird, geräumt und wiederhergestellt werden [...].

VIII. Alles französische Gebiet sollte befreit und die besetzten Teile sollten wiederhergestellt werden [...].

IX. Es sollte eine Berichtigung der Grenzen Italiens nach den klar erkennbaren Linien der Nationalität durchgeführt werden.

X. Den Völkern Österreich-Ungarns, deren Platz unter den Völkern wir sichergestellt und zugesichert zu sehen wünschen, sollte die freie Gelegenheit zu autonomer Entwicklung gewährt werden.

XI. Rumänien, Serbien und Montenegro sollten geräumt werden; besetzte Gebiete sollten wiederhergestellt werden; Serbien sollte freier und sicherer Zugang zum Meere gewährt werden, und die Beziehungen der verschiedenen Balkanstaaten zueinander sollten durch freundschaftliche Verständigung gemäß den geschichtlich feststehenden Grundlinien von Zugehörigkeit und Nationalität bestimmt werden.

XII. Den türkischen Teilen des gegenwärtigen Osmanischen Reiches sollte [...] Sicherheit der Existenz und unbeeinträchtigt Gelegenheit für autonome Entwicklung zugesichert werden.

XIII. Es sollte ein unabhängiger polnischer Staat errichtet werden [...].

XIV. Es muss zum Zwecke wechselseitiger Garantieleistung für politische Unabhängigkeit und territoriale Unverletzlichkeit der großen wie der kleinen Staaten [...] eine allgemeine Gesellschaft von Nationen gebildet werden.

Zit. nach: H. Michaelis/E. Schraepler (Hg.): Ursachen und Folgen. Bd. 2. München 1959, S. 374 ff.

Q3 Der Versailler Vertrag in der Karikatur

„Auch Sie haben ein Selbstbestimmungsrecht: Wünschen Sie, dass Ihnen die Taschen vor oder nach dem Tod ausgeleert werden?“ Simplicissimus, 3. 6. 1919.
Vergleiche mit Q1 und identifiziere die drei Personen im Frack.

Q4 „Blut und Eisen anstatt Freiheit“

Senator William E. Borah im Senat über den Völkerbund, 19. November 1919:

Wenn dieser Bund, diese Vereinigung [der Völkerbund] geschlossen wird, werden vier Großmächte, die die maßgebenden Völker repräsentieren, über die Hälfte der Bewohner der Welt als über unterworfene Völker herrschen – mit Gewalt herrschen, und wir werden an der Gewaltherrschaft teilhaben. Es gibt keinen anderen Weg, auf dem Sie Völker in Untertänigkeit halten können. Sie müssen ihnen entweder Unabhängigkeit gewähren, ihr Recht anerkennen, als Nationen ihr eigenes Leben zu leben und ihre eigene Regierungsform einzurichten, oder Sie müssen ihnen diese Dinge mit Gewalt verweigern. Das ist das System, die Methode, die durch den Bund vorgeschlagen wird. Er sieht nichts anderes vor. Wir werden uns beizeiten an seine unmenschlichen Lehren und seelenlosen Methoden gewönnen, wie fremdartig auch die Doktrin jetzt einem freien Volk vorkommt. Wenn wir unseren Vertrag einhalten, werden wir beizeiten dahin kommen, mit unseren Verbündeten zu erklären, dass Gewalt (...) trotz allem die wahre Grundlage ist, auf der jede beständige Regierung ruhen muss. (...) Der Grundsatz der Freiheit wird bald der Herrschaft von Blut und Eisen weichen. (...)

Man sagt uns, dieser Vertrag bedeute Frieden. Selbst wenn dem so wäre, würde ich den Preis nicht zahlen. Würden Sie den Frieden erkaufen um den Preis irgendeines Teils unserer Unabhängigkeit? (...)

Frieden auf irgendeiner anderen Basis als nationaler Unabhängigkeit, Frieden, der um jeden Preis irgendeines Teils unserer nationalen Integrität erkauft wird, taugt allein für Sklaven, und selbst wenn er um solchen Preis erkauft wird, ist er Selbstbetrug, denn er kann nicht dauern.

Zit nach: E. Angermann: Die Vereinigten Staaten von Amerika als Weltmacht. Stuttgart 1997, S. 21 f.

Q5 Die General-Motors-Kommission bei der Adam Opel AG im Jahr 1928

Von links: Wood, Bradley, Wilhelm von Opel, Smith, Sloan, Wronker-Flatow, Fritz Opel, Fisher, Fritz von Opel.

	Volkseinkommen	Bevölkerung	Pro-Kopf-Einkommen
Nordamerika	2,8	1,6	1,2
Nordwesteuropa	0,9	0,2	0,7
Sowjetunion	1,1	0,5	0,6
Südosteuropa	1,6	1,3	0,3
Lateinamerika	2,8	1,9	0,9
Japan	4,0	1,2	2,8

D2 Die Entwicklung der Weltwirtschaft nach dem Ersten Weltkrieg

Durchschnittliche jährliche Wachstumsrate des Volkseinkommens, des Pro-Kopf-Einkommens und der Bevölkerung 1913–1929.

A. Hillgruber/J.Dülffer (Hg.): Ploetz. Geschichte der Weltkriege. Freiburg, Würzburg 1981, S. 46.

Fragen und Anregungen

1. Fasse zusammen, wie sich die Landkarte Europas nach dem Krieg änderte (D1).
2. Prüfe das Friedensprogramm Wilsons (Q2) mithilfe des VT: Welche Vorschläge wurden verwirklicht, welche nicht?
3. Nenne die Gründe, die in den USA gegen Versailler Vertrag und Völkerbund vorgebracht wurden (VT, Q4). Überlege, warum sich die Vertreter dieser Richtung durchgesetzt haben.
4. Welche Sicht auf den Versailler Vertrag drückt Q3 aus? Vergleiche mit Q4.
5. Formuliert in Dreiergruppen ein Streitgespräch zwischen je einem Vertreter Frankreichs, Großbritanniens und der USA über die Neuordnung Europas.
6. Beschreibe die Auswirkungen des Krieges auf die Weltwirtschaftsordnung (D2, Q5).
7. Ermittle mithilfe des Internets die heutigen Besitzverhältnisse bei der Adam Opel AG (Q5).

3. Die USA und ihr Weg zur Weltmacht

1929–1932	Die Große Depression in den USA führt zu einer Gesellschaftskrise.
1932	Präsident Roosevelt leitet mit dem „New Deal" einen Politikwechsel ein.
1941	Die USA treten in den Zweiten Weltkrieg ein.

Eine Weltmacht zwischen selbst gewählter Isolation und Weltpolitik

Nachdem das Parlament den Beitritt der USA zum Völkerbund abgelehnt hatte, zogen sich die USA aus der aktiven Weltpolitik zurück. Sie verfolgten eine isolationistische Politik, bei der nur der Schutz des eigenen Gebietes und der eigenen Wirtschaftskraft von Interesse waren. Allerdings engagierten sich die USA in der Finanzpolitik, da sie aufgrund der Waffen- und Munitionskäufe Großbritanniens und Frankreichs während des Ersten Weltkrieges zur größten Gläubigernation der Welt geworden waren. So wurden Dawes- und Young-Plan von amerikanischen Finanzexperten ausgearbeitet, um über die Reparationszahlungen des Deutschen Reiches auch die Rückzahlung der britischen und französischen Auslandsschulden gegenüber den USA zu sichern. Daneben setzten sich die USA für eine Abrüstung der Seestreitkräfte ein, um ein Wettrüsten zu vermeiden. Jede weitere Einmischung in außeramerikanische Probleme unterblieb. Diese isolationistische Phase dauerte mehr als zwanzig Jahre und endete erst mit dem Eintritt der USA in den Zweiten Weltkrieg.

Wirtschaftsaufschwung

Zwischen 1921 und 1929 erlebte die amerikanische Wirtschaft einen beispiellosen Aufschwung; sie konnte ihre Produktion verdoppeln. Das Wachstum wurde hauptsächlich von neuen Konsumgütern getragen, die in Massen preisgünstig gefertigt und von vielen Menschen angeschafft wurden: So eroberten Automobile, Waschmaschinen, Kühlschränke und Radios die amerikanischen Haushalte. Hinzu kam, dass Elektroenergie billig, die Zinssätze niedrig und Kredite leicht zu erhalten waren. Für viele Menschen schien der „American Dream" in Erfüllung zu gehen, wonach jeder, der tüchtig und fleißig ist, zu Wohlstand gelangen kann. So verschuldeten sich nicht nur viele Unternehmen, sondern auch Privatpersonen in der Hoffnung auf wachsenden Wohlstand. An der Börse stiegen die Aktienkurse; hier investierten viele Amerikaner ihr Geld in Erwartung weiter steigender Kurse.

Weltwirtschaftskrise

Am 13. Oktober 1929, dem so genannten Schwarzen Freitag, endete die Boomphase der 1920er-Jahre. Die Aktienkurse sanken dramatisch, viele Bürger verloren ihr Vermögen und mussten ihren Konsum einschränken. Hinzu kam, dass mittlerweile viele Haushalte eine Grundausstattung an Automobilen, Kühlschränken usw. hatten. In der Folge verminderte sich im ganzen Land die Nachfrage, viele Unternehmen mussten ihre Produktion reduzieren oder meldeten Konkurs an; auch viele Banken schlossen. Die Zahl der Arbeitslosen verzehnfachte sich von 1,5 Millionen im Jahr 1929 auf 15 Millionen im Jahr 1933, damit war jeder Dritte arbeitslos. Die Industrieproduktion halbierte sich – das Land versank in der „Großen Depression". Aufgrund der internationalen wirtschaftlichen Beziehungen der USA verbreitete sich die Krise über die ganze Welt und wurde zur Weltwirtschaftskrise. Fast alle Industriestaaten führten hohe Schutzzölle ein, um die Produkte der eigenen Wirtschaft vor der Konkurrenz aus dem Ausland zu schützen. Der Welthandel und auch der internationale Zahlungsverkehr brachen zusammen.

1932 wurde der Demokrat Franklin D. Roosevelt zum Präsidenten gewählt. Im Unterschied zu seinen republikanischen Vorgängern, die die Zurückhaltung des Staates im Wirtschaftsleben propagiert hatten, forderte Roosevelt eine aktivere Rolle des Staates. Durch eine neue Politik sollte die Wirtschaftskrise überwunden und eine neue Grundlage für Gesellschaft, Staat und Wirtschaft gelegt werden. Zu dieser „New Deal" genannten Politik gehörte ein stärkerer sozialer Ausgleich mit dem Ziel, die Kluft zwischen Arm und Reich zu vermindern. Die Regierung erkannte die Gewerkschaften als Interessenvertretung der Arbeiterschaft an und ließ Streiks gesetzlich zu. Unternehmer, Gewerkschaften und Staat sollten sich gemeinsam über Preise und Löhne verständigen, ohne dabei die marktwirtschaftliche Ordnung aufzugeben. Mit einer neuen Sozialgesetzgebung wurden eine Arbeitslosen- und Altersversicherung und gleichzeitig hohe Steuersätze für Wohlhabende eingeführt. Der Staat übernahm auch eine aktive Rolle als Unternehmer: Durch große Bauprojekte, wie z. B. Staudämme oder Straßen, schuf er Arbeitsplätze und damit Nachfrage. Diese Projekte wurden mit Krediten finanziert, die mithilfe erhöhter Steuereinnahmen später zurückgezahlt werden sollten.

Der „New Deal"

Roosevelts Politik erzeugte aber auch Widerstand. Insbesondere die Wohlhabenden und Unternehmer lehnten stärkere Belastungen und staatliche Eingriffe in die Wirtschaft ab. Ihr Ideal war es, dass jeder sein Leben durch Leistung selbst bestimmt – auch mit dem Risiko des Scheiterns. Dem „New Deal" blieb jedoch der durchschlagende Erfolg versagt. Die Zahl der Arbeitslosen nahm zwar zunächst ab, stieg 1938 aber noch einmal auf 9,5 Millionen an. Erst der Ausbruch des Zweiten Weltkrieges und die damit verbundene Kriegsproduktion führte zur Überwindung der letzten Auswirkungen der Weltwirtschaftskrise.

Q2 Franklin Delano Roosevelt (1882–1945)
war von 1932 bis zu seinem Tod 1945 amerikanischer Präsident.

Q1 „American Way of Life"
Opfer einer Flutkatastrophe stehen vor einem Werbeplakat für frisches Wasser an. Foto von 1937.

D1 Welches Potenzial haben die USA?

	Bevölkerung (in Mio)			Eisen-/Stahlproduktion (in Mio. Tonnen)			Industriepotenzial (Dtl.: 1913 = 100)		
Jahr	**1913**	**1928**	**1938**	**1913**	**1930**	**1938**	**1913**	**1928**	**1938**
USA	97,3	119,1	138,3	31,8	41,3	28,8	217	387	383
Russland	175,1	150,4	180,6	4,8	5,7	18,0	56	52	110
GB	45,6	45,7	47,6	7,7	7,4	10,5	92	98	131
Dtl.	66,9	55,4	68,5	17,6	11,3	23,2	100	115	155

P. Kennedy: Aufstieg und Fall der Großen Mächte. Ökonomischer Wandel und militärischer Konflikt von 1500 bis 2000. Frankfurt a. M. 1989, S. 308–311.

D2 Arbeitslosenzahlen und -quote 1926–1938

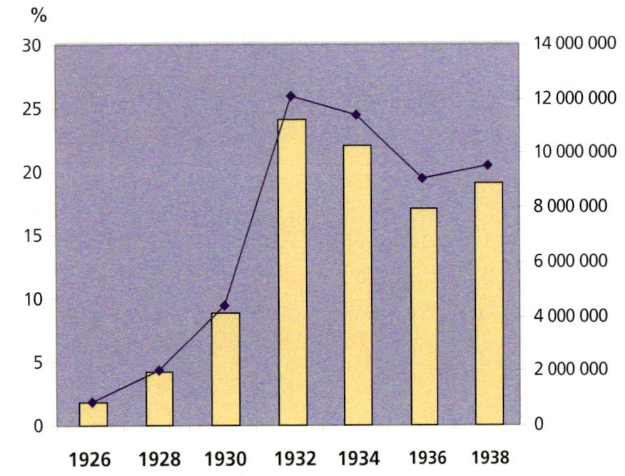

Kurve: Arbeitslose, Säulen: Arbeitslosenquote

G. Moltmann: Die Vereinigten Staaten vom Amerika von 1917 bis zur Gegenwart. Paderborn 1987, S. 19.

Automobilproduktion in Detroit, 1940 Q3

Q4 Ein Land in der Krise

Ein Zeitzeuge beschreibt 1940 die Krise im Rückblick:

Wenn man durch eine amerikanische Stadt ging, waren die Anzeichen der Krise für das flüchtige Auge kaum sichtbar, jedenfalls nicht auffällig. Man konnte bemerken, dass viele Läden geschlossen waren (…), dass wenig Fabrikschornsteine rauchten; dass auf den Straßen weniger Lastwagen fuhren (…). Die wichtigsten Auswirkungen der Krise waren meist negativer Art und sprangen nicht ins Auge. (…) Erstens in ärmeren Vierteln die Menschenschlangen vor der Brotausgabestelle. Zweitens (…) Bretterbuden, in denen Menschen, manchmal ganze Familien Ausgewiesener, auf Autositzen schliefen, die sie aus Autofriedhöfen geholt hatten, und sich an Abfallfeuern in Mülltonnen wärmten. Drittens die Obdachlosen, die (…) von Restaurant zu Restaurant zogen, um ihr Dasein mit halb gegessenen Brot- oder Kuchenresten oder irgend sonst etwas zu fristen. Viertens, die gewaltig angewachsene Zahl von Anhaltern auf den Überlandstraßen und besonders die vielen blinden Passagiere auf den Güterwaggons der Eisenbahnen. (…) Die meisten der vergleichsweise Wohlhabenden im Lande mussten ihren Lebensstandard zurückschrauben. (…) Diese Leute entließen Personal oder senkten die Löhne ihrer Dienstboten (…). In vielen feinen Häusern kochten und schrubbten Hausfrauen, die diese Arbeit noch nie zuvor selbst getan hatten (…). Ihre Ehemänner trugen die alten Anzüge länger, traten aus dem Golfclub aus, stellten vielleicht fest, dass es sich die Familie in diesem Jahr nicht leisten konnte, im Sommer an die See zu fahren.

Zit. nach: L. D. Rubin/R. H. W. Dillard: The Experience of America. London 1969, S. 341 ff.

Q5 Die Macht der Regierung ist zu begrenzen

1928 warnte der republikanische Präsident Hoover:

Jeder Schritt zur Bürokratisierung des Geschäftslebens unseres Landes vergiftet die wahren Wurzeln des Liberalismus – d.h. politische Gleichheit, Redefreiheit, Versammlungsfreiheit, Pressefreiheit und die Gleichheit der Chance. Es ist der Weg nicht zu größerer Freiheit, sondern zu geringerer Freiheit. Der Liberalismus sollte nicht im Streben nach einer Ausbreitung der Bürokratie gefunden werden, sondern im Streben, ihr Grenzen zu setzen. [... Liberalismus bedeutet,] dass die wirtschaftliche Freiheit nicht hingeopfert werden darf, wenn die politische Freiheit bewahrt werden soll. Selbst wenn eine Führung der Geschäfte durch die Regierung uns mehr anstatt weniger Leistungsfähigkeit brächte, bleibe der grundlegende Einwand dagegen unverändert und ungeschwächt. [Die Regierung] würde (...) Missbrauch und Korruption eher vermehren als vermindern. Sie würde Initiative und Erfindungsgeist ersticken.

Zit. nach: E. Angermann: Die Vereinigten Staaten von Amerika als Weltmacht. Stuttgart 1987, S. 27.

Q6 Wie wurde die Wirtschaftskrise überwunden?

Zwei Historiker bewerten 1991 den New Deal:

Tatsächlich erfolgte die wirkliche wirtschaftliche Erholung erst mit der Aufrüstungspolitik und dem Ausbruch des Zweiten Weltkriegs. (...) Es ist eine der deprimierendsten Aussagen der Wirtschaftsgeschichte, dass man keinen friedlichen wirtschaftspolitischen Weg gefunden hat, die Weltwirtschaftskrise zu überwinden. Weder über alte noch neue wirtschaftspolitische Maßnahmen, sondern erst durch das ökonomische „Großprojekt" Weltkrieg kam in die wirtschaftliche Entwicklung wieder Dynamik. Weder New Deal noch Arbeitsbeschaffung brachten einen Ausweg, sondern erst der Ausbruch des Krieges hat den Kapitalismus gerettet. Nur dafür waren die Regierungen gewillt, jene großen Summen an öffentlichen Mitteln einzusetzen, die man für das zur Überwindung der Krise notwendige gigantische Arbeitsbeschaffungsprogramm nicht auszuwenden bereit war.

H. Matis/D. Stiefel: Die Weltwirtschaft. Struktur und Entwicklung im 20. Jahrhundert. Wien 1991, S. 140 ff.

Isolationismus

In den zwanziger und dreißiger Jahren des 20. Jahrhunderts wurde die Außenpolitik der USA vom „Isolationismus" beherrscht. Die Vertreter dieser Linie gingen davon aus, dass die USA Verwicklungen in außeramerikanische Aktivitäten, insbesondere in Europa, vermeiden und sich auf ihren Kontinent beschränken sollten. Dem Isolationismus steht der „Internationalismus" gegenüber, dessen Vertreter die USA in der Verantwortung sehen, sich weltweit für Demokratie und Frieden nach dem amerikanischen Modell einzusetzen.

New Deal

Der Ausdruck „New Deal" stammt ursprünglich aus dem Kartenspiel und meint einen Neuanfang. In der Politik Roosevelts stand er für das Ziel, alle Kräfte des Landes unter Führung der Regierung zu bündeln und mithilfe von staatlichen Maßnahmen die schwere Wirtschafts- und Gesellschaftskrise zu überwinden. Die aktive Rolle des Staates schloss auch eine aktive wirtschaftliche Betätigung (z.B. durch große Bauprojekte) ein. Kritiker des New Deal befürchteten, dass die freie Marktwirtschaft abgelöst und durch eine zentral gesteuerte Staatswirtschaft ersetzt werden würde.

Fragen und Anregungen

1. Beschreibe die wirtschaftliche Stellung der USA im Vergleich zu anderen aufgeführten Staaten (D1).
2. Fasse die Entwicklung der Arbeitslosigkeit in den USA anhand von D2 zusammen.
3. Stelle Vermutungen darüber an, warum das Foto Q1 berühmt geworden ist.
4. Ein Reporter besucht das Automobilwerk. Beschreibe seine Eindrücke über die amerikanische Wirtschaft (Q3).
5. Beschreibe die Auswirkungen der Wirtschaftskrise auf die verschiedenen Bevölkerungsschichten (Q4).
6. Was würde ein Anhänger des „New Deal" von den Argumenten Hoovers halten? Schreibe eine Entgegnung (Q4, Q5, VT).
7. Erläutere die These der beiden Historiker und beziehe Stellung (Q6).
8. Recherchiere wichtige Lebensdaten Roosevelts (Q2).

4. Russland zwischen Erstarrung und Reform

1861	Zar Alexander II. (1855–1881) leitet ein umfangreiches Reformprogramm zur Modernisierung Russlands ein, das mit der Aufhebung der Leibeigenschaft (Bauernbefreiung) beginnt.
1903	Die Sozialdemokratische Arbeiterpartei Russlands spaltet sich auf ihrem Parteitag in London in revolutionäre Bolschewiki und reformerische Menschewiki.
1905	Mit dem „Petersburger Blutsonntag" beginnt die erste russische Revolution. Zum ersten Mal bilden sich Arbeiterräte (Sowjets).
1906	Russland erhält erstmals eine Verfassung, die erste Duma wird gewählt.
1911	Ministerpräsident Stolypin leitet Agrarreformen zur Schaffung eines mittelständischen Bauerntums ein.

Q1 **Verbannung**
In einem Gefängnis auf der Insel Sachalin werden einem Verbannten Ketten angelegt. Foto von 1890.

Russland und Europa

Während auf den Schlachtfeldern Westeuropas noch der Erste Weltkrieg tobte, war in Russland die Jahrhunderte lange Zarenherrschaft fast ohne nennenswerten Widerstand beseitigt worden. Das riesige Land war in einer bis dahin unvorstellbaren Weise verändert und schickte sich an, in den folgenden Jahren und Jahrzehnten den Lauf der Geschichte entscheidend mitzuprägen. Was waren das für Umwälzungen? Wie kam es dazu, warum fanden sie gerade in Russland statt?

Wirtschaftliche und soziale Situation

Obwohl bereits Zar Peter der Große (1689–1725) die Rückständigkeit Russlands erkannt hatte und sie durch eine Öffnung Russlands nach Westeuropa beseitigen wollte, lebte die Masse der russischen Bevölkerung bis ins 20. Jahrhundert hinein als Bauern in Analphabetentum, Aberglauben, Rechtlosigkeit und unvorstellbarer Armut. Die Einstellung zur Arbeit war von vorkapitalistischem Denken geprägt und nicht auf Profit, sondern aufs Überleben ausgerichtet. In Russland fehlte seit jeher ein gewachsenes europäisches Stadtrecht mit den typischen Selbstverwaltungsorganen der Bürger. Ein breites, selbstbewusstes Bürgertum westlicher Prägung, das als Motor für eine kapitalistische und demokratische Entwicklung hätte wirken können, suchte man in Russland vergebens. Rechtlich war die Stadtbevölkerung mit der Landbevölkerung gleichgestellt. Die Bauern waren zumeist Leibeigene und an die Scholle gebunden, die Produktivität der russischen Landwirtschaft war gering. Dennoch bildete die russische Dorfgemeinde (russ. Mir) bis ins 20. Jahrhundert hinein eine relativ geschlossene, konservative und zarentreue Welt, die der Stadt und ihren Eliten ablehnend gegenüberstand.

Koloss auf tönernen Füßen

Nach dem Wiener Kongress (1814/15) baute Russland seine Stellung als europäische Großmacht zunächst aus. Als Russland in den Folgejahren im Südosten Europas sich auf Kosten des Osmanischen Reiches ausdehnen wollte, geriet es in Konflikt mit Großbritannien. In Überschätzung der eigenen Kräfte brach Russland 1853 einen Krieg vom Zaun, in dessen Verlauf sich die Rückständigkeit des Zarenreiches auf den Gebieten des Militärs, der Industrialisierung, der Verkehrswege und der Ausbildung seiner Untertanen offenbarte.

Als Konsequenz aus diesem verlorenen Krieg nahm Zar Alexander II. (1855–1881) weitreichende Reformen in Angriff: 1861 beseitigte er die Leibeigenschaft der Bauern, allerdings ohne weitere unterstützende Maßnahmen zu Gunsten der Bauern zu ergreifen, so dass eine durchgreifende und nachhaltige Verbesserung ihrer Lebensverhältnisse ausblieb. 1864 wurden erstmals lokale Ämter geschaffen, die für die eigenständige Verwaltung von Sozialfürsorge, Straßen, medizinische Versorgung und Elementarschulen zuständig waren. Eine Justizreform führte nach 1864 nach europäischem Vorbild rechtsstaatliche Prinzipien ein, 1874 folgte eine Militärreform mit der allgemeinen Wehrpflicht. Die Wirtschaftspolitik des Finanzministers Sergej Witte (1892–1904) gab der Industrialisierung Russlands wichtige Impulse: Zwischen 1891 und 1904 wurden die Transsibirische Eisenbahn gebaut und weitere Bahnprojekte gefördert, ein Bankwesen entstand, Auslandskapital wurde beschafft, und die aufkeimende russische Industrie wurde gegen ausländische Industrie geschützt. Dennoch blieb Russland ein Agrarland, in dem noch 1914 fast 85 % der Einwohner zur ländlichen Bevölkerung zählten. Da sich die Reformen und die Industrialisierung im Rahmen der hergebrachten politischen Ordnung vollzogen, verstärkten sich die schon bestehenden Widersprüche zwischen gebildeten Eliten sowie wohlhabenden Gruppen einerseits und Unterschichten andererseits, zwischen Stadt und Land, zwischen Aristokratie und neuer Öffentlichkeit sowie zwischen Russen und nichtrussischen Völkern.

Reformen verstärken die Widersprüche innerhalb der Gesellschaft

Örtlich begrenzte Rebellionen gegen die Leibeigenschaft gab es schon immer. Jedoch wurde bei derartigen Aufständen die Herrschaft des Zaren niemals grundsätzlich in Frage gestellt. Mit seinen politischen Gegnern angemessen umzugehen, blieb dem Zaren fremd: Statt wohlmeinende Kritiker zu integrieren, reagierte der autokratische Zarenstaat (Autokratie = Alleinherrschaft) fast ausnahmslos mit Verfolgung und Verbannung nach Sibirien. Trotzdem bildete sich im 19. Jahrhundert aus Publizisten, Schriftstellern, Künstlern und Studenten eine radikale „Intelligenzia". Sie idealisierte die alte russische Dorfgemeinde, die mit ihren genossenschaftlichen Organisationsregeln als Vorbild für den Weg in den Sozialismus galt. Allerdings scheiterten in den 1870er- und 1880er-Jahren alle Versuche dieser radikalen „Intelligenzia", die Bauern zum Aufstand gegen den Zaren zu bewegen.

Opposition gegen die Zarenherrschaft

Q2 Unerwartete Rückkehr
Ausschnitt aus einem Gemälde von Ilja Repin, gemalt 1884–1888. Zar Alexander III. (1881–1894) begnadigte zu Beginn seiner Regierungszeit eine Reihe politischer Gefangener aus der Verbannung.

Petersburger „Blutsonntag" Q3
Am 9. Januar 1905 zogen ca. 140 000 Menschen in einem Protestzug zum Zarenpalast in St. Petersburg. Die Demonstranten trugen Zarenbilder, Ikonen und russische Fahnen.

Gegenspieler dieser Oppositionsgruppe waren die marxistischen Sozialdemokraten, die auf das städtische Industrieproletariat als revolutionäre Masse setzten. Sie hielten 1898 ihren ersten geheimen Kongress ab. Die Gruppe spaltete sich 1903 in die Fraktion der reformorientierten „Menschewiki" (Minderheitler) und der von Lenin geführten revolutionären „Bolschewiki" (Mehrheitler). Weitere politische Oppositionsgruppen waren die „Kadetten", die für eine konstitutionelle Demokratie kämpften, und die gemäßigten Liberalen, die sich „Oktobristen" nannten. Auch die gebildeten Eliten der nichtrussischen Völker gründeten zahlreiche nationale Bewegungen mit kulturellen, politischen und sozialen Forderungen. Insgesamt gab es eine Vielzahl von unterschiedlichen Trägern und Schauplätzen des Widerstandes gegen das autokratische Zarensystem.

Die Revolution 1905

Wegen gegenseitiger Gebietsansprüche im Fernen Osten kam es 1904/05 zwischen Russland und Japan zum Krieg. Abermals war das russische Militär waffentechnisch hoffnungslos unterlegen und das Ansehen der Regierung verfiel zunehmend. Am 9. Januar 1905 (nach Julianischem Kalender) versammelten sich in St. Petersburg Männer, Frauen und Kinder zu einem friedlichen Demonstrationszug. Sie wollten dem von ihnen noch verehrten Zaren eine Petition mit sozialen und politischen Forderungen übergeben. Eine Elitetruppe des Zaren schätzte die Situation falsch ein und schoss in die Menge. An diesem sog. Petersburger Blutsonntag" wurde der Mythos vom guten Zaren endgültig zerstört. Es folgten landesweit zahlreiche Streiks der Industriearbeiter und Bauernerhebungen auf dem Lande. In dieser krisenhaften Situation bildeten sich die ersten Sowjets (Räte), die aus Arbeiterausschüssen in den Fabriken hervorgingen und sich nun zu politischen Führungsorganen entwickelten.

Russlands erste Verfassung

Um die Zarenherrschaft zu retten, wurden im April 1906 Reichsgrundgesetze erlassen, die erstmals bürgerliche Grundrechte und -freiheiten garantierten, politische Parteien legalisierten und eine politische Öffentlichkeit schufen. Die Gesetzgebung übernahmen nun ein vom Zaren ernannter Reichsrat und die Reichsduma, deren Abgeordnete in allgemeinen, aber nicht gleichen Wahlen bestimmt wurden. Der Zar blieb aber weiterhin zuständig für Armee und Außenpolitik, ernannte die Regierung, berief das Parlament ein, hatte ein Veto-Recht gegen Duma-Beschlüsse und konnte mit Notverordnungen das Parlament umgehen. Unter der Regierung von Ministerpräsident Stolypin setzte sich die Industrialisierung fort, die Alphabetisierung der Bevölkerung stieg weiter. Die 1911 eingeleitete Agrarreform löste die obligatorische Bindung der Bauern an ihre Dorfgemeinde auf und schuf die Voraussetzungen für ein breites Mittelbauerntum. Der Erste Weltkrieg unterbrach jedoch alle Reformen.

Q4 Die Regierung muss sich an die Spitze stellen

Aus der Denkschrift des Grafen Witte an den Zaren vom 22. Oktober 1905. Sergei J. Graf Witte war zunächst Finanzminister und 1905/06 russischer Ministerpräsident:

Die momentane Freiheitsbewegung ist nicht neueren Datums. Sie wurzelt in Jahrhunderten russischer Geschichte. (…) „Freiheit" muss ein Schlagwort der Regierung werden. Es gibt keine andere Möglichkeit für die Rettung des Staates. Der Marsch des Fortschritts in der Geschichte lässt sich nicht aufhalten. Der Gedanke bürgerlicher Freiheit wird siegen, wenn nicht durch Reformen, dann durch eine Revolution. Sollte letzterer Fall eintreten, so würde der Traum von der Freiheit nur aus der Asche der zerstörten tausendjährigen russischen Vergangenheit emporsteigen können. (…) Die Gräuel dieser russischen Insurrektion [Aufstand] werden möglicherweise alles bisher in der Geschichte Bekannte übersteigen. Eine eventuelle Intervention von außen könnte das Land zerstückeln. (…) Der Versuch, die Ideale eines theoretischen Sozialismus zu verwirklichen – (es wird ihnen nicht gelingen, aber der Versuch wird gemacht werden) – wird die Familie zerstören, die Kirche und die Grundlage aller Rechtsbegriffe vernichten. Die Regierung muss bereit sein, nach konstitutionellen Richtlinien vorzugehen. Die Regierung muss sich aufrichtig und offen für das Wohl des Landes einsetzen und darf nicht versuchen, die eine oder die andere Art der Regierung vorzuziehen. Entweder muss sich die Regierung an die Spitze der Bewegung, die das Land ergriffen hat, stellen, oder sie muss es den elementaren Kräften, die es in Stücke reißen werden, überlassen.

Zit. nach: Geschichte in Quellen. Das bürgerliche Zeitalter. Bearb. v. G. Schönbrunn, München 1980, S. 670.

Q6 Die Ereignisse in Petersburg 1905 und die Folgen

Aus der Petition der St. Petersburger Arbeiter vom 9. (22.) Januar 1905:

Herrscher! Wir, die Arbeiter der Stadt Petersburg, unsere Frauen, Kinder und hilflosen, greisen Eltern sind zu Dir, Herrscher, gekommen, um Wahrheit und Schutz zu suchen. Wir sind verelendet, wir werden unterdrückt, mit unsagbar schwerer Arbeit belastet, man höhnt uns, sieht in uns keine Menschen, man geht mit uns um wie mit Sklaven, die ihr bitteres Los tragen und schweigen müssen. (…)

Hier suchen wir die letzte Rettung. Versage Deinem Volke nicht die Hilfe. Führe es aus dem Grabe der Rechtlosigkeit, der Armut und der Unwissenheit, gib ihm die Möglichkeit, selbst über sein Schicksal zu entscheiden, nimm von ihm das unerträgliche Joch der Beamten. Zerstöre die Scheidewand zwischen Dir und Deinem Volke und lass es zusammen mit Dir das Land regieren (…)

Wenn Du uns auf unser Flehen nicht antwortest, so sterben wir hier auf diesem Platz vor Deinem Palais. Wir sehen keinen Ausweg mehr, und alles ist sinnlos. Wir haben nur zwei Wege: Freiheit und das Glück oder das Grab.

Zit. nach: S. Kumpf-Korfes: Blutsonntag 1905 – Fanal der Revolution. Berlin (Ost) 1976, S. 3.

Julianischer und Gregorianischer Kalender

Bis Februar 1918 galt in Russland der Julianische Kalender, der im 20. Jahrhundert 13 Tage hinter dem im übrigen Europa geltenden Gregorianischen Kalender zurückblieb.

Q5 Petrograder Dinnerparty, 1917

Q7 Suppenküche für Arbeitslose, St. Petersburg, 1914

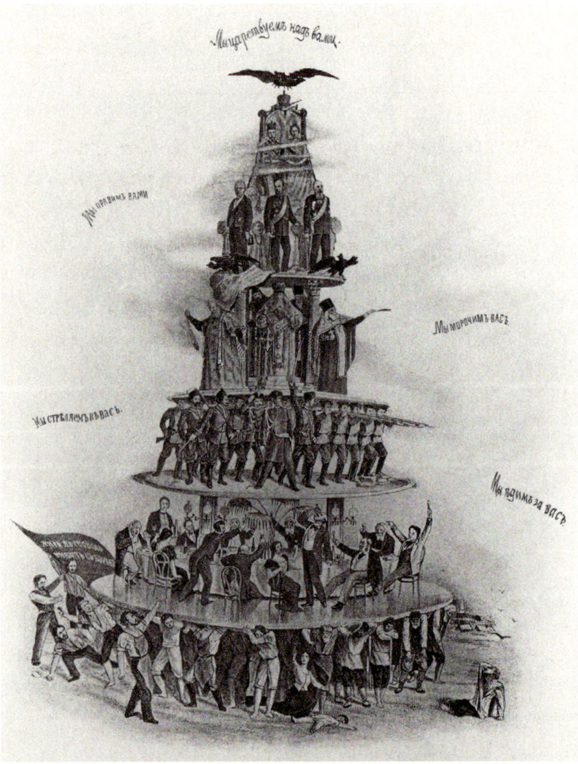

Q8 Russlands Gesellschaft

Im Ausland veröffentlichtes Flugblatt der „Union russischer Sozialisten“ (um 1900). Übersetzung der Legenden (von oben nach unten links): „Wir sind die Herrschaft über euch“, „Wir lenken euch“, „Wir schießen auf euch“, „Wir arbeiten für euch“;
(von rechts unten nach oben) „Wir ernähren euch“, „Wir essen für euch“, „Wir streuen euch Sand in die Augen“. Die hier nicht lesbare Unterzeile des Flugblatts lautet: „Es wird eine Zeit kommen, wo das Volk sich erheben wird, und es wird seine Ausbeuter auseinander jagen.“

D2 Bevölkerungsschichten im Zarenreich

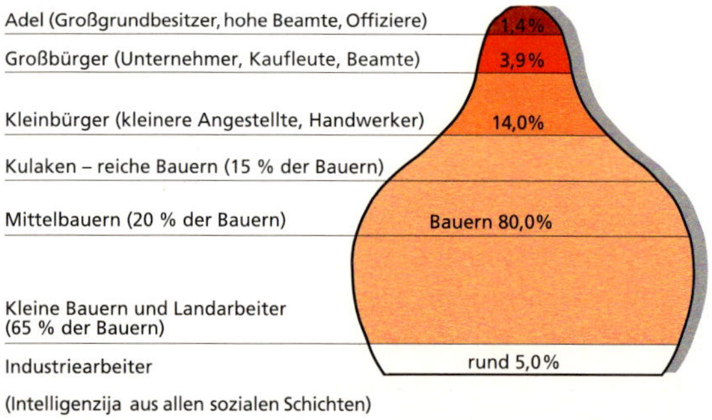

Jahr	1810	1840	1860	1880	1900
Großbritannien	140	175	200	235	225
Frankreich	70	115	145	140	155
Deutschland		75	105	145	220
Italien	–	40	50	60	60
Russland		70	75	70	90
USA	–	215	225	290	310

D1 Niveau der landwirtschaftlichen Entwicklung in verschiedenen Ländern. (100 = jährliche Nettoproduktion von 10 Mill. Kalorien auf pflanzlicher Grundlage pro männlichem Erwerbstätigen in der Landwirtschaft)

Jahr	1840	1850	1860	1870	1880	1888	1896
Großbritannien	620	1290	2450	4040	7600	9200	13700
Frankreich	90	270	1120	1850	3070	4520	5920
Deutschland	40	260	850	2480	5120	6200	8080
Italien	10	40	50	330	500	830	1520
Russland	20	70	200	920	1740	2240	3100
USA	760	1680	3470	5590	9110	14400	18060

D3 Kapazität aller Dampfmaschinen
(in Tausend Pferdestärken)

Fragen und Anregungen

1. Ermittle die Bereiche, in denen im zaristischen Russland des 19. Jahrhunderts Modernisierungsbedarf bestand. Finde heraus, wodurch tief greifende Reformen behindert und welche Reformen durchgesetzt wurden (VT, D1, D3).
2. Stell dir vor, du bist Journalist im zaristischen Russland und sollst für eine Zeitung berichten. Verfasse einen Artikel zum Thema „Die Bevölkerung Russlands und ihre soziale Lage“ (Q5, Q7, Q8, D1).
3. Kennzeichne die politische Situation im Russischen Reich am Ende des 19. Jahrhunderts (VT, Q1–Q3).
4. Bringe das Bild Q2 zum Sprechen, indem du den abgebildeten Personen Gedanken und Worte zuordnest.
5. Inwiefern waren die Ereignisse von St. Petersburg im Januar 1905 eine Chance für den Zaren, seine Herrschaft zu retten (VT, Q4, Q5)?

5. 1917 – ein Jahr, zwei Revolutionen

2. März 1917	Februar-Revolution: Zar Nikolaus II. dankt ab. Ein Duma-Komitee bildet die „Provisorische Regierung"; daneben bilden sich Arbeiter- und Soldatenräte.
3. April 1917	Lenin kehrt aus dem Schweizer Exil nach Petrograd zurück.
24./25. Oktober 1917	Oktober-Revolution: Aufständische Truppen unter der Führung von Bolschewisten verhaften die Provisorische Regierung, Lenin wird am Tag darauf Vorsitzender des „Rates der Volkskommissare".
5./6. Januar 1918	Bolschewistische Truppen sprengen die gewählte Verfassunggebende Versammlung.

Die Unzufriedenheit wächst

Im Verlauf des Ersten Weltkriegs beschleunigte sich der Autoritätsverlust der Zarenherrschaft dramatisch. Mit den Niederlagen an der Front, den Versorgungsengpässen und der starren Politik von Zar und Regierung wuchs die Unzufriedenheit und Protestbereitschaft der Bevölkerung. Während es auf dem Lande zunächst noch ruhig blieb, kam es in den Städten, allen voran in der Hauptstadt St. Petersburg (seit 1914 Petrograd), immer häufiger zu Massenstreiks und Demonstrationen. Die hauptsächlichen Ursachen dafür waren, dass der kriegsbedingten Mehrarbeit sinkende Reallöhne gegenüberstanden und die Versorgung der Städte im dritten Kriegsjahr bis an die Hungergrenze gefallen war. Auch das gewaltsame Vorgehen der Regierung gegen die Arbeiterproteste förderte die Streikbereitschaft der großen Anzahl von Frauen und Jugendlichen, die anstelle der zum Militär eingezogenen Männer in den Fabriken arbeiteten.

Die Februarrevolution 1917 und das Ende der Zarenherrschaft

Als am 23. Februar 1917, dem Internationalen Frauentag, sich in einer der Petrograder Vorstädte ein spontaner Protestzug aus Arbeiterinnen der Textil- und Munitionsfabriken formierte, wurde daraus schnell eine Massendemonstration gegen Hunger, Krieg und Zarenherrschaft. Nach wenigen Tagen war das ganze Land erfasst. Während die überwiegend frisch rekrutierten Bauernsöhne der Petrograder Garnison in Scharen zu den Aufständischen überliefen, weigerten sich die Generäle, zarentreue Einheiten von der Front abzuziehen, um die Monarchie zu retten. Am 2. März 1917 unterzeichnete Zar Nikolaus II. die Abdankungsurkunde. Fast lautlos und ohne Gegenwehr war das alte Regime zusammengebrochen.

Provisorische Regierung und Petrograder Sowjet

Zu zögerlich begann die aus der letzten Duma hervorgegangene Provisorische Regierung das entstandene Machtvakuum zu füllen. Sie fühlte sich nicht ausreichend legitimiert und wollte nur bis zur Einberufung einer Verfassunggebenden Versammlung im Amt bleiben. Weil die Provisorische Regierung wusste, dass sie in diesen Tagen nicht ohne die Zustimmung der revolutionären Massen bestehen konnte, tolerierte sie die sich überall im Lande bildenden Sowjets (Räte) neben sich. Überregionale Bedeutung kam dabei dem Petrograder Sowjet zu, der bald die Rolle einer zentralen Vertretung übernahm. Die Sowjets verstanden sich als revolutionäre Vertretung der Arbeiter, Soldaten und Bauern. Ihre Abgeordneten wurden meist in offener Abstimmung gewählt, konnten jederzeit abberufen werden und waren der entsendenden Versammlung verantwortlich. In diesen Sowjets stellten die Sozialrevolutionäre, die die Interessen der Bauern vertraten, und die Menschewiki durchweg die Mehrheit, während die Bolschewiki fast überall in der Minderheit waren.

Q1 **Die Erste Provisorische Regierung im Marienpalais,** Foto 1917

Q2 **Der Petrograder Sowjet, März 1917 im Taurischen Palais,** Foto

Doppelherrschaft

Die Doppelherrschaft von Provisorischer Regierung und Sowjet verhinderte den Aufbau einer starken Zentralgewalt. Beide Institutionen stimmten darin überein, die bürgerlichen Grundrechte und die Gleichberechtigung aller Nationen und Religionen zu gewähren sowie eine Verfassunggebende Versammlung einzuberufen. Uneinigkeit zwischen ihnen herrschte vor allem über die Fortsetzung des Krieges gegen Deutschland. Die Provisorische Regierung hatte sich die Duldung der zaristischen Generäle dadurch erkauft, dass sie versprach, die Bündnisverpflichtungen gegenüber den Alliierten einzuhalten und damit den Krieg fortzusetzen. Demgegenüber forderte der Petrograder Sowjet mit dem richtigen Gespür für die Sehnsucht der kriegsmüden Bevölkerung einen sofortigen Friedensschluss. Es zeigte sich von Anfang an, dass es der neuen Regierung nicht gelingen würde, ihre Autorität durchzusetzen. Das Reich zerfiel, und Anarchie begann sich auszubreiten.

Lenin

Q3 **Lenin (1870–1924)**

In dieser Situation trat Wladimir Iljitsch Uljanow, genannt Lenin, in Erscheinung. Er wurde in Simbirsk als Sohn eines in den Adel aufgestiegenen Schulinspektors und einer Gutsbesitzertochter geboren. 1887 erlebte er die Hinrichtung seines von ihm bewunderten Bruders Alexander wegen eines geplanten Attentats auf den Zaren. Lenin schloss sich daraufhin der revolutionären Bewegung an. Nach dem Jura-Studium arbeitete er in Samara als Rechtsanwalt, siedelte 1883 nach St. Petersburg über, wo er 1895 eine Vorläuferorganisation der Sozialdemokratischen Arbeiterpartei Russlands (SDAPR) gründete. Wegen politischer Agitation wurde er nach Sibirien verbannt und gelangte 1900 ins Exil nach Westeuropa. 1903 betrieb er die Spaltung der SDAPR in die Menschewiki und die von ihm geführten Bolschewiki, die er zu einer revolutionären, straff organisierten Kaderpartei von Berufsrevolutionären entwickelte. Während des Ersten Weltkrieges lebte Lenin in der Schweiz. Um den Kriegsgegner Russland im Innern zu schwächen, organisierte die deutsche Regierung 1917 Lenins Rückkehr in seine Heimat und unterstützte ihn mit großen Geldzahlungen.

Lenins Aprilthesen

Einen Tag nach seiner Rückkehr forderte Lenin am 17. April, die Provisorische Regierung rücksichtslos zu bekämpfen und zu stürzen, um baldmöglichst den Übergang in eine sozialistische Revolution einzuleiten. Stand Lenin anfangs mit seiner Position noch alleine, so wendete sich ab Juni das Blatt. Auf dem Land kam es zu wilden Enteignungen. Als sich die Versorgungslage in den Städten erneut dramatisch verschlechterte, flammten Massenstreiks und Demonstrationen wieder auf.

Weitere Niederlagen an der Kriegsfront und ein fehlgeschlagener konservativer Putschversuch bewirkten, dass die Bolschewisten, die sich noch nicht durch eine Regierungsbeteiligung verschlissen hatten, immer mehr Zulauf bekamen.

„Alle Macht den Räten"

Die Doppelherrschaft konnte kein Dauerzustand bleiben. Lenin wusste, dass die Bolschewiki bei allgemeinen Wahlen zur konstituierenden Versammlung keine Chancen hatten, die Mehrheit zu erringen. Deswegen organisierte er gemeinsam mit Leo Trotzki einen Staatsstreich. In der Nacht zum 25. Oktober 1917 (7. November) besetzten die von Trotzki geführten bolschewistischen Roten Garden die strategisch wichtigen Punkte in Petrograd, ohne dass sie auf nennenswerten Widerstand stießen. Sie verhafteten die Provisorische Regierung, Ministerpräsident Kerenskij gelang die Flucht ins Exil. Zur gleichen Zeit tagte in Petrograd der Allrussische Sowjetkongress. Auch dort hatten die Bolschewiki keine Mehrheit. Von den 670 Delegierten entfielen auf sie nur 300 Mandate. Auf der Eröffnungssitzung verlangten Menschewiki und rechte Sozialrevolutionäre, eine Koalitionsregierung zu bilden, an der sie entsprechend der Zusammensetzung des Kongresses beteiligt sein wollten. Als die Bolschewiki diese Forderung ablehnten, verließen Menschewiki und rechte Sozialrevolutionäre den Kongress. Nun wurde unter Lenins Vorsitz die neue Regierung gebildet, die sich „Rat der Volkskommissare" nannte. Sie erließ am folgenden Tag ein „Dekret über den Frieden" und legalisierte im Dekret über „Grund und Boden" alle bereits vollzogenen Enteignungen auf dem Land nachträglich. Es folgte das Versprechen, in den Fabriken die „Arbeiterkontrolle" einzuführen und alle Völker Russlands gleichzustellen. Am 12. November fanden Wahlen zur Verfassunggebenden Versammlung statt. Da die Bolschewisten auch diesmal in der Minderheit waren, trieben sie die Versammlung im Januar 1918 gewaltsam auseinander. Der von den Bolschewisten beherrschte Rat der Volkskommissare koppelte sich nun schleichend von den gewählten Sowjets im Lande ab, in denen die Bolschewisten oft in der Minderheit waren. Räumlich wurde die Trennung vollzogen, als die Hauptstadt im März 1918 nach Moskau verlegt wurde.

„Der Bolschewik" Q4 (unter ihm die Stadt Moskau), Gemälde von Boris M. Kustodjew aus dem Jahr 1920.

Q5 Lenins Ankunft am 16. April 1917 in Petrograd
Zeitgenössisches Gemälde.

Q6 Was sind die nächsten Aufgaben der Regierung?

Aus Proklamationen der Provisorischen Regierung, 6. 3. 1917:

Die Regierung wird alle Anstrengungen machen, unsere Armee mit allem Nötigen zu versorgen, um den Krieg zu einem siegreichen Ende zu bringen. Die Regierung wird die Bündnisse, die uns mit anderen Mächten verbinden, als geheiligt ansehen und unerschütterlich die mit den Alliierten getroffenen Vereinbarungen ausführen.

19. 3. 1917:

Das erste und dringlichste Problem ist die Landfrage. (...) Es gibt keinen Zweifel, dass sie auf die Tagesordnung der Konstituierenden [Verfassungsgebenden] Versammlung gesetzt wird. Die Landfrage kann nicht durch willkürliche Inbesitznahme gelöst werden. Gewalt und Raub sind die schlimmsten und gefährlichsten Mittel im Bereich der ökonomischen Beziehungen.

Zit. nach: H. Linke: Die russischen Revolutionen 1905/1917. Stuttgart 1991, S. 58.

Q7 Antworten auf wichtige Fragen der Zeit

Erklärung der Provisorischen Regierung, 1917:

Bei seiner Tätigkeit wird sich das Kabinett von folgenden Prinzipien leiten lassen:

1. Vollständige und sofortige Amnestie aller politischen und religiösen Vergehen einschließlich terroristischer Angriffe, militärischer Revolten, Verbrechen in der Landwirtschaft usw.
2. Freiheit der Rede, der Presse, Vereins-, Versammlungs- und Streikfreiheit und Ausdehnung der politischen Freiheit auf Personen, die im Militärdienst stehen, soweit es die militärische Technik zulässt.
3. Abschaffung aller benachteiligenden Unterschiede infolge der Zugehörigkeit zu bestimmten Ständen, Religionsgemeinschaften und Nationalitäten.
4. Sofortige Vorbereitung zur Einberufung einer Konstituierenden Versammlung auf der Grundlage des allgemeinen, gleichen, geheimen und direkten Wahlrechts, welche die Verwaltungs- und Verfassungsform des Landes bestimmen soll.
5. Ersetzung der Polizei durch eine Volksmiliz mit gewählter Leitung, die den Organen der lokalen Selbstverwaltung untersteht.
6. Wahlen zu den Organen der lokalen Selbstverwaltung auf der Grundlage allgemeiner, direkter, gleicher und geheimer Wahlen.
7. Die militärischen Einheiten, die an der revolutionären Bewegung teilgenommen haben, nicht zu entwaffnen und aus Petrograd zu entfernen.
8. Unter Aufrechterhaltung strenger militärischer Disziplin an der Front und im Militärdienst Befreiung der Soldaten von allen Beschränkungen allgemeiner Rechte, deren sich die anderen Bürger erfreuen.

Die Provisorische Regierung erachtet es als ihre Pflicht, zu betonen, dass sie nicht beabsichtigt, militärische Umstände zu einer Hinausschiebung der oben angedeuteten Reformen und anderen Maßnahmen auszunützen.

Zit. nach: M. Hellmann (Hg.): Die russische Revolution 1917. München 1964, S. 152 f.

Q8 Lenin legt das Vorgehen der Bolschewisten fest

Am 7. April 1917 veröffentlichte Lenin in der Zeitung „Prawda" („Die Wahrheit") seine Vorstellungen von der Machtübernahme. Diese Schrift wurde unter der Bezeichnung „Aprilthesen" bekannt:

1. In unserer Stellung zum Krieg, der (...) ein räuberischer imperialistischer Krieg bleibt, sind auch die geringsten Zugeständnisse an die „revolutionäre Vaterlandsverteidigung" unzulässig. (...)
2. Die Eigenart der gegenwärtigen Lage in Russland besteht im Übergang von der ersten Etappe der Revolution, die infolge des ungenügend entwickelten Klassenbewusstseins und der ungenügenden Organisiertheit des Proletariats der Bourgeoisie die Macht gab, zur zweiten Etappe der Revolution, die die Macht in die Hände des Proletariats und der ärmsten Schichten des Bauerntums legen muss. (...)
3. Keinerlei Unterstützung der Provisorischen Regierung. (...)
4. Anerkennung der Tatsache, dass unsere Partei in den meisten Sowjets (...) in einer schwachen Minderheit ist gegenüber dem Block aller kleinbürgerlichen opportunistischen Elemente, die dem Einfluss

der Bourgeoisie erlegen sind und diesen Einfluss in das Proletariat hineintragen. (...)

5. Keine parlamentarische Republik (...) sondern eine Republik der Sowjets (...) im ganzen Lande, von unten bis oben. Abschaffung der Polizei, der Armee und der Beamtenschaft. Entlohnung aller Beamten, die durchweg wählbar und jederzeit absetzbar sein müssen, nicht über den Durchschnittslohn eines guten Arbeiters hinaus.
6. (...) Im Agrarprogramm (...) Konfiskation [Beschlagnahmung] aller Gutsbesitzerländereien. Nationalisierung des gesamten Bodens im Lande; die Verfügungsgewalt über den Boden liegt in den Händen der örtlichen Sowjets der Landarbeiter- und Bauerndeputierten.

W. I. Lenin: Werke. Band 24. Berlin 1959, S. 1 ff.

Demonstration der Arbeiterinnen von Petrograd, 1917. Foto Q9

Aufschrift auf dem Transparent: „Genossen, Arbeiter und Soldaten! Unterstützt unsere Forderungen!" Die Frauen forderten Wahlrechte und eine Vergrößerung der Verpflegungsration für Soldaten.

Q10 Diktaktur des Proletariats

Lenin über die Methode der Machtergreifung durch das Proletariat:

Nur Schufte und Idioten können sich einbilden, dass das Proletariat erst die Majorität [Mehrheit] haben muss durch Wahlen, die unter dem Bourgeoisie-Joch stattfinden, unter dem Joch der Lohnsklaverei, und nur dann versuchen kann, die Macht an sich zu reißen. (...) Nachdem das Proletariat genügend starke politische und militärische „Stoßtruppen" gesammelt hat, muss es die Bourgeoisie stürzen und ihr die Staatsgewalt entreißen, um sie ihren eigenen Klasseninteressen dienstbar zu machen. Die Opportunisten reden dem Volk ein, dass es zuerst eine Majorität gewinnen müsse mithilfe des allgemeinen Wahlrechts; nachdem es diese Majorität gewonnen habe, müsse es die Staatsgewalt übernehmen und schließlich auf Grund dieser „folgerechten" (oder „reinen", wie man heutzutage sagt) Demokratie sich anschicken, den Sozialismus zu organisieren. Wir dagegen behaupten, dass das Proletariat erst die Bourgeoisie stürzen und die Macht an sich reißen und dann die Macht, das heißt die Diktatur des Proletariats als Instrument seiner Klasse so gebrauchen muss, dass es die Sympathie der Majorität der Werktätigen für sich gewinnt.

W. I. Lenin: Ges. Werke. Bd. XVI. S. 336.

Q11 Innerparteiliche Kritik an Lenins Vorgehen

Stellungnahme der führenden Parteifunktionäre Sinowjew und Kamenew zu Lenins Aufstandsplänen in der Sitzung des bolschewistischen Zentralkomitees am 10. 10. 1917:

Man sagt: 1. für uns ist schon die Mehrheit des Volkes in Russland, und 2. für uns ist die Mehrheit des internationalen Proletariats. Leider ist weder das eine noch das andere wahr, und das ist der springende Punkt. In Russland ist die Mehrheit der Arbeiter und ein ansehnlicher Teil der Soldaten für uns. Aber alles andere ist zweifelhaft. Wir sind z. B. alle überzeugt, dass, wenn es jetzt zu Wahlen zur Konstituierenden Versammlung kommt, die Bauern in ihrer Mehrheit für die Sozialrevolutionäre stimmen werden. (...)

Die Partei des Proletariats wird wachsen, ihr Programm wird immer breiteren Massen klar werden. (...) Und nur durch eins kann sie ihre Erfolge hemmen, und zwar dadurch, dass sie unter den jetzigen Umständen die Initiative der Aktion auf sich nimmt und so das Proletariat den Schlägen der vereinigten (...) Konterrevolution aussetzt. Gegen diese verhängnisvolle Politik erheben wir die Stimme der Warnung.

Zit. nach: M. Hellmann (Hg.): Die russische Revolution 1917. Von der Abdankung des Zaren bis zum Staatsstreich der Bolschewiki. München 1984, S. 295, 297.

Kontro vers

Das Epochejahr 1917 im Urteil von Historikern

Die Bewertung der Ereignisse des Jahres 1917 haben sich im Laufe der Zeit gewandelt:

D1 *Der Historiker Valentin Gitermann (1949):*
Dass sich die bürgerliche Demokratie in Russland so bald nach ihrer Geburt als lebensunfähig erwies, lässt sich nicht etwa durch taktische Fehler erklären, die Kerenskij oder andere Politiker begangen hätten. Es resultierte vielmehr die Machtergreifung des Bolschewismus aus den gegebenen Verhältnissen mit unabwendbarer Zwangsläufigkeit. Die antibolschewistischen Koalitionsparteien mussten immer deutlicher erkennen, wie ihr Einfluss auf die Massen des Volkes sank. Das Volk verlangte Frieden und Land, und diesem Verlangen kamen nur die Parolen des Bolschewismus entgegen. Daraus erklärt sich, dass die Parteien der Regierungskoalition von der Befürchtung gequält wurden, durch eine bolschewistische Erhebung hinweggefegt zu werden.

V. Gitermann: Geschichte Russlands. Band 3. Frankfurt a. M. 1965, S. 487.

D2 *Der Historiker Manfred Hildermeier (1989):*
Die Tendenz ist zweifellos gewachsen, dem Februarregime einen größeren Teil der Verantwortung für die Möglichkeit des Oktober zuzuweisen als bisher. Übergroße äußere Lasten und gravierende eigene Versäumnisse haben das einzige echte Experiment des Parlamentarismus in Russland zu Fall gebracht. Gewiss bleibt der Putsch Lenins ein denkwürdiges Ereignis mit weltgeschichtlichen Folgen. Aber er bildete nicht das Bravourstück, das man oft in ihm gesehen hat. Die Macht lag auf der Straße, und die Februarregierung sah gebannt zu, wie die Bolschewiki sie vor aller Augen auflasen.

M. Hildermeier: Die Russische Revolution 1905–1921. Frankfurt a. M 1989, S. 300.

D3 *Der Historiker Eric Hobsbawm (1995):*
Wer die Forderungen der Massen übernahm – „Brot, Friede, Land" – fand sofort Unterstützung, und das waren vor allem Lenins Bolschewiken. Lenins einzig wirkliche Leistung war, dass er zu erkennen in der Lage war, was die Massen wollten, und dementsprechend eben auch wusste, dass er führen musste, indem er ihnen folgte. Auf der anderen Seite war der Provisorischen Regierung und ihren Sympathisanten nicht bewusst geworden, wie unfähig sie war, Russland dahin zu bringen, ihre Gesetze und Dekrete zu befolgen. Die radikale Grundströmung in ihrer Gefolgschaft drängte die Bolschewiken unaufhaltsam zur Machtübernahme. Als der Augenblick dann da war, musste die Macht nur noch übernommen werden. Die Provisorische Regierung hatte sich schlichtweg in Luft aufgelöst, nachdem niemand mehr zu ihrer Verteidigung übrig geblieben war.

E. Hobsbawm: Das Zeitalter der Extreme. München 1995, S. 86 f.

„Genosse Lenin säubert die Erde von Unrat" Q12
Plakat eines unbekannten Künstlers.

Fragen und Anregungen

1. Stelle die politischen Forderungen und Programme der Provisorischen Regierung und der Bolschwiki unter folgenden Gesichtspunkten gegenüber: Wege zur Macht, Formen der Machtausübung, Haltung zu demokratischen Rechten, zum Krieg und zur Agrarfrage (Q6–Q8, Q10).
2. Lege dar, auf welche Machtbasis sich Lenins Pläne stützten und welche Chancen Sinowjew und Kamenew den Plänen einräumten (VT, Q5, Q9–Q11).
3. Deute anhand des Bildes „Der Bolschewik", wie der Künstler die Machtergreifung der Bolschewiki interpretiert und vergleiche dies mit den dir bekannten Sachverhalten (VT, Q1, Q2, Q4).
4. Vergleiche die Aussagen Gitermanns, Hildemeiers und Hobsbawms. Wie beurteilen sie die Machtübernahme der Bolschwiki? → **Kontrovers**
5. Interpretiere die Aussage des Plakats Q12.

6. Die Bolschewisten sichern ihre Macht

1918–1921	Die Rote Armee besiegt im Bürgerkrieg die Weiße Armee.
1921	Der X. Parteikongress der Kommunistischen Partei Russlands beschließt die Neue Ökonomische Politik (NEP) und verbietet die Bildung von Fraktionen innerhalb der Partei.
1922	Die Union der Sozialistischen Sowjetrepubliken (UdSSR) wird gegründet.
1924	Am 24. Januar stirbt Lenin.

Staatswappen der UdSSR Q1

Die Gegner werden ausgeschaltet

Als die radikale Minderheit der Bolschewiki unter der Führung ihrer beiden entschlossenen Führer Lenin und Trotzki die Macht an sich gerissen hatten, war noch keineswegs sicher, ob die neuen Verhältnisse von Bestand sein würden. Deswegen setzten die Bolschewiki nun alles daran, ihre Macht unter allen Umständen zu erhalten.
Um Gegner einzuschüchtern und aus dem Weg zu räumen, befürworteten Lenin und Trotzki ausdrücklich die Gewalt der Straße und den roten Terror als eine neue Form von Klassengerechtigkeit. Schon lange schwelende soziale Spannungen und die anwachsende Unzufriedenheit wurden als politisches Mittel ausgenutzt: Es wurde toleriert, wenn wohlhabende Bürger oder Adelige ihres Besitzes beraubt, misshandelt oder gar umgebracht wurden. Zudem gründeten die Bolschewisten eine politische Polizei, die Tscheka, die für die willkürliche Ermordung von Tausenden von vermeintlichen Klassenfeinden verantwortlich ist. Im Juli 1918 erschoss ein Kommando der Tscheka bei Jekaterinburg den ehemaligen Zaren und seine gesamte Familie.

Der Bürgerkrieg

Außenpolitisch lösten die Bolschewisten ihr Friedensversprechen ein und schlossen bei Brest-Litowsk am 3. März 1918 einen für Russland mit großen Gebietsverlusten verbundenen Frieden mit Deutschland. Gleichzeitig formierten sich unter Führung ehemals zaristischer Generäle die Gegner der Bolschewisten zur so genannten Weißen Armee. Anfangs kämpften auch Truppen aus Großbritannien und Frankreich auf Seiten der Weißen, unterstützt wurden sie von Japan und den USA. Während sich das Lager der Weißen aber nicht auf eine einheitliche Strategie und ein konkretes Regierungsprogramm einigen konnte, errang die von Trotzki geformte Rote Armee in dem erbittert geführten Bürgerkrieg den Sieg.

Widerstände und Reaktionen

Der Bürgerkrieg vernichtete die letzten Werte der russischen Volkswirtschaft. Die Industrieproduktion betrug nur noch ein Drittel der Vorkriegsproduktion, die Landwirtschaft war zerrüttet und für den Winter 1921/22 kündigte sich eine Hungersnot an. Erste Protestzüge, Widerstandsaktionen der Bauern und vor allem der Aufstand der Matrosen auf der Petrograder Inselfestung Kronstadt im Februar und März 1921 bedrohten die Herrschaft der Bolschewisten. In dieser Situation traf der X. Parteikongress der Kommunistischen Partei im März 1921 auf Lenins Geheiß zwei weitreichende Beschlüsse. Fortan war es verboten, innerhalb der Kommunistischen Partei eine andere Meinung als die Führung zu vertreten. Dieses Verbot, Fraktionen zu bilden, verhinderte in den Folgejahren jegliche innerparteiliche Opposition.

Auf dem Smolensker Markt in Moskau, 1920. Foto. Q2

Zugeständnisse

Die andere Veränderung des Jahres 1921 betraf die Wirtschaft: Hatte die Bolschewistische Partei zuvor alle wichtigen Produktions- und Verteilungsfunktionen übernommen, die großen Industriebetriebe und die Banken verstaatlicht sowie die Versorgungsengpässe durch gewaltsame Beschaffung von Getreide und eine Ablieferungspflicht gelöst, so verkündete Lenin jetzt einen taktischen Rückzug.
Bauern erhielten das Recht, die Überschüsse ihrer Produktion auf dem freien Markt zu verkaufen. Das Kleinhandwerk durfte in Betrieben bis zu 20 Mann auf eigene Rechnung produzieren. Andererseits blieben die Verstaatlichung der Großbetriebe und Banken sowie die zentrale Lenkung und Planung ausdrücklich bestätigt. Diese „Neue Ökonomische Politik“ (russ. NEP) ließ Marktwirtschaft im Kleinen zu, setzte aber im Großen weiterhin auf Planung und Lenkung. Keineswegs verfolgte Lenin mit der NEP eine Kehrtwendung, sondern gönnte der maroden Volkswirtschaft lediglich eine Erholungspause. Tatsächlich zeigten sich bald erste Erfolge, und die Versorgungslage entspannte sich.

Nationalitätenpolitik und die Gründung der UdSSR

Im Russischen Reich lebte eine Vielzahl unterschiedlichster Völker, deren Gebiete infolge der Kolonialpolitik der Zaren zwangsweise angegliedert worden waren. In den Revolutionen von 1905 und 1917 lebten auch Nationalbewegungen auf, und nach dem Zusammenbruch des Zarenreiches strebten viele nichtrussische Völker in die Unabhängigkeit. Nach dem Bürgerkrieg versuchten die Bolschewisten, diese Völkerschaften durch umfangreiche Zugeständnisse an sich zu binden. Es wurden Sowjetrepubliken gegründet, die jeweils das Siedlungsgebiet einzelner Nationalitäten umfassten. Den dort lebenden Völkern wurde zugestanden, ihre inneren Angelegenheiten selbst zu regeln.
Ende 1922 schlossen sich die Russische Sozialistische Föderative Sowjetrepublik (RSFSR), das eigentliche russische Kernland, sowie die ukrainische, die weißrussische und die transkaukasische Sowjetrepublik zur Union der Sozialistischen Sowjetrepubliken (UdSSR) zusammen. Bis 1936 stieg die Zahl der in der UdSSR vereinigten Sowjetrepubliken auf elf, nach dem Zweiten Weltkrieg auf fünfzehn. Obwohl die Sowjetunion eine föderative Struktur hatte und die einzelnen Republiken formal unabhängig blieben, wurden sie von der kommunistischen Zentralgewalt in Moskau beherrscht. Die Rechte der nichtrussischen Völker wurden unterlaufen und systematisch beschnitten. In den 1930er-Jahren setzte eine aggressive

D1 **Die Union der Sozialistischen Sowjetrepubliken**
Stand: 30.12.1922.

Russifizierungspolitik ein, die nationalen Sprachen wurden zugunsten des Russischen zurückgedrängt, die Religion verfolgt. Nomaden wurden zwangsweise sesshaft gemacht, Enteignungen wurden vorgenommen, nationale Eliten verfolgt und ermordet. Mit all diesen Maßnahmen wurden die nichtrussischen Völker nicht nur ihrer traditionellen Wurzeln beraubt, auch ihre wirtschaftlichen und sozialen Grundlagen wurden zerstört. Dennoch zeigte sich beim Zerfall der UdSSR in den 1990er-Jahren, dass der nationale Gedanke lebendig geblieben war.

Stalin betritt die politische Bühne

Unbemerkt von der Öffentlichkeit gelang es einem bis dahin wenig in Erscheinung getretenen Bolschewisten, in der Kommunistischen Partei ein neues Amt des Generalsekretärs zu schaffen, das er für seinen Aufstieg skrupellos ausnutzte. Josef Wissarionowitsch Dschugaschwili, genannt Stalin, wurde als Sohn eines Schuhmachers und einer Waschfrau 1879 in Gori in Georgien geboren. Er besuchte von 1884–1899 das orthodoxe Priesterseminar in Tiflis, aus dem er wegen der Beteiligung an revolutionären Aktionen ausgeschlossen wurde. Seit 1898 war er Mitglied der Sozialdemokratischen Arbeiterpartei Russlands (SDAPR) und schloss sich 1903 den Bolschewisten an. Stalin wurde mehrfach verhaftet und nach Sibirien verbannt. Während der Oktoberrevolution gehörte er zwar zum Führungskader, fiel aber nicht besonders auf. Im Rat der Volkskommissare war er Nationalitätenkommissar. 1922 wurde Stalin Generalsekretär der Partei und hatte damit das Recht, alle Kandidaten für Parteiämter vorzuschlagen. Mithilfe dieser Machtstellung und skrupellos geschlossener Allianzen brachte Stalin seine Anhänger in die wichtigen Positionen und schaltete seine Konkurrenten nacheinander aus. Stalin wurde als listig, verschlagen, misstrauisch und rücksichtslos charakterisiert. Bis zu seinem Tode 1953 stand er an der Spitze der UdSSR.

Q3 **Stalin (1879–1953)**

FOTOGRAFIEN ALS HISTORISCHE QUELLE

Nur scheinbar objektiv – Fotografien auswerten

Am 5. Mai 1920 hielt Lenin auf dem Swerdlow-Platz vor dem Bolschoi-Theater in Moskau vor Einheiten der Roten Armee eine Rede. Auf der Treppe, die zu dem Holzpodest hinaufführt, stehen Leo Dawidowitsch Bronstein, genannt Trotzki, und dahinter Lew Borissowitsch Rosenfeld, genannt Kamenew. Der Fotograf G.P. Goldstein hielt diese Szene im Bild fest. Kurz danach machte ein anderer unbekannter Fotograf eine nahezu identische Aufnahme. Beide Fotos wurden als Fotoabzüge oder Postkarten bis 1927 weit verbreitet. Danach ließ die Kommunistische Partei nur noch ein retuschiertes Foto verbreiten, auf dem Trotzki und Kamenew durch 5 Holzstufen ersetzt worden waren. Trotzkis politische Zielsetzung einer „permanenten Revolution", die von Russland aus auf andere Länder übergreifen sollte, widersprach Stalins These, den Sozialismus zunächst im eigenen Land zu verwirklichen. Widerspruch duldete Stalin nicht. 1925 wurde Trotzki als Kriegskommissar abgesetzt, zwei Jahre später wurde er aus der Partei ausgeschlossen, 1929 musste er die UdSSR verlassen. 1940 wurde er in Mexiko auf Geheiß Stalins ermordet. Auch Kamenew wurde 1927 aus der Partei ausgeschlossen und 1936 im 1. Moskauer Schauprozess zum Tode verurteilt und hingerichtet.

Obwohl das retuschierte Foto eine Fälschung ist, gibt es einen wichtigen Einblick in die Geschichte – allerdings nur im Vergleich mit dem Original. Dieser Vergleich zeigt eindrucksvoll, wie die Parteiführung um Stalin mit politischen Gegnern umging. Sie wurden nicht nur verfolgt und ausgeschaltet, sondern sie sollten auch für immer aus dem öffentlichen Gedächtnis verschwinden.

Q1 Ein Ereignis – drei unterschiedliche Fotos
Links oben: Foto des Fotografen G.P. Goldstein;
rechts oben: Foto des unbekannten Fotografen;
unten links: das auf Stalins Anordnung retuschierte Foto.

Methodische Arbeitsschritte:

Vieles, was du bereits aus der Bildinterpretation kennst, ist auch auf die Interpretation von Fotos übertragbar:

1. Wer hat das Foto gemacht? Wer hat den Auftrag gegeben?
2. Ist es ein Pressefoto, eine Amateuraufnahme oder ein bestelltes Foto?
3. Wer und was sind abgebildet?
4. Wo und wann wurde es aufgenommen?
5. Was kam absichtlich und was unabsichtlich ins Bild?
6. Welche Perspektive, welchen Ausschnitt hat der Fotograf gewählt?
7. Welchen Zweck soll das Foto erfüllen?

Das Foto als historische Quelle

Der allgemein verbreitete Glaube, Fotos zeigen, wie es wirklich war, verführte immer wieder dazu, Fotos zu manipulieren oder zu fälschen. Bereits die Wahl des Motivs, des Bildausschnitts und die Perspektive beeinflussen den Betrachter. Vor allem aber die Möglichkeiten der Bildbearbeitung entwerten ein Foto als objektive Quelle. Während früher ein Negativ mühevoll retuschiert werden musste, eröffnen die modernen Bildbearbeitungsprogramme der digitalen Welt jede nur denkbare Möglichkeit der Manipulation. Auch die offiziellen Bildunterschriften lenken dann die Wahrnehmung des Betrachtern noch einmal in dem gewünschten Sinn. Um ein Foto zu interpretieren, braucht es stets zusätzliche Informationen, die nicht aus dem Foto selbst gewonnen werden können. Ein Glücksfall ist es, wenn zu einem Foto eine große Serie weiterer motivgleicher Fotos vorliegt, dann kann man leichter Typisches vom Zufälligen unterscheiden.

Bildbeschreibung

Das methodische Vorgehen bei der Analyse und Interpretation eines Fotos gleicht in vielen Punkten dem Verfahren der Bildbeschreibung. Zunächst einmal geht es darum, sich zu vergewissern, was dargestellt ist. Dazu dient die Beschreibung der beiden vorliegenden Originalfotos 1 und 2. Im Bildzentrum Wladimir Iljitsch Lenin, der auf einer errichteten Holztribüne stehend in einer für ihn typischen Pose eine Rede hält. Es ist eine Menschenmenge zu erkennen, die ihm zuhört, einige sind durch den Fotografen allerdings abgelenkt und blicken direkt in die Kamera. Auf der Treppe, die zu dem Holzpodest hinaufführt, stehen Trotzki und Kamenew. Der Hauptunterschied zwischen beiden Fotos besteht darin, dass die beiden Mitrevolutionäre Lenins einmal in die Kamera blicken, im anderen Fall im Profil zu sehen sind. Die Identität der abgebildeten Personen herauszufinden, ist nicht immer einfach. Manchmal kennt man die Dargestellten, manchmal hat man eine Vermutung, wer es sein könnte; dann muss man ein Porträt suchen, um seine Vermutung zu überprüfen.

Aussage der Originalaufnahmen

Lenin sprach vor bunt zusammengewürfelten Einheiten der Roten Armee, bevor diese während des Bürgerkriegs ins Feld zogen. Die bolschewistischen Soldaten waren keineswegs kampfbegeistert und siegesgewiss, sodass Lenin versuchte, sie in seiner Rede zu motivieren. Diese Informationen sind nicht dem Foto zu entnehmen, dazu benötigt man zusätzliche Literatur.

Fragen und Anregungen

1. Stelle Vermutungen darüber an, weshalb die Originalaufnahmen (Q1 oben) als Postkarten verbreitet wurden.
2. Versuche, ein beliebiges Foto durch Beschneiden oder Bearbeiten am Computer in seiner Aussage zu verändern.

Q4 Wie soll das Land modernisiert werden?

Lenin berichtete auf dem 8. Gesamtrussischen Sowjetkongress, der vom 22. bis 29. Dezember 1920 tagte, über die Tätigkeit des Rats der Volkskommissare. In seiner Rede legte er das Modernisierungsprogramm der Bolschewisten dar:

Kommunismus – das ist Sowjetmacht plus Elektrifizierung des ganzen Landes. Sonst wird das Land ein kleinbäuerliches Land bleiben, und das müssen wir klar erkennen. Wir sind schwächer als der Kapitalismus, nicht nur im Weltmaßstab, sondern auch im Innern unseres Landes. Das ist allbekannt. Wir haben das erkannt, und wir werden es dahin bringen, dass die wirtschaftliche Grundlage aus einer kleinbäuerlichen zu einer großindustriellen wird. Erst dann, wenn das Land elektrifiziert ist, wenn die Industrie, die Landwirtschaft und das Verkehrswesen eine moderne großindustrielle technische Grundlage erhalten, erst dann werden wir endgültig gesiegt haben.

Wir haben bereits einen vorläufigen Plan für die Elektrifizierung des Landes ausgearbeitet. (...) Gewiss, für die parteilose Bauernmasse ist das elektrische Licht ein „unnatürliches" Licht, für uns aber ist es unnatürlich, dass die Bauern und Arbeiter jahrhunderte-, jahrtausendelang in solcher Finsternis, in Elend, in Unterdrückung durch die Gutsbesitzer und Kapitalisten leben konnten. Dieser Finsternis kann man nicht so schnell entrinnen. Aber wir müssen es jetzt dahin bringen, dass jedes Kraftwerk, das wir bauen, wirklich zu einem Stützpunkt der Aufklärung wird, dass es sozusagen die elektrische Bildung der Massen fördert. (...) Man muss jedoch wissen und darf nicht vergessen, dass die Elektrifizierung nicht mit Analphabeten durchzuführen ist. Es genügt nicht, dass unsere Kommission bemüht sein wird, das Analphabetentum zu liquidieren. Sie hat viel geleistet im Vergleich zu dem, was vorher war, aber wenig im Vergleich zu dem, was Not tut. Wir brauchen Menschen, die nicht nur des Lesens und Schreibens kundig sind, sondern kulturell hochstehende, politisch bewusste, gebildete Werktätige; es ist notwendig, dass die Mehrheit der Bauern eine bestimmte Vorstellung von den Aufgaben hat, vor denen wir stehen. Dieses Programm der Partei muss das wichtigste Lehrbuch werden, das in allen Schulen eingeführt werden sollte. (...) Wir müssen es dahin bringen, dass jede Fabrik, jedes Kraftwerk zu einer Stätte der Aufklärung wird, und wenn Russland sich mit einem dichten Netz von elektrischen Kraftwerken und mächtigen technischen Anlagen bedeckt haben wird, dann wird unser kommunistischer Wirtschaftsaufbau zum Vorbild für das kommende sozialistische Europa und Asien werden.

W. I. Lenin: Werke. Bd. XXXI. Berlin (Ost) 1959, S. 513 ff.

Q5 „Dorflesestuben"
Plakat aus dem Jahr 1919 zur Alphabetisierung.

Jahr	Stadt		Land		ges.		
	m	w	m	w	m	w	ges.
1897	66,1	45,7	35,5	12,5	40,3	16,6	28,4
1920	80,7	66,7	52,4	25,2	57,6	32,3	44,1
1926	88,0	73,9	67,3	35,4	71,5	42,7	56,6
1939	97,1	90,7	91,6	76,8	93,5	81,6	87,4

D2 Lese- und Schreibfähigkeit der Bevölkerung Russlands bzw. der UdSSR (in Prozent)
Zugrunde gelegt wurden alle Einwohner im Alter von 9 bis 49 Jahren. Es ist unterschieden zwischen männlichen und weiblichen Bevölkerungsanteilen.

	1913	1920	1925/26	1940
Erdöl	9,2	3,8	8,5	31,1
Steinkohle	29,8	8,4	25,6	165,9
Eisenerz	9,2	0,2	3,3	29,9
Roheisen	4,2	0,1	2,2	14,9
Stahl	4,2	–	–	18,3

D3 Produktionsziffern der UdSSR (bzw. Russlands) 1913–1940 (in Mio. Tonnen)

D2, D3: H. Raupach: Geschichte der Sowjetwirtschaft. Reinbek 1964.

Q6 Die Wirtschafts- und Versorgungslage

Ein Sozialdemokrat (Menschewik) erinnert sich an die Stimmungslage im Frühjahr 1921:

Die Wirtschafts- und Versorgungslage Petrograds war zu dieser Zeit hoffnungslos. Im November/Dezember waren entsprechend dem „Wirtschaftsprogramm" viele Fabriken und Betriebe in Gang gesetzt worden. Es wurden Energie und Rohstoffe „freigegeben", aber es vergingen keine zwei Monate, bis sich – wie gewöhnlich – herausstellte, dass im „Programm" ein „kleiner Fehler" unterlaufen war, die „freigegebenen" Roh- und Brennstoffe für etwas anderes bestimmt waren und ihre Lieferung folglich gestoppt werden musste. Es gab sie nur auf dem Papier. Die Betriebe veranstalteten „Brennstoffwochen", doch sie allein konnten das Problem nicht lösen: Sie machten nur die Arbeiter wütend, die man (…) in den Wald hinausjagte, ohne warme Kleidung, ohne Brot, ohne Äxte und Sägen, ohne Hoffnung, das Wenige, was sie kleinmachten, auch herauszubringen. Die Versorgungslage verschlechterte sich ebenfalls von Tag zu Tag. Brot (je ein halbes bis ein ganzes Pfund) und selten genug etwas Streuzucker – das war alles, was auf Karten ausgegeben wurde. Auch dieses Brot gab es längst nicht jeden Tag. Die Arbeiter hungerten. Es hungerten auch die Rotarmisten. Ich musste bei meinem Gang zum Dienst an einer Kaserne vorbei. Und jedes Mal wurde ich auf den angrenzenden Straßen zehnfach von Rotarmisten angehalten, die buchstäblich um ein „Stückchen Brot" bettelten oder im Austausch gegen Brot ein Paar Zuckerstücke aus ihrer bescheidenen Lebensmittelration anboten.

In Fabriken und Betrieben erhob sich dumpfe Unruhe. Die Arbeiter versammelten sich zur Besprechung der Lage und alle ihre Forderungen drehten sich um die Frage einer Aufhebung der Sperrketten und die Zulassung des freien Handels mit Mundvorräten. Die Kommunisten, die in Fabriken und Betrieben auftraten, wollte man nicht hören. Auf den Straßen holte man sie aus Automobilen. Einigen drohte man Prügel an. Im letzten Drittel des Februar nahm die Bewegung die Form eines Generalstreiks an. Die bolschewistische Presse war sorgsam bemüht, die Bewegung anfangs totzuschweigen, danach ihr tatsächliches Ausmaß und ihren Charakter zu verbergen. Anstatt einen Streik zu nennen, kreierte man irgendwelche neuen Termini [Bezeichnungen]: Windmacherei, Krakeelen und dergleichen. Die Zeitungen druckten Protestresolutionen gegen die Bewegungen ab, die von „Roten Kriegsschülern" ausgingen. (…)

Freilich, diese staatliche Lüge konnte die Bewegung nicht zum Stehen bringen und sie begann (…) auf die Straße zu gehen: Riesige Scharen von Arbeitern versammelten sich, vermischt mit Matrosen von den Kriegsschiffen, die an der Neva vor Anker gegangen waren (…), und mit Rotarmisten. Zufallsredner gaben Stellungnahmen ab, die Masse ging zu denen, die noch in den Fabriken arbeiteten, um sie abzuziehen. Zusammen mit der Forderung nach freiem Handel begannen sich Schritt für Schritt auch andere Losungen herauszuschälen: Beseitigung der kommunistischen Zellen in den Fabriken und Betrieben, die eine rein polizeiliche Rolle spielten und von den Arbeitern den Spitznamen „kommunistischer Spürhund" erhalten hatten; Freiheit des Wortes; freie Wahlen in die Sowjets usw. Die Bewegung hatte einen solchen Massencharakter, dass sie sich in der ganzen Stadt bemerkbar machte. Auf dem Nevskij begannen sich, wie in den vergangenen Tagen der Revolution, kleine Gruppen zu bilden, in denen mit bis dahin nicht gezeigtem Mut lautstark das bolschewistische Regime kritisiert wurde. Expansive Leute glaubten sogar, dass etwas von „Februar 1917" in der Luft läge.

Zit nach: H. Altrichter/H. Haumann (Hg.): Die Sowjetunion. Bd.2. München 1987, S. 124 ff.

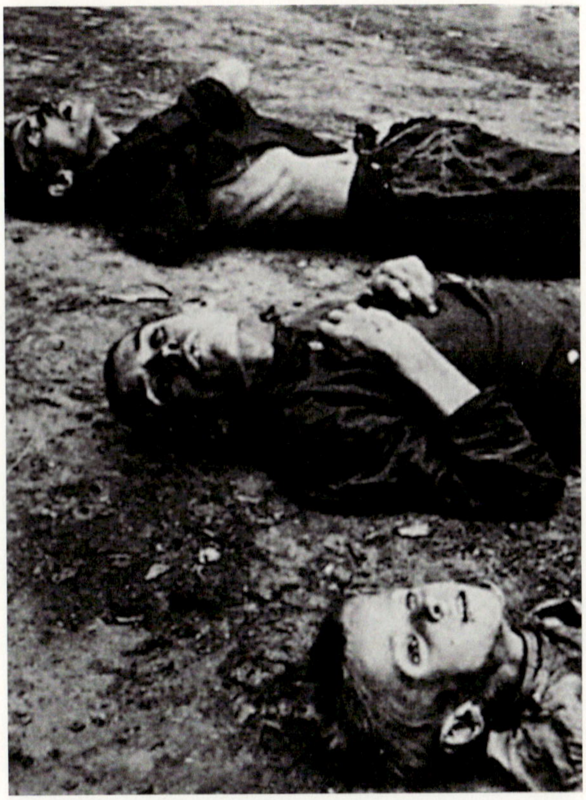

Q7 **Opfer der Hungersnot 1921/22 an der Wolga.** Foto.

Q8 **Plünderung eines Klosters.** Foto, um 1922.

Q9 Lenins Haltung zur orthodoxen Kirche

Aus einem geheimen Rundbrief Lenins an die Mitglieder des Politbüros vom 19. März 1922:

Streng geheim.
Es wird gebeten, auf keinen Fall Kopien herzustellen. (…)

Für uns ist gerade der jetzige Zeitpunkt der einzige, wo wir mit 99 %iger Erfolgschance unserem Feind aufs Haupt schlagen und unsere Positionen auf viele Jahrzehnte hinaus sichern können. Gerade jetzt, da es in den Hungergebieten zur Menschenfresserei kommt und die Leichen zu Hunderten, wenn nicht zu Tausenden auf den Straßen herumliegen, können (und müssen) wir die Konfiszierung der kirchlichen Wertgegenstände auf härteste und schonungsloseste Weise durchführen. Um jeden Preis müssen wir diesen Fonds von einigen Hundert Millionen Goldrubeln in unsere Hand bekommen. Aller Wahrscheinlichkeit nach wird es oder kann es sich auf Grund der internationalen Lage Russlands ergeben, dass harte Maßnahmen gegen die Geistlichkeit später politisch unzweckmäßig, vielleicht sogar äußerst gefährlich sein werden. Jetzt aber ist der Sieg über die reaktionäre Geistlichkeit völlig sicher. Daher komme ich zu dem zwingenden Schluss, dass wir gerade jetzt der reaktionär gesonnenen Geistlichkeit die erbittertste und schonungsloseste Schlacht liefern und ihren Widerstand mit einer Grausamkeit brechen müssen, die sie jahrzehntelang nicht vergessen wird. (…) Je größer die Zahl von Vertretern der reaktionären Bourgeoisie und Geistlichkeit ist, die es uns bei dieser Gelegenheit zu erschießen gelingt, desto besser. Gerade jetzt muss diesen Leuten eine solche Lektion erteilt werden, dass sie auf Jahrzehnte hinaus nicht wagen, an einen Widerstand auch nur zu denken.

Zit. nach: G. Stricker: Religion in Russland. Gütersloh 1993, S. 84 f.

Fragen und Anregungen

1. Inwieweit bleibt Lenin mit seinen politischen Handlungen nach 1917 den eigenen theoretischen Vorstellungen über den Ausbau der Macht treu (VT, vergl. auch Kap. 2)?
2. Decke die Grundgedanken von Lenins Wirtschaftspolitik auf und lege dar, welche Ergebnisse diese hervorbrachte (VT, Q2, Q4, Q6, Q7 und D3).
3. Erläutere den Zusammenhang von Wirtschaft, Politik und Alphabetisierung (Q4, D2).
4. Vergleiche die Grenzen der Russischen Föderation von heute mit dem Gebiet der UdSSR von 1922 und 1945 (VT, D1). Liste auf, welche ehemaligen Sowjetrepubliken unabhängig geworden sind.
5. Setze dich mit der Nationalitätenpolitik der Bolschewisten auseinander und beurteile deren Auswirkungen bis in die heutige Zeit. Informiere dich dazu über gegenwärtige nationale Konflikte auf dem Gebiet der ehemaligen UdSSR.
6. Erkläre und beurteile die Haltung Lenins gegenüber der Kirche (Q9).

7. Die Diktatur Stalins

1928	Die kommunistische Partei lenkt fortan die Industrie durch Fünfjahrespläne und forciert die Kollektivierung der Landwirtschaft.
1932/33	In der Ukraine, im Nord-Kaukasus und in Kasachstan fordert eine Hungerkatastrophe Hunderttausende von Toten.
1934–1938	Stalin schaltet weitere seiner Gegner in der „großen Säuberung“ aus.
1941–1945	Die UdSSR besiegt im „Großen Vaterländischen Krieg“ die Deutschen.
1953	Stalin stirbt. Allmählich beginnt die Phase der Entstalinisierung.

Weichenstellung für die Wirtschaft

Seit 1927 ging Stalin daran, sein Konzept vom Sozialismus in einem Land durchzusetzen. Eine Grundvoraussetzung für dieses Experiment war, eine leistungsfähige Wirtschaft zu schaffen. Nach Stalins Überzeugung konnte dies nur gelingen, wenn alle privaten Unternehmen verstaatlicht sowie Staat und Partei sämtliche Produktionsprozesse zentral kontrollieren würden. So beschloss der XV. Parteikongress im Dezember 1927 die Kollektivierung der Landwirtschaft und die Ausarbeitung eines Fünf-Jahresplans für die Wirtschaft. Am 1. Oktober 1928 trat dieser Plan in Kraft.

Die Industrialisierung wird vorangetrieben

Kernpunkt der Wirtschaftspolitik Stalins war der Ausbau der Schwerindustrie, die absoluten Vorrang vor der Konsumgüterindustrie erhielt. Es entstanden riesige Großprojekte wie der Dnepr-Staudamm, das Stahlzentrum Magnitogorsk im Südural, die südsibirische Eisenbahn, der Weißmeer-Ostsee-Kanal oder das Traktorenwerk bei Stalingrad. Diesen Projekten kam nicht nur eine wirtschaftliche Schlüsselstellung zu, sondern sie galten auch als Symbol für den sozialistischen Aufbau, der frei von kapitalistischer Ausbeutung erfolgte und angeblich allen zugute kam. Tatsächlich lockten solche Großbaustellen Arbeitskräfte aus weiten Teilen des Landes, aber auch aus dem Ausland an. Dort fand das Modell einer antikapitalistischen Industrialisierung durchaus seine Anhänger, zumal große Teile der westlichen Welt von der Weltwirtschaftskrise erschüttert wurden. Mit den Arbeitskräften kam auch technisches Knowhow in die Sowjetunion.

Disziplin und „sozialistischer Wettbewerb“

Die Industrialisierung war aufs Engste mit der rücksichtslosen Ausbeutung von Menschen und der Natur verbunden. Um den Arbeitskräftemangel zu beheben, drängte die Kommunistische Partei unausgebildete Landarbeiter in die Städte. Diese Massen waren die Arbeitsdisziplin einer modernen Fabrik nicht gewohnt und wurden oft auch nicht hinreichend angelernt. Strenge Kontroll- und Strafmaßmaßnahmen regelten den Arbeitsalltag. Die Arbeitszeit wurde von sieben auf acht Stunden heraufgesetzt, gearbeitet wurde an 6 Tagen in der Woche und an 306 Tagen im Jahr.
Ein anderer Weg, die Arbeitsproduktivität zu erhöhen, war das System des „sozialistischen Wettbewerbs“. Es beruhte darauf, diejenigen durch öffentliche Anerkennung und bessere Bezahlung zu belohnen, die besonders leistungsfähig waren. 1935 schaffte es der Bergmann A. G. Stachanow, auf einer vorbereiteten Strecke in einer einzigen Schicht 102 Tonnen Kohle abzubauen und damit seine Arbeitsnorm um 1457 % zu übertreffen. Der „Held der Arbeit“ wurde zum Symbol des Aufbruchs, der neuen Moral und der neuen Zeit. Die so genannte Stoßarbeiter-Bewegung war für die einfachen Leute allgegenwärtig.

Q1 Orden für besondere Leistungen

Eine neue Elite entsteht

Da für den wirtschaftlichen Aufbau Fachkräfte benötigt wurden, ergaben sich vor allem für die Jugend neue Bildungs- und Aufstiegschancen. Junge Männer und Frauen, deren Eltern oft nicht lesen und schreiben konnten, besuchten nun Fach- und Hochschulen. So wuchs eine neue Sowjetintelligenz heran, die vor allem stark ingenieurtechnisch und naturwissenschaftlich geprägt war. Viele dankten Stalin durch Loyalität für diese Entwicklungsmöglichkeiten.

Das sozialistische Frauen- und Familienbild

Auch die Frauen sollten für den Bolschewismus gewonnen werden. In der UdSSR erhielten sie die formale rechtliche Gleichstellung, die Scheidung wurde erleichtert, die Abtreibung vorübergehend legalisiert. Weil nach Welt- und Bürgerkrieg, Zwangskollektivierung, Deportation und Hungersnot vor allem männliche Arbeitskräfte fehlten, wurden Frauen gedrängt, sich in den Arbeitsprozess einzugliedern. Das bedeutete zwar ökonomische Selbstständigkeit und berufliche Entwicklungschancen, aber auch Mehrfachbelastung. Denn die vorbildliche Sowjetbürgerin sollte sich nicht nur für die sozialistische Sache engagieren, sondern auch aufopfernde Mutter sein. In politischen Führungsorganen waren Frauen allerdings kaum vertreten.

Zwangskollektivierung und Liquidierung der Kulaken

Der Landwirtschaft fiel die Aufgabe zu, die steigende Zahl der in Städten lebenden Industriearbeiter mit billigen Lebensmitteln zu versorgen. Als es im Winter 1927/28 erneut zu einer Getreidekrise kam, empfahl Stalin die Neue Ökonomische Politik Lenins aufzugeben und die Bauern zur Abgabe aller Erzeugnisse zu zwingen. Gleichzeitig sollte auch die landwirtschaftliche Produktion zentral gelenkt und kontrolliert werden. Dazu sollten die Bauernhöfe zu großen Kolchosen (Genossenschaften) oder Sowchosen (Staatsgüter) zusammengeschlossen werden.
Der Appell an die Bauern, sich freiwillig zusammenzuschließen, stieß auf wenig Resonanz. Es waren überwiegend die armen und mittellosen Bauern, die in die Kolchosen gingen, weil sie so eine Chance sahen, ihre materielle Lage zu verbessern. Bauern, die es nach europäischen Maßstäben mindestens zu einem bescheidenen Besitz gebracht hatten, zogen es weiterhin vor, als Einzelbauern zu wirtschaften. Seit Ende 1929 wurde gegen diese als „Kulaken" bezeichneten Bauern ein erbarmungsloser Kampf geführt mit dem Ziel, sie als Klasse zu vernichten. Ein Dreierausschuss aus dem örtlichen Parteivorsitzenden, dem Sprecher des lokalen Sowjets und dem Leiter der lokalen politischen Polizei legte willkürlich fest, wer in einem Dorf als Kulak einzustufen war. Viele von ihnen wurden mit ihren Familien in Viehwaggons verladen und in Sibirien, im Ural oder im hohen Norden mittellos wieder ausgesetzt, wo viele den Tod fanden. Andere wurden von Haus und Hof vertrieben, des

Q2 **„Tag der Ernte und der Kollektivierung"**
Plakat von 1930.

Eigentums beraubt und in näherem Umkreis ihres alten Dorfes umgesiedelt. Wer Widerstand leistete, wurde von den Kommunisten sofort ermordet. Alles in allem waren wohl 5–6 Millionen Menschen betroffen. Vorsichtige Schätzungen gehen bei der Aktion gegen die Kulaken von 500 000 bis 600 000 Toten aus.
Das rücksichtslose Vorgehen gegen die Bauern führte zu ernsthaften Versorgungsengpässen in den Städten. Bauern verbrannten lieber ihr Getreide und schlachteten das Vieh, als es dem kommunistischen Staat abzuliefern. Als dann im Winter 1932/33 brutale Beschaffungskampagnen den Bauern auch das letzte Korn für die neue Aussaat nahmen, kam es zu einer Hungerkatastrophe, der 6–7 Millionen Menschen zum Opfer fielen.

Massenterror und Schauprozesse

Mit der Diktatur Stalins verschärfte sich auch die Disziplinierung der Gesellschaft. 1928 fanden erste Schauprozesse gegen Missliebige statt. Eine weitere große Terrorwelle begann 1934 nach der Ermordung des Leningrader Parteichefs Sergej M. Kirow. Es folgten weitere Schauprozesse gegen prominente Altbolschewisten und Militärs. Alle Angeklagten spielten in den Prozessen die ihnen auferlegte Rolle mit: Sie legten Geständnisse ab – auch für Taten, die sie niemals begangen hatten – und verzichteten darauf, sich zu verteidigen. Selbst wenn man davon ausgeht, dass für einen überzeugten Bolschewisten die Partei immer Recht hatte, bleibt diese Selbstaufgabe ein Rätsel. Die schlimmste Welle willkürlicher Verhaftungen ging nach einem entsprechenden Beschluss der Parteiführung vom November 1938 zu Ende.

Die Arbeitslager

Niemand konnte sich vor dem Terror sicher fühlen. Wer in die Hände des Volkskommissariats des Inneren (NKWD) fiel, musste mit einem Todesurteil, zumindest aber mit langen Haftstrafen in einem Arbeitslager rechnen. Die über das gesamte Land verteilten Straflager waren unter dem GULag (russ. Glawnoe Uprawlenije Lagerei/„Lagerhauptverwaltung“) zusammengefasst. In ihnen herrschten Willkür und Gewalt, und die Häftlinge mussten unter unmenschlichen Bedingungen Schwerstarbeit leisten, viele kamen dort um. Die stalinistische Diktatur hielt nicht nur aus Gründen der Herrschaftssicherung am Lagersystem fest, sondern auch aus ökonomischen Überlegungen. In der Anfangsphase des Industrialisierungsprozesses glich erzwungene Arbeit bei der Rohstoffgewinnung, bei verkehrstechnischen Projekten und auf Großbaustellen das fehlende Kapital aus. Der stalinistischen Gewaltherrschaft fielen schätzungsweise 20 Millionen Menschen zum Opfer.

Personenkult

Neben dem Terror trug ein fast grenzenloser Personenkult zum Machterhalt Stalins bei. Mit den Feiern zu seinem 50. Geburtstag erhielt Stalin offiziell den Titel „Führer“ (russ. Vožd). Er galt als unfehlbar und nahezu allwissend. Dieses Bild verfestigte sich während des Zweiten Weltkrieges. Der deutsche Überfall im Juni 1941 mobilisierte enorme Widerstandskräfte im sowjetischen Volk. Der unter gewaltigen Opfern errungene Sieg in diesem „Großen Vaterländischen Krieg“ wurde zu großen Teilen Stalins genialer Führung zugeschrieben und trug wesentlich zur Legitimierung des Sowjetsystems und zur Integration der Gesellschaft bei. 1945 stand Stalin ohne Zweifel auf dem Gipfel seiner Macht.

Entstalinisierung

Als Stalin am 5. März 1953 starb, hofften viele Menschen auf ein Ende von Terror, Gewalt und Zwang. Aus dem folgenden Machtkampf ging Nikita Chruschtschow als Sieger hervor. Er rechnete 1956 mit den Auswüchsen des Personenkults und Terrors öffentlich ab, ohne allerdings die Grundlagen des von Lenin und Stalin geschaffenen politischen Systems und das Machtmonopol der Kommunistischen Partei in Frage zu stellen.

Q4 Arbeiter in Magnitogorsk. Foto, um 1930.

D1 Industriewachstum unter Stalin

Jahr	UdSSR	Deutschland	Frankreich	Großbritannien	USA	Japan
Kohlenförderung in Mio. t						
1929	41,8	177,0	53,8	262,0	552,3	34,3
1937	122,6	154,5	44,3	244,3	448,4	45,3
1938	232,9	186,2	46,5	230,7	355,3	33,0
Roheisenerzeugung in Mio. t						
1929	4,3	15,3	10,4	7,6	42,6	1,1
1937	14,5	16,0	7,9	8,6	37,7	2,6
1938	14,7	18,6	6,2	6,9	19,5	0,7
Index der gesamten Industrie-Produktion						
1929	100,0	100,0	100,0	100,0	100,0	100,0
1937	372,0	117,2	81,9	123,6	102,7	168,9
1938	413,0	126,1	76,1	115,5	80,0	74,7

H. Raupach: Wirtschaft und Gesellschaft Sowjetrusslands 1917–1977. Wiesbaden 1979, S. 77.

Q3 Schwerindustrie oder Massenbedarfsartikel?

Stalins Bericht über die Ergebnisse des ersten Fünfjahresplans, Januar 1933:

Die Wiederherstellung und Entwicklung der Schwerindustrie ist aber, besonders in einem so rückständigen und armen Lande, wie es unser Land zu Beginn des Fünfjahresplans war, die schwierigste Sache, denn die Schwerindustrie erfordert bekanntlich gewaltige finanzielle Aufwendungen und das Vorhandensein eines gewissen Minimums an erfahrenen technischen Kräften, ohne die, allgemein gesprochen, die Wiederherstellung der Schwerindustrie unmöglich ist. Wusste dies die Partei und hat sie sich darüber Rechenschaft gegeben? Ja, sie wusste es. (...) Sie rechnete darauf, dass wir, die wir die Sowjetmacht haben und uns auf die Nationalisierung des Grund und Bodens, der Industrie, des Verkehrswesens, der Banken und des Handels stützen, das strengste Sparsamkeitsregime durchführen können, um genügend Mittel zu akkumulieren, die für die Wiederherstellung und Entwicklung der Schwerindustrie notwendig sind. Die Partei erklärte offen, dass dieses Werk große Opfer erfordern wird und dass wir, ohne etwas zu verhehlen, bewusst zu diesen Opfern bereit sein müssen, wenn wir unser Ziel erreichen wollen. (...) Man sagt uns, all das sei recht schön, es seien viele neue Betriebe gebaut und die Grundlagen der Industrialisierung geschaffen worden. Es wäre jedoch weitaus besser gewesen, auf die Politik der Industrialisierung, auf die Politik der Erweiterung der Erzeugung von Produktionsmitteln zu verzichten oder wenigstens diese Aufgabe in den Hintergrund zu rücken, um mehr Kattun (Baumwollstoff), Schuhe, Kleider und andere Massenbedarfsartikel herzustellen. Es sind tatsächlich weniger Massenbedarfsartikel erzeugt worden als benötigt werden, und das schafft gewisse Schwierigkeiten. Aber man muss wissen und sich Rechenschaft darüber ablegen, wohin uns eine Politik, die die Industrialisierungsaufgaben in den Hintergrund rückt, geführt hätte. (...) Wir hätten dann weder eine Traktorenindustrie noch eine Automobilindustrie, hätten keine einigermaßen bedeutende Eisenhüttenindustrie, wir hätten kein Metall für den Maschinenbau und stünden der mit moderner Technik ausgerüsteten kapitalistischen Umwelt wehrlos gegenüber.

J. W. Stalin: Werke. Band 13.

Q6 „Geliebter Stalin – Glück des Volkes“
Plakat aus dem Jahr 1930.

Q5 Stalin zum Umgang mit Kulaken

Im April 1933 schrieb der Schriftsteller Michail Scholochow zwei Briefe an Stalin, in denen er Einzelheiten berichtete, wie die lokalen Behörden unter Anwendung von Foltermethoden den Kolchosebauern ihre Vorräte abpressten und sie so dem Hunger aussetzten. Stalin antwortete am 6. Mai 1933:

Lieber Genosse Scholochow, ich habe Ihre beiden Briefe erhalten. (...) Sie decken eine leichte Erkrankung unseres Apparates auf und zeigen, dass einige unserer Parteifunktionäre zwar der Sache dienen, d.h. unsere Feinde entwaffnen wollen, dabei aber unsere Freunde angreifen und sogar regelrecht sadistisch werden können. Aber das bedeutet nicht, dass ich IN ALLEM mit Ihnen einverstanden bin. Sie sehen einen Aspekt der Dinge, und den sehen Sie durchaus richtig. Aber es ist nur ein Aspekt der Dinge. Damit man sich in der Politik nicht irrt – denn bei Ihren Briefen handelt es sich nicht um Literatur, sondern um reine Politik –, muss man auch den anderen Aspekt der Realität sehen können. Und der andere Aspekt ist die Tatsache, dass die geschätzten Bauern Ihres Distrikts – und nicht nur diese – gestreikt und sabotiert haben und auch bereit waren, die Arbeiter und die Rote Armee ohne Brot zu lassen! Die Tatsache, dass es eine stillschweigende und offensichtlich friedliche Sabotage (ohne Blutvergießen) war – ändert nichts an der grundsätzlichen Angelegenheit, nämlich dass Ihre geschätzten Bauern einen Zermürbungskrieg gegen die Sowjetmacht geführt haben. Einen Kampf auf Leben und Tod, lieber Genosse Scholochow! (...) (E)s liegt klar auf der Hand, dass unsere geschätzten Bauern keine Unschuldslämmer sind, wie man beim Lesen Ihrer Briefe glauben könnte.

Also, halten Sie sich gut. Ich drücke Ihnen die Hand.

Ihr J. Stalin.

Zit. nach: Das Schwarzbuch des Kommunismus. München, Zürich 1998, S. 187.

Q7 Die Folter wird eingeführt

Ein Augenzeuge berichtet, wie im Gefängnis von unschuldigen Menschen „Geständnisse“ erpresst wurden:

Er lag auf dem Boden. Seine Hosen waren aufgetrennt, die Beine verbunden. Er hatte viereinhalb Tage „Stoika“ hinter sich. Stoika ist die erschwerte Form von „Fließband“. Fließband bedeutet pausenloses Verhör mehrere Tage hindurch (...). Bei der Stoika wird der Untersuchungshäftling gezwungen, die ganze Zeit zu stehen. Wenn er sich nicht mehr auf den Beinen halten kann, stützen ihn zwei Polizisten unter den Achseln. Fließband und Stoika wurden damals systematisch angewandt. Kurz ehe der [Mann] das Bewusstsein verlor, fühlte er, dass im Bein etwas platzte – eine Vene. Die Beine waren wie Holzklötze angeschwollen, um sie zu verbinden, mussten die Hosen aufgeschnitten werden.

P. Jakir: Kindheit in Gefangenschaft. Frankfurt a. M. 1972, S. 6.

Q8 **„Beim Studium an der Werkbank, im gesellschaftlichen Leben –**
ein Netz aus Kindergärten und Gemeinschaftskantinen werfen wir weit aus – machen Millionen Frauen frei für den sozialistischen Aufbau.“ Plakat von Lodygin, 1933.

Q9 **Das neue Frauen- und Familienideal**

John Scott, ein junger Amerikaner, verlässt als 20-Jähriger 1932 die USA, um beim Aufbau des Kommunismus in der Stadt Magnitogorsk mitzuarbeiten. Er wird dort Werkführer und verbringt mit seiner russischen Frau Mascha die Aufbaujahre in Magnitogorsk 1935–1938:
Mascha und ich lebten ein arbeitsames, glückliches und einfaches Leben. Im Herbst 1935 trat jedoch ein Ereignis ein, das unser Dasein bedeutend komplizierter machte. Unsere erste Tochter wurde geboren. Keiner von uns wusste, wie man einen Säugling behandelt und, was noch mehr ins Gewicht fiel, wir waren beide ungeheuer an unserer Arbeit interessiert. Es gelang uns, ein ideales Mädchen zu finden, das sich unseres etwas verwahrlosten Haushaltes annahm, so dass alles schließlich wie am Schnürchen ging. (…)
Einige Monate nach Elkas Geburt legte Mascha das Abschlussexamen ab und erhielt einen Platz als Mathematiklehrerin. (…) Sie unterrichtete im Durchschnitt fünf Stunden am Tag und erhielt ein Monatsgehalt von 500 Rubel, ungefähr gerade so viel, wie ich verdiente. Sie fühlte sich sehr wohl in ihrer Arbeit und hatte gute Erfolge. (…) Mascha hatte nicht nur zu unterrichten. Sie war auch persönlich verantwortlich für eine Gruppe von etwa 25 Kindern. Wenn diese schlechte Zeugnisse erhielten, zu spät oder überhaupt nicht in die Schule kamen, wenn sie sich schlecht aufführten, so war es Maschas Pflicht, die Gründe zu untersuchen und die Verhältnisse zu ordnen. (…)
Mascha war typisch für eine ganze Generation junger Sowjetfrauen, die die umfassenden Ausbildungsmöglichkeiten, die ihnen geboten wurden, ausnutzten und gebildete Berufsfrauen wurden, während ihre Eltern nur gerade lesen und schreiben konnten.
Diese Gruppe (…) war unter dem Schlagwort „Gleiche Möglichkeiten für Männer und Frauen“ geformt worden. Sie waren in den zwanziger Jahren mit Propaganda über die Beseitigung der bürgerlichen Familie als Institution überschüttet worden. Mit Kochen, Abwaschen und Nähen wollten sie sich so wenig wie möglich befassen. Solche Aufgaben waren für die Dienstboten da, die nicht genügend Intelligenz besaßen oder nicht genug Schulung hatten, um einen anderen Beruf auszuüben.

J. Scott: Jenseits des Ural. Die Kraftquellen der Sowjetunion. Stockholm 1944, S. 155 ff.

Fragen und Anregungen

1. Beschreibe die wirtschaftlichen Veränderungen in der Sowjetunion unter Stalins Herrschaft und decke die Ursachen für den Wandel auf (VT, Q1–Q4, D1).
2. Charakterisiere und beurteile Stalins Methoden der Machtausübung. Informiere dich insbesondere über das System GULag (VT, Q5, Q7).
3. Überprüfe, inwieweit die stalinistische Frauen- und Familienpolitik einen Beitrag zur Emanzipation leistete (Q8, Q9).
4. Welche Eigenschaften Stalins und welche Ziele seiner Politik sollte mit dem Bild Q6 zum Ausdruck gebracht werden?

Ein Rollenspiel entwerfen

Das in diesem Kapitel Gelernte könnt ihr wiederholen, indem ihr selbst ein Rollenspiel entwickelt und es aufführt.

Die Spielsituation

Nach der Oktoberrevolution entwickelte sich Berlin zum bevorzugten Ziel für russische Emigranten. Bald lebten in der deutschen Hauptstadt 400 000 Russen. Darunter waren Ärzte, Lehrer, Juristen, Journalisten, Künstler, Schriftsteller – also all jene, die vom bolschewistischen Regime nichts Gutes erwarteten oder sogar um ihr Leben fürchteten. Neben vielen Unbekannten waren auch Berühmtheiten wie die Schriftsteller Maxim Gorki und Vladimir Nabokov darunter.

Die meisten dieser Emigranten lebten in engen Wohnungen und billigen Pensionen, denn das mitgebrachte Geld war bald aufgebraucht, und Arbeit war im Berlin der 1920er-Jahre kaum zu bekommen. Die russischen Emigranten mochten Berlin und die Berliner nicht sonderlich, was übrigens auch umgekehrt galt. Für einige war Berlin nur eine Durchgangsstation, andere lebten schon Monate oder gar Jahre in der Stadt. Die Russen blieben meist unter sich, trafen sich im Romanischen Café, der Prager Diele am Hohenzollernplatz oder im Café Leon am Nollendorfplatz. Zuweilen mischten sich bolschewistische Agenten und deutsche Kommunisten unter die Diskutierenden, die oftmals stundenlang die unübersichtliche politische Lage in Russland analysierten, darüber spekulierten, wann sie in ihre Heimat zurückkehren konnten und darüber in Streit gerieten, ob und wann die Weltrevolution ausbrechen würde. Aber auch über persönliche Erfahrungen, Alltagsnöte und schlechte Unterkünfte wurde in diesen Cafés und Kneipen diskutiert.

Die Spielgestaltung

Um das Spiel zu strukturieren müsst ihr euch in Gruppen darauf einigen, in welchem Jahr und an welchem Ort das Geschehen spielen soll. Ein Café oder eine Kneipe bieten sich an, aber auch andere Plätze sind vorstellbar.

Dann ist abzusprechen, wie viele Personen auftreten und wen sie darstellen sollen. Hierbei ist darauf zu achten, dass ein repräsentativer gesellschaftlicher Querschnitt und die historische Wahrscheinlichkeit berücksichtigt ist.

Russische Emigranten in einer typischen Berliner Kneipe in den 1920er-Jahren. Foto.

Für jede der beteiligten Personen ist sodann eine Rollenkarte zu erstellen. Auf dieser Karte werden die personenbezogenen Daten, die soziale Herkunft, prägende Charaktereigenschaften, wichtige Lebensstationen und weitere Ziele angegeben. Diese Rollenkarte legt den Handlungs- und Argumentationsrahmen für die jeweilige Person fest.

Überzeugender gelingt die Aufführung des Rollenspiels, wenn es gelingt, eine passende Kulisse und angemessene Kostüme zu beschaffen.

Tochter eines ausgebürgerten Schriftstellers

- *Du bist 19 Jahre alt und vor wenigen Wochen mit deinem verwitweten Vater in Berlin angekommen. Ihr lebt zu zweit in einem möblierten Zimmer.*
- *1903 wurdest du in St. Petersburg geboren. Dort bewohntet ihr eine geräumigen, mit einigem Wohlstand eingerichteten Wohnung nahe dem Zentrum der Stadt.*
- *Du hast eine höhere Schule besucht, dort auch etwas Deutsch gelernt, und nach der Schule hast du ein Medizinstudium begonnen. Politik hat dich nie interessiert. Nach der Revolution verboten dir die Bolschewisten, dein Studium fortzusetzen.*
- *Dein Vater war von den Bolschewisten mit einem Publikationsverbot belegt worden, weil seine Romane und Gedichte als „bourgeoise Kunst" eingestuft wurden.*
- *Im Herbst 1922 wurden du und dein Vater von den Bolschewisten für kurze Zeit verhaftet. Ihr wurdet ausgebürgert und mit einem Dampfer über die Ostsee nach Deutschland geschafft.*
- *Mitnehmen durftet ihr ein wenig Handgepäck. Es gelang euch etwas Geld und Schmuck an den Kontrollen vorbeizuschmuggeln.*
- *Solltet ihr zurückkehren, droht euch laut neuem Gesetz die Todesstrafe.*

Der **Absolutismus** hat sich in Europa als vorherrschende Regierungsform durchgesetzt. Einer der bedeutendsten Vertreter ist der französische **König Ludwig XIV.**, der **1643–1715 regiert.**

1649 wird der englische König Karl I. hingerichtet, England wird vorübergehend Republik, ab **1660** ist England eine konstitutionelle Monarchie. **1689** besteigt Wilhelm von Oranien den Thron und anerkennt die „Bill of Rights".

Am **4. Juli 1776** erklären die Vereinigten Staaten von Amerika ihre Unabhängigkeit. Die Verfassung wird **1789** unterzeichnet.

Am **14. Juli 1789** beginnt mit dem **Sturm auf die Bastille** die Französische Revolution. Im August verabschiedet die Nationalversammlung die Menschen- und Bürgerrechte.

1792 wird Frankreich Republik, Ludwig XVI. wird **1793** hingerichtet.

1804 krönt sich **Napoleon** zum **Kaiser von Frankreich**. In Eroberungskriegen lässt er große Teile Europas besetzen.

1813 enden die Befreiungskriege gegen Napoleon mit dessen Sturz.

1815 wird Europa auf dem **Wiener Kongress** neu geordnet; u. a. entsteht der Deutsche Bund.

1650 · · · · · · · **1800** · · · · · · · · ·

Die **europäische Aufklärung** bricht sich Bahn.

Friedrich II. von Preußen regiert **1740–1786** als „aufgeklärter Herrscher".

Der **Merkantilismus** setzt sich als Wirtschaftsform des Absolutismus durch.

1807–1814 werden in Preußen Reformen eingeführt, die das Land modernisieren.

Die **industrielle Revolution** beginnt zunächst in England und breitet sich auf dem europäischen Kontinent und in den USA aus:

1764 – Spinnmaschine „Spinning Jenny"

1782 – Dampfmaschine von James Watt, die andere Maschinen antreibt

um **1800** – mechanischer Webstuhl

1835 – Die erste deutsche Eisenbahnlinie zwischen Nürnberg und Fürth wird eröffnet.

ZEITTAFEL

GESCHICHTE GESCHEHEN

Absolutismus – Antisemitismus – Arbeiterbewegung – Aufklärung – Byzanz – Chauvinismus – Dualismus– Europa – Heiliges Römisches Reich deutscher Nation

Imperialismus – Industrialisierung – Kapitalismus – Klassengesellschaft – Kolonialismus – Kommunismus – Legitimität – Liberalismus

1848/49 erschüttern Revolutionen Europa.

1848 tritt in der Frankfurter Paulskirche das erste deutsche Parlament zusammen. Es beschließt **1849** die erste gesamtdeutsche Verfassung, die aber nie in Kraft tritt.

Am **18. Januar 1871** wird nach dem deutsch-französischen Krieg in Versailles das Deutsche Kaiserreich proklamiert.

Das imperialistische Machtstreben der Großmächte führt zur Aufteilung der Welt – große Kolonialreiche entstehen.

Das **Attentat von Sarajewo** am **28. Juni 1914** löst den Ersten Weltkrieg aus, der im August beginnt.

Im November **1918** endet der Erste Weltkrieg.

1850 — **1900** — **1920**

Bürger ringen um einen demokratischen deutschen Nationalstaat:
1817 – Wartburgfest
1832 – Hambacher Fest

Die Restauration unterdrückt die demokratischen Bestrebungen:
1819 – Karlsbader Beschlüsse schränken Lehre und Pressefreiheit ein.

Frauen fordern gleiche Bildungs- und Berufschancen wie Männer sowie politische Mitbestimmung. Die **bürgerliche und proletarische Frauenbewegung** entstehen.

Übersteigerter **Nationalismus, Militarismus und Antisemitismus** beeinflussen die Gesellschaft im Deutschen Kaiserreich.

In Europa und den USA setzt die **Hochindustrialisierung** ein. Die Elektrotechnik und Chemieindustrie tritt ihren Siegeszug an, Massenproduktion führt zu Massenkonsum und bringt die Massengesellschaft hervor (Fließbandarbeit, Warenhäuser, Lichtspieltheater usw.):
1867 – Werner Siemens entdeckt das dynamo-elektrische Prinzip.
1883 – Gottlieb Daimler und Wilhelm Maybach bauen einen Benzinmotor.
1893 – Rudolf Diesel entwickelt den Dieselmotor.
1895 – Carl Benz baut das erste Auto mit 4-Takt-Motor.

Verschiedene **Anstrengungen zur Lösung der sozialen Frage** werden unternommen:
- Gewerkschaften werden gegründet.
- Die Arbeiterbewegung organisiert sich (1875 Gründung der Sozialistischen Arbeiterpartei Deutschlands, 1890 der Sozialdemokratischen Partei Deutschlands).
- In den 1880er-Jahren werden in Deutschland Sozialversicherungen eingeführt.
- Unternehmer lassen Arbeitersiedlungen errichten.
- Kirchen unterbreiten Hilfsangebote (z. B. Kolpingwerk).

Menschen- und Bürgerrechte – Moderne – Moderner Staat – Nation – Nationalismus – Nationalstaat – Ökologie – Privilegien – Proletariat – Rassismus

Restauration – Revolution – soziale Frage – Sozialdarwinismus – Sozialismus – Verfassung – Vielvölkerstaat – Weltmacht

In den einzelnen Kapiteln dieses Buches werden wie z. T. schon im Band 1/2 von „Geschichte und Geschehen" Methoden vorgestellt, die dir helfen, in Geschichte selbstständig und erfolgreich zu arbeiten. Die Arbeitsschritte für alle diese Methoden sind hier noch einmal zusammengestellt, z. T. auch zusammengefasst, damit du jederzeit nachschlagen und dir Rat holen kannst.
Zum besseren Überblick findest du im ersten Teil dieses Glossars Methoden zur Untersuchung von Text-, Bild und Sachquellen. Im zweiten Teil sind Methoden aufgeführt, mit denen du verschiedene Darstellungen von Geschichte auswerten kannst.

Textquellen auswerten

Texte, die die Menschen im Lauf der Geschichte hinterlassen haben, sind wichtige Quellen, aus denen du viel über die Vergangenheit erfahren kannst. Es gibt viele verschiedene Arten von Textquellen und jede hat ihre Besonderheiten, z. B. Erinnerungen, Reden, Briefe, Tagebücher, Urkunden usw. Neben den methodischen Arbeitsschritten, die bei jedem Schriftstück angewandt werden müssen, gibt es auch solche, die nur für bestimmte Textquellen von Bedeutung sind. Deswegen solltest du zuerst immer feststellen, um welche Art von Textquelle es sich handelt, bevor du an die Auswertung gehst.

Inhalt und Aussage einer Textquelle auswerten
(Band 1/2, S. 78/79)

Ganz gleich um welche Textart es sich handelt, die folgenden Arbeitsschritte musst du bei jeder Auswertung anwenden.
Lies den Text genau und stelle fest, zu welchen Sachverhalten er Aussagen macht.
1. Kläre alle dir unbekannten und unverständlichen Wörter und Wendungen. Benutze dafür ein Wörterbuch oder frage deine Lehrerin/deinen Lehrer.
2. Unterteile den Text in Sinnabschnitte, die jeweils einen einzelnen Gedanken ausdrücken. Gib jedem Abschnitt eine kurze Überschrift.
3. Fasse mit eigenen Worten zusammen, was im Text mitgeteilt wird.
4. Stelle fest, wer den Text verfasst hat, an wen der Autor oder die Autorin sich damit wandte und mit welchem Ziel der Text geschrieben wurde.
5. Kläre, mit welchem zeitlichen Abstand vom historischen Ereignis das Schriftstück entstand und woher der Verfasser oder die Verfasserin die Kenntnisse darüber hatte. Schätze ein, wie glaubwürdig die Aussagen sind.
6. Suche im Text nach Hinweisen darüber, welche Stellung der Autor oder die Autorin zu dem dargestellten Sachverhalt bezogen hat bzw. ob einseitige persönliche Wertungen sichtbar werden.
7. Ordne die Aussagen der Textquelle in dein bisheriges Wissen ein und stelle fest, welche Fragen der Text aufwirft. Informiere dich in anderen Darstellungen über diese offenen Fragen.

Textquellen interpretieren
(Band 2, S. 146/147)

In manchen Texten vertreten die Verfasser sehr einseitige Ansichten, z. B. in öffentlichen Aufrufen. Solche Textquellen musst du besonders kritisch hinterfragen:
1. Welche Absichten verfolgt der Verfasser/die Verfasserin mit dem Aufruf? Will er/sie etwas rechtfertigen, zu Taten aufrufen, jemanden tadeln oder loben, Ängste schüren, Hoffnungen wecken usw.?
2. Welche Gedanken und Gefühle könnten die Aussagen bei einem Anhänger ausgelöst haben?
3. Wogegen würde ein Gegner wohl protestiert haben?
4. Welche Stellung beziehst du zu dem Aufruf? Was erscheint dir als zweifelhaft oder übertrieben? Womit kannst du dich einverstanden erklären, was lehnst du ab?

Tagebücher als Quelle nutzen
(Band 3, S. 256/257)

Tagebücher ermöglichen besondere Einblicke in die Geschichte. Da sie in den meisten Fällen etwas sehr Persönliches und nicht für die Öffentlichkeit bestimmt sind, geben sie Gefühle, Stimmungen, subjektive Meinungen des Verfassers oder der Verfasserin wieder.
Auch bei dieser Art von Textquellen müssen zuerst Inhalt und Aussage ausgewertet werden (Arbeits-

schritte 1–5). Für Tagebuchtexte sind zusätzlich die folgenden Arbeitsschritte von Bedeutung:

1. Kläre, ob das Tagebuch echt ist und wann die Eintragungen verfasst wurden.
2. Finde heraus, welche gesellschaftliche und politische Stellung der Verfasser oder die Verfasserin hatte.
3. Welche weiteren Zeugnisse für das Geschilderte gibt es?
4. Wie beurteilen andere Zeitgenossen die beschriebenen Ereignisse?
5. Wie beurteilen Historiker die Eintragungen? Stimmen sie überein oder wo und warum weichen ihre Urteile voneinander ab?
6. Ordne – wie bei anderen Textquellen – die Aussagen des Tagebuchs in dein bisheriges Wissen ein und stelle fest, welche Fragen der Text aufwirft. Informiere dich in anderen Darstellungen über diese offenen Fragen.

Textquellen vergleichen

(Band 1/2, S. 142/143)

Beim Vergleich verschiedener Textquellen zum gleichen Thema lernst du verschiedene Sichtweisen (Perspektiven) auf einen historisches Sachverhalt kennen und kannst dir am Ende eine eigene Meinung bilden. Bevor du Texte miteinander vergleichen kannst, musst du jeden einzelnen für sich untersuchen. Gehe dabei so vor, wie in den vorangegangenen Abschnitten beschrieben. Für den eigentlichen Vergleich gehe folgendermaßen vor:

1. Arbeite heraus, was das gemeinsame Thema ist bzw. die gemeinsamen Themen sind.
2. Stelle die wichtigsten Informationen, die du den verschiedenen Texten entnommen hast, einander gegenüber.
3. Halte fest, welche Gemeinsamkeiten, aber auch welche Unterschiede du zwischen den Aussagen erkennst.
4. Ordne die verschiedenen Aussagen in dein bisheriges Wissen ein und suche bei Bedarf nach zusätzlichen Informationen.
5. Formuliere deine Meinung zum jeweiligen Thema.

Lieder als historische Quelle auswerten

(Band 3, S. 188/189)

Lieder sind eine besondere Form historischer Quellen. Zum einen sind sie eine Textquelle, denn der Liedtext spricht genau so zu uns wie andere Texte. Zum anderen bringt auch die Melodie viel über die Zeit oder das Ereignis, in der sie entstand, zum Ausdruck.

1. Fasse die zentrale Aussage jeder Strophe zusammen.
2. Ordne die Informationen in den historischen Zusammenhang ein.
3. Stelle fest, wer das Lied getextet und komponiert hat.
4. Überlege, welchen Standpunkt der Textdichter zu den besungenen Ereignissen hatte.
5. Charakterisiere die Sprache des Liedtextes.
6. Überlege, wer das Lied gesungen haben mag und welche politische Einstellung man mit dem Singen des Liedes zeigen wollte.
7. Hör dir das Lied an und ermittle die Wirkung des Liedes. Benenne die Merkmale, die die Stimmung des Liedes beschreiben. Beantworte dabei solche Fragen wie: Ist das Lied eher traurig, schwungvoll, vergnügt, düster usw.?
8. Achte darauf, ob die Stimmung des Liedes von der ersten bis zur letzten Strophe gleich bleibt oder sich ändert.
9. Lege dar, wie Text und Melodie zusammenpassen. Charakterisiere die musikalischen Mittel, die dazu dienen sollen, die Aussage des Textes zu unterstreichen.

Bilder zum Sprechen bringen

(Band 1/2, S. 64/65)

Bilder liefern wertvolle Informationen über historische Ereignisse, Sachverhalte oder Personen. Du kannst auch Hinweise darüber erhalten, wie die Schöpfer der Bilder gedacht und was sie mit ihren Werken beabsichtigt haben. Wie bei den Textquellen gibt es auch bei Bildquellen ganz unterschiedliche Arten (zeitgenössische Darstellungen, Historienmalerei, Porträts usw.), die auch durch spezielle Arbeitsschritte erschlossen werden können. Einige Arbeitsschritte gelten allerdings für jede Bildinterpretation.

1. Erfasse das Bild als Ganzes: Welches Thema, welches Ereignis, welcher Gegenstand usw. ist dargestellt? Welche Wirkung hat das Bild auf dich?

2. Beschreibe die Einzelheiten des Bildes, z. B.: Welche Personen, Tiere, Gegenstände usw. sind zu sehen? Was machen die dargestellten Figuren gerade? Wie sind die Personen dargestellt (Kleidung, Körperhaltung, Gesichtsausdruck, Gesten usw.)?
3. Untersuche den Bildaufbau: Was steht im Mittelpunkt? Gibt es besonders wichtige Szenen? Welche Verbindungen gibt es zwischen den dargestellten Personen?
4. Finde heraus, welche Gestaltungsmittel der Künstler oder die Künstlerin eingesetzt hat: Welche Perspektive wurde gewählt? Welche Originalgröße hat das Bild? Wie sind Größenverhältnisse auf dem Bild genutzt? Welche Farben wurden verwendet? Welche Bildelemente sind symbolisch gemeint?
5. Untersuche die Entstehungsgeschichte des Bildes: Wer hat das Bild gemalt? Wann und zu welcher Gelegenheit ist es entstanden? Für wen wurde das Bild gemalt? Wer hat es in Auftrag gegeben? Wo wurde bzw. wird es ausgestellt? Bei der Beantwortung dieser Fragen können dir in vielen Fällen die Bildunterschrift oder ein Ausstellungskatalog weiterhelfen.
6. Deute die Aussage des Bildes: Was sollte damit erreicht werden? Was erzählt es dir über die dargestellten historischen Sachverhalte?

Herrscherbilder interpretieren
(Band 3, S. 14/15)

Eine besondere Form der Bildquellen stellen Herrscherbilder dar. In der Regel entstanden sie im Auftrag des Herrschers selbst und geben so einen Einblick in dessen Vorstellung von Herrschaftsausübung. Du kannst die Arbeitsschritte 1–4 verwenden, die auf S. 15 aufgelistet sind. Achte zusätzlich auf folgende Besonderheiten:

1. Achte vor allem auf Körperhaltung und Blickrichtung der dargestellten Person sowie auf die Blickrichtung des Betrachters.
2. Arbeite die im Bild verwendeten Symbole und Zeichen der Herrschaft heraus.
3. Stelle Informationen über den dargestellten Herrscher zusammen.
4. Formuliere zusammenfassend die Wirkung, die das Bild auf die Mitmenschen des Herrschers (Zeitgenossen) erzielen sollte, und mit welchen Mitteln dies erreicht werden sollte.
5. Vergleiche mit deinen eigenen Eindrücken und erkläre Übereinstimmungen sowie Unterschiede.

Karikaturen verstehen und deuten
(Band 3, S. 166/167)

Karikaturen sind für uns wichtige Quellen, weil sie sich immer mit bestimmten Ereignissen oder Erscheinungen in der jeweiligen Entstehungszeit kritisch auseinander setzen. So erfahren wir einerseits etwas über diese Ereignisse oder Erscheinungen, andererseits können wir ablesen, wie man damals darüber dachte. (Karikaturen werden ganz ähnlich ausgewertet wie Spottbilder, die in Band 1/2, S. 338/339 beschrieben wurden.)

1. Beschreibe die gezeichneten Personen, Tiere und Gegenstände sorgfältig. Achte dabei auch auf die Größendarstellungen und verbindende Elemente.
2. Wenn eine Beschreibung oder Beschriftung vorhanden ist, stelle eine Beziehung zwischen dem Abgebildeten und dem Text her.
3. Oft ist es schwierig, die Dinge zu verstehen, die für die Menschen zur Entstehungszeit der Karikatur selbstverständlich waren. Finde daher so viel wie möglich über den geschichtlichen Hintergrund, über die abgebildeten Personen oder wichtige Gegenstände, über das Entstehungsjahr, den Ort der Veröffentlichung (bei einer Zeitung oder Zeitschrift auch, wer diese gelesen hat) heraus.
4. Entschlüssele die dargestellten Personen und Gegenstände und versuche zu klären, auf welche Ereignisse oder Zustände sich der Karikaturist bezogen hat. Welche persönliche Meinung wollte der Zeichner mit der Karikatur verbreiten?
5. Fasse zusammen, was die Karikatur aussagt. Beziehe Stellung zu dieser Aussage.

Historienbilder untersuchen
(Band 3, S. 204/205)

Historienbilder sind eine besondere Art von Bildern. Sie stellen Ereignisse und Situationen aus der Geschichte dar. Der Künstler oder die Künstlerin wussten oft gar nicht, wie sich die dargestellten Ereignisse genau abgespielt hatten. Sie wollten auch gar nicht wirklichkeitsgetreu malen, sondern ihre Sicht auf die Vergangenheit darstellen. So erfährt man meist wenig über die dargestellte Vergangen-

heit, sondern viel mehr über die Zeit, in der das Bild entstand, welches Bild von der Geschichte und der eigenen Zeit, welche Ideen und Wunschvorstellungen Künstler und Auftraggeber hatten.
Zunächst solltest du dir das Bild genau anschauen und die Arbeitsschritte 1–3 (Ein Bild zum Sprechen bringen) erledigen. Danach musst du den folgenden Arbeitsschritten nachgehen:

1. Der Künstler/die Künstlerin und das Thema: Aus welchem Grund hat der Künstler/die Künstlerin gerade dieses Thema gewählt? Hat er/sie einen Auftrag für das Werk erhalten und wie lautet dieser? Wie groß ist der zeitliche Abstand zwischen dem dargestellten Ereignis und der Entstehungszeit des Werkes? Was konnte der Künstler/die Künstlerin über das historische Ereignis tatsächlich wissen? Was wurde hinzuerfunden, was bewusst beiseite gelassen oder verändert?
2. Die Art der Darstellung: Welche Personen stehen als historisch Handelnde im Mittelpunkt? Wie sind diese Personen dargestellt? Wie wird das historische Ereignis insgesamt gewertet und gedeutet?
3. Vergangenheit und Gegenwart: Welche Verknüpfung des historischen Ereignisses und der Gegenwart legt das Bild nahe? Welche Botschaft oder Lehre für die Gegenwart und Zukunft soll der Betrachter dem Bild entnehmen?

Fotografien als historische Quelle auswerten
(Band 3, S. 302/303)

Fotos gelten im Allgemeinen als objektive historische Bildquelle, geben sie doch scheinbar die Wirklichkeit zum Zeitpunkt des Auslösens der Kamera wieder. Doch Fotografien sind genauso kritisch auszuwerten wie jede andere historische Quelle. Bereits die Wahl des Motivs, des Bildausschnitts und die Perspektive beeinflussen den Betrachter. Vor allem aber die Möglichkeiten der Bildbearbeitung können ein Foto als objektive Quelle entwerten. Vieles, was du bereits aus der Bildinterpretation kennst, ist auch auf die Interpretation von Fotos übertragbar:

1. Wer hat das Foto gemacht? Wer hat den Auftrag gegeben?
2. Ist es ein Pressefoto, eine Amateuraufnahme oder ein bestelltes Foto?
3. Wer und was ist abgebildet?
4. Wo und wann wurde es aufgenommen?
5. Was kam absichtlich und was unabsichtlich ins Bild? Gibt es Hinweise auf eine Bearbeitung des Bildes?
6. Welche Perspektive und welchen Ausschnitt hat der Fotograf gewählt?
7. Welchen Zweck soll das Foto erfüllen? Welche Aussage entnimmst du ihm?

Sachquellen untersuchen
(Band 1/2, S. 20/21)

Sachquellen sind unmittelbare Überreste aus der Vergangenheit. Münzen, Werkzeuge, Kleidung u. a. verraten viel über den Alltag oder die Fertigkeiten von Menschen in der Vergangenheit.

1. Schau dir zuerst den Gegenstand genau an: Aus welchem Material besteht er? Sind Gebrauchsspuren oder Zerstörungen zu erkennen? Notiere alles, was dir auffällt, auch Fragen, die du zu dem Überrest hast.
2. Versuche herauszubekommen, wie alt der Gegenstand ist und wie er benutzt wurde. Befrage dazu Besitzer oder Experten. Informiere dich auch in Sachbüchern, Lexika oder im Internet.
3. Welche Bedeutung hatte der Überrest für das tägliche Leben? Welchen Wert besaß der Gegenstand? Kann man den Gegenstand mit einem konkreten historischen Ereignis in Verbindung bringen? Wenn ja, mit welchem?
4. Benutzen wir heute noch diesen Gegenstand oder wurde er durch einen anderen, moderneren, ersetzt? Durch welche technischen Entwicklungen wurde er möglicherweise überflüssig gemacht?
5. Fasse zusammen, was der Gegenstand über Leben und Arbeit der Menschen zur Entstehungs- und Nutzungszeit der Sachquelle aussagt.

Ein Bauwerk untersuchen
(Band 1/2, S. 294/295)

Bauwerke gehören zu den Sachquellen. Aus der Anlage und dem Baustil von Gebäuden wie Kirchen, Burgen, Fabrikanlagen, Rat- oder Wohnhäusern kannst du viel über das Leben in früheren Zeiten erfahren.

Aussehen und Erscheinungsbild
1. Bestimme Länge, Breite und Höhe des Gebäudes. Stelle fest, aus welchen Materialien es erbaut wurde.
2. Untersuche die Lage des Bauwerkes im Ort sowie das Größenverhältnis zu anderen Gebäuden.
3. Beschreibe die Teile des Bauwerkes und stelle anhand einzelner Merkmale fest, in welchem Baustil es errichtet wurde.
4. Finde heraus, ob das Bauwerk in späteren Zeiten erweitert, umgebaut oder renoviert wurde.

Baugeschichte und Funktion
1. Stelle die Daten zur Bauzeit zusammen.
2. Informiere dich, wer das Bauwerk errichten ließ und ob es einen bestimmten Anlass dafür gab.
3. Erkundige dich, wer die Bauarbeiten bezahlte und wie sie organisiert waren.
4. Bestimme die Funktion (Verwendung, Nutzung) des Bauwerkes. Finde heraus, ob der Erbauer noch andere über die reine Nutzung hinausgehende Absichten mit dem Bau verfolgte und welche das waren.
5. Erkundige dich, ob sich die Verwendung des Bauwerkes im Laufe der Zeiten geändert hat.

Historische Karten untersuchen
(Band 1/2, S. 322/323)

Historische Karten gehören ebenfalls zu den Sachquellen. Sie geben Auskunft darüber, welche Vorstellungen von der Gestalt der Erde und welche geografischen Kenntnisse die Menschen in vergangenen Zeiten hatten.
1. Welches Thema behandelt die Karte?
2. Wann entstand die Karte?
3. Welcher Raum ist dargestellt?
4. Was wird hervorgehoben, was wird weggelassen?
5. Welche geografischen Kenntnisse weist die Karte aus? Vergleiche mit einem heutigen Atlas.
6. In welcher Absicht, zu welchem Zweck wurde die Karte angefertigt?
7. Welches Weltbild, welche religiösen, kulturellen oder politischen Vorstellungen lassen sich aus der Karte ablesen?

Zeitzeugen befragen (Oral history)
(Band 1/2, S. 14/15)

Um etwas über den Alltag in einem geschichtlichen Zeitraum zu erfahren, der noch nicht so lange zurückliegt, kann man Menschen befragen, die diese Zeit selbst erlebt haben. Die Zeitzeugenbefragung stellt eine wichtige Quelle dar, aber man sollte dabei auch bedenken, dass in der Erinnerung manches verblasst, dass Zeitzeugen mitunter über bestimmte Erlebnisse nicht sprechen möchten oder manchmal auch nicht die Wahrheit sagen.
1. Überlege, welche Person etwas über das ausgewählte Thema berichten kann.
2. Formuliere vorher Fragen und überlege, in welcher Reihenfolge du sie stellen willst. Fragen, auf die man nur mit „Ja" oder „Nein" antworten kann, sind nicht günstig. Formuliere lieber offene Fragen wie z. B. „Wie waren die Aufgaben in Ihrer Familie verteilt?"

Ihr könnt das Gespräch auch zu zweit oder zu dritt führen, aber größer sollte die Gruppe nicht sein.
3. Plane, wie du das Interview festhalten willst (Tonband, Kamera, Mitschrift).
4. Wenn Zeitzeugen von den Fragen abschweifen, versuche sie durch Fragen zum Thema zurückzuführen. Bleibe dabei immer freundlich und ruhig.
5. Wenn du die Reihenfolge deiner Fragen ändern musst oder nicht alle Fragen stellen kannst, dann konzentriere dich auf die wichtigsten.
6. Ordne nach dem Interview deine Aufzeichnungen und ergänze sie. Notiere, welche Fragen offen geblieben sind oder welche neuen sich ergeben. Vielleicht kannst du noch einmal nachfragen.
7. Vergleiche die Aussagen mit anderen Darstellungen, z. B. in Büchern oder auf Fotos.
8. Präsentiere in geeigneter Form die Ergebnisse der Befragung deinen Mitschülern.

Fachliteratur auswerten
(Band 3, S. 100/101)

Wenn man sich über Geschichte informieren will, kann man nicht immer alle Quellen aus der betreffenden Zeit studieren. In der Regel greift man zu Darstellungen, d. h. zu Büchern oder Aufsätzen, die von Historikern über eine zurückliegende Epoche geschrieben wurden. Dort findet man Fakten, Erläuterungen über Zusammenhänge und auch Beurteilungen. Vor allem diese Beurteilungen sind aber oft

strittig, so dass man häufig mehrere Darstellungen lesen und miteinander vergleichen muss.
1. Gib mit deinen Worten wieder, welche Position der Autor oder die Autorin vertritt.
2. Erläutere, wie die Auffassungen begründet werden. Finde heraus, ob dabei Pro- und-Contra-Argumente abgewogen werden.
3. Beachte, wie die Wertung stilistisch dargelegt wird. Schreibt er/sie sachlich oder polemisch?
4. Überprüfe, welche Interessen, Standpunkte oder Überzeugungen des Autors/der Autorin in die Beurteilung mit einfließen.
5. Lege dar, ob der Autor/die Autorin dich überzeugen kann bzw. nenne Gründe, warum du seine/ihre Auffassung nicht teilst.
6. Formuliere nun, welche Position du selbst vertrittst.

Verfassungsschaubilder auswerten
(Band 3, S. 60/61)

Schaubilder sind eine besondere Form der Darstellung. Um z. B. einen schnellen Überblick über den Aufbau von Staaten zu vermitteln, wird deren Verfassung häufig in Schaubildern dargestellt. Auch wenn ein solches Schema die Verhältnisse nur ganz grob wiedergeben kann, so gibt es doch wichtige Anhaltspunkte dafür, wie die Verfassung funktioniert.
1. Stelle fest, wer wählen und wer gewählt werden darf und wie oft Wahlen erfolgen.
2. Finde heraus, wie die drei staatlichen Teilgewalten jeweils aufgebaut sind.
3. Beschreibe, welche Beziehungen zwischen dem Volk und den Teilgewalten sowie unter den Teilgewalten selber bestehen. Pfeile helfen dir dabei.
4. Erfasse, worüber das Schema keine Auskunft gibt und informiere dich darüber in weiterführender Literatur.

Statistiken analysieren
(Band 3, S. 126/127)

Historische Tatsachen und Zusammenhänge, die in Zahlen ausgedrückt werden können (z. B. Wirtschaftsdaten oder Wahlergebnisse usw.), werden oft als Statistik dargestellt. Auch wenn statistische Daten und die auf ihrer Grundlage angefertigten Tabellen und Diagramme oftmals den Eindruck strenger Sachlichkeit und Objektivität erwecken, so müssen sie auch wie jede andere Quelle oder Darstellung genau analysiert werden.
1. Versuche herauszufinden, wie und von wem die Daten erhoben wurden. Achte darauf, ob es sich um verhältnismäßig einfach zu erhebende Daten handelt oder ob sie aus anderen Daten errechnet worden sind.
2. Beachte die Zeitpunkte und Zeiträume, für die die Daten genannt werden. Zwischenräume können zu groß sein, so dass wichtige Entwicklungen übersehen werden. Durch eine zeitliche Begrenzung einer Tabelle können wichtige Tendenzen ausgeblendet werden.
3. Fasse die auffälligsten Entwicklungen in eigene Worte. Hierzu gebraucht man meistens vergleichende Formulierungen („... ist ungefähr doppelt so groß wie ...").
4. Beurteile, ob die Statistik einen Sachverhalt erfasst, der für die historische Fragestellung, die dich interessiert, wirklich wichtig und aussagekräftig ist. Finde heraus, mit welchen anderen Faktoren die Entwicklungen zusammenhängen könnten. Überlege, welche Informationen dazu noch eingeholt werden müssen.
5. Fasse die Aussage der Statistik zusammen.

Geschichtskarten verstehen
(Band 1/2, S. 90/91)

Eine besondere Form der Darstellung ist die Geschichtskarte. Aus ihr kannst du schnell Informationen darüber bekommen, wann und wo sich historische Ereignisse, Entwicklungen und Beziehungen abspielten.
1. Über welches Thema informiert die Karte? Beachte dabei die Unterschrift und die Kartenlegende.
2. Welcher Raum wird dargestellt? Welche Orte werden hervorgehoben? Vergleiche mit dem Geografie-Atlas, um welches heutige Gebiet es sich handelt.
3. Stelle fest, welchen Zeitraum die Karte umfasst. Bezieht sie sich auf einen bestimmten Zeitpunkt oder auf einen Zeitabschnitt?
4. Mache dich mit der Legende vertraut. Welche Bedeutung haben die Farben, Zeichen und Beschriftungen?
5. Suche die Zeichen oder farbig markierten Räume auf der Karte und stelle fest, welche Informationen zur Geschichte du damit erhältst.

Verzeichnis der Namen, Sachen und Begriffe

Wichtige verwendete Abkürzungen:
Abb. = Abbildung, amerik. = amerikanisch, bolschewist. = bolschewistisch, brit. = britisch, bürgerl. = bürgerlich, dän. = dänisch, dt. = deutsch, engl. = englisch, frz. = französisch, griech. = griechisch, holl. = holländisch, ind. = indisch, ital. = italienisch, Jh. = Jahrhundert, milit. = militärisch, niederl. = niederländisch, österreich. = österreichisch, polit. = politisch, poln. = polnisch, preuß. = preußisch, russ. = russisch, schles. = schlesisch, schott. = schottisch, schwed. = schwedisch, schweiz. = schweizerisch, serb. = serbisch, sowjet. = sowjetisch, sozialist. = sozialistisch, span. = spanisch

▷ Verweis auf ein Stichwort:
Halbfett gesetzt sind historische Grundbegriffe, die im Buch in einem Kastentext erläutert werden.

Bildnachweis

Umschlagbild: AKG, Berlin
Adam Opel AG, Rüsselsheim: **283.Q5;**
AKG, Berlin: **3.3; 3.6; 5.1; 5.3; 6.2; 6.4; 7.5; 7.6; 11.2; 13.Q3; 16.Q6** (Erich Lessing); **21.Q5; 22.Q1** (Erich Lessing); **26.Q5** (Erich Lessing); **28.Q10** (Heiner Heine); **29.Q11** (Erich Lessing); **30.Q1; 31.Q3; 31.Q4; 31.Q6; 32.Q9; 33.Q10; 35.Q1; 42.3; 42.4; 43.1; 46.Q3; 48.Q8; 51.Q5; 55.Q1; 56.Q2; 59.Q3; 67.Q6; 70.1; 70.2; 71.1; 71.2; 71.4; 72.Q1; 73.Q2; 78.Q2; 79.Q3; 80.Q4; 82.Q6; 90.Q6; 93.Q2; 95.Q6; 96.Q9; 100.Q1; 103.Q1; 104.Q4; 109.Q5; 115.Q2; 118.4; 119.3; 123.Q6; 130.Q4; 131.Q1; 137.Q9; 140.Q4; 142.Q1; 143.Q3; 150.Q1; 151.Q3; 156.Q1** (Archiv für Kunst und Geschichte, Berlin, VG Bild-Kunst, Bonn 2004); **158.2; 158.3; 159.1; 164.Q1; 165.Q2; 169.Q8; 171.Q1; 174.Q1; 175.Q2; 177.Q4; 179.Q3; 181.Q1; 182.Q2; 182.Q3; 187.Q1; 196.Q1 (Hoppe); 197.Q2; 200.1; 201.4; 202.Q1; 204.Q2; 209.Q4; 220.Q3; 225.Q2; 226.Q3; 231.1; 237.Q5; 243.Q12; 247.Q1; 251.Q8; 253.Q1; 255.Q5; 258.Q1; 270.Q1; 275.1; 277.1; 279.Q3; 285.Q1; 288.Q1; 289.Q2; 294.Q2; 295.Q4; 301.Q3; 302.Q1; 314.1; 314.2; 314.3; 314.4; 315.2;**
Angermann Internationale Vermietung, München: **68.Q8;**
AP, Frankfurt am Main:**157.1** (James D. Decamp);
Archiv Gerstenberg, Wietze: **213.Q9;**
Artothek, Weilheim: **29.Q12; 172.Q3;**
Bibliothèque nationale de France, Paris: **298.Q12;**
BPK, Berlin: **3.4; 5.2; 11.3; 11.5; 37.Q3; 43.3; 109.Q6; 110.Q8; 114.Q1 (Knud Petersen); 116.Q5; 118.1; 118.2; 119.4; 120.Q1; 121.Q3; 144.Q4; 152.Q4L; 157.6; 161.Q1; 166.Q3; 193.Q2; 194.Q4; 200.2; 200.3; 201.1; 206.Q4; 207.Q9; 211.Q1; 215.Q2; 227.Q7** (Staatliche Museen zu Berlin, Kunstbibliothek/bpk, Dietmar Katz); **230.2; 238.Q10; 246.Q5; 258.Q2; 278.Q2; 282.Q3; 286.Q4; 296.Q5; 312.Q8;**
Bridgeman Art Library, London: **10.4; 30.Q2; 49.Q1; 75.Q4** (Giraudon); **80.Q4; 83.Q8** (Musee Carnavalet); **83.Q9** (Giraudon); **108.Q1; 115.Q4** (Giraudon);
Bundesarchiv, Koblenz: **230.3** (Signatur 183-25684-0004);
Cinetext, Frankfurt: **98.Q12;**
Comstock, Luxemburg: **276.4** (RF);
Corbis, Düsseldorf: **10.3** (Francis G. Mayer); **11.4; 28.Q10** (Adam Woolfitt); **65.Q1; 71.3** (Edimedia); **93.Q1; 194.Q3; 266.Q10** (Swim Ink); **278.Q1; 279.Q6; 280.Q1** (Bettmann); **294.Q1;**
Cornelsen Verlag, Berlin: **152.Q4R** (aus: Industrielle Revolution und Industriegesellschaft, Frankfurt/Main Hirschgraben-Verlag 1983, S. 71);
DaimlerChrysler AG, Stuttgart: **119.1; 315.4;**
Deutsches Museum, München: **157.4; 157.7;**
Deutsches Technikmuseum, Berlin: **133.Q3** (Deutsches Technikmuseum, Historisches Archiv, Berlin);
DHM, Berlin: **138.Q2; 149.Q6; 159.3; 159.4; 180.Q4; 192.Q1; 201.5; 208.Q1; 218.Q1; 225.Q1; 260.Q8; 315.3;**
Dietz Verlag, Berlin: **118.3;**
E-Lance Media GmbH, München: **70.3** (Reuters/Langsdon);
ERES EDITION Horst Schubert, Lilienthal: **217.Q9;**
Ets J. E. Bulloz, Paris: **23.Q2;**
Friedrich-Ebert-Gedenkstätte, Heidelberg: **231.3; 269.Q5; 272.Q3;**
Germanisches Nationalmuseum, Nürnberg: **38.Q1;**
Gesellschaft für ökologische Forschung, München: **155.D1** (Sylvia Hamberger);
Getty Images, München: **240.Q2** (Hulton Archive); **285.Q2** (Time Life Pictures); **310.Q3** (Time Life Pictures/M);
Giovanni et Muriel DAGLI ORTI, Paris: **3.1; 4.3; 10.1;**
Hachette Livre/Photothèque, Paris: **241.Q6;**
Heritage-Images, London EC1R 0NE: **120.Q2;**
Interfoto, München: **44.Q1; 94.Q3; 201.3; 299.Q1** (Archiv Friedrich); **302.Q1** (Archiv Friedrich);
Karl Stehle, München: **147.Q1; 221.Q8; 245.Q2; 249.Q3; 261.Q9; 268.Q2;**
Klett-Archiv, Stuttgart: **199;**
Landesmedienzentrum, Hamburg: **153.Q7** (Landesarchiv, Hamburg);
Landesmuseum Mainz, Mainz: **88.Q2;**
Landtag Rheinland-Pfalz, Mainz: **90.Q8;**
Mauritius, Mittenwald: **215.Q1;**
Museen der Stadt Nürnberg/Spielzeug, Nürnberg: **119.2** (Museum Industriekultur, Nürnberg);
Otto-von-Bismarck-Stiftung, Friedrichsruh: **7.4; 233.Q1; 233.Q2; 256.Q7;**
PFAFF Industrie Maschinen AG, Kaiserslautern: **150.Q2;**
Picture-Alliance, Frankfurt: **3.5** (dpa/ZB/Hubert Link); **3.8** (dpa); **6.3** (dpa/ZB/Hubert Link); **7.2** (dpa); **45.Q2** (dpa); **81.Q5; 117; 158.1** (dpa/ZB/Hubert Link); **276.1** (dpa); **276.3** (dpa);
Piper Verlag, München: **265.Q7** (aus: Hamann, Brigitte: Der erste Weltkrieg, Piper, München, 2004); **274.Q10** (aus: Hamann, Brigitte: Der erste Weltkrieg, Piper, München, 2004);
Punch Library, London: **42.2;**
Rheinisches Industriemuseum, Oberhausen: **133.Q2; 138.Q1;**
RMN, Paris: 4.1 (Gerard Blot); **10.2; 11.1; 12.Q2** (Bulloz); **14.Q4** (Gerard Blot); **62.Q6; 76.Q7** (Bulloz); **104.Q3;**
Royal Collection Enterprises Ltd., Berkshire SL4 1NJ: **135.Q6;**
Russische Nachrichtenagentur Nowost, Berlin: **3.9; 7.3; 276.2; 277.2;**
Siemens AG, München: **134.Q4** (Siemens Forum, München);
SPIEGEL-Verlag, Hamburg: **248.Q2;**
Stadtarchiv, Mainz: **87.Q1; 89.Q5; 91.Q11;**
Stadtarchiv Karlsruhe, Karlsruhe: **188** (Signatur 8/PBS V 338);
Stöckle, Wilhelm, Filderstadt: **19.Q2; 222.Q1;**
Sturm, Klaus, Stadtbergen: **19.D1;**
Süddeutscher Verlag, München: **228.Q8** (Scherl); **264.Q4** (Scherl);
ullstein bild, Berlin: **112.Q3; 139.Q3; 143.Q2; 148.Q3** (ADN); **178.Q8; 179.Q2; 211.Q2; 213.Q8; 223.Q2; 231.2; 241.Q3; 257.Q10; 267.Q1** (ullstein-bild, Berlin, VG Bild-Kunst, 2004); **290.Q3; 294.Q3; 313; 315.1** (ullstein-bild, Berlin, VG Bild-Kunst, 2004);
Wehrgeschichtliches Museum, Rastatt: **244.Q1;**
Wisconsin Historical Society, Madison: **179.Q1** (Wisconsin Historical Society, 7882);
www.bilderbox.com, Thening: **43.2;**
aus: Günther Drommer: Im Kaiserreich. Alltag unter den Hohenzollern 1871–1918. Faber & Faber, Leipzig 2003: **3.7; 7.1; 230.1;**
aus: Geschichte lernen, Heft 60/1997, Friedrich Verlag, Velber 1997, S. 1: **74.Q3;**
aus: Kurt Holzapfel (Hrsg.): Die Große Französische Revolution 1789–1795: **77.Q8;**
aus: Die Französische Revolution in Wort und Bild. hrsg. von Wilhelm Preusse: **97.Q11; 99.Q14;**
aus: Chronik des 19. Jahrhunderts, Chronik-Verlag, Gütersloh 1997, **S.103: 104.Q2;**
aus: Chronik des 19. Jahrhunderts, Chronik Verlag, Gütersloh 1997, **S. 376: 159.2;**
aus: Gilhaus, Ulrike: „Schmerzenskinder der Industrie“: Umweltverschmutzung, Umweltpolitik und sozialer Protest im Industriezeitalter in Westfalen 1845–1914. Schöningh, Paderborn 1995: **155.D2;**
aus: Ludwig Pfau Blätter (LPB), Stadtbücherei Heilbronn, 1992: **190.Q3;**
aus: Hamburger Anzeiger vom 24. 01. 1900: **212.Q4;**
aus: Niall Ferguson: Empire. How britain made the modern world. Penguin: **236.Q1;**
aus: Geschichte und Geschehen III, Klett 412510, Stuttgart 1988, S. 261: **236.Q2;**
aus: Lawrence James: The rise and fall of the British Empire. First St.: **239.Q1;**
aus: H. Strachan: Der Erste Weltkrieg. Eine illustrierte Geschichte. C. Bertelsmann, München 2004, S. 289, Abb. 18: **262.Q1; 275.3;**
aus: R. Spiker/B. Ulrich (Hrsg.): Der Tod als Maschinist. Der industrialisierte Krieg 1914–1918. Rasch Verlag, Bramsche 1998, S. 200: **270.Q2; 275.2;**
aus: Rainer Rother (Hrsg.) im Auftrag des Deutschen Historischen Museums: Die letzten Tage der Menschheit. Bilder des Ersten Weltkrieges.Ars Nicolai, Berlin 1994, S. 186 oben: **273.Q6;**
aus: Geo Epoche Nr. 6 „Im Reich der Zaren“, S. 16/17: **291.Q6;**
aus: Geo Epoche Nr. 6 „Im Reich der Zaren“, S.20/21: **291.Q7;**
aus: Orlando Figes,Die Tragödie eines Volkes. München: Goldmann 2001: 300. Q2; 306.Q8;
aus: Stéphane Courtois u.a.: Das Schwarzbuch des Kommunismus, Piper-Verlag, Zürich, 1998: **305.Q8;**
aus: Informationen zur Politischen Bildung, Nr. 235/1992, S. 39: **311.Q5;**

Nicht in allen Fällen war es uns möglich, den Rechteinhaber der Abbildungen ausfindig zu machen. Berechtigte Ansprüche werden selbstverständlich im Rahmen der üblichen Vereinbarungen abgegolten.